코드조각과 실행화면으로 배우는 코딩

파이썬+AI

| 안용제·김남규 저 |

LEARN TO CODE WITH SNIPPETS AND SCREENSHOTS

KB134746

as

def

np

num py

imp ort

파이썬과 AI의
핵심 개념과
원리 수록!

코드조각과
실행화면으로
술술 읽히는
파이썬 코딩

코딩이 처음인
비전공 입문자들도
쏙쏙 이해되는
단계적 반복 설명

DIGITAL BOOKS
디지털북스

····
코드조각과 실행화면으로 배우는 코딩

파이썬+AI

| 만든 사람들 |
기획 IT·CG기획부 | **진행** 양종엽, 정은진 | **집필** 안용제, 김남규
표지 디자인 원은영 | **편집 디자인** 이기숙

| 책 내용 문의 |
도서 내용에 대해 궁금한 사항이 있으시면
저자의 블로그나 본 도서의 참조 사이트를 통해서 해결하실 수 있습니다.

디지털북스 홈페이지 digitalbooks.co.kr
디지털북스 페이스북 facebook.com/ithinkbook
디지털북스 인스타그램 instagram.com/digitalbooks1999
디지털북스 유튜브 유튜브에서 [디지털북스] 검색
디지털북스 이메일 djibooks@naver.com

| 각종 문의 |
영업관련 dji_digitalbooks@naver.com
기획관련 djibooks@naver.com
전화번호 (02) 447-3157~8

어떤 언어가 좋은 언어인가?

세상에는 무수히 많은 언어들이 존재합니다. 그 언어들 중 어떤 언어가 가장 우수하다고 할 수 있으며, 우리는 어떤 언어를 선택하여 사용해야 하는 것일까요? 1991년 소비에트 연방의 붕괴 이후 절대 강국이 된 미국에서 사용하는 영어일까요? 아니면 가장 많은 인구가 사용하는 중국어일까요? 아니면 세계에서 가장 과학적으로 만들어졌다는 한글일까요?

또한 세상에는 무수히 많은 프로그래밍 언어들이 존재합니다. 어떤 자연 언어를 배워서 사용해야 할 지 스스로 선택하는 것도 어려운데 이제는 무수히 많은 프로그래밍 언어 중에서 하나를 선택해서 배워야 하는 상황에 처하게 되었습니다. 머지 않은 미래에는 프로그램 코딩을 배워야 국가의 경쟁력이 있다고 정부에서는 대학 입시 과목에 코딩을 추가하겠다고 언급하기도 합니다.

사실 강대국에 태어나 단 하나의 언어를 선택하여 사용할 수 있는 입장이라면 태어나서 자연스럽게 배워서 익숙한 모국어 하나만 선택하면 됩니다. 그러면 제2의 언어를 학습해야 하는 시간을 아껴서 자신의 전문성을 키우는 데 활용할 수 있을 것입니다. 언어 선택의 기준은 사용자의 입장에서 보면 명확합니다. 세계에서 가장 우수한 언어는 영어나 중국어도 아니고, 세계에서 가장 과학적이라는 한글도 아니며, 태어나서 자연스럽게 배운 제1의 언어, 즉 모국어가 각 개인에게 가장 우수한 언어이기 때문입니다. 우리가 한글이 세상에서 가장 우수한 언어라고 굳게 믿는 이유는 한식이 건강에 가장 좋은 음식이라고 믿는 이유와 같이 우리가 한국에 태어났기 때문일 것입니다.

하지만 프로그래밍 언어에는 모국어와 같은 개념은 존재하지 않으니 그냥 모국어처럼 처음에 우연히 알게 된 프로그래밍 언어를 선택하면 되는 것일까요? 이 질문에 대한 해답은 태어난 아기가 처한 언어적 환경에서 찾을 수 있다고 생각합니다. 아기를 둘러싼 가족이나 친구나 사회에서 쓰는 언어를 선택하면 되는 것이지요. 그래서 이 책에서는 세계적으로 가장 널리 사용되는 프로그래밍 언어인 Python을 선택하였습니다. 물론 C, C++, C#, Java와 같은 다른 언어들도 훌륭한 프로그래밍 언어로 인정받고 있지만, 이러한 언어들은 주로 전문 프로그래머나 컴퓨터 과학자들이 사용하는 경향이 있습니다. 그러나 Python을 배우면 수학, 과학, 통계, 공학 분야에서 활동하는 선배들, 교수님들은 물론 전문 프로그래머나 컴퓨터 과학자들까지 Python을 널리 사용한다는 사실을 알게 될 것입니다.

그러면 Python은 어떻게 배우는 것이 좋을까요? Python을 배우는 방법도 모국어를 습득하는 방법에서 찾을 수 있다고 생각합니다. 모국어를 배우는 과정의 언어적인 환경에서 아기에게 문법을 가르치거나 단어를 강제로 암기시키지 않습니다. 대신, 가족들이 아기에게 "까꿍, 도리도리, 잼잼, 맘마, 배 고파? 젖 줄까? 응가 했구나! 엄마 해봐! 밖에 나가 놀자." 등과 같이 상황에 맞게 말을 걸어 줍니다. 그러면 아기는 의식하지 않고도 자연스럽게 모국어를 배웁니다. 문법이나 작문과 같은 구체적인 규칙들은 이미 모국어에 익숙해 진 후에 유치원이나 초등학교에 가서 배우게 됩니다. 아마도 문법과 단어를 체계적으로 가르쳐서 아기에게 모국어를 가르치려고 했다면 아기는 모국어로 말하는 속도와 느낌을 따라가기 어려웠을 것입니다. 우리가 학교에서 영어를 그렇게 배웠기 때문에 10년 이상을 배워도 외국인과 대화할 때 영어로 말하기에 부담을 느끼는 것은 이와 같은 이유일지도 모릅니다.

프로그래밍 언어도 모국어를 배우듯이

이 책 〈파이썬+AI〉는 상황에 맞는 코딩 예시를 통해 아기가 모국어를 배우는 것처럼 자연스럽게 Python을 배울 수 있도록 안내합니다. 이 책에서는 안녕이라는 한국말을 "Are you safe?"라고 배우지 않고, 때로는 "Hi!"라고, 때로는 "Good morning!"이라고, 때로는 "What up?"이라고, 때로는 "Good bye!"라고 배우도록 안내합니다. 또한 프로그램을 일상 생활에서 사용하지 않는 입시 영어와 같이 어렵게 배우지 않고, 여행 중 만난 사람에게 친근하게 말을 건네는 생활 영어처럼 쉽게 배울 수 있도록 돕습니다. 여러분은 아기가 모국어를 배우듯이 상황과 수준에 맞게 제시되는 코딩을 따라가며 자연스럽게 Python을 배울 수 있기를 바랍니다. 단, 우리가 배운 언어를 일상에서 반복하여 사용하면서 언어의 수준을 높여 가듯이 코드를 컴퓨터에 입력하고 실행 결과를 확인하는 과정을 꼭 거쳐야 합니다. 가능하다면 이런 과정을 반복하여야 합니다.

미국이나 영국에서도 일상 생활에서 모국어인 영어를 사용하더라도 외교적인 목적으로는 프랑스어나 스페인어를 배워야 하며, 우리나라에서 한자를 공부하는 것과 유사한 목적으로 그리스어나 라틴어를 학습해야 합니다. 이와 마찬가지로 프로그래밍 언어도 특정 목적을 위해 적합한 언어를 배워야 합니다. 예를 들어, 기계를 제어하는 프로그램을 개발하려면 C나 Rust를 배워야 하며, 아이폰 앱을 개발하려면 Objective-C나 Swift를 배워야 하며, 안드로이드 앱을 개발하려면 Java나 Kotlin을 배워야 합니다.

그렇다면 이 책에서 배운 내용들은 어떻게 활용되는 걸까요? 사용하게 될 언어를 바꾸면 프로그래밍 언어를 처음부터 다시 배워야 하는 것일까요? 그렇지 않습니다. 모국어 이외의 두 번째 언어에 능숙한 사람은 세 번째 언어를 비교적 쉽게 배울 수 있다고 합니다. 그 이유는 두 번째 언어를 배우며 언어적인 상황을 이해하고 필요한 표현을 찾아 사용하는 능력을 키웠기 때문입니다. 따라서 이 책에서는 Python을 기반으로 프로그래밍 모국어를 배운 후 다른 프로그래밍 언어를 비교적 쉽게 배울 수 있도록 공통적인 특징과 언어적 상황, 문법 구성을 포괄적으로 다루려고 노력했습니다. 또한 프로그래머의 사고의 흐름을 따라갈 수 있도록 단계적으로 설명하며 반복적인 학습을 하도록 유도합니다.

이 책은 프로그램 코딩 그 자체를 가르치기 위한 목적으로 코드를 통해 설명하며, 코딩 기술을 바탕으로 코딩의 원리와 개념을 이해할 수 있도록 구성되었습니다. 그 결과 이 책에서 배운 내용은 Python 프로그래밍뿐만 아니라 다른 프로그래밍 언어로 프로그래밍할 때에도 쉽게 응용할 수 있는 기반을 제공합니다. 즉 다른 프로그래밍 언어로 코딩할 때에도 이 책에서 습득한 개념과 원리를 약간의 형식적인 변화만으로 적용할 수 있을 것입니다.

누가 이 책을 읽어야 하는가?

이 책은 프로그램 입문자들을 대상으로 프로그래밍에 대해 아무런 지식이 없다고 가정하고 프로그램 코딩을 가르치기 위해 작성되었습니다. 중학생, 고등학생, 대학생은 물론 사회에서 일하는 일반인까지 코딩과 AI에 관심이 있는 분들은 모두 이 책을 읽을 수 있습니다. 프로그래밍을 전공하는 학생들에게는 체계적인 프로그래밍 학습의 기회를 제공하며, 프로그래밍을 전공하지 않는 사람들에게는 업무 영역에서 프로그램 코딩 능력을 향상시키는 도움을 줄 것입니다. 또한 프로그램 개발에 직접 참여하지 않더라도 프로그램 코딩에 대한 기본적인 이해를 갖추고 싶은 분들에게도 유익한 자료일 것입니다.

이 책은 Python 이외의 프로그래밍 언어에 익숙한 프로그래머들이 코딩 개요, Python 기초, numpy, matplotlib, pandas 그리고 머신러닝/딥러닝 등 Python의 전반을 한 권으로 학습할 수 있도록 구성되었습니다. 이 책이 여러 권의 책을 통해 Python을 배워야 하는 번거로움을 줄여 줄 것입니다.

이 책을 어떻게 읽어야 하는가?

이 책은 코드조각이라고 부르는 프로그램 코딩에 대한 예제를 설명을 위한 주축으로 사용합니다. 그래서 코드조각을 먼저 이해하려고 노력한 후 책의 본문을 읽기 바랍니다. 그리고 코드조각을 실행하여 얻게 되는 실행화면을 참조합니다. 그러면 코드와 코드의 수행 결과를 비교하면서 책에서 설명하고자 하는 것의 대부분을 이해할 수 있을 것입니다. 그래도 이해가 되지 않는다면 코드조각을 컴퓨터에 입력하여 실행시켜 보면서 프로그램의 수행 결과를 자세히 관찰하기 바랍니다. 그래도 이해가 되지 않는다면 프로그램 코드를 한 줄씩 따라가면서 변수와 객체 등 컴퓨터 저장 공간의 변화를 함께 따라가 보기 바랍니다.

본문과 관련된 프로그램의 역사, 에피소드, 개인적인 경험 및 난이도가 지나치게 높은 기술과 원리와 개념 등 독자들이 관심을 가질 만 한 주제들을 [알아두기]와 [생각하기]로 정리하였습니다. 각각의 [알아두기]와 [생각하기]가 본문의 내용과 독립적으로 작성되었으니 혹시 너무 많은 정보가 제공되어 전체적인 이해에 방해가 된다면 가볍게 읽으며 스쳐 지나갔다가 [알아두기]와 [생각하기]의 주제에 관심이 생길 때 다시 읽어 보기 바랍니다.

책의 설명의 흐름과 주제에 맞지 않거나 해당되는 주제를 설명할 때 설명이 너무 장황해지거나 어려워 질 것을 우려하여 설명하지 않았다가 설명이 필요한 시점에 맞추어 설명해야 하는 항목들을 [적재적소] 로 정리하였습니다. 그때그때 필요한 [적재적소]를 꼭 숙지하기 바랍니다.

이 책은 가장 기초적인 내용부터 수준을 조금씩 올려 가며 점증적인 방법으로 각 장을 구성하였습니다. 책의 처음부터 끝까지 순서대로 읽으며 제시되는 코드조각들을 컴퓨터에 입력하여 돌려보면서 실행화면을 확인하는 방법으로 프로그램 코딩을 자연스럽게 학습하기 바랍니다.

안용제, 김남규 저자 일동

소스 코드의 위치

이 책에 삽입된 명령어들과 소스 코드들은 필자의 GitHub 리포지토리(repository, 저장소)인 https://github.com/yongjaeahn/python_coding/tree/main/korean/source에서 확인할 수 있습니다.

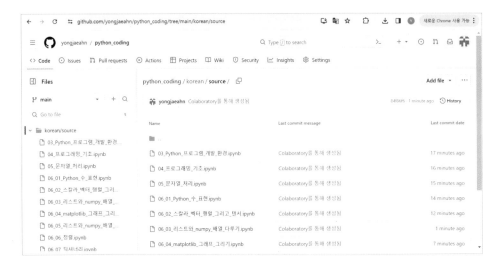

GitHub

Google Colab 소스 코드만이 아니라 Python 인터프리터에서 사용된 명령어와 Visual Studio Code에서 사용된 소스 코드가 함께 저장되어 있습니다. 코드조각 아래에 실행화면이 있다면 Google Colab 소스 코드이고, 실행화면 없이 코드조각만 있다면 Python 인터프리터에서 사용된 명령어이거나 Visual Studio Code에서 사용된 소스 코드입니다.

소스 코드들은 각 장 별로 별도의 파일로 정리되어 있으며 각 장에 소스 코드가 많은 경우에는 다시 주제별로 분류한 후 순서대로 번호를 붙였습니다.

위의 GitHub 리포지토리(repository, 저장소)로 이동하여 ipynb 노트 파일을 열면 다음 화면과 같은 소스 코드를 볼 수 있습니다.

GitHub에서 소스 코드를 보다가 Open in Colab 버튼을 클릭하면 필자가 제공하는 소스 코드를 Google Colab으로 이동하여 실행해 볼 수 있습니다. 그러나 필자가 제공하는 소스 코드는 가능한 참조용으로만 사용하시고 복사하여 사용하지 않기를 바랍니다. 반드시 스스로 코딩하고 실행시키면서 시행 착오를 겪어 가며 학습하기 바랍니다.

PART 01　Python Coding 기본기

PART 02   Python AI Coding 기본기

CHAPTER 5   문자열 처리

CHAPTER 6   인공지능 코딩 기본기

PART 03   머신러닝/딥러닝 기본기

PART 04   부록

Python Coding
기본기

▶▶ Contents

Chapter 1
프로그램이란 무엇인가?

1.1 프로그램이란 무엇인가?

📋 **적재적소 _ 프로그램의 사전적 정의**
- 진행 계획이나 순서, 연극이나 방송 따위의 진행 차례나 진행 목록 – 네이버 국어사전
- a group of activities or things to be achieved, a series of instructions that can be put into a computer in order to make it perform an operation – Cambridge Dictionary
- 컴퓨터에 처리시키는 작업의 순서를 명령어로 작성하는 것 – 컴퓨터인터넷 IT용어 대사전

프로그램이 무엇인지에 대한 이론적인 정의는 **[적재적소] 프로그램의 사전적 정의**를 참고하고, 지금부터 본 도서의 목적에 맞게 코딩을 통하여 프로그램이 무엇인지 알아보겠습니다. 대부분의 프로그래밍 언어에서는 프로그램을 가르치기 위하여 컴퓨터의 화면에 "Hello world!"라는 문자열을 보여 주는 간단한 예제 프로그램을 제시합니다. 아래 코드조각을 읽어 보십시오.

```
print("Hello world!")
```

▲ **[코드조각]** hello world

그렇습니다. 이것이 가장 간단한 프로그램의 예 중의 하나입니다. 간단하고 직관적인 프로그램이어서 굳이 컴퓨터 프로그램에 대한 지식이 없더라도 hello world 프로그램이 "Hello world!"라는 문자열을 출력(print)하라는 코딩이라는 것을 알 수 있습니다. 그리고 **[적재적소] 프로그램의 사전적 정의**를 다시 보면 Cambridge Dictionary와 컴퓨터인터넷 IT용어 대사전의 정의를 이해할 수 있습니다.

네이버 국어사전의 정의나 Cambridge Dictionary의 첫 번째 정의(a group of activities ~)는 일상 생활에서 쓰이는 프로그램을 의미하기에 우리가 알고자 하는 프로그램이란 무엇인지 이해하는 데 도움이 되진 않습니다. 그런데 Cambridge Dictionary의 두 번째 정의(a series of instructions ~)와 컴퓨터인터넷 IT용어 대사전의 정의와 함께 hello world 코드조각을 동시에 고려하여 프로그램의 의미를 이해하자면, 프로그램이란 **컴퓨터를 움직이게 하는 일련의 명령어들**이라고 볼 수 있습니다.

📄 적재적소 _ 순서도와 의사코드

방금 본 [코드조각] hello world는 이해를 돕기 위한 단적인 예로, 실제로는 이처럼 하나의 프로그램이 하나의 구성 요소로 이루어지는 경우는 거의 없습니다. 여러 구성 요소가 순서대로 조합되어 하나의 프로그램을 구성하는 경우가 일반적이며, 이런 프로그램들은 오른쪽 그림과 같이 정해진 순서대로 수행되거나 선택적으로 혹은 반복적으로 수행되기도 합니다.

오른쪽의 그림과 같이 어떠한 일을 처리하는 과정을 순서대로 간단한 도형으로 도식화한 것을 순서도(flowchart)라고 부릅니다. 위의 순서도에 맞게 코딩해 보겠습니다. 아직 프로그래밍 언어를 배우지 않았으니 프로그래밍 언어를 흉내 내어 의사코드(pseudo code)로 코딩하겠습니다. 구조화되어 있지만 일상적인 영어와 한글로 되어 있어서 이해하기가 어렵진 않을 것입니다.

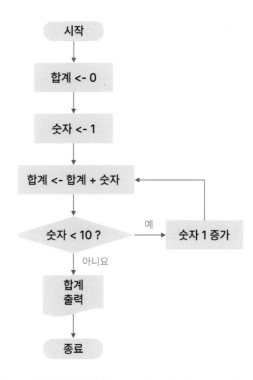

```
Move 0 To 합계
Move 1 To 숫자
반복시작위치:
    Add 숫자 To 합계
    If 숫자 < 10 Then
        Add 1 To 숫자
        Goto 반복시작위치
    End If
Print 합계
```

위의 순서도와 의사코드를 순서대로 따라가 보면 1부터 10까지 더한 합계가 출력되는 것을 알 수 있습니다.

순서도와 의사코드를 소개한 이유는 프로그램의 의미를 시각화된 형태로 보여 주어 구체적으로 이해할 수 있도록 돕기 위해서입니다.[*] 그럼 순서도와 의사코드의 개념을 추가로 고려하여 다시 프로그램이란 무엇인지 정리해 보겠습니다. 프로그램은 순서도나 의사코드와 같이 특정한 목적을 달성하기 위하여 순서에 맞게 나열된 컴퓨터의 명령어 혹은 프로그램 문장들의 집합입니다.

코드를 보고 정의를 보니 프로그램의 의미가 무엇인지 알게 되지요? 이론으로 먼저 설명하지 않고 코드로

---

[*] 과거에는 프로그램을 코딩하기 전에 순서도와 의사코드를 먼저 만들어서 주어진 문제를 해결하기 위한 로직을 세우는 작업이 필수라고 여겼으나 최근에는 그 중요성이 인정되지 않는 경우가 많습니다. 그러나 이 둘은 프로그램이란 무엇인지 이해하는 데 중요한 도움을 주기에 이번 학습에 관련한 주제로 소개하였습니다.

먼저 설명하는 이유입니다. 앞으로도 본 도서에서는 아기가 모국어를 배우듯이 가능한 이론적인 설명보다 코드를 먼저 보고 이해할 수 있도록 유도할 것입니다.

물론 코드는 장황하지 않고 가능한 간결하게 유지하도록 노력할 것이며, **코드조각**(code snippet, code fragment)을 활용한 학습을 지향할 것입니다. 실무에서 필요한 프로그램을 만들 때 자신에게 필요한 코드 조각들을 찾아 업무에 적합하게 수정하면 빠르게 완성할 수 있고, 검증된 코드조각을 사용함으로써 오류를 피해 가게 되므로 프로그램의 결함도 줄일 수 있기 때문입니다.

1.2 프로그램 코딩이란 무엇인가?

그러면 프로그램 코딩이란 무엇일까요? 저는 개인적으로 프로그램을 코딩하는 것을 레고 블록을 조립하여 조형물을 만들어 가는 과정에 비유할 수 있다고 생각합니다. **조형물을 만들기 위한 다양한 레고 블록**은 본 도서에서 제시하는 **코드조각 혹은 코드블록**에 해당합니다. 그러니 코드조각을 사용하여 만들어 가는 **프로그램들**은 **레고조각 혹은 레고블록으로 만드는 조형물**에 해당합니다. 조각의 종류는 유한하지만 그 조각들로 만들 수 있는 조형물이 무한한 것처럼 프로그래머들이 개발할 수 있는 프로그램도 무한하다고 생각합니다. 그래서 본 도서에서는 [코드조각]과 그 코드조각이 결과물로 만들어 내는 [실행화면]을 코딩을 설명하기 위한 주요 소재로 사용합니다.

프로그램 코딩이란 무엇인지에 대한 주관적인 설명은 이것으로 마무리하고 C++ 프로그래밍 언어를 개발한 것으로 유명한 덴마크의 컴퓨터 과학자 비야네 스트롭스트룹(Bjarne Stroustrup)의 말을 인용하여 프로그램 코딩이 무엇인지 알아보겠습니다.

> 🗂 **적재적소 _ 프로그램을 만드는 일이란?**
>
> 프로그램을 만드는 일은 무엇을 해야 하고, 그 과정을 어떻게 표현해야 하는지에 대한 아이디어를 점진적으로 정제해 가는 과정이다. 프로그램을 완성하는 과정은 그 프로그램의 사용자나 유지보수 담당자에게 더 적합하도록 프로그램을 다듬는 과정으로 사용자 인터페이스 개선과 오류 처리에 관련된 중요 작업, 유용한 기능 추가, 프로그램을 이해하고 수정하기 쉽게 만드는 코드 재구성 등을 포함한다.
>
> (출처 – 비야네 스트롭스트룹, 《Programming : Principles and Practice Using C++ (한국어판)》, 최광민 역(에이콘출판사, 2015))

지금까지의 설명으로 프로그램이 무엇인지 어느 정도 이해하셨을 것입니다. 하지만 프로그램을 설명하는 것은 이것으로는 부족합니다. 프로그램을 돌려서 결과를 확인해 보아야 비로소 프로그램을 이해했다고 할 수 있을 것입니다.

1.3 Python 설치

Python을 설치하기 위하여 웹 브라우저를 실행하고 Python 다운로드 사이트(https://www.python.org/downloads/)로 이동합니다.

Python 다운로드 사이트에서 **Download Python** 버튼을 클릭해 Python 설치 파일을 다운로드합니다. 다운로드가 완료되면 컴퓨터의 다운로드 폴더에서 Python 설치 파일을 실행합니다.

▲ **[화면]** Python 다운로드 사이트

Python은 Windows, Linux 및 macOS 등의 다양한 컴퓨터 환경에서 실행할 수 있으며, 학습을 위한 목적으로 사용하는 경우 기종에는 크게 영향을 받지 않습니다. 그러므로 자신이 보유한 컴퓨터를 사용하되 다운로드 사이트에서 제시하는 최신 버전을 설치하면 됩니다. (특정 버전의 Python이 필요할 때는 스크롤을 내려 자신의 컴퓨터 환경에 맞는 버전을 선택하여 설치하면 됩니다.)

참고로 필자는 **Windows 10** 컴퓨터에 책을 집필할 당시의 최신 버전인 **Python 3.12.0** 버전을 사용하였습니다. 앞서 언급했듯이 학습 목적으로 Python을 사용할 경우에는 독자 여러분의 실습 환경이 필자와 다소 다르더라도 괜찮습니다(맨 앞 숫자가 3인 3.x 형태만 맞추면 됩니다.).

> ! **알아두기 _ Python 2.x와 3.x 버전**
>
> macOS와 같은 일부 컴퓨터에는 Python 2.x 버전이 기본적으로 설치되어 있습니다. 이와 같은 컴퓨터에 Python 3.x 버전을 추가로 설치하면 python이나 pip와 같은 명령어를 실행하는 경우 Python 2.x 버전을 사용하게 됩니다. 이런 환경의 컴퓨터에서 Python 3.x 버전을 사용하기 위해서는 python3이나 pip3과 같이 명령어 뒤에 3을 추가하여 사용하여야 합니다.

경쟁 전략에는 여러 가지 유형이 있지만, 일반적으로 사용되는 것은 '앞서가기(leading)'와 '따라가기(following)' 전략입니다. 앞서가기 전략은 독창적이고 혁신적인 아이디어로 경쟁자들보다 먼저 새로운 제품, 서비스 또는 기술을 출시하여 시장에서 우위에 서려는 전략이고, 따라가기 전략은 시장에서 이미 성공한 기업이나 경쟁자를 모방하여 그들의 움직임을 따라가는 전략입니다.

소프트웨어 버전(version)을 선택하는 전략도 자신이 처한 상황에 따라서 달라진다고 생각합니다. 앞서가기 전략을 선택하였다면 가능한 최신 버전 중에 안정화된 버전(stable version)을 선택하여야 할 것이고 새로운 버전이 출시될 때마다 적극적으로 버전을 올려 가는 것을 고려하여야 할 것입니다. 따라가기 전략을 선택하였다면 가장 안정되고 범용적으로 사용되는 버전을 선택하여야 할 것입니다.

그렇다면 프로그램을 처음 배우는 사람들은 어떤 전략을 선택하여야 할까요? 그리고 그들을 가르쳐야 하는 사람들은 어떤 전략을 선택해야 할까요? 아마도 대부분의 사람들은 따라가기 전략을 선택할 것입니다. 따라가기 전략으로 프로그래밍 능력을 충분히 키운 다음에 앞서가기 전략을 선택하면 될 테니까요. 따라가기에서 앞서가기로 전략을 변경할 때에는 자신이 앞서갈 리딩 그룹에 속해 있는지 그리고 앞서가기 전략을 감당할 만한 자원을 가지고 있는지 반드시 고민해 본 후 신중하게 결정하여야 합니다. 따라가기 전략으로 학습할 때는 시기가 지나도 계속 사용할 수 있는 기술과 개념, 원리를 중심으로 공부하기를 권장합니다. 본 도서 또한 버전이나 프로그램 언어가 바뀌어도 문법적으로 조금만 수정하여 사용할 수 있도록 구성하였습니다.

설치 프로그램이 실행되면 **Add Python to PATH**[*] 체크박스를 선택한 후 **Install Now** 링크를 클릭한 후 설정(setup) 프로그램의 안내에 따라 설치합니다.

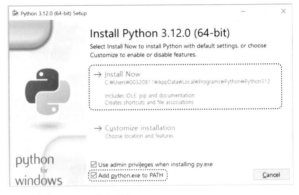

▲ **[화면]** Python 설정 화면

Python 설치가 완료되면 Windows 10의 시작 메뉴 ⊞ 의 Python 폴더에서 설치된 Python 앱을 확인할 수 있습니다.

이제 Python 앱을 열고 Python 프로그램을 돌려 봅시다. **[화면] 설치된 Python 프로그램**에서 Python 3.12 (64-bit)가 Python 앱입니다. 이 앱을 클릭하여 실행합니다.

▲ **[화면]** 설치된 Python 프로그램

---

[*] 참고로 Add Python to PATH 체크박스를 선택하면 Python의 설치 경로를 PATH라는 환경변수에 추가하게 됩니다. 이렇게 하는 이유는 시스템의 어느 경로에서든 Python의 명령어들이 실행될 수 있도록 하기 위해서입니다. PATH 환경변수를 추가하지 않을 경우에는 Python 명령어를 사용할 때마다 설치된 경로를 일일히 추가해야 하는 번거로움이 생깁니다.

! 알아두기 _ 앱/프로그램/소프트웨어/도구

앱(app)과 프로그램(program)과 소프트웨어(software)와 도구(tool)는 공통적으로 **프로그래머에 의하여 개발된 실행 가능한 프로그램 혹은 프로그램의 집합**이라는 의미를 가지지만, 따지고 보면 미묘한 차이가 있습니다.

앱은 모바일 진영에서 주로 사용하는 용어이고, 프로그램은 모바일 시대가 오기 전인 전통적인 컴퓨터 진영에서 사용하던 용어이고, 소프트웨어는 특정 프로그램을 의미하기도 하지만 전반적인 프로그램 전체를 아우르는 용어이기도 하고, 도구는 프로그램의 용도에 맞추어 도움을 주는 프로그램이라는 의미를 가지는 용어입니다.

Python 앱이 실행되면 >>> 프롬프트가 출력되며 사용자의 입력을 기다립니다.

▲ **[실행화면]** Python 앱 실행화면

적재적소 _ 프롬프트

프롬프트(prompt)는 컴퓨터가 사용자의 입력을 기다리고 있다는 것을 알려 주는 표시입니다. 방금 우리가 본 Python 인터프리터의 >>> 기호나 오른쪽 화면과 같이 Windows 컴퓨터 명령 프롬프트 창의 현재 드라이브와 폴더명이 포함된 **C:₩WINDOWS₩system32>**가 프롬프트의 일종입니다.

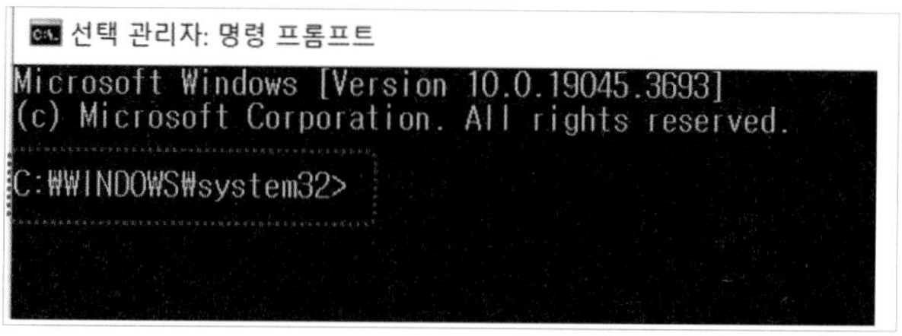

우리가 처음 만난 **[코드조각] hello world**를 Python 프로그램으로 돌려 보겠습니다. >>> 프롬프트 옆에 hello world 코드조각을 입력하고 Enter↵를 치면 입력한 코드가 실행되어 결과가 나타납니다.

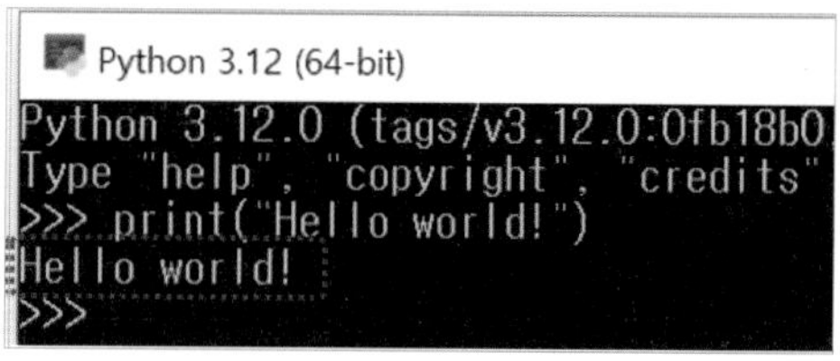

▲ **[실행화면]** hello world

[실행화면] hello world에서 첫 번째 >>> 프롬프트 하단에 나타난 문자열이 코드의 실행 결과입니다.

"Hello world!" 문자열이 실행 결과로 나타난 후 다시 >>> 프롬프트가 나타나 사용자의 입력을 기다리는데 여기에 다른 코드를 입력하고 Enter↵를 치면 다시 입력한 코드가 실행됩니다.

지금까지 프로그램의 의미를 정의하고 [코드조각]과 코드조각의 [실행화면]을 함께 확인함으로써 프로그램이 어떻게 실행되는지 체험해 보았습니다. 이제 프로그램이 무엇인지 명확하게 이해가 되셨으리라 믿습니다.

1.4　프로그램은 시스템

프로그램은 일종의 시스템으로 입력(input)/처리(process)/출력(output)의 구조를 가집니다.

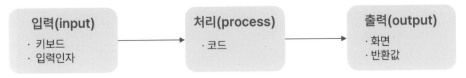

▲ [그림] 프로그램 시스템

예를 들어 print("Hello world!")라는 하나의 명령어로 구성된 [코드조각] hello world에서 입력과 처리와 출력을 구분해 봅시다. 여기서 "Hello world!"라는 문자열이 입력으로 사용됩니다. print가 처리이며 [실행화면] hello world에 나타난 결과가 출력입니다.

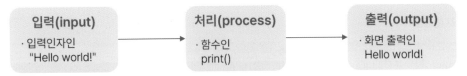

▲ [그림] hello world 시스템

다른 프로그램의 출력을 입력으로 받아들이고 다른 프로그램에 자신의 출력을 입력으로 제공한다거나, 각각의 프로그램이 계층적으로 혹은 네트워크 구조에 맞게 연결되는 등 프로그램이라는 시스템은 다양한 형태의 입력과 처리와 출력을 가집니다. 그리고 이런 다양한 형태를 배워 가는 것이 코딩을 배워 가는 것이라고 할 수 있습니다.

## Chapter 2

프로그래밍 언어의 종류

2.1 프로그래밍 언어의 종류

먼저 프로그래밍 언어의 종류에는 어떤 것들이 있는지 살펴봅시다.

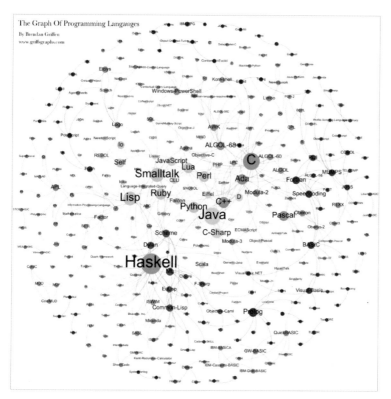

▲ [그림] The Graph Of Programming Language (출처: https://namu.wiki/w/프로그래밍%20언어/종류)

[그림] **The Graph Of Programming Language**에서 확인할 수 있는 것처럼 프로그래밍 언어의 종류는 자연어(인간의 언어)의 종류만큼이나 다양합니다. 그래서 서문에서 말한 것과 같이 프로그래밍 언어를 선택하는 일에 고민이 생기는 것입니다.

2.2 프로그래밍 언어의 순위

이번에는 프로그래밍 언어의 순위를 살펴봅시다. 다행히 몇몇 기관에서 프로그래밍 언어의 순위를 조사하여 지수로 발표하고 있습니다. 그중에서 상위 10개의 프로그래밍 언어를 확인해 보겠습니다.

Nov 2023	Nov 2022	Change		Programming Language	Ratings	Change
1	1			Python	14.16%	-3.02%
2	2			C	11.77%	-3.31%
3	4	^		C++	10.36%	-0.39%
4	3	v		Java	8.35%	-3.63%
5	5			C#	7.65%	+3.40%
6	7	^	JS	JavaScript	3.21%	+0.47%
7	10	^	php	PHP	2.30%	+0.61%
8	6	v	VB	Visual Basic	2.10%	-2.01%
9	9		SQL	SQL	1.88%	+0.07%
10	8	v	ASM	Assembly language	1.35%	-0.83%

▲ [그림] 2023년 TIOBE 지수 (출처 - https://www.tiobe.com/tiobe-index)

[그림] 2023년 TIOBE 지수와 [그림] 2023년 PYPL 지수에서 확인할 수 있는 것처럼 2023년에는 두 지수에서 모두 Python이 최상위를 차지하고 있는 것을 알 수 있습니다. 즉 현재 가장 많이 사용되는 프로그래밍 언어가 Python이라고 말할 수 있습니다.

Rank	Change	Language	Share	1-year trend
1		Python	28.09 %	+0.1 %
2		Java	15.81 %	-0.9 %
3		JavaScript	8.93 %	-0.5 %
4	↑	C/C++	6.8 %	+0.1 %
5	↓	C#	6.64 %	-0.3 %
6		PHP	4.6 %	-0.6 %
7		R	4.53 %	+0.5 %
8		TypeScript	2.81 %	+0.0 %
9	↑	Swift	2.8 %	+0.7 %
10	↓	Objective-C	2.33 %	+0.2 %

▲ [그림] 2023년 PYPL 지수 (출처 - https://pypl.github.io/PYPL.html)

> ! 알아두기 _ TIOBE 지수와 PYPL 지수
>
> TIOBE 지수는 주로 프로그래밍 언어에 대한 관심과 사용량을 반영합니다. 소프트웨어 품질 서비스 회사인 티오베에서 검색 엔진을 사용하여 각 언어에 대한 전 세계 전문 엔지니어의 수, 교육 과정 및 공급업체를 평가하는 공식을 기반으로 TIOBE 지수를 발표합니다.

PYPL 지수는 주로 프로그래밍 언어를 배우고자 하는 사람들의 관심을 반영합니다. 검색 엔진을 사용하여 각 프로그래밍 언어의 튜토리얼이 얼마나 자주 검색되는지를 기준으로 순위를 책정하여 PYPL(Popularity of Programming Language) 지수를 발표합니다.

참고로 아래는 2016년 TIOBE 지수입니다. 2015년과 2016년의 TIOBE 지수를 보면 Python이 현재와 같은 부동의 1위 자리를 차지하고 있지는 않았습니다.

Jan 2016	Jan 2015	Change	Programming Language	Ratings	Change
1	2	∧	Java	21.465%	+5.94%
2	1	∨	C	16.036%	-0.67%
3	4	∧	C++	6.914%	+0.21%
4	5	∧	C#	4.707%	-0.34%
5	8	∧	Python	3.854%	+1.24%
6	6		PHP	2.706%	-1.08%
7	16	⌃⌃	Visual Basic .NET	2.582%	+1.51%
8	7	∨	JavaScript	2.565%	-0.71%
9	14	⌃⌃	Assembly language	2.095%	+0.92%
10	15	⌃⌃	Ruby	2.047%	+0.92%

[출처] http://www.tiobe.com/index.php/content/paperinfo/tpci/index.html

2.3 프로그래밍 언어의 용도

자연어의 경우 어느 국가에 사느냐에 따라 주로 사용하는 언어가 달라지듯이 프로그래밍 언어의 경우에는 용도에 따라 주로 사용하는 언어가 달라집니다. 물론 대부분의 프로그래밍 언어가 특정 분야에만 쓰이지 않고 다양한 분야에 두루 쓰이도록 만들어지지만 아직 모든 분야에서 사용되는 언어는 없다고 판단됩니다.

용도	프로그래밍 언어
수학, 과학, 공학	Fortran, Mathematica, Matlab, Python 등
통계	Python, R, SAS, SPSS, STATA 등
머신러닝/딥러닝	C++, Go, Java, Matlab, Python, R, Scala, Swift 등
가상현실/증강현실	C, C#, C++, Java, Python 등
개발/운영(DevOps)	C Shell, DOS Batch, Korn Shell, Bourn Shell, PowerShell, YAML 등
로봇프로세스자동화(RPA)/매크로	C#, Java, Python, Visual Basic 등
시스템(system)	assembly language, C, C++, Go, Rust 등
안드로이드 폰/태블릿	Java, Kotlin 등
아이폰/아이패드	Objective C, Swift 등

윈도우	C, C#, C++, Visual Basic 등
웹(web)	C, C#, C++, Go, Java, JavaScript, PHP, Python, Rust, TypeScript 등
임베디드(embedded)	assembly language, C, C++, Rust 등

▲ **[표]** 용도별 프로그래밍 언어

[표] 용도별 프로그래밍 언어에서 수학, 과학, 공학 및 통계와 같은 일반적인 용도를 상단에 배치하고, 그 외 컴퓨터 분야의 전문적인 용도를 하단에 배치하였습니다. 일반적인 용도의 프로그래밍 언어에 Python 이 예외없이 포함되어 있고 전문적인 용도에도 많은 부분 Python이 포함되어 있습니다. 이처럼 Python 은 대중적인 언어로 자리매김하며 다용도로 사용되고 있습니다. 그러나 기기를 제어하기 위하여 빠른 속 도를 요구하는 임베디드 프로그램(embedded program)이나 컴퓨터의 기계적인 특성을 고려해야 하는 시 스템 프로그램(system program)과 특정 공급업체들에 의하여 주도되는 모바일 프로그램을 포함하여 그 외 많은 프로그램의 용도로는 아직 사용되지 않고 있습니다.

혹자는 자신이 사용하는 언어로 모든 분야의 프로그램을 할 수 있으며 언젠가는 그 언어로 통일될 것이라 고 주장을 하기도 합니다. 그러나 이는 자연어가 하나만 남고 사라진다는 주장처럼 현실적이지 않다고 생 각합니다. 프로그래밍 언어는 앞으로도 용도에 따라 여러 언어가 골고루 사용될 것입니다.

📋 **적재적소 _ 프로그래머 유형과 학습 목록**

프로그래밍 언어의 용도와 용도별로 사용되는 프로그래밍 언어의 종류가 또한 매우 다양하여 학습할 때 미로에 들어선 것과 같 이 방향을 잃기 쉽습니다. 그래서 프로그래머의 유형이 어떤 것들이 있는지 알아보고 자신에 적합한 프로그래머의 유형을 선 택하여 학습의 범위에 초점을 맞추는 것이 중요합니다.

프로그래머 유형을 분류하는 방법은 여러 가지가 있으며, 각 방법은 프로그래머의 특징을 다양한 관점에서 바라봅니다. 어떤 방법이 가장 적합한지는 상황에 따라 다르며, 여러 방법을 조합하여 사용하는 것이 유용할 수 있습니다.

우선 프로그래밍의 학습과 프로그래머로서의 경력 경로 선택에 도움이 될 수 있도록 아래와 같이 프로그래머의 유형을 크게 단순화하여 2가지로 분류해 보았습니다.

프로그래머 유형	설명
전문 프로그래머	프로그래밍 기법과 기술에 전문성을 가지며 주로 소프트웨어 전문 회사나 컨설팅 업 체에서 경력을 쌓아 가게 됨
사용자 프로그래머	자신의 업무 분야에 전문성을 가지며 프로그래밍 기법과 기술을 업무에 활용하며 주 로 일반 기업에서 경력을 쌓아 가게 됨

위의 표에서 설명한 것과 같이 전문 프로그래머가 되기 위해서는 프로그래밍 기법과 기술에 초점을 맞추어야 할 것이며, 반대 로 사용자 프로그래머가 되기 위해서는 자신의 업무 분야에 프로그래밍 기법과 기술을 어떻게 적용시킬지에 대하여 초점을 맞 추어야 할 것입니다. 과거에는 일반적으로 프로그래머라고 하면 전문 프로그래머를 의미하였고 사용자 프로그래머는 Excel Macro 프로그램이나 간단한 데이터 베이스 프로그램을 개발하는 수준에 머물러 있었으나 최근에는 Matlab과 Python과 R 언어 등이 등장하여 데이터 분석, 과학, 통계 및 엔지니어링 분야에서 광범위하게 사용됨으로써 사용자 프로그래머의 중요성 이 점점 증가하고 있습니다.

이번에는 프로그래머의 유형을 조금 더 세분화하여 초보 프로그래머가 학습할 대상 프로그래밍 언어와 라이브러리 등을 선택할 수 있도록 정리해 보았습니다.

프로그래머 유형	프로그래밍 언어 및 라이브러리 학습 목록
데이터 과학자	Python, keras, numpy, pandas, tensorflow
사무 자동화 프로그래머	openpyxl, Python, python-docs, python-pptx, selenium, smtplib
앱(app) 프로그래머	Dart/Flutter, Kotlin, Swift
웹(web) 프로그래머	HTML, CSS,, JavaScript, Python/flask/django, node.js, Java/Spring

위의 표에서 볼 수 있는 것과 같이 설명의 편의상 게임, 가상현실/증강현실, 임베디드 및 시스템 프로그래머와 같은 특수한 유형에 대해서는 정리하지 않고 필자가 생각하기에 책을 저술하는 시점에 가장 일반적으로 접할 수 있는 대중적인 프로그래머의 유형과 프로그래밍 언어 및 라이브러리를 매우 간단하게 단순화하여 정리해 보았습니다. 정확한 정보가 되지는 않겠지만 프로그래머의 유형의 맥락을 이해하는 것에는 크게 도움이 될 것입니다.

전문 프로그래머가 되기를 희망한다면 위의 표에서 설명한 유형별 전문성에 초점을 맞추어 학습하여야 하겠지만, 사용자 프로그래머가 되기를 희망한다면 전문성보다는 전반적인 이해와 응용에 초점을 맞추어 학습하여야 할 것입니다.

이번에는 조금 다른 방식으로 프로그래머들 사이에서 매우 일반적으로 받아들여지는 프로그래머 유형을 소개하겠습니다.

프로그래머 유형	프로그래밍 언어 및 라이브러리 학습 목록
프론트 엔드 프로그래머 (front end programmer)	프론트 엔드 프로그램의 전형적인 예로 사용자가 실제로 보는 화면을 가리킴. 앱 개발 시에는 Dart/Flutter, Kotlin, Swift 등을 주로 사용하며 웹개발 시에는 HTML, CSS, Bootstrap, JavaScript, React, Python/flask/django, Java/Spring 등을 주로 사용함
백 엔드 프로그래머 (back end programmer)	백 엔드 프로그램의 전형적인 예로 서버에서 프론트 엔드 프로그램을 지원하는 라이브러리 개발 및 데이터 처리 등이 있음. C, C#, C++, Java, Node.js, PHP, Python, SQL 등의 언어를 주로 사용함
풀스택 프로그래머 (full stack programmer)	간혹 두 가지 분야에 모두 정통한 프로그래머가 있는데 이들을 풀스택 프로그래머라고 칭함

국내에서는 프론트 엔드 프로그래머와 백 엔드 프로그래머를 굳이 나누지 않는 경향이 있으나 프론트 엔드 프로그래머는 사용자 경험을 중시하여야 하기 때문에 미적 감각과 감성적인 능력이 요구됩니다. 백 엔드 프로그래머는 성능과 안정성을 중시하여야 하기 때문에 높은 기술력과 논리적이 능력이 요구됩니다. 이 두 가지 능력을 갖추고 오랜 경험을 쌓는다면 풀스택 프로그래머로 성장할 수 있을 것입니다.

2.4 프로그래밍 언어의 세대와 수준

사용할 프로그래밍 언어를 적절히 선택하고 활용하기 위해서는 용도별로 사용되는 프로그래밍 언어에 대한 이해와 함께 프로그래밍 언어의 수준(level)과 세대(generation, GL)에 대한 개념을 가지고 있어야 합니다.

세대	분류	주요 특징	언어의 예
1세대 (1 GL)	기계 언어 (machine language)	컴퓨터의 명령어와 1:1	–
2세대 (2 GL)	어셈블리 언어 (assembly language)	기계어를 1:1로 기호화	–
3세대 (3 GL)	컴파일 언어 (compiled language)	기계어로 1:n 변환 후 실행	C, C++, C#, Java, PL/I
4세대 (4 GL)	인터프리트 언어 (interpreted language)	실행 시 기계어로 변환	Matlab, Python, R, SQL
5세대 (5 GL)	자연 언어 (natural language)	사람의 언어를 컴퓨터가 이해	–

[표] 프로그래밍 언어의 세대 (출처 - LG CNS 신입사원 교육 자료)

1세대 언어는 컴퓨터의 논리 회로에 구현된 명령어를 그대로 사용하는 기계 언어입니다. 기계어 코드는 컴퓨터의 종류마다 다르고 코드의 형태가 **001001 11101 11001**과 같은 2진수로 이루어지기 때문에 사람이 이해하기 어렵고 개발 생산성도 떨어지며 오류가 발생하면 수정하기도 어렵습니다.

2세대 언어는 기계어를 기호화하여 만든 어셈블리 언어입니다. 기계어와 같이 컴퓨터의 종류마다 다르지만 코드의 형태가 **ADD EAX, EBX**와 같이 조금은 인간이 이해할 수 있는 기호로 되어 있습니다.

3세대 언어는 언어적 체계를 갖춘 최초의 프로그래밍 언어입니다. **sum = a + b**와 같은 형태의 코드를 예로 들 수 있는데, 이 코드는 굳이 프로그래밍 언어를 배우지 않았어도 a와 b의 값을 더하여 sum에 저장하라는 의미인 것을 알 수 있습니다. 이와 같은 형태의 코드로 코딩된 프로그램은 컴파일(compile) 단계를 거쳐 기계어로 번역되어 실행 파일의 형태로 만들어지게 됩니다. Windows PC에서 실행 파일은 통상적으로 .exe 확장자를 가지게 되어 바로 실행됩니다.

4세대 언어도 코드의 형태는 3세대 언어와 유사합니다. 다만 코딩된 프로그램이 컴파일되어 실행 파일로 만들어지지 않고, 실행이 필요한 시점에 인터프리터(interpreter)에 의하여 문장별로 해석(interpret)되어 실행됩니다. 프로그램의 문법도 3세대 언어보다는 기계적인 특성을 덜 가지고 있으며 사람이 이해하기 더 쉬운 문법으로 되어 있습니다. 이런 특징 덕분에 코딩이 한결 쉬워지고 컴퓨터의 종류에 상관없이 실행될 수 있는 환경을 제공하는 등의 장점을 가집니다. 다만 인터프리터가 중간에 개입되어야 하고 또한 코드가 실행될 때마다 반복하여 해석되어야 하기 때문에 3세대 언어보다 속도가 느립니다. 본 도서에서 사용되는 언어인 Python이 4세대 언어에 해당하며, 컴퓨터 하드웨어의 발달과 함께 수행 속도와 실행 파일 크기의 중요성이 줄어들면서 최근에 개발되는 언어들은 대부분 4세대 언어입니다.

5세대 언어는 개념적으로만 존재하며 아직 자연어로 코딩하는 방법은 없습니다. 하지만 마이크로소프트가 인공지능 기술을 사용한 GiHhub Copilot을 2021년 6월에 발표하며 프로그램의 설명을 의미하는 주석으로 코딩을 제시해 주거나 코딩의 일부만 보고 코딩을 제시해 주는 등 프로그래머의 코딩보조도구로 활용되고 있고, 오픈AI가 대화형 AI 서비스인 ChatGPT를 2022년 11월에 발표하며 코드를 생성하고 작성된 코드의 적절성을 검증해 주는 등의 용도로 활용되며 5세대 언어와 비슷한 기능을 제공해 주고 있습니다.

> **! 알아두기 _ 코드/프로그램/스크립트**
>
> 프로그램(program)과 스크립트(script)라는 용어는 프로그래머에 의하여 개발되는 프로그램 코드(program code)라는 의미를 가집니다. 다만 스크립트는 몇 줄이 되지 않는 아주 간결한 코드를, 프로그램은 제법 분량과 형식을 갖춘 코드라는 뉘앙스를 가집니다.

> **! 알아두기 _ 어셈블러/컴파일러/인터프리터**

어셈블러(assembler)는 어셈블리 언어로 작성된 텍스트 파일(text file) 형식의 코드를 읽어 프로그램 코드 한 줄에 하나의 기계어로 번역하여 실행 파일을 만들어 주며, 컴파일러(compiler)는 컴파일 언어로 작성된 텍스트 파일 형식의 코드를 읽어 프로그램 코드 한 줄에 그 코드의 기능에 상응하는 여러 줄의 기계어로 번역하여 실행 파일을 만들어 줍니다. 실행 파일을 생성해 놓으면 사용자는 어셈블러나 컴파일러가 생성해 준 실행 파일을 마우스로 더블 클릭하거나 명령어로 입력하여 반복하여 실행시키며 프로그램을 사용하게 됩니다.

이와 달리 인터프리터(interpreter)는 어셈블과 컴파일 과정을 거치지 않고 인터프리트 언어로 작성된 프로그램을 실행할 때마다 읽어 한 줄씩 번역하며 실행합니다.

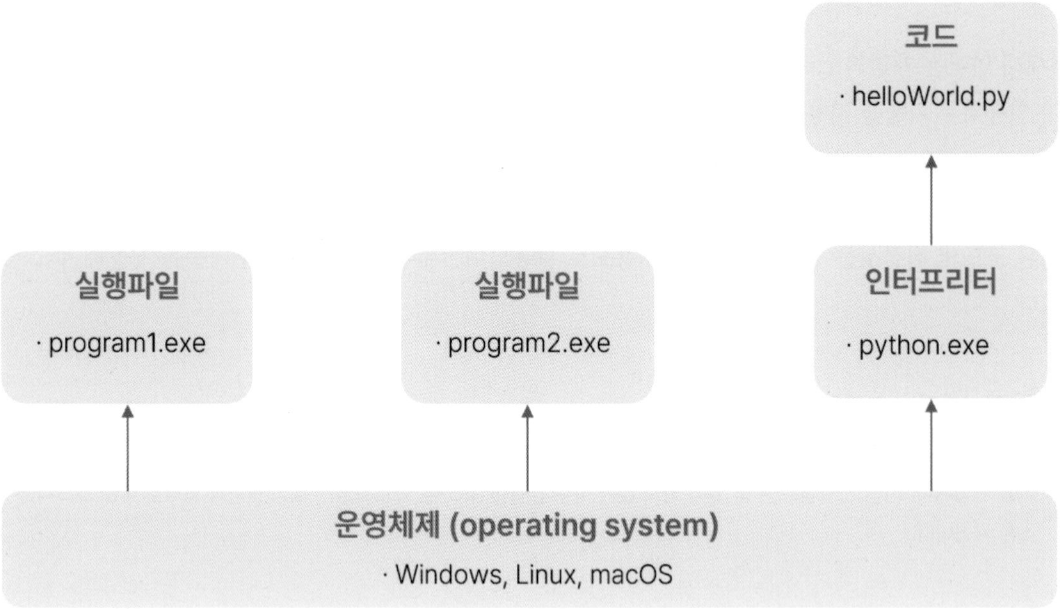

코드
· helloWorld.py

실행파일
· program1.exe

실행파일
· program2.exe

인터프리터
· python.exe

운영체제 (operating system)
· Windows, Linux, macOS

어셈블러나 컴파일러가 생성해 준 실행 파일은 운영체제에서 실행 파일을 바로 호출하기 때문에 실행을 위하여 운영체제 한 개 계층의 도움이 필요합니다. 이와 달리 인터프리터는 운영체제가 인터프리터를 호출하고 인터프리터가 실행할 프로그램을 읽어 번역하며 실행하기 때문에 운영체제와 인터프리터의 두 개 계층의 도움이 필요합니다. 그래서 인터프리터 언어로 개발된 프로그램의 실행 속도가 실행 파일을 실행하는 것보다 느리게 됩니다. 대신 어셈블러나 컴파일러가 생성해 준 실행 파일과 달리 컴퓨터의 종류에 종속되지 않고 어느 컴퓨터에서나 동작하게 됩니다.

📋 **적재적소 _ Python 인터프리터**
[코드조각] hello world를 실행할 때 [그림] Python 앱 실행화면에서 볼 수 있는 Python 앱이 Python 인터프리터이며 python.exe라는 실행 파일이 실행되고 있는 것입니다. 〉〉〉 프롬프트가 보이는 상태가 코드의 입력을 기다리는 상태이며 print("Hello world!") 코드를 입력한 후 Enter↵ 를 누르면 내부적으로 코드를 해석하여 실행해 주는 형태로 Python 인터프리터가 동작합니다. 해석한 코드의 실행이 끝나면 다시 〉〉〉 프롬프트가 나타나며 다음 코드 입력을 기다리는 상태가 됩니다.

프로그래밍 언어의 수준은 기계 중심적인 언어인지 인간 중심적인 언어인지에 따라 구분합니다. 기계 중심적일수록 저수준(low level)이라고 부르며 인간 중심적일수록 고수준(high level)이라고 부릅니다. 1세대가 가장 기계 중심적이고 5세대가 가장 인간 중심적입니다.

세대	분류	언어의 수준	수행 속도	실행파일 크기	개발 생산성	디버깅 용이성	코드 가독성
1세대 (1 GL)	기계 언어 (machine language)	저수준	빠름	작음	낮음	어려움	낮음
2세대 (2 GL)	어셈블리 언어 (assembly language)						
3세대 (3 GL)	컴파일 언어 (compiled language)						
4세대 (4 GL)	인터프리트 언어 (interpreted language)						
5세대 (5 GL)	자연 언어 (natural language)	고수준	느림	큼	높음	쉬움	높음

▲ [표] 저수준과 고수준 언어의 특징

프로그램의 수행 속도의 경우 기계 중심적인 저수준 언어일수록 빠르고 고수준일수록 느리기 때문에 프로그래밍 언어를 선택할 때 속도에 민감한 경우 저수준 언어를 선택하여야 합니다. 프로그램 실행 파일의 크기도 수준이 낮을수록 작으며 수준이 높을수록 크기 때문에 프로그램이 실행될 컴퓨터의 용량에 제한이 크다면 수행 속도의 경우와 마찬가지로 저수준의 언어를 선택하여야 합니다. 그러나 기계어와 어셈블리 언어와 같은 저수준의 언어는 이해하기 어렵고 개발 생산성도 떨어지며 오류가 발생하면 수정하기도 어렵기 때문에 수행 속도와 실행 파일의 크기에 민감한 경우 3세대 언어를 선택하는 것이 타당합니다.

이해하기 쉬우며 개발 생산성이 높고 또한 오류가 발생했을 때 저수준의 언어들보다 수정하기 용이한 이유로 프로그래머들은 고수준 언어를 주로 선택합니다. 그러나 고수준 언어만으로 프로그램 코딩을 하는 것은 한계(느린 수행 속도 등)가 있습니다. 이럴 때는 사용하던 언어보다 저수준 언어를 사용하여 최적화해야 합니다.

📋 적재적소 _ Python 프로그래밍 언어

Python 프로그래밍 언어는 4세대 인터프리터 방식의 고수준 프로그래밍 언어입니다. 컴퓨터 전문 프로그래머만이 아니라 수학, 과학 및 통계에 종사하는 일반인들까지 선택하여 널리 사용하는 범용 프로그래밍 언어입니다. 구조적 프로그래밍, 객체지향 프로그래밍 그리고 함수형 프로그래밍 패러다임을 제공하는 현대적 프로그래밍 언어입니다.

2.5 프로그래밍 언어의 선택

프로그램 개발이 필요한 업무 영역인 프로그램의 용도와 프로그래밍 언어의 수준과 프로그래밍 언어의 대중성을 보고 선택하면 대과가 없을 것입니다. 코딩을 처음 배울 때에는 Python과 같이 비교적 쉽고 대중적인 언어를 선택하여 학습한 후 필요 시 저수준의 언어로 갈아타는 것도 좋은 학습 전략이 될 것입니다. 특히 Python은 공개 소프트웨어(open source software)로 병렬 처리나 단위 테스트 등의 고급 언어적 특성이 무상으로 제공되어 프로그래밍 기법을 학습하기에 매우 적합합니다.

2.6 고수준 언어의 유사성

앞 절(2.5)에서 고수준 언어를 먼저 습득한 다음 저수준 언어로 갈아타는 학습 전략도 좋다고 언급했는데, 과연 Python으로 코딩을 배워 다른 언어들에 확장하여 사용할 수 있는지 의문이 드는 분도 있을 것입니다. 그래서 TIOBE 지수와 PYPL 지수에서 1위에서 3위를 차지하고 있는 언어들의 hello world 코드조각들을 예로 언어의 확장 가능 여부를 살펴보겠습니다.

```python
print("Hello world!")
```

▲ **[코드조각]** Python의 hello world

```c
#include <stdio.h>
int main(){
    printf("Hello world!");
}
```

▲ **[코드조각]** C의 hello world

```java
package hello world;

public class Hello world{
    public static void main(String args[]){
        System.out.println("Hello world!");
    }
}
```

▲ **[코드조각]** Java의 hello world

```
<script>
    console.log("Hello world!");
</script>
```

▲ **[코드조각]** JavaScript의 hello world

파란색으로 표시되지 않은 코드들은 각 언어의 프로그램 코드를 기술하는 구조에 해당하는데 대부분 이는 프로그램 개발 도구에 의하여 제공되며, 파란색으로 표시된 문장이 "Hello world!" 문자열을 출력하는 부분으로 사용자가 코딩할 프로그램에 해당합니다.

코드조각들 중에서 파란색으로 표시된 코드에 집중해서 살펴봅시다. Python의 print는 인쇄, C의 printf는 print 뒤에 f 즉 형식(format)의 의미가 붙어 형식을 지정하여 인쇄, Java의 println은 print 뒤에 ln 즉 줄(line)의 의미가 붙어 한 줄씩 인쇄, JavaScript의 log는 로그(log) 즉 기록을 남긴다는 의미라는 것을 이해하면 문장의 형태가 유사하다는 것을 알 수 있습니다.

▣ **적재적소 _ 프로그램의 계층적 배치**

프로그래밍 언어가 제공하는 프로그램은 통상적으로 계층적으로 배치되며 계층적으로 배치된 프로그램들은 대부분 점(.)에 의하여 구분되어 사용됩니다. Python과 C의 print와 printf는 앞에 점이 없어 프로그래밍 언어에서 기본적으로 제공하는 기능인 것을 알 수 있으며 Java의 println은 System이라는 상위 계층에 속하는 out이라는 계층에서 제공하는 기능인 것을 알 수 있습니다. 마찬가지로 JavaScript의 log는 console이라는 계층에서 제공하는 기능이라는 것을 알 수 있습니다.

문법이 유사한 것만큼이나 각 언어들은 많은 공통점을 가지고 있으며 일부 언어마다 특화된 특징들을 가지고 있습니다. 프로그래밍 언어마다 개념적인 의미론(semantics)은 유사하나 문법적인 구문론(syntax)은 조금씩 달라서 하나의 외국어를 배운 경험을 확장하여 다른 외국어를 배우는 시간을 단축시키듯이 하나의 프로그래밍 언어를 잘 이해하고 있다면 다른 언어의 특화된 특징을 찾아서 이해하는 방법으로 쉽게 배워서 사용할 수 있습니다.

## Chapter 3

Python 프로그램 개발 환경

3.1 프로그램 개발 환경

Python 프로그램을 개발하기 위해서는 개발 환경이 필요합니다. 개발 환경은 프로그램 코드를 편집할 수 있는 단순한 문서 편집기가 될 수도 있고 프로그램 개발에 필요한 대부분의 기능을 제공하는 통합개발환경(integrated development environment, IDE)이 될 수도 있고 그 중간의 형태를 취할 수도 있습니다.

개발 환경	제공 기능									
	문서 편집	코드 제안	소스 관리	디버깅	빌드 (실행)	테스트	성능 분석	프로 젝트	리팩 터링	확장
메모장(Notepad)	O	–	–	–	–	–	–	–	–	–
IDLE	O	–	–	O	O	–	–	–	–	–
Jupyter Notebook	O	O	–	–	O	–	–	–	–	–
Google Colab	O	O	–	–	O	–	–	–	–	–
PyCharm (Community)	O	O	O	O	O	O	–	O	O	–
Visual Studio Code	O	O	O	O	O	O	–	O	O	O
Visual Studio (Community)	O	O	O	O	O	O	O	O	O	O

▲ [표] 프로그램 개발 환경 비교

Python은 인터프리터 언어로 문서 편집기만 있어도 프로그램 개발이 가능하고 Python을 설치할 때 함께 설치되는 IDLE(통합개발환경, integrated development environment)이라는 프로그램 개발 도구만으로도 프로그램 개발이 가능하나 개발을 위한 기능이 절대적으로 부족하여 추천할 수 없습니다. 시중에 통용되고 있는 추천할 만한 통합개발환경으로 PyCharm(파이참), Visual Studio Code(비주얼 스튜디오 코드) 및 Visual Studio(비주얼 스튜디오) 등이 있습니다.

PyCharm은 Python 개발에만 사용되어 프로그램 언어를 다른 언어로 확장해 갈 때 사용할 수 없다는 단점이 있고 Visual Studio는 프로그램이 무겁고 느리다는 단점이 있어서 Visual Studio Code를 사용하도록 하겠습니다. 다행히 Visual Studio Code는 마이크로소프트가 프리웨어(freeware)로 제공하는 통합 개발환경이어서 누구나 무상으로 사용할 수 있으며 부족한 기능은 확장 프로그램(extension)을 사용하여 추가할 수 있습니다.

Jupyter Notebook과 Google Colab의 경우는 통합개발환경보다 전문적인 프로그래머들이 사용하기에는 충분하지 않은 기능들을 제공하나 마치 노트를 사용하듯이 쉽게 프로그램을 코딩하고 실행하고 동시에 결과를 볼 수 있게 해 주기 때문에 수학이나 공학이나 인공지능 영역의 Python 프로그래머들이 자주 사용합니다. 특히 Google Colab은 인공지능 코딩을 시작하기에 좋은 환경을 갖춰서 인공지능 코딩을 공부할 프로그래머라면 반드시 알아 두어야 한다고 생각합니다.

❗ 알아두기 _ 소스 코드

어떤 학습을 하든 학습하는 내용 그 자체보다 용어를 더 이해하기가 힘든 경우가 많습니다. 프로그램 코드를 소스 코드(source code)라고 부르는 사람들이 많은데 이 용어도 그렇습니다. **[알아두기] 어셈블러/컴파일러/인터프리터**에서 설명한 그림을 생각해 봅시다. 어셈블러나 컴파일러는 코드를 받아들여 기계어로 번역한 후 실행 파일을 만듭니다. 번역을 하기 위한 프로그램 코드가 어셈블러나 컴파일러에게는 번역의 원천(source)이 되고, 번역되어 생성되는 실행 파일은 목적지(object)가 됩니다. 그래서 개발한 프로그램 코드를 소스 코드라고 부르고 컴파일한 결과로 나오는 코드를 목적 코드(object code)라고 부르게 된 것입니다. 재미있는 것은 어셈블이나 컴파일을 하지 않는 인터프리터 프로그램인 Python 프로그램 코드도 소스 코드라고 부른다는 것입니다.

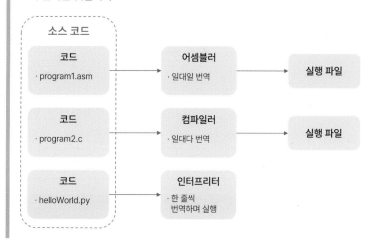

❗ 알아두기 _ 디버깅

디버깅(debugging, 오류 수정)은 벌레를 잡는다는 뜻입니다. 그런데 어떻게 해서 벌레를 잡는다는 말이 오류를 수정한다는 의미로 사용되게 되었을까요? 이는 과거의 컴퓨터는 지금과 같은 집적회로(integrated circuit, IC)로 만들어지지 않고 진공관을 회로로 연결하여 만들어졌다는 역사적 사실과 관련이 있습니다. 1940년대 초기 컴퓨터 프로그래머 중 한 명인 그레이스 호퍼(Grace Hopper)가 컴퓨터가 고장이 나 그 원인을 찾던 중 진공관 사이에 낀 나방 한 마리를 발견하고 나방이 컴퓨터 고장의 원인임을 알게 되어 제거했다는 일화가 있습니다. 이후로 오류를 버그(bug)라고 부르고 오류를 수정하는 작업을 의미하는 용어가 디버깅이 되었다고 합니다.

3.2 Visual Studio Code 설치

Visual Studio Code를 설치하기 위하여 웹 브라우저를 실행하고 https://code.visualstudio.com/
download/ 주소로 이동합니다.

Visual Studio Code 다운로드 사이트에서 **Windows** 버튼을 클릭해 Visual Studio Code 설치 파일을
다운로드합니다. 물론 Windows OS 이외의 컴퓨터를 사용하는 경우 사용하는 기종에 맞는 버튼을 눌러
야 합니다. Visual Studio Code는 Windows, Linux 및 macOS 등의 컴퓨터 환경에서 실행할 수 있는데
Python의 경우와 같이 학습을 위한 목적으로 사용하는 경우 기종에는 크게 영향을 받지 않습니다.

▲ **[화면]** Visual Studio Code 다운로드 사이트

다운로드가 완료되면 컴퓨터의 다운로드 폴더에서 Visual Studio Code 설치 파일을 실행합니다. Visual
Studio Code는 Python의 설치와 달리 특별히 어떤 설정을 변경할 부분이 없이 사용권 계약에 동의하고
다음 버튼을 클릭하는 등의 통상적인 프로그램 설치 절차를 거쳐 설치하면 됩니다.

Visual Studio Code가 설치되면 Windows
10의 시작 메뉴의 Visual Studio Code 폴
더에 설치된 Visual Studio Code 앱을 확
인할 수 있습니다.

▲ **[화면]** 설치된 Visual Studio Code 프로그램

그럼 Visual Studio Code를 실행해 봅시다.

Visual Studio Code 앱 실행 후 먼저 할 일은 우리에게 익숙한 언어 환경으로 변경하는 것입니다. 앱 초기
화면의 우측 하단에서 **설치 및 다시 시작** 버튼을 클릭하여 표시 언어를 **한국어**로 변경합니다.

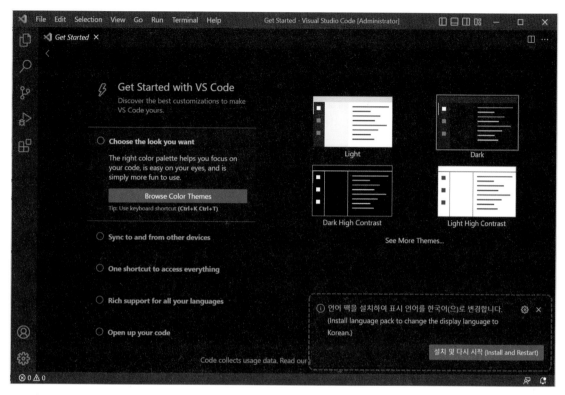

▲ **[화면]** Visual Studio Code 앱 초기 화면

❗ **알아두기 _ Visual Studio Code 확장의 수동 설치**

만약 한글 지원을 위한 확장(extension)이 자동으로 설치되지 않으면 수동으로 설치하여야 합니다. 한글 지원은 Visual Studio Code의 기본 기능이 아니라 부가적인 기능으로 **확장**의 형태로 제공되는데 Visual Studio Code 좌측의 확장 버튼 🔳 을 클릭한 후 상단의 검색창에서 korean을 검색한 다음 Korean Language Pack for Visual Studio Code의 **설치** 버튼을 클릭해 설치합니다.

Python과 관련한 확장 등 기타 확장들도 한글 언어팩과 같이 필요한 시점에 Visual Studio Code가 자동으로 설치하는데 자동으로 설치되지 않으면 검색어를 그때그때 필요한 검색어로 바꾸어 여기서 설명하는 것과 동일한 방법으로 설치하면 됩니다. 설치된 확장이 필요하지 않다면 설정 버튼 ⚙ 을 클릭해 사용안함으로 설정하거나 제거할 수 있습니다.

표시 언어를 한국어로 변경했다면 통합개발환경은 무엇인지 직접 체험하며 알아보겠습니다. 그 시작으로, 앞에서 Python 인터프리터를 통하여 실행한 hello world 코드조각을 Visual Studio Code에도 입력하여 실행해 보겠습니다.

Visual Studio나 PyCharm과 같은 일반적인 통합개발도구에서 프로그램을 개발하기 위해서는 먼저 프로젝트(project)를 만들어야 합니다. 그러나 프로젝트라는 개념은 프로그램이 저장될 폴더와 설정 파일들을 포함하는 개념으로 프로그램 입문자를 대상으로 설명하기가 생각보다 복잡합니다. 그러나 Visual Studio Code는 프로젝트라는 개념을 우리가 이미 알고 있는 폴더(folder)로 대체하여 폴더 하부에 있는 폴더와 파일들을 동일한 프로젝트에 사용하는 것으로 간주합니다.

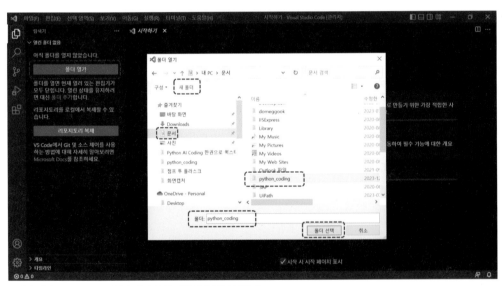

▲ **[화면]** python_coding 폴더 열기 혹은 개발 프로젝트 만들기

화면의 좌측 상단에 위치한 **탐색기** 버튼 🗐을 클릭하면 프로젝트의 폴더와 프로그램 파일들을 볼 수 있는 탐색기가 나타납니다. 아직 만들어진 프로젝트나 열린 프로젝트가 없기 때문에 폴더 열기와 리포지토리 복제 버튼이 나타납니다. 폴더 열기 버튼을 클릭한 후 **폴더 열기** 화면이 나타나면 **문서 폴더**로 이동한 후 **새 폴더** 버튼을 클릭하여 python_coding 폴더를 만듭니다. 만들어진 **python_coding 폴더**를 선택한 후 폴더 선택 버튼을 클릭합니다.

python_coding 프로젝트 초기화면에서 좌측 상단에 위치한 **탐색기** 버튼 🗐을 클릭하여 탐색기를 열고 새 **파일** 버튼 🗋 을 클릭한 후 프로그램의 이름을 **hello_world.py**로 입력하고 Enter⏎를 칩니다. 그러면 프로그램 소스 파일이 만들어지면서 화면의 우측에 프로그램을 편집할 수 있는 화면이 나타납니다. 여기서 주의할 점은 **프로그램 파일의 이름에 .py 확장자를 추가**해야 한다는 것입니다. 이 확장자를 추가해야 Visual Studio Code가 생성된 프로그램을 Python 프로그램으로 인식합니다.

▲ **[화면]** hello_world.py 프로그램 소스 파일 만들기

❗ 알아두기 _ 프로그램이나 프로젝트 이름으로 공란 없는 영숫자를 사용해야 하는 이유

프로그램을 개발할 프로젝트 폴더의 이름은 영어로 공란 없이 만들어야 하는데 한글로 된 프로그램이나 폴더는 인식하지 못하거나 특수문자 혹은 공란들이 이해할 수 없는 문제를 일으키는 경우가 종종 있기 때문입니다.

❗ 알아두기 _ Visual Studio Code에서 폴더 만들기

Visual Studio Code의 탐색기에서 새 폴더 버튼 🗀을 클릭하고 폴더명을 입력하여 프로젝트 하부에 폴더를 만들 수 있습니다.

탐색기가 가진 재미있는 기능을 함께 소개하자면, 폴더와 파일을 동시에 만드는 기능이 있습니다. 새 파일 버튼 🗋을 클릭한 후 파일 이름을 "folder2/source1.py"와 같이 폴더명/파일명의 형태로 입력하면 됩니다. 여기서 주의할 점은 새 폴더 버튼이 아니라 새 파일 버튼을 클릭하는 것, 그리고 폴더와 파일명을 구분하는 기호가 백슬래시(\, back slash)[*]가 아니고 슬래시(/, slash)라는 것입니다. 이는 실제 코딩을 할 때 생산성을 높여 주는 사소하지만 중요한 기능이니 기억해 두면 좋습니다.

---

[*] 많은 한글 키보드에 백슬래시(\)가 원화(₩) 기호로 나타나며, 화면을 캡처하여 만든 본 도서의 소스 코드에 원화(₩)로 나타나고 있습니다.

프로그램 소스 파일이 생성되면 Visual Studio Code의 **탐색기** 폴더 아래에 생성된 프로그램 파일이 나타나고 우측에는 프로그램을 편집할 수 있는 편집 화면이 나타납니다. 프로그램을 코딩하기 위하여 편집 화면에 print("Hello world!")라고 입력합니다.

코딩을 한 후 별도로 저장할 필요가 없습니다. Visual Studio Code가 주기적으로 혹은 프로그램 실행 직전에 자동으로 저장해 주기 때문입니다. 간혹 자동으로 저장되지 않는 경우가 발생하는데 그럴 때에는 수동으로 저장하여야 합니다.

Visual Studio Code는 Python 프로그램만이 아니라 C나 C# 등 다양한 언어를 지원하기 때문에 Python 프로그램을 개발하기 위한 모든 환경이 준비되어 있지 않습니다. 각각의 언어나 개발대상마다 개발환경이 다르기 때문입니다. Visual Studio Code의 특정 프로그램 언어를 위한 개발환경은 확장(extension)이라는 프로그램들의 묶음으로 제공됩니다.

Python 개발에 필요한 확장을 설치하기 위하여 Visual Studio Code 화면 우측 하단의 안내창에서 **설치** 버튼을 클릭합니다.

▲ [화면] hello_world.py 프로그램 코딩하기

확장 버튼 🔡을 클릭해 설치된 Python 확장을 확인한 후 다시 hello_world.py 편집 화면으로 이동합니다.

▲ **[화면]** Visual Studio Code에 설치된 Python 확장

Visual Studio Code 화면의 상단에서 ① **실행 → 디버깅 없이 실행** 메뉴를 클릭하거나 ② 편집 화면 우측 상단의 **실행** 버튼 ▷을 클릭하면 프로그램이 실행됩니다.

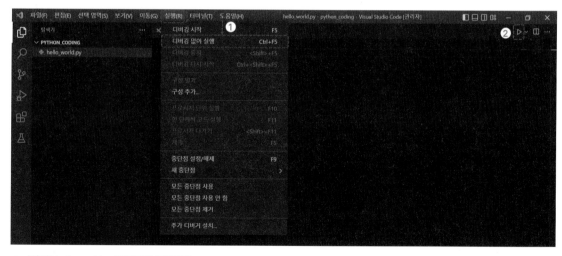

▲ **[화면]** hello_world.py 프로그램 실행하기

프로그램이 실행되면 Visual Studio Code 화면의 하단에 **터미널**(terminal) 화면이 나타나며 hello_world.py 프로그램이 수행된 결과가 나타납니다.

▲ **[실행화면]** hello_world.py 프로그램 실행화면

Visual Studio Code의 터미널은 PowerShell이라고 불리는 Windows 컴퓨터의 명령 프롬프트 창(cmd. exe)이나 UNIX 혹은 Linux 컴퓨터의 명령어 실행 창(command shell)에 해당하는 기능으로 컴퓨터의 명령어를 실행하기 위하여 사용됩니다. 터미널에서 Python 프로그램을 실행시키기 위해 Python 인터프리터인 python.exe 명령 뒤에 실행할 프로그램 이름으로 python_coding 폴더 아래의 hello_world.py 파일 이름이 명령 뒤에 나타나는 것을 볼 수 있습니다. 이와 같은 명령행은 Visual Studio Code가 Python 프로그램의 실행을 위하여 자동으로 만들어 주는 것입니다.

그렇다면 Python 인터프리터에서 실행하는 것과 Visual Studio Code에서 실행하는 것에는 어떤 차이가 있을까요? Python 인터프리터에서는 한 번에 하나의 문장씩 프로그램을 컴퓨터의 명령어처럼 실행하고, Visual Studio Code에서는 특정 기능을 하는 여러 개의 명령어 혹은 문장들을 하나의 프로그램 소스 파일에 저장한 후 전체를 한 번에 실행하는 것이 다릅니다. 실제 프로그램을 개발할 때에는 Python 인터프리터에서 명령어를 하나씩 입력하여 실행 결과를 지켜보며 코딩을 구상한 후 Visual Studio Code의 편집 화면에서 구상된 프로그램을 완성한 후 소스 파일로 저장하여 프로그램 소스 파일 단위로 실행시키는 것이 좋습니다.

이제 Visual Studio Code를 사용하여 코딩을 하고 코딩한 프로그램을 어떻게 쉽게 실행해 보는지 명확하게 이해가 되었을 것으로 믿습니다.

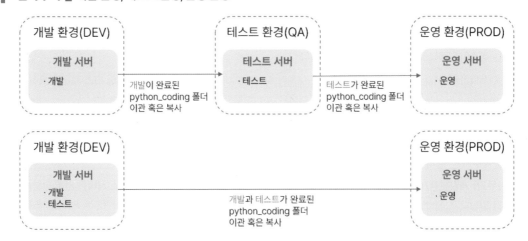

Visual Studio Code는 개발(development, DEV) 환경에서 프로그램 개발을 위하여 사용합니다. 그래서 실제 프로그램을 사용할 때에는 운영(production, PROD) 환경으로 옮겨야(migration) 합니다.[*] 개발 환경을 운영 환경으로 옮기는 방법은 프로그램 언어나 프로젝트를 수행하는 조직마다 다른데, 가장 쉬운 방법은 개발 컴퓨터에 있는 폴더를 운영 컴퓨터로 복사하는 것입니다. 보통은 개발 환경에서 개발과 테스트를 동시에 하지만, 규모가 큰 조직에서는 개발 조직과 테스트 조직이 분리되어서 테스트 혹은 품질 보증(quality assurance, QA) 환경을 별도로 구축하여 사용합니다. 본 도서에서는 교육 목적상 개발 컴퓨터를 테스트와 운영 목적을 위하여 함께 사용하겠습니다.

테스트 서버와 운영 서버에서 프로그램을 실행하는 방법도 프로그램 언어나 프로젝트를 수행하는 조직마다 다른데 Windows 컴퓨터를 서버로 사용한다면 위의 화면과 같이 명령 프롬프트 창을 열어 ① cd C:\Users\00320811\Documents\python_coding 명령어로 이관된 프로젝트 폴더로 이동한 후 ② python.exe hello_world.py 명령어로 Python 인터프리터를 사용하여 코딩한 프로그램을 실행하는 것이 가장 쉬운 방법입니다. .exe 확장자를 빼고 python hello_world.py와 같은 명령어를 사용해도 됩니다. 그러면 명령의 하단에 프로그램 실행 결과가 나타나는 것을 확인할 수 있습니다.

C:\Users\00320811\Documents\python_coding 폴더는 필자의 컴퓨터 환경에 맞는 폴더의 경로명이니 자신의 컴퓨터 환경에 맞는 폴더 이름으로 변경하여 실행해 보기 바랍니다. cd C:\Users\00320811\Documents\python_coding 명령어를 사용하지 않으려면 Visual Studio Code의 터미널에 나타나는 명령어를 복사하여 사용해도 됩니다.

---

[*]   어떤 환경에서 다른 환경으로 데이터나 프로그램을 옮기는 과정을 주로 마이그레이션(migration, 이관)이라고 부릅니다.

cd 명령어는 change directory의 약자로 작업을 하는 현재 폴더(current folder)를 변경할 때 사용하는 명령어입니다. 명령어의 이름이 cf(change folder)가 아닌 점이 의아할 수 있는데, 그 이유는 초창기의 UNIX와 Windows 컴퓨터에서 폴더를 지칭하는 이름이 디렉터리(directory)였기 때문입니다.

결국 디렉터리든 폴더는 같은 의미라는 것입니다. 이처럼 하나의 의미를 가지고도 시대와 환경에 따라 부르는 용어가 다양해지기 마련입니다. 그래서 필자는 구문과 용어보다 의미와 원리를 중심으로 학습하시기를 권장합니다.

[알아두기] 개발환경/테스트환경/운영환경에서 갑자기 서버(server)라는 용어를 사용했는데, 서버는 서버 역할을 하는 컴퓨터를 말합니다. 서버와 상대되는 개념으로 클라이언트(client)라는 용어를 사용하는데 클라이언트는 서버의 서비스를 사용하는 컴퓨터를 말합니다. 또한 프로그래머들 사이에서 흔하게 사용되는 클라이언트/서버 컴퓨팅이라는 용어는 서버와 클라이언트를 구분하여 동작되도록 만든 컴퓨팅 모델(computing model)을 의미합니다.

위의 그림을 보면 컴퓨터의 종류에 상관없이 서버 역할을 하면 서버로 클라이언트 역할을 하면 클라이언트로 표현되어 있습니다. **이처럼 클라이언트와 서버는 컴퓨터의 크기나 용량에 의하여 결정되지 않고 수행하는 역할에 의하여 결정된다**는 것을 기억해 둡시다.

최근에는 컴퓨터의 성능이 크게 향상되며 개발 환경이나 분산 컴퓨팅(distributed computing) 환경이나 클러스터 컴퓨팅(cluster computing) 환경에서는 PC나 모바일 기기들과 같은 소형 컴퓨터들을 서버로 사용하기도 합니다.

3.3 Jupyter Notebook과 Google Colab

지금까지 Python 프로그램을 실행하기 위한 환경으로 Python 인터프리터와 Visual Studio Code 통합 개발도구를 소개하였습니다. 물론 Python을 이해하려면 이 두 가지 정도는 꼭 알아 두는 것이 좋습니다. 다만 본 도서를 읽는 독자 여러분이 전문 프로그래머가 아니라 학생이나 연구원, 혹은 선생님이나 교수님이라면 Python 인터프리터와 Visual Studio Code에 대하여 쉽다는 생각이나 유용하다는 생각을 하기 힘들지 모릅니다. 심지어 Python 인터프리터에서는 입력하여 돌려 본 코드를 소스 파일로 저장할 수도 없고 Visual Studio Code 통합 개발 환경을 이해하기 위해서는 프로젝트라는 개념도 알아야 하고 독립적인 프로그램을 코딩하여 돌려 보기 위해서는 매번 소스 파일을 만들어야 합니다.

이런 문제를 해결하기 위하여 나온 것이 Jupyter Notebook(주피터 노트북)입니다. 코딩과 실행을 위한 도구의 이름도 인터프리터나 통합개발환경이 아니라 노트북입니다. 프로그램 개발이라기보다는 노트를 사용하듯이 Python을 사용하는 환경을 제공하는 것입니다. 그러나 Jupyter Notebook을 사용하려면 여러분의 컴퓨터에 Python이 설치되어 있어야 하는 것은 물론 Jupyter Notebook이 설치되어 있어야 하는데 Jupyter Notebook을 사용할 환경을 만드는 작업 자체가 만만한 일이 아닙니다. 특히 설치해야 할 Python과 Jupyter Notebook의 버전을 맞추어 주는 것도 쉽지 않고 설치 후 문제가 생길 때 문제를 해결하는 것도 전문 프로그래머가 아니라면 또한 쉽지 않은 일입니다. 이런 문제를 해결하기 위하여 Anaconda(아나콘다)와 같은 통합배포도구가 나오기는 했으나 이 또한 환경을 이해하고 사용하고 문제 해결을 하는 것은 어렵습니다.

이런 상황에서 Google에서 2017년에 Colaboratory라는 서비스를 무료로 공개하였습니다. 줄여서 Google Colab(구글 코랩)이라고 부릅니다. Google Colab은 웹브라우저를 사용하여 Jupyter Notebook을 사용하는 것과 유사한 방법으로 Python 프로그램을 코딩하고 실행하게 해주며 데이터 분석, 머신러닝 및 딥러닝 등에 특화되어 있어 CPU만이 아니라 GPU와 TPU 연산기를 사용할 수 있고 Python 인터프리터의 내장 기능들만이 아니라 나중에 설명하게 될 numpy, matplotlib, pandas 등의 Python 주요 패키지(package)들이 기본적으로 설치되어 있습니다.

전문 프로그래머가 아니라면 Google Colab을 개발도구로 사용하는 것이 적합한 선택이 될 것입니다. 그러나 Jupyter Notebook에 입력하는 코드들은 프로그램이나 앱이라고 부르기보다는 그저 스크립트라고 불릴 수 있는 짧고 간결한 코드들입니다. 따라서 Python에 대한 이해도를 높이고 독립적인 Python 프로그램을 코딩할 수 있도록 Python 인터프리터와 Visual Studio Code를 함께 학습해 두는 것이 좋습니다.

! 알아두기 _ CPU와 GPU와 TPU

CPU(central processing unit)는 모든 PC의 주된 처리를 담당하는 연산기로 산술·비교·논리 연산 등의 복잡한 처리에 적합합니다. 그러나 CPU는 산술 연산을 전용으로 하도록 만든 연산기가 아니기 때문에 GPU나 TPU에 비해 단순 사칙연산의 속도가 빠르지 않습니다.

GPU(graphics processing unit)는 그래픽 연산 처리를 위해 개발된 연산기로, 비교 연산이나 논리 연산 등을 위한 기능들이 제거된 대신 다양한 그래픽 처리 기능을 지원합니다. 그리고 연산 장치만 수천 개가 내장되어 CPU에 비해 단순 사칙연산 속도가 빠른 것이 발견되었습니다. 그래서 GPU가 머신러닝과 데이터 분석 영역에서 속도의 향상을 위하여 광범위하게 활용되고 있습니다.

TPU(tensor processing unit)는 Google이 자사의 오픈 소스 머신 러닝 패키지인 tensorflow(텐서플로)에 최적화되도록 자체적으로 개발한 맞춤형 연산기로, 그래픽 처리를 위한 기능들이 제거되고 행렬 계산과 같은 연산 기능이 남아 있습니다. 그리고 연산 장치가 수만 개인데 벡터와 행렬 연산에 용이하도록 연산 장치의 위치별 용도가 미리 설계되어 있습니다. 따라서 TPU는 GPU에 비해 특정 환경에서 처리 속도가 훨씬 빠릅니다.

CPU와 GPU와 TPU의 용도를 정리해 보겠습니다. 일반적으로 인공지능의 학습에는 CPU로는 한계가 있어 GPU가 필요하고 인공지능의 학습 중에서도 자연어의 처리에는 TPU가 필요한 것으로 알려져 있는데 개인이 GPU와 TPU가 장착된 컴퓨터를 보유하기에는 가격이 만만하지 않습니다. 그런데 다행히 **Google Colab과 클라우드 서비스**에서 GPU와 TPU의 사용이 가능한 컴퓨팅 환경을 제공합니다.

Google Colab을 사용하려면 https://colab.research.google.com/ 사이트로 이동합니다. Google 계정이 있으면 Google 계정으로 로그인하고, 아직 없다면 Google 계정을 만든 후 로그인합니다. 로그인 후 왼쪽 **목차**에서 **데이터 과학** 항목을 선택하면 화면의 중앙에 Python 코드가 보이고 그 아래에 Python code를 실행한 화면이 보이는데 이 형태는 Jupyter Notebook과 유사합니다. 화면의 가운데 옅은 회색으로 된 영역이 코드조각을 입력하는 공간이고 하단에 그래프가 나타나 있는 것이 실행화면인데 본 도서에서 코드조각과 실행화면을 쌍으로 설명하는 것과도 같은 구조이어서 코드가 어떻게 실행되는지를 일목요연하게 확인할 수 있습니다.

이와 같은 코드조각과 실행화면의 쌍은 노트북에 메모하는 것과 같이 여러 개가 나타날 수 있습니다. 심지어 Python 코드만이 아니라 서식 있는 텍스트를 이미지, HTML, LaTeX 등과 함께 하나의 문서로 통합 편집도 할 수 있어 코드조각과 실행화면과 프로그래머의 설명이 어우러진 말 그대로 노트북을 만들 수 있습니다.

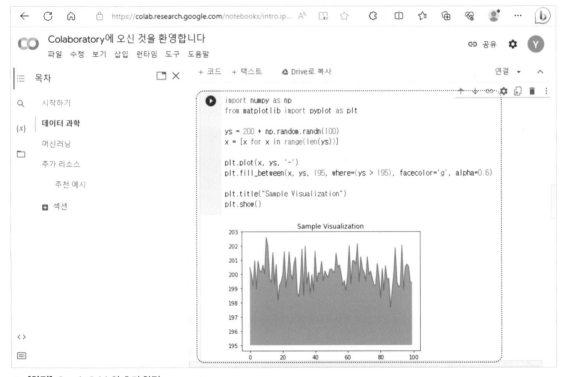

▲ [화면] Google Colab의 초기 화면

! 알아두기 _ **Google Colab 요금제**

Google Colab은 무상이기는 하지만 최대 사용 시간이 12시간으로 제한되어 있고 CPU와 RAM의 성능이 떨어지며 GPU와 TPU의 사용도 제한적입니다. 학습용이나 개인용 등 간단한 프로그램의 수행에는 Google Colab 무상 서비스가 적격이지만 이런 제한이 없이 사용하려면 Pay AS You Go, Colab Pro, Colab Pro+ 혹은 Colab Enterprise 요금제를 사용하여야 합니다.

Google Colab 초기 화면의 좌측 상단에서 **파일 → 새 노트** 메뉴를 클릭합니다. Jupyter Notebook과 Google Colab에서는 프로그램이나 스크립트라는 용어 대신 노트라는 용어를 사용합니다. **노트**를 새로 생성하면 프로그램 소스 파일과 같이 노트 파일이 만들어지며, 생성된 노트는 Google Drive에 저장이 됩니다.

▲ [화면] Google Colab 새 노트 만들기

새로 만들어진 노트의 상단을 보면 노트의 이름이 **Untitled1.ipynb**로 되어 있는 것을 볼 수 있습니다. 여기서 알 수 있는 점은 Visual Studio Code의 경우와 달리 확장자가 .py가 아니라 **.ipynb**라는 것입니다.[*] 노트명(Untitled0.ipynb)을 마우스로 클릭한 후 노트 파일의 이름을 **03. Python 프로그램 개발 환경.ipynb**로 수정합시다.

+ 코드 버튼을 클릭하면 노트를 입력하여 실행할 수 있는 칸이 추가되고 **+ 텍스트** 버튼을 클릭하면 텍스트를 입력하는 칸이 나타납니다. 노트에서는 코드나 텍스트를 입력하는 칸을 셀(cell)이라고 부릅니다.

▲ [화면] Google Colab 노트 초기 화면

---

* .py 확장자는 Python에서 따온 것이고 .ipynb 확장자는 IPython Notebook의 약자입니다.

Visual Studio Code의 hello_world.py 프로그램 파일에 입력한 것과 같이 코드 셀(코드를 입력하는 셀)에 print("Hello world!")를 입력합니다.

▲ **[코드조각]** hello world 스크립트 코딩하기

코드를 입력한 후 코드 좌측에 위치한 **셀 실행** 버튼▶을 클릭하면 해당 셀의 코드가 실행되고 실행 결과가 코드의 하단에 나타나는 것을 확인할 수 있습니다.

▲ **[코드조각/실행화면]** hello world 스크립트 실행하기

+ 코드 버튼을 클릭해 하단에 동일한 코드를 입력한 후 다시 **셀 실행** 버튼을 클릭해 봅시다.

▲ **[코드조각/실행화면]** hello world 노트에 여러 개의 스크립트 코딩하고 실행하기

위의 코드조각과 실행화면과 같이 추가된 코드마다 별도로 실행해 볼 수 있는 것도 Jupyter Notebook과 Google Colab의 큰 장점입니다. Python 인터프리터나 Visual Studio Code와 달리, Jupyter Notebook 이나 Google Colab은 코드조각과 실행화면을 동시에 볼 수 있어 학습에 매우 적합한 도구로 보입니다.

이번에는 **+ 텍스트** 버튼을 클릭해서 코드에 대한 설명을 추가해 봅시다. 화면 왼쪽의 텍스트 셀에서 원하는 텍스트를 편집한 후, 우측 상단의 편집 도구 모음에서 **마크다운 편집기 닫기** 버튼 ×을 클릭해 편집을 종료하면 됩니다.

▲ [화면] hello world 노트에 텍스트 추가하기

텍스트는 웹사이트의 HTML 문서 수준으로 작성할 수 있어서 프로그램 코드를 추가한 논문이나 발표 자료를 만드는 데 제격입니다.

셀마다 추가된 코드들은 서로 독립적으로 개발할 수도 있고 서로 연계되도록 개발할 수도 있습니다. 다만 코드 실행 시 오류의 발생을 최소화하기 위해서는 가능한 서로 독립적으로 개발하는 것이 좋습니다.

▲ [화면] 코드와 텍스트가 함께 추가된 hello world 노트

❗ 알아두기 _ CLI/GUI

명령어 입력창, Python 인터프리터 등과 같이 화면의 입력과 출력 형태가 키보드 장치와 문자 기반의 명령어로 되어 있는 환경을 CLI(command line interface, command line user interface)라고 합니다. 한편 Windows OS, web, Jupyter Notebook, Google Colab 등과 같이 화면의 입력과 출력 형태가 마우스와 같은 포인팅(pointing) 장치들과 그래픽 기반으로 되어 있는 환경을 GUI(graphical user interface)라고 합니다.

Chapter 4
프로그래밍 기초

프로그램을 코딩하는 것은 작은 레고(lego) 조각들을 하나 하나 맞추어 원하는 조형물을 만들어 가는 과정과 유사합니다. 프로그래밍 기초에서는 레고 조각에 해당하는 자료형, 연산, 변수, 상수, 함수, 모듈, 패키지 및 객체 등과 함께 레고 조각을 맞추어 가는 것에 해당하는 프로그램의 구조, 자료형 변환, 문장, 구조적 프로그래밍 및 제어문 등을 설명합니다.

4.1 프로그램의 기본 구조

프로그램이란 무엇인가를 설명하면서 프로그램은 일종의 시스템이라고 설명했습니다. 그 의미를 간단한 예제 프로그램을 하나 만들어 설명해 보겠습니다.

Visual Studio Code 통합개발환경에서 hello_world.py 소스 파일을 만들었던 것과 동일한 방법으로 calculator.py 소스 파일을 만듭시다. 그러면 입력한 이름으로 프로그램 파일이 폴더에 생성되며 탐색기 창의 오른쪽에 프로그램 파일을 편집할 편집기가 나타납니다.

▲ [코드조각] calculator.py

프로그램 편집기에 위의 화면과 같은 코드조각을 입력합니다. 위의 코드조각은 입력(input)과 처리(process)와 출력(output)의 순차적(sequence) 구조로 구성되어 있습니다. 숫자 2개를 입력받아 더한 후 그결과를 보여 주는 코드로, 직관적인 흐름을 가져서 내용을 금방 이해할 수 있을 것입니다. 그럼 코드를 살펴보겠습니다.

먼저 입력 부분의 코드를 설명하겠습니다. input 명령어는 괄호 안의 문자열을 프롬프트로 출력한 후 사용자의 입력을 받는 기능을 합니다. 등호(=)는 할당 연산자(assignment operator)로, 오른쪽의 값을 왼쪽의 변수에 저장하는 역할을 합니다. 그래서 first_number = input("덧셈을 할 첫 번째 숫자 : ") 문장은 "덧셈을 할 첫 번째 숫자 : "라는 문자열을 화면에 출력한 후 사용자의 입력을 받아 그 값을 first_number라고 이름 붙여진 저장 공간에 저장하는 기능을 합니다. 저장된 값은 처리를 위하여 사용되며 이런 저장 공간을 **변수**(variable)라고 부릅니다. 변수는 **변하는 값이 저장되는 곳**이라는 의미입니다. 그러면 두 번째 문장도 자연스럽게 이해가 됩니다.

처리(process) 부분의 코드를 설명하겠습니다. added_result = first_number + second_number 문장은 first_number와 second_number 변수에 저장된 값을 더하여 added_result 변수에 저장하는 기능을 합니다. 플러스(+)는 더하기 연산자이고 등호(=)는 입력 부분에서 설명한 것과 같이 할당 연산자입니다.

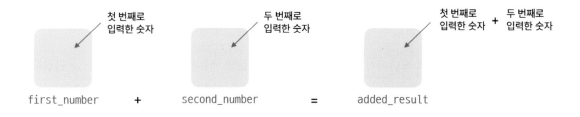

출력(output) 부분의 코드를 설명하겠습니다. print(first_number + "와 " + second_number + "의 합은 " + added_result + "입니다.") 문장은 괄호 안의 문자열을 출력하는 즉 화면에 보여 주는 기능을 합니다. 괄호 안의 문자열은 first_number와 second_number 변수에 저장된 값들과 문자열 상수(constant), 즉 "와 ", "의 합은 ", "입니다."들을 연결한 값이 됩니다.

상수는 변수에 상대되는 개념으로 **변하지 않는 값**이라는 의미입니다. 짧게 상수와 변수의 차이를 짚고 넘어가 보겠습니다. 저장 공간에 이름을 붙임으로써 변수는 저마다의 고유한 공간을 가집니다. 그래서 값을 바꿔도 변수라는 저장 공간 자체가 사라지지 않으므로 값이 변할 수 있는 것입니다. 반면 상수는 저장 공간을 가지기는 하지만 이름이 없어 값을 저장할 수 없으므로 변하지 않는 주어진 값 그 자체를 의미합니다.

그리고 출력 부분에서 특이한 것은 더하기(+) 연산자입니다. 보통 더하기(+) 연산자라고 하면 숫자를 더하는 기능을 떠올리지만 파이썬의 더하기 연산자는 기능이 조금 다릅니다. 다음의 **[알아두기] 다형성**을 참고하면 그 이유를 알 수 있습니다.

！ 알아두기 _ 다형성

프로그래밍 언어는 보통 하나의 요소는 하나의 기능만 합니다. 그런데 방금 본 더하기(+) 연산자는 숫자에 적용하면 덧셈을 의미하고, 문자열에 적용하면 이어 붙이기를 의미합니다. 이와 같이 **하나의 요소가 여러 의미를 가지게 되는 프로그래밍 언어의 특징**을 다형성(polymorphism)이라고 부릅니다.

위의 코드조각에서 # 입력(input)과 # 처리(process)와 # 출력(output) 문장에는 공통적으로 앞에 샵(#, sharp) 기호가 붙어 있습니다. 샵(#)은 프로그램의 수행에 영향을 주지 않게 하는 기능을 하는데 **코드에 대한 설명을 다는 용도**로 사용됩니다. 이와 같은 것을 **주석**(comment)이라고 부릅니다.

프로그램에 적절한 주석을 달면 코드의 의미를 파악하기 쉬워집니다. 주석을 달기 위한 샵(#)은 문장의 시작부터 달지 않고 문장의 중간에 둘 수도 있는데 그러면 샵(#)의 앞까지는 Python 코드로 인식이 되고 샵(#)의 뒤부터 주석으로 처리됩니다.

```
1  # 입력 (input)
2  first_number = input("첫 번째 숫자 : ")
3  second_number = input("두 번째 숫자 : ")
```

```
1  # 입력 (input)
2  first_number = input("첫 번째 숫자 : ")   # 첫 번째 숫자 입력
3  second_number = input("두 번째 숫자 : ")  # 두 번째 숫자 입력
```

위의 코드조각은 입력과 처리와 출력으로 구성된 일종의 시스템으로 아주 전형적인 프로그램 구조입니다. 입력과 처리와 출력의 형태만 다를 뿐, 모든 프로그램은 입력과 처리와 출력으로 구성된 시스템입니다.

프로그램이 시스템이라는 것을 코드조각으로 설명하였습니다. 어떤가요? 코드가 설명보다 이해하기 쉽지요? 어떤 이론과 설명보다는 코드 자체가 프로그래머들 간에 가장 훌륭한 소통의 방식이 됩니다.

Visual Studio Code 화면의 상단에서 **실행 → 디버깅 없이 실행** 메뉴를 마우스로 클릭하거나 편집화면 우측 상단의 **실행** 버튼 ▶을 클릭하여 calculator.py 프로그램을 실행합니다. 프로그램 코드조각과 프로그램의 실행 결과를 비교해 보면 프로그램에 대한 이해를 더욱 높일 수 있으니 코드조각과 실행화면을 서로 연결하여 관찰해 봅시다. 위의 실행화면을 보면 덧셈을 할 숫자로 10과 20을 입력한 후 덧셈 결과가 나타나는 것을 알 수 있습니다. 그런데 결과가 우리가 예상한 것과 다릅니다. 30이 아니라 1020이 나왔습니다. 왜 그럴까요?

▲ **[실행화면]** calculator.py 프로그램의 실행화면

프로그램 결과가 입력한 값의 덧셈 결과가 아니라 입력한 문자열이 연결된 형태로 나타나는 이유는 **Python이 여러분이 입력한 값을 숫자가 아니라 문자열로 인식하기 때문**입니다. 이와 같이 코드는 눈으로 읽어서 이해하는 것만으로는 부족합니다. 실행 결과를 확인해야 프로그램을 정확하게 이해할 수 있습니다. 본 도서가 코드조각과 실행화면을 함께 제공하는 형태로 설명하는 이유를 이제 아시겠지요?

이제 calculator.py 프로그램을 시스템으로 이해해 봅시다.

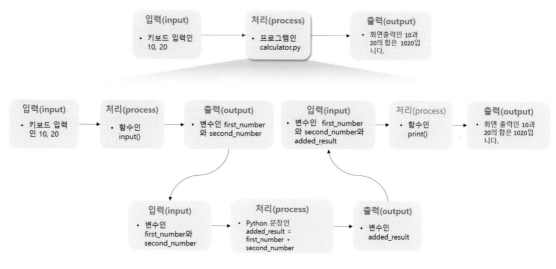

▲ **[그림]** calculator 시스템

위의 그림으로 표현한 것과 같이 입력과 처리와 출력의 시스템이 반복되며 더 큰 시스템을 구성하게 되는 것을 알 수 있습니다. 이후에는 프로그램을 시스템의 그림으로 표현하지 않을 것입니다. 하지만 아무리 복잡한 프로그램이라고 하더라도 이런 패턴을 유지한다는 것을 알고 코딩을 이해해 가도록 합시다.

4.2   자료형

변수나 상수는 자료형(data type, 데이터 유형)을 가집니다. 자료형은 **컴퓨터에 저장되는 다양한 종류의 데이터를 식별하기 위한 분류**를 의미합니다. 즉, 자료형에 따라 다음의 **[표] Python 내장 자료형**에서 볼 수 있는 것과 같이 저장할 수 있는 값들이 달라지며, 자료형에 따라 데이터가 처리되는 방식이 달라집니다. 그래서 더하기(+) 연산자가 적용되는 자료형에 따라서 덧셈으로 동작하기도 하고 문자열을 연결하는 것으로 동작하기도 하는 것입니다. 자료형에 따라서 달라지는 저장 방식은 컴퓨터가 자동으로 처리해 주니 프로그래머들은 자료형의 의미와 처리할 수 있는 값들과 자료형이 처리되는 방식에 관심을 기울이면 됩니다.

구분	자료형	설명	값의 예	비고
숫자	int	정수	−100, 0, 1, 100	Python 3.x부터 최댓값/최솟값 제한 없음
	float	실수	−3.14, 0.1, 2.6e3[*]	부동소수점수(floating point number)
	complex	복소수	−3−4j, 0j, 3+4j[*]	j가 없으면 실수, j가 우측에 붙으면 허수
시퀀스 (sequence)	str	문자열	"love", '이름'	문자 여러 개를 나열한 것으로, ''(작은 따옴표)나 ""(큰따옴표)를 외곽에 두른 형태로 표현
	list	리스트	[1, "귤", "제주"]	요소의 여러 값들
	tuple	튜플	(1, '귤', '제주')	요소의 변경이 가능하지 않은 여러 값들
기타	bool	부울	True, False	참(True), 거짓(False)
	dict	사전	{'boy': '남자아이', 'girl': '여자아이'}	마치 사전과 같이 콜론(:, colon) 기호의 앞부분은 키(key)이고 뒷부분은 값(value)
	set	집합	{'사과', '귤', '배'}	수학적 집합 연산이 가능한 유형
	frozenset	집합	{'사과', '귤', '배'}	요소의 변경이 가능하지 않은 집합
	object	객체	−	데이터(자료)와 기능이 결합된 유형

[표] Python 내장 자료형

Python의 내장 자료형들을 위의 표에 나열해 보았습니다. 설명보다는 해당 자료형으로 데이터가 저장될 수 있는 값들의 예를 보면서 자료형이 무엇인지 대략적으로 이해했을 것입니다.

위 표에서 눈여겨봐 둘 것은 **딕셔너리**(dict) 자료형입니다. 이 자료형은 다른 프로그래밍 언어에서는 내장 자료형으로 제공하지 않는 경우가 있기 때문입니다. 딕셔너리는 {'boy': '남자아이', 'girl': '여자아이'}와 같이 **키와 값이 쌍을 이루며, 'boy'나 'girl'과 같은 키를 지정하여 그에 대응하는 '남자아이'나 '여자아이'와 같은 값을 관리**하는 진짜 사전(dictionary)과 같은 자료형입니다.

Python은 내장 자료형(built-in data type) 외에도 객체(object)로 정의된 수많은 파생 자료형(derived data type)들이 있습니다. 예를 들면 bytes, bytearray, memoryview와 같은 바이너리 자료형(binary data type, 이진 자료형)이 있으며, numpy와 같은 수치를 다루는 패키지에서는 숫자로 구성되는 여러 값들을 처리하기 위하여 리스트(list) 자료형을 사용하지 않고 배열(array) 객체 자료형을 사용합니다. 기타 패키지들도 주로 사용하는 자료형들이 미묘하게 달라 Python의 모든 자료형을 이해한다는 것은 가능하지 않을지도 모릅니다. 처음에 모든 자료형을 이해하려고 하기보다는 프로그램 개발을 위하여 필요한 자료형을 사용해 가면서 점진적으로 체득해 가기 바랍니다.

---

[*] 실수값의 예로 나온 2.6e3은 지수 표기법(exponential notation)으로 표기한 것으로, 2.6×10^3을 의미합니다. 만약 지수가 음수인 경우를 쓰고 싶다면 2.6e-3과 같이 표기하면 됩니다(이 경우에는 2.6×10^{-3}을 의미합니다.). 그리고 복소수의 경우 허수부가 수학 시간에 배운 i가 아니라 j로 표기됩니다.

Python의 자료형은 list와 set과 같이 값을 한 번 저장한 후 변경이 가능한 자료형과 tuple과 frozenset 과 같이 변경이 가능하지 않은 자료형이 나뉘어지기도 합니다. 컴퓨터에 저장되는 메모리의 표현과 저장된 데이터를 대상으로 작업을 할 수 있는 연산은 동일하니 변경이 가능한 것과 가능하지 않은 차이점만 이해하면 됩니다.

📋 **적재적소 _ 사용자 정의 자료형**

필요에 따라서는 프로그래머들이 자료형을 직접 만들어 사용하기도 하는데, 이를 사용자 정의 자료형(user defined data type)이라 합니다. 이 자료형은 객체를 정의하는 클래스(class, 객체 유형)를 사용하여 만들 수 있습니다.

4.3 연산

변수와 상수 그리고 자료형을 대략적으로 이해했으니 변수와 상수를 이용해서 연산(operation)이라고 불리는 위에서 설명한 자료형을 대상으로 할 수 있는 단순한 처리(process)를 해 보겠습니다. **연산을 위하여 사용되는 기호**들을 **연산자**(operator)라고 부르며 **연산에 사용되는 변수와 상수**를 **피연산자**(operand)라고 부릅니다.

우리는 'Python 인터프리터'를 사용하여 연산이 어떻게 동작하는지 알아볼 것입니다. 명령어를 하나씩 실행하며 결과를 살펴볼 수 있기 때문입니다.[*]

실수 연산

Windows 10의 시작 메뉴에서 Python 폴더를 찾아 Python 앱을 실행한 후 오른쪽의 코드조각과 같이 실수 연산하는 명령문을 하나씩 입력하여 실행해 봅시다. 덧셈(+), 뺄셈(-), 곱셈(*), 나눗셈(/) 및 거듭제곱(**) 연산의 결과가 예측대로 나오는 것을 확인할 수 있습니다.

```
35.0
>>> 10.0 - 25.0
-15.0
>>> 10.0 * 25.0
250.0
>>> 10.0 / 25.0
0.4
>>> 25.0 / 10.0
2.5
>>> 25.0 ** 2
625.0
>>>
```

---

[*] 보통 Python 입문자에게 Python 인터프리터 사용에 익숙해지기를 권하는데, 그 이유는 코드를 한 줄씩 실행하며 결과를 살펴보는 습관을 들이면 프로그램의 의미를 쉽게 파악할 수 있고 동시에 오류를 크게 줄일 수 있기 때문입니다. 나중에 설명하겠지만 이 결과는 디버거(debugger)를 사용하는 것과 같은 효과를 냅니다.

🖿 적재적소 _ 개발도구별 실행방식 비교

방금 Python 인터프리터에서 한 줄씩 입력하며 실행한 명령문을 Visual Studio Code에 입력한 후 실행해 보겠습니다.

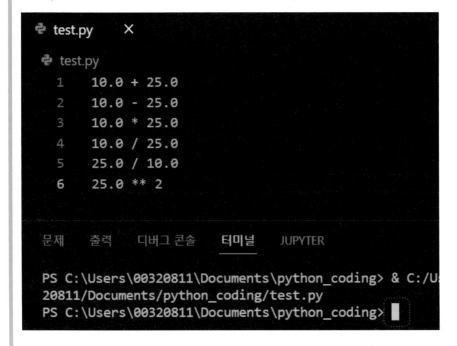

Visual Studio Code는 print나 그에 준하는 기능의 도움이 없으면 실행 결과를 화면에 보여 주지 않기 때문에 실행화면에 나타나는 것이 없습니다. print(10.0 + 25.0)과 같이 코드를 바꾸는 방법이 있으나 코딩이 번거롭고 명령문의 실행 결과를 Python 인터프리터와 대화식으로 확인하는 역동성을 느낄 수도 없습니다. 그래서 Visual Studio Code는 프로그램 전체를 완성하여 실행하기에는 적합한 도구이나 명령어를 하나씩 입력하며 실행 결과를 관찰하기에는 적합하지 않습니다.

이번에는 동일한 코드를 Google Colab에 입력한 후 실행해 보겠습니다.

Jupyter Notebook과 Google Colab은 print나 그에 준하는 기능의 도움이 없으면 마지막 명령어의 실행 결과만 화면에 보여 줍니다.

물론 오른쪽의 코드조각과 실행화면과 같이 코드 셀마다 한 문장씩 입력하여 실행하는 방법이 있으나 별로 효율적이지 않습니다. 결국 Jupyter Notebook과 Google Colab은 전체 스크립트를 함께 완성하여 실행하기에는 적합한 도구이나 명령어를 하나씩 입력하며 실행 결과를 관찰하기에는 적합하지 않습니다.

그래서 본 도서에서는 학습의 목적에 맞게 명령문을 실행해 보기 위한 용도로는 Python 인터프리터를 사용하고, 전체 프로그램을 완성하여 수행해 보는 목적으로는 Visual Studio Code를 사용하고, 짧은 스크립트를 수행해 보는 목적으로는 Google Colab을 사용하여 설명합니다. Python을 효율적으로 학습하려면 이 세 가지 도구에 익숙해져야 합니다.

📘 적재적소 _ 코드조각과 실행화면의 구분

Python 인터프리터의 화면은 아래와 같은 형태로 나타납니다.

```
>>> 10.0 + 25.0
35.0
>>> 10.0 - 25.0
-15.0
```

```
>>> sum = 10 + 20
>>>
```

Visual Studio Visual Studio Code의 화면은 아래와 같은 형태로 나타납니다.

Google Colab의 화면은 오른쪽과 같은 형태로 나타납니다.

Python 인터프리터와 Visual Studio와 Google Colab의 형태와 색상과 폰트가 서로 달라 '보고 느끼는 것(look and feel)'으로 어떤 도구를 사용하는지 구별할 수 있을 것입니다. 지금까지는 코드조각과 실행화면의 개념을 명확하게 하기 위하여 [코드조각], [실행화면], [코드조각/실행화면]과 같이 대괄호([ ])를 사용하여 명시적으로 타이틀을 달았으나 이후에는 문맥상 코드조각이나 실행화면인 것이 분명한 경우에는 타이틀을 달지 않도록 하겠습니다. 코드조각과 실행화면에 어떤 도구를 사용했는지 타이틀이나 설명으로 언급이 없으면 위의 실행화면들의 예를 보고 판단하기 바랍니다.

정수 연산

정수 연산의 경우에도 덧셈(+), 뺄셈(-), 곱셈(*), 나눗셈(/) 및 거듭제곱(**) 연산의 결과가 예측대로 나오는 것을 확인할 수 있습니다. 특이한 것이 있는데 나눗셈의 연산 결과가 정수가 아니라 실수라는 것입니다. 그리고 정수 연산자에는 몫(//)과 나머지(%) 연산자가 추가되어 있습니다. 몫(//) 연산자는 정수 나눗셈의 몫을, 나머지(%) 연산자는 나눗셈의 나머지를 결과로 돌려 줍니다.

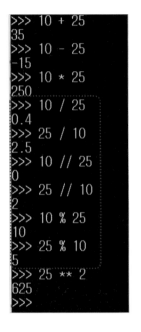

```
>>> 10 + 25
35
>>> 10 - 25
-15
>>> 10 * 25
250
>>> 10 / 25
0.4
>>> 25 / 10
2.5
>>> 10 // 25
0
>>> 25 // 10
2
>>> 10 % 25
10
>>> 25 % 10
5
>>> 25 ** 2
625
>>>
```

정수와 실수가 혼합된 연산

피연산자에 정수와 실수가 섞여 있으면 결과가 실수가 됩니다.

```
>>> 10 + 25.0
35.0
>>> 10.0 - 25
-15.0
>>> 10 / 25.0
0.4
>>> 25 / 10.0
2.5
>>> 25.0 ** 2
625.0
>>>
```

복소수 연산

복소수 연산의 경우에도 덧셈(+), 뺄셈(-), 곱셈(*), 나눗셈(/) 및 거듭제곱(**)
연산의 결과가 예측대로 나오는 것을 확인할 수 있습니다. 피연산자에 정수
와 실수와 복소수가 섞여 있으면 결과가 복소수가 된다는 것은 쉽게 예측할
수 있습니다. 통상적으로 연산하는 자료형이 혼합되는 경우 값의 범위가 넓
은 자료형으로 변환되는 경향이 있습니다.

```
>>> (1+2j) + (3+4j)
(4+6j)
>>> (1+2j) - (3+4j)
(-2-2j)
>>> (1+2j) * (3+4j)
(-5+10j)
>>> (1+2j) / (3+4j)
(0.44+0.08j)
>>> (1+2j) * 2
(2+4j)
>>> (1+2j) * 2.1
(2.1+4.2j)
>>> (1+2j) ** 2
(-3+4j)
>>>
```

문자열 연산

문자의 시퀀스, 즉 문자열을 표현할 때에는 단일 인용부호(', single quotation mark) 혹은 이중 인용부호(",
double quotation mark)로 문자들을 감쌉니다. 숫자를 대상으로 더하기(+) 연산을 하면 숫자가 더해지
만 문자열을 대상으로 더하기(+) 연산을 하면 문자열이 이어 붙여져서 연결됩니다. 연결되는 문자열과 문
자열 사이에 공란이 포함되지 않아 공란을 추가하려면 인위적으로 공란을 추가해 주어야 합니다. 문자열
과 문자열을 곱하거나 나누거나 빼는 경우에는 오류가 발생하나 문자열을 정수와 별표(*) 연산을 하면 문
자열이 정수만큼 반복됩니다.

```
Python 3.12.0 (tags/v3.12.0:0fb18b0, Oct  2 2023, 13:03:39) [MSC v.1935 6
Type "help", "copyright", "credits" or "license" for more information.
>>> "10" + "20"
'1020'
>>> "10 " + "20"
'10 20'
>>> "10" * 3
'101010'
>>> "10" - "20"
Traceback (most recent call last):
  File "<stdin>", line 1, in <module>
TypeError: unsupported operand type(s) for -: 'str' and 'str'
>>> "10" * "20"
Traceback (most recent call last):
  File "<stdin>", line 1, in <module>
TypeError: can't multiply sequence by non-int of type 'str'
>>> "10" / "20"
Traceback (most recent call last):
  File "<stdin>", line 1, in <module>
TypeError: unsupported operand type(s) for /: 'str' and 'str'
>>> "10" ** "20"
Traceback (most recent call last):
  File "<stdin>", line 1, in <module>
TypeError: unsupported operand type(s) for ** or pow(): 'str' and 'str'
>>>
```

문자열은 숫자 자료형들과는 달리 여러 개의 문자를 대상으로 한 자료형이기 때문에 시퀀스(sequence) 자료형으로 분류됩니다. 문자가 시퀀스를 이루어 나열되어 있기 때문입니다. 시퀀스의 길이를 알려 주는 len() 함수의 도움을 받으면 문자열의 길이를 알 수 있습니다. 함수(function)는 특별한 기능을 하는 코드들의 집합인데 위의 코드조각에서 볼 수 있는 것과 같이 len('12345')와 같은 형식으로 실행할 수 있습니다.

리스트 연산

리스트(list)는 문자열(str)과 같이 시퀀스 자료형으로 분류되는데 문자열이 문자의 시퀀스만을 저장할 수 있는 반면에 리스트는 Python이 지원하는 모든 유형의 자료형을 시퀀스로 저장할 수 있습니다. 또한 동일한 자료형의 시퀀스만을 저장하는 것만이 아니라 서로 다른 자료형의 시퀀스도 저장할 수 있습니다.

문자열을 표현할 때에는 인용부호로 문자들을 감쌌는데 리스트는 대괄호 [ ]로 감싸 주고 구성요소들은 콤마(,)로 분리해 줍니다. 리스트를 대상으로 한 더하기(+) 연산은 문자열의 경우와 같이 시퀀스를 연결하고, 별표(*) 연산은 시퀀스를 반복하는 역할을 합니다.

in 연산은 어떤 값이 리스트에 포함되어 있는지 여부를 True와 False로 알려 줍니다. 어떤 값이 리스트에 포함되어 있지 않은지 여부를 알아보려면 not in 연산을 사용합니다. 그리고 len() 함수는 시퀀스로 분류되는 자료형에 공통적으로 적용되기 때문에 len() 함수의 도움을 받으면 문자열만이 아니라 리스트의 길이도 알 수 있습니다.

```
>>> ["홍길동","서울시 양천구"] + [175.5,265] + [10,90,95]
['홍길동', '서울시 양천구', 175.5, 265, 10, 90, 95]
>>> ["Python","C"] * 3
['Python', 'C', 'Python', 'C', 'Python', 'C']
>>> 2 in [1,3,5,7,9]
False
>>> "C++" in ["Python","C","C++","Java"]
True
>>> len([0,2,4,6,8])
5
>>>
```

4.4 자료형 변환

자료형이 다른 변수나 상수를 사용하기 전에 사용할 목적에 맞는 **자료형으로 변환**해야 하는데 이를 프로그래머들은 관행적으로 **형 변환**(cast, type conversion)이라고 부릅니다. 형 변환, 즉 자료형 변환의 문법은 아주 단순합니다. int("10")이나 str(10)과 같은 형태로 변환의 목적이 되는 자료형의 이름 뒤에 괄호를 붙이고 괄호 사이에 변환할 대상이 되는 상수나 변수를 넣으면 됩니다. complex(10,5)와 같은 복소수 형

```
>>> int("10")
10
>>> str(10)
'10'
>>> str(10.0)
'10.0'
>>> float("10.1")
10.1
>>> float(10)
10.0
>>> complex(10,5)
(10+5j)
>>> int(10.6)
10
>>> int("10.x")
Traceback (most recent call last):
  File "<stdin>", line 1, in <module>
ValueError: invalid literal for int() with base 10: '10.x'
>>> "10" + "20"
'1020'
>>> int("10") + int("20")
30
>>>
```

변환은 10 + 5j와 같이 복소수를 만들거나 (10 + 5j)와 같이 복소수를 만드는 것보다 더 명시적으로 복소수를 만들어 주는 좋은 방법이기도 합니다.

위의 실행화면에서 자료형 변환이 된 것을 확인하는 방법은 명령어의 실행 결과로 나온 값을 주의 깊게 보는 것입니다. 예를 들어 실행 결과가 10이면 정수 자료형, '10'이면 문자열 자료형, 10.0이면 실수 자료형, (10+0j)이면 복소수(complex) 자료형*을 가지는 것입니다.

문법은 쉽지만 주의할 점이 있습니다. 실행 후 값이 소실되거나 오류가 발생하는 경우인데, 예를 들어 10.6 이라는 실수를 정수로 변환하면 소수점 아래의 값이 사라져 10이 된다거나, "10.x"를 정수로 변환하려고 하는데 문자가 포함되어 있는 것처럼, 변환의 대상이 되는 변수나 상수가 변환할 목적이 되는 자료형으로 변환할 수 있는 형태로 존재하지 않을 수도 있습니다. 위의 코드조각과 실행화면에서 값이 소실되고 오류가 나는 부분을 꼭 확인해 보기 바랍니다.

위의 코드조각과 실행화면에서 "10" + "20"의 실행 결과는 "1020"이 되지만 int("10") + int("20")의 실행 결과는 정수로 변환하여 연산을 하기 때문에 30이 된다는 것이 명확해집니다.

자료형과 자료형 변환에 대하여 배웠으니 자료형 변환 로직을 추가하여 calculator.py 프로그램을 개선해 보겠습니다.

---

* 복소수 자료형에 괄호가 붙어 나오는 것은 10 + 0j가 10이라는 정수와 0j라는 복소수로 구분된 값이 아니라 (10+0j)라는 복소수라는 것을 구분해 보여 주어야 하니 피할 수 없는 표현의 선택으로 보입니다.

```
calculator.py > ...
  1   # 입력(input)
  2   first_number = int(input("덧셈을 할 첫번째 숫자 : "))
  3   second_number = int(input("덧셈을 할 두번째 숫자 : "))
  4
  5   # 처리(process)
  6   added_result = first_number + second_number
  7
  8   # 출력(output)
  9   print(str(first_number) + "와 " + str(second_number) + "의 합은 " + str(added_result) + "입니다.")
 10
```

```
문제    출력    디버그 콘솔    터미널    JUPYTER                                              + ∨

PS C:\Users\00320811\Documents\python_coding> & C:/Users/00320811/AppData/Local/Programs/Python/Python310/pyt
20811/Documents/python_coding/test.py
PS C:\Users\00320811\Documents\python_coding> & C:/Users/00320811/AppData/Local/Programs/Python/Python310/pyt
20811/Documents/python_coding/calculator.py
덧셈을 할 첫번째 숫자 : 10
덧셈을 할 두번째 숫자 : 20
10와 20의 합은 30입니다.
PS C:\Users\00320811\Documents\python_coding>
```

calculator.py 프로그램에서 덧셈이 되지 않고 문자열로 연결되는 부작용을 해결하기 위하여 자료형 변환 로직을 추가하였습니다. 변수를 사용할 때마다 자료형 변환을 하는 것보다 입력을 받을 때 자료형 변환을 하는 것이 더 효율적이어서 input() 함수를 int() 자료형 변환 함수로 감쌌고, 정수형 변수를 문자열로 출력할 때 변수를 str() 자료형 변환 함수로 감싸서 문자열로 변환한 후 출력하였습니다. 화면의 하단에 나타나는 결과를 보면 입력한 10과 20의 합인 30이 나타나는 것을 확인할 수 있습니다. 만약에 출력할 때 문자열로 변환하지 않으면 정수와 문자열을 더할 수 없기 때문에 오류가 발생하게 됩니다.

4.5 변수와 상수

Python 인터프리터를 사용하여 연산을 하는 방법을 배웠으니 연산의 대상이 되는 변수(variable)와 상수(constant)에 대하여 다시 한 번 생각해 보겠습니다. calculator.py 프로그램을 설명할 때 **변수**는 변하는 값을 저장하는 곳을 의미하고 **상수**는 변하지 않는 값을 의미한다고 설명했습니다.

앞서 Python 인터프리터로 연산을 실행했을 때에는 연산 결과가 화면에 나타났지만 그 결과가 저장되는 곳이 없었습니다. 그래서 앞에서 연산한 결과

를 뒤에서 사용할 수가 없었습니다. 이제는 코드를 오른쪽 코드조각과 같이 살짝 바꾸어 보겠습니다. 그랬더니 화면에 나타나던 연산 결과값이 사라졌습니다. 그러면 10과 20을 더한 결과는 어디로 갔을까요? 할당연산자 = 앞에 있던 sum이라는 변수로 결과가 저장되었기 때문에 화면에 나타나지 않은 것입니다.

sum이라는 변수에 저장된 값을 보려면 오른쪽 코드조각과 같이 변수의 이름을 명령문으로 입력하면 됩니다.

📋 적재적소 _ 이름을 부여하는 규칙

프로그램 언어마다 프로그래머가 작명하는 이름(name, identifier)을 정하는 규칙이 조금씩 달라서 개발할 프로그램의 언어가 바뀔 때마다 그 규칙을 기억하고 지키는 것이 쉽지 않습니다. 하지만 대부분의 언어에 적용되는 공통적인 규칙을 정리해 보면 아래와 같습니다.

- 소문자(a – z), 대문자(A – Z), 숫자(0 – 9)를 사용
- 알파벳을 숫자 앞에 배치
- 변수명 사이에 공란이 오면 안 됨
- 언어가 제공하는 이름인 키워드(keyword, reserved word)를 사용하면 안 됨

예를 들면 sum, sample01, Calculator 등과 같이 이름을 부여하는 규칙을 정확히 알지 못해도 누구나 적절한 의미를 생각하여 직관적으로 이름을 부여할 수 있습니다. (사실 이름을 부여하는 규칙보다 프로그램의 논리에 맞는 적절한 이름을 생각해 내는 것이 더 어렵고 중요합니다.)

Python에서 명명 규칙에 사용 가능한 문자로 언더스코어(_, 밑줄 문자)가 있으며, 이를 활용해서 score_of_kor과 같이 변수명을 지정할 수 있습니다. Python 프로그래머들은 C언어의 전통을 이어받아 **스네이크 표기법**(snake case)이라고 불리는 이러한 표기 방식을 광범위하게 사용하고 있습니다.

혹은 대소문자를 혼합하여 ScoreOfKor과 같이 이름을 부여할 수도 있는데, 이러한 표기 방식을 **카멜 표기법**(camel case)이라고 합니다. 카멜 표기법을 사용하는 언어는 여럿 있는데 Python에서는 클래스(class, 객체 유형)의 이름을 지정할 때 카멜 표기법을 사용합니다. 이름의 길이가 짧으면서 동시에 가독성이 높기 때문입니다.

카멜 표기법의 사용이 가능한 이유는 Python이 대소문자를 구분(case sensitive)하기 때문인데 예를 들면 ScoreOfKor, scoreOfKor, scoreofkor 등의 이름은 사람이 보기에는 같은 이름이지만 Python을 포함한 대부분의 프로그래밍 언어에서는 서로 다른 이름입니다.

💡 생각하기 _ 한글 이름

많은 한국인들이 프로그램에서 사용하는 이름으로 한글을 사용하고 싶어 했습니다.

실제로 Python 인터프리터로 테스트해 보면 위와 같이 변수의 이름으로 한글의 사용이 가능합니다. 그러나 이런 유혹에 넘어가 변수나 데이터베이스나 폴더의 이름들을 한글로 사용한 프로그래머들이 많이 있었는데 시스템이 불안정하게 동작하거나 아예 동작하지 않는 등 해결할 수 없는 많은 문제들을 겪어야 했습니다. 그래서 한글로 이름을 부여하는 것을 시도하는 사람들이 점점 사라지게 되었습니다. 이는 프로그램의 개발만이 아니라 테스트가 중요한데 최초에 컴퓨터가 만들어질 때 한글이 아닌 영어로 개발되고 테스트되어 왔기 때문입니다. 최근의 Python은 유니코드를 기본으로 사용하며 한글로 이름을 부여하는 안정성이 높아졌습니다. 다시 한글로 이름을 부여하는 시도를 해 보아야 하는 것일까요?

이번에는 오른쪽 코드조각과 같이 sum의 값에 30을 더해서 sum에 다시 저장한 후 저장된 값을 확인해 보겠습니다.

위의 코드조각을 보면 sum이라는 변수에 저장된 값이 30에서 60으로 변했습니다. 이제 변수가 변하는 값을 저장하는 곳이라는 의미라는 용어라는 것이 정확히 이해가 되지요? 등호(=)가 할당 연산자라는 의미도 정확히 이해가 되지요?

이번에는 오른쪽 코드조각과 같이 60이라는 값에 30 + 30이라는 연산 결과를 할당해 봅시다.

```
>>> 60 = 30 + 30
  File "<stdin>", line 1
    60 = 30 + 30
    ^
SyntaxError: cannot assign to literal
>>>
```

값은 그 자체로 변할 수 없으니 오류가 발생합니다. 그래서 상수라는 의미도 더 정확하게 이해가 됩니다. 오류 메시지에서 보이는 리터럴(literal)은 '문자 그대로'라는 뜻을 가진 용어로 60이나 3.14나 '문자열'과 같이 그냥 값을 의미하는 것으로 보면 됩니다. 이름이 주어지고 값이 변할 수 있는 변수와는 달리 이름이 주어지지 않고 값 자체가 변하지 않기 때문에 일종의 상수(constant)로 볼 수 있습니다.

그러면 Python이 기본적으로 제공하는 내장 상수(built-in constant)를 살펴봅시다.

상수	설명	비고
True	참	–
False	거짓	–
None	값이 없음	–
NotImplemented	메소드 미구현	객체 구현 시 사용
Ellipsis	생략	생략 기호(......)와 동일
__debug__	디버깅 모드	테스트 스크립트 코딩 시 사용

▲ [표] Python 내장 상수

Python 내장 상수 중에서 자주 사용하는 것으로 True, False 및 None 등이 있습니다. 의미가 직관적이니 위의 표에서 설명을 참조하기 바랍니다. 자주 사용하지 않는 Python 내장 상수로는 NotImplemented, Ellipsis 및 __debug__ 등이 있습니다. 입문자 입장에서 이들은 사용하기도 어렵고 쓰일 곳도 적어서 따로 설명하지 않겠습니다. 나중에 프로그램을 개발할 때 사용할 일이 생기면 그때그때 학습하여 사용하기를 권장합니다.

📋 **적재적소 _ 내장과 사용자 정의 그리고 제3자**

내장(built-in)과 사용자 정의(user defined)와 제3자(third party)라는 용어는 프로그램을 학습하다 보면 끊임없이 나오는 용어입니다. Python에서도 자료형, 함수, 객체, 모듈, 패키지 등에 적용되는데 공통적인 개념은 아래와 같습니다.

- **내장**: 프로그래밍 언어의 공급자가 기본적으로 개발하여 제공
- **사용자 정의**: 사용자 혹은 프로젝트에서 스스로의 필요성에 기반하여 별도로 개발하여 사용
- **제3자**: 공급자와 사용자가 아닌 제3자가 개발하여 제공

상수는 코드를 보고 이것이 정수(int)인지 실수(float)인지 문자열(str)인지 부울(bool)값인지 알 수 있습니다. 반면에 변수는 프로그램 코드를 보아도 저장된 값의 종류가 어떤 자료형을 가지고 있는지 알 수 없습

니다. 그래서 Python은 type( )이라는 함수를 제공합니다.

오른쪽의 코드조각과 같이 type( )의 괄호 사이에 변수나 상수를 입력하면 변수나 상수의 자료형을 보여 줍니다.

❗ 알아두기 _ 자료형과 클래스

type( ) 함수의 실행 결과가 data type이라고 나오지 않고 class라고 나오지요? 객체(object)도 일종의 자료형이라고 **[표]
Python 내장 자료형**에서 설명했습니다만 사실상 Python은 객체지향 프로그래밍 언어로 자료형이 객체로 표현됩니다. 클래
스(class)는 객체 유형(object type), 즉 객체형을 의미하는 용어입니다.

💡 생각하기 _ 정적 바인딩과 동적 바인딩

C나 C++나 C#과 같은 전통적인 언어들은 아래 코드조각의 예와 같이 변수를 사용하기 전에 변수를 먼저 선언한 후에 사용
합니다.

```
int sum;
sum = 10 + 20;
```

그러면 Python과 같이 type( ) 함수를 사용하여 확인할 필요 없이 변수의 자료형을 소스 코드를 보고 바로 알 수 있습니다.
이런 방식의 변수 사용 방식을 자료형이 정적으로 고정되어 적용되기 때문에 정적 바인딩(static binding)이라고 부릅니다.

이와 달리 Python은 아래의 코드조각과 같이 변수를 사용할 때 저장되는 값에 의하여 변수의 자료형이 결정됩니다.

```
sum = 10 + 20
```

저장되는 값이 정수이니 sum은 정수형 변수가 됩니다. 그러면 아래와 같은 코드조각을 생각해 봅시다.

```
sum = "10" + "20"
```

저장되는 값이 문자열이니 sum은 문자열 변수가 됩니다. 이런 방식의 변수 사용 방식을 자료형이 동적으로 변경되어 적용되
기 때문에 동적 바인딩(dynamic binding)이라고 부릅니다.

바인딩(binding)이라는 용어는 변수 저장소의 유형이 결정되는 것을 의미합니다. '변수가 저장되는 곳이 정수형 저장소로 묶
인다' 혹은 '변수가 저장되는 곳이 문자열 저장소로 묶인다'라는 의미로 바인딩이라는 용어를 이해하면 됩니다.

정적 바인딩은 특정 변수를 정해진 자료형으로만 사용할 수 있어 프로그램 오류를 예방해 주지만 매번 변수를 정의해야 하는
등의 번거로움을 프로그래머에게 안겨 줍니다. 동적 바인딩은 정적 바인딩이 주는 어려움을 해소해 주지만 프로그램 오류가 발
생하기 쉽다는 어려움을 프로그래머에게 안겨 줍니다.

calculator.py 프로그램에서 두 수의 덧셈을 구하는 코딩이 적절함에도 불구하고 덧셈을 하지 못하고 문자열을 연결하는 것과 같은 부작용(side effect)이 발생한 것도 동적 바인딩이 유발한 문제인 것입니다. C와 C++와 C#은 정적 바인딩을 지원하고 Python은 동적 바인딩을 지원합니다. 프로젝트의 규모가 커서 프로그램 오류의 관리 필요성이 큰 경우에는 정적 바인딩을 지원하는 언어를 사용하고 프로젝트의 규모가 작거나 개인이나 소그룹용 프로그램 개발을 위해 개발 편의성이 강조되는 경우에는 동적 바인딩을 지원하는 언어를 사용하는 것이 적절한 선택이라고 판단됩니다. 만약 여러분이 프로그래밍 언어를 만든다면 정적 바인딩을 선택할 건가요? 동적 바인딩을 선택할 건가요? 아니면 두 가지 바인딩을 모두 지원할 건가요?

❗ 알아두기 _ 부작용

프로그래머의 코딩이나 프로그램의 문법에 하자가 없으나 컴퓨팅 환경에 의하여 예측되지 않는 결과가 나타나는 현상을 부작용(side effect)이라고 부릅니다.

💡 생각하기 _ 유연성과 안정성

동적 바인딩은 변수를 정의하지 않아도 되기 때문에 프로그래머에게 유연성(flexibility)을 제공해 줍니다. 그러나 변수의 자료형을 정하지 않고 사용하면서 다른 자료형으로 오인되어 사용되며 원하지 않는 부작용을 유발하기도 하기 때문에 때로는 안정성(robustness)을 해치기도 합니다. 정적 바인딩은 반대로 변수를 사용하기 전에 미리 정의하는 단계를 거쳐야 하고 정의한 자료형으로만 사용하여야 하기 때문에 유연성이 떨어지지만 다른 자료형으로 오인되지 않아 안정성은 높습니다. 그래서 Python에서는 타입 애노테이션(type annotation, 자료형 주석)이라는 기능을 도입하여 부작용이 클 때 자료형을 고정하는 효과를 내게 하고 있습니다. 안정성을 높이는 조치인데 Python은 안정성보다 유연성을 강조하는 언어일까요? C#과 같은 언어에서는 용도에 맞게 바인딩을 골라서 사용할 수 있도록 정적 바인딩과 함께 동적 바인딩을 모두 지원합니다. 유연성을 높이는 조치인데 C#은 유연성보다 안정성을 강조하는 언어일까요?

❗ 알아두기 _ 로직

프로그램의 명령어 혹은 문장들이 연결되어 특정한 작업을 수행하게 되는 것을 로직(logic, 논리)이라고 부릅니다. 자연어의 문장들이 논리로 연결되어 원하는 의미를 전달하는 것처럼 프로그램 언어의 문장들도 논리로 연결되어 원하는 기능을 수행하게 됩니다. 로직은 종종 알고리즘(algorithm)과 유사한 뜻으로 사용됩니다.

❗ 알아두기 _ 이름이 있는 상수

상수에 이름을 부여하면(named constant) 항상 동일한 값을 같은 이름으로 사용하고 상수값의 의미를 알려 줄 수 있고 동시에 상수값이 변경되는 경우 상수를 정의하는 문장만 수정하여 값의 변경이 쉬워지고 오류가 예방됩니다. 예를 들면 constant tolerance = 0.001과 같이 상수로 정의한 다음 여러 곳의 코드에서 사용한다면 나중에 tolerance를 더 정밀하게 주고 싶을 때 constant tolerance = 0.0001과 같이 정의한 곳에서 한 번에 수정할 수 있게 되는 것입니다. 이름이 있는 상수를 사용하지 않으면 0.001이 있는 코드를 모두 찾아 이것이 tolerance를 의미하는 0.001인지 판단하여 사용하는 모든 코드를 수정하여야 합니다.

그런데 애석하게도 Python에서는 True, False 및 None과 같은 Python 내장 상수 외에 기술적으로 사용자가 상수를 정의하여 사용할 수 없습니다. 그래서 대신 변수를 상수 대신 사용하는데 값이 고정되지 않고 변경될 위험이 있어서 사용자의 주의가 필요합니다. 즉 tolerance = 0.001과 같이 변수로 정의하고 사용하면 되는데 프로그램 로직에서 tolerance에 다른 값으로 할당하면 값이 바뀌어 프로그램 논리상의 오류를 유발하게 됩니다.

위와 같은 이유 때문에 Python 언어로 코딩을 할 때에는 True, False 및 None과 같이 이름이 부여된 상수나, 0과 1처럼 이름이 부여되지는 않았지만 그 의미가 명확한 상수나, math.pi와 같이 Python 기본적으로 제공하는 변수나, tolerance = 0.001과 같이 스스로 정의하여 상수처럼 사용하는 변수를 사용하기 바랍니다.

📋 적재적소 _ 튜플 연산

변수에 대하여 배웠으니 리스트(list) 자료형과 튜플(tuple) 자료형의 차이에 대하여 알아볼 때가 되었습니다.

리스트(list)는 대괄호 [ ]를 사용하는데, 튜플(tuple)은 소괄호 ( )를 사용합니다. 튜플 자료형은 수정할 수 없다는 것을 제외하면 리스트 자료형과 기본적으로 동일합니다. 아래의 코드조각과 실행화면을 보면 튜플의 연산 결과가 리스트와 동일한 것을 알 수 있습니다.

```
>>> ("홍길동","서울시 양천구") + (175.5,265) + (10,90,95)
('홍길동', '서울시 양천구', 175.5, 265, 10, 90, 95)
>>> ("Python","C") * 3
('Python', 'C', 'Python', 'C', 'Python', 'C')
>>> 2 in (1,3,5,7,9)
False
>>> "C++" in ("Python","C","C++","Java")
True
>>> len((0,2,4,6,8))
5
>>>
```

아래의 코드조각과 실행화면과 같이 리스트와 튜플을 변수에 저장한 후 list_var[1]이나 tuple_var[3]과 같이 변수[인덱스] 형식을 사용하여 리스트와 튜플을 구성하는 요소(element)를 변수와 같이 조회해 보거나 수정할 수 있습니다.

인덱스(index, 첨자) 0은 첫 번째 요소를 의미하고 인덱스 −1은 마지막 요소를 의미합니다. 그런데 인덱스 1과 3인 값의 결과를 보니 우리가 생각하던 값과 다릅니다. 1은 첫 번째 요소일 것으로 보이지만 사실은 두 번째 요소이고 3은 세 번째 요소일 것으로 보이지만 사실은 네 번째 요소입니다. 컴퓨터나 Python의 인덱스는 사람이 일반적으로 생각하는 것보다 1이 작습니다.

아래의 코드조각과 실행화면을 보면 리스트의 네 번째 요소의 값은 의도한 대로 수정이 되었는데 튜플의 경우는 동일한 작업을 할 때 오류가 발생합니다. 예제로 보여드린 것과 같이 리스트는 변경할 수 있고 튜플은 변경할 수 없다는 것에 리스트 자료형과 튜플 자료형의 차이가 있습니다. 리스트는 값이 변화하는 용도로 사용하고 튜플은 값이 변화하지 않는 용도로 사용합니다.

```
>>> list_var = [0,2,4,6,8]
>>> tuple_var = (0,2,4,6,8)
>>> list_var[0]
0
>>> tuple_var[-1]
8
>>> list_var[1]
2
>>> tuple_var[3]
6
>>> list_var[3] = 10
>>> list_var
[0, 2, 4, 10, 8]
>>> tuple_var[3] = 10
Traceback (most recent call last):
  File "<stdin>", line 1, in <module>
TypeError: 'tuple' object does not support item assignment
>>>
```

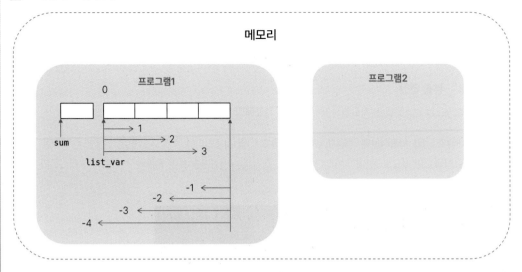

컴퓨터가 인식하는 인덱스가 사람이 인식하는 인덱스보다 1이 작은 것은 변수가 값이 저장되는 컴퓨터 메모리(memory, random access memory, RAM)의 첫 번째 주소를 대표하는 이름이라는 것과 관련이 있습니다. sum이라고 하는 하나의 값을 가지는 변수를 생각하면 값이 하나밖에 없기 때문에 인덱스를 사용할 필요도 없고 sum이라는 변수의 값을 가져다 사용할 때에는 그 주소에 저장된 값을 가져오고 변수에 값을 저장할 때에는 그 주소에 값을 저장하면 됩니다. 그런데 list_var라는 여러 개의 값을 가지는 변수를 생각하면 list_var에서 0만큼 떨어진 요소가 첫 번째 요소가 되고 1만큼 떨어진 요소가 두 번째 요소가 되는 것이고 변수의 마지막 요소를 접근할 때까지 동일한 방식으로 반복되는 것입니다. 그리고 이와 같이 첫 번째 요소로부터 떨어진 오프셋(offset, 기준점으로부터 떨어진 거리)을 컴퓨터는 인덱스로 활용하는 것입니다. 그래서 list_var[0]과 같이 지정하면 첫 번째 요소가 되고 list_var[1]과 같이 지정하면 두 번째 요소가 되는 것입니다. Python은 여러 개의 값을 가지는 변수의 끝에서부터 떨어진 오프셋에 따라 −1부터 인덱스를 역으로 지정하는 편리한 기능을 제공합니다. 예를 들면 list_var[−1]과 같이 지정하면 뒤에서 첫 번째 요소가 되고 list_var[−2]와 같이 지정하면 뒤에서 두 번째 요소가 되는 것입니다. 다행히 뒤에서부터 인덱스를 지정할 때에는 사람이 수를 세는 방법과 동일하게 1에서 시작합니다.

지금까지 설명한 것과 같이 프로그램이 기본적으로는 컴퓨터의 메모리에 탑재되어 기동된다는 것을 이해하는 것이 중요합니다. 컴퓨터가 발생시키는 각종 오류나 재귀적 호출(recursion)이라는 코딩 기술 등을 이해하기 위해서도 프로그램이 메모리에 저장되어 실행된다는 것을 알고 있어야 합니다.

4.6 프로그램 문장

변수와 상수는 프로그램을 구성하는 가장 작은 단위라고 볼 수 있습니다. 그러나 이들을 프로그램 문장으로 사용할 수는 없습니다. 왜 그럴까요?

우리는 앞 절(4.5)에서 Python 인터프리터를 사용하여, sum이라는 변수에 값을 넣고 그 값을 확인하고자 프롬프트에 sum이라고 입력했습니다. 이처럼 변수만으로 구성된 명령어(예: sum)나 상수만으로 구성된 명령어(예: 10, "10")는 Python 인터프리터에서는 명령어(command)로서의 의미를 가지지만 프로그램 소스 코드에서는 아무런 의미를 가지지 않습니다. **프로그램 소스 코드에 코딩하는 최소 단위는 프로그램 문장이기 때문입니다. 지금까지는 명령어와 문장**을 거의 동일한 의미로 사용했지만 엄밀하게 따지면 명령어와 문장은 조금 다릅니다.

예를 들어 10 + 20과 같은 연산을 생각해 봅시다. 10 + 20을 Python 인터프리터에 입력하면 30을 화면에 보여 주니 명령어는 될 수 있지만 스크립트나 프로그램의 중간에 사용하면 영향을 미치는 곳이 없어서 프로그램 문장이 되기에는 부족합니다. 이와 같이 **단순히 연산자와 피연산자를 조합한 것은 문장이 아니라 식**(expression)이라고 부릅니다. (방금의 예는 산술 연산을 한 것이기 때문에 **산술식**(arithmetic expression)이라고 부릅니다.)

그래서 변수나 상수 혹은 수식만으로 구성된 문장을 Visual Studio Code에서는 아무런 값도 출력하지 않고, Google Colab에서는 마지막 값만 보여 주도록 구현한 것 같습니다.

📋 적재적소 _ 변수와 식의 용도

일반적으로 변수(variable)의 용도는 계산 결과를 임시로 저장하는 것입니다. 기억해야 할 값을 잠시 저장해 두었다가 다른 값을 집어 넣기도 하며 사용하는 것이지요.

그리고 이름을 부여할 수 있는 점에서 변수는 값의 의미를 알려 주는 효과가 있습니다. 예를 들어 원의 면적을 계산하는 코드를 짤 때, 3.14159 * radius ** 2와 같이 식으로 표현해도 물론 원의 면적이라고 이해하겠지만 area = math.pi * radius ** 2라고 표현하면 area가 원의 면적이라는 의미가 더욱 명확해집니다.

또한 변수에 값을 저장해 놓으면 프로그램 수행 시점에 변수의 값들을 조회함으로써 프로그램의 현재 상태를 파악할 수 있다는 장점이 있는데 프로그램 오류를 파악할 때에도 크게 도움이 됩니다. 지금은 많은 도구들과 기법들이 개발되어 오류를 쉽게 찾을 수 있게 도와주지만 그렇지 않던 컴퓨터 역사의 초창기에는 메모리에 저장된 변수의 값들을 보고 오류의 원인을 찾았습니다.

한편, 식(expression)은 저장하는 단계 없이 바로 사용하기 때문에 변수를 사용하는 것보다 수행 속도가 빠릅니다. 예를 들면 print(math.pi * radius ** 2)의 한 문장이 area = math.pi * radius ** 2와 print(area) 두 문장보다 빠릅니다.

이제 단순한 연산 명령은 프로그램 문장이 될 수 없음을 알게 되셨을 것입니다. 그렇다면 다음과 같이 식으로 된 명령어들을 살펴봅시다.

같음(==)[*], 다름(!=), 큼(〉), 작음(〈), 크거나 같음(〉=), 작거나 같음(〈=) 등의 비교를 위한 연산자(comparison operator)를 사용하는 식을 **비교식**(comparison expression)이라고 부릅니다.

한편 논리곱(and), 논리합(or), 논리부정(not) 등의 논리를 표현하는 연산자(logical operator)를 사용하는 식을 **논리식**(logical expression)이라고 부릅니다. (비교식과 논리식의 의미는 방금 보여드린 예를 보면 직관적으로 알 수 있어서 설명하지 않겠습니다.) 다만 다른 언어들과 비교할 때 90 〈= score 〈= 100과 같은 비교식을 사용할 수 있는 것이 Python 언어가 사람 중심적인 표현을 제공한다는 것을 알려 줍니다. 이와 같은 비교식은 다른 언어라면 기계 중심적으로 score 〉= 90 and score 〈= 100으로 표현하여야 했을 것입니다. 비교식과 논리식은 뒤에서 설명하는 제어문에서 실행 여부를 결정하는 조건으로 주로 사용됩니다.

```
>>> score = 90
>>> score == 90
True
>>> score != 90
False
>>> score < 90
False
>>> score <= 90
True
>>> score > 90
False
>>> score >= 90
True
>>> score >= 80 and score <= 100
True
>>> 90 <= score <= 100
True
>>> score <= 80 or score >= 100
False
>>> not (90 <= score <= 100)
False
>>>
```

❗ 알아두기 _ 코드로 알아보는 진리표

비교식의 경우 비교연산자의 의미가 매우 직관적이지만 논리식의 경우 논리연산자의 의미가 명확하지 않을 수 있습니다. 이럴 때는 진리표(truth table)를 찾아보는 대신 Python 코드를 활용하여 논리연산자의 의미를 알아볼 수 있습니다.

먼저 논리곱(and) 연산자의 진리표를 만들어 보니 두 개의 조건이 모두 참(True)인 경우 참(True)이고 그 외의 경우에는 모두 거짓(False)이라는 것을 알 수 있습니다.

```
print("논리곱(and) 진리표")
print("False and False:",False and False)
print("True and False:",True and False)
print("False and True:",False and True)
print("True and True:",True and True)

논리곱(and) 진리표
False and False: False
True and False: False
False and True: False
True and True: True
```

논리합(or)의 경우에는 두 개의 조건이 모두 거짓(False)인 경우 거짓(False)이고 그 외의 경우에는 모두 참(True)이라는 것을 알 수 있습니다.

```
print("논리합(or) 진리표")
print("False or False:",False or False)
print("True or False:",True or False)
print("False or True:",False or True)
print("True or True:",True or True)

논리합(or) 진리표
False or False: False
True or False: True
False or True: True
True or True: True
```

---

[*]   등호(=)를 2개 사용하는 ==은 비교 연산자이고 1개 사용하는 =은 할당 연산자이니 구분하여 기억하기 바랍니다.

논리부정(not)의 경우에는 거짓(False)을 부정하면 참(True)이 되고, 참(True)을 부정하면 거짓(False)이 되는 것을 알 수 있습니다.

```
print("논리부정(not) 진리표")
print("not False:",not False)
print("not True:",not True)

논리부정(not) 진리표
not False: True
not True: False
```

📄 적재적소 _ 연산의 우선순위

하나의 식에 산술식과 비교식과 논리식이 함께 포함된 경우 연산의 우선순위(precedence)는 **산술식 → 비교식 → 논리식**이 됩니다. 예를 들어 score + 10 〉 90 or score − 10 〈 70과 같은 식이 있으면 score + 10과 score − 10과 같은 산술식을 먼저 계산하고 그 후 큼(〉)과 작음(〈) 같은 비교식을 계산하고 마지막으로 or 논리식을 계산하게 되는 것입니다.

연산이 복잡하게 느껴진다면 먼저 계산할 식을 괄호로 묶어 보세요. 그러면 연산의 우선순위를 명시적(explicit)으로 지정할 수 있습니다. 방금의 식으로 예를 들면 ((score + 10) 〉 90) or ((score − 10) 〈 70)과 같이 바꾸어 쓸 수 있습니다.

산술 연산자 사이에도 우선순위가 있습니다. 덧셈(+)과 뺄셈(−)보다 곱셈(*)과 나눗셈(/)이 먼저 사용되고, 우선순위가 같은 연산자가 있을 때는 왼쪽에서 오른쪽 순서로 연산을 하게 됩니다. 예를 들어 10 + 20 * 30 + 40의 경우, 20 * 30을 먼저 계산하여 600이 된 후 10 + 600이 계산되어 610이 되고 610에 40을 더하여 650이 됩니다. 이 식의 연산자의 우선순위가 헷갈린다면 10 + (20 * 30) + 40 혹은 (10 + 20) * (30 + 40)과 같이 괄호로 묶어서 식의 흐름을 이해해 보시길 바랍니다.

거듭제곱(**) 연산은 곱셈과 나눗셈보다 연산의 우선순위가 높으며 반복하여 사용하는 경우에는 오른쪽에서 왼쪽 순서로 연산을 하게 됩니다. 예를 들어 2 ** 3 ** 2의 경우 3 ** 2를 먼저 계산하여 9가 된 후 2 ** 9를 계산하여 512가 됩니다.

연산의 우선순위를 이해하고 기억하는 것이 복잡하고 어렵지요? 연산의 우선순위를 식의 논리 흐름과 괄호를 중심으로 이해하면 마술과 같이 쉬워집니다. 그리고 지나치게 복잡한 수식은 복잡하지 않게 재구성하여 코딩하기 바랍니다.

그러면 sum = 10 + 20과 같은 연산을 생각해 봅시다. 10 + 20은 산술식이고 산술식의 결과를 sum이라는 변수에 할당하고 있습니다. sum = 10 + 20은 하나의 완전한 프로그램 문장이 될 수 있는데 값을 변수에 할당하고 있어서 **할당문**(assignment statement)이라고 부릅니다. 할당문은 '변수 = 식'의 형식을 가지고 있는데 식에는 산술식과 비교식과 논리식만이 아니라 반환값을 가지는 함수와 변수와 상수도 사용할 수 있습니다. 예를 들면 아래와 같은 할당문들이 있습니다.

```
sum = score_kor + score_eng
is_excellent = score > 90
is_valid = 'a' <= in_char <= 'z'
is_valid = is_alpha(in_char) or is_decimal(in_char)
score_temp = score
score_kor = 90
score_kor = input("국어성적 : ")
```

🗐 적재적소 _ 콤마(,) 연산자를 사용한 다중 할당

Python에서는 변수나 할당할 값들을 콤마(,)로 구분하여 동시에 여러 개의 변수에 여러 개의 값을 각각 할당할 수 있습니다.

예를 들어 두 변수의 값을 교환하는 코드를 생각해 봅시다. 일반적인 프로그래밍 언어에서 두 변수의 값을 교환하는 로직 혹은 알고리즘을 구현하는 코드조각은 오른쪽과 같습니다.

```
>>> a = "첫번째 변수값"
>>> b = "두번째 변수값"
>>> temp = a
>>> a = b
>>> b = temp
>>> a
'두번째 변수값'
>>> b
'첫번째 변수값'
>>>
```

이 코드조각의 로직은 아주 간단합니다. a 변수에 b 변수의 값을 저장하여 값이 사라지기 전에 임시변수(temporary variable) temp에 a 변수의 값을 저장합니다. 그 후 b 변수에 a 변수를 값을 저장할 때에는 temp 임시변수의 값을 대신 사용하는 것이지요.

그런데 사실 temp 임시변수가 없어도 위 코드조각과 같은 결과를 낼 수 있습니다. 그 이유는 Python 언어가 다중 할당 기능을 지원하기 때문입니다. 오른쪽과 같이 코딩해 봅시다.

```
>>> a = "첫번째 변수값"
>>> b = "두번째 변수값"
>>> a, b = b, a
>>> a
'두번째 변수값'
>>> b
'첫번째 변수값'
>>>
```

할당 연산자(=)를 기준으로 우측의 첫 번째 값인 b가 좌측의 첫 번째 변수인 a로 할당되고, 우측의 두 번째 값인 a가 좌측의 첫 번째 변수인 b로 할당되어 아주 간결하게 하나의 문장으로 두 변수의 값을 바꾸어 저장할 수 있습니다.

엄밀한 의미에서 콤마 연산자를 활용한 다중 할당은 튜플(tuple)을 사용하는 것입니다. 오른쪽의 코드와 실행화면에서 볼 수 있는 것과 같이 a, b = b, a 할당문에서 a,b를 튜플인 (a,b)로 바꾸고, b,a를 마찬가지로 튜플인 (b,a)로 바꾸어도 결과가 동일합니다. 심지어는 할당문을 a, b = (b, a) 혹은 (a, b) = b, a와 같이 바꾸어도 실행결과가 동일한데, 이는 Python이 괄호가 있든 없든 콤마로 분리된 값들을 튜플로 인식하기 때문입니다.

```
>>> a = "첫번째 변수값"
>>> b = "두번째 변수값"
>>> (a, b) = (b, a)
>>> a
'두번째 변수값'
>>> b
'첫번째 변수값'
>>>
```

💡 생각하기 _ 간결한 코딩/난해한 코딩

우리는 방금 튜플을 사용하여 두 변수의 값을 교환하는 예를 통해 다중 할당 코딩을 배웠습니다. 정말 단순하죠? 그런데 Python 프로그래밍 언어를 모르는 사람이 방금의 예를 본다면 어떨까요? 간결하게는 보이지만 무슨 내용인지 이해하기 어려울 것입니다. 지금은 혼자 이해하는 것으로 충분하겠지만 나중에 다른 사람들과 함께 코드를 리뷰할 일이 생기게 된다면 이처럼 코드의 가독성을 높이기 위해 간결함을 취할지, 길더라도 쉽게 풀어 쓰는 방법을 취할지 고민하게 될 것입니다. (Python은 간결한 코딩(concise coding)을 지향하고 있고 구조적 프로그래밍은 논리의 흐름을 중시하고 있습니다. 물론 둘 중 무엇이 더 좋다고 간단히 결론을 내기는 어려울 것입니다.)

아무튼 어느 방향을 지향하든 한눈에 직관적으로 논리를 파악하기 어려운 코딩은 피하는 것이 좋습니다. 이러한 코딩을 난해한 코딩(cryptic coding)이라고 부르는데, 코드를 이해하기 어렵게 만들고 유지 보수 또한 어렵게 만들기 때문에 경계하여야 합니다.

적재적소 _ 복합 할당문

sum = sum + 10과 같은 할당문(assignment statement)을 생각해 봅시다. 이 문장은 sum 변수 자신의 값에 10을 더하여 다시 sum에 할당하는 문장입니다. 이 문장은 sum += 10 단축하여 사용할 수 있는데, 이처럼 할당 연산자에 다른 연산자를 연달아 사용한 경우를 복합 할당(compound assignment)이라 부릅니다.

복합 할당문은 C언어를 사용하던 시절부터 자주 사용했는데, 그 이유는 수행 속도 때문이었습니다. sum = sum + 10과 같은 문장을 어셈블리 언어나 기계어로 컴파일하면 여러 문장으로 변환이 되나, sum += 10과 같은 문장을 어셈블리 언어나 기계어로 컴파일하면 한 문장으로 변환이 됩니다. 이제는 이러한 관행을 다른 언어도 점차 받아들이게 되었고, Python에서도 복합 할당문이 아주 빈번하게 사용됩니다.

4.7 함수

함수(function)는 동질적인 **하나의 기능을 독립적으로 수행하기 위해 설계된 프로그램 코드의 집합**입니다. 앱이나 프로그램이 일종의 시스템이듯이, 입력/처리/출력 구조를 가지는 점에서 **함수도 하나의 작은 시스템**이라 볼 수 있습니다.

calculator.py 프로그램에서 사용한 input()과 print()가 함수의 예입니다. input() 함수는 화면에 입력을 위한 프롬프트를 입력으로 받아 보여 준 후 사용자가 입력한 값을 문자열로 받아들여, 즉 처리하여 반환하는, 즉 출력하는 동질적인 하나의 기능을 수행합니다. 사용자가 키보드에 입력하는 기능을 받아들이는 것도 일종의 입력으로 볼 수 있습니다.

print() 함수는 화면에 출력할 값들을 입력으로 받아 화면에 보여 주는, 즉 처리하는 역할을 하는 동질적인 하나의 기능을 수행합니다. print() 함수는 반환값, 즉 출력을 가지지는 않습니다만 시스템적인 관점에서 화면에서 보여 주는 것을 처리와 함께 출력으로 볼 수 있습니다. 만약에 어떤 함수가 동질적인 하나의 기능을 수행하지 않고 이질적인 여러 개의 기능을 수행한다면 혹은 어떤 함수가 입력과 처리와 출력을 함께 고려하지 않았다면 이는 함수의 설계가 잘못되었다는 것을 의미합니다.

함수를 호출하는 방법부터 알아보겠습니다. 함수를 호출하기 위해서는 **함수의 이름**과 **입력과 출력을 처리하는 방법**을 알아야 합니다. 먼저 반환값, 즉 출력을 가지는 함수를 호출하는 방식은 아래와 같습니다.

출력값들을 저장할 변수들 = 함수이름(함수에 입력으로 넘겨줄 값들)

함수의 이름 뒤에 괄호를 추가한 후 괄호 사이에 함수에 입력으로 넘겨줄 값들을 나열하고, 함수의 이름 앞에 할당 연산자(=)를 추가한 후 그 앞에 출력으로 반환되는 값들을 저장할 변수들을 나열하면 됩니다. 이때 함수에 입력으로 넘겨줄 값들과 출력으로 받아 올 값들이 많다면 콤마(,)로 구분합니다. 처리는 어디로 갔을까요? 처리는 함수의 이름으로 대변된다고 볼 수 있습니다. 함수의 이름을 지어 줌으로써 처리할 프로그램 코드의 집합을 정의하기 때문입니다. 그리고 처리는 함수 내부적으로 이루어지니 함수를 사용하는 입장에서는 우선 입력과 출력에 초점을 맞추면 됩니다.

그러면 반환값을 가지는 함수 호출의 예로 input() 문장을 살펴봅시다.

```
function_output = input("함수의 입력 : ")
```

이 함수 호출 문장을 설명하자면 다음과 같습니다. 우선 input은 함수의 이름이고, 함수의 이름 뒤에 괄호가 따라와 함수임을 알 수 있습니다. 함수에 입력으로 넘겨줄 값들로 하나의 문자열인 "함수의 입력 : "이 넘어가 input() 함수에 의하여 프롬프트로 사용되고 사용자가 입력한 값을 문자열로 변환하여 function_output이라는 변수에 저장되도록 하는 함수 호출 문장입니다. Python 인터프리터에 함수 호출 문장을 입력하여 실행해 봅시다.

input() 함수에 입력으로 사용된 "함수의 입력 : " 프롬프트가 화면에 나타나고, 프롬프트 옆에 "키보드의 입력값"이라고 사용자가 입력한 것이 function_output 변수에 저장되었다가 function_output 명령어를 통하여 화면에 나타나는 것을 확인할 수 있습니다.

```
>>> function_output = input("함수의 입력 : ")
함수의 입력 : 키보드의 입력값
>>> function_output
'키보드의 입력값'
>>>
```

이번에는 반환값, 즉 출력이 없는 함수를 호출해 보겠습니다. 반환값을 가지지 않는 함수를 호출하는 방식은 아래와 같이 할당하는 부분을 제거하면 됩니다.

```
함수이름(함수에 입력으로 넘겨줄 값들)
```

그러면 반환값을 가지지 않는 함수 호출의 예로 print() 함수를 살펴봅시다.

```
print(10,20,30)
```

함수의 이름은 print이고 print() 함수에 입력으로 전달할 값들이 콤마(,)로 분리되어 있습니다. 이와 같이 함수를 호출할 때 함수에 전달할 값들이 여러 개일 때에는 값들을 콤마(,)로 구분합니다. 그러면 Python 인터프리터에 함수 호출 문장을 입력하여 실행해 봅시다.

print() 함수에 입력값으로 넘겨준 10과 20과 30이 화면에 출력되는 것을 알 수 있습니다. 이번에는 print() 함수에 정수와 문자열을 함께 혼합하여 입력값들로 넘겨준 후 출력해 보겠습니다.

```
>>> print(10,20,30)
10 20 30
>>>
```

print() 함수에 출력할 값들을 콤마(,)로 분리하여 넘겨주면 calculator.py 프로그램에서의 예와 다르게 출력할 값들의 자료형이 하나로 통일되지 않아도 됩니다. 아래의 코드조각과 실행화면을 보면 10과 20과 30은 정수(int) 자료형이고 "+"와 "="은 문자열(str) 자료형인데 함께 출력이 되는 것을 확인할 수 있습니다. 그리고 출력되는 값들 사이에 공란이 추가되었지만 오히려 공란이 함께 출력되는 형태가 자연스럽습니다.

```
>>> print(10, "+",20, "=",30)
10 + 20 = 30
>>>
```

Python이 제공하는 함수가 어떤 입력, 처리 및 출력 기능을 가지는지 자세히 알고 싶다면 help() 함수를 활용하는 것이 좋습니다. 예를 들어 input() 함수의 도움말을 확인해 보겠습니다.

```
>>> help(input)
Help on built-in function input in module builtins:

input(prompt=None, /)
    Read a string from standard input.  The trailing newline is stripped.

    The prompt string, if given, is printed to standard output without a
    trailing newline before reading input.

    If the user hits EOF (*nix: Ctrl-D, Windows: Ctrl-Z+Return), raise EOFError.
    On *nix systems, readline is used if available.
>>>
```

▲ [그림] input() 함수의 도움말

input() 함수의 도움말(help)을 읽어 보니 표준 입력(standard input)을 할 때는 줄바꿈 문자(newline)를 제거한 후 문자열을 읽는다고 되어 있습니다. 그리고 프롬프트(prompt) 문자열의 초기값이 None인데 값이 주어지면 표준 출력(standard output)이 되는데, 이때 줄바꿈 문자는 출력되지 않아 프롬프트 바로 옆에서 입력을 받게 된다는 것을 알 수 있습니다. 앞에서는 너무나 당연하다고 판단하여 생략했던 설명인데 도움말을 읽고 화면의 프롬프트 우측에 문자열을 입력한 후 [Enter↵]*를 쳐야 한다는 것까지도 알게 되었습니다.

추가적으로 UNIX 계열의 컴퓨터에서 [Ctrl] + [D]를 누르거나 Windows 계열의 컴퓨터에서 [Ctrl] + [Z]를 누르면 파일 종료(end of file, EOF) 오류(error)가 발생한다고 주의 사항까지 알려 주고 있습니다.

어떤 책에서 input() 함수를 설명한다고 하여도 이 이상의 정보를 얻기는 힘들 것입니다.

> 📋 **적재적소 _ 표준 입력/표준 출력/표준 오류**
>
> 표준 입력(standard input)/표준 출력(standard output)/표준 오류(standard error)의 개념은 UNIX 계열의 컴퓨터에서 처음 도입되어 Windows 계열의 컴퓨터까지 광범위하게 적용되고 있습니다. 표준 입력은 키보드로의 입력이 디폴트(default, 기본값)로 설정되어 있고, 표준 출력과 표준 오류는 화면으로 보여 주는 것이 디폴트로 설정되어 있습니다. 그래서 특별한 지정이 없으면 입력은 키보드를 통해서 이루어지고 출력과 오류 메시지는 화면으로 나타나게 됩니다.

---

* 표준 입력은 사용자가 키보드로 입력하는 것, 표준 출력은 화면에 값을 출력하는 것을 의미하고 줄바꿈 문자는 [Enter↵]를 누른 경우를 의미합니다.

표준 입력/표준 출력/표준 오류는 리디렉션 (redirection, 방향 재설정) 기능을 사용하여 각종 파일이나 장치 등으로 바꾸어 사용할 수 있습니다. 예를 들어 각각의 컴퓨터의 명령어 실행창에서 **실행할 명령어 〈 inputfile.txt 〉 outputfile.txt 〉〉 error.log**와 같이 명령어를 실행하면 표준 입력으로 inputfile.txt 파일이 사용되고 표준 출력으로 outputfile.txt 파일이 사용되며 표준 오류로 error.log 파일이 사용되게 됩니다.

만약에 input( ) 함수에 입력을 넘겨주지 않고 함수 호출 문장을 실행하면 어떤 일이 생길까요?

프롬프트가 없어 컴퓨터가 무엇을 원하는지 사용자가 알 수 없겠지만 키보드 입력을 받아 변수에 저장하는 기능에는 문제가 없습니다. 그러나 프로그래머가 이와 같이 불완전한 코딩을 하면 안 되겠지요.

```
>>> first_number = input()
10
>>> first_number
'10'
>>>
```

만약 input( ) 함수의 반환값, 즉 출력을 변수에 저장하지 않으면 어떤 일이 생길까요?

프롬프트를 보여 주고 사용자의 키보드 입력을 받아 반환하는 기능에는 문제가 없습니다. 그러나 input( ) 함수가 출력으로 반환한 값이 변수에 저장되지 않고 바로 화면에 나타난 후 사라져 사용자가 입력한 값을 뒤의 프로그램에서 사용할 수 없겠지요. 마찬가지로 프로그래머가 이와 같이 불완전한 코딩을 하면 안 되겠지요.

```
>>> input("덧셈을 할 첫번째 숫자 : ")
덧셈을 할 첫번째 숫자 : 10
'10'
>>>
```

print( ) 함수의 도움말을 읽어 보니 출력할 값들을 표준 출력한다고 되어 있습니다. 함수의 첫 번째 입력으로 출력할 값(value)을 넘겨준다고 돼 있고, 뒤이어 생략 기호(...)가 있는데 이는 출력할 값을 여러 개 넘겨줄 수 있다는 의미입니다.

```
>>> help(print)
Help on built-in function print in module builtins:

print(...)
    print(value, ..., sep=' ', end='\n', file=sys.stdout, flush=False)

    Prints the values to a stream, or to sys.stdout by default.
    Optional keyword arguments:
    file:  a file-like object (stream); defaults to the current sys.stdout.
    sep:   string inserted between values, default a space.
    end:   string appended after the last value, default a newline.
    flush: whether to forcibly flush the stream.

>>>
```

▲ [그림] print( ) 함수의 도움말

그리고 아래와 같은 유용한 기능들도 있다는 것을 알게 됩니다.

- **sep(separator)**: 출력할 값 사이에 넣을 문자열을 지정할 수 있음(기본값은 공란이지만 필요 시 공란 외 다른 문자를 출력 가능)
- **end**: 결과 값 뒤에 추가로 출력되는 문자열을 지정할 수 있음(기본값은 줄바꿈 문자이지만 필요 시 다른 문자로 출력 하거나 생략할 수 있음)

본 도서는 프로그래머를 위한 핵심 기술과 원리와 개념 위주로 설명하기에 모든 것을 하나하나 자세하게 담기는 어렵습니다. 다른 책으로 학습할 경우도 마찬가지겠지만, 책이 제공하는 내용 그 이상을 얻고 싶다면 직접 찾아서 학습하는 방법을 터득해야 합니다. 그래서 필자는 그중 하나로 Python 도움말(help)을 이용하는 방법을 소개하였습니다.

Python 도움말과 함께 인터넷 검색, GitHub Copilot과 같은 코딩보조도구 및 ChatGPT나 Gemini 같은 대화형 AI 서비스들을 이용하는 방법도 있습니다.

📄 적재적소 _ 인터넷 검색, 코딩보조도구 및 대화형 AI 서비스

인터넷 검색에서는 원하는 것뿐 아니라 검색어와 연관된 수많은 정보를 제공합니다. 그중에서 필요한 정보를 스스로 찾아야 하지만, ChatGPT나 Gemini와 같은 대화형 AI 서비스가 주지 못하는 최신의 정보들과 전문성 있게 정리된 정보들이 들어 있어서 인공지능 서비스들의 등장 이후에도 인터넷 검색을 계속 사용하게 될 것으로 보입니다.

GitHub Copilot의 등장으로 프로그래머들은 멋진 코딩 비서를 두게 되었습니다. 코드의 앞부분을 입력하면 자동으로 이후의 코드 후보들을 제시해 주거나, 프로그램 주석을 달아 주면 주석에 맞는 코드 후보들을 제시해 주는데 프로그래머는 그중 자신의 목적에 맞는 코드를 선택한 후 약간의 수정을 거치면 원하는 코드를 얻을 수 있습니다.

ChatGPT나 Gemini와 같은 대화형 AI 서비스들은 인터넷 검색과 같이 검색어에 의존하는 것이 아니라 채팅의 형태로 서비스가 제공되는데, 원하는 것을 정확하고 구체적으로 질문을 찾아 질문을 하면 질문을 문맥에 맞게 이해하여 대답을 하기 때문에 단순하거나 잘 알려진 질문인 경우에는 프로그래머가 원하는 정보가 정확하게 제시되는 경우가 많습니다. 그러나 질문의 복잡도가 높아지면 틀린 대답도 정답처럼 제시하기 때문에 매우 주의해야 합니다. 최근에는 최신 정보를 제공한다는 유료 서비스들이 있다고 합니다만 일반적으로 ChatGPT나 Gemini와 같은 대화형 AI 서비스가 훈련된 이후의 최신 정보들은 가지고 있지 않은 것으로 알려져 있습니다.

인공지능 기술을 활용한 코딩보조도구와 대화형 AI 서비스에는 프롬프트(prompt)라는 개념이 있어서 -화면에 나타나는 프롬프트가 아니고 방송 출연자들이나 강연자를 도와 주기 위하여 사용하는 프롬프트에 가까움- 지시를 전달하는 문장 또는 질문을 적절히 제공하면 내가 원하는 코드와 대답을 제시해 줄 가능성이 높아집니다.

결론적으로 프로그래머들은 도움말(help)과 인터넷 검색 그리고 더 나아가 코딩보조도구와 대화형 AI 서비스 등의 도움을 종합적으로 활용하여 그중에 가장 적합한 정보를 사용하여야 할 것입니다.

📋 적재적소 _ 인터넷 검색의 활용 Ⅰ

Python의 input 함수에 대한 정보를 찾는다고 가정하고 인터넷 검색을 해 보겠습니다.

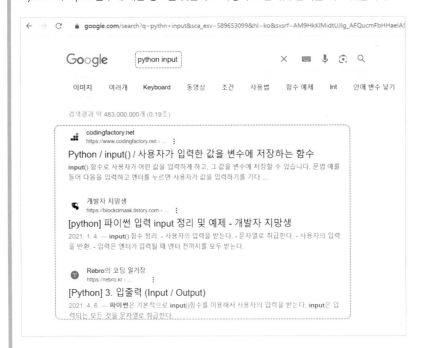

검색을 할 때는 'Python input'과 같이 통상적으로 맨 앞에 원하는 정보의 카테고리를 추가하여 검색하는 것이 좋습니다.
Python의 input 함수에 대하여 알아보기 위하여 첫 번째 키워드로 Python을, 두 번째 키워드로 input을 넣은 후 검색하였습니다.

검색된 결과들 중에 첫 번째 글을 읽어 보니 Python의 input( ) 함수에 대하여 설명이 잘 되어 있습니다. 프로그래머들에게 구글(Google)이 인기를 끌며 구글링(googling)이라는 용어까지 생기게 되었습니다.

📋 적재적소 _ AI 코딩 보조 도구의 활용

GitHub Copilot 코딩 보조 도구의 사용은 유료이지만 2023년 6월에 출시된 AI 코딩 기능(AI coding features)은 무료로 사용할 수 있습니다. 그래서 코딩 보조 도구도 한 번 사용해 보겠습니다.

Google Colab의 코드셀에 마우스 커서를 위치시키면 "코딩을 시작하거나 생성하세요."라는 메시지가 나타납니다. 여기서 '생성' 텍스트에 설정된 하이퍼링크를 클릭합니다

다음의 화면과 같이 코드 입력란에 input( )이라고 치고 생성 버튼을 클릭합니다.

그러면 하단에 AI가 제시한 코드가 나타나는 것을 확인할 수 있습니다.

AI가 하나의 코드가 아니라 여러 개의 코드를 제시해 주는데 화살표 버튼을 사용하여 자신의 목적에 맞는 코드를 선택한 후 수정하는 방식으로 코딩을 하면 됩니다.

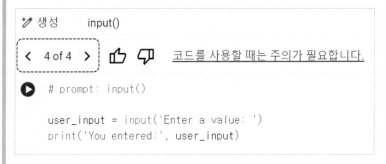

이번에는 자연어로 지시어 즉 프롬프트(prompt)를 제공한 후 생성 버튼을 클릭해 보았습니다. 그랬더니 지시한 일을 수행하는 코드의 예제를 보여 줍니다. 프롬프트가 명확할 수록 반환되는 코드도 명확해집니다.

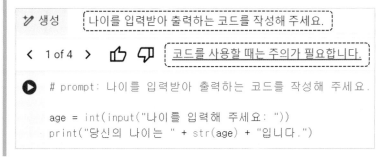

제시된 코드의 우측 상단에 '코드를 사용할 때는 주의가 필요합니다.'라는 문구를 눈여겨봐 주기 바랍니다. AI가 제시하는 코드는 코딩 보조 도구로 제공되는 참조용 코드로 프로그래머의 의도와는 다를 수 있습니다. 따라서 코딩 보조 도구가 제시한 코드를 검증하여 확정하는 책임은 프로그래머에게 있습니다. 많은 사람들이 AI의 등장으로 프로그래머라는 직업이 사라질 것으로 예상하지만 필자가 보기에는 AI가 제시하는 코드의 적절성을 평가하여 활용하는 프로그래머의 역할은 계속될 것으로 판단됩니다.

GitHub Copilot에 유료로 가입하면 Visual Studio Code를 사용하여 더욱 간편하고 전문적인 코딩 보조 도구를 사용할 수 있습니다.

📋 적재적소 _ 함수의 특징을 고려한 코딩

calculator.py 프로그램에서 사용했던 print(first_number + "와 " + second_number + "의 합은 " + added_result + "입니다.")와 같은 문장을 print( ) 함수에 입력으로 넘겨주는 값들을 콤마(,)로 분리해 봅시다.

```
>>> first_number = "10"
>>> second_number = "20"
>>> added_result = "30"
>>> print(first_number, "와", second_number, "의 합은", added_result, "입니다.")
10 와 20 의 합은 30 입니다.
>>>
```

위의 코드조각과 같이 각각의 문자열들을 덧셈 연산자(+)로 연결한 것을 제거하고 콤마(,)로 분리하니 print( ) 함수가 정상적으로 동작하는데 실행 결과에 10과 20과 30의 뒤에 원하지 않는 공란이 추가되는 부작용이 생기는 것을 확인할 수 있습니다.

그래서 calculator.py 프로그램에서는 위의 코드조각과 같이 출력 결과를 예쁘게 만들기 위하여 문자열을 덧셈 연산자(+)로 이어 붙이고 인위적으로 공란을 추가하는 코딩을 한 것입니다.

```
>>> print(first_number + "와 " + second_number + "의 합은 " + added_result + "입니다.")
10와 20의 합은 30입니다.
>>>
```

혹시 print(10,20,30)과 같은 함수의 호출로 숫자를 보여줄 때 숫자가 공란보다 콤마(,)로 분리되면 좋다는 생각이 들지 않았나요? 그럴 때에는 print( ) 함수의 도움말에서 힌트를 얻어 sep=","와 같이 함수의 입력값을 추가해 주면 됩니다. 이와 같이 프로그래머는 사용하는 함수의 특징에 맞는 코딩을 찾아서 하여야 합니다.

```
>>> print(10,20,30,sep=",")
10,20,30
>>>
```

지금까지 Python이 기본적으로 제공하는 내장 함수(built-in function)를 호출하여 사용하는 방법을 알아보았습니다. 이제는 여러분 스스로 **사용자 정의 함수**(user defined function)를 만들어 사용하는 방법을 알아봅시다.

함수를 정의하는 문법은 아래와 같습니다.

```
def 함수명(함수 호출 시 입력으로 받아 올 값을 저장할 변수들):
    처리 문장들
    return 출력값들
```

앞의 문법에서 보듯이 함수를 정의하는 방법은 입력과 처리와 출력을 배치하고 함수의 이름을 부여하는 것입니다. 함수 호출 시 입력으로 받아 올 값을 저장할 변수들과 출력값들은 콤마(,)로 구분되며 처리 문장들은 함수가 처리할 로직을 구현하는 프로그램 문장들입니다. Python에 의하여 제공되는 def(define)라는 키워드*는 함수의 정의를 시작함을 알려 주는 기능을 하고, return이라는 키워드가 함수를 처리한 후에 결과를 돌려 주는 기능을 합니다. def 문장의 맨 뒤에는 콜론(:, colon)을 찍어 주어야 하는데 콜론(:)은 함수를 구성하는 프로그램 문장들의 시작을 알려 주는 기호라고 이해하면 됩니다. 그리고 처리 문장들과 return 문장은 def 문장보다 [Tab]이 하나 들어갈 만큼 뒤로 들여쓰기(indentation)되어 def 문장의 영향을 받는 프로그램 문장들의 코드 블록(code block)을 알려 주어야 합니다. 코드 블록은 콜론(:)에서 시작하여 들여쓰기가 종료될 때 끝나게 됩니다.

📋 적재적소 _ 들여쓰기 방법

프로그램 문장들의 코드 블록은 [Tab] 외에 스페이스 키를 눌러 동일한 개수의 공란(blank)을 사용하여 들여쓰기를 해도 됩니다. 다만 필자는 키보드의 [Tab]을 눌러 들여쓰기를 하는 방법을 권장합니다. 사실 [Space Bar]로 입력하는 공란은 우리 눈에만 그렇게 보일 뿐, 컴퓨터는 하나의 문자로 인식을 합니다. 그래서 [Space Bar]로 공란을 만들 때 간혹 보이지 않는 문자가 추가되는 등 문제가 생기고, 이로 인해 알 수 없는 오류가 발생하기도 합니다. 그러므로 [Tab]을 눌러 들여쓰기 하는 습관을 들이는 것이 좋겠습니다.

그리고 참고로 Visual Studio Code나 Google Colab은 차례대로 코딩을 해 가면 자동으로 들여쓰기를 해 주어서 매우 간편합니다.

반환값을 가지지 않는 함수를 정의할 때에는 return 문장을 제외하거나 return 키워드 뒤에 출력값들을 나열하지 않으면 됩니다. 그리고 기술적으로 return 문장은 함수의 어디에도 올 수 있으며 return 문장을 만나면 함수는 즉시 수행을 중단합니다. 그래도 함수의 복잡도를 줄이고 오류를 예방하기 위하여 return 문장은 가능한 함수의 맨 뒤에 위치시키는 것이 좋습니다.

설명만으로는 함수를 제대로 이해하기 어렵죠? 그래서 이번에는 예제를 점진적으로 만들어 가며 함수를 정의하고 호출하는 과정을 이해해 보겠습니다.

```
>>> def add_two_numbers():
...     print("add_two_numbers() 함수의 처리문장 1")
...
>>>
```

함수를 구성하는 프로그램 문장들을 다 쓴 후 엔터 키를 치면, 함수의 정의가 완료되고 함수를 호출할 수 있게 됩니다. print 앞의 공란들은 탭 한 개라고 이해하면 됩니다.

---

* 키워드(keyword)란 언어가 제공하는 이름으로, 특정한 기능을 수행할 목적으로 언어가(여기서는 Python이) 미리 정의한 문자열입니다. 키워드로 지정된 이름은 사용자가 다른 목적으로 사용할 수 없습니다.

여기서 특이한 점이 있다면 함수에 포함된 프로그램 문장들을 쓴 후 마지막 줄에서 아무것도 입력하지 않고 Enter↵ 를 친 것입니다. Python 인터프리터에서 함수를 정의하지 않고 프로그램 소스에 바로 코딩을 할 때에는 함수의 정의 뒤에 빈 라인을 추가하기 바랍니다.

이렇게 간단한 방법으로 함수가 만들어졌습니다. 그럼 type() 함수를 사용해 방금 정의한 것의 자료형을 확인해 보겠습니다.

```
>>> type(add_two_numbers)
<class 'function'>
>>>
```

type() 함수로 확인한 결과, 우리가 정의한 함수 또한 앞서 사용한 input()이나 print() 함수와 같은 함수 (function) 클래스입니다. 그래서 사용자가 직접 정의한 함수도 Python 내장 함수와 같은 방법으로 호출할 수 있습니다.

❗ 알아두기 _ 객체지향 프로그래밍

함수도 하나의 클래스가 된다는 것이 의아하게 느껴지는 분들이 있을 것 같습니다. 앞서 Python의 내장 자료형들을 정리한 표에는 함수가 없었는데 말이지요. 함수도 하나의 클래스라는 것을 이해하려면 먼저 객체지향 프로그래밍이 무엇인지 간단하게나마 이해하는 것이 좋겠습니다.

Python은 객체지향 프로그래밍(object oriented programming) 언어로, Python 언어를 구성하는 대부분의 요소들이 객체 (object)로 구현되어 있습니다. 정수(int), 실수(float), 문자열(str)과 같은 자료형만이 아니라 함수(function)도 객체입니다. 그래서 add_two_numbers가 함수(function) 클래스(class, 객체 유형)인 것입니다.

이제 만든 함수를 호출해 보겠습니다.

함수를 호출하여 사용할 때는 add_two_numbers()와 같이 함수의 이름 뒤에 괄호를 열고 닫습니다. 그러면 호출하는 함수의 처리할 문장들이 실행됩니다.

```
>>> add_two_numbers()
add_two_numbers() 함수의 처리문장 1
>>>
```

이렇게 함수를 간단하게 하나 만들고 실행해 보았습니다. 이번에는 함수에 함수 호출 시 입력으로 받아 올 값을 저장할 변수들을 추가하고 반환값도 돌려 주도록 return 문장을 추가해 보겠습니다. 그리고 실행 결과를 변수에 저장한 후 화면에 출력해 보겠습니다.

함수의 입력값으로 number1과 number2를 받아 오고 처리 문장으로 입력값인 number1과 number2 변수를 더하여 sum 변수에 저장하고 return 문장으로 덧셈 결과가 저장된 sum 변수의 값을 반환하도록 수정하였습니다.

```
>>> def add_two_numbers(number1, number2):
...     sum = number1 + number2
...     return sum
...
>>> returned_value = add_two_numbers(10,20)
>>> returned_value
30
>>>
```

수정된 함수를 호출할 때 add_two_numbers 함수에 10과 20을 입력값으로 넘겨주면 두 수가 더해진 결과인 30이 함수로부터 출력으로 반환되어 returned_value 변수에 저장됩니다. add_two_numbers 함수를 실행한 후 returned_value 변수를 확인하면 10과 20을 더한 30이 화면에 출력되는 것을 확인할 수 있습니다.

여러 줄로 구성된 함수를 정의하여 호출하려니 중간에 오타를 수정하는 것도 여간 번거로운 일이 아닐 것입니다. 더군다나 Python 인터프리터에서는 이미 입력한 코드에 실수라도 생기면 처음부터 다시 입력해야 하니 어려움이 많습니다.

이럴 때는 Python 인터프리터보다는 Visual Studio Code나 Google Colab에 필요한 코드들을 편집기에 입력한 후 실행해 보는 방식을 사용해야 합니다.

특히 전체 프로그램을 한 번에 모두 실행하지 않고, 필요한 코드 몇 줄만 셀마다 입력하여 실행해 보는 Google Colab이 더욱 적합할 것입니다. 그럼 동일한 코드를 Google Colab에 코딩한 후 실행해 보겠습니다.

Python 인터프리터로 코드를 입력하고 실행할 때에는 코드 바로 아래에 결과가 출력되는 반면, Google Colab에서는 코드 전체와 실행화면이 구분되어서 어떤 프로그램 문장이 어떤 출력에 해당하는지 사용자가 판단을 해야 합니다. (Visual Studio Code에서는 코드 전체와 실행화면이 분리되어 이런 상황이 더 심각합니다.)

```python
def add_two_numbers(number1, number2):
    sum = number1 + number2
    return sum

returned_value = add_two_numbers(10,20)
returned_value
```

```
30
```

그래서 Visual Studio Code나 Google Colab에서는 print('10과 20의 합:',returned_value) 문장과 같이 print() 함수를 사용하여 실행화면에 나타나는 값이 무엇인지 보여 주는 코드를 추가하는 것이 좋습니다.

```python
def add_two_numbers(number1, number2):
    sum = number1 + number2
    return sum

returned_value = add_two_numbers(10,20)
print('10과 20의 합:',returned_value)
```

```
10과 20의 합: 30
```

❗ **알아두기 _ 매개변수와 인자**

함수를 정의할 때 나열되어 함수의 실행을 위하여 받아 오는 입력값들을 매개변수(parameter)라고 부르고, 함수를 호출할 때 함수에 넘겨주는 값들을 인자(argument)라고 부릅니다. 인자는 함수 호출 시 함수에 넘겨줄 값들이기 때문에 변수나 상수나 식이 될 수 있고, 매개변수는 그 값들을 받아다 사용해야 하기 때문에 변수명이 되어야 합니다.

앞의 예를 보면, 인자는 10과 20과 같은 상수이고 매개변수는 number1과 number2와 같은 변수의 이름인 것을 알 수 있습니다. 하지만 현장에서는 함수의 인자와 매개변수라는 용어를 크게 구분하지 않고 거의 같은 뜻으로 사용합니다.

❗ 알아두기 _ 함수의 다른 이름들

Python 이전에 사용되던 함수는 프로시저(procedure), 함수(function), 서브루틴(sub-routine)과 같은 이름으로 불렀습니다. 엄밀하게 설명하면 프로시저는 반환값이 없는 Python 함수를 의미하고, 함수는 반환값이 있는 Python 함수를 의미하고, 서브루틴은 Python의 함수처럼 반환값이 있는 경우도 있고 반환값이 없는 경우도 있었습니다. Python은 서브루틴과 같이 반환값의 유무와 상관없이 함수라고 부릅니다.

함수는 수학의 함수에서 따온 이름인데 f(x) = ax + b와 같은 수학함수를 생각해 보면 f(x)가 def f(x):에 해당하고 ax + b가 return a*x + b에 해당한다는 것을 쉽게 이해할 수 있습니다. 따라서 원래 함수는 반환값이 없으면 함수라고 부르기 어렵다는 것을 알 수 있습니다.

아무튼 Python 언어를 사용한다면 Python의 개념을 받아들여 함수가 동질적인 기능을 수행하는 프로그램 코드의 집합으로 이해하고 때로는 반환값이 없고 때로는 반환값이 있는 것으로 이해하고 사용하여야 합니다.

심지어는 나중에 배우게 될 객체에 포함되는 함수는 메소드(method)라고 불러서 여러분을 더욱 혼동스럽게 할 것입니다. 그러나 유능한 프로그래머가 되려면 남들이 사용하는 용어에 흔들리지 말고 본질에 집중하는 법을 배워야 할 것입니다. 프로시저라고 부르든 함수라고 부르든 서브루틴이라고 부르든 메소드라고 부르든 함수는 그냥 함수인 것입니다.

이제 함수를 호출할 때 데이터의 흐름이 어떻게 이루어지는지 자세하게 알아봅시다.

```
def add_two_numbers(number1, number2):    # 0. 함수 정의
    sum = number1 + number2               # 2. number1은 10, number2는 20
    return sum                            # 3. 두 수를 더한 30을 sum 변수에 저장
                                          # 4. sum 변수에 저장된 30을 반환


returned_value = add_two_numbers(10,20)   # 1. 함수 호출 시 10과 20을 넘겨줌
                                          # 5. 함수에서 반환한 30을 returned_value 변수에 저장
print(returned_value)                     # 6. returned_value 변수에 저장된 30을 출력
```

▲ **[그림]** 함수를 호출할 때의 데이터의 흐름

위의 그림은 함수를 호출할 때의 가장 기본적인 데이터의 흐름으로, 이것을 이해하면 함수와 함수 호출 사이의 관계를 이해하게 될 것입니다.

먼저 함수를 정의할 때는 데이터의 흐름이 발생하지 않고 Python 인터프리터에서 add_two_numbers 함수를 만들고 type( ) 함수로 자료형을 확인해 본 것과 같이 함수가 만들어지기만 한다는 것을 이해해야 합니다. 함수는 호출할 때 비로소 실행됩니다. 그래서 데이터의 흐름은 returned_value = add_two_numbers(10,20) 문장에서 add_two_numbers(10,20)으로 함수를 호출할 때 시작됩니다. 이것을 이해하고 위의 그림의 주석을 읽어 보면 데이터의 흐름이 이해될 것입니다. 위의 데이터의 흐름이 이해가 된다면 함수에 대한 기본적인 개념이 생긴 것입니다.

참고로 과거에는 언어가 지원하는 내장 함수가 거의 없어서 프로그래머가 직접 함수를 만들어 사용하여야 하는 경우가 다반사였습니다. 이와 달리 현대의 프로그래머는 언어가 제공하는 내장 함수를 사용하거나 다른 프로그래머들이 만든 라이브러리 형태의 함수를 가져다 사용할 수 있습니다. 그 덕분에 개발 생

산성을 높일 수 있고 이미 테스트된 함수를 사용함으로써 오류의 발생을 최소화할 수 있게 되었습니다.

이처럼 다양한 용도의 함수가 출현하면서 적절한 함수를 골라 사용하는 것도 프로그래밍 능력이 되었습니다. 우선 Python의 내장 함수부터 익숙해지는 게 좋겠습니다.

Built-in Functions

A	E	L	R
abs()	enumerate()	len()	range()
aiter()	eval()	list()	repr()
all()	exec()	locals()	reversed()
any()			round()
anext()	**F**	**M**	
ascii()	filter()	map()	**S**
	float()	max()	set()
B	format()	memoryview()	setattr()
bin()	frozenset()	min()	slice()
bool()			sorted()
breakpoint()	**G**	**N**	staticmethod()
bytearray()	getattr()	next()	str()
bytes()	globals()		sum()
		O	super()
C	**H**	object()	
callable()	hasattr()	oct()	**T**
chr()	hash()	open()	tuple()
classmethod()	help()	ord()	type()
compile()	hex()		
complex()		**P**	**V**
	I	pow()	vars()
D	id()	print()	
delattr()	input()	property()	**Z**
dict()	int()		zip()
dir()	isinstance()		
divmod()	issubclass()		**_**
	iter()		__import__()

▲ [그림] Python 내장 함수 (출처 - https://docs.python.org/3/library/functions.html)

위의 그림은 Python 내장 함수들을 이름별로 모은 화면입니다. 그런데 함수의 수가 너무 많아서 뭐가 뭔지 잘 모르겠지요? 그럴 때는 함수를 용도별로 분류해 보면 도움이 됩니다.

분류	함수 목록
입출력	input( ), print( ), open( )
산술 연산	abs( ), divmod( ), pow( ), round( )
반복 연산	all( ), any( ), enumerate( ), filter( ), iter( ), len( ), map( ), max( ), min( ), next( ), range( ), reversed( ), slice( ), sorted( ), sum( ), zip( )
자료형 변환	bool( ), bytearray( ), bytes( ), complex( ), dict( ), float( ), frozenset( ), int( ), list( ), set( ), str( ), tuple( )
출력 포맷팅	ascii( ), format( ), repr( )
문자코드 변환	bin( ), chr( ), hex( ), oct( ), ord( )
객체 지향	classmethod( ), delattr( ), dir( ), getattr( ), hasattr( ), isinstance( ), issubclass( ), property( ), setattr( ), staticmethod( ), super( ), vars( )
기타	__import__( ), breakpoint( ), callable( ), compile( ), exec( ), eval( ), globals( ), hash( ), help( ), id( ), locals( ), memoryview( ), object( ), type( )

▲ [표] 분류별 Python 내장 함수

분류를 해도 종류가 많고 함수의 개수가 많아 여전히 잘 모르겠지요? 괜찮습니다. 한 번에 다 알려고 하지 말고 기본기를 익힌 후 필요한 함수들을 그때그때 찾아서 호출하여 사용하면 됩니다. Python에 대하여 충분히 학습이 된 후에는 함수의 이름만으로도 그 함수가 어떤 기능을 하는지 추측할 수 있을 것입니다.

📘 적재적소 _ 변수가 영향을 미치는 범위

returned_value = add_two_numbers(10,20)과 같이 함수를 호출할 때 함수의 호출을 이해하기 위하여 변수명을 returned_value로 정했는데 sum으로 변수명을 바꾸어 코드의 의미를 더 명확하게 하고 싶습니다. 그러면 혹시 함수 안에서의 sum 변수와 함수 호출 시의 sum 변수의 중복으로 어떤 문제가 생기지는 않을까요? 다행히 변수에는 변수가 효력을 미치는 범위라는 개념이 있어서 필요한 곳마다 동일한 이름의 변수를 정의하여 서로 독립적으로 사용할 수 있습니다.

```
def add_two_numbers(number1, number2):        add_two_numbers 함수에 속한
    sum = number1 + number2                   number1, number2 변수의
    return sum                                영향의 범위

                                              add_two_numbers 함수에 속한
                                              sum 변수의 영향의 범위

sum = add_two_numbers(10,20)                  add_two_numbers 함수 외부에 속한
print(sum)                                    sum 변수의 영향의 범위
```

변수가 영향을 미치는 범위를 흐름의 그림으로 그리면서 Python에서 변수는 정의된 이후부터 영향을 미치기 때문에 화살표를 위에서 아래로 향하게 그렸으니 참조바랍니다. 우리 집에도 영희와 철수가 있을 수 있지만 다른 집에도 영희와 철수가 있을 수 있는 것처럼 변수는 영향을 미치는 범위(variable scope)가 정해져 있어서 같은 이름으로 여러 곳에 존재할 수 있습니다. add_two_numbers( ) 함수를 만들어 사용할 때 sum이라는 변수를 함수 안에서도 사용하고 함수를 호출하여 값을 저장할 때도 사용했는데 2개의 sum 변수는 각기 다른 변수입니다.

📘 ● 적재적소 _ 전역변수/지역변수

특정 범위 안에 국한되어 사용되는 변수를 지역변수(local variable)이라고 부르고 모든 범위에 사용될 수 있는 변수를 전역변수(global variable)라고 부릅니다.

지역변수는 한정된 범위에서 영향을 받고 변경되기에, 프로그램의 오류를 줄여 주며 오류가 발생해도 쉽게 찾을 수 있습니다. 반면에 전역변수는 프로그램 전체에 영향을 미치고 어느 곳에서나 변경될 수 있습니다. 이 때문에 프로그램의 오류가 발생할 가능성을 높이고, 어느 곳에서나 변수가 변경될 수 있기 때문에 오류의 발생지를 찾기도 어렵습니다. 그래서 보통은 지역변수를 사용하고 전역변수를 사용하지 않는 것이 좋습니다.

다만 프로그램의 복잡도가 상당히 높은 경우에는 오히려 전역변수의 사용이 프로그램의 복잡도를 크게 줄여 주기도 합니다. 따라서 **전역변수는 꼭 필요한 경우에 한하여 사용하여야 합니다.**

변수의 범위를 설명하기 위하여 테스트 용도로 variable_scope_test( ) 함수를 만들어 보겠습니다.

global_variable 변수를 함수의 밖에 정의하고, local_parameter 변수를 함수의 인자로 정의하고, 함수 안에 local_variable 변수를 정의하였습니다. locals( ) 내장 함수는 지역변수를 보여 주는 함수인데 출력 결과를 딕셔너리(dict) 자료형으로 제공합니다. 프로그램 로직이 단순하니 코드를 읽으며 충분히 이해한 후에 실행 버튼을 클릭하고 실행화면을 확인하기 바랍니다.

```
def variable_scope_test(local_parameter):
    local_variable = "지역변수"
    print("variable_scope_test() 함수의 지역 변수",locals())

global_variable = "전역변수"
variable_scope_test("인자")

variable_scope_test() 함수의 지역 변수 {'local_parameter': '인자', 'local_variable': '지역변수'}
```

코드조각 하단에 나오는 실행화면을 보면 결과가 딕셔너리 형태로 나오는데 해석은 어렵지 않습니다. local_parameter 키 (key)에 '인자'라는 값(value)이 들어 있고 local_variable 키(key)에 '지역변수'라는 값(value)이 들어 있는데 키는 변수의 이름이고 값은 변수에 저장된 값이라는 것을 직관적으로 알 수 있습니다. 아무튼 위의 코드조각과 실행화면을 통하여 함수의 인자와 함수 안에서 정의된 변수가 지역변수로 취급되는 것을 알 수 있습니다.

이번에는 variable_scope_test( ) 함수에 global_variable 변수를 출력하는 문장을 추가해 보겠습니다. 그리고 실행 버튼을 클릭하겠습니다.

```
def variable_scope_test(local_parameter):
    local_variable = "지역변수"
    print("variable_scope_test() 함수의 지역 변수",locals())
    print("global_variable :",global_variable)

global_variable = "전역변수"
variable_scope_test("인자")

variable_scope_test() 함수의 지역 변수 {'local_parameter': '인자', 'local_variable': '지역변수'}
global_variable : 전역변수
```

variable_scope_test( ) 함수에 global_variable 변수를 출력하는 문장을 추가해서 확인해 보니 함수의 밖에서 정의한 변수를 함수의 안에서 출력하는 것으로 보아 Python은 함수 밖에서 정의된 global_variable 변수를 함수 안에서 사용할 수 있는 것을 알 수 있습니다.

그럼 이번에는 global_variable 변수의 변경을 시도하는 문장을 추가해 보겠습니다.

```
def variable_scope_test(local_parameter):
    local_variable = "지역변수"
    print("variable_scope_test() 함수의 지역 변수",locals())
    print("global_variable :",global_variable)
    global_variable = "전역변수 변경"

global_variable = "전역변수"
variable_scope_test("인자")

variable_scope_test() 함수의 지역 변수 {'local_parameter': '인자', 'local_variable': '지역변수'}
-----------------------------------------------------------------------
UnboundLocalError                         Traceback (most recent call last)
<ipython-input-2-b3f63e773617> in <cell line: 8>()
      6
      7 global_variable = "전역변수"
----> 8 variable_scope_test("인자")

<ipython-input-2-b3f63e773617> in variable_scope_test(local_parameter)
      2     local_variable = "지역변수"
      3     print("variable_scope_test() 함수의 지역 변수",locals())
----> 4     print("global_variable :",global_variable)
      5     global_variable = "전역변수 변경"
      6

UnboundLocalError: local variable 'global_variable' referenced before assignment
```

함수 밖에서 정의된 global_variable 변수를 수정하려고 하니 UnboundLocal 오류를 발생시킵니다. Python은 전역변수가 어디에서나 변경되는 것을 방지하는 장치를 가지고 있는데 Python에게 수정이 가능한 전역변수를 특별히 알려 준 것이 없기 때문에 global_variable 변수를 지역변수로 간주하고 수정하려다가 지역변수에 global_variable 변수가 없어서 오류를 발생시키는 것입니다. UnboundLocal 오류는 지역변수가 정의된 것이 없다는 의미로 받아들이면 됩니다.

그러면 함수 밖에서 정의된 변수를 함수 안에서 변경이 가능한 전역변수로 사용하려면 어떻게 해야 하는지 알아보겠습니다.

```
def variable_scope_test(local_parameter):
    global global_variable

    local_variable = "지역변수"
    print("variable_scope_test() 함수의 지역 변수",locals())
    print("global_variable :",global_variable)
    global_variable = "전역변수 변경"

global_variable = "전역변수"
variable_scope_test("인자")
print("global_variable :",global_variable)

variable_scope_test() 함수의 지역 변수 {'local_parameter': '인자', 'local_variable': '지역변수'}
global_variable : 전역변수
global_variable : 전역변수 변경
```

함수 밖에서 정의된 변수를 함수 안에서 전역변수로 사용하려면 global global_variable 문장과 같이 전역변수로 사용할 변수 앞에 global 키워드를 사용하여 전역변수라고 선언해 주어야 합니다. 함수의 수행이 끝난 후 함수의 밖에서 값을 조회해 보면 함수 안에서 변경한 결과가 반영되어 있는 것을 알 수 있습니다. 프로그래머 입장에서는 Python은 사용이 가능한 전역변수와 변경이 가능한 전역변수의 개념이 분리되어 있어서 전역변수의 개념이 조금 혼동스럽습니다만 전역변수의 사용을 쉽게 하여 변수 사용의 효율을 높이고 전역변수의 변경은 어렵게 하여 안전성을 높이는 장치가 되어 있습니다.

📋 적재적소 _ 튜플과 여러 개의 함수 반환값

튜플(tuple)은 리스트 자료형과 기능은 동일한데 **구성 요소의 값들을 수정할 수 없다**는 특징이 있습니다. 따라서 튜플은 함수가 여러 개의 반환값들을 돌려 줄 때 사용할 자료형으로 적절합니다. 반환값을 수정할 수 없기 때문입니다. 그러면 처음에 함수를 설명할 때 프로그램 입문자들을 혼란스럽게 하지 않기 위하여 설명을 생략했던 '함수가 여러 개의 반환값을 돌려 주는 방법'에 대하여 설명하겠습니다.

```
def return_multiple_values():
    #return (10,20,30)
    return 10,20,30

returned_values = return_multiple_values()
print("함수 반환값 :", returned_values)
print("함수 반환값 :", returned_values[0],returned_values[1],returned_values[2])
print("함수가 반환한 자료형 :", type(returned_values))

returned_value1, returned_value2, returned_value3 = return_multiple_values()
print("함수 반환값 :", returned_value1, returned_value2, returned_value3)

함수 반환값 : (10, 20, 30)
함수 반환값 : 10 20 30
함수가 반환한 자료형 : <class 'tuple'>
함수 반환값 : 10 20 30
```

함수가 여러 개의 값을 반환하는 방법은 위의 코드조각과 실행화면에서 볼 수 있는 것과 같이 함수를 정의할 때 return 문장에 돌려 줄 여러 개의 값을 콤마(,)로 분리하여 나열한 값들의 튜플로 반환하는 것입니다. 함수가 값을 반환할 때에는 괄호로 둘러싸지 않아도 튜플로 인식하니 튜플로 만들겠다고 값들을 군이 괄호로 둘러싸지 않아도 됩니다. 그리고 함수를 호출하여 반환값을 저장할 때에는 returned_values = return_multiple_values( ) 문장과 같이 하나의 튜플 변수로 받아 튜플의 인덱스를 부여하여 사용할 수도 있고, returned_value1, returned_value2, returned_value3 = return_multiple_values( ) 문장과 같이 반환값의 개수만큼 변수를 나열하여 일반 변수에 받아서 사용할 수도 있습니다.

4.8 구조적 프로그래밍

구조적 프로그래밍(structured programming)의 원리에 따르면, 순차(sequence), 선택(selection), 반복(repetition) 이렇게 3가지 형태의 구조를 사용하여 프로그램을 개발할 수 있으며, 순서도를 사용하여 도식화할 수 있습니다.

- **순차 구조**: 지금까지 코딩해 본 것과 같이 프로그램 문장이 위에서 아래로 순차적으로 수행하는 것
- **선택 구조**: 프로그램의 상태에 따라서 여러 구문들 중에서 하나를 선택하여 수행하는 것. 여기서 프로그램의 상태는 변수에 저장된 값을 의미
- **반복 구조**: 프로그램이 특정 상태에 도달할 때까지 프로그램 문장들을 반복하여 수행하거나, 집합체의 각각의 원소들에 대해 프로그램 문장들을 반복하여 수행하는 것

순차 구조는 프로그램 문장들을 순서대로 나열하여 구현하며, 선택 구조와 반복 구조는 제어문(control statement)이라는 특수한 프로그램 문장을 사용하여 구현합니다. 이 3가지 형태의 프로그래밍 구조를 사용하면 여러분이 생각하는 모든 형태의 프로그램 로직을 구현할 수 있습니다.

> ❗ **알아두기** _ **구조적 프로그래밍의 원칙**
> - **직선적 프로그램 수행**: 프로그램의 수행은 위에서 아래로[전처리(initialization) → 본처리(mainline) → 후처리(finalization)] 직선적으로 흘러내려 가야 합니다. 직선적 프로그램 수행을 위하여 순차(sequence), 선택(selection), 반복(repetition) 프로그램 구조만을 가질 수 있으며 continue, break, return 등과 예외처리(exception handling) 외에 goto와 같은 다른 프로그램 영역으로의 비직선적 분기는 금지됩니다.
> - **단일 시작/단일 종료(single entry/single exit)**: 프로그램은 코드의 첫 줄에서 수행을 시작해서 마지막 줄에서 수행이 종료되기 때문에, 프로그램이 중간에 중단하는 경우는 오류 혹은 예외사항이 발생한 것으로 이해할 수 있어 오류를 쉽게 발견할 수 있습니다.
> - **그룹화(grouping)/순서화(sequencing)**: 논리적인 흐름에 따라 구분이 필요한 프로그램 코드들 사이에 공란을 추가하거나 코드 블록을 분리합니다. 관련성이 높은 변수나 함수들을 서로 가까이에 위치시킵니다.
> - **마법의 숫자 3**: 중첩 혹은 결합 사용 시 3개 레벨을 초과하지 않습니다.

- **한 페이지 방법(single page method)**: 프로그램의 길이가 한 페이지를 초과하면 프로그램 모듈화(modularization)가 부족하여 추가적인 함수 혹은 객체들로 프로그램이 나뉠 수 있다고 가정합니다. 함수나 객체가 하나의 기능(function)을 수행하지 않고 두 개 이상의 기능을 수행하면 추가적인 함수나 객체들로 프로그램이 나뉠 수 있다고 가정합니다. 최근에는 코드를 인쇄하지 않고 화면에서 보는 경향이 있으니 여기서 페이지는 화면으로 이해해도 무리가 없습니다.

구조적 프로그래밍 기법을 준수하면 코드의 가독성을 높여줄 뿐만 아니라 프로그램 로직으로 발생 가능한 경우의 수를 최소화 할 수 있게 해 주어 오류 발생 가능성이 줄어들게 됩니다.

4.9 제어문 – 선택 구조

선택 구조를 구현하는 가장 간단한 제어문은 if 문장입니다. 문법은 아래와 같습니다.

```
if 조건식(비교식/논리식):
    처리 문장들
else:
    처리 문장들
```

선택 조건이 참(True)일 때 처리할 문장만 있다면 문법이 아래와 같이 단순해집니다.

```
if 조건식(비교식/논리식):
    처리 문장들
```

함수를 정의할 때는 def라는 키워드를 사용했는데 여기서는 if라는 키워드를 사용합니다. 그리고 조건식이 나오는데, 조건식의 결과가 참(True)일 때 아래에 코드 블록으로 나열한 처리 문장들이 수행됩니다. 만약에 조건식이 참이 아니면 즉 거짓(False)이면 else: 문장의 뒤에 코드 블록으로 나열한 처리 문장들을 수행합니다.

그리고 함수를 정의할 때와 마찬가지로 처리 문장들은 if 문장과 else 문장보다 뒤로 들여쓰기 하여 [탭 (tab) 한 번] if 문장과 else 문장의 영향을 받는 프로그램 문장들의 코드 블록을 알려 주어야 합니다. 또한 if 문장과 else 문장의 맨 뒤에는 콜론(:)을 찍어 주어야 합니다. 이 콜론(:)은 함수를 정의할 때 def 문장의 뒤에 사용했던 것과 같은 용도로 if 제어문을 구성하는 프로그램 문장들의 시작을 알려 주는 기호라고 이해하면 됩니다.

제어문에서의 조건식은 산술식과 비교식과 논리식의 조합으로, 식의 결과가 참(True) 혹은 거짓(False)을 반환해 주는 식으로 이해하면 됩니다.

참의 조건만 처리하는 if 선택문

예제를 통하여 if 선택문을 이해해 봅시다.

```
number1 = 10
number2 = 20
operator = "+"
if operator == "+":
    sum = number1 + number2
    print(number1, "+", number2, "=", sum)

10 + 20 = 30
```

위의 코드조각과 실행화면은 operator 변수값이 더하기(+)일 때 덧셈을 수행하는 로직입니다. If operator == "+" 선택문을 코딩하기 전에 눈여겨볼 점이 있는데, 조건식에 사용할 조건을 먼저 설정하는 operator = "+" 문장이 추가된 것입니다. 이처럼 프로그램 로직의 흐름에 따라, 사전에 if 제어문에서 사용할 조건을 설정하는 것은 자연스러운 일입니다.

이어서 if 제어문 안의 내용을 보겠습니다. if 선택문의 조건을 나타내는 조건식이 참(True)이면 if: 문장 뒤에 있는 처리 문장들을 수행하는데, 위 조건식은 참입니다. 따라서 number1과 number2를 더한 결과 가 출력됩니다.

> ### ❗ 알아두기 _ 선택문을 코딩할 때 주의할 점
>
> 위의 코드조각의 if 선택문을 자세히 들여다보면 operator 변수의 값이 "+"일 경우에만, 즉 조건식이 참일 경우에만 수행된다는 것을 알 수 있습니다. 위의 코드조각은 의도적으로 참일 경우에만 동작하게 되어 있으나 만약 조건식이 거짓일 때 처리할 문장들이 있다면 정상적으로 동작하지 않습니다. 그래서 선택문을 코딩할 때는 '겹치지 않으면서도 빠진 것이 없도록' 선택이 가능한 모든 경우의 수를 고려하여야 합니다. 특히 else 구문을 적절히 구사하여 미처 고려하지 못한 경우의 수까지 처리해 주는 것이 좋습니다.

참과 거짓의 조건을 함께 처리하는 if 선택문

이번에는 앞의 if 선택문 예제에서 조건식이 거짓(False)일 때 수행할 처리 문장들이 있는 경우로 코드를 확장해 보겠습니다.

```
number1 = 10
number2 = 20
operator = "-"
if operator == "+":
    sum = number1 + number2
    print(number1, "+", number2, "=", sum)
else:
    print("덧셈 이외의 기능은 아직 구현되지 않았습니다.")

덧셈 이외의 기능은 아직 구현되지 않았습니다.
```

operator = "+" 문장을 operator = "-" 문장으로 바꾸고 else: 문장을 추가한 후 조건식이 거짓(False)일 때 수행할 문장을 기술하였습니다. 조건식이 거짓(False)이기 때문에 else: 문장 뒤에 있는 처리 문장들을 수 행합니다. 현재는 두 숫자의 덧셈 기능만 개발되어 있기 때문에 연산자가 덧셈이 아닌 경우 기능이 구현되 지 않았다는 알림 메시지를 화면에 보여 줍니다.

중첩 if 선택문

이번에는 덧셈과 함께 뺄셈을 하는 로직을 추가해 보겠습니다. if 선택문 2개를 반복 사용하여 쉽게 구현 할 수 있습니다.

operator 변수가 "-"일 때 뺄셈을 하는 프로그램 문장들을 추가한 후 기존의 else 코드 블록의 프로그램 문장들 앞에 탭(tab) 하나를 추가하였습니다. 사소한 것 같지만 중요한 알림 메시지도 덧셈과 뺄셈을 함께 고려하여 수정하였습니다. if 선택문 안에 다시 if 선택문이 중복되어 있기 때문에 이와 같은 if 선택문을 중첩 if(nested if) 선택문이라고 부릅니다.

```
number1 = 10
number2 = 20
operator = "-"
if operator == '+':
    sum = number1 + number2
    print(number1, "+", number2, "=", sum)
else:
    if operator == "-":
        minus = number1 - number2
        print(number1, "-", number2, "=", minus)
    else:
        print("덧셈과 뺄셈 이외의 기능은 아직 구현되지 않았습니다.")

10 - 20 = -10
```

이렇게 코드를 수정하여 덧셈과 함께 뺄셈을 하는 코드를 추가했습니다. 그런데 막상 보니 다음의 문제가 있어서 마음에 들지 않습니다.

- print 문장의 중복
- 덧셈과 뺄셈 코드의 레벨이 다름 (뺄셈이 덧셈의 하위 로직처럼 보임)
- 곱셈과 나눗셈까지 추가될 경우, 중첩 if가 너무 깊어져서(마치 꼬리에 꼬리를 무는 형태) 로직이 복잡해짐

if:와 elif: 문장을 함께 활용한 다중 선택 구조

이런 문제를 해결하기 위하여 코드를 다음과 같이 살짝 바꾸고, 곱셈(*)과 나눗셈(/)까지 로직에 반영해 봅 시다.

```
number1 = 10
number2 = 20
operator = "/"
if operator == "+":
    sum = number1 + number2
    print(number1, "+", number2, "=", sum)
elif operator == '-':
    minus = number1 - number2
    print(number1, "-", number2, "=", minus)
elif operator == '*':
    mul = number1 * number2
    print(number1, "*", number2, "=", mul)
elif operator == '/':
    div = number1 / number2
    print(number1, "/", number2, "=", div)
else:
    print("사칙연산 이외의 기능은 아직 구현되지 않았습니다.")

10 / 20 = 0.5
```

이전 코드조각과 비교해 크게 달라진 점은 elif: 문장이 추가된 것입니다. 앞서 else: 문장과 if 제어문으로 중첩시킨 부분을 각각의 elif: 문장으로 구성함으로써 중첩 구조를 해제하였습니다. 즉 elif: 문장이 else와 if를 하나로 묶어 중첩이 발생하지 않도록 해 주는 것을 알 수 있습니다(Python에서 elif는 else if를 의미합니다.). 이렇게 간단한 변화만으로 사칙연산의 순서와 레벨이 맞추어졌고 코드는 이전보다 훨씬 읽기 쉬워졌습니다. 사소하면서도 중요한 알림 메시지도 사칙연산을 함께 고려하여 수정하였습니다.

❗ 알아두기 _ 코드를 단순화하는 방법: 중첩 if 선택문 ↔ and 조건 if 선택문

```
operator = '/'
divisor = 5
if operator == '/' and divisor != 0:
    print("나눗셈이 가능합니다.")

나눗셈이 가능합니다.
```

```
operator = '/'
divisor = 5
if operator == '/':
    if divisor != 0:
        print("나눗셈이 가능합니다.")

나눗셈이 가능합니다.
```

위의 코드조각에서 보는 것처럼 왼쪽(and 조건 if 선택문)과 오른쪽(중첩 if 선택문)은 코드의 수행 결과가 동일합니다. 이와 같이 and 조건 if 선택문과 중첩 if 선택문은 종종 서로 대체되어 사용됩니다. 중첩 if가 3단계를 넘어 지나치게 깊어진다면 and 조건 if 선택문으로 대체할 수 있고, 반대로 조건문에 괄호가 많아지거나 and가 많아지며 복잡해진다면 and 조건 if 선택문을 중첩 if 선택문으로 대체하여 단순화할 수 있습니다.

```
valid_operators = ['+','-','*','/']
operator = '/'
divisor = 0
if operator in valid_operators and (operator == '/' and divisor == 0):
    print("0으로 나눌 수 없어 연산이 가능하지 않습니다.")

0으로 나눌 수 없어 연산이 가능하지 않습니다.
```

예를 들어 위의 코드조각은 로직에 오류는 없지만 조건문이 지나치게 복잡합니다. 그래서 중첩 if 선택문으로 바꿔 보겠습니다.

```
valid_operators = ['+','-','*','/']
operator = '/'
divisor = 0
if operator in valid_operators:
  if operator == '/' and divisor == 0:
    print("0으로 나눌 수 없어 연산이 가능하지 않습니다.")

0으로 나눌 수 없어 연산이 가능하지 않습니다.
```

중첩 if 선택문으로 개선한 코드가 개선하기 전의 코드보다 덜 복잡해 보입니다. 그리고 논리적으로 봤을 때, 사칙연산을 수행하는 operator인지를 확인하는 조건식과 나눗셈일 때 나눗셈이 가능한지를 확인하는 조건식을 분리하는 것이 더 타당해 보입니다.

그런데 개선한 코드를 자세히 보면, if operator == '/' and divisor == 0: 문장도 중첩 if 선택문으로 바꾸어 쓸 수 있는데 그렇게 하지 않았습니다. 그런 선택을 한 이유는 나눗셈을 할 때에만 나누는 수가 0인지 확인하기 때문에 두 개의 조건식을 and로 묶는 것이 if 선택문을 중첩하는 것보다 더 논리적이라고 보았기 때문입니다.

참고로 많은 프로그래밍 언어들이 위와 같은 if:와 elif: 문장을 함께 활용한 다중 선택 구조를 읽기 쉽도록 switch 선택문이나 case 선택문을 사용하고는 하는데, Python에서는 이를 제공하지 않습니다.

4.10 제어문 – 반복 구조

반복 구조를 구현하는 제어문은 두 가지 유형이 있습니다. 미리 정해진 횟수만큼 반복하는 for 반복 제어문, 그리고 반복을 계속할 것인지 조건식으로 확인하여 반복하는 while 반복 제어문입니다.

> **! 알아두기 _ repetition, iteration 그리고 loop**
>
> 반복을 표현하는 용어로 repetition, iteration 그리고 loop라는 용어가 있습니다. 세 가지 모두 '반복'이라고 표현하여도 무방하지만 어감이 조금씩 다릅니다.
>
> - **repetition**: 가장 일반적인 용어로 어떤 행위나 사건을 반복적으로 수행
> - **iteration**: 반복 가능한 대상(반복 객체, iterable object)을 반복하여 처리함
> - **loop**: 프로그래머 간에 흔히 사용하는 용어로 '반복한다'를 '루프를 돈다'와 같이 표현함

for 반복문

먼저 for 반복문에 대하여 알아보겠습니다. for 반복문은 미리 정해진 횟수만큼 반복하는 문법은 아래와 같습니다.

```
for 반복제어변수 in 반복객체(리스트, 배열, 튜플 및 문자열 등):
    처리 문장들
```

Python의 내장 키워드인 for 다음에 '반복 제어 변수 in 반복 객체'의 형식이 나옵니다. 한 번 반복할 때마다 반복 객체(iterable object) 요소(element)들을 한 번에 하나씩 반복 제어 변수에 할당하면서, 반복 객체를 구성하는 요소의 수만큼 처리 문장들을 반복하여 수행하게 됩니다. 그리고 for 문장도 문장의 끝이 콜론(:)으로 끝나야 합니다. 처리 문장들의 코드 블록을 수행하여야 하기 때문이지요.

설명은 이 정도로 마치고 예제를 통하여 for 반복문을 이해해 보겠습니다.

첫 번째 예제는 리스트의 값들을 순서대로 화면에 출력하는 로직입니다.

처리할 문장들에 value라는 반복 제어 변수가 포함된 것을 눈여겨보기 바랍니다. 첫 번째 반복 시 value라는 반복 제어 변수는 values 변수의 첫 번째 값인 'one'을 가지고, 두 번째 반복에는 'two'를 가지고, 세 번째 반복에는 'three'를 가집니다. 이렇게 처리 문장들이 한 번씩 반복하여 처리되는 것입니다.

```
values = ['one','two','three']
for value in values:
    print(value)

one
two
three
```

말로만 설명하니 이해하기 어렵지요? 아래 그림을 통해 for 반복문 수행 시 반복 제어 변수의 값의 변화를 자세히 이해해 봅시다.

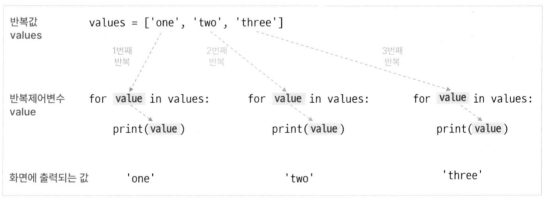

▲ [그림] for 반복문의 수행 시 반복 제어 변수의 값의 변화

위의 그림에서 코드가 수행될 때 반복 객체의 값들이 반복 제어 변수에 한 번에 하나씩 대응되어 반복하여 처리되는 형태를 따라가 보기 바랍니다. for 반복문에 대한 이해가 훨씬 쉬워질 것입니다. 혹시 코드를 실행시켰을 때 원하는 것과 다른 결과가 나올 때에도 위와 같이 그림을 그려서 따라가 보면 오류가 쉽게 찾아집니다.

두 번째 예제로 range() 함수가 생성해 주는 반복 객체의 요소들을 출력하는 로직을 구현해 보겠습니다.

range(5) 함수를 눈여겨보기 바랍니다. range(5) 함수는 0부터 숫자를 1씩 증가시키며 5개의 요소를 가진 반복 객체를 만들어 주는 역할을 합니다. 5개의 요소를 가진 반복 객체이니 당연히 다섯 번 반복하여 처리 문장들을 처리하겠지요. 그런데 왜 1부터 숫자를 증가시키지 않고 0부터 숫자를 증가시킬까요? 그 이유는 인덱스의 값을 0부터 사용하는 것과 같습니다. Python은 인덱스든 숫자의 반복이든 특별히 시작값을 지정하지 않으면 프로그램의 일관성을 유지하기 위하여 0부터 시작합니다. 그리고 종료값은 포함하지 않습니다. 위의 실행화면을 보면 5가 만들어진 값에 포함되지 않은 것을 알 수 있습니다.

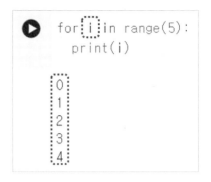

```
for i in range(5):
    print(i)

0
1
2
3
4
```

이번에는 반복 제어 변수 i를 눈여겨보기 바랍니다. for 반복 제어문의 코드 블록에서 i를 출력하니 0부터 4까지의 값이 출력됩니다. 이 예제의 i와 같은 변수 그리고 첫 번째 예제에서의 value와 같은 변수는 이와 같이 반복문을 제어하는 역할을 가진다고 하여 반복 제어 변수(loop control variable)라고 부릅니다. for 반복문에서 수치의 반복 객체를 사용하는 경우 프로그래머들은 반복 제어 변수의 이름으로 i, j, k를 관행적으로 사용합니다. l과 m도 사용할 수 있겠으나 3단계를 넘어서는 반복문은 너무 복잡해서 잘 사용하지 않습니다. 그러니 i, j, k를 꼭 기억해 놓읍시다.

세 번째 예제는 두 번째 예제를 단순화하여 처리 문장들을 5회 반복하여 출력하는 로직입니다.

```
for _ in range(5):
    print('처리할 문장들')

처리할 문장들
처리할 문장들
처리할 문장들
처리할 문장들
처리할 문장들
```

반복 횟수만 제어하고 for 반복문 안에서 사용할 반복 제어 변수가 없으면 밑줄(_, underscore)을 변수 대신 사용합니다. 그러면 단순히 반복문으로 처리할 문장들을 위의 코드조각과 실행화면처럼 정해진 횟수만큼 반복하게 됩니다.

네 번째 예제로 for 반복문과 range() 함수를 사용하여 1부터 10까지의 합을 구하는 프로그램 코드를 만들어 보겠습니다.

```
sum = 0

for i in range(10):
    print(i + 1)
    sum = sum + (i + 1)

print("1부터 10까지의 합은",sum)

1
2
3
4
5
6
7
8
9
10
1부터 10까지의 합은 55
```

for 반복문을 시작하기 전에 덧셈의 값을 누적할 변수로 sum을 만들어 초기값으로 0을 저장하였습니다. 그리고 for 반복문에 range(10) 함수를 사용하여 10회 반복하게 만들었습니다. 그리고 sum = sum + (i+1) 문장을 10번 반복하여 1부터 10까지 10회 반복하여 값을 더하게 만들었습니다. range(10) 함수가 0부터 9까지 값을 만들어 주니 1부터 10까지 값을 더하려면 i의 값에 1을 더하여 사용하여야 합니다. 더해지는 값을 눈으로 확인하기 위하여 print(i + 1)과 같이 출력할 때에도 i에 1을 더하여 출력하였습니다.

range( ) 함수는 for 반복문과 함께 사용되는 경우가 많습니다. 그래서 range( ) 함수의 도움말 중 참조하면 좋을 내용을 잠깐 보고 가겠습니다.

```
help(range)

Help on class range in module builtins:

class range(object)
 |  range(stop) -> range object
 |  range(start, stop[, step]) -> range object
 |
 |  Return an object that produces a sequence of integers from start (inclusive)
 |  to stop (exclusive) by step.  range(i, j) produces i, i+1, i+2, ..., j-1.
 |  start defaults to 0, and stop is omitted!  range(4) produces 0, 1, 2, 3.
 |  These are exactly the valid indices for a list of 4 elements.
 |  When step is given, it specifies the increment (or decrement).
```

range( ) 함수의 도움말을 읽어 보면 함수 호출 시 종료(stop) 값만 함수의 인자로 넘겨주거나 시작(start)과 종료(stop)과 증가(step) 값을 넘겨줄 수 있다는 것을 알 수 있습니다. 종료값만 넘겨주면 앞에서 설명했던 것처럼 0부터 1씩 증가하는 종료값만큼의 반복 객체를 반환하고, 시작(start), 종료(stop) 및 증가(step) 값들을 모두 넘겨주면 start 값부터 step만큼 증가시키며 stop 값이 포함되지 않는 반복 객체를 반환하게 된다는 것이지요. 만약에 step 값을 생략하면 자동으로 1씩 증가하게 됩니다. range( ) 함수에서 stop 값을 포함하지 않는 값을 반환하는 이유도 역시 인덱스나 수치값들을 0부터 시작해야 하는 컴퓨터의 기술적인 이유 때문입니다.

말로 온전히 이해하기는 어려우니 예제를 통해 알아봅시다. 1부터 10까지 더하는 예제를 살짝 수정하여 홀수의 합만 구하는 코드를 만들어 보겠습니다.

```
sum = 0

for i in range(1,10,2):
  print(i)
  sum = sum + i

print("1부터 10까지의 홀수의 합은",sum)

1
3
5
7
9
1부터 10까지의 홀수의 합은 25
```

위의 코드조각 및 실행화면과 같이, 1부터 10까지 더하는 예제에서 range(10) 함수 호출을 range(1,10,2)와 같이 수정하여 시작값을 1로 종료값을 10으로 증가값을 2로 지정하였습니다. 그랬더니 1부터 9까지의 값이 만들어져서 1부터 10까지의 홀수의 합을 구하게 되었습니다. 시작값이 0이 아니고 1이어서 i 제어 변수에 1을 더하지 않아도 되었습니다. 종료값인 10이 반복할 값으로 포함되지 않았지만 홀수의 합을 구하는 것이어서 다행히 원하는 홀수의 합을 구할 수 있었습니다.

이번에는 1부터 10까지 짝수의 합을 구하는 프로그램을 만들어 보겠습니다.

```
sum = 0

for i in range(2,10,2):
  print(i)
  sum = sum + i

print("1부터 10까지의 짝수의 합은",sum)

2
4
6
8
1부터 10까지의 짝수의 합은 20
```

위의 코드조각과 실행화면과 같이 range() 함수에서 시작값(start)만 2로 바꾸면 될 것 같아서 수정을 하였는데 10이 더해지지 않고 8까지만 더해졌습니다. 이는 range() 함수가 반복되는 값들을 만들어 줄 때 종료값을 포함하지 않는 특징 때문입니다. 종료값(stop)은 원하는 값 + 1의 형태로 지정하여야 합니다. 10이 합산되지 않는 문제를 바로잡아 봅시다.

```
sum = 0

for i in range(2, 10+1, 2):
    print(i)
    sum = sum + i

print("1부터 10까지의 짝수의 합은",sum)

2
4
6
8
10
1부터 10까지의 짝수의 합은 30
```

위의 코드조각과 실행화면과 같이 종료값(stop)을 10+1로 지정했더니 비로소 1부터 10까지 짝수의 합을 구할 수 있습니다. 논리적으로는 홀수를 구하는 경우에도 종료값을 10+1로 지정해야 하는데, 운이 좋아서 프로그램이 정상적으로 실행되었을 뿐입니다.

> **! 알아두기 _ Python 코딩의 간결성**
>
> for 반복문을 설명하기 위하여 1부터 10까지의 합을 구하는 예를 들었습니다만 Python에서는 sum(range(1,11))로 1부터 10까지의 합을, sum(range(1,11,2))로 1부터 10까지 홀수의 합을 그리고 sum(range(2,11,2))로 1부터 10까지의 짝수의 합을 각각 구할 수 있는 Python다운 매우 간결한 방법을 제공합니다.

이번에는 중복 for 반복문과 range() 함수의 조합으로 만든, 구구단 프로그램 예제를 함께 이해해 봅시다. 구구단은 화면에 출력할 값이 너무 많으니 2단부터 4단까지 짝수단만 3까지 곱하도록 구구단의 로직을 살짝 바꾸겠습니다.

```
for i in range(2,5,2):
    for j in range(1,4):
        print(i, "x", j, "=", i*j)

2 x 1 = 2
2 x 2 = 4
2 x 3 = 6
4 x 1 = 4
4 x 2 = 8
4 x 3 = 12
```

바깥쪽에 위치한 for 반복문의 range() 함수에는 step 값을 지정하여 2씩 증가시키고, 안쪽에 위치한 for 반복문의 range() 함수에는 step 값을 생략하여 1씩 증가시키게 하였습니다. 다만 4단까지 계산하기 위하여 stop 값에 5를 주고 각 단마다 1에서 3까지 계산하기 위하여 stop 값에 4를 줄 수밖에 없는 것이 너무나 마음에 들지 않습니다. 왜냐하면 인덱스나 수치값들을 0부터 시작해야 하는 컴퓨터의 기술적인 이유 때문입니다(이 이유는 정말 중요하기에 반복하여 설명합니다.).

그런데 이번에도 말로만 설명하니 이해하기 어렵지요? 아래 그림을 통해 for 반복문 수행 시 반복 제어 변수의 값의 변화를 자세히 이해해 봅시다.

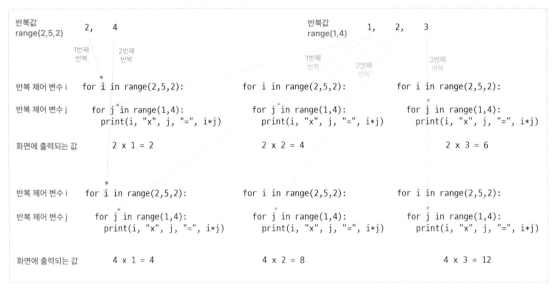

▲ **[그림]** 중복 for 반복문의 수행 시 반복 제어 변수의 값의 변화

그림을 천천히 따라가 보면서 중복 반복문의 경우 안쪽에 있는 반복문이 바깥쪽에 있는 반복의 횟수만큼 반복하여 수행된다는 것을 이해하여야 합니다.

리스트 컴프리헨션

Python에는 for 반복문의 변형으로, 리스트 컴프리헨션(list comprehension)이 있습니다. 이 용어만 보아서는 왜 for 반복문의 변형인지 이해하기 어렵겠지만, 예제를 참조하면 금방 이해할 수 있습니다. 1에서 5까지의 리스트 반복 객체의 요소들을 거듭제곱하여 새로운 리스트 변수에 저장하는 예제를 살펴봅시다.

```
list_values = [1,2,3,4,5]
squared_values = [i**2 for i in list_values]
print(squared_values)

[1, 4, 9, 16, 25]
```

일반적인 for 반복문과의 차이는 처리할 문장이 for 문장의 다음에 나오는 코드 블록이 아니라 i**2 수식 하나로 대체된 것과 단순하게 변형된 for 반복문을 리스트를 만들어 주는 대괄호 [ ]로 감싼 것입니다. squared_values 변수에 저장된 결과를 보면 list_values 변수에 저장된 값을 거듭제곱한 값이 다시 리스트 자료형으로 만들어진 것을 확인할 수 있습니다. 이제 리스트 컴프리헨션(list comprehension)이라는 용어가 이해가 되는 군요.

그래도 잘 이해가 되지 않는다고요? 그럼 위의 코드를 일반적인 for 반복문으로 바꾸어 보겠습니다.

```
list_values = [1,2,3,4,5]
squared_values = []
for i in list_values:
    squared_values.append(i**2)
print(squared_values)

[1, 4, 9, 16, 25]
```

squared_values = [i**2 for i in list_values] 리스트 컴프리헨션 문장과 위의 코드조각에서 점선으로 둘러싼 3개의 문장이 하는 일이 동일한 것을 list_values 입력 변수와 squared_values 출력 변수를 보고 알 수 있습니다. 아직 배우지 않았지만 squared_values =[] 문장은 squared_values 변수를 빈 리스트로 초기화하는 역할을 하고, squared_values.append(i**2) 문장은 거듭제곱한 결과를 squared_values 변수에 추가하는 역할을 한다는 것을 이해하면, 리스트 컴프리헨션보다 for 반복문으로 풀어서 코드한 3개의 문장을 보고 코드조각이 무슨 일을 하는지 직관적으로 이해할 수 있습니다. 그러나 리스트 컴프리헨션이 어렵지만 한 번 이해하고 나면 리스트 컴프리헨션 코드의 간결성, 함축성 및 가독성이 매우 높다는 것을 또한 직관적으로 이해할 수 있습니다.

앞서 예로 든 list_values 변수는 1에서 5까지 1씩 증가하는 규칙성을 가집니다. 따라서 굳이 변수로 정의하지 않고 아래와 같이 코드를 바꾸어 쓸 수 있습니다.

```
squared_values = [i**2 for i in range(1,6)]
print(squared_values)

[1, 4, 9, 16, 25]
```

여기서 range() 함수의 두 번째 인자가 5가 아니라 6이라는 점을 주의하기 바랍니다. for 반복문에 의하여 반복하여 처리되는 값은 위 예제에서 range() 함수의 반환값인 range 반복 객체와 같이 리스트가 아닌 어떤 형태의 반복 객체이어도 됩니다.

이와 같이 리스트 컴프리헨션을 사용하면 프로그램 코드를 매우 간결하고 짧게 만들 수 있습니다. 그런데 여기서 프로그램 코드를 한 번 더 발전시켜 보겠습니다.

```
squared_values = [i**2 for i in range(1,6) if i%2 == 1]
print(squared_values)

[1, 9, 25]
```

앞에서 설명한 리스크 컴프리헨션의 예에 if i%2 == 1 문장을 추가하는 것만으로 1에서 5까지의 범위(range) 값들 중 홀수에 대한 거듭제곱을 구할 수 있습니다. 나머지 연산자(%)는 값을 나눈 후 나머지를 구하는데, 2로 나눈 후 값이 1이라면 홀수가 됩니다.

범위(range) 값들 중 짝수에 대한 거듭제곱을 구하고 싶다면 if i%2 == 1 선택문에서 나머지 값에 대한 비교 대상을 1에서 0으로 수정하면 됩니다. 프로그래머들 간에 매우 자주 사용되는 기법이니 꼭 기억해 두기 바랍니다.

```
squared_values = [i**2 for i in range(1,6) if i%2 == 0]
print(squared_values)

[4, 16]
```

리스트 컴프리헨션도 일종의 반복문으로 중첩시킬 수 있고, 딕셔너리도 반복 객체니 리스트 컴프리헨션을 적용할 수 있는 등 더 언급할 것들이 있지만 그러면 학습의 흥미를 떨어트릴 것 같아 설명하지 않겠습니다. 필요할 때 위에서 설명한 개념과 원리들을 확장하여 사용하기 바랍니다.

while 반복문

이번에는 반복을 계속할 것인지 조건식으로 결정하여 반복하는 while 반복문에 대하여 알아보겠습니다. 문법은 아래와 같습니다.

```
초기반복조건 설정
while 조건식(비교식/논리식):
    처리 문장들
    반복조건 변경
```

while 반복문은 for 반복문보다 문법이 훨씬 간단하여 설명할 것이 거의 없습니다. 단순히 조건식의 결과값이 참(True)인 동안 처리할 문장들을 반복하여 처리하는 것입니다. 조건식의 결과값이 처음부터 거짓(False)이라면 처리할 문장들은 한 번도 수행되지 않습니다. 그래서 while 반복문의 앞뒤에 다른 도서에서는 문법으로 설명하지 않는 초기 반복 조건 설정과 반복 조건 변경이라는 코딩 패턴을 문법으로 추가하였는데 이와 같이 확장된 while 문법의 경우처럼 while 반복문 앞에 초기 반복 조건을 설정하는 문장이 추가 되어야 하며, while의 처리 문장들 안에는 반복 조건을 변경하는 문장이 추가되어 while 반복문이 끝나는 조건을 만들어 주는 로직이 들어 있어야 합니다. 그렇지 않다면 while 반복문은 무한히 수행되거나 컴퓨터의 자원을 모두 사용한 후 죽어 버릴 것입니다. 반복 조건을 변경하는 문장은 처리할 문장들의 어느 곳에 있어도 상관없지만 맨 뒤에 배치하면 while 반복문을 이해하기 좋습니다.

그러면 for 반복문과 range(5) 함수로 구현한 0에서 4까지의 값을 보여 주며 5회 반복하는 예제를 while 반복문으로 다시 작성해 보겠습니다. 변수의 값과 조건식의 변화를 쉽게 설명하기 위해 3회 반복하는 예제로 구성하였습니다.

오른쪽의 예제 코드조각에서 i = 0이 초기 반복 조건을 설정하는 문장이고, i = i + 1이 반복 조건을 변경하는 문장입니다. 즉, while 반복문을 수행하기 전에 i의 초기값으로 0이 저장되고 처리할 문장들을 모두 수행한 후 i의 값이 1 증가하는 것입니다. 반복 조건을 판단하는 조건식은 i < 3인데 i가 3보다 작은 동안만 반복문을 수행하고 i가 3이 되면 while 반복문의 수행을 중단한 후 다음 문장을 수행하게 되는 것입니다.

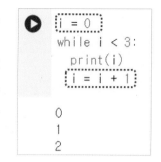

그런데 같은 로직을 구현하는 for 반복문과 while 반복문을 비교해 보니 while 반복문이 훨씬 복잡합니다. 그리고 초기 반복 조건을 설정하는 문장에 오류가 있거나 반복 조건을 변경하는 문장에 오류가 있다면 while 반복문은 정상적으로 동작하지 않을 것입니다. 이와 같은 이유로 처음에 정해진 횟수만큼을 반복해야 한다면 while 반복문을 사용하지 않고 for 반복문을 사용하는 것이 좋습니다. while 반복문은 코딩의 패턴이 조금 복잡한 반면, for 반복문과 같은 고정된 형식의 영향을 받지 않기 때문에 조금 더 사람이 이해할 수 있고 동시에 유연한 코딩을 할 수 있습니다.

while 반복문 수행 시 변수의 값들과 조건식이 변화하는 흐름의 그림을 그려서 더 자세히 이해해 봅시다.

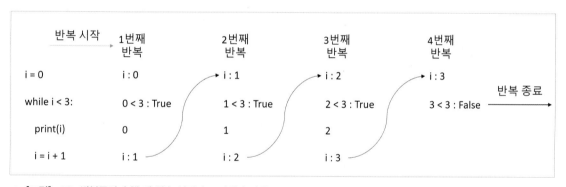

[그림] while 반복문의 수행 시 변수 설정과 조건식의 변화

> ### 적재적소 _ 프로그램의 상태
>
> [그림] for 반복문의 수행 시 반복제어 변수의 값의 변화, [그림] 중복 for 반복문의 수행 시 반복제어 변수의 값의 변화 및 [그림] while 반복문의 수행 시 변수 설정과 조건식의 변화에서 볼 수 있는 것과 같이, 변수에 저장된 값들은 프로그램이 수행되는 시점에 프로그램의 상태(program status)를 알려 줍니다. 프로그램이 수행되어 감에 따라 변화하는 값들을 관찰하면 프로그램의 로직이 어떻게 구성되는지 이해할 수 있습니다. 그래서 프로그래머들은 항상 로직의 흐름에 따라 변화하는 변수들의 값 즉 프로그램의 상태에 관심을 기울여야 빠르고 효율적인 프로그램을 개발할 수 있으며 또한 오류 발생 시 원인을 쉽게 찾을 수 있습니다.

이번에는 while 반복문을 사용하기에 적합한 수행 횟수가 사전에 정해지지 않은 예제를 살펴보겠습니다. 사용자가 q를 입력할 때까지 처리할 문장들을 반복하여 수행하는 로직입니다. Visual Studio Code 통합개발환경을 사용하여 이전에 설명했던 calculator.py 프로그램의 기능을 향상시켜 코딩하였습니다.

```
calculator.py > ...
 1    # 초기 반복조건 설정
 2    print("연산자를 입력하세요. 연산을 종료하려면 q를 입력한 후 Enter 키를 치세요.")
 3    operator = input("연산자 : ")
 4
 5    while operator != 'q':                # 반복조건을 판단하는 논리식
 6        # 입력 (input)
 7        first_number = int(input("첫번째 숫자 : "))
 8        second_number = int(input("두번째 숫자 : "))
 9
10        # 처리 (process)
11        added_result = first_number + second_number
12
13        # 출력 (output)
14        print(first_number, operator, second_number, "=", added_result)
15
16        # 반복조건 변경
17        print("연산자를 입력하세요. 연산을 종료하려면 q를 입력한 후 Enter 키를 치세요.")
18        operator = input("연산자 : ")
```

문제   출력   디버그 콘솔   **터미널**   JUPYTER

```
PS C:\Users\00320811\Documents\python_coding> & C:/Users/00320811/AppData/Local/Programs/Pyth
rs/00320811/Documents/python_coding/calculator.py
연산자를 입력하세요. 연산을 종료하려면 q를 입력한 후 Enter 키를 치세요.
연산자 : +
첫번째 숫자 : 10
두번째 숫자 : 20
10 + 20 = 30
연산자를 입력하세요. 연산을 종료하려면 q를 입력한 후 Enter 키를 치세요.
연산자 : q
PS C:\Users\00320811\Documents\python_coding>
```

언뜻 보면 매우 복잡해 보이는 프로그램이지만 초기 반복 조건 설정, 반복 조건을 판단하는 조건식 및 반
복조건 변경 부분을 떼어서 읽으면 쉽게 이해가 될 것입니다. 연산자를 입력받아 operator 변수에 저장한
후 operator가 'q'가 아닌 경우에만 while 반복문을 반복하여 수행하는 구조입니다. 위의 Visual Studio
Code 하단의 실행화면을 보면 플러스(+)를 입력할 경우 입력한 두 값을 더하여 화면에 보여 주고 q를 입
력할 경우 while 반복문을 중단하는 것을 알 수 있습니다.

calculator.py 프로그램이 덧셈만 지원할 때에는 입력과 출력 코드를 first_number = int(input("덧셈을
할 첫 번째 숫자 : ")) 문장과 print(str(first_number) + "와 " + str(second_number) + "의 합은 " + str(ad-
ded_result) + "입니다.") 문장과 같이 덧셈으로 한정하였습니다. 여기서는 향후 사칙연산을 모두 수용하게
하기 위하여 입력 코드를 first_number = int(input("첫 번째 숫자 : ")) 문장과 같이 덧셈으로 한정하는 문구
를 제거하고, 출력 코드를 print(first_number, operator, second_number, "=", added_result) 문장과 같이
플러스(+) 연산으로 문자열을 이어 붙이지 않고 출력할 값들을 콤마(,)로 분리하여 넘겨주도록 수정하고 자
료형 변환을 제거하였으니 확인하고 넘어가기 바랍니다.

이번에는 while 반복문의 두 번째 예제로, 반복문을 사용하여 지수를 계산하는 예제를 살펴봅시다.

```python
exp.py > ...
  1    import math
  2
  3    # 초기 반복조건 설정
  4    오차 = 100
  5    허용오차 = 0.001
  6
  7    x = 3
  8    old_exp_x = 1
  9    i = 1
 10
 11    while 오차 > 허용오차:              # 반복조건을 판단하는 논리식
 12        exp_x = old_exp_x + 1/math.factorial(i) * x**i
 13
 14        오차 = abs(exp_x - old_exp_x)  # 반복조건 변경
 15
 16        old_exp_x = exp_x
 17        i = i + 1
 18
 19    print("무한급수를",i,"번 반복하여 찾아낸 exp(3) =",exp_x)
 20    print("급수간 오차는",오차,"입니다.")
```

```
문제   출력   디버그 콘솔   터미널   JUPYTER

PS C:\Users\00320811\Documents\python_coding> & C:/Users/00320811/App
rs/00320811/Documents/python_coding/exp.py
무한급수를 14 번 반복하여 찾아낸 exp(3) = 20.08546859390609
급수간 오차는 0.0002560330294691937 입니다.
PS C:\Users\00320811\Documents\python_coding>
```

위의 코드조각은 x 변수의 값을 3으로 지정하여 exp(3), 즉 3의 지수를 구하는 프로그램으로 import math와 math.factorial() 함수는 배우지 않았는데 여기서는 Python이 제공하는 수학 함수인 factorial()을 가져다 사용하는 방법이라는 정도만 이해하고 로직을 분석해 봅시다.

전체적으로 로직이 복잡한데, 이 예제의 목적이 수학의 지수함수를 이해하려는 것이 아니고 while 반복문을 사용하는 방법을 이해하려는 것입니다. 앞선 예제와 마찬가지로 초기 반복 조건 설정, 반복 조건을 판단하는 조건식 및 반복 조건 변경 부분을 이해하면 while 반복문의 특징을 정확히 이해할 수 있습니다. 수학적인 개념들을 설명하지 않기 위하여 변수 이름을 한글로 부여하였습니다. (교육의 목적상 한글 변수명을 사용하나 실무용 프로그램을 개발할 때에는 반드시 영어를 변수명으로 사용하기 바랍니다.)

아무튼 초기 반복 조건 설정 부분에서 오차 변수의 초기 반복 조건으로 100을 설정한 것은 오차를 허용 오차보다 충분히 크게 만들어 while 반복문을 최소한 한 번은 실행되게 만들기 위한 것이고 허용 오차 변수는 반복을 빠져나가기 위한 조건을 설정한 것입니다.

반복 조건을 판단하는 조건식에서는 반복하여 계산한 값들의 이전값과 현재값의 차이가, 즉 오차가 허용 오차보다 큰 경우는 while 반복문을 빠져나가지 않고 연산을 반복하게 만들어 줍니다.

반복 조건 변경 부분에서는 이전 반복에서의 결과값과 현재 반복에서의 결과값의 차이를 오차로 다시 설정하여 허용 오차와 비교할 수 있게 해 줍니다. 이전 반복에서의 결과값과 현재 반복에서의 결과값의 차이인 오차는 음수가 될 수도 있고 양수가 될 수도 있어서 절대값을 구해 주는 abs() 내장 함수를 사용하여 양수로 만든 후 비교하게 하였습니다.

하단의 프로그램 실행화면에서는 while 반복문을 14번 수행하여 허용 오차를 충족하는 3의 지수값을 얻었고 이때 오차는 0.0002로 허용 오차인 0.001보다 작다는 것을 확인하면 됩니다.

앞에서 제시한 2개의 while 반복문의 예제와 같은 로직들은 for 반복문으로는 구현할 수 없으며 가장 전형적인 while 반복문의 형태이니 꼭 이해해 두기 바랍니다. 그리고 반드시 기억해야 할 것은 프로그램의 목적에 적합한 반복문을 for 반복문과 while 반복문 중에서 선택하여 사용해야 한다는 것입니다.

> ! **알아두기 _ 지수를 무한급수로 구하는 공식**
>
> $$e^x = 1 + \frac{x}{1!} + \frac{x^2}{2!} + \frac{x^3}{3!} + \cdots , \qquad -\infty < x < \infty$$

반복문을 사용하다 보면 종료 조건이 충족되어 반복을 중단해야 할 상황이 발생하면 break 문장을 사용하고, 특정한 예외적인 조건이 발생한 이후에 처리문장들을 수행하지 않아야 하는 상황이 발생하면 continue 문장을 사용할 수 있습니다. break와 continue 문장을 사용하면 프로그램의 논리의 흐름이 다음 그림과 같이 바뀝니다.

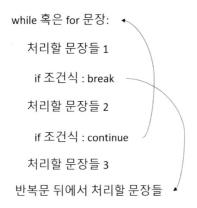

while 혹은 for 문장:

　처리할 문장들 1

　　if 조건식 : break

　처리할 문장들 2

　　if 조건식 : continue

　처리할 문장들 3

반복문 뒤에서 처리할 문장들

▲ **[그림]** break와 continue 문장을 사용할 때의 논리 흐름

break나 continue 문장을 사용하는 경우 위의 그림에서 보는 것처럼 로직의 흐름을 복잡하게 만드니 불가피한 경우에만 사용해야 합니다.

아무튼 지수를 계산하는 로직을 break를 사용하여 수정해 보겠습니다. 아래와 같이 반복 조건을 판단하는 조건식 한 문장을 주석으로 처리하고 두 줄의 코드를 추가하였습니다. 그리고 나머지 코드들은 변하지 않습니다.

```
11    #while 오차 > 허용오차:              # 반복조건을 판단하는 논리식
12    while True:
13        if 오차 <= 허용오차: break
```

while True:라는 문장은 반복 조건을 판단하는 조건식이 항상 참(True)이어서 처리할 문장들을 영원히 반복시키는 무한 루프(infinite loop)를 만들어 줍니다. 그리고 하단에 if 조건 제어문을 추가하여 반복할 조건, 즉 오차가 허용 오차보다 큰 경우의 반대인 오차가 허용 오차보다 작거나 같은 경우 반복문을 빠져나가도록 처리할 문장에 break를 코딩하였습니다. 이렇게 무한 루프와 break는 쌍을 이루어 활용됩니다. 그리고 또 한 가지 특이한 것으로 if 조건 반복문의 콜론(:)의 뒤에 바로 break가 왔는데 콜론(:)이 코드 블록의 시작을 알려 주기 때문에 정상적인 문법입니다. 제어문에서 처리할 문장들이 여러 개일 경우에는 다음 줄에 들여쓰기를 통하여 기술하는 것이 좋으나 처리할 문장이 한 문장일 때에는 다음 줄에 쓰지 않고 뒤에 바로 붙여 쓰는 것이 코드를 간결하게 해 줍니다.

무한 루프와 break로 조합된 로직보다 while 오차 > 허용오차:와 같이 처리하는 것이 코드도 한 줄로 더 간결하고, 프로그램 로직의 흐름은 가장 위에서 시작하여 가장 아래에서 끝나야 한다는 구조적 프로그래밍의 원칙도 지켜서 복잡도가 높지 않은 더 권장할 만한 코드라고 생각합니다. 다만 무한 루프와 break 문장을 조합한 코드는 프로그래머들 사이에서 관행적으로 많이 활용되고 있으니 알아 두어야 합니다.

continue 문장은 break 문장보다 코드를 더욱 복잡하게 만드니 여기서는 그런 기능이 있다는 것만 설명하고 예제 코드는 생략하도록 하겠습니다. 프로그램을 개발할 때 continue 문장을 사용해야 한다는 유혹을 느낀다면 프로그램 로직에 문제가 있는 것은 아닌지 고민해 보기 바랍니다. 그리고 continue 문장의 경우에도 break 문장의 경우와 같이 문제가 없다는 판단이 들 때에만 사용하기 바랍니다. 실제로 실무 환경에서 continue 문장은 if 조건 제어문을 적절히 활용하여 대체되고는 합니다.

! **알아두기 _ continue 문장을 if 선택문으로 대체하여 논리 흐름을 단순화하는 방법**

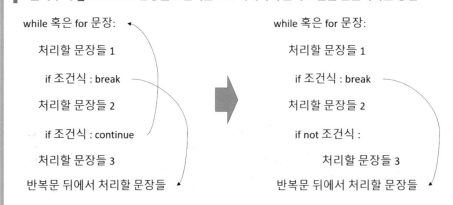

continue 문장을 수행할 if 조건식을 반대로 수정한 후, 처리할 문장들 3을 들여쓰기 하는 것으로 간단히 continue 문장을 사용하지 않게 할 수 있습니다.

재귀적 함수 호출을 통한 반복

이번에는 리커전(recursion, 재귀적 함수 호출)이라는 매우 독특한 형태의 반복에 대하여 알아보겠습니다. 재귀적 함수 호출이란 함수가 자기 자신을 호출하는 것을 의미합니다.

먼저 아래와 같은 for 반복문을 생각해 봅시다.

```
sum = 0

for i in range(1,11):
    sum += i

print('1~10까지 더한 합은',sum,'입니다.')

1~10까지 더한 합은 55 입니다.
```

위의 코드조각을 보면 for 반복문을 설명할 때 예로 들었던 예제 코드와 유사한데, range(10)을 range(1,11)로 변경하여 i+1을 sum 변수에 더하지 않고 i를 sum 변수에 더하도록 수정하였습니다. 그리고 지금까지는 코드의 의미를 명확히 하기 위하여 sum = sum + 1과 같은 형태로 코딩을 했는데 이번에는 sum += i 와 같이 코딩하여 일반적인 Python 프로그래머들의 관행을 따랐습니다. 아무튼 그래서 이전 예제와 동일하게 for 반복문의 실행이 끝난 다음에 sum 변수에는 1에서 10까지 더한 값이 저장되게 됩니다.

이 예제를 리커전을 사용하여 다시 작성해 봅시다. 리커전은 for 반복문보다 while 반복문과 유사하니 위의 코드조각을 while 반복문으로 먼저 만들어 보겠습니다.

```
sum = 0

i = 1                    # 시작값
while i <= 10:           # 종료값
    sum += i
    i += 1               # 증가값

print('1~10까지 더한 합은',sum,'입니다.')

1~10까지 더한 합은 55 입니다.
```

i 변수에 초기값으로 1을 넣은 후 i가 10보다 작거나 같은 경우에 sum 변수에 i 변수의 값을 더한 후 i의 값을 1 증가시켜 while 반복문을 다시 반복하게 하였습니다. 눈이 밝은 독자라면 while 반복문의 비교 조건을 작다(<) 비교 조건에서 작거나 같다(<=) 비교 조건으로 바꾼 것만으로 for 반복문에서 발생하던 종료 값이 포함되지 않는 문제가 해결된 것을 발견했을 것입니다. 이와 같이 while 반복문은 코드의 패턴이 복잡한 반면에 유연한 코드를 가능하게 해 줍니다. 아무튼 이 예제의 경우에도 while 반복문의 실행이 끝난 다음에 sum 변수에는 1에서 10까지 더한 값이 저장되게 됩니다.

기본적인 반복 로직이 while 반복문을 코딩하면서 만들어졌으니 리커전을 사용하여 다시 코딩하겠습니다.

```
def add_to_10(i,sum):
    print('함수 호출시 - i :',i,', sum :',sum)
    if i == 10: return i

    sum = add_to_10(i+1,sum)
    sum += i
    print('함수 종료시 - i :',i,', sum :',sum)
    return sum

sum = 0
i = 1
add_to_10(i,sum)
```

위의 코드조각에서 while 반복문과 달라지는 부분을 빨간색 점선으로 표시하였습니다. while 반복문의 코드 블록을 add_to_10() 함수로 만들었습니다. if i == 10: return i 문장은 재귀적 함수 호출이 종료되는 조건을 지정한 것으로 while True: 무한 반복을 break 문장으로 종료시키는 로직과 패턴이 동일한데 if 오차 < 허용 오차: break 문장에서 오차 <= 허용 오차 조건식이 i == 10으로 바뀌고, break가 return i로 바뀐 것만 차이가 납니다. sum = add_to_10(i+1,sum) 문장으로 i의 값이 10미만인 경우에는 i의 값을 1증가시키면서 add_to_10() 함수를 재귀적으로 다시 호출하여 그 반환값을 sum 변수에 저장합니다. return sum 문장은 add_to_10() 함수를 재귀적으로 호출하여 합산한 값을 자신을 호출한 add_to_10() 함수로 반환합니다. 이렇게 함수를 정의한 후 sum과 i 변수의 초기값을 while 반복문과 동일하게 설정하

고 add_to_10(i,sum) 문장으로 리커전의 시작이 되는 함수를 최초로 호출하였습니다. 코드가 이해되었으면 코드를 실행한 후 실행화면을 확인해 봅시다.

```
함수 호출시 - i : 1 , sum : 0
함수 호출시 - i : 2 , sum : 0
함수 호출시 - i : 3 , sum : 0
함수 호출시 - i : 4 , sum : 0
함수 호출시 - i : 5 , sum : 0
함수 호출시 - i : 6 , sum : 0
함수 호출시 - i : 7 , sum : 0
함수 호출시 - i : 8 , sum : 0
함수 호출시 - i : 9 , sum : 0
함수 호출시 - i : 10 , sum : 0
함수 종료시 - i : 9 , sum : 19
함수 종료시 - i : 8 , sum : 27
함수 종료시 - i : 7 , sum : 34
함수 종료시 - i : 6 , sum : 40
함수 종료시 - i : 5 , sum : 45
함수 종료시 - i : 4 , sum : 49
함수 종료시 - i : 3 , sum : 52
함수 종료시 - i : 2 , sum : 54
함수 종료시 - i : 1 , sum : 55
55
```

위의 실행화면에서 빨간색 점선 사각형으로 감싼 부분은 print('함수 호출 시 - i :',i,', sum :',sum) 문장이 출력한 것이고 파란색 점선 사각형으로 감싼 부분은 print('함수 종료 시 - i :',i,', sum :',sum) 문장으로 출력한 것입니다. 이와 같이 print() 함수를 사용하여 프로그램 수행 중에 변수의 값들을 출력하는 기법은 사소하지만 매우 중요한데 뒤에서 설명할 디버거처럼 프로그램이 수행되는 흐름을 추적할 수 있게 해 주며 프로그램이 수행되는 시점의 상태, 즉 변수의 값을 확인할 수 있게 해 줍니다. 프로그래머들이 로그를 남긴다고 표현하는 것은 바로 이와 같은 일을 하는 것으로 매우 중요하니 꼭 기억해 두기 바랍니다. 아무튼 여기서도 로그를 사용하여 재귀적 함수 호출의 흐름과 상태의 변화를 따라가 보았습니다.

먼저 빨간색으로 표시한 부분을 통하여 i가 1부터 10까지 증가하며 add_to_10() 함수가 총 10번 호출되어 수행되는 것을 확인할 수 있습니다. i가 10보다 작을 때는 if i == 10: 조건이 충족되지 않아 add_to_10(i+1,sum) 문장의 실행으로 add_to_10() 함수가 재귀적으로 반복하여 호출된 것입니다.

파란색으로 표시한 부분은 add_to_10(i+1,sum) 함수 호출이 종료된 후 합산이 끝나고 합산한 결과를 반환하기 전에 출력된 것입니다. i가 9일 때 반환된 10과 i의 값 9를 더하여 합계가 19가 되고 i가 9부터 1까지 감소하며 합계가 역순으로 이루어진 것을 확인할 수 있습니다.

아무튼 합산이 10부터 1까지 역순으로 이루어졌지만 이 예제의 경우에도 함수의 재귀적 호출이 끝난 다음에 sum 변수에는 1에서 10까지 더한 값인 55가 저장되게 됩니다.

리커전(recursion, 재귀적 함수 호출)을 코딩할 때 if i == 10: return i 문장과 같이 마지막으로 함수가 종료되는 문장을 구현하지 않으면 재귀적인 함수의 호출이 무한히 반복되어 컴퓨터의 자원을 모두 소진한 후 죽게 되니 마지막으로 호출되는 함수가 반드시 자신을 호출한 함수로 리턴(return)할 수 있도록 코딩하여야 합니다.

그런데 앞의 코딩은 리커전(recursion, 재귀적 함수 호출)을 for 반복문과 while 반복문과 비교하며 설명하기 위해 불필요하게 길어졌기 때문에 조금 다듬어 보겠습니다.

```
def add_to_10(i):
    if i == 10: return i

    return i + add_to_10(i+1)

sum = add_to_10(1)
print('1~10까지 더한 합은',sum,'입니다.')

1~10까지 더한 합은 55 입니다.
```

return i + add_to_10(i+1) 문장으로 i 변수와 재귀적 호출의 반환값의 합계를 구하여 sum 변수의 필요성이 사라졌습니다. sum 변수가 필요하지 않게 되어 add_to_10() 함수에 sum을 넘겨주지 않도록 수정하고 sum을 초기화하는 문장도 제거하였습니다. 내친 김에 i 변수의 초기화도 생략하고 sum = add_to_10(1) 문장과 같이 시작값 1을 최초 함수 호출 시 바로 넘겨주었습니다. 함수의 재귀적 호출을 이해했으니 로그를 남기는 print() 함수도 제거하여 코드가 훨씬 간결하게 되었습니다.

📖 **적재적소 _ 재귀적 함수 호출 시 프로그램 메모리와 변수들의 변화**

함수의 재귀적 호출이 가능한 이유는 함수가 호출될 때 프로그램의 메모리에 쌓여서 올라가기 때문입니다. 먼저 add_to_10( ) 함수가 프로그램의 본문에서 호출된 후의 프로그램 메모리 상태를 그림으로 그려 보겠습니다.

오른쪽의 그림과 같이 프로그램의 메모리에 위치한 sum = add_to_10(1) 문장이 수행되면 함수가 한 번 호출되어 정의된 함수를 가져다 프로그램의 메모리에 추가합니다. 메모리에 추가된 함수의 i의 값이 1로 10이 아니기 때문에 add_to_10(i+1) 함수 호출이 이루어지게 됩니다.

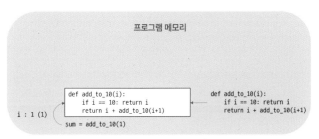

메모리에 추가된 함수에서 add_to_10(i+1) 문장이 수행되면 함수가 한 번 더 호출되어 다시 정의된 함수를 가져다 프로그램의 메모리에 추가합니다. 메모리에 추가된 함수의 i의 값이 2로 아직 10이 아니기 때문에 add_to_10(i+1) 문장이 다시 반복하여 수행되게 합니다.

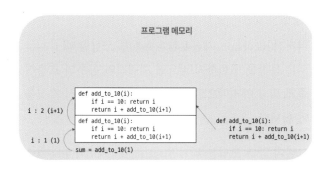

같은 방식으로 add_to_10(i+1) 문장이 수행될 때마다 정의된 함수를 가져다 프로그램의 메모리에 추가하는 작업을 반복합니다. **함수가 호출될 때마다 프로그램 메모리에 함수가 쌓여** 가는데 이와 같은 메모리 구조를 **스택(stack)**이라고 부릅니다. 아무튼 i가 10으로 전달되어 추가된 add_to_10( ) 함수에서는 i의 값이 10이기 때문에 return i 문장이 수행되어 10을 호출한 함수에 돌려 줍니다.

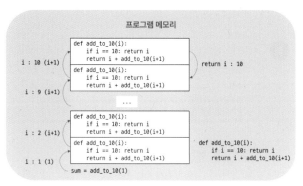

그러면 10을 반환한 add_to_10( ) 함수는 메모리 스택에서 사라지고 스택의 하단에 있던 add_to_10( ) 함수가 수행되는데 return i + add_to_10(i+1) 문장에서 add_to_10(i+1)의 값이 10이 되고 i는 9이기 때문에 두 값을 합친 19를 반환하게 됩니다. 이와 같은 방식으로 스택에 쌓인 모든 함수가 합계를 반환값으로 호출한 함수에 돌려 주며 수행이 완료되면서 스택에서 사라지게 됩니다.

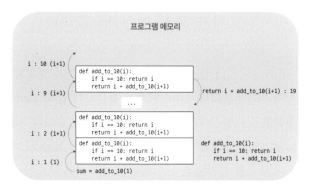

그러면 모든 함수의 수행이 종료된 다음에 최종적인 함수가 반환하는 55가 sum 변수에 저장되게 됩니다.

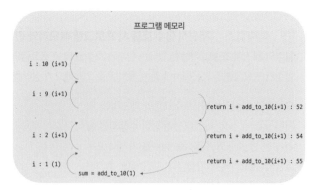

1부터 10까지 더하는 것과 같은 예제는 리커전을 적용하기 적합한 사례가 아니지만 for 반복문과 while 반복문과 함께 비교하면서 리커전을 설명할 수 있는 좋은 예제가 됩니다. 앞에서 설명한 것과 같은 원리에 의하여 리커전(recursion, 재귀적 함수 호출)은 for 반복문이나 while 반복문과 같은 구조로 해결할 수 없던

많은 문제를 풀 수 있게 해 주어 수학적인 모델을 해결하기 위한 용도로 자주 사용됩니다. 그러나 함수의 호출과 반환에 많은 시간이 걸리고 메모리도 많이 사용하는 단점이 있으며 함수의 종료 조건을 잘못 설정하면 자칫 무한 루프에 빠질 위험도 있습니다.

그러면 이번에는 while 반복문을 설명할 때 지수를 구하기 위하여 사용했던 math.factorial()에 리커전을 적용하는 것이 적합할지 판단해 보기 위하여 for 반복문과 리커전을 사용하여 동시에 구현한 후 비교해 보겠습니다.

```python
def factorial(n):
    result = 1
    for i in range(1, n + 1):
        result *= i
    return result

factorial(5)
```
```
120
```

```python
def factorial(n):
    if n == 0 or n == 1: return 1
    return n * factorial(n-1)

factorial(5)
```
```
120
```

두 개의 코드조각을 읽어 보니 for 반복문으로 개발한 factorial 함수는 함수의 이름이 factorial이 아니었다면 이 코드가 factorial을 구하는 것이라는 것을 아는 데 시간이 좀 필요할 것입니다. 리커전으로 개발된 것을 보면 코드에 n이 0이거나 1이면 1을 반환하고 그렇지 않으면 n을 1씩 감소시켜 가며 n과 반복하여 곱하는 것으로 보아 이 코드가 factorial을 구한다는 의미가 명확하게 드러납니다. 리커전의 종료 조건도 명확하게 주어져 있어서 무한 반복에도 빠지지 않습니다.

📖 적재적소 _ 오류/버그 처리

프로그램을 개발하다 보면 다양한 버그(bug), 즉 오류(error)를 경험하게 됩니다.

우선 가장 간단한 형태의 오류로는 **문법 오류**(syntax error)가 있습니다. 오른쪽의 코드조각을 보면 print 하단에 빨간색으로 밑줄이 그어져 실행을 시켜 보지 않아도 코딩을 하는 시점에 오류가 있다는 것을 알려 주고 있습니다.

```python
def func():
print("함수의 본문")
```

문법 오류의 경우 빨간 줄 위에 마우스를 가져다 놓으면 Google Colab이나 Visual Studio Code 등의 통합개발환경이 공통적으로 오류의 원인과 가능한 해결책까지 제시해 주어 쉽게 문제를 해결할 수 있습니다. 오른쪽 화면의 예에서는 'Expected indented block'이라는 메시지를 보고 들여쓰기를 하지 않았다는 사실을 알 수 있습니다.

```
Expected indented block
print
<built-in function print>
View Problem (Alt+F8)   No quick fixes available
```
```python
print("함수의 본문")
```

오른쪽의 코드조각과 같이 print 앞에 들여쓰기(indentation)를 위하여 [tab]을 한 번 누르면 빨간 밑줄이 사라지며 오류가 해결됩니다.

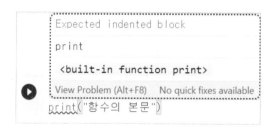

```python
def func():
    print("함수의 본문")
```

한편, 오른쪽의 코드조각을 보면 빨간 밑줄이 없는 것으로 보아 문법 오류가 없습니다. 그러면 실행해 봅시다.

```
list_var = [1,2,3,4,5]
print(list_var[5])
```

실행 버튼을 클릭하니 실행 시 오류가 발생하며 아래의 코드조각과 실행화면과 같이 오류가 발생한 위치에 빨간 밑줄이 나타납니다. 그리고 하단에 'IndexError: list index out of range'와 같은 메시지로 오류의 원인을 알려 줍니다. 이런 오류를 **실행 시간 오류**(runtime error)라고 부르는데 문법 오류보다는 해결하기 어렵지만 이 또한 쉽게 문제를 해결할 수 있습니다.

```
list_var = [1,2,3,4,5]
print(list_var[5])

IndexError                          Traceback (most recent call last)
<ipython-input-2-6a5d794f26b0> in <cell line: 2>()
      1 list_var = [1,2,3,4,5]
----> 2 print(list_var[5])

IndexError: list index out of range
```

STACK OVERFLOW 검색

'IndexError: list index out of range'라는 오류 메시지에 힌트를 얻어 존재하지 않는 요소의 인덱스인 5를 최대 인덱스인 4로 바꾸어 주거나 리스트의 마지막 요소를 의미하는 -1로 바꾸어 주면 오류가 해결됩니다. 실제 업무 환경에서는 업무적 의미가 있는 인덱스로 바꾸어 주어야 하겠지만 우선은 오류를 해결해 본 것입니다.

```
list_var = [1,2,3,4,5]
print(list_var[-1])

5
```

오른쪽의 코드조각을 보면 문법 오류도 없고 실행 시간 오류도 없고 결과가 정상적으로 화면에 출력되었습니다. 눈이 밝은 프로그래머라면 pi 변수에 원주율을 할당할 때 3.14159가 아닌 4.14159를 할당한 것을 발견할 수 있겠지만 이런 오류를 눈치채지 못하고 지나갈 수 있습니다. 이런 오류를 **논리 오류**(logic error)라고 합니다. 논리 오류는 발견하기도 어렵고 수정하기도 어렵습니다.

```
r = 5
pi = 4.14159
print("원의 넓이:",pi * r ** 2)

원의 넓이: 103.53975
```

운이 좋아서 잘못된 프로그램의 실행 결과를 사용하기 전에 pi 변수에 원주율이 잘못 할당되었다는 것을 알게 되었다고 가정하고 원주율을 수정하여 코드를 실행해 봅시다.

원주율을 3.14159로 변경하여 아마도 이번에는 원의 면적이 잘 계산되어 출력된 것일까요? 위의 실행화면의 결과가 맞다는 것을 어떻게 검증할 수 있을까요?

```
r = 5
pi = 3.14159
print("원의 넓이:",pi * r ** 2)

원의 넓이: 78.53975
```

원주율을 pi라는 변수에 저장하여 사용하지 않고 math 내장 모듈에서 제공하는 math.pi 상수를 사용하도록 코드를 수정해 보았습니다. 그 후 결과를 비교해 보니 소수점 아래 4번째 자리에서 각각 7과 8로 차이를 보이는군요. 기술적으로는 원의 넓이가 서로 다른데 코딩의 목적과 비교하면 값이 다른 것일까요, 같은 것일까요?

```
import math
r = 5
print("원의 넓이:",math.pi * r ** 2)

원의 넓이: 78.53981633974483
```

이런 모호함에 의하여 테스팅 기법들이 제시하는 방법은 프로그래머가 예측하는 값(expected value)과 비교하는 것입니다. 예를 들어 설명하면 완구를 만들기 위한 프로그램이라면 같다고 볼 수 있겠지만 우주선을 만들기 위한 프로그램이라면 같다고 볼 수 없을 수도 있겠지요. 그래서 예측값은 업무적인 목적과 프로그래머의 합리적인 추정에 의하여 결정됩니다.

그러면 코드의 연산 결과가 맞는지 확인하는 코드를 하나 만들어 봅시다.

예측하는 값(expected value)을 78.54와 같이 소수점 아래 두 자리의 정밀도로 정했다고 가정합시다. 그러면 실제값을 round(area,2)와 같이 반올림하여 예측값과 비교하여 테스트한 후 일치한다면 맞는 값으로 판정하면 됩니다. assert 문장은 실제값과 예측값을 비교하기 위한 목적으로 사용됩니다. 직관적으로 round(area,2) == expected_result는 테스트를 위한 조건문이고 "원의 넓이가 예상하는 결과와 다릅니다."는 테스트 실패 시 보여줄 메시지라는 것을 알 수 있습니다. 아래의 코드 조각과 실행화면에서는 실제값과 예측값이 동일하기 때문에 테스트를 통과하여 오류 메시지가 발생하지 않고 원하는 값이 나온 것으로 판단되었습니다.

```
r = 5
pi = 3.14159
area = pi * r ** 2
expected_result = 78.54
print("실제값:",round(area,2))
print("예측값:",expected_result)
assert round(area,2) == expected_result, "원의 넓이가 예상하는 결과와 다릅니다."

실제값: 78.54
예측값: 78.54
```

예측하는 값(expected value)을 78.53981633974483과 같이 math 모듈이 허용하는 최대 자릿수의 정밀도로 정했다고 가정합시다. 그러면 실제값과 예측값을 직접 비교하여 테스트한 후 일치한다면 맞는 값으로 판정하면 됩니다. 아래의 코드 조각과 실행화면에서는 실제값과 예측값이 다르기 때문에 테스트에 실패하여 오류 메시지가 발생하며 원하는 값이 나오지 않은 것으로 판단되었습니다.

```
r = 5
pi = 3.14159
area = pi * r ** 2
expected_result = 78.53981633974483
print("실제값:",area)
print("예측값:",expected_result)
assert area == expected_result, "원의 넓이가 예상하는 결과와 다릅니다."

실제값: 78.53975
예측값: 78.53981633974483
---------------------------------------------------------------
AssertionError                       Traceback (most recent call last)
<ipython-input-6-2fbb9d13d482> in <cell line: 7>()
      5 print("실제값:",area)
      6 print("예측값:",expected_result)
----> 7 assert area == expected_result, "원의 넓이가 예상하는 결과와 다릅니다."

AssertionError: 원의 넓이가 예상하는 결과와 다릅니다.
```

STACK OVERFLOW 검색

어떤 프로그래머들은 문법 오류와 실행시간 오류가 해결되면 바로 사용하는 경향이 있는데 이는 프로그램의 잘못된 결과를 사용하게 되어 심각한 결과를 초래할 수 있습니다. 쉬운 문법 오류와 실행시간 오류를 해결하면 어려운 논리 오류를 해결하는 단위 테스트(unit test) 과정을 프로그래머라면 반드시 수행하여야 합니다. Python은 단위 테스트를 위하여 unittest 내장 모듈을 제공하며 pytest 모듈도 많이 사용되고 있습니다.

그리고 아래에서 설명하는 디버거(debugger)라는 도구를 사용하면 단위 테스트를 통하여 발견된 오류를 비교적 쉽게 해결할 수 있습니다. 디버거를 사용할 수 없는 환경이라면 중요한 프로그램 변수들을 로그로 남겨 오류 해결을 위한 실마리로 활용하여야 합니다. Python 인터프리터에 오류로 의심되는 문장을 입력하여 결과를 바로 바로 확인해 보는 것도 좋은 오류 해결 습관이 됩니다.

📋 적재적소 _ 디버거 사용하기

[적재적소] 재귀적 함수 호출 시 프로그램 메모리와 변수들의 변화에서 추적해 보았던 프로그램의 상태를 생각해 봅시다. 프로그램을 개발하다가 오류가 발생하면 프로그램 변수값들의 변화나 스택 메모리 등을 추적해 가면서 프로그램의 상태 변화를 알 수 있어야 오류를 해결하기 위한 디버깅(debugging, 오류 수정)이 가능해집니다. 프로그램의 디버깅만이 아니라 이해가 되지 않는 프로그램 코드가 있다면 이와 같은 방법으로 추적해 가면서 코드를 이해할 수 있습니다. 그런데 매우 간단한 프로그램의 상태도 수작업으로 추적하는 어려움이 큰데 규모가 큰 프로그램을 수작업으로 추적하는 것은 불가능에 가깝습니다. 이럴 때 사용할 수 있는 도구가 디버거(debugger)입니다.

Python에는 pdb(Python debugger)라는 명령줄 기반의 디버깅 모듈이 내장되어 있습니다. 하지만 이러한 명령줄 기반의 디버거는 사용법이 다소 복잡하고 어렵습니다. 반면에 Visual Studio Code와 같은 통합 개발 환경은 GUI 환경에서 직관적이고 대화형으로 디버깅할 수 있는 기능을 제공합니다. 여기에서는 Visual Studio Code의 GUI 대화형 디버거를 사용하여 설명합니다.

먼저 리커전(recursion, 재귀적 함수 호출)으로 1에서 10까지의 합을 구하는 프로그램을 Visual Studio Code에 복사해 넣고 디버거를 시작하겠습니다.

디버깅을 수행할 프로그램이 Visual Studio Code의 편집기에 열린 상태에서 화면 상단의 **실행 → 디버깅 시작** F5 메뉴를 클릭합니다.

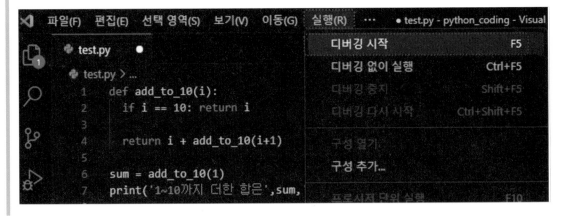

디버그 구성 선택 화면이 나타나면 **Python 파일 현재 활성 Python 파일 디버그** 버튼을 클릭합니다.

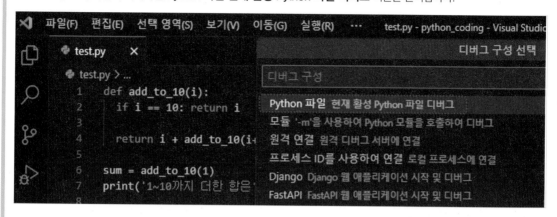

그러면 폴더와 파일 목록이 나오던 Visual Studio Code의 좌측 창이 **실행 및 디버그** 버튼 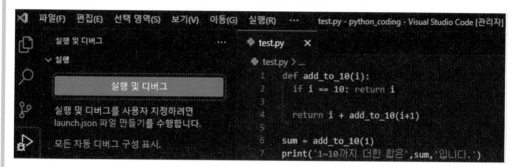을 클릭한 것처럼 디버깅 창으로 대체됩니다. 이때 **실행 및 디버그** 버튼을 클릭하면 디버거가 기동됩니다.

아래의 코드조각과 실행화면을 보면 디버거를 기동했는데 프로그램의 수행을 추적하게 되지 않고 그냥 프로그램을 모두 수행하고 결과를 출력해 줍니다. 디버거를 실행하기 전에 먼저 프로그램의 수행을 추적할 시작 위치가 되는 문장을 지정해 주지 않기 때문에 프로그램을 끝까지 실행해 버리고 마는 것입니다. 일시적으로 Visual Studio Code의 좌측에 위치한 디버깅 창의 모습이 변하는 것과 소스 편집기의 우측 상단의 툴바에 몇 가지 이미지 버튼들이 나타나는 것을 확인할 수 있습니다.

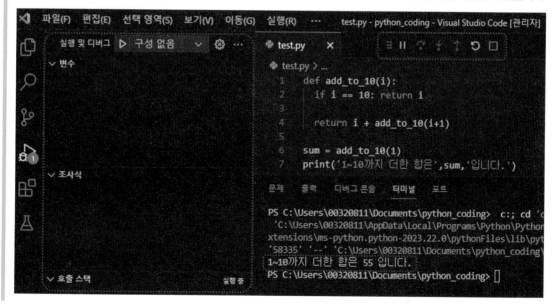

그러면 1부터 10까지 더하는 리커전(recursion, 재귀적 함수 호출) 프로그램의 어디부터 추적해 보는 것이 좋을까요? 프로그램에 오류가 발생했다면 프로그램의 오류가 발생한 문장이 되겠지만 지금은 프로그램의 상태를 추적해 보려고 하니 실행되는 첫 번째 코드인 sum = add_to_10(1) 문장이 될 것입니다. 이와 같이 프로그램이 수행되다가 디버깅을 위하여 잠시 중단되는 문장을 중단점이라고 부릅니다.

중단점을 설정하기 위하여 마우스로 6번 문장, 즉 sum = add_to_10(1) 문장을 클릭한 후 **실행 → 중단점 설정/해제** 메뉴를 클릭합니다.

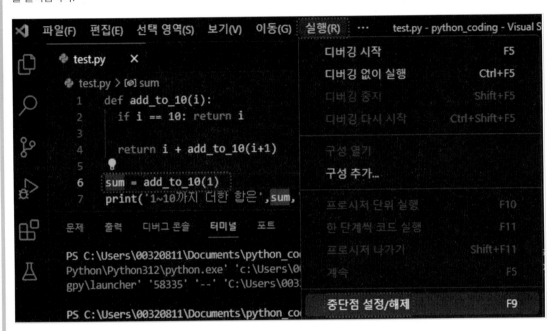

중단점이 설정되면 중단점이 설정된 편집기의 좌측 소스 코드 번호 왼쪽에 빨간색 점이 나타납니다. 이제 실행 및 디버그 버튼을 다시 클릭해 봅시다.

그러면 디버거가 기동된 후 중단점으로 설정된 6번 문장이 연하게 하이라이트되고 문장 번호의 좌측에 ▶와 같은 오각형 아이콘이 나타나 프로그램의 수행이 해당 문장에서 멈추어 있다는 것을 알려 줍니다. 오각형 안에 빨간색 점이 있는 이유는 그 문장이 중단점으로 설정되어 있기 때문입니다.

디버거로 할 수 있는 기본적인 작업은 우측 상단에 생긴 툴바 ▯▷ ⌒ ↯ ↑ ↻ ▢ 를 사용하여 수행하게 됩니다. 각 버튼의 기능은 아래와 같습니다.

- **계속** ▷: 다음 중단점까지 프로그램을 수행
- **단위 실행** ⌒: 다음 문장으로 수행
- **단계 정보** ↯: 해당 문장에 함수 호출이 있는 경우 함수 안으로 한 문장씩 수행. 함수가 아닌 일반 문장인 경우 그다음 문장으로 수행
- **단계 출력** ↑: 수행 중이던 함수의 끝까지 수행
- **다시 시작** ↻: 디버거를 재기동
- **중지** ▢: 디버거의 수행을 중단

이번에는 함수 안으로 실행해 들어가 보아야 하니 단계 정보 버튼 ↯을 클릭하겠습니다.

그 결과로 아래의 코드조각 및 실행화면에서 우측의 소스 코드 편집 창에서는 add_to_10( ) 함수가 호출되어 첫 번째 문장에서는 프로그램의 수행이 멈춤을, 좌측의 디버깅 창에서는 지역변수(locals) i에 1의 값이 저장되어 있음을 확인할 수 있습니다. 그리고 디버깅 창의 하단에 호출 스택을 보면 최하단에 〈module〉이 위치하여 현재 실행 중인 1부터 10까지 더하는 test.py 모듈이 프로그램 메모리 스택의 최하단에 있고 그 위에 이번에 호출된 add_to_10( ) 함수가 쌓여(stack) 있는 것을 확인할 수 있습니다.

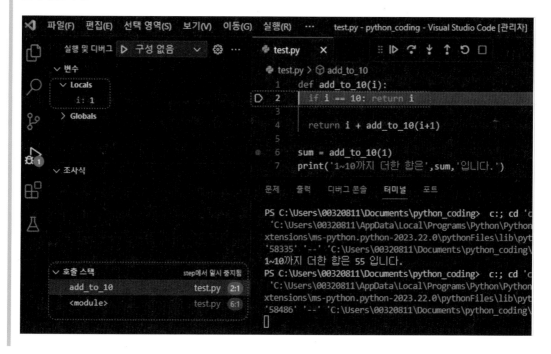

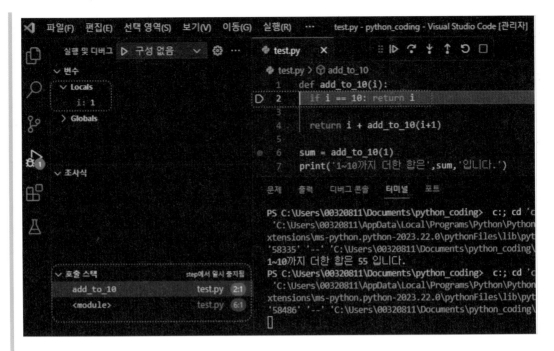

[적재적소] 재귀적 함수 호출 시 프로그램 메모리와 변수들의 변화에서 어렵게 수작업으로 그림을 그려서 확인했던 프로그램의 상태가 디버거에 의하여 자동화되어 보여지는 것입니다. 이 프로그램의 상태에서 다시 한 번 **단계 정보** 버튼 🔽을 클릭하면 i가 1로 10이 아니니 그 아래의 문장인 return i + add_to_10(i+1)으로 이동할 것입니다. 여기서는 프로그램의 수행이 멈추어 있는 문장에 함수 호출이 포함되어 있지 않으니 **단위 실행** 버튼 🔁을 클릭해도 다음 문장으로 넘어갈 것입니다. **단계 정보** 버튼 🔽은 클릭해 보았으니 **단위 실행** 버튼 🔁을 클릭해 봅시다.

그 결과는 다음 문장인 return i + add_to_10(i+1) 문장에서 프로그램의 수행이 멈추게 됩니다. if i == 10: return i 문장의 실행으로 변경되는 변수나 호출되는 함수 등이 없기 때문에 프로그램의 상태에는 아무런 영향을 미치지 않았습니다. 이번에는 수행할 문장에 add_to_10(i+1)과 같은 함수 호출이 포함되어 있으니 그다음 문장으로 수행해 가기 위하여 단위 실행 버튼 🔽을 클릭하면 안 되고 **단계 정보**버튼 🔁을 클릭해야 합니다.

단계 정보 버튼을 클릭하니 add_to_10() 함수를 처음 실행할 때와 같이 프로그램의 수행이 이동하는데 지역변수인 i의 값이 2로 변했고 호출 스택에 add_to_10() 함수가 하나 더 추가된 것을 확인할 수 있습니다. 이제 함수가 재귀적으로 호출되며 프로그램 스택에 미치는 영향과 변수가 변하는 상태가 정확하게 이해가 되지요? 그러면 재귀적 함수가 호출되는 형태가 i의 값이 10이 될 때까지는 동일할 테니 i가 10이 되는 시점으로 이동하고 싶습니다. i가 10일 때 수행할 프로그램 문장인 return i 문장에 중단점을 설정하도록 합시다. return i 문장에 중단점을 설정하려면 if i == 10: 조건문과 return i 문장을 두 줄로 분리하여야 합니다.

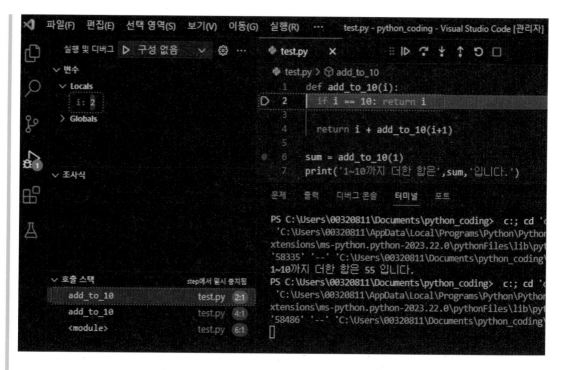

중지 버튼 ▣을 클릭해 디버깅을 잠시 중단한 후 소스 코드를 수정하고 return i 문장에 중단점을 설정합시다.

위의 화면과 같이 return i 문장에 중단점을 설정한 후 **실행 및 디버그** 버튼을 다시 클릭합니다.

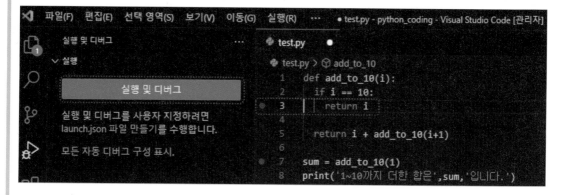

그러면 첫 번째 중단점인 sum = add_to_10(1) 문장에서 프로그램의 수행이 다시 멈춥니다. 이번에 프로그램의 수행을 이동해 가려고 하는 곳은 두 번째 중단점인 return i 문장입니다. 그래서 이번에는 계속 버튼 ▷을 클릭해야 합니다.

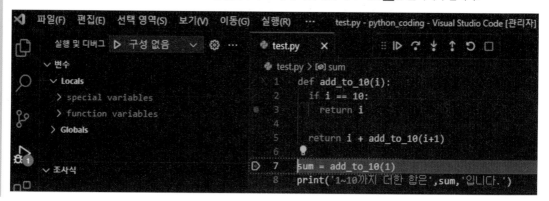

이제 return i 문장에서 프로그램의 수행이 멈췄습니다. 지역 변수 i의 값이 10인 것과 호출 스택에 add_to_10( ) 함수가 10개가 추가되었고 현재 중단되어 수행 중인 최상단의 add_to_10( ) 함수의 배경이 회색으로 된 것을 확인할 수 있습니다. 여기서 return i 문장을 수행하면 호출 스택에서 현재 수행 중이던 add_to_10( ) 함수가 사라지며 재귀적 호출을 한 이전 add_to_10( ) 함수의 프로그램 문장인 return i + add_to_10(i+1)로 프로그램의 수행이 한 단계 이동될 것입니다. 다음으로 이동할 문장이 현재 수행 중인 함수를 벗어난 문장이기도 하고 프로그램 수행 순서상 다음 문장이기도 하니 **단위 실행** 버튼 🔧이나 **단계 정보** 버튼 ⏬이나 **단계 출력** 버튼 ⏫ 중 어느 것을 눌러도 됩니다. 여기서는 지금까지 진행해 보지 않은 **단계 출력** 버튼 ⏫을 클릭해 봅시다.

예상했던 것과 같이 프로그램의 수행이 return i + add_to_10(i+1) 문장에서 멈추어 있고 지역변수를 보면 9로 변해 있습니다. 그리고 add_to_10( ) 함수에서 받아 온 반환값(return) 값이 10이라는 것까지 알 수 있습니다. 그러면 이 함수는 어떤 값을 반환하게 될까요? i + add_to_10(i+1) 계산 결과를 sum과 같은 변수에 저장했다면 지역 변수처럼 확인할 수 있을 텐데 프로그램 코드를 간결하게 만들기 위하여 변수에 저장하는 작업을 하지 않아서 확인할 수가 없습니다.

이럴 때 사용할 수 있는 기능이 디버깅 창의 가운데에 위치한 조사식입니다.

디버깅 창의 가운데 조사식 창에 위치한 식 추가 버튼 ▣을 클릭하고 조사식으로 i + add_to_10(i+1)를 추가하고 싶지만 조사식도 함수를 호출하게 되니 재귀적 함수 호출은 조사식으로 사용할 수 없습니다. 할 수 없이 i + add_to_10(i+1) 식을 해석하여 i + 10을 추가합시다. 반환되어 온 값은 지역변수를 확인하는 창에서 (return) add_to_10: 10을 보고 10인 것을 알 수 있습니다.

그러면 i + 10 즉 19가 이 함수에서 반환하게 됨을 조사식을 통하여 확인할 수 있습니다.

이렇게 조사식을 매번 수동으로 입력하는 것이 싫다면 반환값을 사전에 변수에 저장해 놓아야 합니다. 디버깅 학습을 하고 있으니 코드를 아래와 같이 수정한 후 다시 디버깅을 해 봅시다.

i + add_to_10(i+1) 식의 결과를 sum 변수에 저장한 후 return 문장에서 sum을 반환하도록 수정하였습니다. 그리고 중단점을 다른 곳에서는 모두 해제하고 return sum 문장에 지정하였습니다. 중단점 해제는 중단점을 설정할 때와 같이 중단점을 해제할 문장에 마우스 커서를 놓고 **실행 → 중단점 설정/해제** 메뉴를 한 번 더 클릭하면 됩니다. 그리고 다시 **실행 및 디버그** 버튼을 클릭합시다.

그랬더니 sum 지역 변수에 19가 저장되어 반환할 값이 19라는 것을 확인할 수 있습니다. 이와 같이 변수를 적절히 사용하면 프로그램의 가독성만이 아니라 오류의 발견 능력도 향상시킬 수 있습니다.

이제 프로그램의 마지막 문장인 print('1~10까지 더한 합은',sum,'입니다.') 문장까지 이동하여 프로그램의 상태 추적을 마무리해 보겠습니다. return sum 문장에서 중단점을 제거하고 print('1~10까지 더한 합은',sum,'입니다.') 문장에 중단점을 설정한 후 **계속** 버튼 ▶을 클릭합시다.

프로그램의 마지막 문장으로 이동하니 최초에 호출한 add_to_10(1) 함수의 결과로 sum 변수에 1에서 10까지의 합인 55가 들어 있는 것을 확인할 수 있습니다.

프로그램의 마지막 문장에서 디버거의 수행을 진척시키면 프로그램이 종료되게 됩니다.

이번에는 print('1~10까지 더한 합은',sum,'입니다.') 문장에 의하여 출력된 sum 변수의 값에 초점을 맞추어 봅시다. print( ) 문장은 디버거를 사용할 수 없거나 짧은 코드의 결과를 즉시 확인해 보기 위한 매우 훌륭한 디버거 역할을 합니다. 특히 패키지의 구성이 복잡해지는 경우, 여기서 설명한 것과 같은 디버거의 사용이 어려워지는 경우가 발생하는데 이런 경우에도 print( ) 문장은 여전히 아무런 문제가 없이 동작합니다. 이런 사유로 print( ) 문장은 프로그래머들의 가장 훌륭한 디버깅 도구로 자리잡고 있으며 본 도서에서 코드를 설명할 때에도 중간중간에 print( ) 문장을 넣어서 독자들의 코드에 대한 이해를 향상시키고 있습니다. 그러나 print( ) 문장은 화면에 값이 나타나기 때문에 어느 정도 시간이 흐르면 화면에서 확인할 수 없는 문제를 가지고 있습니다. 이런 문제를 해결하려면 로그 파일에 출력하는 방법을 사용하면 됩니다. 로그 파일에 출력하는 방법은 **Chapter 7 파일 입출력 – 7.6 모니터링 로그 쓰기**에서 설명합니다. 디버거와 print( ) 문장과 모니터링 로그는 디버깅을 위한 필수 요소들이니 프로그래머는 이 세 가지 도구 모두에 익숙해져야 합니다.

디버거 사용하기를 설명하는 것에 많은 노력을 기울였습니다. 프로그램을 배우고 프로그램의 오류를 해결하기 위하여 디버거 만한 도구가 없다고 판단하기 때문입니다. 특히 코드를 보고 직관적으로 이해하는 능력이 부족한 입문자는 디버거를 사용하여 수시로 프로그램의 수행을 추적해 보고 프로그램의 상태인 변수의 값의 변화를 읽어 보는 노력을 하기 바랍니다. 자신의 코딩 실력이 급격히 향상되는 것을 발견하게 될 것입니다.

제어문에 대한 설명을 끝으로 스스로 프로그램을 코딩하기 위한 가장 기본적인 지식을 이해하셨을 것으로 판단됩니다. 그래서 이제는 calculator.py 프로그램을 지금까지 배운 구조적 프로그래밍 기법들을 모두 활용하여 한 단계 더 발전시켜 보겠습니다.

덧셈만 처리하던 로직에서 사칙연산을 모두 반영하도록 결과를 저장하는 변수의 이름을 added_result 에서 result로 변경하는 것을 포함하여 앞에서 배운 선택 구조를 활용하여 처리 부분의 로직을 수정하였습니다.

```python
# 초기 반복조건 설정
print("연산자를 입력하세요. 연산을 종료하려면 q를 입력한 후 Enter 키를 치세요.")
operator = input("연산자 : ")

while operator != 'q':               # 반복조건을 판단하는 논리식
    # 입력(Input)
    first_number = int(input("첫번째 숫자 : "))
    second_number = int(input("두번째 숫자 : "))

    # 처리(Process)
    if operator == '+':
        result = first_number + second_number
    elif operator == '-':
        result = first_number - second_number
    elif operator == '*':
        result = first_number * second_number
    elif operator == '/':
        result = first_number / second_number
    else:
        print("사칙연산 이외의 기능은 아직 구현되지 않았습니다.")

    # 출력(Output)
    print(first_number, operator, second_number, "=", result)

    # 반복조건 변경
    print("연산자를 입력하세요. 연산을 종료하려면 q를 입력한 후 Enter 키를 치세요.")
    operator = input("연산자 : ")
```

개선한 calculator.py 프로그램의 실행화면을 보면 사칙연산을 모두 수행하는 것을 볼 수 있습니다.

그러나 사칙연산 외의 연산자를 입력했을 때 오류 메시지만 나오지 않고 입력과 출력 기능을 모두 수행하는 것이 마음에 들지 않습니다. 그리고 구조적 프로그래밍을 충실하게 구현한 코드이기는 하지만 왠지 Python 프로그램처럼 간결한 맛은 없습니다.

```
연산자를 입력하세요. 연산을 종료하려면 q를 입력한 후 Enter 키를 치세요.
연산자 : +
첫번째 숫자 : 10
두번째 숫자 : 20
10 + 20 = 30
연산자를 입력하세요. 연산을 종료하려면 q를 입력한 후 Enter 키를 치세요.
연산자 : -
첫번째 숫자 : 10
두번째 숫자 : 20
10 - 20 = -10
연산자를 입력하세요. 연산을 종료하려면 q를 입력한 후 Enter 키를 치세요.
연산자 : *
첫번째 숫자 : 10
두번째 숫자 : 20
10 * 20 = 200
연산자를 입력하세요. 연산을 종료하려면 q를 입력한 후 Enter 키를 치세요.
연산자 : /
첫번째 숫자 : 10
두번째 숫자 : 20
10 / 20 = 0.5
연산자를 입력하세요. 연산을 종료하려면 q를 입력한 후 Enter 키를 치세요.
연산자 : **
첫번째 숫자 : 10
두번째 숫자 : 20
사칙연산 이외의 기능은 아직 구현되지 않았습니다.
10 ** 20 = 0.5
연산자를 입력하세요. 연산을 종료하려면 q를 입력한 후 Enter 키를 치세요.
연산자 : q
PS C:\Users\용제\OneDrive\문서\Python Coding\source>
```

그래서 eval() 내장 함수를 사용하여 프로그램 코딩을 조금 더 개선해 보겠습니다. eval() 내장 함수는 문자열로 된 Python 식을 실행한 후 결과값을 반환해 주는 함수입니다.

Google Colab으로 간단하게 eval() 함수의 기능을 확인해 보았습니다. eval() 함수에 "10+20" 문자열을 인자로 넘기니 두 수를 더한 30이 반환됩니다.

그럼 eval() 함수를 사용하여 calculator.py 프로그램을 더 개선해 보겠습니다.

다음의 코드조각에서는 복잡한 if 선택문을 사용하여 적합한 연산자가 입력되었는지 확인하지 않고 Python 다운 간략한 코드로 확인하기 위하여 사칙연산자를 valid_operators 리스트 변수로 정의하였습니다. 그리고 if 문장의 조건문에 operator in valid_operators 와 같은 조건식 하나로 적합한 연산자가 입력되었는지 확인합니다. 적합한 연산자일 경우에는 입력, 처리 및 출력 로직을 수행하도록 들여쓰기하였습니다. else 조건, 즉 적합한 연산자가 아닌 경우에는 오류 메시지를 출력합니다. 처리 부분의 로직에서는 if와 elif 문장들을 모두 제거한 후 eval() 함수에 계산할 공식인 first_number + operator + second_number를 넘겨주었습니다. 사칙연산을 하는 연산자들(+,-,*,/)들이 정수형 자료형의 연산을 하는 것과 달리, eval() 함수는 문자열을 가지고 연산을 하기 때문에 input() 함수를 감싸 준 int() 형 변환 함수를 제거하였습니다.

```
calculator.py > ...
1    valid_operators = ['+','-','*','/']
2
3    # 초기 반복조건 설정
4    print("연산자를 입력하세요. 연산을 종료하려면 q를 입력한 후 Enter 키를 치세요.")
5    operator = input("연산자 : ")
6
7    while operator != 'q':            # 반복조건을 판단하는 논리식
8        if operator in valid_operators:
9            # 입력(Input)
10           first_number = input("첫번째 숫자 : ")
11           second_number = input("두번째 숫자 : ")
12
13           # 처리(Process)
14           result = eval(first_number + operator + second_number)
15
16           #. 출력(Output)
17           print(first_number, operator, second_number, "=", result)
18       else:
19           print("사칙연산 이외의 기능은 아직 구현되지 않았습니다.")
20
21       # 반복조건 변경
22       print("연산자를 입력하세요. 연산을 종료하려면 q를 입력한 후 Enter 키를 치세요.")
23       operator = input("연산자 : ")
```

❗ 알아두기 _ 입력값 검증 Ⅰ

if operator in valid_operators: 문장과 같이 입력값을 확인하여 적절하지 않은 연산자를 선택한 경우 print("사칙연산 이외의 기능은 아직 구현되지 않았습니다.") 문장과 같이 오류 메시지를 보여 주는 코딩을 입력값 검증(input validation)이라고 부릅니다. 키보드 입력을 받을 때나 화면을 통하여 입력을 받을 때 잘못된 데이터가 포함될 수 있습니다. 이러한 실수를 방지하기 위하여 입력값을 검증하는 것은 아주 중요합니다.

```
연산자를 입력하세요. 연산을 종료하려면 q를 입력한 후 Enter 키를 치세요.
연산자 : +
첫번째 숫자 : 10
두번째 숫자 : 20
10 + 20 = 30
연산자를 입력하세요. 연산을 종료하려면 q를 입력한 후 Enter 키를 치세요.
연산자 : -
첫번째 숫자 : 10
두번째 숫자 : 20
10 - 20 = -10
연산자를 입력하세요. 연산을 종료하려면 q를 입력한 후 Enter 키를 치세요.
연산자 : *
첫번째 숫자 : 10
두번째 숫자 : 20
10 * 20 = 200
연산자를 입력하세요. 연산을 종료하려면 q를 입력한 후 Enter 키를 치세요.
연산자 : /
첫번째 숫자 : 10
두번째 숫자 : 20
10 / 20 = 0.5
연산자를 입력하세요. 연산을 종료하려면 q를 입력한 후 Enter 키를 치세요.
연산자 : **
사칙연산 이외의 기능은 아직 구현되지 않았습니다.
연산자를 입력하세요. 연산을 종료하려면 q를 입력한 후 Enter 키를 치세요.
연산자 : q
PS C:\Users\용제\OneDrive\문서\Python Coding\source>
```

eval() 함수를 사용하여 개선한 calculator.py 프로그램의 실행화면을 보면 이제는 코드에 오류가 사라지고 코드도 훨씬 Python 프로그램처럼 간결해졌습니다. 어떤가요? 스스로 코드를 만들어 구현하는 것보다 다른 프로그래머들이 만들어서 제공하는 함수를 사용하니 더욱 강력한 코드가 되지요? 그렇습니다. 프로그래머는 남들이 만들어 놓은 기능들을 가져다 사용할 줄 알아야 합니다.

그런데 왠지 코드의 길이가 너무 길고 코드들의 논리적인 구분도 부족한 것 같지 않나요? 개선한 김에 조금만 더 개선해 보겠습니다. 이번에는 함수 분리를 사용하여 calculator.py 프로그램을 개선해 보겠습니다.

```python
calculator.py > ...
 1   def calculate(operator):
 2       # 입력 (Input)
 3       first_number = input("첫번째 숫자 : ")
 4       second_number = input("두번째 숫자 : ")
 5
 6       # 처리 (Process)
 7       result = eval(first_number + operator + second_number)
 8
 9       # 출력 (Output)
10       print(first_number, operator, second_number, "=", result)
11
12   valid_operators = ['+','-','*','/']
13
14   # 초기 반복조건 설정
15   print("연산자를 입력하세요. 연산을 종료하려면 q를 입력한 후 Enter 키를 치세요.")
16   operator = input("연산자 : ")
17
18   while operator != 'q':                # 반복조건을 판단하는 논리식
19       if operator in valid_operators:
20           calculate(operator)
21       else:
22           print("사칙연산 이외의 기능은 아직 구현되지 않았습니다.")
23
24       # 반복조건 변경
25       print("연산자를 입력하세요. 연산을 종료하려면 q를 입력한 후 Enter 키를 치세요.")
26       operator = input("연산자 : ")
```

위의 코드조각에서 입력과 처리와 출력으로 구성된 계산 로직을 calculate() 함수로 분리하고 계산 로직이 들어 있던 곳의 코드를 calculate() 함수를 호출하는 코드로 대체하였습니다. calculate() 함수를 호출할 때 함수가 어떤 연산자를 입력받았는지 알 수 있도록 operator 변수를 인자로 넘겨주었습니다. 프로그램은 입력과 처리와 출력으로 구성된 독립된 시스템이니 계산 로직을 별개의 함수로 분리하여 프로그램 코드가 훨씬 더 프로그램다워졌습니다. 개선하기 전의 코드는 계산 로직이 전체 코드의 일부였고 개선 후의 코드는 계산 로직이 독립된 함수로 분리되었으니까요.

소프트웨어 공학자들의 연구에 따르면 함수와 같은 독립적인 단위의 소스 코드의 길이는 프린터로 인쇄했을 때 한 페이지를 넘어가면 안 된다고 합니다. 그 이유는 과거의 프로그래머들은 컴퓨터 모니터보다 프린터로 인쇄하여 소스 코드를 읽었기 때문인데 통상 프린터로 출력할 때 한 페이지에 66줄이 나타났습니다. 즉 독립적인 단위의 소스 코드가 한 페이지를 넘어간다는 것은 출력된 소스가 두 페이지를 넘어간다는 것이며 이는 소스 코드를 한눈에 볼 수 없게 만들어 분석을 어렵게 한다는 것을 의미합니다. 즉 소스 코드가 66줄을 넘어가지 않아야 코드의 논리적 구성이 일관되게 되며 오류가 발생해도 쉽게 찾을 수 있는 것입니다. 그러나 이제는 시대가 바뀌어 소스 코드를 인쇄하지 않고 컴퓨터 모니터로 보는 시대가 되었습니다. 그래서 이제는 소스 코드를 한눈에 보려면 화면의 크기를 넘어가면 안 되는 것입니다. 제 노트북의 컴퓨터 모니터로는 33줄을 넘어가지 않게 코딩을 해야 합니다.

소스 코드의 길이는 코드의 가독성과 오류 검출력만이 아니라 테스트의 관점에서도 중요한 의미를 가집니다. 소스 코드의 길이가 짧을수록 코드가 가지는 경우의 수가 작아져 테스트 코드의 작성을 쉽게 만들어 주기 때문입니다. 결국 소스 코드의 길이는 짧을수록 좋다고 말해도 과언이 아닐 것입니다만, 가장 중요한 기준은 논리적 기준인데 하나의 독립적인 코드가 하나의 기능을 수행하도록 분리하는 것이 가장 이상적일 것입니다. 코드 블록이나 함수는 독립적인 코드의 단위로 가장 이상적이고 함수라는 용어 속에는 하나의 기능값을 반환한다는 의미가 숨어 있습니다.

4.11 모듈, 패키지 그리고 import

이번 절에서는 내장 함수 외에 다른 프로그래머들이 개발하여 제공하는 함수들의 집합, 즉 라이브러리(library)를 불러서 사용하는 방법을 알아보겠습니다.

Python 라이브러리는 모듈(module)과 패키지(package) 형태로 제공됩니다. **모듈**은 일반적으로 Python 소스 파일이고, **패키지**는 소스 파일들을 체계적으로 분류하여 모아 놓은 폴더입니다(이때 패키지가 되기 위해서는 폴더 안에 __init__.py라는 파일이 있어야 합니다.). 앞서 설명한 calculator.py와 exp.py 소스 파일들은 모듈이며, Visual Studio Code에서 만들어 저장한 python_coding 폴더는 프로젝트이자 패키지가 될 수 있는 것입니다.

Python 내장 모듈과 패키지는 하나의 책에서 모두 소개할 수 없을 만큼 많습니다. 전체 목록을 보고 싶다면 https://docs.python.org/3/library/ 사이트를 방문하기 바랍니다.

앞에서 소개했듯이 내장 함수만 해도 많은데 모듈과 패키지의 종류는 그보다 더 합니다. 모듈과 패키지의 개별적인 이름은 고사하고 그것들을 모두 아는 상태에서 Python 프로그래밍을 하기는 어렵습니다. 그뿐만이 아니라 수학이나 과학이나 통계나 시각화 등 다양한 영역에서 Python이 기본적으로 제공하지 않는 제3자 패키지들이 활성화되어 사용되고 있기 때문에 학습할 것이 상상을 초월할 만큼 많습니다. 따라서 기본기를 익히고 필요한 것을 골라서 사용하는 지혜가 절실하게 필요합니다.

📋 적재적소 _ 인터넷 검색의 활용 II

엑셀 자동화 패키지를 찾는 예를 가지고, 앞에서 소개한 여러 가지 도구들의 도움을 받아 봅시다. 먼저 생각나는 것은 도움말 (help)인데 도움을 받을 함수나 객체의 이름을 모르니 사용할 수 없습니다. 그렇다고 GitHub Copilot을 생각해 보니 유료 서비스인데다 코딩 보조도구이니 원하는 패키지를 찾기에는 적절하지 않습니다. 그렇다면 남은 방법은 인터넷 검색인데, 이 방법은 해 볼 수 있겠군요. 검색할 키워드는 'python 엑셀 자동화 패키지' 정도가 적절할 것 같습니다.

검색 결과 중에서 적합한 것을 찾아 공부하면 됩니다. 그런데 이렇게 인터넷 검색된 글들을 하나하나 찾아 들어가 보는 것보다, 선생님이 학생을 지도하듯이 누군가 Python 엑셀 자동화 패키지에 대하여 일목요연하게 정리해 주면 더 좋을 것 같습니다.

📋 적재적소 _ 대화형 AI 서비스의 활용 I

이번에는 ChatGPT나 Gemini와 같은 대화형 AI 서비스를 사용해 봅시다. 인터넷 검색은 검색할 키워드를 생각해야 하는 반면, 대화형 AI 서비스에는 일상적인 언어로 질문을 하면 됩니다. 질문은 '엑셀 자동화를 지원하는 Python 패키지와 모듈을 소개해 주세요.' 정도면 될 것 같습니다. 먼저 ChatGPT에게 물어보겠습니다.

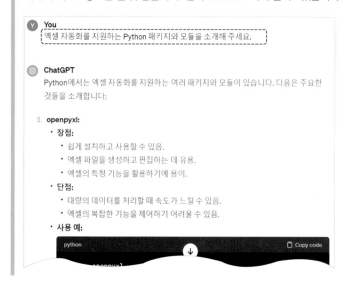

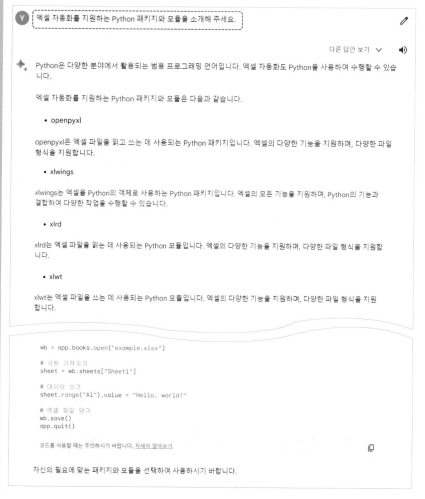

종합적인 판단:

- `openpyxl`은 엑셀 파일의 생성과 편집에 특화되어 있습니다.
- `pandas`는 데이터프레임을 활용해 데이터 처리 및 분석에 강점을 가지고 있습니다.
- `xlrd`와 `xlwt`는 간단한 엑셀 파일 읽기 및 쓰기에 사용됩니다.

개발 목적, 작업 환경, 처리해야 하는 데이터의 규모 등에 따라서 어떤 라이브러리나 모듈을 선택할 것인지 달라질 수 있습니다.

위의 ChatGPT의 답변을 보면, 단순히 엑셀 자동화를 지원하는 Python 패키지와 모듈을 소개해 달라고 했는데 장단점을 고려한 후 종합적인 판단까지 해 주는 것을 알 수 있습니다. 그런데 pandas에 엑셀 파일을 입출력하는 기능이 있습니다만 기본적으로 데이터 분석용 패키지이고, xlrd와 xlwt는 간단한 엑셀 입출력 기능만을 제공하기 때문에 엑셀 자동화에 적합하다고 판단되지 않습니다. 그러나 openpyxl은 엑셀 자동화를 위하여 널리 활용되고 있습니다.

이번에는 같은 질문을 Gemini에게 물어보겠습니다.

> **Y** 엑셀 자동화를 지원하는 Python 패키지와 모듈을 소개해 주세요.

다른 답안 보기 ⌄ 🔊

✦ Python은 다양한 분야에서 활용되는 범용 프로그래밍 언어입니다. 엑셀 자동화도 Python을 사용하여 수행할 수 있습니다.

엑셀 자동화를 지원하는 Python 패키지와 모듈은 다음과 같습니다.

- openpyxl

openpyxl은 엑셀 파일을 읽고 쓰는 데 사용되는 Python 패키지입니다. 엑셀의 다양한 기능을 지원하며, 다양한 파일 형식을 지원합니다.

- xlwings

xlwings는 엑셀을 Python의 객체로 사용하는 Python 패키지입니다. 엑셀의 모든 기능을 지원하며, Python의 기능과 결합하여 다양한 작업을 수행할 수 있습니다.

- xlrd

xlrd는 엑셀 파일을 읽는 데 사용되는 Python 모듈입니다. 엑셀의 다양한 기능을 지원하며, 다양한 파일 형식을 지원합니다.

- xlwt

xlwt는 엑셀 파일을 쓰는 데 사용되는 Python 모듈입니다. 엑셀의 다양한 기능을 지원하며, 다양한 파일 형식을 지원합니다.

```
wb = app.books.open("example.xlsx")

# 시트 가져오기
sheet = wb.sheets["Sheet1"]

# 데이터 쓰기
sheet.range("A1").value = "Hello, world!"

# 엑셀 파일 닫기
wb.save()
app.quit()
```

코드를 사용할 때는 주의하시기 바랍니다. 자세히 알아보기 ⎙

자신의 필요에 맞는 패키지와 모듈을 선택하여 사용하시기 바랍니다.

위의 Gemini의 답변을 보면 엑셀 자동화를 지원하는 Python 패키지와 모듈들을 소개하고 간단한 설명과 함께 코드의 사례까지 제시하고 있습니다.

ChatGPT는 https://chatgpt.com/ 웹사이트에 접속한 후 회원 가입을 하거나 Google, Microsoft 및 Apple 계정으로 로그인하여 사용할 수 있고, Gemini는 https://gemini.google.com/ 웹사이트에 접속한 후 구글 계정으로 로그인하여 사용할 수 있습니다.

Python이 제공하는 모듈과 패키지를 내장 함수와 같이 가져다 사용해 봅시다. 내장 함수는 특별한 절차가 없이 바로 사용할 수 있지만 모듈과 패키지는 import 과정을 거쳐서 사용할 모듈과 패키지를 메모리로 불러 들여서 사용해야 합니다. 모듈은 파일의 특성을 가지고 패키지는 폴더의 특성을 가지고 있지만 다행히 프로그래머 관점에서 라이브러리로 제공되거나 가져다 사용하는 코딩 방식이 유사합니다.

먼저 Python 내장 모듈을 import하여 사용해 보겠습니다. exp.py 프로그램에서 3의 지수를 구하기 위해 사용한 math 모듈을 import하여 사용하는 예를 보겠습니다. Python으로 무언가를 실행해 볼 때는 Python 인터프리터가 적합한데 오른쪽의 코드조각을 봅시다.

```
>>> import math
>>> math.exp(3)
20.085536923187668
>>>
```

import 문장을 사용하는 가장 단순한 형태는 import 키워드 뒤에 모듈 이름 혹은 패키지 이름을 입력하는 것입니다. 모듈을 import해서 그 안에 있는 함수를 호출하기 위해서는 math.exp(3)과 같이 함수 이름 앞에 점(.)을 추가해서 모듈 이름을 함께 기술해 주어야 합니다. 이런 방식은 폴더와 하부 폴더와 파일 이름을 슬래시(/, slash)나 백슬래시(\, back slash)로 구분하는 것과 같은 방식입니다. 슬래시(/)나 백슬래시(\)가 점(.)으로 바뀌었을 뿐입니다. while 반복문을 설명하기 위하여 예를 들었던 지수를 무한급수로 구하는 exp.py 프로그램의 결과가 20.08546859390609이었으니 소수점 아래 세 자리까지 동일합니다. exp.py 프로그램의 허용오차가 0.001이었으니 두 결과는 같은 것으로 보아도 될 것 같습니다. math 모듈은 Python이 제공하는 내장 모듈인데 이름만 보아도 수학 함수들을 제공하는 모듈인 것을 알 수 있습니다.

이번에는 Python에서 기본적으로 제공하지 않는 모듈이나 패키지를 import하여 사용해 봅시다. 사용할 모듈이나 패키지가 이미 설치된 경우가 아니라면 필요한 패키지를 설치하여 사용해야 합니다. 예제로 matplotlib이라는 Python 시각화 패키지를 설치해 보겠습니다.

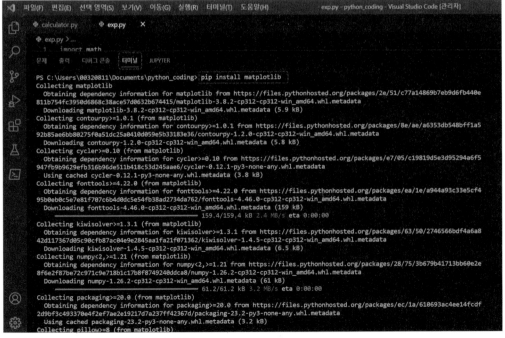

▲ **[화면]** matplotlib Python 시각화 패키지 설치

패키지는 컴퓨터의 명령어를 사용하여 설치하기 때문에 각각의 컴퓨터의 명령 프롬프트 창을 사용해야 합니다. 지금까지 우리가 배운 도구들 중에서 Visual Studio Code 통합 개발 도구의 하단에 위치한 터미널 창을 대신 사용할 수 있습니다. 터미널 창에서 pip install matplotlib이라고 치고 Enter↵를 누르면 matplotlib 패키지를 설치할 수 있습니다. 이때 pip 명령어가 패키지 간의 의존성을 파악하여 설치할 패키지가 사용하는 다른 패키지들을 함께 설치합니다. pip는 pip installs packages의 약자로 Python 패키지 설치와 제거를 위한 명령어인데 install을 명령어 뒤에 입력하면 패키지를 설치합니다. matplotlib은 설치할 패키지 이름으로 다른 패키지를 설치하고 싶다면 다른 패키지의 이름을 대신 입력하면 됩니다.

> **❗ 알아두기 _ pip 명령어의 기타 사용법**
>
> 설치할 패키지의 버전을 고정하여 설치하고 싶다면 패키지의 이름뒤에 == 기호를 붙이고 설치한 버전을 명시적으로 알려 주면 됩니다. 예를 들면 pip install selenium==4.1.5와 같은 명령어를 실행하면 패키지의 최신 버전이 설치되지 않고 지정한 버전이 설치됩니다. pip 명령어는 설치할 패키지 이름의 대/소문자를 구분하지 않아 pip install SELENIUM==4.1.5와 같이 명령어를 실행해도 됩니다.
>
> 패키지가 설치되었는지 확인하고 싶다면 install 대신 show를 pip 명령어 뒤에 입력하면 됩니다. 예를 들어 pip show pillow 이라는 명령어를 실행하면 패키지의 설치 여부와 설치된 패키지의 버전을 포함하여 여러 가지 정보를 함께 확인하게 됩니다.
>
> 때때로 설치된 패키지를 최신 버전으로 업그레이드해야 하는 경우가 있는데 그럴 때는 install 뒤에 --upgrade 옵션을 추가하면 됩니다. 예를 들면 pip install –upgrade pillow라는 명령어를 실행하면 Pillow라는 패키지의 최신 버전으로 업그레이드하게 됩니다.
>
> 설치된 패키지를 제거하고 싶다면 install 대신 uninstall을 명령어 뒤에 입력하면 됩니다. 예를 들어 pip uninstall matplotlib 이라는 명령어를 실행하면 설치한 matplotlib 패키지를 삭제하게 됩니다. 설치되어 있는 패키지들의 목록을 보고 싶으면 pip list 명령어를 실행하면 됩니다.

그러면 설치한 matplotlib 패키지를 import해 보겠습니다.

```
>>> import matplotlib
>>>
```

Python 모듈을 import할 때와 마찬가지로 import 뒤에 패키지 이름을 입력하면 됩니다. 그런데 느끼셨나요? import math를 수행할 때는 금방 Python 프롬프트(>>>)가 나타났는데 이번에는 시간이 좀 걸리다가 Python 프롬프트가 나타났습니다. 그 이유는 math가 모듈이어서 import할 대상이 소스 파일 하나이지만 위의 그림에서 보듯이 matplotlib은 계층적 폴더 구조를 가진 여러 개의 폴더와 파일로 구성되기 때문에 matplotlib 패키지와 하부 패키지와 모듈들을 함께 imprt하기 때문입니다.

사용할 패키지에 대한 학습을 통하여 패키지 전체를 import하지 않고 프로그램 개발에 꼭 필요한 하부 패키지나 모듈이나 함수만 import하여 사용할 수 있습니다. 그러면 matplotlib 패키지 중 가장 자주 사용하는 pyplot 모듈만 import하여 사용해 보겠습니다. matplotlib 패키지는 아직 배우지 않았으니 기능보다 문법에 초점을 맞추어 살펴보기 바랍니다.

```
>>> import matplotlib.pyplot
>>> x = [1,2,3]
>>> y = [1,3,1]
>>> matplotlib.pyplot.plot(x,y)
[<matplotlib.lines.Line2D object at 0x000001AD6A57B940>]
>>> matplotlib.pyplot.show()
>>>
```

패키지의 하부 패키지 혹은 하부 모듈을 import하는 방법은 단순합니다. 점(.)을 사용하여 matplotlib. pyplot과 같이 패키지 이름 뒤에 점을 찍고, 하부 패키지 혹은 하부 모듈 이름을 부여하면 됩니다. 그런데 이렇게 패키지와 모듈의 계층이 깊어지니 한 가지 문제가 생깁니다. matplotlib.pyplot.plot(x,y)나 matplotlib.pyplot.show()와 같이 호출할 때 이름이 너무 길어지는 것입니다.

이럴 때에는 as 키워드를 활용하여 별명(alias)을 부여하여 사용하면 됩니다.

```
>>> import matplotlib.pyplot as plt
>>> x = [1,2,3]
>>> y = [1,3,1]
>>> plt.plot(x,y)
[<matplotlib.lines.Line2D object at 0x000001AD6B082650>]
>>> plt.show()
>>>
```

import 문장에 as plt를 추가하여 matplotlib.pyplot에 대하여 plt라는 별명을 만들면, 모듈에 포함된 함수를 호출할 때 plt.plot(x,y)나 plt.show()와 같이 간결하게 사용할 수 있습니다. 단, Python의 별명은 matplotlib.pyplot은 plt, numpy는 np, pandas는 pd와 같이 Python 프로그래머 간에 관행적으로 사용하는 것이 있으니 개인이 별도로 작명하여 사용하지 말기 바랍니다. 개인별로 별도의 별명을 사용하면 프로그램의 가독성을 크게 해치게 됩니다.

> **! 알아두기 _ 모듈과 패키지의 기술적인 구현**
>
> type( ) 함수를 사용하여 패키지와 모듈의 자료형을 확인해 보면 모두 모듈로 나타납니다. 패키지든 모듈이든 모두 Python의 기술적인 구현은 모듈 객체인 것을 알 수 있습니다.
>
> ```
> >>> import matplotlib
> >>> type(matplotlib)
> <class 'module'>
> >>> import matplotlib.pyplot as plt
> >>> type(matplotlib.pyplot)
> <class 'module'>
> >>> type(plt)
> <class 'module'>
> >>>
> ```

그러면 별명도 없이 내장 함수처럼 모듈 이름이나 패키지 이름이 없이 함수 이름만으로 호출하여 사용할 수 있을까요? 그렇게 할 수 있습니다. 이번에는 다시 math 모듈을 사용하여 예를 들어 보겠습니다. 먼저 기존에 import했던 내역을 Python 인터프리터 메모리에서 초기화하기 위하여 Python 인터프리터를 닫았다가 다시 엽시다. 그렇지 않으면 아래에서 제시하는 명령어들을 실행할 때 예측할 수 없는 오류가 발생할 수 있습니다.

```
>>> import math
>>> exp(3)
Traceback (most recent call last):
  File "<stdin>", line 1, in <module>
NameError: name 'exp' is not defined
>>> math.exp(3)
20.085536923187668
>>> from math import exp
>>> exp(3)
20.085536923187668
>>> from math import sin, cos
>>> sin(0)
0.0
>>> cos(0)
1.0
>>> from math import *
>>> tan(0)
0.0
>>>
```

math를 모듈 단위로 import한 후 exp( ) 함수를 호출하니 정의되지 않은 함수를 호출한다고 오류가 납니다. 그런데 from math import exp와 같이 from 키워드 뒤에 모듈 이름을 주고 import 키워드 뒤에 함수 이름을 주면 모듈 전체를 import하지 않고 지정한 함수만 import하여 exp(3)과 같이 함수 이름으로 바로 호출이 가능합니다. 함수 이름을 콤마(,)로 구분하여 from math import sin, cos 문장과 같이 여러 개를 동시에 import하여 사용할 수도 있고, 별표(*)를 사용하여 from math import * 문장과 같이 모듈에 포함된 모든 함수를 import할 수도 있습니다.

일반적인 import 문장의 코딩 형태는 아래와 같습니다. 물론 이름이 길어지는 경우 as 별명을 추가하기 바랍니다.

- import 패키지.모듈

- import 모듈

- from 패키지 import 모듈

- from 패키지.모듈 import 함수

- from 모듈 import 함수

import math, math.exp(3), import matplotlib.pyplot as plt, plt.plot(x,y)와 같은 코딩은 함수가 포함된 패키지와 모듈을 명시적(explicit)으로 알 수 있어서 바람직한 코딩으로 볼 수 있습니다. from math import exp와 같이 꼭 필요한 함수만 import하여 컴퓨터의 메모리를 절약하여 사용하는 코딩은 바람직한 코딩으로 볼 수 있습니다. 그런데 from math import * 와 같은 코딩도 바람직하다고 볼 수 있을까요? 물론 개발하는 프로그래머의 입장에서 간편하게 코딩한다는 장점이 있을 것입니다. 그러나 프로젝트의 규모가 커지면서 math 모듈에 있는 함수의 이름과 동일한 이름의 함수가 필요하다고 해 봅시다. 혹은 import하기 전에 이미 math 모듈에 포함된 exp( ), sin( ), cos( ), tan( )과 동일한 이름의 함수를 만들어 사용하고 있었다고 가정해 봅시다. 어떤 일이 생길까요? Python이 이런 경우에 함수 이름이 중복된다고 문법 오류를 내 주면 좋겠지만 그렇지 않고 Python이 함수를 찾는 순서의 규칙에 따라 프로그래머의 의도에 상관 없이 함수를 호출하게 됩니다. 그러면 소스 코드를 아무리 들여다보아도 원인을 찾지 못하고 고생의 고생을 거듭하다가 import할 때 동일한 이름의 함수를 다른 곳에서 가져온 환경적 문제라는 것을 알게 되겠지요.

앞에서 예를 든 것 외에도 많은 프로그램 언어나 도구들이 다른 언어나 도구들과 경쟁하기 위하여 사용할 의미가 없거나 사용하면 오히려 프로그램 코드의 품질이 저하되는 기능들을 추가하는 경향들이 있습니다. 때로는 유사한 기능을 반복하여 만들어 놓아서 어떤 것을 사용해야 할지 판단하기 매우 어렵게 만들기도 합니다. 그래서 프로그램 언어나 도구들을 선택하여 사용할 때는 사용할 기술과 사용하지 않을 기술들을 구분하여야 합니다.

이런 사유와 목적에 따라서 프로젝트마다 피해야 할 코딩 기법과 준수할 코딩 기법을 제시하는 규칙이 있는데, 이러한 규칙을 코딩 표준(coding standard)이라고 부릅니다. 본 도서에서는 Python 문법만 다루지 않고 코딩 표준을 가져가는 원리에 대하여 자주 논의하게 될 것입니다.

그러면 우리가 지금까지 개발했던 calculator.py 프로그램을 모듈로 불러다 사용해 봅시다. 그런데 우리는 아직 calculator.py 프로그램을 운영 환경(PROD)으로 이관하지 않았습니다. 그래서 개발 환경(DEV)에서 Python 인터프리터를 실행시켜 import할 때 어떤 일이 생기는지 확인해 보겠습니다.

```
🐍 calculator.py > ...
  1    def calculate(operator):
  2        # 입력 (Input)
  3        first_number = input("첫번째 숫자 : ")
  4        second_number = input("두번째 숫자 : ")

문제    출력    디버그 콘솔    터미널    JUPYTER

PS C:\Users\00320811\Documents\python_coding> python
Python 3.12.0 (tags/v3.12.0:0fb18b0, Oct  2 2023, 13:03:39) [MSC v.1935
Type "help", "copyright", "credits" or "license" for more information.
>>> import calculator
연산자를 입력하세요. 연산을 종료하려면 q를 입력한 후 Enter 키를 치세요.
연산자 : █
```

▲ **[화면]** Visual Studio Code 개발 환경에서 Python 인터프리터로 calculator 모듈 import하기

터미널 창에서 python 명령어(python,python.exe)를 실행하면 Python 인터프리터가 기동됩니다. Python 인터프리터에서 import caculator라고 입력하면 calculator 모듈이 import되면서 calculator. py 프로그램이 바로 실행됩니다. import할 때 모듈이 컴퓨터의 메모리에 올라오게 되기 때문입니다(모듈이 메모리에 올라온다는 것은 메모리에 올라온 모듈의 코드들 중에서 실행이 가능한 코드는 실행된다는 의미입니다.).

이 문제를 해결하기 위한 전형적인 방법은 calculator.py 프로그램의 주 로직을 main() 함수로 분리하여 적용하는 것입니다. main() 함수는 대부분의 현대 프로그램 언어에서 프로그램을 실행하는 시작점으로 기능하지만, Python에서는 그렇지 않기에 별도의 코드를 추가해 주어야 합니다. import할 때 calculator.py 프로그램의 주 로직이 실행되는 것을 막기 위해 main() 함수로 분리해 보겠습니다.

```python
calculator.py > ...
 1  def calculate(operator):
 2      # 입력 (Input)
 3      first_number = input("첫번째 숫자 : ")
 4      second_number = input("두번째 숫자 : ")
 5
 6      # 처리 (Process)
 7      result = eval(first_number + operator + second_number)
 8
 9      # 출력 (Output)
10      print(first_number, operator, second_number, "=", result)
11
12  def main():
13      valid_operators = ['+','-','*','/']
14
15      # 초기 반복조건 설정
16      print("연산자를 입력하세요. 연산을 종료하려면 q를 입력한 후 Enter 키를 치세요.")
17      operator = input("연산자 : ")
18
19      while operator != 'q':              # 반복조건을 판단하는 논리식
20          if operator in valid_operators:
21              calculate(operator)
22          else:
23              print("사칙연산 이외의 기능은 아직 구현되지 않았습니다.")
24
25          # 반복조건 변경
26          print("연산자를 입력하세요. 연산을 종료하려면 q를 입력한 후 Enter 키를 치세요.")
27          operator = input("연산자 : ")
```

▲ [코드조각] main() 함수를 추가한 calculator.py 프로그램

def main(): 문장을 추가하고 주 로직을 들여쓰기하여 main() 함수의 코드 블록으로 지정하였습니다. 그러면 calculator 모듈을 import할 때 실행할 문장이 사라지게 됩니다. 이제 calculator 모듈을 다시 import하고, 그 안에 들어 있는 calculate() 함수를 실행해 보겠습니다.

```
calculator.py > ...
  1    def calculate(operator):
  2        # 입력(Input)
  3        first_number = input("첫번째 숫자 : ")
  4        second_number = input("두번째 숫자 : ")

문제    출력    디버그 콘솔    터미널    JUPYTER

PS C:\Users\00320811\Documents\python_coding> python
Python 3.12.0 (tags/v3.12.0:0fb18b0, Oct  2 2023, 13:03:39) [MSC v.1935
Type "help", "copyright", "credits" or "license" for more information.
>>> import calculator
연산자를 입력하세요. 연산을 종료하려면 q를 입력한 후 Enter 키를 치세요.
연산자 : q
>>> import calculator
>>> calculator.calculate("*")
첫번째 숫자 : 10
두번째 숫자 : 20
10 * 20 = 200
>>> exit()
PS C:\Users\00320811\Documents\python_coding>
```

▲ **[화면]** Visual Studio Code 개발 환경에서 Python 인터프리터로 calculator 모듈 import하기

이전 실행화면에서 q를 입력해 빠져나온 후 calculator 모듈을 import합니다. 그다음 calculator.calculate("*") 문장을 사용하는데, 이는 import한 calculator 모듈의 calculate() 함수를 실행할 때 인자로 "*"를 전달하여 곱셈을 수행한다는 의미입니다. calculator.py 프로그램을 모듈화하여 사용해 보면서 모듈의 개념이 정확히 이해되었을 것으로 믿습니다. 패키지는 폴더의 형태로 만들어 몇 가지 Python이 원하는 형식을 맞추어 주면 되는데, 본 도서에서는 사용에 초점을 맞추기 때문에 패키지를 만드는 방법에 대해서는 언급하지 않습니다.

Python 인터프리터를 빠져나가서 다시 터미널 창으로 돌아 가려면 exit() 함수를 사용하면 됩니다.

패키지나 모듈을 가져다 사용하는 방법을 배웠으니 Python에서 자주 사용하는 패키지나 모듈은 무엇이 있는지 용도별로 정리해 보겠습니다.

용도	패키지
과학/수학	numpy, scipy, sympy
데이터 분석	pandas
머신러닝/딥러닝	keras, PyTorch(torch), scikit-learn(sklearn), scikit-image(skimage), tensorflow
시각화	matplotlib, plotly, seaborn
이미지/영상처리	OpenCV(cv2,opencv-python), Pillow(PIL)
웹 프레임워크	django, fastapi, flask
통계	pymc, statsmodels

▲ **[표]** Python에 내장되어 있지 않지만 자주 사용되는 Python 패키지

Python 내장 함수들은 이름으로 추정하여 사용할 수 있지만, Python의 패키지들은 사용법과 개념이 조금씩 다릅니다(그래서 패키지마다 별도로 학습을 하여야 합니다.). 그리고 Python 패키지들은 유사한 기능들이 여러 패키지에 중복하여 존재하거나(예: pandas와 numpy와 scipy가 각각 일부 통계 기능을 가집니다.) 꼭 필요한 통계 기능들이 나누어져 존재하기도(예: scipy.stats와 statsmodels와 pymc) 하지요. 그래서 자신에게 적합한 기능을 찾거나 기능들을 상호 연계한 사용법을 찾는 것이 쉽지 않을 뿐더러, 어떤 기능들은 패키지별로 기능하는 것이 조금씩 다르기도(예: 리스트나 배열의 차이) 합니다.

> **❗ 알아두기 _ 약자로 이해하는 Python 패키지**
>
> numpy는 numerical Python의 약자입니다. 숫자를 다루는 Python 패키지로 이해하면 되겠습니다. 패키지나 모듈의 이름의 약자를 이해하면 그 패키지나 모듈들이 어떤 일을 하는지 추측할 수 있습니다. 아래의 예를 맛보기로 소개해 보겠습니다.
>
> - **scipy**: 과학 계산을 도와준다는 의미의 scientific Python의 약자
> - **sympy**: 기호(symbol) 수학을 지원하는 symbolic Python의 약자
> - **matplotlib**: 그래프를 그려 주는 mathematical plotting library의 약자
> - **scikit-learn**: 머신러닝 라이브러리로, scientific kit for machine learning의 약자

4.12 객체

Python에서는 모든 것이 객체(object)입니다. 지금까지 살펴본 변수도 객체이고 상수도 객체이고 함수도 객체이고 심지어는 모듈도 객체입니다. 하나의 객체는 또 다른 객체들의 집합으로 계층을 이루어 존재하며 전체 시스템을 구성합니다.

우리가 배운 프로그램 소스 코드의 예를 들어 객체를 이해해 보겠습니다.

▲ **[그림]** 코드의 예로 배우는 객체

위의 그림에서 보듯이 calculator 모듈이 하나의 객체이며 calculator 모듈 안의 함수들이 하부 객체가 되며 함수 하부 객체들은 그 하위에 변수 하부 객체를 가지고 있습니다. import calculator라는 명령을 실행했을 때 calculator 모듈 객체를 import한 것이며, calculator.calculate( ) 함수를 실행했을 때는 상위 객체인 calculator 모듈과 하위 객체인 calculate( ) 함수를 점(.)으로 연결하여 표현했다는 것을 쉽게 짐작할 수 있습니다.

📋 **적재적소 _ 계층을 구분하여 표현하는 기호**

Windows 컴퓨터는 파일 시스템의 계층을 구분하기 위하여 python_coding\calculator.py와 같이 백슬래시(\, back slash)를 사용합니다. 한편 Linux나 UNIX 컴퓨터나 macOS에서는 파일 시스템의 계층을 구분하기 위하여 python_coding/calculator.py와 같이 슬래시(/, slash)를 사용합니다. 그런데 Python이나 C#과 같은 대부분의 프로그래밍 언어에서의 계층 구분 방법은 이와 또 다릅니다. 객체와 패키지 혹은 모듈 등의 계층을 구분하기 위하여 calculator.calculate( )와 같이 점(.)을 사용합니다.

표현 형식은 저마다 다를지라도 의미는 모두 유사합니다. 그래서 Visual Studio Code와 Python 등 최근의 프로그램 언어와 도구들은 Windows 컴퓨터에서도 폴더와 파일명을 구분하는 기호로 슬래시(/, slash)를 허용하는 경향이 있습니다. 문자열 안에서 번거롭게 "c:\\windows\\fonts"와 같이 백슬래시(\, back slash) 2개를 사용하지 않고 "c:/windows/fonts"와 같이 슬래시(/, slash)를 사용하는 것이 좋은 코딩 습관이 될 것입니다.

이번에는 Python 인터프리터에서 모듈을 하나 import한 후 type( ) 함수를 사용하여 모듈과 모듈 하부의 함수가 무엇인지 확인해 보겠습니다. 마찬가지로 python_coding 패키지가 운영 서버(PROD)로 이관되지 않았으므로 Visual Studio Code 통합개발도구의 터미널 창을 통하여 Python 인터프리터를 실행하도록 하겠습니다.

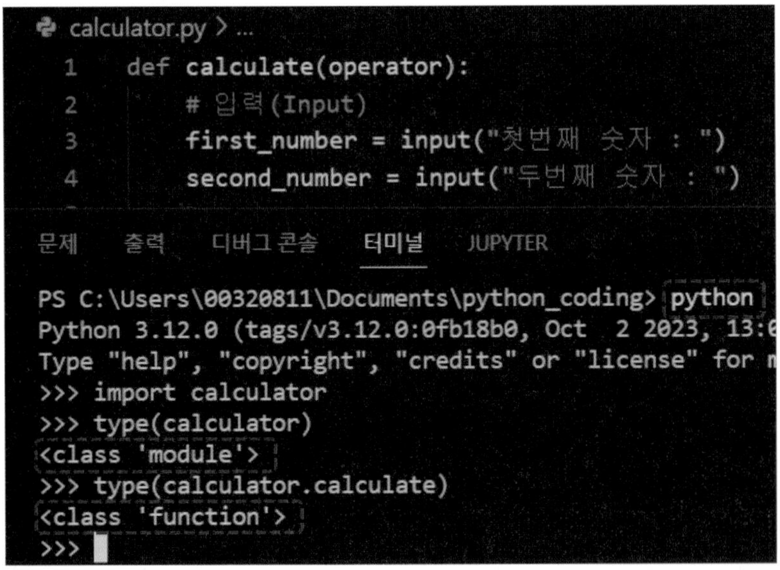

```
🐍 calculator.py > ...
   1    def calculate(operator):
   2        # 입력 (Input)
   3        first_number = input("첫번째 숫자 : ")
   4        second_number = input("두번째 숫자 : ")
```

```
문제   출력   디버그 콘솔   터미널   JUPYTER

PS C:\Users\00320811\Documents\python_coding> python
Python 3.12.0 (tags/v3.12.0:0fb18b0, Oct  2 2023, 13:0
Type "help", "copyright", "credits" or "license" for m
>>> import calculator
>>> type(calculator)
<class 'module'>
>>> type(calculator.calculate)
<class 'function'>
>>>
```

import한 calculator는 module 유형의 클래스(class, 객체 유형)입니다. import한 calculator 모듈의 하부 함수인 calculate( )는 function 클래스입니다.

아직도 객체가 낯설게 느껴지나요? 그러면 이번에는 변수의 예를 들어 설명해 보겠습니다. 프로그램 코딩에서 말하는 객체는 만들기는 힘들지만 사용자의 관점에서 사용하는 것은 금방 이해할 수 있습니다.

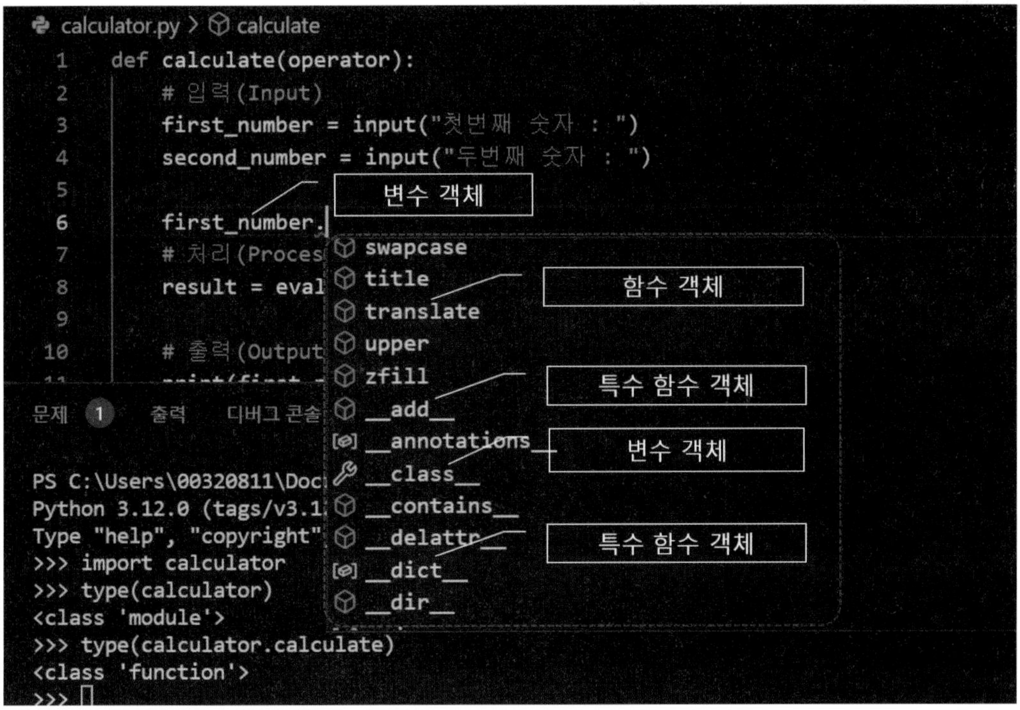

▲ [그림] 변수의 예로 배우는 객체

Visual Studio Code에서 변수를 정의한 후 변수 이름 뒤에 객체의 계층을 구분하는 기호인 점(.)을 찍으면 객체를 구성하는 하부 변수 객체와 하부 함수 객체의 목록이 나타납니다.

모듈과 변수 객체를 자세히 살펴보면 구성되는 하부 객체, 즉 상위 객체의 구성 요소인 멤버(member)의 유형이 크게 두 가지임을 알 수 있습니다. 그중 하나는 함수이고, 하나는 변수입니다. 객체지향 프로그래밍에서 함수 멤버는 **메소드**(method, ⬢)라고 부르고 데이터 멤버인 변수는 **속성**(property, 🔧)이라고 부릅니다.

변수가 객체이므로 구성 요소로 속성과 메소드가 존재합니다. Visual Studio Code가 코딩을 도와주기 위하여 코딩할 수 있는 속성과 메소드의 목록을 자동으로 보여 주는데 이 기능을 활용하면 객체의 개념을 쉽게 이해할 수 있으며 동시에 사용하는 객체의 구조를 알 수 있습니다.

❗ **알아두기 _ 객체와 클래스**

엄밀한 의미에서 클래스(class, 객체 유형)는 객체의 자료형을 정의한 것이고, 객체(object)는 변수와 같이 실체가 있는 인스턴스(instance)로 만들어 놓은 것입니다. 예를 들면 정수(int)나 문자열(str)과 같은 자료형은 클래스이고 first_number와 operator같은 변수는 객체가 되는 것입니다. 그러나 인자와 매개변수의 경우와 같이 프로그래머들은 이 두 가지 용어를 엄밀하게 구분하여 사용하지 않고 객체라는 이름으로 통일하여 부르는 경향이 있습니다. 따라서 객체가 객체인지 클래스인지는 인자가 인자인지 매개변수인지를 판단하는 것처럼 문맥을 보고 판단하는 것이 좋습니다.

말로 설명하는 것은 충분하게 했으니 코딩하여 사용해 보면서 객체를 이해해 보겠습니다. 먼저 메소드의
사용 예를 들기 적합한 문자열 변수를 사용하여 설명하도록 하겠습니다.

```
>>> string_variable = "My name is Yong Jae Ahn"
>>> type(string_variable)
<class 'str'>
>>> string_variable.split()
['My', 'name', 'is', 'Yong', 'Jae', 'Ahn']
>>> string_variable.isupper()
False
>>> string_variable.upper()
'MY NAME IS YONG JAE AHN'
>>> string_variable.upper().isupper()
True
>>>
```

객체에 포함된 메소드를 호출하는 것은 객체명.메소드명()의 형식을 따릅니다. 메소드의 이름 앞에 객체
명과 점(.)이 추가된다는 것을 제외하면 일반 함수를 사용하는 방법과 동일합니다. 위의 코드조각과 실행
화면의 예를 보면 직관적으로 이해가 될 것입니다. 지금은 메소드가 하는 일보다 메소드를 호출하는 방법
을 이해하면 됩니다. string_variable.upper().isupper()과 같이 점을 반복하여 사용하여 메소드들의 호
출을 연결하면 앞쪽의 메소드의 결과값을 기반으로 뒤쪽의 메소드를 호출할 수 있습니다. 이번 예에서는
upper() 메소드로 대문자로 변환한 후 isupper() 메소드로 대문자냐고 물어보니 당연히 결과는 참(True)
이 나옵니다.

📖 적재적소 _ 메소드 체이닝

string_variable.upper().isupper()와 같이 점을 반복하여 사용하여 앞쪽의 메소드의 결과값을 기반으로 메소드를 반복하여
호출하는 것을 메소드 체이닝(method chaining)이라고 부릅니다.

이번에는 속성의 사용 예를 들기 적합한 복소수(complex) 변수를 사용하여 설명하도록 하겠습니다.

```
>>> complex_variable = 3 + 4j
>>> type(complex_variable)
<class 'complex'>
>>> complex_variable.real
3.0
>>> complex_variable.imag
4.0
```

복소수(complex) 변수의 real 속성의 값을 확인하면 복소수 값에서 실수부의 값을 보여 주고, imag 속성
의 값을 확인하면 허수부의 값을 보여 줍니다.

! **알아두기** _ 정보 은폐

객체지향 프로그래밍에서는 속성의 직접 접근을 정보 은폐(information hiding)의 원칙을 위배하는 것으로 보고 있기 때문에 다른 프로그래밍 언어들은 속성보다는 메소드를 활용하여 객체를 대상으로 작업을 합니다. Python의 복소수(complex) 객체의 경우 real 속성과 image 속성을 읽기 전용 속성으로 만들어 객체가 외부에서 변경되지 않도록 보호하고 있습니다만 일부 객체들은 정보 은폐의 원칙을 지키지 않아 심각한 문제를 유발하기도 합니다.

```
>>> import math
>>> radius = 5
>>> area = math.pi * radius**2
>>> area
78.53981633974483
>>> math.pi = 5
>>> area = math.pi * radius**2
>>> area
125
>>> math.pi = None
>>> area = math.pi * radius**2
Traceback (most recent call last):
  File "<stdin>", line 1, in <module>
TypeError: unsupported operand type(s) for *: 'NoneType' and 'int'
>>>
```

프로그래머가 실수로 math 모듈의 pi 상수용 변수를 수정하니 뒤에서 math.pi 변수를 사용한 계산의 결과가 엉터리가 됩니다. 모듈도 객체라고 했는데 그 객체가 수정이 되고 있는 것이 문제의 원인입니다. 차라리 math.pi에 None을 할당한 것처럼 오류가 발생한다면 컴퓨터가 잘못 동작하고 있는데 모르는 것보다 뭔가 잘못되고 있다는 것을 알 수 있으니 나쁘지 않은 상황입니다. 그런데 math.pi에 5를 할당한 경우에는 오류가 나지 않고 계산 결과가 틀리게 되는데, 테스트를 하기 전에는 이 사실을 발견하기가 어렵습니다. 그래서 정보 은폐는 아무리 강조하여도 부족하지 않은 중요한 원칙으로 Python으로 프로그램을 개발할 때에는 프로그래머 스스로 이런 사실을 인지하고 실수를 하지 않도록 매우 조심하여야 합니다.

! **알아두기** _ 나누어 정복하기

앞에서 설명한 코드블록과 함수는 나누어 정복하기(devide and conquer) 전략을 실천하기 위한 도구입니다. 시스템을 구성하는 거대한 하나의 코드들을 제대로 만들고 유지보수할 수 없으니 논리적인 구성에 맞게 코드블록과 함수로 나누어 구현됩니다. 코드블록과 함수는 데이터보다 코드를 중심으로 나누는데 데이터까지 나누어 정복하려면 객체를 만들어야 합니다. 이와 같이 만들어진 함수와 객체들은 다시 모듈과 패키지를 구성하게 되어 계층적 트리구조를 가지게 됩니다. 나누어 정복되는 코드블럭, 함수, 객체, 모듈 및 패키지들은 내부적으로 응집력(cohesion)을 가져서 고유(unique)해야 하며 서로 영향을 미치는 결합도(coupling)는 떨어지게 만들어야 합니다. 예를 들면 함수가 하나의 고유한 기능을 수행한다면 응집력이 높은 것으로 볼 수 있고, 입력인자가 함수를 호출하는 코드에 영향을 미치지 않거나 반환값이 단일한 경우 결합도가 낮은 것으로 볼 수 있습니다.

컨텍스트 메뉴(context menu, 상황에 맞는 메뉴)는 객체 지향 기술이 적용된 매우 유용한 메뉴입니다. 객체에 관련된 속성과 메소드를 모아 놓는 것처럼 컨텍스트 메뉴는 특정 객체를 대상으로 사용할 수 있는 메뉴를 모아서 가지고 있습니다.

Visual Studio Code의 어떤 객체든 객체 위에 마우스 커서를 두고 우클릭하면 해당 객체를 대상으로 할 수 있는 일들의 목록이 팝업 메뉴(popup menu, 돌출 메뉴)로 나타납니다. 메뉴들을 읽어 보면 대부분 이미 알고 있는 것들일 것입니다. 대부분 컴퓨터의 파일 탐색기에서 사용하던 기능들이니까요.

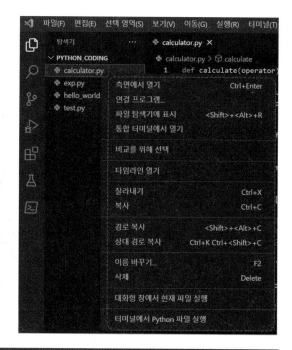

Visual Studio Code의 객체만이 아니라 소스 코드에서도 키워드나 변수나 함수 등을 대상으로 마우스 오른쪽 버튼을 클릭하면 해당 객체를 대상으로 할 수 있는 일들의 목록이 팝업 메뉴로 나타납니다. 그런데 메뉴들을 읽어 보면 대부분 알지 못하는 것들일 것입니다. 왜냐하면 코딩을 위해 배워야 할 것들이 아직 배운 것보다 많기 때문입니다. 이 메뉴들이 대부분 익숙해질 때까지는 중간에서 포기하지 말고 학습해 가기를 바랍니다.

팝업 메뉴가 도구나 코딩을 공부하는데 의미하는 바는 매우 큽니다. 도움말(help), 인터넷 검색, GitHub Copilot과 같은 코딩 보조 도구 및 ChatGPT나 Gemini와 같은 대화형 AI 서비스도 팝업 메뉴만큼 그 객체를 대상으로 혹은 그 키워드나 변수나 함수를 대상으로 할 수 있는 모든 일을 함축적으로 보여 주기는 어려운데, 컨텍스트 메뉴는 한정된 객체와 키워드와 변수와 함수를 대상으로 할 수 있는 거의 모든 것을 보여 주기 때문입니다. 우선 쉬우면서도 강력한 메뉴들로 정의로 이동, 모든 참조 찾기 등은 지금 클릭해 보기 바랍니다. 코딩을 하다 보면 사용 중인 함수의 정의가 어떻게 정의되었는지 궁금하고, 함수의 코드를 읽다 보면 어디에서 사용하는지 궁금할 때가 많은데 그럴 때 사용하면 편리합니다.

객체에 대하여 학습했으니 이제는 calculator.py 프로그램이 가지고 있는 main() 함수 문제를 해결할 수 있게 되었습니다. import할 때 calculator.py 프로그램의 주 로직이 수행되는 문제를 해결하기 위하여 주 로직을 main() 함수로 모아 놓았었습니다. 먼저 어떤 문제가 있는지 확인해 보겠습니다.

```
calculator.py > calculate
 1  > def calculate(operator): ...
11
12  > def main(): ...
28
```

문제   출력   디버그 콘솔   터미널   JUPYTER

```
PS C:\Users\00320811\Documents\python_coding> & C:/Users/00320811/
thon.exe c:/Users/00320811/Documents/python_coding/calculator.py
PS C:\Users\00320811\Documents\python_coding>
```

▲ [코드조각/실행화면] calculator.py 프로그램

위의 코드조각이 calculate() 함수와 main() 함수로 구성되어 있는 것을 확인하기 바랍니다. 소스 코드 왼쪽에서 ☑ 아이콘을 클릭하면 코드 블록과 함수별로 코드를 축소하여 코드의 구조를 확인하기 쉽게 되고, 다시 ▶ 아이콘을 클릭하면 코드가 다시 확장됩니다. 그런데 터미널 화면을 보면 calculator.py 프로그램을 수행시켜도 아무런 결과가 나타나지 않습니다. 이는 당연합니다. Python은 소스 파일의 상단에서 하단으로 순차적으로 실행되는데 main() 함수를 정의해 놓기만 하고 호출하지 않고 있지 않기 때문입니다. 그러면 프로그램의 맨 아래에서 main() 함수를 호출해 보겠습니다.

```
calculator.py > ...
 1  > def calculate(operator): ...
11
12  > def main(): ...
28
29    main()
```

문제   출력   디버그 콘솔   터미널   JUPYTER

```
PS C:\Users\00320811\Documents\python_coding> & C:/Users/00320811/AppData
thon.exe c:/Users/00320811/Documents/python_coding/calculator.py
PS C:\Users\00320811\Documents\python_coding> python
Python 3.12.0 (tags/v3.12.0:0fb18b0, Oct  2 2023, 13:03:39) [MSC v.1935
Type "help", "copyright", "credits" or "license" for more information.
>>> import calculator
연산자를 입력하세요. 연산을 종료하려면 q를 입력한 후 Enter 키를 치세요.
연산자 :
```

▲ [코드조각/실행화면] main() 함수 호출이 추가된 calculator.py 프로그램

프로그램의 하단에 main() 함수를 호출하는 코드를 추가하니 이번에는 모듈을 import할 때 main() 함

수가 호출되어 calculator 모듈의 주 로직이 수행되어 버립니다. 그러면 이 문제를 어떻게 풀어야 할까요? 해결의 실마리는 module 객체의 속성에 있습니다.

```
문제   출력   디버그 콘솔   터미널   JUPYTER

PS C:\Users\00320811\Documents\python_coding> python
Python 3.12.0 (tags/v3.12.0:0fb18b0, Oct  2 2023, 13:03:39) [MSC v.1935
Type "help", "copyright", "credits" or "license" for more information.
>>> import calculator
연산자를 입력하세요. 연산을 종료하려면 q를 입력한 후 Enter 키를 치세요.
연산자 : q
>>> print(calculator.__name__)
calculator
>>> print(__name__)
__main__
>>>
```

위의 코드조각에서 보는 것처럼 module 객체에는 __name__이라는 속성이 있는데 다른 소스 파일에서 import하여 사용할 때에는 속성의 이름이 .py 확장자가 빠진 모듈의 이름이 되고, import되지 않고 Python 인터프리터에서 바로 실행되는 최초 프로그램으로 사용되는 경우에는 __main__이 모듈의 이름으로 대신 사용됩니다. 따라서 import할 때에는 main() 함수가 실행되지 않게 하고 모듈을 직접 실행할 때에만 main() 함수가 실행되도록 하여 문제를 해결하면 되는데, if 선택문을 사용하여 모듈의 __name__ 속성의 값이 "__main__" 문자열인 경우에만 main() 함수를 실행하도록 코딩을 바꾸면 됩니다.

```
🐍 calculator.py > ...
  1 > def calculate(operator): ...
 11
 12 > def main(): ...
 28
 29   if __name__ == "__main__":
 30       main()

문제   출력   디버그 콘솔   터미널   JUPYTER

PS C:\Users\00320811\Documents\python_coding> python
Python 3.12.0 (tags/v3.12.0:0fb18b0, Oct  2 2023, 13:03:39) [MSC v.1935 6
Type "help", "copyright", "credits" or "license" for more information.
>>> import calculator
연산자를 입력하세요. 연산을 종료하려면 q를 입력한 후 Enter 키를 치세요.
연산자 : q
>>> print(calculator.__name__)
calculator
>>> print(__name__)
__main__
>>> exit()
PS C:\Users\00320811\Documents\python_coding> python
Python 3.12.0 (tags/v3.12.0:0fb18b0, Oct  2 2023, 13:03:39) [MSC v.1935 6
Type "help", "copyright", "credits" or "license" for more information.
>>> import calculator
>>> exit()
PS C:\Users\00320811\Documents\python_coding> & C:/Users/00320811/AppData
thon.exe c:/Users/00320811/Documents/python_coding/calculator.py
연산자를 입력하세요. 연산을 종료하려면 q를 입력한 후 Enter 키를 치세요.
연산자 :
```

▲ [코드조각/실행화면] main() 함수 호출 오류가 수정된 calculator.py 프로그램

이제 위의 코드조각과 실행화면에서 확인할 수 있는 것처럼 calculator 모듈을 import할 때에는 프로그램이 실행되지 않고, calculator.py 프로그램을 실행할 때는 main( ) 함수가 실행되는 것을 확인할 수 있습니다.

지금까지 Python의 문법을 익히면서 우리는 calculator.py 프로그램을 여러 차례 개선해 왔습니다. 그러나 프로그램은 여전히 입력값의 검증이 이루어지지 않았고, 사용자가 숫자와 연산자를 입력하는 데 필요한 화면 구성도 미흡합니다. 더 나아가 연산자를 입력 받기 위해 프롬프트를 표시하고 입력을 받는 print( )와 input( ) 문장이 중복되어 있습니다. 현재의 완전성 수준에서는 아직도 프로그램이 목표한 기능을 충분히 수행할 수 있다고 볼 수 없습니다. 하지만 calculator.py 프로그램의 목적은 Python 프로그래밍의 기초를 설명하려는 것이었으니 더 이상 개선하지 않습니다.

📋 **적재적소 _ 프로그램의 문법이나 코딩 규칙들을 암기할 필요가 있을까?**

프로그래밍의 기초만 배웠는데도 이해할 것과 암기할 것이 많아 이쯤에서 슬슬 코딩을 배우는 것을 포기하고 싶은 생각이 들지 않나요? 어떻게 이 많은 것들을 이해하고, 이해하기도 어려운데 암기하여 코딩을 할 수 있을지 걱정이 되지요? 그래서 정말 필요한 시기에 정말 중요한 **[적재적소]**를 준비해 보았습니다. **[생각하기]**로 가볍게 넘기려고 하다가 가만히 생각해 보니 학습을 포기하지 않기 위하여 이 주제가 가장 중요한 주제 중의 하나가 될 것으로 판단하였습니다.

Visual Studio Code와 같은 프로그래밍 통합개발환경(integrated development environment, IDE)이 성숙하기 이전에는 프로그램의 문법이나 코딩 규칙들을 정확하게 암기하여 코딩을 해야만 했습니다. 그러나 지금은 통합개발환경이나 코딩보조도구들이 기본적인 문법과 코딩 규칙들을 몰라도 코딩을 할 수 있도록 도와줍니다.

먼저 Visual Studio Code에서 코딩을 해 보겠습니다.

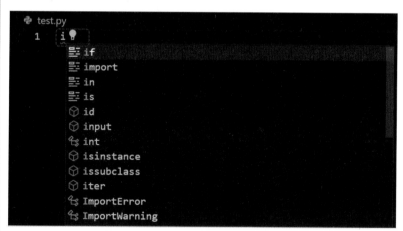

편집기 화면에 i를 입력했더니 i로 시작하는 Python 명령어📗와 함수⬡와 객체▤들의 목록이 나타납니다. 그러면 프로그래머는 필요한 코드를 모두 입력할 것없이 나타난 목록 중 원하는 것을 선택하기만 하면 됩니다. import 명령어를 마우스로 선택해 보겠습니다.

그러면 import를 모두 입력하지 않았지만 import를 입력한 상태가 됩니다. 그리고 공란을 입력한 후 mat를 입력하면 import 할 모듈 {} 중에서 mat로 시작하는 것들을 모두 보여 줍니다. 이번에는 화살표를 이동하여 matplotlib이 선택된 상태로 만든 후 [Tab]을 누르겠습니다.

```
test.py 1, U ✕

test.py
1    import matplotlib.py
                        {} pyplot
                        {} _pylab_helpers
```

그러면 matplotlib을 모두 입력하지 않았지만 matplotlib을 입력한 상태가 됩니다. 그리고 점(.)을 찍은 후 py를 입력하면 matplotlib 하위의 모듈 들 중에서 py로 시작하는 것들을 모두 보여 줍니다. 이번에는 그냥 [Tab]을 누르겠습니다.

```
test.py 1, U ✕

test.py
1    import matplotlib.pyplot
```

이렇게 해서 원하는 matplotlib.pyplot 모듈을 통합개발환경의 도움으로 쉽게 입력하게 되었습니다. 이번에는 같은 방법으로 for i in range(10):까지 코드를 완성한 후 [Enter↵]를 누르겠습니다.

```
test.py > ...
1    import matplotlib.pyplot
2
3    for i in range(10):
4        print(i)
```

그러면 for 반복문의 실행 블록이 자동으로 들여쓰기가 되어 키보드 입력 커서(cursor)가 위치하게 되고 그 뒤에 원하는 코드를 입력하면 됩니다. 이와 같은 형태로 최근에는 정확하게 암기할 필요가 없이 통합개발도구의 도움을 받아 쉽게 코딩할 수 있습니다.

프로그래밍 환경들이 자꾸 변화하는 상황에서 통합개발도구와 AI 코딩보조도구의 도움으로 암기를 해야만 하는 상황에서 조금씩 해방되어 가고 있습니다. 그래서 문법 자체를 암기하는 것보다는 문맥과 용어와 개념과 원리들을 기억하는 것이 좋습니다.

💡 **생각하기 _ 작명하기**

사용자가 정의하여 사용하는 변수, 상수, 함수, 모듈, 패키지 및 객체 등의 이름을 부여하는 기술적인 작명하기에 대해서 **[적재적소] 이름을 부여하는 규칙**에서 언급하였습니다. 어떤 개인이나 조직의 이름을 잘 짓는 것이 중요하듯이 프로그램에서의 작명도 매우 중요합니다.

우선 프로그램에서 좋은 이름이라고 하는 것은 코드 상에서의 의미를 잘 나타내 주는가 하는 것으로 결정됩니다. 예를 들어 k = [80,90,100,85]와 같이 변수를 정의했다고 합시다. 이것은 좋은 변수 이름일까요? 그렇지 않습니다. k라는 변수명으로는 코드를 보고 이 변수가 무엇을 저장하는지 전혀 알 수가 없으니까 좋은 이름이 아닙니다. 그러면 코드를 scores = [80,90,100,85]와 같이 바꾸어 봅시다. 그러면 성적을 저장하는 변수라는 것을 이름으로부터 쉽게 알 수 있으니 좋은 이름이 될 것입니다. scores라는 변수 이름을 midterm_scores라고 변경하면 더 의미 있는 변수의 이름이 될 수 있을까요? 글쎄요. 이 프로그램 코드를 중간고사용으로만 사용한다면 좋은 이름이 되겠지만 그렇지 않다면 오히려 코드의 용도를 제한하는 이름이 될 것 같습니다.

이번에는 함수의 예를 들어 보겠습니다. a = abc( )나 numbers = get_numbers( )와 같이 함수명을 정의하여 사용한다고 합시다. 이것은 좋은 함수 이름일까요? 그렇지 않습니다. abc( )와 같은 함수는 함수의 이름을 보고 함수가 무엇을 하는지 알 수 없고, get_numbers( )와 같은 함수는 함수의 이름을 보고 숫자를 받아들인다는 것을 알 수 있으나 구체적으로 무슨 숫자를 받아들이는지 알 수 없습니다. 그러면 코드를 scores = get_scores( )와 같이 바꾸어 봅시다. 성적을 가져오는 함수라는 것을 이름으로부터 쉽게 알 수 있으니 좋은 이름이 됩니다.

변수와 상수와 모듈과 패키지 등은 math, True, False, None, pi, tensorflow와 같이 명사로 이름을 부여해야 한다고 알려져 있으며, 함수는 input( ), print( ), help( ) 등과 같이 동사로 부여해야 한다고 알려져 있습니다. 그러나 부울(bool)값을 저장하기 위한 변수나 함수는 isalpha나 isinstance( )와 같이 명사도 동사도 아닌 이름으로 정하는 것이 더 의미 있습니다. 따라서 프로그램에서의 작명은 어떤 규칙을 지키기보다 코드상에서의 의미를 잘 나타내 주는가가 더 중요합니다.

💡 **생각하기 _ 생각하는 프로그래밍**

프로그램을 코딩할 때에는 항상 생각을 해야 합니다. 변수를 사용할 것인지 아니면 상수를 사용할 것인지, 자료형은 무엇을 사용할 것인지, for 반복문을 사용할 것인지 아니면 while 반복문을 사용할 것인지, 변수를 초기화하여 사용할 것인지 아니면 초기화하지 않고 프로그래밍 언어가 제공하는 대로 사용할 것인지, 코드 블록으로 코드를 묶을 것인지 아니면 함수로 코드를 묶을 것인지 그것도 아니면 객체로 구분할 것인지, 지역변수를 사용할 것인지 아니면 전역변수를 사용할 것인지, 함수의 인자와 반환값은 어떻게 정의할 것인지 등 부록에 기술해 놓은 소프트웨어의 품질 특성에 기반하여 늘 생각을 하고 결정하고 코딩하여야 합니다. 이렇게 생각하는 프로그래밍을 실천하면 소프트웨어의 품질이 자연스럽게 향상될 것입니다.

제가 책에서 설명하는 내용들을 컴퓨터에 입력하여 실행해 보고 있지 않고 눈으로만 학습하고 있다면 즉시 컴퓨터를 켜고 코딩하며 실행해 보기 바랍니다. 프로그래밍 언어 공부는 백문이 불여일견(百聞不如一見), 백견이 불여일타(百見不如一打)입니다. 백견이 불여일타는 우리나라 프로그래머들이 만들어 낸 말로 그만큼 코딩하고 실행하는 학습 방법이 좋다는 말입니다. 실제로 컴퓨터에 입력하여 실행해 보면서 학습한다면 여러분의 학습 속도와 이해의 깊이가 배가될 것입니다.

여기까지의 설명을 통하여 프로그래머가 기본적으로 알아야 할 Python 프로그래밍의 기초를 살펴 보았습니다. 어떤 독자들은 모듈이나 패키지를 프로그래머가 직접 만들고(user defined module, user defined package) 프로그래머가 직접 객체를 생성하는(user defined object) 등의 설명이 부족한 것을 보고 의아하게 생각할지도 모릅니다. 그러나 코딩 입문자들에게는 객체나 모듈이나 패키지를 직접 만드는 코딩보다는 다른 프로그래머들이 만들어 놓은 객체나 모듈이나 패키지를 사용하는 코딩이 많고, 또한 모듈이나 패키지나 객체의 생성 및 객체지향 프로그래밍과 같은 코딩은 활용의 기회는 적으나 난이도가 높아 입문자가 프로그램에 대한 흥미를 상실할 수도 있겠다는 판단으로 그런 것들을 스스로 만들기보다는 남들이 만들어 놓은 것을 응용하는 방법에 초점을 맞추어 제 나름대로의 방식으로 쉽게 설명하도록 노력하였습니다. 본 도서로 코딩의 기본 기술과 원리와 개념을 익힌 후 다른 책들과 Python 도움말과 인터넷 검색과 코딩보조도구와 대화형 AI 서비스 등을 통하여 깊이 있는 지식을 습득해 가시기 바랍니다.

PART 02

Python AI Coding 기본기

▶▶ Contents

## Chapter 5

문자열 처리

사용자의 입력 데이터와 사용자에게 보여 주기 위한 화면과 로그 파일 등의 출력 데이터가 대부분 문자열이고 각종 언어로 된 커뮤니케이션 내역들이 문자열 기반으로 저장되었기 때문에 문자열 처리는 프로그래밍 초창기부터 코딩의 중요한 주제 중의 하나였고 문자열 데이터의 형태와 처리 방법이 다양하여 코딩을 배우기 어렵게 하는 요인 중의 하나였습니다. 인터넷 시대가 도래한 후부터 무수히 많은 자료들이 정형화된 데이터로 저장되지 않고 비정형 데이터로 저장되었는데 특히 웹페이지나 이메일 및 각종 문서들이 문자열이어서 문자열 처리 능력의 중요성이 갈수록 커지고 있습니다. 그리고 NoSQL(not Only SQL) 데이터베이스와 같은 비정형 데이터 처리에 특화된 기술들의 등장으로 비정형 데이터의 활용 가능성이 확대되고 있습니다.

> **❗ 알아두기 _ 정형 데이터/비정형 데이터**
>
> 정형 데이터(structured data)는 정의된 형식이 존재하여 컴퓨터에서 처리하기 쉽고, 데이터베이스에 저장하기 용이합니다. 예를 들어 테이블 형식의 엑셀 파일, csv(comma separated variables) 파일, tsv(tab separated variables) 파일, 데이터베이스 등이 정형 데이터입니다.
>
> 비정형 데이터(unstructured Data)는 정의된 형식이 존재하지 않아 컴퓨터에서 처리하기 어렵고, 데이터베이스에 저장하기 어렵습니다. 예를 들어 텍스트 파일, 로그 파일, 웹페이지, 이메일, 문서 파일, 음성 파일, 영상 파일 등이 비정형 데이터입니다.

5.1 문자열 만들기

Python은 문자열 처리를 위하여 내부적으로 유니코드 문자열을 지원하는 str 자료형을 제공합니다. 그리고 string 내장 모듈이 제공되는데 지원하는 기능이 많은 부분 str 자료형과 중복되고 대부분의 기능을 str 자료형이 더빠르고 효율적으로 지원하기 때문에 그 중요성이 크지 않습니다.

```
print('문자열은 단일인용부호(₩')부호로 감싸주거나 [] + [']이중인용부호(₩")로 감싸줍니다.[]')
print('English 한글 1234 ..)[{')

문자열은 단일인용부호(')부호로 감싸주거나 이중인용부호(")로 감싸줍니다.
English 한글 1234 ..)[{
```

앞의 코드조각과 실행화면을 보고 알 수 있듯이 단일 인용부호(')나 이중인용부호(")로 감싸진 문자들은 영어, 한글, 숫자 및 특수문자를 포함하여 모두 문자열입니다. 단일인용부호(') 안에 단일인용부호(')를 문자열의 일부로 추가하려면 백슬래시(\)를 앞에 추가하여 \'과 같이 기술해 주어야 합니다. 이중인용부호(") 안에 이중인용부호(")를 문자열의 일부로 추가하려면 백슬래시(\)를 앞에 추가하여 \"과 같이 기술해 주어야 합니다.

> **❗ 알아두기 _ 백슬래시(\)와 원화 기호(₩)**
>
> 영어 키보드에 원화 기호가 없어 한글 키보드에서 백슬래시를 원화 기호로 전용하여 사용하고 있습니다. 화면에는 다르게 표시되나 이 두 가지 기호는 동일한 것을 가리킵니다.

> **📋 적재적소 _ 코드와 설명의 순서**
>
> Part 2부터는 생각하는 프로그래밍을 실천하는 방법으로 코드를 먼저 제시한 후 설명하는 방법을 자주 사용합니다. 제시되는 코드를 보면서 먼저 스스로 코드의 의미를 파악하려는 노력을 한 후 설명을 읽어 보기 바랍니다. 학습의 효과가 배가될 것입니다.

```
print("Tab으로₩t₩t맞추는 문자열")
print("탭(Tab)으로₩t맞추는 문자열")

Tab으로        맞추는 문자열
탭(Tab)으로     맞추는 문자열
```

```
print("새줄로 넘기기₩n새 줄")

새줄로 넘기기
새 줄
```

유사한 형태로 탭(tab)을 문자열에 추가하려면 \t로, 문자열 중간에 새 줄로 넘기려면 \n으로 표현하여야 합니다.

```
print("백슬래시 ₩₩ 출력")
print("이중인용부호 안의 단일인용부호 ' ")
print('단일인용부호 안의 이중인용부호 " ')

백슬래시 ₩ 출력
이중인용부호 안의 단일인용부호 (')
단일인용부호 안의 이중인용부호 (")
```

백슬래시(\)는 문자열 안에서 특수한 의미의 문자가 시작한다는 것을 알리기 위하여 사용하는데 그래서 백슬래시를 출력하려면 \\와 같이 백슬래시를 두 번 사용해야 합니다. 그리고 단일인용부호(') 안에서 이중인용부호(")는 일반 문자로 인식되고 이중인용부호(") 안에서 단일인용부호(')는 일반 문자로 인식되기 때문에 백슬래시를 사용하지 않습니다. 매우 간편한 방법이니 단일인용부호와 이중인용부호를 출력하기 위하여 백슬래시를 사용하지 맙시다.

📋 적재적소 _ 이스케이프 시퀀스

탭(\t)이나 줄바꿈(\n)과 같은 특수한 의미의 문자를 이스케이프 시퀀스 (escape sequence, 제어문자)라고 부릅니다. 과거에 단순 출력 기능을 가진 더미 터미널(dummy terminal)이나 라인 프린터(line printer) 등을 포함하여 통신을 제어하는 용도로 개발된 것인데 \n, \t, \', \", \\ 정도가 의미 있게 사용되고 있습니다. 이스케이프 시퀀스를 백슬래시(\) 로 시작하기 때문에 백슬래시(\)를 출력하려면 \\와 같이 백슬래시(\)를 두 번 기술하도록 한 기술적 발상이 재미있습니다. 그러나 Python 프로그래머는 문자열을 단일인용부호(')와 이중인용부호(")로 모두 표현할 수 있기 때문에 \n과 \t과 \\ 정도만 이해하고 사용하면 됩니다. 이스케이프 시퀀스라는 용어가 더 어렵지요? 여기서 이스케이프(escape)는 키보드의 Esc 와 유사한 용도로 문자열 상태를 잠시 제어하는 상태로 빠져나간다는 것을 의미하는 것으로 이해하고, 시퀀스(sequence)는 제어하는 특수한 문자들이 연결되어 사용된다는 것으로 이해하면 용어의 뜻을 쉽게 받아들일 수 있습니다.

인용부호를 3개를 연속하여 사용하면 그 사이에 나열된 문자열들은 모두 하나의 문자열로 인식됩니다. 그러나 문자열의 시작을 알리는 인용부호 뒤와 문자열의 종료를 알리는 인용부호 앞에 Enter↵를 누르면 빈 줄이 추가된 것으로 처리되니 주의하여야 합니다. print(multi_line_string) 문장의 두 번째 출력에서 2번째 문자열의 앞과 3번째 문자열의 뒤에 빈 줄이 출력되어 있는 것을 확인 바랍니다.

📋 적재적소 _ 여러 줄 주석 만들기

Python은 기본적으로 여러 줄의 주석을 지원하지 않습니다만 꼭 필요한 경우 여러 줄의 문자열을 변수에 할당하지 않으면 Python이 문자열을 주석처럼 인식합니다. 여러 줄의 문자열을 전용하는 주석인데 함수의 맨 앞에 코딩되는 여러 줄의 주석은 도움말로도 사용됩니다.

```
print('일반 문자열은 \t, \n, \\, \', \" 등을 제어 문자로 인식합니다.')

일반 문자열은
 \, ', " 등을 제어 문자로 인식합니다.
```

```
print(r'Raw String은 \t, \n, \\, \', \" 등을 일반 문자로 인식합니다.')

Raw String은 \t, \n, \\, \', \" 등을 일반 문자로 인식합니다.
```

문자열을 만들 때 문자열을 시작하는 인용부호 앞에 r 문자를 추가하면 일반 문자열이 아니라 r 문자열(raw string)로 만들어지는데, r 문자열에서는 탭(\t)이나 줄바꿈(\n)과 같은 문자들이 특수한 의미를 가지지 않고 일반 문자로 인식됩니다.

5.2 문자열 연산

문자열 상수

문자열 상수는 str 자료형에서 지원하지 않고 string 내장 모듈에서 지원합니다. 여기서는 문자열 상수 중에서 문자열을 이해하기 위하여 알아 둘 가치가 있다고 판단되는 것 두 가지만 발췌하여 보겠습니다.

다음의 string.punctuation은 구두점으로 사용하는 특수문자들을 모아놓은 문자열입니다.

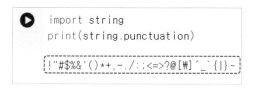

```
import string
print(string.punctuation)
```
```
!"#$%&'()*+,-./:;<=>?@[#]^_`{|}~
```

string.whitespace은 공백으로 간주하는 모든 공백문자(white space)를 포함하는 문자열로 여기에는 공란(blank), 탭(\t), 줄바꿈(\n) 문자들이 포함되어 있습니다. 캐리지 리턴(\r, carriage return, 다음 줄), 세로 탭(vertical tab, \x0b) 및 폼 피드(form feed, 페이지 구분, \x0c) 문자 등의 제어문자들이 포함되어 있어서 repr( ) 함수[*]의 도움을 받아 출력하였습니다.

```
print(repr(string.whitespace))
```
```
' \t\n\r\x0b\x0c'
```

그 외 string.ascii_letters, string.ascii_lowercase, string.ascii_uppercase, string.digits, string.hexdigits, string.octdigits, string.printable 등의 문자열 상수들이 있습니다.

> 📋 **적재적소 _ ASCII코드와 유니코드**
>
> ASCII(american standard code for information interchange)코드는 1개의 바이트로 구성된 코드체계로 영어와 숫자 그리고 특수문자를 포함하여 영어를 처리하는 것에는 적합하나 한글과 같은 다국어 지원은 2개의 바이트를 조합하여 사용해야 하였습니다. 그리고 코드 안에 통신을 제어하는 문자들이 포함되어 이해하기도 어려웠습니다. 탭(\t), 줄바꿈(\n)과 같은 이스케이프 시퀀스(escape sequence, 제어문자)들은 ASCII코드 시대의 유물로 아직도 광범위하게 사용되고 있어 알아 두어야 합니다. 그래서 여러 개의 바이트로 구성되는 유니코드(unicode)가 발명되어 다국어를 지원하게 되었고 ASCII 코드는 유니코드의 일부로 통합되었습니다. 최근의 Python은 유니코드 기반의 언어입니다.

---

[*] repr( ) 내장 함수는 r 문자열(raw string)과 유사하게 문자열에 포함된 제어문자를 일반 문자로 출력해 주는데 특히 특수문자를 포함하여 모든 문자가 눈에 보여야 하는 프로그램의 로그(log)를 출력할 때 요긴하게 사용됩니다.

📋 적재적소 _ ASCII코드표 (출처 - https://namu.wiki/w/아스키%20%코드)

Dec	Hx	Oct	Char	Dec	Hx	Oct	Html	Chr	Dec	Hx	Oct	Html	Chr	Dec	Hx	Oct	Html	Chr
0	0	000	NUL (null)	32	20	040	&#32;	Space	64	40	100	&#64;	@	96	60	140	&#96;	`
1	1	001	SOH (start of heading)	33	21	041	&#33;	!	65	41	101	&#65;	A	97	61	141	&#97;	a
2	2	002	STX (start of text)	34	22	042	&#34;	"	66	42	102	&#66;	B	98	62	142	&#98;	b
3	3	003	ETX (end of text)	35	23	043	&#35;	#	67	43	103	&#67;	C	99	63	143	&#99;	c
4	4	004	EOT (end of transmission)	36	24	044	&#36;	$	68	44	104	&#68;	D	100	64	144	&#100;	d
5	5	005	ENQ (enquiry)	37	25	045	&#37;	%	69	45	105	&#69;	E	101	65	145	&#101;	e
6	6	006	ACK (acknowledge)	38	26	046	&#38;	&	70	46	106	&#70;	F	102	66	146	&#102;	f
7	7	007	BEL (bell)	39	27	047	&#39;	'	71	47	107	&#71;	G	103	67	147	&#103;	g
8	8	010	BS (backspace)	40	28	050	&#40;	(	72	48	110	&#72;	H	104	68	150	&#104;	h
9	9	011	TAB (horizontal tab)	41	29	051	&#41;	)	73	49	111	&#73;	I	105	69	151	&#105;	i
10	A	012	LF (NL line feed, new line)	42	2A	052	&#42;	*	74	4A	112	&#74;	J	106	6A	152	&#106;	j
11	B	013	VT (vertical tab)	43	2B	053	&#43;	+	75	4B	113	&#75;	K	107	6B	153	&#107;	k
12	C	014	FF (NP form feed, new page)	44	2C	054	&#44;	,	76	4C	114	&#76;	L	108	6C	154	&#108;	l
13	D	015	CR (carriage return)	45	2D	055	&#45;	-	77	4D	115	&#77;	M	109	6D	155	&#109;	m
14	E	016	SO (shift out)	46	2E	056	&#46;	.	78	4E	116	&#78;	N	110	6E	156	&#110;	n
15	F	017	SI (shift in)	47	2F	057	&#47;	/	79	4F	117	&#79;	O	111	6F	157	&#111;	o
16	10	020	DLE (data link escape)	48	30	060	&#48;	0	80	50	120	&#80;	P	112	70	160	&#112;	p
17	11	021	DC1 (device control 1)	49	31	061	&#49;	1	81	51	121	&#81;	Q	113	71	161	&#113;	q
18	12	022	DC2 (device control 2)	50	32	062	&#50;	2	82	52	122	&#82;	R	114	72	162	&#114;	r
19	13	023	DC3 (device control 3)	51	33	063	&#51;	3	83	53	123	&#83;	S	115	73	163	&#115;	s
20	14	024	DC4 (device control 4)	52	34	064	&#52;	4	84	54	124	&#84;	T	116	74	164	&#116;	t
21	15	025	NAK (negative acknowledge)	53	35	065	&#53;	5	85	55	125	&#85;	U	117	75	165	&#117;	u
22	16	026	SYN (synchronous idle)	54	36	066	&#54;	6	86	56	126	&#86;	V	118	76	166	&#118;	v
23	17	027	ETB (end of trans. block)	55	37	067	&#55;	7	87	57	127	&#87;	W	119	77	167	&#119;	w
24	18	030	CAN (cancel)	56	38	070	&#56;	8	88	58	130	&#88;	X	120	78	170	&#120;	x
25	19	031	EM (end of medium)	57	39	071	&#57;	9	89	59	131	&#89;	Y	121	79	171	&#121;	y
26	1A	032	SUB (substitute)	58	3A	072	&#58;	:	90	5A	132	&#90;	Z	122	7A	172	&#122;	z
27	1B	033	ESC (escape)	59	3B	073	&#59;	;	91	5B	133	&#91;	[	123	7B	173	&#123;	{
28	1C	034	FS (file separator)	60	3C	074	&#60;	<	92	5C	134	&#92;	\	124	7C	174	&#124;	|
29	1D	035	GS (group separator)	61	3D	075	&#61;	=	93	5D	135	&#93;	]	125	7D	175	&#125;	}
30	1E	036	RS (record separator)	62	3E	076	&#62;	>	94	5E	136	&#94;	^	126	7E	176	&#126;	~
31	1F	037	US (unit separator)	63	3F	077	&#63;	?	95	5F	137	&#95;	_	127	7F	177	&#127;	DEL

Source: www.asciitable.com

위의 ASCII코드표는 매우 복잡해 보이지만 사실은 매우 단순합니다. 1바이트(byte) 즉 8비트(bit)의 컴퓨터 표현을 사람이 알아볼 수 있는 형태로 코드화한 것 뿐입니다. 그 코드를 10진수(Dec)와 16진수(Hx)와 8진수(Oct)와 사람이 인식할 수 있는 문자로 보여 주는 것이 위의 ASCII코드표입니다. 우측에 간단한 설명도 들어 있어 컴퓨터에 익숙한 사람은 제어문자를 제외하면 대략적으로 코드의 의미를 알 수 있습니다. 10진수(Dec)로 0에서 31번까지가 제어문자로 이스케이프 시퀀스(escape sequence)라는 이름으로 자주 사용되는 것은 설명을 해 왔기 때문에 위의 표가 아주 낯설지는 않을 것입니다. 48부터 57까지는 숫자이고, 65부터 90까지는 대문자이고, 97부터 122까지는 소문자입니다. 특수문자들은 중간중간에 섞여 있습니다. 문자열을 정렬하면 코드의 순서대로 정렬이 되기 때문에 통상적으로 특수문자가 가장 앞에 나오고 그 뒤를 숫자, 대문자 그리고 소문자가 따라 나옵니다. 유니코드는 ASCII코드를 확장하여 만들었기 때문에 정렬 순서의 맨 뒤에 나오게 됩니다. 대략적으로 알려드린 정렬의 순서 정도는 암기하되 위의 표를 외우려고 하지 말고 이해한 후 필요할 때 찾아보기 바랍니다.

❗ **알아두기** _ ASCII코드의 16진수 표현

ASCII코드의 이스케이프 시퀀스(escape sequence, 제어문자)에서 \x로 시작하는 이스케이프 시퀀스는 16진수로 표현하는 문자입니다.

문자열 확인

코딩을 하다 보면 문자열 변수에 저장된 값이 어떤 값인지 알아야 할 경우가 생깁니다. calculator.py에서 사용했던 오른쪽과 같은 코드를 생각해 봅시다.

```
first_number = int(input("첫번째 숫자 : "))
```

위의 코드조각을 보면 사용자가 숫자 이외의 문자열을 입력할 수 있는데 특별한 조치를 하지 않고 정수로 변환하고 있습니다. 그런데 사용자가 실수로 숫자 이외의 값을 입력하면 어떤 일이 생기는지 확인해 봅시다.

```
first_number = int(input("첫번째 숫자 : "))
첫번째 숫자 : 10
```

위의 실행화면과 같이 사용자의 입력을 받는 코드를 실행하여 10을 입력하려고 하다가 실수로 숫자 0을 입력한다는 것이 영문자 O를 입력했습니다.

```
first_number = int(input("첫번째 숫자 : "))
첫번째 숫자 : 1O
----------------------------------------------------
ValueError                      Traceback (most recent call last)
<ipython-input-15-e2aadd37d8ac> in <cell line: 1>()
----> 1 first_number = int(input("첫번째 숫자 : "))

ValueError: invalid literal for int() with base 10: '1O'
```

그랬더니 '정수로 변환할 수 없는 리터럴(literal,값)'이라고 오류가 발생합니다. 이런 오류를 예방하려면 문자열의 값을 확인해 보아야 하는데 특히 실수가 자주 발생하는 사용자의 입력은 반드시 값이 정상적인지 확인하는 입력값 검증(input validation) 작업을 거쳐야 합니다.

```
first_number = input("첫번째 숫자 : ")

if first_number.isdecimal():
    first_number = int(first_number)
else:
    print('입력한',first_number,'를 정수형으로 변환할 수 없습니다.')

첫번째 숫자 : 1O
입력한 1O 를 정수형으로 변환할 수 없습니다.
```

위의 코드조각처럼 사용자에게 입력받은 값을 임시로 변수에 저장하였다가 first_number.isdecimal()과 같이 문자열 객체변수의 메소드를 사용하여 십진수(decimal) 값인지 확인한 후 십진수 값이면 int() 함수를 사용하여 정수형으로 형변환을 하여 사용하고 그렇지 않으면 오류를 발생시키면 됩니다. while 반복문을 사용하면 오류 메시지를 출력한 후 바른 값이 입력될 때까지 반복하여 입력을 받을 수도 있을 것입니다.

그 외 문자열 확인 메소드로 isidentifier( ), isalnum( ), isalpha( ), isascii( ), isdecimal( ), isdigit( ), islower( ), isnumeric( ), isprintable( ), isspace( ), istitle( ), isupper( ) 등이 있습니다. 대부분 메소드의 이름으로 함수가 하는 기능을 짐작할 수 있습니다. 몇 가지는 그렇지 않습니다만 필요할 때 찾아서 사용하면 됩니다.

대소문자 변환

한글과 달리 영어 문자열을 다룰 때에는 대소문자 변환을 해 주어야 하는 경우가 많습니다.

```
print('this is english sentense. this is 한글문장.'.capitalize())
print('subject score remark 타이틀'.title())

This is english sentense. this is 한글문장.
Subject Score Remark 타이틀
```

capitalize() 메소드는 문자열의 첫 글자를 대문자로 바꾸어 주고, title() 메소드는 문자열의 모든 단어들의 첫글자를 대문자로 바꾸어 줍니다. 그런데 아쉽게도 capitalize() 메소드가 한 문자열의 두 번째 문장은 첫 글자를 대문자로 바꾸어 주지 못합니다.

```
print('Subject Score Remark 타이틀'.lower())
print('Subject Score Remark 타이틀'.upper())
print('Subject Score Remark 타이틀'.swapcase())

subject score remark 타이틀
SUBJECT SCORE REMARK 타이틀
sUBJECT sCORE rEMARK 타이틀
```

lower() 메소드는 문자열을 소문자로 변환하고, upper() 메소드는 대문자로 변환하며, swapcase() 메소드는 대소문자를 교환하여 변환합니다. 컴퓨터는 ASCII코드 혹은 유니코드에 기반하여 문자열을 인식하기 때문에 ABC와 Abc나 abc를 다른 문자열로 보지만, 사람이 보기에는 같은 문자열이기 때문에 문자열의 의미를 사용하기 전에 대문자로 통일하거나 소문자로 통일하여야 합니다.

위의 코드조각과 실행화면들에서 확인할 수 있는 것처럼 대소문자를 변환하는 메소드들은 영문자에만 영향을 주고 한글에는 영향을 주지 않습니다.

이어붙이기(+)와 반복(*)

Chapter 4 프로그래밍의 기초에서 설명한 문자열 연산을 참조하기 바랍니다.

문자열 나누기와 합치기

사용자의 입력으로 받은 문자열이나 파일이나 웹페이지에서 가져온 텍스트들을 프로그램이 처리할 수 있도록 변수화하여야 합니다. 이럴 때 자주 사용하는 것인 split() 메소드인데 split() 메소드는 문자열을 여백 문자(white space)를 기준으로 분리하여 리스트(list) 자료형으로 변환해 줍니다. 공백문자는 앞에서 설명한 string 모듈의 string.whitespace 문자 상수에 정의된 문자들을 말합니다.

```
title_input = 'subject score remark'
titles = title_input.title().split()
print(titles)
```

```
['Subject', 'Score', 'Remark']
```

```
title_input = 'subject   score\t\n\r\x0b\x0cremark'
titles = title_input.title().split()
print(titles)

['Subject', 'Score', 'Remark']
```

위의 코드조각에서 사용자가 입력한 title_input 문자열 변수를 title() 메소드를 사용하여 타이틀로 사용할 수 있도록 각 단어의 첫 글자를 대문자로 변환한 후 split() 메소드를 사용하여 타이틀 출력에 사용할 수 있도록 titles 리스트 변수로 변환하였습니다. 공란만이 아니라 탭(\t)과 줄바꿈(\n) 등의 공백문자들도 함께 고려되어 문자열이 분리됩니다.

숫자 혹은 데이터 저장을 위하여 자주 사용되는 csv(comma separated variables) 파일은 값들이 콤마(,)로 분리되어 있고, 텍스트 파일 중에는 탭(\t)으로 분리되어 tsv(tab separated variables) 파일로 저장되어 있는 경우가 많습니다. 콤마나 탭을 기준으로 문자열을 나누어 봅시다.

```
csv_input = '100,99,95,80,100'
print(csv_input.split(','))
txt_input = '홍길동\t유관순\t이순신'
print(txt_input.split('\t'))

['100', '99', '95', '80', '100']
['홍길동', '유관순', '이순신']
```

split() 메소드에 인자로 문자 혹은 문자열을 넘겨주면 공백문자(white space)는 대신 지정한 인자를 구분자로 문자열을 나누게 됩니다. 위의 코드조각과 같이 split() 메소드에 구분자로 콤마(,)를 넘겨주면 csv 파일에서 읽어 온 텍스트 문자열 데이터를 나눌 수 있고, 구분자를 탭(\t)으로 넘겨주면 tsv 파일에서 읽어 온 텍스트 문자열 데이터를 나눌 수 있습니다.

split() 메소드를 사용하면 문자열을 나눌 수 있듯이 join() 메소드를 사용하면 문자열로 합칠 수 있습니다.

```
titles = ['subject','score','remark']
print(''.join(titles))
print(' '.join(titles))
print(','.join(titles))
print('\t'.join(titles))
print(repr('\n'.join(titles)))

subjectscoreremark
subject score remark
subject,score,remark
subject	score	remark
'subject\nscore\nremark'
```

문자열을 나누는 split() 메소드는 나눌 문자열의 메소드로 호출하는데, 위의 코드조각에서 확인할 수 있는 것 같이 문자열을 합치는 메소드인 join()은 ','.join(titles)과 같이 구분자 문자열의 join() 메소드로 호출합니다. 구분자를 사용하지 않고 ''.join(titles)과 같이 빈 문자열('')의 join() 메소드를 호출하면 구분자 없이 연결된 문자열로 만들어 줍니다. ''.join()과 같이 구분자의 메소드를 사용하는 기법은 str.join()과 같이 패키지의 함수나 자료형의 메소드를 사용하는 것이 아니고, titles.join()과 같이 객체의 메소드를 사용하는 방식도 아니기 때문에 이론적으로 설명하기 어렵습니다. 하지만 코딩이 매우 간편한 장점이 있습니다.

이번에는 인터넷상의 서버에 저장된 텍스트를 가져와 텍스트의 줄을 나누는 작업을 해 보겠습니다.

```
web_text = '''Python은 문법이 매우 쉬워서 초보자들에게 추천되는 언어이다.
Python은 학습용으로 좋은 언어이다.\r동시에 실사용률과 생산성도 높은 언어이다.\r
오죽하면 python의 별명이 "Executable Pseudocode"일 정도이다.\r'''

text_lines = web_text.splitlines()
for text_line in text_lines:
  print(repr(text_line))

'Python은 문법이 매우 쉬워서 초보자들에게 추천되는 언어이다.'
'Python은 학습용으로 좋은 언어이다.'
'동시에 실사용률과 생산성도 높은 언어이다.'
'오죽하면 python의 별명이 "Executable Pseudocode"일 정도이다.'
```

인터넷상에서 텍스트를 가져오다 보니 web_text 변수에 저장된 것과 같이 텍스트 줄의 끝에 아무 문자도 보이지 않는 것과 같이 줄바꿈(\n)으로 된 것도 있고, 텍스트 줄의 중간에 \r로 보이는 것과 같이 텍스트의 줄 구분이 캐리지 리턴(\r)으로 된 것도 있고, 텍스트 줄의 끝에 \r로 보이는 것과 같이 두 문자를 동시에 사용하여 \r\n으로 줄 구분이 된 것도 있습니다. 이럴 때 문자열 객체의 splitlines() 함수를 사용하면 세 가지 경우를 모두 고려하여 텍스트의 줄을 분리해 줍니다. 위의 repr() 함수를 사용하여 출력된 실행화면을 보면 \r과 같은 제어문자가 존재하지 않는 것을 확인할 수 있습니다.

여러 줄의 텍스트를 줄별로 분리해 보았으니 이번에는 단어별로 분리해 보겠습니다. 단어의 수가 많으면 프로그램의 실행 결과를 확인하기 어려우니 텍스트의 줄 분리를 위해서 사용했던 web_text 변수를 짧은 것으로 두 줄을 발췌하여 사용하겠습니다. 문장의 길이도 대폭 줄이겠습니다.

텍스트의 단어는 공백문자로 구분되니 문자열 객체의 split() 함수를 인자없이 사용하는 것이 가장 쉽게 단어를 분리하는 코드일 것입니다. 다음의 실행화면을 보면 공백문자를 기준으로 분리한 단어의 리스트가 나타나는데 뭔가 부족해 보입니다. "은", "과" 등의 조사가 단어에 붙어 있고, "이다"와 같은 술어도 단어에 붙어 있고, 심지어 점(.)과 같은 특수문자도 단어에 붙어 있습니다.

```
web_text = '''Python은 학습용 언어이다.\r
실사용률과 생산성도 높은 언어이다.\r'''

words = web_text.split()
print(words)

['Python은', '학습용', '언어이다.', '실사용률과', '생산성도', '높은', '언어이다.']
```

조사와 술어들 더 나아가 한글의 문법을 고려한 단어 목록을 구하면 더 좋겠습니다. 그런데 한글에 대한 지식이 부족하고 코딩의 복잡도도 높아 그런 코딩을 직접할 수는 없을 것 같습니다. 다른 프로그래머들이 개발해 놓은 라이브러리의 도움을 받도록 합시다.

```
!pip install konlpy

Collecting konlpy
  Downloading konlpy-0.6.0-py2.py3-none-any.whl (19.4 MB)
     ────────────────────────────────────
Collecting JPype1>=0.7.0 (from konlpy)
  Downloading JPype1-1.4.1-cp310-cp310-manylinux_2_12_x86_
     ────────────────────────────────────
Requirement already satisfied: lxml>=4.1.0 in /usr/local/l
Requirement already satisfied: numpy>=1.6 in /usr/local/li
Requirement already satisfied: packaging in /usr/local/lib
Installing collected packages: JPype1, konlpy
Successfully installed JPype1-1.4.1 konlpy-0.6.0
```

그런데 한글 처리를 위한 패키지들은 Google Colab에 설치되지 않은 경우가 많아 별도로 패키지를 설치해 주어야 합니다. 여기서는 konlpy 패키지를 설치하였습니다.

```
    from konlpy.tag import Okt

    okt = Okt()
    words = okt.pos(web_text)
    print(words)

    [('Python', 'Alpha'), ('은', 'Noun'), ('학습', 'Noun'), ('용', 'Noun'), ('언어', 'Noun')
```

먼저 konlpy.tag 모듈에서 한글 형태소 분석기인 Okt 객체를 import한 후 아래의 **[적재적소] 객체변수 정의**에서 설명한 것과 같은 방법으로 okt = Okt()와 같이 객체 변수를 정의하였습니다. 그 후 okt.pos() 메소드에 web_text를 인자로 넘겨주어 단어들의 목록을 구하였습니다. 함수의 이름인 pos는 part of speech(품사)의 약자로 텍스트의 품사를 분석해 주는 역할을 합니다. 위의 실행화면에서는 분석된 전체 내역을 보기 어려워 다음에 복사해 넣어 보았습니다.

```
[('Python', 'Alpha'), ('은', 'Noun'), ('학습', 'Noun'), ('용', 'Noun'), ('언어', 'Noun'),
 ('이다', 'Josa'), ('.', 'Punctuation'), ('\r\n', 'Foreign'), ('실', 'Noun'), ('사용',
 'Noun'), ('률', 'Noun'), ('과', 'Josa'), ('생산', 'Noun'), ('성도', 'Noun'), ('높은',
 'Adjective'), ('언어', 'Noun'), ('이다', 'Josa'), ('.', 'Punctuation'), ('\r', 'Foreign')]
```

결과로 출력된 리스트와 튜플을 보면 튜플의 첫 요소로 단어가 나오고 두 번째 요소로 영문자(Alpha), 명사(Noun), 조사(Josa), 형용사(Adjective) 등의 품사까지 나오는 것을 확인할 수 있습니다. 이런 방법으로 단어 분리가 체계적으로 되었는데 빨간색 글자로 표현된 ('은', 'Noun'), ('용', 'Noun'), ('률', 'Noun'), ('성도', 'Noun') 등 품사의 분류가 사람이 판단하는 것과는 조금 다른 옥의 티가 발견됩니다. 그리고 마찬가지로 빨간색 글자로 표현된 ('.', 'Punctuation'), ('\r\n', 'Foreign') 및 ('\r', 'Foreign') 등의 제어문자나 구두점까지 단어의 목록으로 나오는 것이 마음에 걸립니다. 형태소 분석을 하기 전에 구두점을 지우고 공백문자를 공란으로 변환해 주는 데이터 전처리(data preprocessing) 혹은 데이터 클린징(data cleansing) 작업을 해야 하겠습니다. 다음에 설명할 **문자열 변환**에서 해법을 찾아 보겠습니다.

📄 적재적소 _ 객체변수 정의

Python은 동적 바인딩을 하는 언어이기 때문에 지금까지 사용해 온 변수들은 x = 10과 같은 형식으로 변수에 값을 할당하거나 words = web_text.split()와 같이 함수나 메소드를 호출하여 반환값을 저장하는 방식으로 정의되었습니다. 그러나 어떤 Python 객체들은 이와 같은 동적 바인딩을 허용하지 않고 마치 정적 바인딩처럼 미리 변수로 정의하여 사용해야 하는 경우가 있습니다. 객체변수가 그런 예인데 객체변수를 미리 정의하는 기본적인 문법은 아래와 같습니다.

객체변수이름 = 클래스이름( )

클래스(class, 객체유형) 이름에 괄호가 붙는 형식과 할당 연산자(=) 앞에 변수 이름이 붙는 것을 보면 마치 함수를 호출하여 반환값을 저장하는 형식과 같습니다. 하지만 이런 방식은 일반적인 함수가 아니라 객체를 만들어 준다는 의미가 있어 생성자(constructor)라고 불립니다. 위와 같은 문법으로 객체변수가 생성되면 속성이나 메소드를 사용하는 방법은 기존과 동일합니다.

문자열 변환

```
print('대체할 문자열 대체할 문자열'.replace('대체할','대체된'))
print('대체할 문자열 대체할 문자열'.replace('대체할','대체된',1))

대체된 문자열 대체된 문자열
대체된 문자열 대체할 문자열
```

replace() 메소드는 첫 번째 인자로 제공된 문자열을 두 번째 인자로 제공된 문자열로 바꾸어 주는 기능을
수행합니다. 수정할 문자열에 대체할 문자열이 반복하여 나타나면 반복하여 바꾸어 줍니다. 그중의 앞부
분 문자열만 바꾸고 싶다면 세 번째 인자로 몇 번 바꿀지 인자로 넘겨주면 됩니다.

```
text = "아차 실수\x0b아차차 또 실수\x0c".replace('\x0b',' ')
print(repr(text))
text = text.replace('\x0c','')
print(repr(text))

'아차 실수 아차차 또 실수\x0c'
'아차 실수 아차차 또 실수'
```

replace() 메소드의 첫 번째 인자에 대체할 문자열을 '\x0b'(세로 탭, vertical tab)이나 '\x0c'(폼 피드, form
feed)와 같이 넘기면 텍스트에 포함된 제어문자를 지우거나 공란으로 바꾸는 등의 작업을 할 수 있습니다.
대체할 문자열을 공란으로 만들고 싶으면 replace() 메소드의 두 번째 인자에 공란(' ')을 넘기고, 대체할
문자열을 삭제하고 싶으면 빈 문자열('')을 넘기면 됩니다.

그런데 위와 같이 replace() 메소드를 사용하는 방법으로 형태소 분석을 했던 web_text에서 구두점
(punctuation)과 공백문자(white space)를 모두 지우려면 replace() 메소드를 몇 번 실행해야 하는 것
일까요? Python은 이런 경우를 대비하여 변환할 문자열과 대체될 문자열의 매핑테이블을 사용하도록
maketrans()나 translate()와 메소드를 제공하지만 뭔가 더 근원적인 방법을 찾아야 하겠습니다.

📖 **적재적소 _ 정규식**

정규 표현식(regular expression) 혹은 정규식은 부분 문자열이 아니라 문자열의 패턴(pattern)을 사용하여 더 복잡한 패턴
을 다루면서도 간결한 방식으로 문자열을 다루는 매우 강력한 도구입니다. 정규식은 문자열의 검색, 변환 및 분리 등의 기능을
제공하는데, 문자열의 분리에는 split() 메서드가 주로 활용됩니다. 따라서 '문자열을 찾는 기능'과 '문자열을 변환하는 기능'을
정규식의 차별화된 주요 기능으로 볼 수 있습니다.

먼저 첫 번째 예로 문자열을 찾는 기능을 정규식으로 구현해 보겠습니다.

```
import re

found_str_list = re.findall(r'패턴',"찾을 문자열 패턴은 바로 이 패턴입니다.")
print(found_str_list)

['패턴', '패턴']
```

정규식을 사용하려면 import re 문장으로 정규식을 지원하는 re 모듈을 import하여야 합니다. re 모듈의 findall( ) 함수의 첫 번째 인자로 찾을 문자열의 패턴을 넘겨주고 두 번째 인자로 검색 대상 문자열을 넘겨주면 검색 대상 문자열에서 문자열 패턴과 일치하는 문자열을 모두 찾아 리스트로 만들어 줍니다. 이때 문자열 패턴은 \b(공백문자)나 \d(숫자)와 같이 이스케이프 시퀀스(eacape sequence)와 형태가 유사한 정규 표현식이 이스케이프 시퀀스로 처리되는 것을 방지하기 위하여 r 문자열(raw string)로 넘겨줍니다. 위의 코드조각에서는 찾을 문자열 패턴이 "패턴"이었기 때문에 2개의 패턴이 찾아져 리스트로 반환되었습니다. 이 예만 가지고는 정규식의 강력함과 간결함을 느끼기 힘듭니다. 코드를 하나 더 만들어 봅시다.

```
import re

found_str_list = re.findall(r'패턴.',"찾을 문자열 패턴은 바로 이 패턴입니다.")
print(found_str_list)

['패턴은', '패턴입']
```

바로 앞의 코드조각과 달라지는 부분은 r'패턴' 뒤에 추가된 점(.)입니다. 점은 임의의 한 문자를 의미하는 정규식의 메타문자(meta character)입니다. 그래서 실행 결과를 보면 r'패턴.'과 일치하는 '패턴은'과 '패턴입'이 찾아진 리스트로 반환되었습니다. 코드를 하나 더 만들어 봅시다.

```
import re

found_str_list = re.findall(r'이 패턴.*다',"찾을 문자열 패턴은 바로 이 패턴입니다.")
print(found_str_list)

['이 패턴입니다']
```

바로 앞의 코드조각과 달라지는 부분은 r'이 패턴.*다' 정규식에 포함된 점(.)과 별표(*)입니다. 점(.)은 앞의 예에서 설명한 것과 같이 임의의 한 문자를 의미하고 별표(*)는 0번 이상 반복하는 것을 의미하는 정규식의 메타문자(meta character)입니다. 그래서 '이 패턴'으로 시작하고 '다'로 끝나는 문자열을 찾아서 "이 패턴입니다"를 리스트로 반환하였습니다. 이제 정규식이 무엇인지 감이 잡히지요? 정규식을 배운다는 것은 점(.)과 별표(*)처럼 정규식에 사용되는 기호를 배워가는 것인지도 모릅니다.

이제 두 번째 예로 문자열을 변환하는 기능을 정규식으로 구현해 보겠습니다.

```
import re

substituted_text = re.sub(r'대체.',"대체된","대체할 문자열 패턴은 대체될 패턴으로 바뀝니다.")
print(substituted_text)

대체된 문자열 패턴은 대체된 패턴으로 바뀝니다.
```

문자열을 변환하는 기능을 가진 정규식 코드는 문자열을 찾는 기능을 가진 정규식 코드에서 findall( ) 함수를 sub( ) 함수로 바꾸고 대체될 문자열을 두 번째 인자로 추가하여 만들어집니다. re.sub( ) 함수는 replace( ) 메소드와 같이 첫 번째 인자를 두 번째 인자로 바꾸는(substitute) 역할을 하는데 첫 번째 인자가 찾는 부분 문자열이 아니라 찾는 정규식 패턴이라는 것이 다릅니다. 위의 코드조각과 실행화면에서 r'대체.' 정규식 패턴과 일치하는 "대체할" 문자열과 "대체될" 문자열이 모두 찾아져 "대체된"으로 변환된 것을 확인할 수 있습니다.

그런데 우리가 지금까지 정규식에 대하여 배운 것은 정규식에서 배워야 할 것의 빙산의 일각에 지나지 않습니다. 그래서 정규식을 배울 때에도 본 도서에서 Python을 공부하는 전략을 그대로 적용하여야 합니다. 인터넷 검색과 대화형 AI 서비스의 도움을 받아 봅시다.

📖 **적재적소 _ 인터넷 검색의 활용 III**

아직 정규식을 잘 몰라서 도움을 받을 단어나 질문이 생각이 나지 않으니 인터넷 검색을 통하여 정규식을 더 공부하여야 하겠습니다. 정규식은 프로그래밍 언어에 종속적이지 않으니 검색어는 Python을 앞세우지 않고 그냥 "정규식"으로 하면 됩니다.

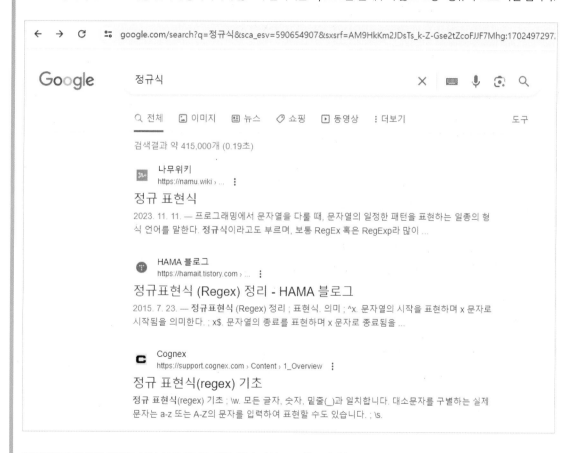

정규식으로 검색된 결과를 보니 나무위키와 같은 위키 사이트보다는 검색순위의 두 번째와 세 번째에 올라와 있는 웹사이트를 클릭해 보는 것이 좋겠습니다.

정규 표현식에서 사용되는 기호를 메타(Meta) 표현합니다. 표현식에서는 내부적으로 특정 의미를 가지는 문자를 가리키며, 간단하게 정리하면 다음의 표와 같습니다.

표현식	의미
^x	문자열의 시작을 표현하며 x 문자로 시작됨을 의미한다.
x$	문자열의 종료를 표현하며 x 문자로 종료됨을 의미한다.
.x	임의의 한 문자의 자리수를 표현하며 문자열이 x 로 끝난다는 것을 의미한다.
x+	반복을 표현하며 x 문자가 한번 이상 반복됨을 의미한다.
x?	존재여부를 표현하며 x 문자가 존재할 수도, 존재하지 않을 수도 있음을 의미한다.
x*	반복여부를 표현하며 x 문자가 0번 또는 그 이상 반복됨을 의미한다.
x|y	or 를 표현하며 x 또는 y 문자가 존재함을 의미한다.
(x)	그룹을 표현하며 x 를 그룹으로 처리함을 의미한다.
(x)(y)	그룹들의 집합을 표현하며 앞에서 부터 순서대로 번호를 부여하여 관리하고 x, y 는 각 그룹의 데이터로 관리된다.
(x)(?:y)	그룹들의 집합에 대한 예외를 표현하며 그룹 집합으로 관리되지 않음을 의미한다.
x{n}	반복을 표현하며 x 문자가 n번 반복됨을 의미한다.
x{n,}	반복을 표현하며 x 문자가 n번 이상 반복됨을 의미한다.
x{n,m}	반복을 표현하며 x 문자가 최소 n번 이상 최대 m 번 이하로 반복됨을 의미한다.

표현식	의미
[xy]	문자 선택을 표현하며 x 와 y 중에 하나를 의미한다.
[^xy]	not 을 표현하며 x 및 y 를 제외한 문자를 의미한다.
[x-z]	range를 표현하며 x ~ z 사이의 문자를 의미한다.
₩^	escape 를 표현하며 ^ 를 문자로 사용함을 의미한다.
₩b	word boundary를 표현하며 문자와 공백사이의 문자를 의미한다.
₩B	non word boundary를 표현하며 문자와 공백사이가 아닌 문자를 의미한다.
₩d	digit 를 표현하며 숫자를 의미한다.
₩D	non digit 를 표현하며 숫자가 아닌 것을 의미한다.
₩s	space 를 표현하며 공백 문자를 의미한다.
₩S	non space를 표현하며 공백 문자가 아닌 것을 의미한다.
₩t	tab 을 표현하며 탭 문자를 의미한다.
₩v	vertical tab을 표현하며 수직 탭(?) 문자를 의미한다.
₩w	word 를 표현하며 알파벳 + 숫자 + _ 중의 한 문자임을 의미한다.
₩W	non word를 표현하며 알파벳 + 숫자 + _ 가 아닌 문자를 의미한다.

[출처 – https://hamait.tistory.com/342]

정규식의 메타문자의 요약된 정보가 필요했는데 다행히 첫 번째 웹사이트에서 찾을 수 있었습니다. 웹사이트의 글들은 길지 않으니 좋은 글을 몇 개 찾아 정독을 해도 좋을 것 같고 필요하다면 동영상 강의를 찾아 듣기 바랍니다. 본 도서에서 배운 것만으로도 기사가 이해가 되고 동영상 강의가 들리는 것을 느끼게 될 것입니다.

참고로 위의 인터넷 검색에 나오지 않았지만 https://regex101.com과 https://regexr.com 사이트에서 정규식에 더 자세한 정보를 확인할 수 있으며 직접 정규식을 만들어 확인하는 방법을 통하여 정규식에 대하여 학습할 수 있습니다.

적재적소 _ 대화형 AI 서비스의 활용 II

정규식은 문자열의 패턴을 찾아내는 단순한 개념이지만 문법적인 요소들을 세세하게 이해하여 자신이 원하는 정규식을 스스로 만드는 것에는 많은 시행착오와 시간이 필요합니다. 인터넷 검색된 웹사이트의 글이나 동영상 강의를 들었다고 원하는 패턴의 정규식이 쉽게 만들어 지지 않습니다. 정규식의 개념만 충실하게 알고 있으면 이럴 때 ChatGPT나 Gemini와 대화형 AI 서비스에게 질문을 하여 원하는 정규식을 쉽게 만들어 낼 수 있습니다. **[적재적소] 대화형 AI 서비스의 활용 I**에서 ChatGPT 와 Gemini를 모두 사용해 보았으니 앞으로는 하나를 정하여 ChatGPT에게 질문을 하도록 하겠습니다.

그럼 ChatGPT에게 정규식을 만들어 달라고 요청을 해 보겠습니다.

ChatGPT가 제공하는 앞의 설명을 보면 정규식에 대한 문법을 몰라도 정규식에 대한 개념만 있다면 정규식을 생성하여 사용할 수 있습니다. 이번에는 정규식을 Python 언어로 코드를 생성해 달라고 해 보겠습니다.

앞의 그림과 같이 질문을 적절하게 하면 ChatGPT가 정규식만이 아니라 정규식을 활용한 Python 코드까지 생성해 줍니다. 그럼 ChatGPT가 생성해 준 코드를 Visual Studio Code에 복사하여 붙여 넣은 후 실행해 보겠습니다.

```python
import re

text = 'Some text with productId="Product001" and another productId="Product002"'

pattern = r'productId="([^"]+)"'
matches = re.findall(pattern, text)

for match in matches:
    print(match)
```

```
문제   출력   디버그 콘솔   터미널   JUPYTER

PS C:\Users\00320811\Documents\python_coding> & C:/Users/00320811/AppData/Local/Programs/Pyth
20811/Documents/python_coding/test.py
Product001
Product002
PS C:\Users\00320811\Documents\python_coding>
```

위의 코드조각과 실행화면을 보니 정규식에 의하여 제품코드가 잘 찾아지는 것을 확인할 수 있습니다. 위에서 찾아진 코드를 자신의 목적에 맞게 수정하여 사용하면 됩니다. 이와 같이 대화형 AI 서비스는 정규식을 포함하여 전형적인 코드들이 생각나지 않을 때에 사용할 수 있는 유용한 코딩 비서 역할을 해 줍니다.

정규식에 대하여 학습을 했으니 정규식을 활용하여 형태소 분석 시에 데이터 전처리나 데이터 클린징을 위해서 필요했던 구두점(punctuation)과 공백문자(white space)를 지우는 코드를 만들어 봅시다. 먼저 정규식(regular expression)을 활용한 다음의 코드조각과 실행화면을 봅시다.

```python
import re

web_text = '''Python은 학습용으로 좋은 언어이다 \r
동시에 실사용률과 생산성도 높은 언어이다 \r
Python은 문법이 매우 쉬워서 초보자들에게 추천되는 언어이다 \t
오죽하면 python의 별명이 "Executable Pseudocode"일 정도이다 \r'''

web_text = re.sub(r'[^0-9a-zA-Z가-힣 \n]',r' ',web_text)
print(web_text)
print(repr(web_text))
```

```
Python은 학습용으로 좋은 언어이다
동시에 실사용률과 생산성도 높은 언어이다
Python은 문법이 매우 쉬워서 초보자들에게 추천되는 언어이다
오죽하면 python의 별명이  Executable Pseudocode 일 정도이다
'Python은 학습용으로 좋은 언어이다 \n동시에 실사용률과 생산성도 높은 언어이다 \nPython은
```

web_text 변수에 저장되는 문자열을 구두점과 공백문자의 변화를 보여 주기 쉽도록 수정한 뒤 형태소 분석에 필요 없는 구두점과 공백문자를 빨간 점선으로 표시하였습니다. 그리고 web_text = re.sub(r'[^0-9a-zA-Z가-힣 \n]',r' ',web_text) 문장 하나를 실행한 후 하단의 실행화면을 보면 print(web_text) 문장으

로 출력된 내용에 구두점이 하나도 없고, print(repr(web_text)) 문장으로 출력된 내용에 공백문자가 줄바꿈(\n) 문자를 제외하고 모두 없어진 것을 확인할 수 있습니다. 정규식이 매우 강력하고 간결한 느낌을 지울 수 없을 것입니다.

입력과 출력을 먼저 확인하여 정규식의 강력함과 코드가 원하는 대로 동작하는 것을 확인했으니 이제 코드를 이해해 봅시다. 정규식을 구성하기 쉽도록 지울 문자들을 찾는 정규식을 구하지 않고 정상인 문자들을 찾는 정규식을 구한 후 정규식에 포함되지 않는 문자들을 찾는 방식을 사용할 것입니다.

첫 번째 인자인 정규식 [^0-9a-zA-Z가-힣 \n]을 봅시다. 빼기 기호(-, hypen)는 문자의 시작과 끝을 나타내는 범위를 의미합니다. 따라서 0-9는 모든 숫자를 의미하고, a-zA-Z는 모든 영문자를 의미하고, 가-힣는 모든 한글을 의미합니다. 문자를 대괄호([])로 둘러싸면 그중 하나의 문자인 것을 의미합니다. 빼기 기호(-, hypen)를 사용하여 문자의 범위를 정규식의 패턴을 만들려면 문자의 순서를 알아야 하는데 숫자와 영문자의 순서는 [적재적소] ASCII코드표를 참조하면 되고, 한글은 유니코드를 봐야 하는데 한글을 잘 아는 우리는 상식적으로 한글의 첫 글자가 "가"이고 마지막 글자가 "힣"인 것을 알고 있습니다

그런데 여기서 코딩하려고 하는 것은 필요한 문자를 빼고 나머지를 제거하려고 하기 때문에 대괄호([])의 맨 앞에 부정을 의미하는 정규식 기호인 캐럿(^)을 추가하여 원하는 숫자나 영문자나 한글이 아닌 경우를 의미하는 정규식을 만들었습니다. 공란과 줄바꿈(\n) 문자도 지우지 않기 위하여 대괄호([]) 안에 추가하였습니다. 줄바꿈 문자를 포함하지 않으면 텍스트의 줄이 넘어갈 때 앞 줄의 마지막 단어와 뒷 줄의 첫 번째 단어가 연결되니 꼭 포함하여야 합니다.

두 번째 인자인 대체될 문자열이 공란(' ')이기 때문에 필요한 문자 외에는 모두 공란으로 바뀌게 됩니다.

이렇게 정규식으로 구두점과 공백문자를 제거하는 방법을 찾았으니 형태소 분석의 코드와 합친 후 코드조각과 실행화면 그리고 분석된 전체 내역을 확인해 보겠습니다.

```python
from konlpy.tag import Okt
import re

web_text = '''Python은 학습용 언어이다.\r
실사용률과 생산성도 높은 언어이다.\r'''

web_text = re.sub(r'[^0-9a-zA-Z가-힣 \n]',r' ',web_text)

okt = Okt()
words = okt.pos(web_text)
print(words)

[('Python', 'Alpha'), ('은', 'Noun'), ('학습', 'Noun'), ('용', 'Noun'), ('언어', 'Noun'),
```

다음의 전처리 전후의 형태소 분석 결과를 비교해 보면 빨간색 글자로 표현된 품사가 사람이 판단하는 것과 다른 문제는 해결하지 못했지만 파란색 글자로 표현된 구두점과 공백문자의 문제는 깔끔하게 해결되었습니다.

```
[('Python', 'Alpha'), ('은', 'Noun'), ('학습', 'Noun'), ('용', 'Noun'), ('언어', 'Noun'),
('이다', 'Josa'), ('.', 'Punctuation'), ('\r\n', 'Foreign'), ('실', 'Noun'), ('사용',
'Noun'), ('률', 'Noun'), ('과', 'Josa'), ('생산', 'Noun'), ('성도', 'Noun'), ('높은',
'Adjective'), ('언어', 'Noun'), ('이다', 'Josa'), ('.', 'Punctuation'), ('\r', 'Foreign')]
```

▲ **[실행화면]** 전처리 전 형태소 분석 결과

```
[('Python', 'Alpha'), ('은', 'Noun'), ('학습', 'Noun'), ('용', 'Noun'), ('언어', 'Noun'),
('이다', 'Josa'), ('실', 'Noun'), ('사용', 'Noun'), ('률', 'Noun'), ('과', 'Josa'), ('
생산', 'Noun'), ('성도', 'Noun'), ('높은', 'Adjective'), ('언어', 'Noun'), ('이다',
'Josa')]
```

▲ **[실행화면]** 전처리 후 형태소 분석 결과

이번에는 문자열의 앞뒤에 포함된 불필요한 문자를 제거하는 방법을 알아보겠습니다.

```
text = "\x0b        아차 실수, 아차차 또 실수\x0c    "
print('text.lstrip()\t:',repr(text.lstrip()))
print('text.rstrip()\t:',repr(text.rstrip()))
print('text.strip()\t:',repr(text.strip()))

text.lstrip()   : '아차 실수, 아차차 또 실수\x0c    '
text.rstrip()   : '\x0b        아차 실수, 아차차 또 실수'
text.strip()    : '아차 실수, 아차차 또 실수'
```

lstrip() 메소드는 문자열 좌측의 공란을 제거하고, rstrip() 메소드는 문자열 우측의 공란을 제거하고,
strip() 메소드는 문자열 좌우측의 공란을 모두 제거합니다. 앞쪽과 뒤쪽의 공란 외에 문자열의 앞쪽과
뒤쪽에 특정한 형태의 문자열을 제거하기 위한 removeprefix()와 removesuffix() 메소드가 있습니다.

❗ 알아두기 _ split( ), strip( ) 메소드와 공백문자

통상적으로 lstrip( ), rstrip( ) 그리고 strip( ) 메소드가 문자열의 앞과 뒤에 실수로 입력된 불필요한 공란을 제거하려는 목적
으로 사용되지만 이 세 개의 메소드는 split( ) 메소드와 같이 공란만이 아니라 의미 없는 공백문자들까지 제거하게 됩니다.

문자열 비교

수치를 비교할 때에는 오른쪽과 같이 매우 직관적이었습니다.

```
>>> 3 == 3.0
True
>>> 3 > 3.1
False
>>>
```

정수이든 실수이든 사람이 생각하는 대로 비교가 가능합니다. 그런데 문자열 비교는 수치의 비교와 달리 직관적이지 않습니다. 예를 들면 a와 ㄱ 중에서 어느 것이 더 클까요? 한글에서는 대소문자의 구분이 없습니다만 알파벳 문화권에서는 대문자와 소문자가 각각 다릅니다. A와 a는 사람이 보기에는 같은 것 같은데 컴퓨터는 두 문자를 같은 것으로 인식할까요? 다른 것으로 인식할까요?

오른쪽의 실행화면을 보니 컴퓨터는 A와 a는 다르고 a가 A보다 크다고 인식합니다. 이렇게 인식하는 이유는 ASCII코드나 유니코드와 같은 코드체계 때문으로 [적재적소] ASCII코드표에서의 순서가 문자열을 비교하는 기준이 됩니다.

```
>>> 'A' == 'a'
False
>>> 'A' > 'a'
False
>>> 'a' > 'A'
True
>>>
```

어떤 문자의 코드값을 알아보려면 ord() 내장 함수를 사용합니다. ord() 함수는 문자의 코드값을 10진수로 보여 줍니다. 함수의 이름에 사용된 용어인 ord는 서수(ordinal value)의 약자입니다. 코드의 순서를 보여 준다는 뜻으로 기억하면 되겠습니다.

```
>>> ord('a')
97
>>> ord('A')
65
```

ord() 함수로 'a'와 'A'의 코드값을 확인하니 a의 코드값은 10진수 97로 10진수 65인 A의 코드값보다 크고 [적재적소] ASCII코드표에 기술된 10진수 값과 일치합니다.

그래서 대문자와 소문자를 같은 문자열로 인식하게 하려면 영문자를 비교하기 전에 upper()나 lower() 메소드를 사용하여 비교 전에 대소문자를 통일해 주면 됩니다.

```
>>> 'a'.lower() == 'A'.lower()
True
>>> 'a'.upper() == 'A'.upper()
True
>>>
```

특수문자와 숫자와 영문자는 ord() 함수만이 아니라 ASCII코드표를 보고 알 수 있다는 것을 알게 되었습니다. 그러면 한글은 어떨까요? ASCII코드는 1바이트로 표를 만드는 것이 가능하지만 유니코드는 2바이트 이상이어서 표로 나타내기 어렵습니다.

```
>>> ord('가')
44032
>>> ord('라')
46972
>>> ord('아')
50500
>>> ord('하')
54616
>>> ord('히')
55176
>>> ord('힣')
55203
>>> '가' > 'z'
True
>>>
```

그래서 한글의 유니코드를 확인하려면 영문자의 ASCII코드를 확인하는 방법과 같이 ord() 함수를 사용합니다. 오른쪽 코드조각과 실행화면에서 ord() 함수로 한글 코드를 확인해 보니 한글의 사전적 순서를 고려하여 유니코드가 부여된 것을 확인할 수 있습니다. 그리고 문자열 비교를 통하여 한글 코드가 영어 코드보다 크다는 것을 알 수 있습니다. ASCII코드가 적용되는 영어와 유니코드가 적용되는 한글이 비교가 가능한 것은 유니코드에 ASCII코드가 함께 고려되어 있기 때문입니다.

```
>>> bin(ord('a'))        # 이진수
0b1100001
>>> oct(ord('a'))        # 팔진수
0o141
>>> ord('가')            # 십진수
44032
>>> hex(ord('가'))       # 16진수
0xac00
>>> chr(0b1100001)       # 이진수
'a'
>>> chr(0o141)           # 팔진수
'a'
>>> chr(44032)           # 십진수
'가'
>>> chr(0xac00)          # 16진수
'가'
>>>
```

유니코드를 10진수 정수의 형태로 보기 위하여 ord( ) 함수를 사용하고 정수를 2진수, 8진수 및 16진수로 변환하기 위해서는 bin( ) 함수, oct( ) 함수 그리고 hex( ) 함수를 사용합니다. 그래서 ord( ) 함수를 실행하여 문자를 정수로 변환한 후 bin( ) 함수, oct( ) 함수 그리고 hex( ) 함수를 적용하면 **[적재적소] ASCII코드표**에서 본 것과 같은 8진수와 10진수와 16진수 코드 표현을 확인할 수 있을 뿐만이 아니라 2진수 코드 표현도 확인할 수 있습니다. 반대로 2진수, 8진수, 10진수, 16진수 코드 표현에 chr( ) 함수를 적용하면 다시 문자 표현을 볼 수 있습니다. 0b는 2진수를 나타내는 접두어이고 0o는 8진수를 나타내는 접두어이며 0x는 16진수를 나타내는 접두어입니다. 10진수에는 아무런 접두어를 붙이지 않고 수치 그 자체로 표현합니다.

```
>>> string_variable = 'Python C C++ Java'
>>> 'Python' in string_variable
True
>>> 'Python' not in string_variable
False
>>> string_variable.startswith('python')
False
>>> string_variable.endswith('java')
False
>>>
```

다른 프로그래밍 언어에서는 contains( ) 메소드를 사용하여 특정 부분 문자열의 포함 여부를 확인하는 경우가 많으나 Python에서는 in과 not in 연산자를 사용하여 리스트(list)의 경우와 같이 특정 부분 문자열이 문자열에 포함되어 있는지 확인합니다. 그리고 startswith( ) 메소드와 endswith( ) 메소드를 사용하여 특정 부분 문자열로 시작하는 문자열인지 혹은 끝나는 문자열인지 확인합니다.

문자열 찾기

[적재적소] 정규식을 참조바랍니다. 그 외 문자열 찾기를 지원하는 find( ), rfind( ), index( ), rindex( ) 및 count( ) 등의 메소드가 있습니다.

5.3   문자열은 벡터

문자열은 일종의 벡터(vector)입니다. 대부분의 프로그램 언어에서 문자열의 부분문자열이나 역문자열 등을 추출하는 메소드를 제공하는데 Python의 경우 문자열이 벡터이기 때문에 벡터의 슬라이싱 기술을 사용하면 다른 언어들보다 더욱 세밀하게 문자열을 다룰 수 있습니다. 문자열을 벡터로 다루는 기술에 대해서는 **Chapter 6 인공지능 코딩 기본기**에서 다른 벡터들과 함께 설명하겠습니다.

5.4 문자열 포맷팅

Python은 백분율 기호(%)를 사용한 포맷팅, 문자열의 format 메소드를 사용한 포맷팅, f 문자열(format string) 등 다양한 문자열 포맷팅(formatting, 형식화) 기법을 제공합니다. 그리고 앞에서 설명한 세 가지 방법과 조금 차이가 있지만 format( ) 내장 함수를 가지고 있습니다. 이들 문자열 포맷팅 기법은 컴퓨터 내부의 다양한 자료형의 데이터를 문자열로 변환하여 포맷팅한다는 특징을 가지고 있으며 포맷팅한 문자열은 모니터 화면에 보여 주거나 로그 파일에 저장하거나 인쇄하는 등 다양한 방식으로 사용하게 됩니다.

> 💡 **생각하기 _ Python의 문자열 포맷팅 방법 4가지**
>
> Python이 문자열 포맷팅 방법을 4가지나 제공할 이유가 있을까요? 프로그래머는 이 4가지 방법에 모두 정통하여 장단점을 분석한 후 프로그램을 할 때 목적에 가장 적합한 방법을 적용하면 되는 것일까요? 문자열 포맷팅이 그만한 가치가 있는 일일까요?

이 책에서는 Python 문자열 포맷팅의 기본기라고 판단되는 format( ) 함수와 f 문자열(format string)에 대하여 설명합니다. 이 두 가지에서 언급되는 개념들을 익힌 후 앞으로 코딩을 할 때에는 변수별 간단한 포맷팅에는 format 함수를 사용하고 여러 변수들을 복합적으로 사용하여 포맷팅해야 하면 f 문자열(format string)을 사용하여 코딩하기를 권고드리며, 포맷팅을 위한 기본개념이 동일하니 다른 프로그래머들이 개발해 놓은 코드를 유지보수하기 위하여 나머지 두 가지 방법에 대한 이해가 필요해질 때 본 도서에서 배운 기본기를 바탕으로 확장하여 학습해 보기 바랍니다.

먼저 가장 간단한 형태의 포맷팅부터 시작하여 난이도가 높은 포맷팅으로 조금씩 확장해 보겠습니다.

format( ) 함수의 첫 번째 인자는 포맷팅할 값이고 두 번째 인자는 포맷팅할 형식입니다. f 문자열(format string)은 f로 시작하는 문자열로 중괄호({ }) 안에 값과 자료형을 기술하는데 콜론(:)의 앞이 포맷팅할 값이고 뒤가 포맷팅할 형식입니다. 특별한 다른 형식이 없이 정수(int)를 보여 주기 위한 형식은 'd'(decimal, 십진수)인데 print( ) 함수가 정수를 출력할 때의 기본형식과 동일합니다.

```
print(format(12345, 'd'))
print(f'{12345:d}')
print(12345)

12345
12345
12345
```

포맷팅할 값은 변수와 상수만이 아니라 value+1과 같은 Python 수식을 사용할 수 있습니다.

```
value=12345
print(format(value, 'd'))
print(f'{value:d}')

print(format(value+1, 'd'))
print(f'{value+1:d}')

12345
12345
12346
12346
```

자료형(type) 형식 앞에 넓이(width) 형식을 숫자로 추가하면 추가한 넓이만큼 공간을 확보하여 포맷팅합니다. 숫자는 우측으로 정렬하고 문자열은 좌측으로 정렬합니다. 문자열을 보여 주기 위한 자료형 형식은 s(string, 문자열)입니다.

```
print(format(12345, '10d'))
print(f'{-12345:10d}')
print(format('문자열', '10s'))
print(f'{"문자열":10s}')

     12345
    -12345
문자열
문자열
```

넓이(width) 형식 앞에 정렬(align) 형식으로 좌측 정렬(<), 우측 정렬(>) 및 중앙 정렬(^) 기호를 추가하면 정해진 넓이의 공간에서 원하는 정렬 형식으로 값을 포맷팅할 수 있습니다.

```
print(format('좌측 정렬', '<10s'))
print(f'{"우측 정렬":>10s}')
print(format('중앙 정렬', '^10s'))

좌측 정렬
     우측 정렬
  중앙 정렬
```

음수는 10d와 같이 넓이를 표현하는 형식에 특별한 조치를 하지 않아도 숫자의 앞에 부호(sign)가 나타나지만 양수의 경우 플러스(+) 기호가 나타나게 하려면 +10d와 같이 부호 형식을 추가해 주어야 합니다.

```
print(format(-12345, '10d'))
print(f'{12345:+10d}')

    -12345
    +12345
```

포맷팅할 넓이(width) 형식의 우측에 콤마(,)를 추가하면 숫자의 세 자리마다 콤마를 찍어 줍니다. 통화 데이터를 포맷팅할 때 주로 사용합니다. 이런 형식 지정 방식을 그룹핑 옵션(grouping option) 형식이라고 부릅니다.

```
print(format(12345, '10,d'))
print(f'{12345:10,d}')

    12,345
    12,345
```

f 문자열(format string)은 format( ) 함수가 할 수 없는 일을 한 가지 할 수 있는데 그것은 포맷팅한 결과에 문자열을 추가하는 것입니다. 위의 코드조각의 예에서 format( ) 함수의 경우 달러($) 통화 기호를 숫자 앞에 추가하기 위하여 문자열 이어 붙이기를 했는데 f 문자열의

```
print('$'+format(12345, ',d'))
print(f'₩{12345:,d}')

$12,345
₩12,345
```

경우 원(₩) 통화 기호를 중괄호({}) 앞에 추가하였습니다. f 문자열에서 중괄호({}) 밖에 문자열을 추가하면 문자열을 있는 그대로 출력해 줍니다.

```
amount = 12345
pay_due = '2023-02-15'
print(f'지급일({pay_due})에 지급할 금액은 {amount:,d}원입니다.')
print(f'Format String은 \t, \n, \\, \', \" 등을 특수 문자로 인식합니다.')

지급일(2023-02-15)에 지급할 금액은 12,345원입니다.
Format String은          ,
, \, ', " 등을 특수 문자로 인식합니다.
```

아니 설명을 반대로 해야 하겠습니다. 위의 코드조각과 같이 f 문자열(format string)은 문자열에 중괄호({})를 사용하여 포맷팅을 추가합니다. {pay_due} 코드와 같이 format() 함수와 f 문자열에 자료형(type) 형식을 생략할 수 있는데 자료형 형식을 생략하면 print() 함수가 사용하는 Python의 기본 출력 형식으로 포맷팅됩니다.

그러면 중괄호({})를 f 문자열에 추가하려면 어떻게 해야 할까요?

```
print(f'f String에 {{ 그리고 }}와 같이 중괄호를 두번 사용하여 추가합니다.')

f String에 { 그리고 }와 같이 중괄호를 두번 사용하여 추가합니다.
```

여는 중괄호({)와 닫는 중괄호(})를 {{ 그리고 }}와 같이 두 번씩 사용하면 중괄호를 f 문자열(format string) 안에서 출력할 수 있습니다.

📋 적재적소 _ 이스케이프 시퀀스의 \\와 f 문자열의 {{ 그리고 }}

여는 중괄호({)와 닫는 중괄호(})를 출력하기 위하여 {{와 }}를 두 개씩 넣는 것은 이스케이프 시퀀스(escape sequence, 제어 문자)에서 \\로 백슬래시(\)를 출력하는 것과 원리가 동일합니다. f 문자열(format string) 안에서 출력 형식을 나타내기 위 하여 중괄호({ })를 사용하기 때문에 중괄호({ })를 f 문자열 안에 출력하려면 {{와 }} 같이 중괄호({ })를 두 번씩 반복하여 기술 하는 것입니다. 중괄호({ })나 백슬래시(\)를 한 번만 기술하면 그 뒤의 문자를 연결하여 출력 형식이나 이스케이프 시퀀스로 Python이 인식하게 됩니다.

이제 실수의 포맷팅에 대하여 설명하겠습니다. 실수를 출력할 때에는 소수점 아래의 숫자를 어떻게 포맷 팅할 것인지 추가로 지정하면 됩니다.

```
print(format(12345.67,'10.1f'))
print(f'{12345.67:10.3f}')
print(format(12345.67,'3.1f'))
print(f'{12345.67:3f}')

  12345.7
 12345.670
12345.7
12345.670
```

10.3f와 같이 넓이(width) 형식 뒤에 점(.)을 찍은 후 출력할 소수점 아래 숫자의 정밀도(precision)을 숫자로 추가하면 원하는 만큼의 소수점 아래 숫자를 포맷팅해 줍니다. 넓이는 점(.)과 소수점 아래 숫자의 크기까지 고려된 넓이를 지정해 주어야 합니다. 3.1f와 같이 넓이가 소수점을 포함한 유효숫자보다 작아도 숫자가 잘려서 출력되거나 하지는 않습니다. 특별하게 넓이를 지정하지 않고 소수점 아래 자릿수만 지정하려면 .3f와 같이 넓이 형식을 지정하지 않으면 됩니다. 실수를 포맷팅하기 위한 형식은 f(float, 부동소수점수)입니다.

```
print(format(12345.67, '10.1e'))
print(f'{12345.67:10.7E}')
print(format(12345.67, '3.1e'))
print(f'{12345.67:.7E}')
```

```
   1.2e+04
1.2345670E+04
1.2e+04
1.2345670E+04
```

실수를 지수 표기법(exponential notation)으로 보여 주기 위한 형식은 e 혹은 E입니다. 지수표기법은 과학적 표기법(scientific notation)이라고도 불리는데 실수를 보여 주는 방법도 넓이(width) 형식이 e와 E 부호를 포함한 자릿수인 것을 제외하면 고정소수점표기법(fixed point notation)으로 보여 주는 방법과 기본적으로 동일합니다.

```
print('$'+format(12345.67, '*>10,.2f'))
print(f'${12345.67:,.2f}')

$*12,345.67
$12,345.67
```

때로는 위의 코드조각과 실행화면에서 예를 든 것과 같이 매우 다양한 형식들의 조합을 통하여 지정할 수 있습니다.

지금까지 자주 사용하는 포맷팅 예제를 들며 문자열 포맷팅에 대하여 설명했는데, 여러분은 문자열 포맷팅을 위하여 format() 함수를 사용하든 f 문자열(format string)을 사용하든 문법은 조금씩 차이가 있으나 문자열 포맷팅 형식을 지정하는 방식이 동일하다는 것을 꼭 인식하여야 합니다. 백분율 기호(%)를 사용한 포맷팅과 문자열의 format() 메소드를 사용한 포맷팅의 경우에도 형식은 동일하게 적용되고 문법만 조금씩 다릅니다. 그래서 Python에 포맷팅 방법이 4가지로 너무 많다고 당황하지 않아도 됩니다. 포맷팅의 문법은 다양하지만 기본 개념은 동일하기 때문입니다. 필요할 때 찾아서 사용합시다.

## Chapter 6

인공지능 코딩 기본기

인공지능까지 갈 것도 없이 프로그래밍 언어가 수를 어떻게 저장하고 처리하는 것을 아는 것은 코딩의 기본 중의 기본입니다. 특히 인공지능 코딩을 하다 보면 데이터들이 수치화되어 처리되기 때문에 Python이 수를 어떻게 처리하는지에 대하여 꼭 이해하여야 합니다.

6.1 Python 수 표현

Python에서 수를 어떻게 표현하는지 알아보겠습니다.

Python은 아래의 표와 같은 내장 자료형으로 수를 표현할 수 있도록 지원합니다. 그러나 개념적인 수를 컴퓨터라는 환경에 구현하면서 개념 그대로 무한한 수를 구현할 수 없기 때문에 수를 표현할 수 있는 한계가 정해져 있습니다.

수의 종류	Python 내장 자료형
정수	int
실수	float
복소수	complex

▲ [표] 수의 종류와 Python 내장 자료형

먼저 정수의 한계를 알아보겠습니다.

```
print(type(7797))
print(7797**7797)

<class 'int'>
---------------------------------------------------------------
ValueError                          Traceback (most recent call last)
<ipython-input-28-f69e0b721e80> in <module>
      1 print(type(7797))
----> 2 print(7797**7797)

ValueError: Exceeds the limit (4300) for integer string conversion; use sys.
```

정수(int)를 사용하여 7,797이라는 정수의 7,797 거듭제곱과 같이 지나치게 큰 값을 처리하려고 했더니 ValueError라는 오류가 발생합니다. 오류 메시지가 길어서 화면에 모두 캡처할 수 없어서 아래에 전체 오류 메시지를 복사하여 놓았습니다.

- **ValueError**: Exceeds the limit (4300) for integer string conversion; use sys.set_int_max_str_digits( ) to increase the limit

오류 메시지에 따르면 Python이 정수를 4,300자리까지 허용한다고 되어 있습니다. 무한대의 정수를 처리할 수 있는 컴퓨터는 없겠지만 4,300자리의 정수는 거의 무한대에 가깝다고 판단됩니다. 4,300자리의 정수로 부족하다면 허용하는 자릿수를 늘리기 위해서 sys 모듈의 set_int_max_str_digits( ) 함수를 사용하라고 되어 있으니 Python 언어가 3.x 버전부터 정수의 한계에 대한 제한은 사실상 사라진 것으로 볼 수 있습니다.

🗐 **적재적소 _ 오류 메시지 자세히 보기**

코딩을 하다가 오류가 발생하면 컴퓨터가 보여 주는 오류 메시지를 자세히 읽어야 합니다. 대부분의 경우 오류 메시지에 오류가 발생한 원인과 오류를 해결할 방법에 대한 실마리가 들어 있습니다. 오류 메시지를 읽는 것은 오류를 해결하기 위한 디버깅(debugging, 오류수정)의 가장 중요한 첫 단계입니다.

❗ **알아두기 _ float 실수 자료형의 한계 확인 방법**

sys 모듈의 float_info 속성에 float 부동소수점수의 정보가 저장되어 있어 위의 코드조각과 같이 확인해 볼 수 있습니다.

이번에는 실수의 한계를 알아보겠습니다. 그런데 실수의 경우 수의 최댓값이나 최솟값과 같은 수의 한계보다 실수의 오차가 가지는 한계가 더 크기 때문에 실수의 한계는 **[알아두기] float 실수 자료형의 한계 확인 방법**으로 간단히 정리해 두고 실수의 오차에 대한 논의를 시작으로 해결책까지 살펴보겠습니다.

실수(float)로 1.01과 1.02를 더하면 2.03인데 오른쪽의 실행화면을 보면 유효자리의 최하단인 소수점 아래 16자리에 2가 추가되어 오차가 발생한다는 것을 알 수 있습니다.

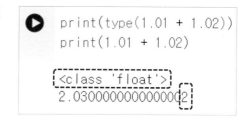

```
print(type(1.01 + 1.02))
print(1.01 + 1.02)

<class 'float'>
2.0300000000000002
```

```
result = 2.03
print(1.01 + 1.02 == result)    # 실수를 처리할 때의 논리적 오류

False
```

Python의 float 실수 자료형의 오차 때문에 프로그램을 개발할 때 위의 코드조각과 같은 논리적인 오류가 발생합니다. 1.01과 1.02의 합은 2.03이 맞는데 두 실수를 비교하면 참(True)이 아니라 거짓(False)이 됩니다.

```
import math
result = 2.03
# Python의 부동소수점수 오차를 고려한 실수 비교 방법
print(math.isclose(1.01 + 1.02, result))

True
```

그래서 Python 3.4 버전부터 math 모듈에 isclose( ) 함수가 추가되어 위의 코드조각의 예와 같이 실수를 근사값으로 비교해 주는 기능이 생겼습니다. 이 함수는 두 값 차이의 절대값이 sys.float_info.epsilon보다 작거나 같으면 True를 반환합니다. sys.float_info.epsilon의 디폴트(default, 기본값)는 2.220446049250313e-16입니다.

객체(자료형)	모듈	비고
Decimal	decimal	고정소수점수
Fraction	fractions	분수

△ [표] 실수를 표현하는 Python 객체 자료형

Python은 실수를 관리하기 위하여 float 내장 자료형 외에 객체로 만든 Decimal 객체 자료형과 Fraction 객체 자료형을 제공합니다. Decimal은 고정소수점수(fixed point number)를 관리하기 위한 자료형이며 Fraction은 실수를 분수의 형태로 관리하기 위한 객체 자료형입니다. Python 객체라는 소프트웨어적인 방법으로 자료형을 구현하여 float 내장 자료형이 가진 실수의 오차와 같은 문제가 완화되어 있는 대신 수행속도가 느릴 것이라고 예측할 수 있습니다.

❗ 알아두기 _ 객체인지 아닌지 이름으로 미루어 짐작하는 방법

Python에서 객체를 사용하는지 아닌지 구분하는 쉬운 방법 중의 하나가 스네이크 표기법(snake case)을 사용했는지 카멜 표기법(camel case)을 사용했는지 확인하는 것입니다. Decimal과 Fraction은 첫글자가 대문자로 카멜 표기법을 사용하였으니 객체를 정의하기 위한 클래스(class, 객체유형)라는 것을 알 수 있습니다. 대부분의 경우 Python 프로그래머들은 객체에는 카멜 표기법을 사용하고 객체가 아닌 경우에는 스네이크 표기법을 사용하기 때문입니다.

```
from decimal import Decimal
print(Decimal('1.01') + Decimal('1.02') == Decimal('2.03'))

True
```

Decimal은 decimal 모듈에 포함된 객체이니 from 모듈 import 객체 형식으로 import한 후 오차가 발생했던 실수를 그대로 Decimal 객체 자료형에 맞추어 코딩해 보았습니다. Decimal('1.01')과 같은 코딩은 객체 변수를 만드는 것으로 Decimal 객체가 자료형을 관리하는 객체이므로 실수 문자열을 Decimal 자료형으로 변환해 주는 코딩으로 보면 됩니다. 실행 결과를 확인해 보면 math.isclose() 함수를 사용하지 않아도 오차 없이 동일한 값으로 인식되는 것을 알 수 있습니다. Fraction 객체 자료형의 경우에도 동일하게 오차 문제가 해결되어 있습니다. 그러면 실수를 Decimal 객체나 Fraction 객체를 사용하면 되지 왜 float 실수 자료형을 사용하느냐고요? 그 이유는 내장 자료형이 객체 자료형보다 코딩이 쉽고 수행속도가 빠르기 때문입니다. float 실수 자료형의 오차를 수용하지 못할 경우 Decimal 객체나 Fraction 객체의 사용을 고려하기 바랍니다.

❗ 알아두기 _ 컴퓨터로 표현되지 않는 실수

Decimal 자료형은 유한한 소수점 아래의 자릿수를 가지는 실수를 표현할 수 있습니다. 하지만 순환소수나 원주율처럼 무한한 소수점을 갖는 수를 표현할 수는 없습니다. 다행히 Fraction 자료형은 분수를 통해 순환소수를 표현할 수 있지만 여전히 무한소수를 표현할 수는 없습니다.

📋 적재적소 _ Google Colab의 메모리 유효 기간

변수를 만들어 사용하거나 import하여 모듈을 메모리(memory)에 불러오는 경우 유효 기간은 동작 중인 Python 인터프리터가 살아 있는 동안이며 Python 소스 파일을 실행하는 경우에는 그 파일이 실행되는 동안입니다. Jupyter Notebook과 Google Colab의 경우에는 메모리가 셀 단위로 관리되지 않고 노트 단위로 관리되기 때문에 이전 셀에서 import하거나 정의한 변수를 다시 import하거나 정의하지 않고 사용할 수 있습니다. 그러나 실행 중이던 노트의 세션이 끊기는 경우에는 메모리에 저장된 것이 모두 사라지니 다시 변수를 정의하거나 import하여야 합니다. 그렇지 않으면 아래 화면과 같은 오류를 유발하게 됩니다.

```
print(Decimal(1.01))

---------------------------------------------------------------------------
NameError                                 Traceback (most recent call last)
<ipython-input-1-876e02ca2261> in <module>
----> 1 print(Decimal(1.01))

NameError: name 'Decimal' is not defined
```

6.2 스칼라, 벡터, 행렬 그리고 텐서

Python에서 수를 어떻게 표현하는지 배웠으니 그 수를 어떻게 데이터화하여 사용할 수 있는지 살펴보겠습니다. 프로그래머의 관점에서 수를 데이터로 어떻게 정의하고 처리하는지 살펴볼 것입니다. 프로그래머의 관점에서 수를 데이터로 정의하는 것은 변수화 혹은 상수화한다는 의미이고 처리하는 것은 연산을 한다는 것을 의미합니다.

Python의 리스트(list)와 numpy 배열(array) 자료형을 사용하여 기술적으로 상세히 설명할 텐데 여기서 배우게 되는 원리와 개념들은 pandas 패키지나 tensorflow 패키지에서도 대부분 그대로 적용되니 기본기를 잘 알아 두도록 합시다.

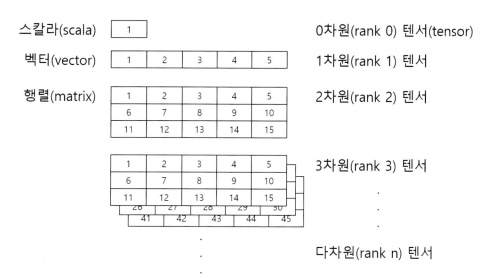

▲ [그림] 스칼라, 벡터, 행렬 그리고 텐서 개념도

표현	설명	Python 자료형
스칼라 – 0차원 텐서	하나의 숫자	int, float, Decimal, Fraction
벡터 – 1차원 텐서	여러 개의 1차원 숫자	리스트, numpy 배열, pandas 시리즈
행렬 – 2차원 텐서	여러 개의 2차원 숫자	리스트, numpy 배열, pands 데이터프레임
다차원 텐서	여러 개의 다차원 숫자	리스트, numpy 배열

▲ [표] 스칼라, 벡터, 행렬 그리고 다차원 행렬

수를 데이터화하는 개념은 위의 그림과 같이 스칼라(scalar), 벡터(vector), 행렬(matrix) 그리고 텐서(tensor)로 나누어 설명할 수 있는데 각각에 대한 설명은 **[표] 스칼라, 벡터 그리고 행렬**과 같습니다. 텐서라는 개념은 스칼라, 벡터, 행렬 그리고 다차원 행렬을 아우르는 포괄적인 개념으로 모든 차원의 데이터를 설명하는 일반적인 용어입니다. tensorflow 패키지 이름에 포함된 텐서가 여기서 설명하는 텐서와 동일한 용어이며 인공지능을 활용한 머신러닝(machine learning)이나 딥러닝(deep learning)을 다루는 라이브러리의 기능이 텐서(tensor)의 흐름(flow) 즉 다양한 수치의 흐름을 처리하는 것임을 패키지의 이름으로 알려주고 있습니다. Python의 수 표현과 데이터 표현을 이해하지 못하면 인공지능을 이해할 수 없다고 말해도 과언은 아닐 것입니다.

> **! 알아두기 _ 차원**
>
> Python numpy 패키지를 포함한 일반적인 프로그래밍 언어에서는 차원을 dimension으로 부르는데 tensorflow 패키지에서는 rank라고 부릅니다. 용어로 실체를 알아차리기는 어려우니 실생활에 사용하는 데이터의 예를 들어 차원을 이해해 봅시다. 온도, 습도, 압력, 키, 몸무게 등 일상생활에서 흔히 발견할 수 있는 단일값을 0차원으로 이해할 수 있고 이와 같은 단일값들을 시간이나 일자별로 측정하여 모아 두었다면 1차원으로 이해할 수 있을 것입니다. 문자열은 문자를 순서대로 나열해 놓은 것으로 차원이 있다고 말하기는 어렵지만 굳이 차원을 구분해 본다면 1차원으로 이해할 수 있을 것입니다. 음성은 조금 모호한데 어떤 순간의 소리의 크기는 0차원이지만 특정 시간 동안의 소리가 우리에게 의미가 있으니 1차원으로 이해하면 됩니다. 사진과 같은 이미지는 가로와 세로 혹은 넓이와 높이 정보를 가지고 있으니 2차원으로 이해하면 됩니다. 동영상은 2차원의 이미지를 시간의 축에 따라 순서대로 나열해 놓은 형태이니 3차원으로 이해할 수 있습니다.

Python이 수를 어떻게 표현하고 그 수를 데이터화하는 스칼라, 벡터, 행렬 및 다차원 행렬 등이 무엇인지 배웠으니 이제 데이터를 변수로 정의하고 연산과 함수 등으로 처리해 보겠습니다.

스칼라

스칼라 변수의 정의와 연산은 변수와 상수 그리고 연산를 설명할 때 언급한 것과 동일합니다. 다만, 스칼라 연산은 Python의 연산자를 사용하는 사칙연산이나 거듭제곱만 있는 것이 아니니 수학 함수를 사용할 수 있는데 어떤 함수들로 연산을 할 수 있는지 살펴보겠습니다. 일부 간단한 수학 함수는 내장 함수로 제공되나 대부분의 수학 함수는 math 모듈에 포함되어 있습니다. 때로는 numpy나 pandas 같은 패키지에 포함되어 있습니다.

> **🗂 적재적소 _ 함수의 인자 바인딩 방법**
>
> **Chapter 4 프로그래밍 기초**의 함수 정의와 호출에서 배운 것을 떠올려 보겠습니다. 편의상 Python 인터프리터에서 코딩하여 실행했던 것을 Google Colab으로 살짝 변형하여 다시 코딩하여 실행해 보겠습니다. 함수를 학습하다가 처음부터 너무 많은 것이 주어지면 겁에 질려 그만두고 싶은 마음이 들지 않도록 당시에는 가장 쉬운 예제를 들어 설명하였습니다. 함수의 개념은 아주 쉬운 것이어서 간단한 함수를 만들어 사용할 때에는 굳이 어려운 개념을 배우지 않아도 충분히 함수를 만들어 사용할 수 있기 때문입니다. 그러나 이제는 Python이 제공하는 다양한 함수들을 이해하고 사용해야 하기 때문에 추가적인 설명이 필요합니다. 자신이 만드는 코드는 자신의 요구 사항을 충족시키면 되지만 라이브러리 형태로 제공되는 코드는 각계 각층의 다양한 요구 사항을 만족시켜야 하기 때문에 어렵기 마련입니다. 다음에 제시되는 코드조각을 인자를 넘겨주는 방식에 초점을 맞추어 읽어 보기 바랍니다.

```
def add_two_numbers(number1, number2):
    sum = number1 + number2
    return sum

print(add_two_numbers(10,20))

30
```

함수의 인자가 정의된 위치와 호출하는 위치에 기반하여 10이 number1 변수로 전달되고 20이 number2 변수로 전달되는데 이와 같은 함수의 인자 바인딩 방식을 고정 위치 인자 바인딩(fixed location argument binding)이라고 부릅니다. 여기서 바인딩이라는 용어는 호출하는 인자와 호출되는 인자를 연결해 준다는 개념으로 받아들이면 됩니다.

```
print(add_two_numbers(number2=20,number1=10))

30
```

함수의 인자가 정의된 위치와 호출하는 위치에 기반하지 않고 정의된 이름과 호출하는 이름에 기반하여 number2 변수에 20이 전달되고 number1 변수에 10이 전달되는데 이와 같은 함수의 인자 바인딩 방식을 고정 키워드 인자 바인딩(fixed keyword argument binding)이라고 부릅니다. 위치 인자는 코드의 간결성에 장점이 있고, 키워드 인자는 코드의 가독성에 장점이 있습니다.

```
print(add_two_numbers(10,number2=20))

30
```

물론 위의 코드조각과 같이 고정 위치 인자 바인딩과 고정 키워드 인자 바인딩을 혼용하여 사용할 수도 있습니다.

```
def add_numbers(*numbers):      # 가변 위치 인자 정의
    sum = 0
    for number in numbers:
        print("number :", number)
        sum = sum + number
    return sum

print(add_numbers())            # 가변 위치 인자 바인딩
print(add_numbers(10))
print(add_numbers(10,20))
print(add_numbers(10,20,30))

0
number : 10
10
number : 10
number : 20
30
number : 10
number : 20
number : 30
60
```

위의 코드조각과 같이 인자로 사용할 변수를 정의할 때 *numbers와 같이 변수명 앞에 별표(*)를 붙이면 그 인자는 호출할 때 여러 개의 위치 인자를 반복객체로 받아와 반복문으로 처리할 수 있습니다. for 반복문 안에 인자로 받아온 값들을 출력하게 해 놓았는데 인자로 넘어온 값들을 순서대로 출력하는 것을 실행화면에서 볼 수 있습니다. 이와 같은 함수의 인자 바인딩 방식을 가변 위치 인자 바인딩(variable location argument binding)이라고 부릅니다.

함수가 가변 위치 인자 바인딩을 사용하며 넘겨주는 숫자의 개수의 제약이 사라졌기 때문에 함수의 이름을 add_two_numbers( )에서 add_numbers( )로 바꾸었습니다. add_numbers( ) 함수가 인자 개수의 제약도 없고 코드의 논리도 더 합리적입니다.

그 외 딕셔너리(dict) 자료형으로 여러 개의 키워드 인자를 받아와 처리하도록 구현된 가변 키워드 인자 바인딩(variable keyword argument binding)이 있습니다.

```python
def list_keyword_args(**kwargs):  # 가변 키워드 인자 정의
    print('list_keyword_args() 함수 시작')
    for key, value in kwargs.items():
        print(key, '=',value)

list_keyword_args()                           # 가변 키워드 인자 바인딩
list_keyword_args(name="홍길동")
list_keyword_args(name="홍길동", age=25)
list_keyword_args(name="홍길동", age=25, address="율도국")
```

```
list_keyword_args() 함수 시작
list_keyword_args() 함수 시작
name = 홍길동
list_keyword_args() 함수 시작
name = 홍길동
age = 25
list_keyword_args() 함수 시작
name = 홍길동
age = 25
address = 율도국
```

가변 키워드 인자는 인자로 사용할 변수를 정의할 때 **kwargs와 같이 변수명 앞에 별표(*)를 2개 붙여서 정의하는 것과 여러 개의 키워드 인자를 받아 올 때 딕셔너리(dict) 자료형으로 받아 온다는 것만 기억하면 쉽게 이해할 수 있습니다. kwargs라는 이름은 keyword에서 kw를, arguments에서 args를 가져다 이름을 지은 것입니다.

💡 **생각하기** _ 암기와 논리적 사고

고정 위치와 고정 키워드 인자를 혼용할 때 주의해야 할 것 중의 하나가 고정 위치 인자 바인딩을 먼저 사용하고 고정 키워드 인자를 나중에 사용하여야 한다는 것입니다. 이와 같은 Python의 특징은 굳이 외우려고 하지 않고 약간의 논리적인 사고를 하는 것으로 판단이 가능합니다. 고정 키워드 인자를 먼저 사용하면 위치를 결정할 수 없어서 여러분이 Python을 만들었어도 구현할 수 없거나 구현하기 어려웠을 것을 쉽게 짐작할 수 있습니다. 따라서 고정 키워드 인자는 고정 위치 인자의 뒤에 나올 수 밖에 없습니다.

```python
print(add_two_numbers(number2=20,10))

  File "<ipython-input-4-0c08b7d0e03a>", line 1
    print(add_two_numbers(number2=20,10))

SyntaxError: positional argument follows keyword argument
```

Google Colab으로 실행해 보아도 위치 인자가 키워드 인자 뒤에 놓일 수 없다고 오류가 발생합니다. 앞으로는 논리적 사고로 판단이 가능한 것들은 별도로 설명하지 않겠습니다. 혹시 그로 인해 오류를 경험한다고 해도 그런 오류를 해결하는 과정을 통해 독자들의 능력이 점점 향상될 것입니다. 오류가 난다면 오류 메시지를 자세히 읽어 보는 것과 동시에 왜 그런 오류가 발생하는지 논리적으로 잘 생각해 보기 바랍니다.

math 모듈이 제공하는 주요 수학 함수가 어떤 것들이 있는지 잠시 살펴보겠습니다.

분류	함수 목록
수론 및 표현 함수	ceil(x), comb(n, k), fabs(x), factorial(n), floor(x), fsum(iterable), gcd(*integers), lcm(*integers), perm(n, k=None), pow(x, y), prod(iterable, *, start=1), trunc(x)
삼각 함수	acos(x), asin(x), atan(x), cos(x), dist(p, q), sin(x), tan(x)
각도 변환	radians( )와 degrees( )
지수와 로그 함수	exp(x), exp2(x), log(x[, base]), log2(x), log10(x), sqrt(x)
특수 함수	erf(x), erfc(x), gamma(x), lgamma(x)
비교 함수	isclose(a, b, *, rel_tol=1e−09, abs_tol=0.0), isfinite(x), isinf(x), isnan(x), isqrt(n)
상수	math.pi (π = 3.141592…), math.e (e = 2.718281…), math.tau (τ = 6.283185…), math. inf (양의 무한대), −math.inf (음의 무한대), math.nan (not a number)

▲ [표] math 모듈이 제공하는 주요 수학 함수 (출처 - https://docs.python.org/ko/3/library/math.html에서 요약)

이번에는 Python 내장 함수로 제공하는 주요 수학 함수가 어떤 것들이 있는지 잠시 살펴보겠습니다.

함수	함수 목록	math 모듈 함수
abs(x)	숫자의 절댓값을 돌려 줌. 인자는 정수, 실수 또는 __abs__( )를 구현하는 객체. 인자가 복소수면 그 크기가 반환됨	math.fabs(x)
divmod(a,b)	두 개의 (비복소수) 숫자를 인수로 취하고 정수 나누기를 사용할 때 몫과 나머지로 구성된 숫자 쌍을 반환함	
max(iterable, *, key=None)	iterable(이터러블, 반복값, 반복객체)에서 가장 큰 항목이나 두 개 이상의 인자 중 가장 큰 것을 돌려 줌	
min(iterable, *, key=None)	iterable(이터러블, 반복값, 반복객체)에서 가장 작은 항목이나 두 개 이상의 인자 중 가장 작은 것을 돌려 줌	
pow(base, exp, mod=None)	base의 exp 거듭제곱(exponentiation)을 돌려 줌. mod가 있는 경우, base의 exp 거듭제곱의 모듈로 mod를 돌려 줌. (pow(base, exp) % mod 보다 더 빠르게 계산됨)	math.pow(x, y)
round(number, ndigits=None)	number를 소수점 다음에 ndigits 정밀도로 반올림한 값을 돌려 줌. ndigits 가 생략되거나 None이면, 입력에 가장 가까운 정수를 돌려 줌	
sum(iterable, /, start=0)	start 및 iterable(이터러블, 반복값, 반복객체)의 항목들을 왼쪽에서 오른쪽으로 합하고 합계를 돌려 줌. iterable의 항목은 일반적으로 숫자이며 시작 값은 문자열이 될 수 없음	math.fsum (iterable)

▲ [표] Python 내장 함수로 제공하는 수학 함수 (출처 - https://docs.python.org/ko/3/library/functions.html에서 정리)

함수의 목록을 보면 함수가 어떤 인자를 받아 들이는지 알 수 있는데 이해가 되지 않는다면 **[적재적소] 함수의 인자 바인딩 방법**을 다시 읽어 보기 바랍니다. 다른 프로그래머들이 만들어 놓은 라이브러리를 사용한다고 해도 이 정도의 개념은 알고 있어야 함수를 호출하는 방법을 정확하게 이해할 수 있습니다.

> **❗ 알아두기 _ 슬래시(/) 인자와 별표(*) 인자**
>
> **[표] math 모듈이 제공하는 주요 수학 함수**를 보면 math.prod(iterable, *, start=1)와 같이 인자에 별표(*)가 포함되어 있는 함수가 있고 **[표] Python 내장 함수가 제공하는 수학 함수**를 보면 sum(iterable, /, start=0)와 같이 인자에 슬래시(/)가 포함되어 있는 함수가 있습니다. 의미는 매우 단순합니다. 슬래시(/) 인자 앞의 인자는 모두 위치 전용임을 명시적(explicit)으로 알려 주고, 별표(*) 인자 뒤의 인자는 모두 키워드 전용임을 명시적으로 알려 주는 역할을 합니다. 슬래시(/) 인자와 별표(*) 인자 사이의 인자들은 위치 혹은 키워드의 혼용 인자가 됩니다. 함수를 호출할 때 위의 규칙을 따르지 않으면 오류를 발생시킵니다.

> **💡 생각하기 _ 함수 선택 전략**
>
> 함수의 특성을 하나 하나 확인하여 함수를 호출한다는 것은 말처럼 쉬운 일이 아닙니다. 그래서 연산의 속도를 고려하여 Python 연산자, 내장 함수 및 math 모듈 함수 순으로 선택하고, 앞의 선택에서 원하는 기능이나 정밀도를 얻을 수 없을 경우 뒤의 선택을 하는 함수 선택 전략을 가져 갈 것을 권고합니다. 그렇지만 numpy나 pandas와 같은 패키지의 함수를 사용하는 경우에는 함수들이 그 패키지에 특화되어 있기 때문에 패키지의 함수를 먼저 선택하는 것이 유리할 때가 많습니다.

벡터

벡터 변수의 정의와 연산을 설명하겠습니다. 가장 쉬운 벡터의 정의는 수치만으로 구성된 리스트(list) 자료형을 사용하는 것입니다.

```
list_vector1 = [1,2,3,4,5]
list_vector2 = [5,4,3,2,1]
print("벡터의 덧셈 : ",list_vector1 + list_vector2)
print("벡터의 뺄셈 : ",list_vector1 - list_vector2)

벡터의 덧셈 :  [1, 2, 3, 4, 5, 5, 4, 3, 2, 1]

TypeError                                 Traceback (most recent call last)
<ipython-input-1-562db46bf9cd> in <cell line: 4>()
      2 list_vector2 = [5,4,3,2,1]
      3 print("벡터의 덧셈 : ",list_vector1 + list_vector2)
----> 4 print("벡터의 뺄셈 : ",list_vector1 - list_vector2)

TypeError: unsupported operand type(s) for -: 'list' and 'list'
```

그런데 벡터 변수를 리스트(list) 자료형으로 정의하는 것에는 문제가 없는데 덧셈을 하니 각 요소의 값이 더해지지 않고 두 리스트 변수의 요소들이 연결됩니다. 심지어 뺄셈 연산은 지원을 하지 않아 오류가 발생합니다. 이런 특징으로 리스트는 벡터를 정의하기 위한 용도로는 사용할 수 있으나 연산을 하기 위한 용도로는 적절하지 않습니다.

이런 문제를 해결하기 위하여 수치를 다루는 numpy 패키지를 사용해 보겠습니다.

numpy 패키지는 Google Colab에 기본적으로 설치되어 있으나 Visual Studio Code나 Jupyter Notebook을 사용하는 경우에는 pip 명령어를 사용하여 numpy 패키지를 먼저 설치하여야 합니다.

```
import numpy as np
array_vector1 = np.array([1,2,3,4,5])
array_vector2 = np.array([5,4,3,2,1])
print("벡터의 덧셈 : ",array_vector1 + array_vector2)
print("벡터의 뺄셈 : ",array_vector1 - array_vector2)
print("벡터의 곱셈 : ",array_vector1 * array_vector2)
print("벡터의 나눗셈 : ",array_vector1 / array_vector2)
print("벡터의 자승 : ",array_vector1 ** array_vector2)

벡터의 덧셈 :  [6 6 6 6 6]
벡터의 뺄셈 :  [-4 -2  0  2  4]
벡터의 곱셈 :  [5 8 9 8 5]
벡터의 나눗셈 :  [0.2 0.5 1.  2.  5. ]
벡터의 자승 :  [ 1 16 27 16  5]
```

numpy를 import하여 별명을 np로 부여한 후 array_vector1 = np.array([1,2,3,4,5]) 문장으로 리스트 자료형의 데이터를 numpy의 배열 자료형으로 변환한 후 객체 변수에 저장하였습니다. np.array()는 numpy 패키지의 배열(array) 자료형 객체의 생성자(constructor) 혹은 형변환자(caster, type converter)로 이해하면 됩니다. 그런데 리스트와 numpy 배열이 출력되는 형태에 미세한 차이가 있는 것을 느끼셨나요? 리스트에는 요소들의 값 사이에 콤마(,)가 나타나는데 numpy 배열의 요소들은 공란으로 구분됩니다.

벡터의 연산이 이루어지는 원리를 곱셈의 예를 그림으로 설명하면 아래와 같습니다.

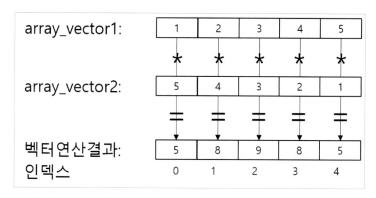

▲ [그림] 벡터 연산 : 곱셈의 예

위의 그림에서 보는 것과 같이 벡터 연산은 벡터의 같은 인덱스에 위치한 원소들끼리 스칼라 연산을 하게 됩니다.

> ❗ **알아두기 _ array와 ndarray**
>
> np.array( ) 함수가 반환하는 자료형은 기술적으로 array가 아니라 ndarray입니다. nd는 n-dimensinal 즉 다차원이라는 의미입니다. 그러나 numpy 배열을 계속 배열(array)로 부르도록 하겠습니다.

```
import numpy as np
array_vector = np.array([1,2,3,4,5])
print("벡터와 스칼라의 덧셈 : ", array_vector + 2)
print("벡터와 스칼라의 뺄셈 : ", array_vector - 2)
print("벡터와 스칼라의 곱셈 : ", array_vector * 2)
print("벡터와 스칼라의 나눗셈 : ", array_vector / 2)
print("벡터와 스칼라의 자승 : ", array_vector ** 2)
print()
print("스칼라와 벡터의 덧셈 : ", 2 + array_vector)
print("스칼라와 벡터의 뺄셈 : ", 2 - array_vector)
print("스칼라와 벡터의 곱셈 : ", 2 * array_vector)
print("스칼라와 벡터의 나눗셈 : ", 2 / array_vector)
print("스칼라와 벡터의 자승 : ", 2 ** array_vector)

벡터와 스칼라의 덧셈 :  [3 4 5 6 7]
벡터와 스칼라의 뺄셈 :  [-1  0  1  2  3]
벡터와 스칼라의 곱셈 :  [ 2  4  6  8 10]
벡터와 스칼라의 나눗셈 :  [0.5 1.  1.5 2.  2.5]
벡터와 스칼라의 자승 :  [ 1  4  9 16 25]

스칼라와 벡터의 덧셈 :  [3 4 5 6 7]
스칼라와 벡터의 뺄셈 :  [ 1  0 -1 -2 -3]
스칼라와 벡터의 곱셈 :  [ 2  4  6  8 10]
스칼라와 벡터의 나눗셈 : [2.         1.         0.66666667 0.5        0.4       ]
스칼라와 벡터의 자승 :  [ 2  4  8 16 32]
```

벡터와 스칼라의 연산은 고민할 것이 없습니다. 벡터의 각각의 요소의 값들과 스칼라 값을 반복하여 연산합니다.

이번에는 벡터에 수학 함수를 적용하는 법을 살펴 봅시다. 우리가 생각할 수 있는 가장 쉬운 시도는 Python 내장 수학 함수에 벡터를 적용해 보는 것입니다.

```
list_vector = [1,-2,3,-4,5]
abs(list_vector)

---------------------------------------------------------------------------
TypeError                                 Traceback (most recent call last)
<ipython-input-2-d10b98147fb9> in <cell line: 2>()
      1 list_vector = [1,-2,3,-4,5]
----> 2 abs(list_vector)

TypeError: bad operand type for abs(): 'list'
```

벡터를 표현하는 리스트에 사칙연산을 적용할 수 없듯이 수학 함수도 적용할 수 없습니다.[*] 벡터와 스칼라의 차이는 스칼라는 값이 하나이지만 벡터에는 값들이 여러 개라는 것이니 반복문을 적용해 볼까요? 우리가 배운 반복문에는 for 반복문과 while 반복문이 있는데 어떤 반복문을 사용해야 할까요?

---

[*] [표] Python 내장 함수로 제공하는 수학 함수에 나열한 함수들 중에서 인자에 iterable이 포함된 max(), min() 및 sum() 함수는 리스트에 적용할 수 있습니다.

```
list_vector = [1,-2,3,-4,5]

for scala in list_vector:
    print("abs("+str(scala)+") = ", abs(scala))

abs(1) =  1
abs(-2) =  2
abs(3) =  3
abs(-4) =  4
abs(5) =  5
```

그렇습니다. 벡터에는 값들의 개수가 정해져 있으니 for 반복문을 사용하면 됩니다. 그런데 벡터에 매번 반복문을 사용하여 원하는 연산을 요소별로 할 수는 있지만 코딩이 그리 효율적이지는 않습니다. 더 좋은 방법이 없을까요?

```
import numpy as np
array_vector = np.array([1,-2,3,-4,5])
abs(array_vector)

array([1, 2, 3, 4, 5])
```

리스트 자료형 대신 numpy 패키지의 배열(array)을 사용하면 배열의 전체 요소를 대상으로 함수를 적용할 수 있습니다. 이제 조금씩 왜 프로그래머들이 벡터를 구현하기 위하여 리스트 자료형이 아니라 numpy 패키지를 사용하는지 알겠지요?

이번에는 math 모듈에 포함된 수학 함수를 numpy 배열(array)에 적용해 보겠습니다.

```
import numpy as np
import math

array_vector = np.array([1,-2,3,-4,5])
print(math.fabs(array_vector))

---------------------------------------------------------------
TypeError                              Traceback (most recent call last)
<ipython-input-4-0112df9d2cda> in <cell line: 5>()
     3
     4 array_vector = np.array([1,-2,3,-4,5])
----> 5 print(math.fabs(array_vector))

TypeError: only size-1 arrays can be converted to Python scalars
```

math 모듈에 포함된 수학 함수는 리스트 자료형뿐만이 아니라 numpy 배열(array)에 적용할 때에도 오류가 발생합니다. 그러면 내장 함수의 경우와 같이 for 반복문을 사용하지 않고 수학 함수를 적용하려면 어떻게 해야 할까요?

```
import numpy as np

array_vector = np.array([1,-2,3,-4,5])
print(np.abs(array_vector))

[1 2 3 4 5]
```

그럴 때에는 위의 코드조각과 실행화면에서 예를 든 것과 같이 np.abs()와 같은 numpy 패키지가 제공하는 수학 함수를 사용하면 됩니다.

새로운 패키지를 소개할 때마다 함수의 표를 책에 정리하는 것은 크게 중요하지 않은 것 같습니다. Python에서 함수가 어떤 형태로 제공되는지는 **[그림] Python 내장 함수**, **[표] 분류별 Python 내장 함수**, **[표] Python 내장 함수가 제공하는 수학 함수**, **[표] math 모듈이 제공하는 주요 수학 함수** 등을 통하여 충분히 익숙해졌을 것입니다. 그래서 numpy 패키지가 제공하는 수학 함수는 별도로 정리하지 않겠습니다. numpy 패키지가 더 전문적인 패키지인만큼 함수가 훨씬 더 많고 복잡합니다. 필요할 때 필요한 만큼 학습하는 것이 정보가 넘치는 시대에 적절한 학습 전략이 될 것입니다.

행렬

행렬 변수의 정의와 연산을 설명하겠습니다. 행렬의 정의도 리스트(list)와 numpy 배열(array) 자료형을 사용하여 할 수 있습니다. 행렬은 2차원 리스트와 2차원 배열로 정의됩니다.

```
list_matrix = [[1,2,3],[4,5,6],[7,8,9]]
print(list_matrix)

[[1, 2, 3], [4, 5, 6], [7, 8, 9]]
```

대괄호([])의 사이에 값을 나열하면 1차원 벡터가 되는데 이렇게 만들어진 벡터를 구성 요소로 다시 벡터로 지정하면 자연스럽게 2차원인 행렬이 됩니다.

```
import numpy as np
array_matrix = np.array([[1,2,3],[4,5,6],[7,8,9]])
print(array_matrix)

[[1 2 3]
 [4 5 6]
 [7 8 9]]
```

리스트 행렬 형태를 np.array() 자료형 변환자에게 넘겨주면 numpy 배열로 벡터의 경우와 동일한 방법으로 행렬을 정의하게 됩니다.

! **알아두기 _ 3차원 이상 텐서 변수의 정의**

아래의 코드조각과 실행화면과 같이 3차원 텐서의 경우는 2차원인 행렬을 구성요소로 지정하면 되고 4차원이나 5차원 텐서 등으로 차원이 올려갈 때에는 동일한 원리로 3차원이나 4차원 텐서를 구성요소로 지정하여 만들면 됩니다. 스칼라, 벡터, 행렬, 텐서 등의 용어를 구분하여 사용하는 것이 익숙하지 않으면 1차원 배열, 2차원 배열, 3차원 배열, 4차원 배열 등과 같이 배열(array) 앞에 차원을 붙이는 방법으로 용어를 통일하여 사용해도 무리가 없을 것 같습니다.

```python
import numpy as np
array_tensor3d = np.array([[[1,2,3],[4,5,6],[7,8,9]],
                           [[10,11,12],[13,14,15],[16,17,18]],
                           [[10,20,21],[22,23,24],[25,26,27]]])
print(array_tensor3d)

[[[ 1  2  3]
  [ 4  5  6]
  [ 7  8  9]]

 [[10 11 12]
  [13 14 15]
  [16 17 18]]

 [[10 20 21]
  [22 23 24]
  [25 26 27]]]
```

그런데 스칼라나 벡터를 정의할 때까지는 값을 코드로 입력하는 것에 큰 어려움이 없었는데 배열(array)의 차원이 올라가니 일일이 손으로 코딩한다는 것이 쉬운 일이 아닙니다. 그래서 numpy 패키지에는 배열을 쉽게 만들어 주는 함수들을 제공하고 있습니다.

```python
import numpy as np

array1d = np.arange(1,10)
print(array1d)

array2d = np.arange(1,10).reshape(3,3)
print(array2d)

[1 2 3 4 5 6 7 8 9]
[[1 2 3]
 [4 5 6]
 [7 8 9]]
```

np.arange() 함수는 Python의 내장 함수인 range()에 해당하는 numpy 함수입니다. range() 내장 함수는 정수만 사용이 가능하고 np.arange() 함수는 실수도 사용이 가능하지만 사용법이 거의 동일해서 설명이 따로 필요하지 않습니다. reshape() 함수는 배열의 차원을 재구성해 주는 함수로 np.arange(1,10).reshape(3,3)과 같이 기술하면 arange() 함수가 만들어 준 1차원 배열을 3행 3열의 2차원 배열로 바꾸어 줍니다.

```
import numpy as np

array2d = np.arange(1,10).reshape(3,3)
array1d = array2d.reshape(9)
print(array1d)
print(array2d.reshape(-1))

[1 2 3 4 5 6 7 8 9]
[1 2 3 4 5 6 7 8 9]
```

다차원 배열을 1차원 배열로 전환할 수도 있습니다. 차원을 높이든 낮추든 reshape() 함수에 넘겨주는 인자는 배열의 구성을 바꿀 값들의 개수가 일치하여야 오류가 발생하지 않습니다. 위의 코드조각에서 2차원 배열은 9개의 값을 가지고 있어서 array2d.reshape(9)와 같이 코드하였습니다. reshape() 메소드의 인자로 특별한 의미를 가지는 -1이라는 인자를 넘겨주면 배열의 요소의 개수를 몰라도 1차원 배열로 형상(shape)을 전환할 수 있습니다.

📖 적재적소 _ 난수

Python 언어는 random 내장 모듈과 numpy 패키지의 random 모듈 등 난수(random number)를 관리하는 다양한 모듈들을 제공합니다. 제공하는 모듈마다 조금씩 차이가 있지만 기본이 되는 개념은 유사합니다. 난수에 대해서도 형식보다 개념에 초점을 맞추어 학습하도록 합시다.

먼저 정수형 난수(random number)를 만드는 방법을 알아보겠습니다.

```
import random
import numpy as np

for _ in range(20):
    print(random.randrange(1,7),end=' ')
print()
for _ in range(20):
    print(np.random.randint(1,7),end=' ')

5 1 5 1 2 3 5 2 3 6 5 6 1 4 5 3 4 1 2
3 5 5 5 3 2 3 6 4 3 1 4 1 1 2 4 1 6 4 2
```

random 내장 모듈은 정수형 난수를 만들기 위하여 randrange() 함수를 사용하고 np.random 모듈은 randint() 함수를 사용합니다. 1에서 6까지 정수의 난수가 무작위적(random)으로 발생하는지 확인하기 위하여 각각 20회를 반복하여 난수를 생성하였습니다. print() 함수의 end 키워드 인자로 공란을 넘겨주어 줄바꿈(\n)하지 않고 값들이 공란으로 구분되어 출력되게 하였습니다. 두 함수 모두 난수를 발생시킬 정수의 범위를 넘겨주고 범위에 속하는 난수를 돌려받는데 range() 함수의 경우와 같이 첫 번째 인자는 시작하는 정수를 넘겨주고 두 번째 인자는 종료하는 정수 + 1의 값을 넘겨줍니다.

```
print(random.randrange(1,7,2))              # 홀수 난수
print(random.randrange(2,7,2))              # 짝수 난수
print(np.random.randint(1,7,(2,3)))         # 2 X 3 행렬 난수
print(np.random.randint(1,7,size=(2,2)))    # 2 X 2 행렬 난수


3
2
[[6 2 1]
 [6 5 5]]
[[4 5]
 [3 1]]
```

random.randrange( ) 함수는 세 번째 인자로 간격(step, 증가값)을 넘겨주어 범위 안에서 간격이 있는 난수를 구할 수 있으며 np.random.randint( ) 함수는 세 번째 인자로 numpy 배열(array)의 크기(size)를 넘겨주어 원하는 차원의 난수 배열을 만들 수 있습니다.

이번에는 실수형 난수를 만드는 방법을 알아보겠습니다.

```
print(random.random())           # 1을 포함하지 않는 0~1사이의 실수 난수
print(np.random.rand())          # 1을 포함하지 않는 0~1사이의 실수 난수
print(np.random.rand(2,3))       # 1을 포함하지 않는 0~1사이의 실수 난수 (2 X 3 배열)


0.5081139706913528
0.3021189758113202
[[0.19033745 0.93991803 0.71004323]
 [0.65664406 0.85566369 0.06733242]]
```

random 내장 모듈과 np.random 모듈 모두 1을 포함하지 않는 0에서 1 사이의 실수의 난수를 생성하는데 함수의 이름이 random( )과 rand( ) 차이가 나고 numpy 패키지의 경우 인자로 배열의 차원을 넘겨주면 넘겨준 numpy 배열의 크기에 맞는 난수를 생성해 줍니다.

난수를 발생시킬 실수의 범위를 지정하지 않고 일률적으로 0에서 1 사이의 난수를 발생시키는데 그럼 난수를 발생시킬 실수의 범위는 어떻게 처리해야 하는 것일까요?

```
for _ in range(5):
    print(5+random.random()*5,end=' ')       # 10을 포함하지 않는 5~10사이의 실수 난수
print()
for _ in range(5):
    print(5+np.random.rand()*5,end=' ')       # 10을 포함하지 않는 5~10사이의 실수 난수


6.869995605239534 9.670048454787901 9.291138634465273 7.83148035398018 8.506626529030564
7.019685187824314 7.364786951909429 5.145247434242134 9.242559640820545 7.504561935264729
```

0에서 1 사이의 난수를 간단히 수치적으로 조작하면 어떤 범위의 난수로도 쉽게 전환할 수 있습니다. 위의 코드조각과 실행화면을 보면 5를 더하고 5를 곱해서 5부터 10 사이의 범위를 가지는 난수를 만들고 있습니다.

np.random.randn( ) 함수나 np.random.random( ) 함수의 도움을 받으면 정규 분포(normal distribution)를 가진 실수형 난수를 발생시킬 수 있습니다. 위에서 본 random.random( )과 np.random.rand( )와 같은 난수 함수들은 특별히 어떤 분포를 따른다고 지정하지 않았지만 난수를 발행할 구간에서 발생 확률이 균등한 일양분포(uniform distribution)를 따른다고 보면 됩니다.

```
# 하나의 난수
print(np.random.randn())                  # 정규분포(평균 0, 표준편차 1) 실수 난수
print(np.random.normal(90,10))            # 정규분포(평균 90, 표준편차 10) 실수 난수
# 길이가 5인 벡터
print(np.random.randn(5))                 # 정규분포(평균 0, 표준편차 1) 실수 난수
print(np.random.normal(90,10,size=5))     # 정규분포(평균 90, 표준편차 10) 실수 난수
# 2X3 배열
print(np.random.randn(2,3))               # 정규분포(평균 0, 표준편차 1) 실수 난수
print(np.random.normal(90,10,size=(2,3))) # 정규분포(평균 90, 표준편차 10) 실수 난수

0.6597870858335965
103.56408831174102
[ 1.49772671 -0.3393504  -0.43236208  1.14342066 -0.69243313]
[68.81885619 73.34441971 95.45176389 94.69085933 87.69411168]
[[ 0.32585796 -1.38560498  0.33753711]
 [ 0.5015135  -0.83120397 -0.20219147]]
[[ 82.99569654 102.02835877  83.25308744]
 [ 83.86473348  83.83988809  95.25141292]]
```

np.random.randn( ) 함수는 평균이 0, 표준편차가 1인 정규분포의 난수를 발생시키며, np.random.normal( ) 함수는 첫 번째 인자로 지정한 평균에 두 번째 인자로 지정한 표준편차를 가지는 정규분포의 난수를 발생시킵니다. np.random.randn( ) 함수는 인자로 배열의 크기를 지정할 수 있고, np.random.normal( ) 함수는 세 번째 인자 혹은 size 키워드 인자로 배열의 크기를 지정할 수 있습니다.

난수와 관련된 개념 중에서 가장 이해하기 어려운 개념이 난수의 발생을 제어하는 시드(seed)입니다. 하지만 예제를 사용하면 시드도 쉽게 이해할 수 있습니다. 우선 정수형 난수를 여러 개 반복하여 만들어 보겠습니다.

```
for _ in range(5):
    print(random.randrange(1,11),end=' ')
print()
for _ in range(5):
    print(np.random.randint(1,11),end=' ')

3 3 7 4 8
10 2 2 1 9
```

1에서 10 사이의 값이 무엇이 나오는지 예측할 수 없는 5개의 난수가 random 내장 모듈과 np.random 모듈에 의하여 각각 만들어졌습니다. 한 번 더 돌려 보겠습니다.

```
for _ in range(5):
    print(random.randrange(1,11),end=' ')
print()
for _ in range(5):
    print(np.random.randint(1,11),end=' ')

3 8 6 3 3
4 10 2 6 3
```

마찬가지로 1에서 10 사이의 값이 무엇이 나오는지 예측할 수 없는 5개의 난수가 random 내장 모듈과 np.random 모듈에 의하여 각각 만들어졌습니다. 이번에는 시드를 지정한 후 마찬가지로 두 번 반복하여 난수를 만들어 보겠습니다.

```
▶  random.seed(42)
     for _ in range(5):
       print(random.randrange(1,11),end=' ')
   print()
   np.random.seed(42)
     for _ in range(5):
       print(np.random.randint(1,11),end=' ')

   2 1 5 4 4
   7 4 8 5 7
```

```
▶  random.seed(42)
     for _ in range(5):
       print(random.randrange(1,11),end=' ')
   print()
   np.random.seed(42)
     for _ in range(5):
       print(np.random.randint(1,11),end=' ')

   2 1 5 4 4
   7 4 8 5 7
```

무엇인가가 이상하지 않나요? 분명히 난수라고 했는데 동일한 시드를 지정하고 생성한 난수가 순서대로 동일하게 만들어집니다. 그렇지만 난수로서의 기능은 제대로 동작하는 것 같습니다. 그래서 이와 같은 난수를 의사난수(pseudo random number, 유사난수)라고 부르는데 의사난수의 개념을 이용하여 프로그래머는 통제되는 난수를 발생시킬 수 있습니다. 여러분이 어떤 게임을 할 때 초반에 게임의 시작이 대부분 유사했고 게임이 진행되면서 조금씩 바뀌어 나갔지요? 이유가 바로 시드를 지정한 난수를 사용했기 때문입니다. 수학자나 과학자들에게는 예측할 수 없는 난수의 가치가 높겠지만 게임 프로그래머에게는 난수의 통제권을 가질 수 있는 예측할 수 있는 난수가 더 가치가 있을 것입니다.

💡 **생각하기 _ 시드 42 !**

프로그래머들은 for 반복문의 제어변수로 i,j,k를 사용하는 것과 같이 난수의 시드(seed)를 지정할 때에는 42로 지정하는 습관이 있습니다. 원래의 출처는 정확하지 않지만, 더글라스 애덤스의 저서 〈은하수를 여행하는 히치하이커를 위한 안내서〉의 본문 중 '삶과 우주, 그리고 모든 것에 대한 답은 42이다.'라는 구절이 있다고 합니다. 이에 착안해 숫자 42를 사용했던 것이 이어져 통상적으로 현재까지도 시드로 42를 사용하는 것이라고 합니다.

위에서 소개하지 않은 numpy 패키지의 배열을 생성해 주기 위한 함수의 목록을 정리해 보겠습니다.

함수	설명
arange([start,] stop[, step,], dtype=None, *, like=None)	Python의 range( ) 내장 함수와 유사한 numpy 함수로 실수의 사용이 가능함 [예: np.arange(0.1, 1.0, 0.1)]
empty(shape)	모든 요소들의 값이 빈 배열을 생성
empty_like(array)	array 인자와 동일한 차원의 모든 요소들의 값이 빈 배열
eye(n), identity(n)	대각선이 길이가 n인 즉 행과 열이 n인 정방행렬 생성
linspace(start, stop, num=50, endpoint=True)	수치의 간격 대신 생성할 값들의 개수(num)를 사용하고 종료(stop)값을 포함하는 것이 arange( ) 함수와 다름
logspace(start, stop, num=50, endpoint=True, base=10.0)	수치의 생성값들을 선형적(linear)으로 생성하지 않고 로그(log)적으로 생성하는 것이 linspace( ) 함수와 다름
ones(shape)	모든 요소들의 값이 1인 배열을 생성
ones_like(array)	array 인자와 동일한 차원의 모든 요소들의 값이 1인 배열
zeros(shape)	모든 요소들의 값이 0인 numpy 배열을 생성
zeros_like(array)	array 인자와 동일한 차원의 모든 요소들의 값이 0인 배열

▲ [표] 배열을 생성해 주는 주요 numpy 패키지 함수

배열 생성 함수에 shape 인자를 제공할 때 1차원은 np.empty(3) 혹은 np.empty(shape=3)과 같이 코드하면 되나 2차원 이상은 np.empty((2,3)) 혹은 np.empty(shape=(2,3))과 같이 행과 열을 하나의 인자로 처리하도록 튜플(tuple)로 묶어서 기술해야 합니다.

배열 생성 함수는 like 키워드 인자를 제공하는데 이 인자를 사용하면 기존에 생성된 배열과 동일한 구조의 배열을 만들 수 있습니다. 기존에 생성된 배열을 기반으로 배열을 만드는 경우 np.ones_like(array)와 같은 함수를 사용하면 코딩을 간편하게 할 수 있습니다.

dtype 키워드 인자를 사용하여 np.zeros(shape=(2,3),dtype=np.int8)과 같이 자료형을 지정하여 배열을 생성하면 저장 공간을 가장 적게 차지하거나 수행 속도가 가능 빠르게 하는 등의 최적화(optimization)가 가능합니다.

empty( ) 함수는 빈 배열을 만드는 것으로 초기값이 가비지(garbage, 쓰레기) 데이터가 되어 얼핏 쓸모가 없는 함수로 보이나 크기가 매우 큰 배열을 만든다면 초기값을 지정하는 작업을 하지 않기 때문에 배열의 생성 속도가 빠릅니다.

이번에는 행렬을 대상으로 사칙연산을 수행해 보겠습니다.

```
import numpy as np

array_matrix = np.arange(1,10).reshape(3,3)
print("행렬 : \n", array_matrix)

print("행렬 덧셈 : \n", array_matrix + array_matrix)
print("행렬 나눗셈 : \n", array_matrix / array_matrix)

행렬 :
 [[1 2 3]
 [4 5 6]
 [7 8 9]]
행렬 덧셈 :
 [[ 2  4  6]
 [ 8 10 12]
 [14 16 18]]
행렬 나눗셈 :
 [[1. 1. 1.]
 [1. 1. 1.]
 [1. 1. 1.]]
```

행렬 연산의 특징을 설명하기 위하여 덧셈과 나눗셈만 코딩해 보았는데 벡터의 경우와 같이 대응되는 요소끼리 스칼라 연산을 하는 것을 확인할 수 있습니다. 뺄셈(-), 곱셈(*), 나머지(%) 및 거듭제곱(**) 연산에도 동일한 원리가 적용됩니다.

그런데 수학 시간에 행렬의 곱셈에 대하여 배웠던 것이 요소 간의 곱이었던가요?

그렇지 않습니다. 위키백과에서 참조한 우측의 그림과 같이 행렬의 곱셈 규칙이 따로 있었지요.

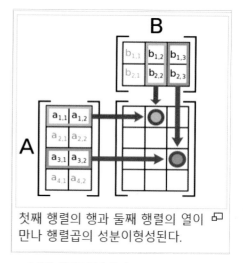

첫째 행렬의 행과 둘째 행렬의 열이 만나 행렬곱의 성분이형성된다.

△ **[그림]** 행렬의 곱셈 (출처 - https://ko.wikipedia. org/wiki/행렬_곱셈)

우측의 코드조각과 실행화면에서 볼 수 있는 것과 같이 곱셈(*) 연산자는 행렬의 원소간의 곱을 수행하고, 행렬곱(@) 연산자는 수학 시간에 배운 행렬의 곱을 수행합니다.

```
import numpy as np

array_matrix = np.arange(9).reshape(3,3)
print("행렬 : \n", array_matrix)

print("행렬의 배열 곱셈 : \n", array_matrix * array_matrix)
print("행렬의 행렬 곱셈 : \n", array_matrix @ array_matrix)

행렬 :
 [[0 1 2]
 [3 4 5]
 [6 7 8]]
행렬의 배열 곱셈 :
 [[ 0  1  4]
 [ 9 16 25]
 [36 49 64]]
행렬의 행렬 곱셈 :
 [[ 15  18  21]
 [ 42  54  66]
 [ 69  90 111]]
```

❗ 알아두기 _ 행렬곱 연산자

행렬곱(@) 연산자는 Python 3.5 버전부터 numpy 배열(array)에 적용되는 연산자로 리스트(list)에는 적용되지 않습니다. 그리고 scipy 패키지의 csr_matrix나 numpy 패키지의 matrix에는 @ 연산자가 아니라 * 연산자가 행렬곱 연산자 역할을 하니 주의하여 코딩하고 읽어야 합니다. Python 3.5 버전이 되기 전에 코딩된 경우에는 np.matmul( ) 함수와 np.dot( ) 함수를 행렬곱에 사용하였고 많은 프로그래머들이 관행적으로 아직도 두 함수를 사용하고 있으니 알고 있어야 하며, 세 가지 방법이 미묘한 차이를 가지니 주의하여야 합니다.

이번에는 행렬을 대상으로 스칼라 연산을 수행하고 수학 함수를 적용해 보겠습니다.

행렬을 대상으로 한 함수와 스칼라 연산은
벡터의 경우와 동일하게 2차원 배열의 각
각의 요소에 반복하여 적용됩니다.

```
import numpy as np

array_matrix = np.arange(9).reshape(3,3)
print("행렬 : \n", array_matrix)

print("행렬과 스칼라 곱셈 : \n", array_matrix * 2)
print("행렬 제곱근 : \n", np.sqrt(array_matrix))

행렬 :
 [[0 1 2]
 [3 4 5]
 [6 7 8]]
행렬과 스칼라 곱셈 :
 [[ 0  2  4]
 [ 6  8 10]
 [12 14 16]]
행렬 제곱근 :
 [[0.         1.         1.41421356]
 [1.73205081 2.         2.23606798]
 [2.44948974 2.64575131 2.82842712]]
```

적재적소 _ numpy 배열 연산과 일반적인 스칼라 연산의 차이

2차원인 행렬을 사용하여 numpy 배열(array)에 대한 연산을 배웠으니 일반적인 스칼라 연산과의 차이점을 알아볼 때가 되었
습니다. 그리고 두 연산의 차이에서 오는 nan과 inf의 개념을 알아볼 때가 되었습니다.

```
result = 1 / 0
---------------------------------------------------------------------------
ZeroDivisionError                         Traceback (most recent call last)
<ipython-input-7-1a757135a380> in <cell line: 1>()
----> 1 result = 1 / 0

ZeroDivisionError: division by zero
```

일반적인 스칼라 연산에서 0으로 나누는 경우 오류가 발생하며 프로그램의 수행이 멈춥니다. 0으로 무엇인가를 나눌 수 없으
니 이는 당연한 선택일 것입니다.

```
import numpy as np

array_matrix01 = np.array([[-2,-1,0,1,2],[1,2,3,4,5]])
print("나누어지는 행렬 : \n", array_matrix01)
array_matrix02 = np.array([[1,0,0,0,1],[5,4,3,2,1]])
print("나누는 행렬 : \n", array_matrix02)
array_matrix03 = array_matrix01 / array_matrix02
print("나누어진 행렬 : \n", array_matrix03)

나누어지는 행렬 :
 [[-2 -1  0  1  2]
 [ 1  2  3  4  5]]
나누는 행렬 :
 [[1 0 0 0 1]
 [5 4 3 2 1]]
나누어진 행렬 :
 [[-2. -inf  nan  inf  2. ]
 [ 0.2 0.5  1.   2.   5. ]]
<ipython-input-33-10d794c47070>:7: RuntimeWarning: divide by zero encountered in true_divide
  array_matrix03 = array_matrix01 / array_matrix02
<ipython-input-33-10d794c47070>:7: RuntimeWarning: invalid value encountered in true_divide
  array_matrix03 = array_matrix01 / array_matrix02
```

이번에는 0으로 나누는 경우를 numpy 배열 연산에 적용해 보았습니다. 위의 실행화면을 보니 -1을 0으로 나눈 요소에 -inf 표시가 되어 있고, 0을 0으로 나눈 요소에 nan 표시가 되어 있으며, 1을 0으로 나눈 요소에 inf 표시가 되어 있고 하단에 0으로 나누는 예외적인 상황과 나눗셈을 할 때 바르지 않은 값(invalid value)을 가진 예외적인 상황이 발생했다고 경고(warning) 메시지를 보여 주는 것을 확인할 수 있습니다. 그리고 그 외에 요소들은 정상적으로 나눗셈이 된 결과가 정상적으로 들어가 있는 것을 확인할 수 있습니다.

inf는 infinity의 약자로 양의 무한대를, -inf는 음의 무한대를 각각 의미하고 nan은 not a number의 약자입니다. 시중에 나와 있는 Python 관련 타 도서들을 살펴 보면 nan을 결측치라고 부르는데 nan을 정확하게 표현하는 말이 아닌 것 같습니다.

독자 여러분은 이 두 가지 서로 다른 선택에 대하여 어떻게 생각하나요? 스칼라 연산과 같이 0으로 나누는 것과 같은 상황이 발생할 때 오류를 내고 프로그램의 수행을 중단하는 것은 바람직한 선택일까요? 아니면 numpy 배열과 같이 예외적인 상황에 따라서 not a number(nan)를 돌려 주거나 inf를 돌려 주고 프로그램을 계속 수행하는 것이 바람직한 선택일까요? 처리할 값이 하나일 때에는 예외적인 상황이 발생할 때 더 이상 처리할 수 없으니 멈추는 것이 바람직한 선택이고, 처리할 값이 여러 개일 때에는 예외적인 값들만 처리를 하지 않고 그렇지 않은 값들은 정상적으로 처리하는 것이 바람직한 선택입니다.

📖 적재적소 _ 부울 자료형

부울(bool) 자료형은 참(True)과 거짓(False)만을 가질 수 있는 매우 이해하기 쉬운 자료형인데 Python은 0이나 없음(None)이나 빈 리스트([ ])나 빈 딕셔너리({ }) 등의 개념을 거짓으로 인식하고 그외의 경우를 참으로 인식합니다. 그래서 어떤 일이 생기는지 결과가 동일한 즉, 로직이 동일한 다음 예제들을 봅시다.

동일한 기능을 수행하는 위와 같은 세 가지 코딩 방식 중 여러분은 어떤 방식을 가장 선호하시나요? 다른 언어에 익숙한 프로그래머라면 첫 번째나 두 번째라고 답하는 분들도 있을 것 같은데 if coupon is not None: 이나 if coupon != None: 과 같이 부정적 조건을 사용하고 있습니다. 그렇다고 if coupon is None: 이나 if coupon == None:과 같이 긍정적 조건으로 바꾸어 보면 coupon이 없을 때의 처리 코드가 앞으로 와야 해서 코드의 순서가 뒤집어집니다. 그래서 조금만 생각해 보면 논리의 흐름이 긍정적 조건이고, coupon이 없을 때의 코드가 뒤로 이동하여 자연스러운 세 번째 코드라고 답할 것입니다. 그리고 if coupon:이 코드도 훨씬 간결합니다.

```
product_list = []

if product_list:
    print("여기에 제품 처리 로직을 기술합니다.")
else:
    print("여기에 제품이 없을 경우의 로직을 기술합니다.")

여기에 제품이 없을 경우의 로직을 기술합니다.
```

리스트(list)의 경우에도 없음(None)과 동일한 판단을 하게 될 것입니다.

없음(None)과 빈 리스트([ ])의 예를 들었지만 0이나 빈 딕셔너리({ })를 거짓(False)으로 처리하면 앞에서 설명한 것과 같은 순방향 논리의 매우 간결한 코드를 만들어 낼 수 있습니다. 그리고 Python 프로그래머들이 매우 자주 사용하는 코딩 방식이기 때문에 다른 프로그래머의 코드를 이해하기 위한 목적으로라도 알고 있어야 합니다.

! 알아두기 _ nan의 비교

nan(not a number)은 값을 비교하기 위하여 variable == math.nan이나 variable is math.nan과 같은 조건식을 사용하는 것은 성립되지 않거나 원하지 않는 결과에 봉착하게 됩니다. 각각의 모듈이나 패키지에서 제공하는 isnan( ) 함수를 사용하여 비교하기 바랍니다. pandas 패키지의 경우에는 isnan( ) 함수가 아니라 isna( ) 함수를 사용해야 합니다. nan의 비교만이 아니라 비교 함수인 is로 시작하는 함수들이 제공된다면 가능하면 비교 함수를 사용하는 것이 좋습니다.

생각하기 _ 응용 프로그래머와 시스템 프로그래머의 고민의 차이

앞에서 언급한 nan과 inf의 사례는 numpy 배열(array)에서 나왔는데 여러분이 Python 언어나 numpy 패키지를 만드는 시스템 프로그래머라면 이런 경우에 어떤 선택을 했을까요? 배열도 0으로 나누는 경우가 생기면 그냥 프로그램 오류를 내고 멈추게 설계했을까요? 아니면 경우에 따라서 값을 nan이나 inf로 대체한 후 계속 프로그램이 수행되게 했을까요?

Python 언어 생태계에 속한 시스템 프로그래머들은 이런 경우 nan과 inf라는 개념을 Matlab이라는 공학용 프로그램 언어에서 차용하여 프로그램의 수행을 계속하게 하는 선택을 하였습니다. 일반적으로 시스템 프로그래머는 프로그램의 안정성과 효율성을 고려해야 하는 반면, 응용 프로그래머는 프로그램의 기능과 사용성을 고려해야 합니다. 이렇게 시스템 프로그래머와 응용 프로그래머의 고민에는 차이가 있습니다.

이와 같은 시스템 프로그래머들의 고민의 결과가 응용 프로그래머에게도 많은 영향을 미치는데 프로그램을 배우는 초기 단계에서부터 시스템 프로그래머들의 고민에 너무 많은 관심을 가지다 보면 프로그램이 어렵게 느껴지고 흥미도 감소하고 도대체 그래서 이렇게 어려운 것을 어떻게 배운다는 말인가하는 의문을 가지게 됩니다. 그러다 프로그램 학습을 포기하게 되는 것입니다.

그래서 본 도서는 철저하게 응용 프로그래머의 관심 영역에 초점을 맞추고 있습니다. 예를 들면 시스템 프로그래머는 매개변수(parameter)와 인자(argument)를 철저히 구분해야 합니다. 그래야 인터프리터나 컴파일러를 만들 수 있으니까요. 그러나 응용 프로그래머는 특히 프로그램 입문자는 이것을 구분하려고 하는 순간 자신의 수준보다 한참 높은 수준으로 단숨에 올라가게 됩니다. 천미터 달리기도 힘든데 처음부터 마라톤을 해야 하는 상황에 처하게 되는 것입니다. 그래서 본 도서는 매개변수와 인자라는 용어를 구분하지 않고 인자라는 용어로 통일하여 사용합니다.

그리고 책의 본문에서 [적재적소], [알아두기] 및 [생각하기]를 분리하여 설명의 핵심적인 흐름과 분리하여 설명하고 있습니다. 책의 본문과 [적재적소]는 학습을 하며 진도를 나가야 하지만, [알아두기]와 [생각하기]는 관심이 있으면 읽어 보거나 그렇지 않으면 건너뛰어도 되며 필요할 때 찾아 읽어도 됩니다. 이와 같은 학습의 효율성을 높이기 위한 구조화된 접근을 통하여 본 도서의 독자들은 핵심적인 흐름에 초점을 맞추며 학습할 수 있습니다. 이것이 본 도서의 철학인데 이 철학을 이해하며 학습하면 더욱 효율적으로 학습할 수 있을 것입니다.

이번에는 행렬에 고유하게 적용되는 전치 연산을 수행해 보겠습니다.

```
import numpy as np

array_matrix = np.arange(9).reshape(3,3)
print("행렬 : \n", array_matrix)

print("전치 행렬 (array_matrix.T) : \n", array_matrix.T)
print("전치 행렬 (np.transpose(array_matrix)) : \n",
     np.transpose(array_matrix))

행렬 :
 [[0 1 2]
 [3 4 5]
 [6 7 8]]
전치 행렬 (array_matrix.T) :
 [[0 3 6]
 [1 4 7]
 [2 5 8]]
전치 행렬 (np.transpose(array_matrix)) :
 [[0 3 6]
 [1 4 7]
 [2 5 8]]
```

numpy 배열(array) 변수 이름의 뒤에 점(.)을 찍고 대문자 T를 붙이면 전치 행렬이 나타납니다. numpy 패키지의 transpose( ) 함수에 배열을 이름을 넘겨주어도 전치 행렬을 구할 수 있습니다. 전자는 표현이 간결하고 후자는 전치 행렬이라는 것을 코드를 읽는 것만으로 알 수 있다는 장점이 있습니다.

생각하기 _ 간결성과 가독성

프로그램 코드는 간결해야 하는 것일까요? 그렇습니다. 그렇다면 프로그램 코드는 읽기 쉬워야 하는 것일까요? 그렇습니다. 그런데 이 두 가지를 추구하는 것은 종종 충돌합니다. 동일한 기능을 하는 array_matrix.T와 np.transpose(array_matrix) 코드의 차이를 보면 전자는 간결하지만 Python 언어와 numpy 패키지를 모른다면 암호에 가깝습니다. .T가 도대체 무슨 뜻이라는 말입니까? np.transpose(array_matrix) 코드의 경우는 읽으면서 전치행렬을 만드는 코드라는 것을 직관적으로 알 수 있는데 코드의 길이가 너무 깁니다. array_matrix − array_matrix나 np.subtract(array_matrix, array_matrix)와 같은 코드를 비교해 보면 어떨까요? 전자가 후자보다 간결하면서 동시에 가독성도 높습니다. 간결성(brevity)과 가독성(readability)은 모두 추구해야 할 미덕이며 array_matrix.T와 np.transpose(array_matrix)과 같이 두 개의 미덕이 충돌한다면 코드의 유지보수성(maintainability)을 높이기 위하여 가독성을 따르는 것이 좋습니다. 프로그래머의 선호도에 따라서 선택하여 사용할 수 있도록 numpy 패키지에서는 간결한 코드 방식과 가독성이 높은 코드 방식의 두 가지를 모두 지원하고 있습니다.

6.3 리스트와 numpy 배열 다루기

형상 확인

리스트(list)와 numpy 배열(array)을 다루는 방법을 설명하기 전에 리스트와 배열의 형상(shape)을 확인하는 방법부터 살펴보겠습니다. 형상은 리스트와 배열의 길이와 크기와 차원 등을 아우르는 용어입니다.

먼저 벡터의 길이를 알 수 있는 가장 간단하고 단순한 방법인 len() 내장 함수를 사용해 보겠습니다.

len() 함수는 문자열과 리스트 자료형만이 아니라 numpy 배열(array) 자료형에도 적용되어 벡터의 길이를 알려 줍니다.

```python
import numpy as np

list_vector = [1,2,3,4,5]
array_vector = np.arange(1,6)
print("array_vector :", array_vector)

print("len(list_vector)  :", len(list_vector))
print("len(array_vector) :", len(array_vector))


array_vector : [1 2 3 4 5]
len(list_vector)  : 5
len(array_vector) : 5
```

이번에는 2차원인 행렬을 대상으로 길이만이 아니라 몇 가지 다양한 형상(shape)들을 확인해 봅시다.

np.ndim() 함수를 사용하여 차원의 값을 알 수 있고, np.size() 함수를 사용하여 행렬의 전체 구성요소의 개수를 알 수 있고, np.shape() 함수를 사용하면 행의 수와 열의 수 혹은 다차원 배열의 차원별 길이의 정보를 튜플의 형태로 알 수 있습니다.

```python
import numpy as np

list_matrix = [[1,2,3],[4,5,6]]
array_matrix = np.arange(1,7).reshape(2,3)
print("array_matrix :\n", array_matrix)

print("np.ndim(list_matrix) :", np.ndim(list_matrix))
print("np.ndim(array_matrix) :", np.ndim(array_matrix))
print("np.size(list_matrix) :", np.size(list_matrix))
print("np.size(array_matrix) :", np.size(array_matrix))
print("np.shape(list_matrix) :", np.shape(list_matrix))
print("np.shape(array_matrix) :", np.shape(array_matrix))


array_matrix :
 [[1 2 3]
 [4 5 6]]
np.ndim(list_matrix) : 2
np.ndim(array_matrix) : 2
np.size(list_matrix) : 6
np.size(array_matrix) : 6
np.shape(list_matrix) : (2, 3)
np.shape(array_matrix) : (2, 3)
```

```
▶   import numpy as np

    array_matrix = np.arange(1,7).reshape(2,3)
    print("array_matrix :₩n", array_matrix)

    print("array_matrix.ndim :", array_matrix.ndim)
    print("array_matrix.size :", array_matrix.size)
    print("array_matrix.shape :", array_matrix.shape)


    array_matrix :
     [[1 2 3]
     [4 5 6]]
    array_matrix.ndim : 2
    array_matrix.size : 6
    array_matrix.shape : (2, 3)
```

생성

통상 데이터를 대상으로 하는 작업은 생성하고 조회하고 수정하고 삭제하는 작업입니다. 데이터 작업을 수행하는 사람들은 이와 같은 전형적인 기능을 CRUD(create, read, update, delete)라고 줄여서 부르고 있습니다. 리스트와 배열로 이 4가지 작업을 어떻게 하는지 알아보겠습니다.

먼저 생성(create)하는 작업인데 생성 작업은 앞 절인 **스칼라, 벡터, 행렬 그리고 텐서**에서 다루었습니다.

조회

두 번째로 조회(read)하는 작업을 알아보겠습니다. **Chapter 4 프로그래밍 기초**에서 리스트와 튜플의 요소를 대상으로 한 연산을 설명할 때, 그리고 **[적재적소] 인덱스**를 설명할 때 벡터에 대한 간단한 조회와 수정 작업의 기본적인 원리를 언급하였습니다. 이 기본적인 원리는 numpy 배열(array)까지 확장되어 적용되니 기억이 나지 않는다면 다시 한 번 보고 오시기 바랍니다.

```
import numpy as np

list_vector = [1,2,3,4,5,6,7,8,9,10]
array_vector = np.array(list_vector)

print("3~7번째 요소 :", list_vector[2:7], array_vector[2:7])
print("1~7번째 요소 :", list_vector[:7], array_vector[:7])
print("7번째~마지막 요소 :", list_vector[6:], array_vector[6:])
print("2~8번째 요소 중 짝수번째 요소 :", list_vector[1:8:2], array_vector[1:8:2])
print("마지막에서 2~8번째 요소 중 짝수번째 요소 :",
      list_vector[-2:-9:-2], array_vector[-2:-9:-2])
print("전체 요소 중 홀수번째 요소 :",list_vector[::2], array_vector[::2])

3~7번째 요소 : [3, 4, 5, 6, 7] [3 4 5 6 7]
1~7번째 요소 : [1, 2, 3, 4, 5, 6, 7] [1 2 3 4 5 6 7]
7번째~마지막 요소 : [7, 8, 9, 10] [ 7  8  9 10]
2~8번째 요소 중 짝수번째 요소 : [2, 4, 6, 8] [2 4 6 8]
마지막에서 2~8번째 요소 중 짝수번째 요소 : [9, 7, 5, 3] [9 7 5 3]
전체 요소 중 홀수번째 요소 : [1, 3, 5, 7, 9] [1 3 5 7 9]
```

위의 코드조각과 실행화면에서 우선 리스트와 numpy 배열의 첨자를 지정하는 방식이 동일하다는 것을 확인하기 바랍니다. 그래서 리스트의 첨자 표현을 빨간색 점선 사각형으로 감싸 강조하면서 배열의 첨자는 리스트와 동일하기 때문에 생략하였습니다. 리스트와 numpy 배열의 요소들을 조회하는 방법은 기본적으로 range( ) 함수와 문법은 다르지만 원리는 동일합니다. 예를 들어 array_vector[1:8:2]와 같이 기술하면 특정 구간의 값들을 잘라서 조회할 수 있습니다. 콜론(:)을 구분자로 첫 번째 숫자는 시작 (start) 인덱스, 두 번째 숫자는 종료(end) 인덱스, 세 번째 숫자는 증가(step)값을 의미하여 문법만 다르지 range(1,8,2) 함수와 np.arange(1,8,2) 함수를 호출하는 것과 유사합니다. array_vector[-2:-9:-2] 와 같이 인덱스와 증가값을 음수를 사용하여 역순으로 조회하는 것도 가능합니다. array_vector[2:7]과 같이 증가값을 생략하면 인덱스를 1씩 증가시키며 조회하고, array_vector[:7]과 같이 시작 인덱스를 생략하면 첫 요소부터 조회할 수 있고, array_vector[6:]과 같이 종료 인덱스를 생략하면 마지막 요소까지 조회할 수 있습니다. array_vector[::2]와 같이 시작과 종료 인덱스를 모두 생략하면 전체 벡터를 대상으로 증가값 2만큼 건너뛰며 조회합니다. 이와 같은 기법을 슬라이싱(slicing)이라고 합니다.

! 알아두기 _ 슬라이싱과 스트라이딩

array_vector[-2:-9:-2]나 array_vector[::2]와 같이 증가값을 1이 아닌 값으로 사용하는 경우 스트라이딩(striding)이라고 슬라이싱(slicing)과 구분하여 부릅니다. 증가값으로 값을 건너뛰는 모습이 성큼 성큼 걷는 것처럼 보여서 지어진 이름입니다. 그러나 본 도서에서는 용어에 압도되지 않게 하기 위하여 구분하지 않고 두 가지 모두 슬라이싱이라고 부릅니다. 인공지능에서는 스트라이딩 기법이 자주 사용되니 구분하여 기억하는 것도 나쁘지 않을 것입니다.

적재적소 _ 문자열과 슬라이싱

문자열도 문자들의 연속된 값들로 이루어진 일종의 벡터로 인덱스화 되어 있기 때문에 슬라이싱 기술을 사용하여 부분 문자열을 만들어 낼 수 있습니다. 아래의 코드조각에서는 문자열이라는 글자만 부분 문자열로 만들어 보았습니다. 특기할 만한 사실은 Python이 유니코드(unicode)를 사용하기 때문에 한글을 두 자리로 보지 않고 한 자리로 본다는 것입니다. C언어와 같은 오래된 많은 프로그래밍 언어는 영어는 한 바이트를 사용하기 때문에 한 자리로 보지만 한글은 두 바이트를 사용하기 때문에 두 자리로 봅니다.

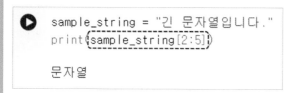

```
sample_string = "긴 문자열입니다."
print(sample_string[2:5])
```

문자열

❗ 알아두기 _ 바이트와 자연언어

과거의 대부분의 프로그래밍 언어들은 영숫자는 한 바이트(single byte)로 한글은 두 바이트(double bytes)로 처리하였습니다. 바이트(byte)는 자주 사용되는 특수문자와 제어문자를 포함하여 영숫자를 처리할 수 있는 비트(bit)만큼의 저장 공간의 크기로 보면 무난한 개념입니다. 그런데 알파벳 문화권 외의 문자들은 8비트로 구성된 하나의 바이트로 처리가 가능하지 않아 우리나라도 한글을 처리하기 위하여 두 개의 바이트를 사용해 왔습니다. 알파벳 문화권이 아닌 나라에서 컴퓨터가 발명되었다면 바이트는 8비트가 아니라 더 많은 비트를 의미하게 되었을 것입니다. 아마도 유니코드의 크기처럼 2바이트 이상이 되었을 것입니다.

![2차원 행렬의 인덱스 그림]

▲ **[그림]** 2차원 행렬의 인덱스

2차원 행렬의 인덱스는 **[그림] 2차원 행렬의 인덱스**에서 볼 수 있는 것과 같이 대괄호([ ])의 쌍을 두 번 사용하는데 첫 번째 대괄호([ ]) 안에 행의 인덱스를 기술하고, 두 번째 대괄호([ ]) 안에 열의 인덱스를 기술하는 방법으로 벡터의 인덱스의 개념을 확장하기 때문에 쉽게 이해할 수 있습니다. 슬라이싱도 벡터와 동일한 원리로 사용할 수 있습니다. 3차원 이상의 행렬도 마찬가지입니다. 차원이 늘어날 때마다 [0][1][2]와 같이 대괄호([ ])의 쌍을 하나씩 추가하여 사용하면 됩니다.

```
import numpy as np

list_matrix = [[1,2,3,4,5],
               [6,7,8,9,10],
               [11,12,13,14,15],
               [16,17,18,19,20],
               [21,22,23,24,25]]
array_matrix = np.array(list_matrix)
print("array_matrix :\n", array_matrix)

print("첫 요소 :", list_matrix[0][0], array_matrix[0][0], array_matrix[0,0])
print("2행 3열 요소 :", list_matrix[1][2], array_matrix[1][2], array_matrix[1,2])
print("마지막 요소 :", list_matrix[-1][-1], array_matrix[-1][-1], array_matrix[-1,-1])

array_matrix :
 [[ 1  2  3  4  5]
 [ 6  7  8  9 10]
 [11 12 13 14 15]
 [16 17 18 19 20]
 [21 22 23 24 25]]
첫 요소 : 1 1 1
2행 3열 요소 : 8 8 8
마지막 요소 : 25 25 25
```

위의 코드조각에서 리스트와 배열을 대상으로 첨자를 코딩하는 방식을 확인하기 바랍니다. numpy 배열의 경우 array_matrix[0][0]과 array_matrix[0,0]과 같은 형식으로 조회하는 것을 모두 지원합니다. 리스트는 list_matrix[0][0]과 같이 조회하는 형식만 지원이 가능합니다. [0][0]과 같은 표기 형식을 인덱스(index)라고 부르고, [0,0]과 같은 표기 형식을 튜플 인덱스(tuple index)라고 부릅니다. 튜플 인덱스의 경우에도 차원이 추가되는 경우 [0,1,2]와 같이 콤마(,)를 하나씩 추가하여 사용하면 됩니다.

```
print("1행벡터 :", list_matrix[0], array_matrix[0])
print("3행벡터 :", list_matrix[2][:], array_matrix[2][:])
print("2~4행벡터(리스트) :", list_matrix[1:4])
print("2~4행벡터(배열) :\n", array_matrix[1:4,:])

1행벡터 : [1, 2, 3, 4, 5] [1 2 3 4 5]
3행벡터 : [11, 12, 13, 14, 15] [11 12 13 14 15]
2~4행벡터(리스트) : [[6, 7, 8, 9, 10], [11, 12, 13, 14, 15], [16, 17, 18, 19, 20]]
2~4행벡터(배열) :
 [[ 6  7  8  9 10]
 [11 12 13 14 15]
 [16 17 18 19 20]]
```

2차원 행렬을 조회할 때 두 번째 인덱스([ ])를 생략하거나 [:]과 같이 코딩하면 특정 행의 벡터를 조회해 볼 수 있습니다. list_matrix[1:4]나 array_matrix[1:4,:]과 같이 행의 인덱스로 슬라이싱을 사용하면 여러 행을 동시에 조회해 볼 수 있습니다.

행과 동일한 방식으로 열의 경우도 조회해 보겠습니다. 그런데 첫 번째 인덱스([ ])는 생략할 수 없으니 전체 행을 의미하는 [:]과 같이 기술해 보겠습니다.

```
▶  print("1열 벡터 :", list_matrix[:] [0], array_matrix[:][0])
   print("3열 벡터 :", list_matrix[:][2], array_matrix[:][2])
   print("2~4열 벡터(리스트) :", list_matrix[:][1:4])
   print("2~4열 벡터(배열) :\n", array_matrix[:][1:4])

   1열 벡터 : [1, 2, 3, 4, 5] [1 2 3 4 5]
   3열 벡터 : [11, 12, 13, 14, 15] [11 12 13 14 15]
   2~4열 벡터(리스트) : [[6, 7, 8, 9, 10], [11, 12, 13, 14, 15], [16, 17, 18, 19, 20]]
   2~4열 벡터(배열) :
    [[ 6  7  8  9 10]
    [11 12 13 14 15]
    [16 17 18 19 20]]
```

그런데 원했던 열들의 벡터가 조회되지를 않습니다. 이와 같이 인덱스 방식으로는 열들을 골라서 조회할수 없습니다.

```
▶  print("array_matrix :\n", array_matrix)
   print("1열 벡터 :", array_matrix[:,0])
   print("3열 벡터 :", array_matrix[:,2])
   print("2~4열 벡터(배열) :\n", array_matrix[:,1:4])

   array_matrix :
    [[ 1  2  3  4  5]
    [ 6  7  8  9 10]
    [11 12 13 14 15]
    [16 17 18 19 20]
    [21 22 23 24 25]]
   1열 벡터 : [ 1  6 11 16 21]
   3열 벡터 : [ 3  8 13 18 23]
   2~4열 벡터(배열) :
    [[ 2  3  4]
    [ 7  8  9]
    [12 13 14]
    [17 18 19]
    [22 23 24]]
```

위의 코드조각은 그 이전에 있었던 코드조각과 대괄호([ ])를 두 번 사용하지 않고 하나만 사용하며 그 안에 인덱스를 콤마(,)로 분리한 것만 다릅니다. 즉, array_matrix[:][1:4]와 같은 형식을 array_matrix[:,1:4]와 같이 바꾼 것이 다릅니다. 그랬더니 원하는 열의 벡터가 조회가 됩니다. 이런 사유에 의하여 열을 슬라이싱할 일이 생기면 리스트 행렬을 사용할수 없고 배열 행렬을 사용하여야 합니다. 리스트의 열벡터 조회가 불가능한 것은 아니지만 반복문을 사용하거나 다른 함수들의 도움을 받아야 하는 등 열을 슬라이싱하는 기능이 매우 부족하기 때문입니다.

array_matrix[1:3,1:4]

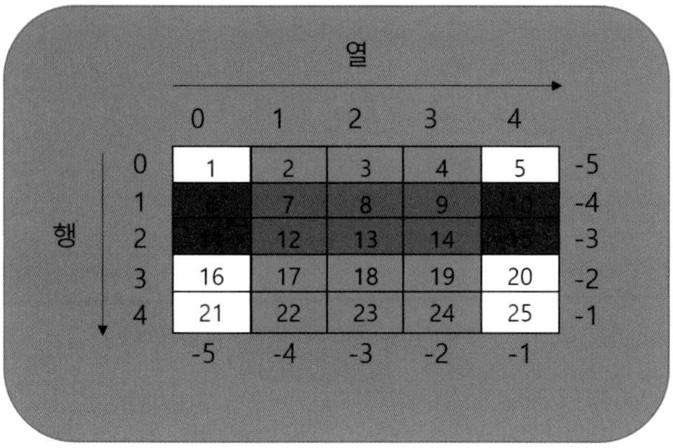

▲ [그림] 2차원 배열의 슬라이싱

행벡터와 열벡터처럼 행과 열을 모두 조회하는 것이 아니라 부분만 조회하고 싶다면 행과 열의 슬라이싱을 부분적으로만 기술하면 됩니다. 그러면 행의 슬라이싱과 열의 슬라이싱이 겹치는 영역의 값을 조회하게 됩니다. 위의 그림에서 2~3행 슬라이싱(1:3)은 보라색 배경으로 표시하였고, 2~4열 슬라이싱(1:4)은 초록색 배경으로 표시하였고 파란색 배경으로 표시한 부분이 행과 열의 슬라이싱이 겹치는 영역입니다.

```
print("2~3 행 슬라이싱(1:3) + 2~4 열 슬라이싱(1:4) :\n", array_matrix[1:3,1:4])

2~3 행 슬라이싱(1:3) + 2~4 열 슬라이싱(1:4) :
 [[ 7  8  9]
 [12 13 14]]
```

array_matrix[1:3,1:4]와 같이 행과 열을 슬라이싱하는 코드조각을 실행하면 결과가 원하는 대로 나오는 것을 확인할 수 있습니다.

이번에는 **팬시 인덱싱(fancy indexing)**이라고 부르는 리스트(list)에는 없고 numpy 배열(array)에만 있는 조회 기법을 살펴보겠습니다.

```
array_vector = np.array([1,2,3,4,5])
print("첫번째 요소 :", array_vector[0])
print("세번째 요소 :", array_vector[2])
print("마지막 요소 :", array_vector[-1])

첫번째 요소 : 1
세번째 요소 : 3
마지막 요소 : 5
```

위의 코드조각과 실행화면은 매우 직관적입니다. numpy 배열 벡터의 3개의 요소를 각각 조회하고 있습니다. 그런데 이 3개의 요소들을 동시에 조회하고 싶으면 어떻게 해야 할까요?

```
   print("array_vector[[0,2,-1]] :", array_vector[[0,2,-1]])

   array_vector[[0,2,-1]] : [1 3 5]
```

벡터의 인덱스로 인덱스의 리스트를 넘겨주면 리스트에 포함된 인덱스에 해당하는 값들을 모두 조회할 수 있습니다.

그러면 numpy 배열 백터에 적용했던 방법을 행렬로 확장하여 적용해 봅시다.

```
   array_matrix = np.array([[1,2,3,4,5],
                            [6,7,8,9,10],
                            [11,12,13,14,15],
                            [16,17,18,19,20],
                            [21,22,23,24,25]])
   print("array_matrix[[0,2,-1],[0,2,-1]] : ", array_matrix[[0,2,-1],[0,2,-1]])

   array_matrix[[0,2,-1],[0,2,-1]] : [ 1 13 25]
```

array_matrix[[0,2,-1],[0,2,-1]]과 같이 행과 열의 인덱스로 각각 리스트를 넘겨주면 넘겨진 리스트의 쌍에 포함된 인덱스에 해당하는 값을 조회해 줍니다. 위의 예제에서는 array_matrix[0,0], array_matrix[2,2] 및 array_matrix[-1,-1]을 함께 조회해 줍니다. 이런 기법을 팬시 인덱싱(fancy indexing)이라고 부르는데 용어와 설명은 어렵지만 코드조각을 보고 실행화면을 보니 아주 쉽게 이해가 됩니다.

```
   print("2행과 4행 :\n", array_matrix[[1,3]])

   2행과 4행 :
   [[ 6  7  8  9 10]
    [16 17 18 19 20]]
```

팬시 인덱싱(fancy indexing)을 살짝 응용하여 행들을 리스트로 모아서 지정하니 지정한 행벡터를 조회할 수 있습니다. 지정한 열벡터만 조회하는 방법도 팬시 인덱싱(fancy indexing)으로 쉽게 구현할 수 있습니다.

```
   print("2열과 4열 :\n", array_matrix[:,[1,3]])

   2열과 4열 :
   [[ 2  4]
    [ 7  9]
    [12 14]
    [17 19]
    [22 24]]
```

이번에는 **불리언 인덱싱(boolean indexing)**이라고 부르는 조회 기법을 살펴보겠습니다. 불리언 인덱싱도 리스트에는 없는 기능으로 numpy 배열에서 사용할 수 있습니다. 우선 아래와 같은 조건식을 생각해 봅시다.

```
array_matrix < 10
```

```
array([[ True,  True,  True,  True,  True],
       [ True,  True,  True,  True, False],
       [False, False, False, False, False],
       [False, False, False, False, False],
       [False, False, False, False, False]])
```

이전에 보아 왔던 조건식은 numpy 배열과 같이 여러 개의 값에 적용되는 것이 아니라 하나의 값에 적용되는 것이었습니다. numpy 배열의 경우에는 조건식이 스칼라 연산으로 배열 전체에 적용되어 각각의 값에 대응하는 조건식의 값이 배열의 형태대로 나오는 것을 확인할 수 있습니다. 이런 배열을 불리언 인덱스(boolean index) 배열이라고 부르고 부울(bool) 값들을 배열에 적용하여 참(True)인 값들만 보여 주도록 인덱스를 사용하는 방식을 불리언 인덱싱(boolean indexing)이라고 부릅니다. 아래 코드조각을 봅시다.

```
print(array_matrix[array_matrix < 10])

mask = array_matrix < 10
print(array_matrix[mask])

[1 2 3 4 5 6 7 8 9]
[1 2 3 4 5 6 7 8 9]
```

인덱스를 제공하게 되어 있는 대괄호([ ]) 안에 불리언 인덱싱(boolean indexing)의 조건값을 주고 행렬의 값을 조회하니 10보다 작은 값들이 나타납니다. 프로그램의 의미를 더 명확하게 하기 위하여 동일한 기능을 하는 코드를 두 줄로 분리하여 작성해 보았습니다. 불리언 인덱스(boolean index)를 mask라는 변수에 저장한 후 대괄호([ ]) 안에 mask 변수를 넣어도 10보다 작은 값들이 나타납니다. 특정한 조건의 값들을 발췌하기 위한 역할을 하는 변수를 개념적으로 마스크(mask)라고 불러서 이름을 mask로 정하였습니다.

이번에는 로직을 조금 발전시켜서 10보다 작거나 20보다 큰 값들을 조회하는 코드를 작성해 봅시다.

```
mask = (array_matrix < 10) | (array_matrix > 20)
print(array_matrix[mask])

[ 1  2  3  4  5  6  7  8  9 21 22 23 24 25]
```

위의 코드조각과 실행화면을 이해하기 위해서는 불리언 인덱스 외에 비트 논리 연산에 대한 이해가 동시에 필요합니다. 값 하나를 대상으로 논리식을 만들 때 논리합 연산자는 or를 사용합니다. 그러나 배열에서는 비트(bit) 값들을 대상으로 논리식을 적용하는 비트 논리합(|, bitwise or) 연산자를 사용합니다. 그리

고 비트 논리합(|) 연산자는 큼(<))이나 작음(<) 연산자보다 연산 우선순위가 높기 때문에 앞과 뒤의 비교식을 반드시 괄호로 감싸 주어야 합니다.

구분	논리 연산자	비트 논리 연산자
논리곱	and	&
논리합	or		
부정	not	~
배타적논리합	없음	^

▲ **[표]** 논리 연산자와 비트 논리 연산자

변수의 값을 대상으로 논리식을 평가하는 연산자는 논리곱(and), 논리합(or) 그리고 부정(not) 연산자가 있습니다. 비트 단위로 논리식을 평가하는 비트 연산자(bitwise logical operator)는 비트 논리곱(&), 비트 논리합(|) 그리고 비트 부정(~) 외에 비트 배타적 논리합(^)이 더 있습니다.

! **알아두기** _ **리스트와 numpy 배열로 처리가 가능한 자료형**

정수(int), 실수(float) 및 문자열(str)만이 아니라 함수(function)를 포함하여 Python이 지원하는 모든 객체를 리스트(list)와 배열(array)로 처리할 수 있습니다.

```
import numpy as np

employee_list = [320811, "안용제", "010-1234-5678", "서울시 영등포구 당산동", 99.5]
print("리스트(list) : ", employee_list)

employee_array = np.array([320811, "안용제", "010-1234-5678", "서울시 영등포구 당산동", 99.5])
print("배열(array) : ", employee_array)

리스트(list) :  [320811, '안용제', '010-1234-5678', '서울시 영등포구 당산동', 99.5]
배열(array) :  ['320811' '안용제' '010-1234-5678' '서울시 영등포구 당산동' '99.5']
```

그러나 리스트(list)는 다양한 자료형을 동시에 저장할 수 있으나 numpy 배열(array)은 하나의 변수에 동시에 한 가지 유형의 자료형만 저장이 가능합니다. 위의 코드조각과 실행화면을 확인해 보면 리스트는 행 맨 앞의 사번과 맨 뒤의 성적을 수치로 저장을 하는데 배열은 사번과 성적이 딘일인용부호(')로 감싸져 있는 것으로 보아 모든 요소들을 문자열로 통일하여 저장하는 것을 알 수 있습니다.

리스트와 numpy 배열의 사용법이 많은 부분 일치하기 때문에 Python을 처음 배우는 사람들의 혼동을 줄이고 설명을 단순화할 목적으로 함께 설명하고 있습니다만 사실 두 자료형의 목적은 아래 표에서 보는 것과 같이 조금 다릅니다.

비교 항목	리스트(list)	numpy 배열(array)
사용 목적	일반적인 연산	수학적 연산
종류	Python 내장 자료형	numpy 패키지 자료형
데이터	서로 다른 이질적인 자료형 허용	동일한 동질적인 자료형만 허용
저장 공간	연속되지 않은 가변 저장 공간	연속된 고정된 저장 공간
속도	느림	빠름
사용법	쉬움	어려움

numpy 배열은 같은 자료형의 원소만 포함하는 고성능의 자료형으로 주로 수학적 연산을 위하여 사용되고, 리스트는 다양한 자료형을 포함하는 보다 일반적인 용도로 사용됩니다.

무엇보다 리스트는 import 없이 사용할 수 있으며 배열에 비해 사용하기 간편하고 쉽습니다. 따라서, 리스트는 다양한 수치 연산이 필요 없는 단순한 수치의 관리와 성능의 저하와 관련 없는 소량의 수치 데이터를 관리하기 위하여 사용됩니다. 또 문자열 목록을 포함하여 다양한 객체들의 1차원 데이터의 처리 시 자주 사용됩니다.

수정

리스트와 배열의 조회 방법을 이해했다면 독자 여러분은 이미 수정 방법을 이해한 것과 같습니다. 조회하는 문법 그대로 할당 연산자(=)의 좌측에 변수처럼 지정하고 우측에 할당할 값을 지정하면 조회에 해당하는 모든 요소들의 값을 한 번에 할당할 값으로 반복하여 수정하기 때문입니다.

말이 어렵지요? 코드로 설명하겠습니다. 하지만 조회를 설명할 때처럼 상세히 설명하지 않고 수정되는 형태의 특징을 잡을 수 있는 예제 중심으로 설명하겠습니다.

먼저 리스트를 수정하는 예입니다. 첫 번째 행과 열 요소의 값을 조회할 때 list_matrix2d[0][0]과 같은 형식으로 코딩을 했었습니다. 여기에 -999 값을 할당하니 수정 후의 값이 할당한 값으로 바뀌게 됩니다.

```
list_matrix = [[1,2,3,4,5],[6,7,8,9,10],[11,12,13,14,15]]

print("list_matrix (수정전):\n", list_matrix)
list_matrix[0][0] = -999
print("list_matrix (수정후):\n", list_matrix)

list_matrix (수정전):
 [[1, 2, 3, 4, 5], [6, 7, 8, 9, 10], [11, 12, 13, 14, 15]]
list_matrix (수정후):
 [[-999, 2, 3, 4, 5], [6, 7, 8, 9, 10], [11, 12, 13, 14, 15]]
```

이번에는 numpy 배열을 수정하는 예입니다. array _matrix[1][2]와 같은 인덱스(index) 형식과 함께 array_matrix[-1,-1]와 같은 튜플 인덱스(tuple index) 형식으로 값을 수정합니다.

```python
import numpy as np

array_matrix = np.arange(1,26).reshape(5,5)

print("array_matrix (수정전) :\n", array_matrix)
array_matrix[1][2] = -888
array_matrix[-1,-1] = -777
print("array_matrix (수정후):\n", array_matrix)
```

```
array_matrix (수정전) :
 [[ 1  2  3  4  5]
 [ 6  7  8  9 10]
 [11 12 13 14 15]
 [16 17 18 19 20]
 [21 22 23 24 25]]
array_matrix (수정후):
 [[   1    2    3    4    5]
 [   6    7 -888    9   10]
 [  11   12   13   14   15]
 [  16   17   18   19   20]
 [  21   22   23   24 -777]]
```

2차원 행렬의 행벡터를 조회하는 방식으로 특정한 행 전체의 값을 바꿉니다.

```python
array_matrix[0] = 1
array_matrix[2:3,:] = -1
print("array_matrix (수정후):\n", array_matrix)
```

```
array_matrix (수정후):
 [[   1    1    1    1    1]
 [   6    7 -888    9   10]
 [  -1   -1   -1   -1   -1]
 [  16   17   18   19   20]
 [  21   22   23   24 -777]]
```

2차원 행렬의 열벡터를 조회하는 방식으로 특정한 열 전체의 값을 바꿉니다.

```python
array_matrix[:,0] = 2
array_matrix[:,2:3] = -2
print("array_matrix (수정후):\n", array_matrix)
```

```
array_matrix (수정후):
 [[   2    1   -2    1    1]
 [   2    7   -2    9   10]
 [   2   -1   -2   -1   -1]
 [   2   17   -2   19   20]
 [   2   22   -2   24 -777]]
```

2차원 행렬의 행의 슬라이싱과 열의 슬라이싱이 겹치는 영역의 값을 조회하는 방식으로 두 슬라이싱이 겹치는 전체 요소들의 값을 바꿉니다.

```python
array_matrix[1:3,1:4] = 100
print("array_matrix (수정후):\n", array_matrix)
```

```
array_matrix (수정후):
 [[   2    1   -2    1    1]
 [   2  100  100  100   10]
 [   2  100  100  100   -1]
 [   2   17   -2   19   20]
 [   2   22   -2   24 -777]]
```

팬시 인덱스(fancy index) 형식으로 지정된 요소들의 값을 바꿉니다.

```
array_matrix[[0,0,0,-1,-1,-1],[0,1,2,-1,-2,-3]] = -100
print("array_matrix (수정후):\n", array_matrix)

array_matrix (수정후):
 [[-100 -100 -100    1    1]
 [   2  100  100  100   10]
 [   2  100  100  100   -1]
 [   2   17   -2   19   20]
 [   2   22 -100 -100 -100]]
```

불리언 인덱스(boolean index) 형식으로 지정된 요소들의 값을 바꿉니다.

```
mask = array_matrix == -100
array_matrix[mask] = 100
print("array_matrix (수정후):\n", array_matrix)

array_matrix (수정후):
 [[100 100 100   1   1]
 [  2 100 100 100  10]
 [  2 100 100 100  -1]
 [  2  17  -2  19  20]
 [  2  22 100 100 100]]
```

삭제

요소를 삭제하는 방법은 생성, 조회 및 수정과 달리 리스트와 numpy 배열이 서로 다릅니다. 심지어 리스트는 행이나 열의 삭제는 지원하지 않고 개별 요소의 삭제만 지원합니다. numpy 배열은 개별 요소의 삭제만이 아니라 행이나 열의 삭제까지 지원합니다. 그러나 행렬의 형태로 데이터를 관리하는 경우 개별 요소의 삭제는 행과 열의 쌍이 맞지 않는 현상을 초래할 수 있으니 주의하여야 합니다. 그래서 numpy 배열의 경우 행과 열의 삭제만 설명합니다.

리스트의 경우 인덱스로 삭제하려면 del 키워드를 사용하고, 값으로 삭제하려면 리스트 객체가 가지고 있는 remove() 메소드를 호출합니다.

```
list_vector = [1,2,3,4,5,6,7,8,9,10]
print("list_vector (삭제전): ", list_vector)
del list_vector[3]       # 인덱스로 삭제
print("list_vector (인덱스 3 즉 4번째 요소 삭제후): ", list_vector)
list_vector.remove(10)   # 값으로 삭제
print("list_vector (값 10으로 삭제후): ", list_vector)

list_vector (삭제전):  [1, 2, 3, 4, 5, 6, 7, 8, 9, 10]
list_vector (인덱스 3 즉 4번째 요소 삭제후):  [1, 2, 3, 5, 6, 7, 8, 9, 10]
list_vector (값 10으로 삭제후):  [1, 2, 3, 5, 6, 7, 8, 9]
```

numpy 배열을 삭제하려면 np.delete() 함수에 첫 번째 인자로 배열 이름을, 두 번째 인자로 삭제할 인덱스 혹은 삭제할 인덱스의 리스트를, 세 번째 인자로 삭제할 기준 축(axis)을 넘겨주고 호출한 후 결과를 다시 원래의 배열에 할당해야 합니다. 할당하지 않으면 삭제한 결과가 남지 않고 사라지게 됩니다. 그리고 마지막 axis 키워드 인자에 0을 넣으면 행을, 1을 넣으면 열을 삭제합니다. 만약에 3차원 행렬의 세 번째 축을 삭제한다면 axis 키워드 인자에 2를 넘겨주면 됩니다.

```
import numpy as np

array_matrix = np.arange(1,26).reshape(5,5)
print("array_matrix (삭제전) :\n", array_matrix)
array_matrix = np.delete(array_matrix,1,axis=0)
print("array_matrix (인덱스 1 즉 2행 삭제후) :\n", array_matrix)
array_matrix = np.delete(array_matrix,[1,3],axis=1)
print("array_matrix (인덱스 1과 3 즉 2열과 4열 삭제후) :\n", array_matrix)

array_matrix (삭제전) :
 [[ 1  2  3  4  5]
 [ 6  7  8  9 10]
 [11 12 13 14 15]
 [16 17 18 19 20]
 [21 22 23 24 25]]
array_matrix (인덱스 1 즉 2행 삭제후) :
 [[ 1  2  3  4  5]
 [11 12 13 14 15]
 [16 17 18 19 20]
 [21 22 23 24 25]]
array_matrix (인덱스 1과 3 즉 2열과 4열 삭제후) :
 [[ 1  3  5]
 [11 13 15]
 [16 18 20]
 [21 23 25]]
```

array_matrix 행렬이 수정을 반복하며 변경되었기 때문에 삭제하는 내역들을 쉽게 식별할 수 있도록 array_matrix = np.arange(1,26).reshape(5,5) 문장으로 초기화하였습니다. 앞으로도 행렬만이 아니라 다양한 객체들을 필요할 때마다 초기화하여 변경된 부분을 쉽게 발견하도록 할 테니 코드를 읽을 때 착오 없기 바랍니다.

추가

이미 존재하는 벡터에 값을 추가하는 작업은 기존 데이터의 구조를 변경하지 않기 때문에, CRUD의 수정 작업과는 차이가 있습니다. 행렬에 행과 열을 추가하는 작업은 기존 데이터의 크기를 변경하기 때문에, CRUD의 생성 작업과도 차이가 있습니다. 그래서 이와 같은 작업을 CRUD(create, read, update, delete)로 분류할 때 일종의 수정으로 보고 정리하려고 하다가 생성과 수정이 조합된 작업으로 판단되어 추가라는 이름으로 별도로 정리해 보았습니다.

요소나 행이나 열을 추가하는 방법도 삭제하는 방법과 같이 리스트와 numpy 배열이 서로 다릅니다.

리스트(list) 객체의 append() 메소드를 사용하면 리스트의 맨 뒤에 값을 추가할 수 있습니다. insert() 메소드를 사용하면 첫 번째 인자로 넘겨지는 인덱스의 위치에 두 번째 인자로 넘겨지는 값을 추가합니다. extend() 메소드는 append() 메소드처럼 맨 뒤에 추가하나 값이 아니라 또 다른 리스트를 추가할 수 있습니다. 그리고 플러스(+) 연산자를 사용하는 경우 여러 개의 리스트를 동시에 확장하는 등의 유연성이 있는데 반드시 연산을 한 후 원래의 리스트 변수에 저장하여야 합니다.

```
list_vector = [1,2,4,5]
print("list_vector 추가전 :", list_vector)
list_vector.append(6)
print("6을 확장한 후 :", list_vector)
list_vector.insert(2,3)
print("3을 삽입한 후 :", list_vector)
list_vector.extend([7,8])
print("[7,8] 리스트를 확장한 후 :", list_vector)
list_vector = [-1,0] + list_vector + [9,10]
print("[-1,0]와 [9~10] 리스트를 앞뒤로 이어붙인 후 :",list_vector)

list_vector 추가전 : [1, 2, 4, 5]
6을 확장한 후 : [1, 2, 4, 5, 6]
3을 삽입한 후 : [1, 2, 3, 4, 5, 6]
[7,8] 리스트를 확장한 후 : [1, 2, 3, 4, 5, 6, 7, 8]
[-1,0]와 [9~10] 리스트를 앞뒤로 이어붙인 후 : [-1, 0, 1, 2, 3, 4, 5, 6, 7, 8, 9, 10]
```

리스트의 메소드 이름과 동일하게 numpy 배열(array)의 append() 함수를 사용하면 행렬의 맨 뒤에 행과 열을 추가할 수 있습니다.

리스트에서 메소드를 호출할 때에는 변수명.append(추가할 값)의 형태를 사용했는데 numpy 배열의 경우에는 np.append(기존의 배열, 추가할 배열, 추가할 축)의 형태를 사용합니다. 그리고 반드시 연산을 한 후 원래의 배열 변수에 저장하여야 합니다. 특히 주의할 것은 추가할 행을 원래의 배열 변수의 차원과 행의 요소의 개수를 일치시켜야 한다는 것입니다. 아래의 예제에서는 행을 추가하기 위하여 axis 키워드 인자에 0을 넘겨주었습니다.

```
import numpy as np
array_matrix = np.arange(1,26).reshape(5,5)
print("array_matrix (추가전) :\n", array_matrix)
new_row_2d = np.array([[26,27,28,29,30],[31,32,33,34,35]])
print("신규행 :\n", new_row_2d)
array_matrix = np.append(array_matrix,new_row_2d,axis=0)
print("array_matrix (신규행 추가후) :\n", array_matrix)

array_matrix (추가전) :
 [[ 1  2  3  4  5]
 [ 6  7  8  9 10]
 [11 12 13 14 15]
 [16 17 18 19 20]
 [21 22 23 24 25]]
신규행 :
 [[26 27 28 29 30]
 [31 32 33 34 35]]
array_matrix (신규행 추가후) :
 [[ 1  2  3  4  5]
 [ 6  7  8  9 10]
 [11 12 13 14 15]
 [16 17 18 19 20]
 [21 22 23 24 25]
 [26 27 28 29 30]
 [31 32 33 34 35]]
```

이번에는 행을 추가하는 로직을 살짝 바꾸어 열을 추가하는 코드를 만들어 보겠습니다. 위에서 행을 추가할 때 설명한 것과 같이 추가할 대상이 되는 행렬과 추가할 열의 차원과 열의 요소의 개수를 맞추어 주면됩니다. 아래의 예제에서는 행을 추가하기 위하여 axis 키워드 인자에 1을 넘겨주었습니다.

추가할 열 변수인 new_column_2d에 값을 할당하는 new_column_2d = np.array([[26],[27],[28],[29],[30]]) 문장이 매우 복잡해 보이지만 자세히 들여다보면 신규열로 출력된 아래 실행화면에서 확인할 수 있는 것처럼 하나의 2차원 열을 만드는 것입니다. 그런데 이와 같은 방식으로 여러 개의 열을 추가하거나 3차원 이상의 배열에 추가할 열을 만드는 것은 대괄호([ ])가 너무 많아 코딩하기가 매우 힘들 것 같습니다.

```python
import numpy as np
array_matrix = np.arange(1,26).reshape(5,5)
print("array_matrix (추가전) :\n", array_matrix)
new_column_2d = np.array([[26],[27],[28],[29],[30]])
print("신규열 :\n", new_column_2d)
array_matrix = np.append(array_matrix,new_column_2d,axis=1)
print("array_matrix (신규열 추가후) :\n", array_matrix)

array_matrix (추가전) :
 [[ 1  2  3  4  5]
 [ 6  7  8  9 10]
 [11 12 13 14 15]
 [16 17 18 19 20]
 [21 22 23 24 25]]
신규열 :
 [[26]
 [27]
 [28]
 [29]
 [30]]
array_matrix (신규열 추가후) :
 [[ 1  2  3  4  5 26]
 [ 6  7  8  9 10 27]
 [11 12 13 14 15 28]
 [16 17 18 19 20 29]
 [21 22 23 24 25 30]]
```

이럴 때는 행렬의 전치 기능을 사용하는 것이 좋습니다. 추가할 열을 행으로 만들고 만들어진 행을 전치하여 추가할 열을 만드는 것입니다.

new_row_2d = np.array([[26,27,28,29,30],[31,32,33,34,35]]) 문장으로 추가할 열을 행의 형태로 만들었습니다. 이것을 바로 열로 만드는 코딩을 했다면 많이 어려웠을 텐데 크게 어렵지 않게 행으로 코딩을 했습니다. 그 후 np.transpose() 함수를 호출하여 열의 형태로 변환하였습니다. 다음의 실행화면에서 추가할 행의 형태로 만들어진 신규열(행표현)과 변환하여 만들어진 신규열을 확인해 보기 바랍니다.

```
import numpy as np

array_matrix = np.arange(1,26).reshape(5,5)
print("array_matrix (추가전) :\n", array_matrix)
new_row_2d = np.array([[26,27,28,29,30],[31,32,33,34,35]])
print("신규열(행표현) :\n", new_row_2d)
new_column_2d = np.transpose(new_row_2d)
print("신규열 :\n", new_column_2d)

array_matrix (추가전) :
 [[ 1  2  3  4  5]
 [ 6  7  8  9 10]
 [11 12 13 14 15]
 [16 17 18 19 20]
 [21 22 23 24 25]]
신규열(행표현) :
 [[26 27 28 29 30]
 [31 32 33 34 35]]
신규열 :
 [[26 31]
 [27 32]
 [28 33]
 [29 34]
 [30 35]]
```

나머지 코드들은 앞에서 설명한 것과 같습니다. 아래의 실행화면에서 열이 추가된 행렬에 2개의 열이 잘 추가되어 있는 것을 확인할 수 있습니다.

```
array_matrix = np.append(array_matrix,new_column_2d,axis=1)
print("array_matrix (신규열 추가후) :\n", array_matrix)

array_matrix (신규열 추가후) :
 [[ 1  2  3  4  5 26 31]
 [ 6  7  8  9 10 27 32]
 [11 12 13 14 15 28 33]
 [16 17 18 19 20 29 34]
 [21 22 23 24 25 30 35]]
```

앞에서 설명한 것과 동일한 방법으로 axis 키워드 인자의 값을 0이나 1이 아니라 2 이상의 값을 사용하면 3차원 이상의 행렬을 대상으로 각각의 축에 행과 열들을 추가할 수 있습니다.

> **❗ 알아두기 _ 배열의 추가 작업에 사용되는 다양한 함수들**
>
> numpy 배열에는 append( ) 함수 외에도 유사한 기능을 하는 concatenate( ), vstack( ), hstack( ) 및 insert( ) 등의 함수를 제공합니다. 이 세 가지 함수는 함수의 이름으로 추정해 볼 수 있는 것과 같이 배열을 연결(concatenate)하거나 수직으로 쌓아(vertical vstack)가거나 수평으로 쌓아(horizontal hstack)가거나 원하는 위치에 삽입(insert)합니다.

지금까지는 예제를 설명하기 위하여 생성을 위한 함수나 초기화를 위한 상수값을 사용하여 리스트나 배열

을 만들었습니다. 그러나 프로그램을 하다 보면 빈 리스트나 배열을 만들어 놓고 외부에서 데이터를 읽어
오는 방식으로 만들어야 하는 경우가 많습니다.

```python
input_data = [1,2,3]          # 데이터 저장소에서 읽어 왔다고 가정
list_vector = []              # 빈 리스트
print("list_vector (빈 리스트) :\n", list_vector)

for datum in input_data:
    list_vector.append(datum)

print("list_vector (값을 읽어와 생성한 리스트) :\n", list_vector)

list_vector (빈 리스트) :
 []
list_vector (값을 읽어와 생성한 리스트) :
 [1, 2, 3]
```

빈 리스트는 list_vector = [ ]와 같이 대괄호([ ])의 쌍을 변수에 할당하는 형식으로 만들 수 있습니다. 그
후 데이터베이스나 파일이나 통신망 등에서 읽어 온 데이터를 append() 함수를 사용하여 리스트 벡터에
추가하는 형태로 로직을 구성합니다.

numpy 배열의 경우 리스트와 달리 인접한 메모리 공간에 데이터를 저장하기 때문에 빈 배열을 만들어 추
가하는 경우 연속적인 저장 공간을 확보하기 위해 메모리 재할당이 발생하기 때문에 수행속도가 급격히
떨어질 수 있습니다. 리스트의 경우에도 위에서 예를 들었던 빈 벡터에 읽어 온 데이터를 추가하는 작업
은 소량의 데이터를 대상으로 적용하여야 할 것입니다. 그래서 numpy의 배열에서는 필요한 배열의 크기
를 미리 알고 있는 경우에는 가능한 큰 크기의 빈 배열을 미리 만들어 놓고 데이터를 채워 가는 방식을 주
로 사용합니다. 다만, 이 방식을 사용하려면 배열에 저장할 데이터의 크기를 사전에 알고 있어야 합니다.

```python
import numpy as np

# 데이터 저장소에서 읽어 왔다고 가정
row = 3
column = 3
input_data = [[1,2,3],[4,5,6],[7,8,9]]

array_matrix = np.empty(shape=(row, column))
print("array_matrix (빈 배열) :\n", array_matrix)

for i in range(row):
    for j in range(column):
        array_matrix[i,j] = input_data[i][j]

print("array_matrix (값을 읽어와 생성한 배열) :\n", array_matrix)

array_matrix (빈 배열) :
 [[4.90825189e-310 0.00000000e+000 0.00000000e+000]
 [0.00000000e+000 0.00000000e+000 0.00000000e+000]
 [0.00000000e+000 0.00000000e+000 0.00000000e+000]]
array_matrix (값을 읽어와 생성한 배열) :
 [[1. 2. 3.]
 [4. 5. 6.]
 [7. 8. 9.]]
```

읽어 올 만큼의 배열 공간을 미리 확보할 때에는 수행 속도를 높이기 위하여 np.empty() 함수를 사용하여 np.empty(shape=(row, column)) 문장과 같이 사전에 알고 있는 데이터의 크기만큼 저장 공간을 확보합니다. 앞의 실행화면을 보면 빈 배열에 4.90825189e-310과 같이 이상한 값이 들어가 있는데 이는 배열의 공간만 할당하고 값을 초기화하지 않기 때문에 기존에 저장 공간에 들어 있던 알 수 없는 값입니다. 이와 같이 값을 초기화하는 작업을 하지 않기 때문에 속도가 빠른 것인데 값을 읽어 온 후에는 읽어 온 값으로 대체되어 들어가 있는 것을 알 수 있습니다. np.zeros()나 np.ones()와 같은 함수로 빈 배열을 만든다면 값을 0이나 1로 초기화하는 시간이 소요되는데 배열의 크기가 매우 크다고 생각해 보십시오. 배열을 생성하며 초기화하는 시간과 요소의 값들을 읽어와 저장하는 시간이 함께 소요될 것입니다.

numpy 배열 변환

Chapter 8 멀티미디어 데이터 표현에서 언급하겠지만, 이미지, 음성, 및 동영상 데이터 등의 Python 내부 데이터 표현은 주로 numpy 배열입니다. 이는 numpy 배열을 통해 이미지, 음성, 및 동영상 데이터를 조작할 수 있다는 것을 의미합니다. 예를 들어, numpy 배열의 앞뒤를 뒤집거나 배열의 값들을 회전시키면 이미지가 뒤집히거나 회전될 수 있습니다. 여기서 소개하는 함수들은 numpy 패키지뿐만 아니라 영상을 처리하는 OpenCV(cv2, computer vision 2), 이미지를 다루는 Pillow(PIL, python image library), 과학 계산을 지원하는 scipy 그리고 인공지능을 지원하는 tensorflow 등의 패키지에서도 유사한 함수들을 제공하기 때문에 여기서 배워 두면 다시 배울 필요없이 응용하여 사용할 수 있습니다. 따라서 numpy 배열의 변환 작업을 위한 여러 기능 중에서 중요하고 핵심적인 기능들을 알아보도록 하겠습니다.

배열을 변환하는 함수로 np.flipud(), np.fliplr(), np.flip(), np.roll(), np.rot90(), np.tile(), np.random.shuffle() 등이 있습니다.

np.flipud() 함수를 사용하여 행렬의 상하를 대칭적으로 이동시킬 수 있습니다. 이와 유사한 방법으로 np.fliplr() 함수를 사용하여 행렬의 좌우를 대칭적으로 이동시킬 수 있으며, np.flip() 함수를 사용하여 행렬의 요소들을 조금 더 다양한 방법으로 이동시킬 수 있습니다.

```python
import numpy as np

array_matrix = np.arange(1,26).reshape(5,5)
print("array_matrix (변경전) :\n", array_matrix)
array_matrix = np.flipud(array_matrix)
print("array_matrix (행렬의 상하 변경후) :\n", array_matrix)

array_matrix (변경전) :
 [[ 1  2  3  4  5]
 [ 6  7  8  9 10]
 [11 12 13 14 15]
 [16 17 18 19 20]
 [21 22 23 24 25]]
array_matrix (행렬의 상하 변경후) :
 [[21 22 23 24 25]
 [16 17 18 19 20]
 [11 12 13 14 15]
 [ 6  7  8  9 10]
 [ 1  2  3  4  5]]
```

np.roll() 함수는 shift 키워드 인자에 넘겨진 숫자만큼 배열의 요소의 값들을 순환하여 굴릴 수 있습니다. 문자 그대로 flip()은 뒤집고 roll()은 굴린다로 이해하면 됩니다.

```python
import numpy as np

array_matrix = np.arange(1,26).reshape(5,5)
print("array_matrix (변경전) :\n", array_matrix)
array_matrix = np.roll(array_matrix,shift=3)
print("array_matrix (행렬을 굴린 후) :\n", array_matrix)

array_matrix (변경전) :
 [[ 1  2  3  4  5]
 [ 6  7  8  9 10]
 [11 12 13 14 15]
 [16 17 18 19 20]
 [21 22 23 24 25]]
array_matrix (행렬을 굴린 후) :
 [[23 24 25  1  2]
 [ 3  4  5  6  7]
 [ 8  9 10 11 12]
 [13 14 15 16 17]
 [18 19 20 21 22]]
```

np.rot90() 함수는 k 키워드 인자에 넘겨진 숫자에 90도를 곱한 만큼 시계 반대 방향으로 배열의 요소의 값들을 순환하여 회전시킬 수 있습니다. 다음의 두 번째 예제와 같이 k 키워드 인자에 음수를 넘겨주면 시계 방향으로 회전시키게 됩니다.

```python
import numpy as np

array_matrix = np.array([[1,2,3],[4,5,6],[7,8,9]])
print("array_matrix (회전전) :\n", array_matrix)
array_matrix = np.rot90(array_matrix,k=1)
print("array_matrix (시계 반대방향 90도 회전후) :\n", array_matrix)
array_matrix = np.rot90(array_matrix,k=-2)
print("array_matrix (시계 방향 180도 회전후) :\n", array_matrix)

array_matrix (회전전) :
 [[1 2 3]
 [4 5 6]
 [7 8 9]]
array_matrix (시계 반대방향 90도 회전후) :
 [[3 6 9]
 [2 5 8]
 [1 4 7]]
array_matrix (시계 방향 180도 회전후) :
 [[7 4 1]
 [8 5 2]
 [9 6 3]]
```

np.tile( ) 함수는 reps(반복) 키워드 인자에 지정된 차원만큼 배열을 반복해 줍니다.

```
import numpy as np

array_matrix = np.array([[1,2],[3,4]])
print("array_matrix (반복전) :\n", array_matrix)
array_matrix = np.tile(array_matrix, reps=3)
print("array_matrix (3열로 반복후) :\n", array_matrix)

array_matrix = np.array([[1,2],[3,4]])
array_matrix = np.tile(array_matrix, reps=(2,3))
print("array_matrix (2행 3열로 반복후) :\n", array_matrix)

array_matrix (반복전) :
 [[1 2]
 [3 4]]
array_matrix (3열로 반복후) :
 [[1 2 1 2 1 2]
 [3 4 3 4 3 4]]
array_matrix (2행 3열로 반복후) :
 [[1 2 1 2 1 2]
 [3 4 3 4 3 4]
 [1 2 1 2 1 2]
 [3 4 3 4 3 4]]
```

np.random.shuffle( ) 함수는 카드를 섞듯이 배열을 무작위로 섞어 줍니다. 다른 함수들과 달리 함수의 수행 결과를 배열 변수에 할당해 주지 않아도 배열의 값이 변하는 특징이 있습니다. shuffle( ) 함수는 random 모듈에서도 지원되는데 이 함수는 numpy 배열과 함께 문자열, 리스트, 튜플 등의 객체를 섞어 줄 때 사용할 수 있습니다.

```
import numpy as np

array_vector = np.arange(10)
print("array_vector (섞기전) :\n", array_vector)
np.random.shuffle(array_vector)
print("array_vector (섞은후) :\n", array_vector)

array_vector (섞기전) :
 [0 1 2 3 4 5 6 7 8 9]
array_vector (섞은후) :
 [3 0 7 1 9 6 5 4 2 8]
```

numpy 배열 분리

다음으로 np.split( ) 함수를 사용하여 배열을 분리하여 여러 개 의 배열로 만드는 방법을 알아보겠습니다.

np.split( ) 함수의 두 번째 인자로 분리할 배열의 개수를 넘겨주면 지정된 개수만큼 배열을 분리합니다. 그런데 동일한 배열의 크기로만 분리되는 제약이 있습니다.

```
import numpy as np

array_matrix = np.arange(1,31).reshape(6,5)
print("array_matrix :\n", array_matrix)

splited_matrix = np.split(array_matrix, 2, axis=0)
print("splited_matrix[0] :\n", splited_matrix[0])
print("splited_matrix[1] :\n", splited_matrix[1])

array_matrix :
 [[ 1  2  3  4  5]
 [ 6  7  8  9 10]
 [11 12 13 14 15]
 [16 17 18 19 20]
 [21 22 23 24 25]
 [26 27 28 29 30]]
splited_matrix[0] :
 [[ 1  2  3  4  5]
 [ 6  7  8  9 10]
 [11 12 13 14 15]]
splited_matrix[1] :
 [[16 17 18 19 20]
 [21 22 23 24 25]
 [26 27 28 29 30]]
```

 np.split() 함수의 두 번째 인자로 튜플 혹은 리스트를 넘겨주면 숫자가 분리할 배열의 개수가 아니라 분리할 인덱스의 위치를 기준으로 배열을 분리하게 됩니다. 다음 코드조각에서는 [1,3]이 넘어갔기 때문에 인덱스 1, 즉 두 번째 행부터 두 번째 배열이 만들어지고 인덱스 3, 즉 네 번째 행부터 세 번째 배열이 만들어지게 됩니다. 그리고 분리되는 배열의 크기가 동일해야 한다는 제약이 사라집니다.

```
splited_matrix = np.split(array_matrix, [1,3], axis=0)
print("splited_matrix[0] :\n", splited_matrix[0])
print("splited_matrix[1] :\n", splited_matrix[1])
print("splited_matrix[2] :\n", splited_matrix[2])

splited_matrix[0] :
 [[1 2 3 4 5]]
splited_matrix[1] :
 [[ 6  7  8  9 10]
 [11 12 13 14 15]]
splited_matrix[2] :
 [[16 17 18 19 20]
 [21 22 23 24 25]
 [26 27 28 29 30]]
```

위의 같은 2개의 코드조각에서 axis를 1로 변경하면 열에 대해서도 동일한 원리로 배열을 분리할 수 있습니다. np.split() 함수는 행과 열 즉 axis가 0과 1인 경우에 사용할 수 있으며 3차원 배열이어서 axis 2를 기준으로 나누고 싶다면 np.dsplit() 함수를 대신 사용하여야 합니다.

numpy 배열 비교

다음으로 배열에서 특정한 조건을 충족하는지 확인하는 방법과 특정한 조건을 충족하는 요소들을 조회하는 방법에 대하여 확인해 보겠습니다. 이런 기능을 수행하는 함수로 np.any(), np.all(), np.isnan(), np.isfinite(), np.array_equal(), np.where() 등이 있습니다.

np.any() 함수는 numpy 배열의 값 중에 특정한 조건을 만족하는 요소가 하나라도 있으면 참(True)을 반환하고 그렇지 않으면 거짓(False)을 반환합니다. 아래의 코드조각과 실행화면을 보면 array_vector에는 양수만 있어서 거짓(False)을 반환하고, array_matrix에는 -2와 -1이 음수이어서 참(True)을 반환하고 있습니다.

```
import numpy as np

array_vector = np.array([1,2,3,4,5])
print("array_vector :\n", array_vector)
print("0보다 작은 값이 있는지 확인 :",np.any(array_vector < 0))

array_matrix = np.array([[-2,-1,0,1,2],[1,2,3,4,5]])
print("array_matrix :\n", array_matrix)
print("0보다 작은 값이 있는지 확인 :",np.any(array_matrix < 0))

array_vector :
 [1 2 3 4 5]
0보다 작은 값이 있는지 확인 : False
array_matrix :
 [[-2 -1  0  1  2]
 [ 1  2  3  4  5]]
0보다 작은 값이 있는지 확인 : True
```

불리언 인덱스(boolean index)를 만들어 np.any() 함수에 적용해도 그중에 참(True)이 하나라도 있으면 참(True)을 반환합니다. 이와 유사한 방법으로 np.all() 함수는 numpy 배열의 값 모두가 특정한 조건을 만족하면 참(True)을 반환하고 그렇지 않으면 거짓(False)을 반환합니다.

```
equal_boolean_idx = np.array([1,2,3]) == np.array([-1,2,-3])
print("nan인지 확인하는 불리언 인덱스 : ",equal_boolean_idx)
print("같은 값이 하나라도 있는지 확인 :",np.any(equal_boolean_idx))

nan인지 확인하는 불리언 인덱스 :  [False  True False]
같은 값이 하나라도 있는지 확인 : True
```

np.isnan() 함수는 numpy 배열의 요소의 값들이 not a number(nan)인지 판단하여 불리언 인덱스(boolean index)의 형태로 반환합니다. nan이 아닌 값들만 조회하고 싶으면 불리언 인덱스에 비트 부정(~) 연산자를 적용하여 조회하면 됩니다. 이와 유사한 형태로 np.isfinite() 함수는 not a number(nan), 음의 무한대(-inf) 및 양의 무한대(inf)가 아닌 유한한 값인지 판단하여 불리언 인덱스(boolean index)의 형태로 반환합니다.

```
import numpy as np

array_matrix01 = np.array([[-2,-1,0,1,2],[1,2,3,4,5]])
array_matrix02 = np.array([[1,0,0,0,1],[5,4,3,2,1]])
array_matrix03 = array_matrix01 / array_matrix02
print("나눗셈 결과 행렬 : \n", array_matrix03)

print("nan인지 확인하는 불리언 인덱스 : \n", np.isnan(array_matrix03))

나눗셈 결과 행렬 :
 [[-2.  -inf  nan  inf  2. ]
 [ 0.2  0.5  1.   2.   5. ]]
nan인지 확인하는 불리언 인덱스 :
 [[False False  True False False]
 [False False False False False]]
```

불리언 인덱스(boolean index)나 np.array_equal( ) 함수를 사용하면 두 배열이 동일한지 확인할 수 있습니다. 그러나 값에 nan이 포함된 경우에는 항상 다른 배열로 인식되니 주의하여야 합니다.

```
print("배열 비교\n", array_matrix02 == array_matrix02)
print("배열 비교\n", np.array_equal(array_matrix02,array_matrix02))

print("nan이 포함된 배열 비교\n", array_matrix03 == array_matrix03)
print("nan이 포함된 배열 비교\n", np.array_equal(array_matrix03,array_matrix03))

배열 비교
 [[ True  True  True  True  True]
 [ True  True  True  True  True]]
배열 비교
 True
nan이 포함된 배열 비교
 [[ True  True False  True  True]
 [ True  True  True  True  True]]
nan이 포함된 배열 비교
 False
```

np.where( ) 함수는 첫 번째 인자로 numpy 배열의 조건식, 두 번째 인자로 조건이 참(True)일 때 반환할 값, 세 번째 인자로 조건이 거짓(False)일 때 반환할 값의 형태로 사용됩니다. 다음의 코드조각을 보면 조건식에 np.isnan( ) 함수를 사용한 경우 배열의 값이 not a number(nan)인 자리에 0이 그 외의 경우에는 원래의 값이 조회되는 것을 볼 수 있습니다. 조건식에 np.isfinite( ) 함수의 부정을 사용한 경우 nan와 무한대인 요소의 자리에 0이 그 외의 경우에는 원래의 값이 조회되는 것을 볼 수 있습니다.

```
print("nan인 값을 0으로 바꾼 행렬 :\n",
      np.where(np.isnan(array_matrix03), 0, array_matrix03))
print("유한하지 않은 값을 0으로 바꾼 행렬 :\n",
      np.where(~np.isfinite(array_matrix03), 0, array_matrix03))

nan인 값을 0으로 바꾼 행렬 :
 [[-2.  -inf  0.   inf  2. ]
 [ 0.2  0.5  1.   2.   5. ]]
유한하지 않은 값을 0으로 바꾼 행렬 :
 [[-2.   0.   0.   0.   2. ]
 [ 0.2  0.5  1.   2.   5. ]]
```

아래의 코드조각과 실행화면에서 확인할 수 있는 것과 같이 동일한 조건에 대하여 불리언 인덱스(boolean index)는 배열의 요소의 개수만큼 참(True)과 거짓(False) 값을 반환하는데 np.where( ) 함수에 첫 번째 인자만 넘겨주면 주어진 조건에 대하여 참(True)인 요소의 인덱스만을 반환합니다. 따라서 처리할 데이터의 수가 많을수록 np.where() 함수의 사용이 효율적이라는 것을 알 수 있습니다. 물론 불리언 인덱스는 사용이 간편한 장점이 있습니다.

```
print("0보다 작은 값의 불리언 인덱스 : ₩n", array_matrix03 < 0)
print("0보다 작은 값 : ₩n", array_matrix03[array_matrix03 < 0])

print("0보다 작은 값의 인덱스 :₩n", np.where(array_matrix03 < 0))
print("0보다 작은 값 :₩n", array_matrix03[np.where(array_matrix03 < 0)])

0보다 작은 값의 불리언 인덱스 :
[[ True  True False False False]
 [False False False False False]]
0보다 작은 값 :
 [ -2. -inf]
0보다 작은 값의 인덱스 :
(array([0, 0]), array([0, 1]))
0보다 작은 값 :
 [ -2. -inf]
```

📋 **적재적소 _ 3차원 이상 배열 연산**

3차원 이상 배열의 연산은 기본적으로 앞에서 설명한 2개 축을 기반으로 한 2차원 행렬의 연산을 3개 축 이상으로 확장하면 됩니다. numpy 함수들은 많은 경우 axis 혹은 axes 인자를 지원하기 때문에 행렬과 같은 2차원 배열만이 아니라 3차원 이상의 배열에 유사하게 적용할 수 있습니다.

6.4   matplotlib 그래프 그리기

Python은 그래프를 그리기 위한 많은 시각화 패키지를 제공합니다. 예를 들어, 통계적 시각화를 위해서는 seaborn을 사용하고, 데이터프레임 기반의 시각화를 위해서는 pandas의 내장 시각화 기능을 사용합니다. plotly는 인터랙티브한 시각화에 적합합니다. matplotlib은 다른 라이브러리들의 기본으로 사용되는 표준적인 시각화 도구로 많은 다른 라이브러리들이 matplotlib을 기반으로 구축되었거나 matplotlib과 통합되어 사용되는 경우가 많습니다.

matplotlib은 다양한 차트 및 플롯을 생성할 수 있는 간단하면서도 강력한 기능을 제공하며, 많은 자료와 예제가 있어 학습하기 용이합니다. 따라서 matplotlib을 이해하고 사용하는 것은 데이터 시각화에서의 기본 개념을 익히는 데 도움이 됩니다. 또한, 다른 라이브러리들이 matplotlib 스타일을 따르는 경우가 많기 때문에 matplotlib을 먼저 학습하면 다른 시각화 도구들을 쉽게 익힐 수 있습니다. 그래서 Python 입문자에게는 matplotlib을 학습하는 것이 적절한 선택이 됩니다.

matplotlib 패키지를 사용하여 Python 코딩과 시각화의 개념들을 조금씩 확장해 가면서 그래프를 그려 보겠습니다.

x-y 그래프 그리기

먼저 간단한 사인(sine) 그래프를 하나 그려 보겠습니다.

먼저 import matplotlib.pyplot as plt 문장을 사용하여 matplotlib 패키지의 pyplot 모듈을 import 한 후 plt로 별명을 부여하였습니다. 사인 그래프 한 사이클을 그리기 위하여 x = np.linspace(0,360,50) 문장으로 x 배열 변수의 값을 0도에서 360도까지 변화시키며 그 사이에 값을 50개를 배치하였습니다. arange() 함수를 사용하여 x = np.arange(0, 360, 7.2) 문장을 사용할 수도 있었으나 코드를 하기 전에 증 가값을 계산하는 번거로움과 종료값이 포함되지 않는 단점 때문에 np.linspace() 함수를 사용하였습니 다. [표] 배열을 생성해 주는 주요 numpy 패키지 함수에 정리해 놓은 것과 같이 이 함수는 시작값부터 종 료값까지 선형적(linear)으로 즉 균일한 간격으로 원하는 개수만큼의 요소를 가진 반복객체를 만들어 줍니 다. x 좌표에 해당하는 y 좌표의 값을 구하기 위하여 np.sin() 함수를 사용했는데 np.radians() 함수를 사 용하여 각도값을 라디안값으로 변환해 주었습니다. 그리고 plt.plot(x,y)와 같이 코딩하여 x 배열변수의 값 을 수평축으로, y 배열변수의 값을 수직축으로 넘겨 그래프를 그렸습니다. plt.plot()은 간단한 x-y 그래 프를 그려 주는 함수로 인자로 넘겨지는 배열들의 교차점인 좌표상에 마커(marker)를 찍고 마커를 선으로 연결하여 그래프를 그려 주는 역할을 합니다. 그려진 그래프는 컴퓨터 내부에 그래프 객체로 저장되는데 plt.show() 함수를 통하여 화면에 나타나게 됩니다.

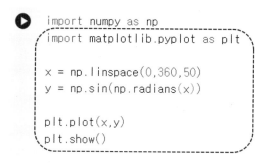

```python
import numpy as np
import matplotlib.pyplot as plt

x = np.linspace(0,360,50)
y = np.sin(np.radians(x))

plt.plot(x,y)
plt.show()
```

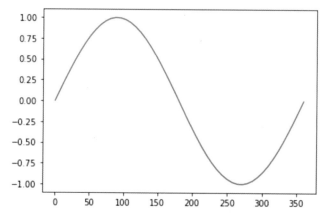

📖 적재적소 _ Python의 각도

Python은 각도 계산을 위한 단위로 원을 360도로 보는 디그리(degree, 도)가 아니라 180도를 파이(π, pi, 원주율), 즉 3.14159로 보는 라디안(radian)을 사용합니다. 그래서 디그리에 익숙한 우리나라 사람들은 math.radians( )와 math. degrees( ) 함수를 사용하여 디그리와 라디안 간의 단위 변환을 하여야 합니다. numpy 패키지에는 math 모듈과 같은 이름을 가진 함수가 포함되어 있습니다.

Python 인터프리터에서 plt.plot( ) 함수를 실행하면 matplolib.lines.Line2D라는 객체가 컴퓨터 내부적으로 만들어지는 것을 명시적으로 확인할 수 있습니다. 그래프 객체가 생성된 후 생성된 객체가 plt. show( ) 함수에 의하여 화면에 나타나게 되는 것입니다.

```
>>> import numpy as np
>>> import matplotlib.pyplot as plt
>>>
>>> x = np.linspace(0,360,50)
>>> y = np.sin(np.radians(x))
>>>
>>> plt.plot(x,y)
[<matplotlib.lines.Line2D object at 0x000001DE0D7F2A40>]
>>> plt.show()
>>>
```

np.linspace( ) 메소스의 세 번째 인자를 50에서 10으로 변경해 보았습니다. 그랬더니 그래프가 매끄럽게 그려지지 않고 울퉁불퉁하게 그려집니다. 그 이유는 matplotlib이 패키지가 x, y 좌표상의 점들을 직선으로 연결하기 때문입니다. 이 값을 크게 주면 그래프가 더 매끄럽게 그려지겠지만 메모리를 많이 차지하고 속도도 떨어질 것이니 메모리의 사용량과 속도를 고려하여 값을 넘겨주어야 합니다.

```
import numpy as np
import matplotlib.pyplot as plt

x = np.linspace(0,360,10)
y = np.sin(np.radians(x))

plt.plot(x,y)
plt.show()
```

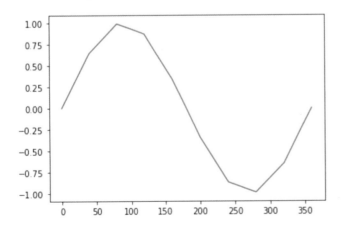

벡터 x에 저장된 값을 확인해 보면 종료값이 포함되어 있는 것을 알 수 있고 벡터를 구성하는 값들의 수가 10개인 것을 알 수 있습니다. 벡터 y에는 그에 대응하는 사인 값들이 들어가 있습니다.

```
print("벡터 x:", x)
print("벡터 y:", y)

벡터 x: [  0.  40.  80. 120. 160. 200. 240. 280. 320. 360.]
벡터 y: [ 0.00000000e+00  6.42787610e-01  9.84807753e-01  8.66025404e-01
  3.42020143e-01 -3.42020143e-01 -8.66025404e-01 -9.84807753e-01
 -6.42787610e-01 -2.44929360e-16]
```

이번에는 배열 y의 이름을 y1로 변경하고 배열 y2를 배열 x의 코사인(cosine) 값들로 만들고 plt.plot(x,y2) 문장을 하나 더 추가하였습니다. 이 문장은 배열 x로 x축을, 배열 y2로 y축을 구성하여 그래프를 하나 더 그립니다. 그래프는 2개이지만 plt.show() 함수는 한 개만 발행합니다. 그리고 그래프를 매끄럽게 그리기 위하여 np.linspace() 함수의 세 번째 인자를 다시 50으로 원복해 주었습니다. 그랬더니 아래의 코드조 각과 실행화면과 같이 matplotlib 패키지가 자동으로 2개의 그래프의 색깔을 다르게 하여 사인 그래프와 코사인 그래프를 동시에 그려 주었습니다.

```
import numpy as np
import matplotlib.pyplot as plt

x = np.linspace(0,360,50)
y1 = np.sin(np.radians(x))
y2 = np.cos(np.radians(x))

plt.plot(x,y1)
plt.plot(x,y2)

plt.show()
```

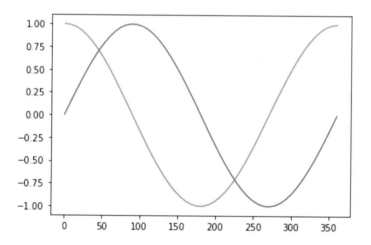

색상/마커/선스타일 지정하기

plt.plot() 함수에 color(색상), linestyle(선스타일) 및 marker(마커) 키워드 인자를 넘겨주면 각각 색상, 선 스타일 및 마커를 지정할 수 있습니다.

```
import numpy as np
import matplotlib.pyplot as plt

x = np.linspace(0,360,50)
y1 = np.sin(np.radians(x))
y2 = np.cos(np.radians(x))

plt.plot(x,y1,color='green',marker='+',linestyle='solid')
plt.plot(x,y2,color='blue',marker='o',linestyle='dotted')

plt.show()
```

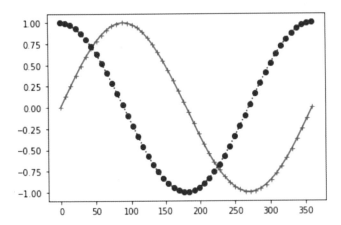

각각의 키워드 인자에서 사용할 수 있는 인자들은 다음 표와 같습니다.

color 키워드 인자	약자	색상
'blue'	'b'	파랑
'green'	'g'	초록
'red'	'r'	빨강
'cyan'	'c'	옥색
'magenta'	'm'	자주
'yellow'	'y'	노랑
'black'	'k'	검정
'white'	'w'	하양

▲ [표] matplotlib에서 자주 사용하는 색상

linestyle 키워드 인자	기호	선스타일
solid	'_'	실선
dashed	'__'	대시
dashdot	'_.'	대시-점
dotted	':'	점선

▲ [표] matplotlib에서 자주 사용하는 선스타일

marker 키워드 인자	마커
'.'	점
'o'	원
'v', '^', '<', '>'	삼각형(하,상,좌,우)
's'	사각형
'p'	오각형
'h'	육각형
'*'	별표
'+'	플러스(+)
'x'	엑스(x)
'd'	다이아몬드

▲ [표] matplotlib에서 자주 사용하는 마커

아래의 코드조각과 같이 plt.plot() 함수의 세 번째 인자를 넘겨줄 때 약자와 기호를 사용하여 단축 형식으로 색상, 마커 및 선스타일을 지정할 수 있습니다. 단축 형식으로 지정할 때에는 color, marker 및 linestyle의 순으로 나열합니다. 인자들 간의 중복을 발생시키지 않기 위하여 점선(dotted) 선스타일이 콜론(:)으로 되어 있는 등 직관적이지 않은 기호나 약자들이 있으니 코딩할 때 주의하기 바랍니다.

```
import numpy as np
import matplotlib.pyplot as plt

x = np.linspace(0,360,50)
y1 = np.sin(np.radians(x))
y2 = np.cos(np.radians(x))

#plt.plot(x,y1,color='green',marker='+',linestyle='solid')
plt.plot(x,y1,'g+-')
#plt.plot(x,y2,color='blue',marker='o',linestyle='dotted')
plt.plot(x,y2,'bo:')

plt.show()
```

선 두께 지정하기

plt.plot( ) 함수에 linewidth 키워드 인자를 넘겨주면 선의 두께를 지정할 수 있습니다. 아래의 코드조각은 초록색 그래프에 linewidth를 0을 넘겨주어 선이 나오지 않게 하였고 파란색 그래프는 linewidth에 2를 넘겨주어 선을 두껍게 나오게 하였습니다. linewidth 키워드 인자를 넘겨주지 않으면 1을 디폴트(default, 기본값)로 선을 그립니다. 초록색 그래프를 이렇게 수정하니 x축의 배열 x와 y축의 배열 y1의 교차점인 좌표상에 마커가 그려지는 것을 명시적으로 확인할 수 있습니다.

```python
import numpy as np
import matplotlib.pyplot as plt

x = np.linspace(0,360,50)
y1 = np.sin(np.radians(x))
y2 = np.cos(np.radians(x))

plt.plot(x,y1,'g+-',linewidth=0)
plt.plot(x,y2,'bo:',linewidth=2)

plt.show()
```

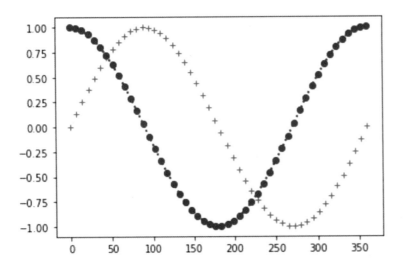

타이틀 추가하기

그래프에 타이틀을 추가하고 싶으면 plt.show( ) 함수로 그래프를 보여 주기 전에 plt.title("Sine/Cosine Graph")와 같이 plt.title( ) 함수에 인자로 그래프의 타이틀을 넘겨줍니다. 타이틀이나 범례 등과 같이 그려진 그래프들에 공통적으로 적용될 함수들은 일반적으로 plt.plot( ) 함수와 plt.show( ) 함수 사이에 기술합니다.

```
import numpy as np
import matplotlib.pyplot as plt

x = np.linspace(0,360,50)
y1 = np.sin(np.radians(x))
y2 = np.cos(np.radians(x))

plt.plot(x,y1,'g+-')
plt.plot(x,y2,'bo:')

plt.title("Sine/Cosine Graph")

plt.show()
```

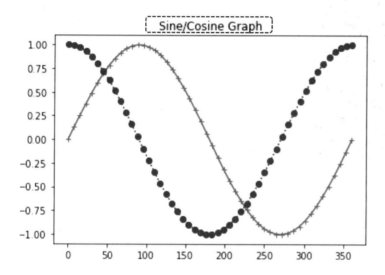

타이틀이 영어보다 한글이면 좋겠지요? 타이틀을 한글로 바꾸기 위하여 plt.title("Sine/Cosine Graph") 문장을 plt.title("사인/코사인 그래프")과 같이 바꾸어 봅시다.

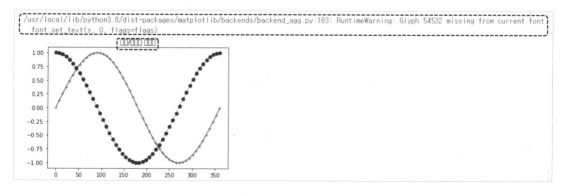

그런데 상단에 폰트가 존재하지 않는다는 오류 메시지가 나타나면서 타이틀에 한글이 나타나지 않고 글자가 깨져 보입니다. 이유는 Google Colab에서 기본 폰트로 한글을 지원하지 않기 때문입니다.

📋 적재적소 _ Windows PC의 matplotlib 한글 처리

Windows PC에는 이미 한글을 처리할 폰트가 설치되어 있기 때문에 PC에 설치된 폰트를 지정하는 방법으로 간단히 해결할 수 있습니다. plt.rc('font',family="gulim") 문장과 같이 plt.rc( ) 함수를 사용하여 기본 폰트를 변경해 주면 됩니다. 그외 코드는 동일합니다. 폰트를 바꾸고 싶으면 plt.rc('font',family="batang") 문장과 같이 family 키워드 인자에 폰트의 이름을 바꾸어 넘겨주면 됩니다. plt.rc( ) 함수에서 rc라는 용어는 실행 환경 설정(runtime configuration)의 약자입니다. 함수의 이름만으로도 이 함수가 하는 일을 짐작할 수 있습니다.

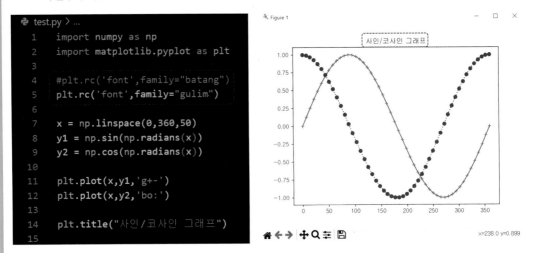

그러면 폰트의 이름을 알아내는 방법을 알아봅시다.

파일 탐색기에서 C:\Windows\Fonts 폴더로 이동한 후 한글 폰트 파일을 선택한 다음 사용하기를 원하는 폰트 파일의 이름에서 마우스 우클릭하여 속성 정보를 보면 폰트 파일의 이름을 확인할 수 있습니다. 폰트 파일의 이름을 다음과 같은 코드에 넘겨주어 실행하면 폰트의 이름을 알 수 있습니다.

오른쪽의 코드는 어려워 보이지만 매우 직관적입니다. matplotlib 패키지에서 font_manager 모듈을 import하여 fm으로 별명을 지정하였습니다. 그 후 fm.FontProperties(fname=fontPath).get_name() 과 같이 fm 모듈의 FontProperties 객체에 폰트 파일의 이름을 넘겨주어 폰트 속성(Font Property) 객체를 생성한 다음 get_name() 메소드를 호출하여 폰트의 이름을 반환해 주도록 메소드 체인으로 연결하고 있습니다.

```python
import matplotlib.font_manager as fm

font_path = 'c:/Windows/Fonts/gulim.ttc'
print(fm.FontProperties(fname=font_path).get_name())
font_path = 'c:/Windows/Fonts/malgun.ttf'
print(fm.FontProperties(fname=font_path).get_name())
font_path = 'c:/Windows/Fonts/HMKMRHD.ttf'
print(fm.FontProperties(fname=font_path).get_name())
```

```
문제   출력   디버그 콘솔   터미널   JUPYTER

PS C:\Users\00320811\Documents\python_coding> & C:/Users/003208
.exe c:/Users/00320811/Documents/python_coding/test.py
Gulim
Malgun Gothic
Headline R
PS C:\Users\00320811\Documents\python_coding>
```

그런데 간혹 폰트 이름에서 마우스 우클릭을 해도 속성 메뉴가 나타나지 않는 경우가 있어 폰트의 파일명을 알 수 없는 경우가 있습니다.

```
관리자: 명령 프롬프트

Microsoft Windows [Version 10.0.19045.3803]
(c) Microsoft Corporation. All rights reserved.

C:\WINDOWS\system32>cd c:\windows\fonts

c:\Windows\Fonts>dir *.tt*
 C 드라이브의 볼륨: Windows10
 볼륨 일련 번호: 52FC-B52E

 c:\Windows\Fonts 디렉터리

2015-07-30  오전 03:27             60,656 AGENCYB.TTF
2015-07-30  오전 03:27             58,920 AGENCYR.TTF
2015-07-30  오전 03:27             76,588 ALGER.TTF
2015-07-30  오전 03:27            151,000 ANTQUAB.TTF
2015-07-30  오전 03:27            150,416 ANTQUABI.TTF
2015-07-30  오전 03:27            149,092 ANTQUAI.TTF
2019-12-07  오후 06:08          1,036,584 arial.ttf
2019-12-07  오후 06:08            980,756 arialbd.ttf
2019-12-07  오후 06:08            721,144 arialbi.ttf
2019-12-07  오후 06:08            717,428 ariali.ttf
2015-07-30  오전 03:27            175,956 ARIALN.TTF
2015-07-30  오전 03:27            180,740 ARIALNB.TTF
2015-07-30  오전 03:27            180,084 ARIALNBI.TTF
2015-07-30  오전 03:27            181,124 ARIALNI.TTF
2014-01-21  오후 08:07         23,275,812 ARIALUNI.TTF
2019-12-07  오후 06:08            167,592 ariblk.ttf
2016-07-28  오전 10:16             53,164 arimonbd.ttf
2016-07-28  오전 10:16             54,124 arimon__.ttf
2015-07-30  오전 03:27             45,260 ARLRDBD.TTF
```

이런 어려움에 봉착하면 가장 단순한 기술을 사용해 봅시다. Windows 컴퓨터 명령 프롬프트 창을 열고 cd c:\windows\fonts 명령어를 실행하여 폰트 폴더로 이동합니다. 그 후 dir *.tt* 명령어를 실행하면 ttc 혹은 ttf 형식의 폰트 파일 이름을 알 수 있습니다. 파일 탐색기의 폰트 목록과 비교하며 원하는 폰트 파일의 이름을 찾을 수 있을 것입니다.

dir *.tt* Windows 명령어에 정규식의 기술이 사용된 것을 눈치채셨나요? *.tt*는 파일이나 폴더의 이름에 .tt가 포함된 것을 의미합니다.그런데 엄밀히 보면 Windows와 UNIX 계열 컴퓨터의 명령어에 공통적으로 사용되는 정규식은 약식입니다. 예를 들면 임의의 글자를 정규식에서는 점과 별표를 연속으로 사용하여 .*로 표현하는데 명령어의 정규식에서는 점(.)은 일반 문자로 취급되고 * 하나만 사용하여 표현합니다.

📋 **적재적소** _ **Google Colab의 matplotlib 한글 처리**

Google Colab에는 한글을 처리할 폰트가 설치되어 있지 않기 때문에 한글 폰트를 설치하는 작업부터 해야 합니다.

```
!sudo apt-get -y install fonts-nanum
import matplotlib.font_manager as fm
font_files = fm.findSystemFonts(fontpaths=['/usr/share/fonts/truetype/nanum'])
for font_path in font_files:
    fm.fontManager.addfont(font_path)
```

Google Colab은 UNIX 계열 컴퓨터에서 수행되기 때문에 관리자 권한이 있어야 설치 작업을 할 수 있습니다. 관리자 권한으로 명령어를 수행하기 위하여 sudo 컴퓨터 명령어의 도움을 받아 apt-get 컴퓨터 명령어를 실행하여 무상으로 지원되는 fonts-nanum(나눔) 폰트를 위의 코드조각과 같이 설치합니다.

-y 옵션은 설치 작업 시 사용자가 설치 프로그램의 물음에 y를 눌러 확인해 주지 않아도 되도록 미리 대답을 y로 설정해 줍니다. !는 Google Colab이나 Jupyter Notebook에서 컴퓨터의 명령어를 실행시키기 위한 접두어로 사용됩니다. !를 접두어로 추가하지 않으면 입력되는 명령어는 Python 문장으로 인식됩니다. 이때 폰트 파일들이 /usr/share/fonts/truetype/nanum 폴더에 설치되는데 설치된 모든 폰트 파일들을 font_files = fm.findSystemFonts(fontpaths=['/usr/share/fonts/truetype/nanum']) 문장으로 알아낸 후 for 반복문을 사용하여 fm 모듈에 정의되어 있는 폰트관리자(fontManager) 객체의 addfont( ) 메소드를 사용하여 폰트 파일들을 사용할 수 있도록 추가합니다. 폰트 설치가 완료되면 먼저 설치된 폰트의 이름을 알아봅시다.

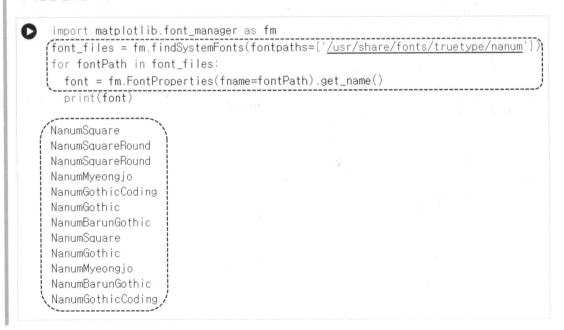

```
import matplotlib.font_manager as fm
font_files = fm.findSystemFonts(fontpaths=['/usr/share/fonts/truetype/nanum'])
for fontPath in font_files:
    font = fm.FontProperties(fname=fontPath).get_name()
print(font)
```

```
NanumSquare
NanumSquareRound
NanumSquareRound
NanumMyeongjo
NanumGothicCoding
NanumGothic
NanumBarunGothic
NanumSquare
NanumGothic
NanumMyeongjo
NanumBarunGothic
NanumGothicCoding
```

폰트 파일들의 이름을 알아내 for 반복문으로 반복하여 처리하는 것은 폰트를 설치할 때의 코드와 동일하고, 폰트 이름을 알아내는 코드는 **[알아두기] Windows PC의 matplotlib 한글 처리**에서 설명한 것과 동일하여 추가적인 설명이 필요하지 않습니다.

```python
import numpy as np
import matplotlib.pyplot as plt

plt.rc('font', family='NanumBarunGothic')

import matplotlib
matplotlib.rcParams['axes.unicode_minus'] = False

x = np.linspace(0,360,50)
y1 = np.sin(np.radians(x))
y2 = np.cos(np.radians(x))

plt.plot(x,y1,'g+-')
plt.plot(x,y2,'bo:')

plt.title("사인/코사인 그래프")

plt.show()
```

plt.rc('font', family='NanumBarunGothic') 문장으로 사용할 폰트를 설정하는 방법은 **[알아두기] Windows PC의 matplotlib 한글 처리**에서 설명한 것과 동일합니다. 그러나 Google Colab의 한글 처리에 한 가지 버그성 어려움이 있는데 그래프 축의 빼기(-) 기호가 한글을 사용하면 깨집니다. 그래서 matplotlib.rcParams['axes.unicode_minus'] = False 문장으로 빼기(-, 마이너스) 기호는 한글을 사용하지 않도록 해 주어야 합니다. matplotlib 패키지의 rcParams는 실행 환경 설정 파라미터(runtime configuration parameters)를 관리하는 딕셔너리로 'axes.unicode_minus' 키에 거짓(False)을 넘겨주면 그래프 축의 빼기(-) 기호는 한글과 같은 유니코드를 사용하지 않고 ASCII의 "-" 기호로 표시됩니다. 따라서, 그래프에 깨지는 현상이 발생하지 않습니다.

📄 **적재적소 _ 주기적으로 사라지는 Google Colab 사용 환경**

Google Colab의 사용 환경은 주기적으로 사라졌다가 다시 생성됩니다.

```
import numpy as np
import matplotlib.pyplot as plt

plt.rc('font', family='NanumBarunGothic')

import matplotlib
matplotlib.rcParams['axes.unicode_minus'] = False

x = np.linspace(0,360,50)
y1 = np.sin(np.radians(x))
y2 = np.cos(np.radians(x))

plt.plot(x,y1,'g+-')
plt.plot(x,y2,'bo:')

plt.title("사인/코사인 그래프")

plt.show()
WARNING:matplotlib.font_manager:findfont: Font family 'NanumBarunGothic' not found
WARNING:matplotlib.font_manager:findfont: Font family 'NanumBarunGothic' not found
WARNING:matplotlib.font_manager:findfont: Font family 'NanumBarunGothic' not found
WARNING:matplotlib.font_manager:findfont: Font family 'NanumBarunGothic' not found
WARNING:matplotlib.font_manager:findfont: Font family 'NanumBarunGothic' not found
WARNING:matplotlib.font_manager:findfont: Font family 'NanumBarunGothic' not found
```

폰트 설치 후 그래프상의 한글이 잘 처리되다가 자리를 비웠다가 돌아온 어느 순간 위의 실행화면과 같이 오류 메시지가 발생하며 다시 한글이 깨지는 현상이 나타날 것입니다. 해결책은 폰트를 다시 설치하는 것입니다. 다행히 교육 목적으로는 한글 폰트가 설치되지 않은 상황이어도 큰 문제가 되지 않기 때문에 그래프를 그릴 때 영어를 사용하도록 하겠습니다.

범례 추가하기

plt.plot() 함수의 label 키워드 인자로 범례에 나타날 문자열을 지정한 후 plt.plot() 함수와 plt.show() 함수 사이에 plt.legend() 함수를 추가하면 범례가 그래프상의 빈 공간에 나타납니다.

```
import numpy as np
import matplotlib.pyplot as plt

x = np.linspace(0,360,50)
y1 = np.sin(np.radians(x))
y2 = np.cos(np.radians(x))

plt.plot(x,y1,'g+-',label='sin(x)')
plt.plot(x,y2,'bo:',label='cos(x)')

plt.title("Sine/Cosine Graph")
plt.legend()

plt.show()
```

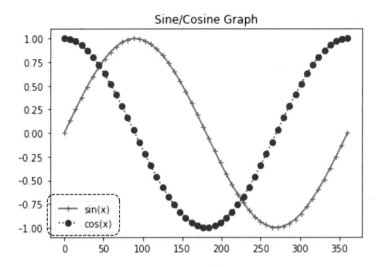

범례가 나타나는 위치를 지정하려면 plt.legend() 함수에 loc 키워드 인자를 문자열로 넘겨줍니다. loc 키워드 인자로 넘겨줄 수 있는 문자열은 'best', 'upper right', 'upper left', 'lower left', 'lower right', 'right', 'center left', 'center right', 'lower center', 'upper center', 'center' 등이 있습니다.

```
plt.title("Sine/Cosine Graph")
plt.legend(loc='upper center')

plt.show()
```

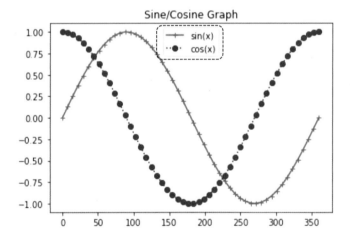

축 레이블 추가하기

plt.xlabel( )과 plt.ylabel( ) 함수를 추가하면 x축의 레이블과 y축의 레이블을 각각 출력할 수 있습니다. 두 함수 모두 출력할 레이블을 문자열 인자로 넘겨줍니다.

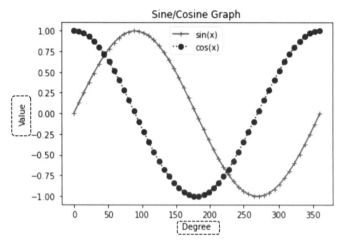

> **!** **알아두기** _ **matplotlib 축 레이블 지정 시 자주하는 실수**

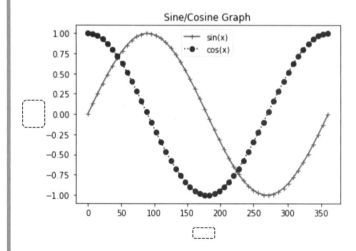

plt.xlabel( )과 plt.ylabel( )은 함수인데 Python 입문자들은 이것을 속성으로 오인하는 경우가 있습니다. 이렇게 잘못된 코딩을 하고 실행을 해도 레이블만 나타나지 않을 뿐 정상적으로 수행이 됩니다.

```
        plt.xlabel("Degree")
        plt.ylabel("Value")

        plt.show()

        --------------------------------------------------------------------
        TypeError                                Traceback (most recent call last)
        <ipython-input-2-a7220d49e9e6> in <cell line: 14>()
             12 plt.legend(loc='upper center')
             13
        ---> 14 plt.xlabel("Degree")
             15 plt.ylabel("Value")
             16

        TypeError: 'str' object is not callable
```

그런데 문제는 그 후 그래프의 레이블을 지정하기 위한 함수를 호출할 때 문자열 객체는 실행할 수 없다('str' object is not callable)는 오류가 발생합니다. 당연합니다. 앞의 코드조각에서 plt.label의 값을 문자열로 바꾸었으니 더 이상 plt.label은 함수가 아닌 것입니다. 이는 Python과 matplotlib을 설계하고 구현한 설계자와 프로그래머들이 정보 은폐(information hiding) 원칙을 지키지 않아서 발생하는 것인데 이런 오류를 해결하려면 Python 인터프리터나 Visual Studio Code에서 프로그램을 실행 중이었다면 사용하던 Python 인터프리터나 Visual Studio Code를 빠져나갔다가 들어 오면 사용 환경이 재설정(reset) 되며 오류가 해결이 됩니다. Google Colab의 경우에는 런타임 → 세션 다시 시작 메뉴를 클릭하여 런타임을 다시 시작해 주어야 오류가 해결이 됩니다.

축 범위 설정하기

plt.xlim()과 plt.ylim() 함수를 추가하면 x축이 보여 주는 값의 범위와 y축이 보여 주는 값의 범위를 지정할 수 있습니다. 두 함수 모두 첫 번째 인자로 최솟값을 넘겨주고 두 번째 인자로 최댓값을 넘겨줍니다.

```
plt.xlim(-50,400)
plt.ylim(-1.5,1.5)

plt.show()
```

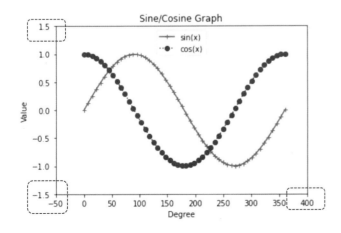

그리드 설정하기

plt.grid() 함수를 추가하여 그래프에 격자(grid)를 나타나게 할 수 있습니다. 첫 번째 인자로 참(True)을 넘겨주고 axis 키워드 인자로 격자를 보여 줄 축을 'x', 'y' 및 'both' 중 하나의 문자열로 넘겨줍니다. axis 키워드 인자를 생략하면 모든 축에 대하여 격자가 나타납니다.

```
#plt.xlim(-50,400)
#plt.ylim(-1.5,1.5)

plt.grid(True,axis='y')

plt.show()
```

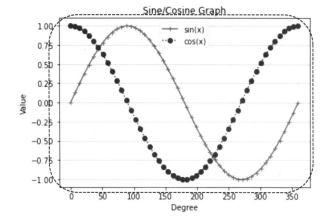

수학적 표현 출력하기

matplotlib 패키지는 r 문자열(raw string)의 달러($) 기호 사이에 위치하는 TeX 문법을 통해 그래프의 제목, 축 레이블, 그리고 데이터 곡선을 설명하는 텍스트 상자에도 수학적 표현을 포함한 특수문자들을 출력할 수 있습니다. plt.title(r"$Alpha(₩alpha) & Omega(₩omega)$ of Mathemetical Exp") 문장에서 달러($) 기호의 안쪽에 있는 ₩alpha와 ₩omega가 TeX 문법인데 각각 α와 ω로 그래프의 타이틀에 나타나고 있습니다. 그리고 plt.ylabel(r"$₩sqrt{X}$") 문장에서 ₩sqrt{X}가 TeX 문법인데 $\sqrt{X}$로 그래프의 y축 레이블에 나타나고 있습니다. 중괄호({})는 TeX 문법에게 넘겨주는 함수의 인자처럼 이해하면 됩니다. 그래서 ₩sqrt 기호 안에 X가 나타났습니다.

```
import numpy as np
import matplotlib.pyplot as plt

x = np.arange(10)
y = np.sqrt(x)

plt.plot(x,y,'go-')
plt.title(r"$Alpha(₩alpha) & Omega(₩omega)$ of Mathemetical Exp")
plt.xlabel("X")
plt.ylabel(r"$₩sqrt{X}$")

plt.show()
```

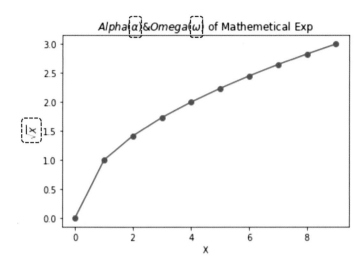

TeX는 도널드 커누스(Donald Knuth)가 만든 문서 조판 언어 또는 그 시스템입니다. '테흐'(/tɛx/) 혹은 '텍'(/tɛk/)으로 읽습니다. TeX 문법은 https://namu.wiki/w/TeX 사이트를 참조하고 TeX 기호는 https://ko.wikipedia.org/wiki/위키백과:TeX_문법 사이트를 참조바랍니다.

지금까지 x-y 그래프를 그리고 발전시키며 matplotlib 패키지가 제공하는 그래프를 그리는 기본적인 기법들을 알아보았습니다. matplotlib 패키지는 x-y 그래프 외에 다양한 그래프들을 그릴 수 있는데 그 중 많이 사용되는 그래프들을 그리는 방법에 대하여 알아보겠습니다. 코드를 읽으며 데이터 표현과 그래프 표현이 어떻게 서로 연관되는지를 관심있게 살펴보기 바랍니다. plt.plot() 함수로 그리는 x-y 그래프는 배열 x와 배열 y의 값이 교차되는 지점에 마커를 출력하는 형태였습니다.

여러 개의 그래프 그리기

```python
import numpy as np
import matplotlib.pyplot as plt

plt.subplot(2, 2, 1)          # 2행 2열 중 1번째 그래프
plt.title("Index 1 Graph")

plt.subplot(2, 2, 2)          # 2행 2열 중 2번째 그래프
plt.title("Index 2 Graph")

plt.subplot(2, 2, 3)          # 2행 2열 중 3번째 그래프
plt.title("Index 3 Graph")

plt.subplot(2, 2, 4)          # 2행 2열 중 4번째 그래프
plt.title("Index 4 Graph")

plt.tight_layout()
plt.show()
```

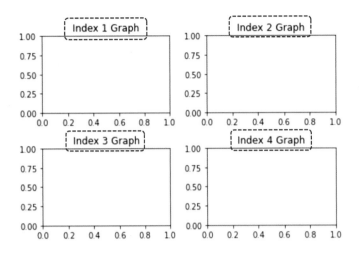

plt.subplot(2, 2, 1) 문장과 같이 plt.subplot() 함수의 첫 번째와 두 번째 인자를 사용하여 그래프를 그릴 행과 열을 지정한 후 세 번째 인자로 그래프의 인덱스를 지정하여 그 하단에 개별 그래프를 그리는 코드를 추가하는 방식으로 여러 개의 그래프를 그릴 수 있습니다. 그러면 위의 실행화면에서 볼 수 있는 것과 같이 지정한 만큼의 그래프가 추가될 공간이 확보되어 세 번째 인자로 지정된 위치에 그래프가 출력됩니다. 여기에 사용되는 인덱스는 컴퓨터가 인식하는 것과 같이 0으로 시작하는 것이 아니라 사람이 인식하는 것과 같이 1로 시작하니 착오가 없어야 하겠습니다. 그리고 인덱스는 행과 열의 형태로 지정하는 것이 아니라 1차원 배열과 같이 취급하여 인덱스가 부여됩니다. 그래서 위의 코드조각을 보면 세 번째 인자의 값이 1, 2, 3 및 4와 같은 그래프의 순서를 나타내는 일련번호로 지정되었습니다. plt.show() 함수 앞에 plt.tight_layout() 함수가 추가되었는데 이 함수를 호출하지 않으면 그래프가 일부 중첩되어 나타납니다.

바 차트 그리기

```python
import numpy as np
import matplotlib.pyplot as plt

years = np.array(['2011','2012','2013','2014','2015'])
exchange_rates = np.array([1030,1120,1090,1200,1300])
colors = ['r','g','b','c','m']

plt.subplot(1, 2, 1)                  # 1행 2열 중 1번째 그래프
plt.bar(years,exchange_rates,color=colors)  # 수직 바차트
plt.title("Vertical Bar Chart")
plt.xlabel("Year")
plt.ylabel("Exchange Rate")

plt.subplot(1, 2, 2)                  # 1행 2열 중 2번째 그래프
plt.barh(years,exchange_rates,color=colors)  # 수평 바차트
plt.title("Horizontal Bar Chart")
plt.xlabel("Exchange Rate")
plt.ylabel("Year")

plt.tight_layout()
plt.show()
```

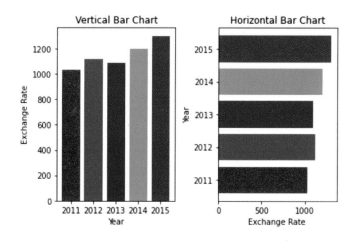

그래프를 1행 2열로 만들어 plt.bar() 함수를 호출하여 수직 바 차트를 첫 번째 그래프로 배치하고, plt. barh() 함수를 호출하여 수평 바 차트를 두 번째 그래프로 배치하였습니다. years 배열을 정의한 것과 exchange_rates 배열을 정의한 것은 plt.plot() 함수를 사용하기 위하여 배열 x와 배열 y를 정의한 것과 유사한데, 배열 x가 연속적인(continuous) 값의 형태를 가지는데 반해 years는 np.array(['2011', '2012','2013','2014','2015'])와 같이 이산적인(discrete) 값의 형태를 가집니다. 바 차트에 색상을 지정하기 위하여 ['r','g','b','c','m']으로 정의된 colors 리스트를 사용하였습니다. colors 리스트를 구성하는 한 자리 문자열이 의미하는 색상은 위의 실행화면에서 보는 색상과 일치하는데 자세한 것은 **[표] matplotlib 에서 자주 사용하는 색상**을 참조하기 바랍니다. plt.bar()와 plt.barh() 함수의 color 키워드 인자에 사용할 색상을 넘겨주면 배열 x와 배열 y가 순서대로 대응되어 그래프를 그려 주듯이, colors 리스트에 저장된 색상도 순서대로 대응되어 각각 다른 색상의 바 차트가 그려지고, 넘겨주지 않으면 단일 색상의 바 차트가 그려집니다. colors 색상 변수를 numpy 배열이 아니라 리스트로 정의한 것에 주목해 보기 바랍니다. **[적재적소] 리스트의 용도**에서 언급한 것과 같이 배열을 사용할 수 없고, 리스트를 사용해야만 하는 매우 적절한 예입니다.

산점도 그리기

```
import numpy as np
import matplotlib.pyplot as plt

x = np.linspace(0,360,50)
y = np.sin(np.radians(x))

plt.subplot(1, 2, 1)          # 1행 2열 중 1번째 그래프
plt.plot(x,y,marker='o')
plt.title("Sine Plot Graph")

plt.subplot(1, 2, 2)          # 1행 2열 중 2번째 그래프
plt.scatter(x,y)
plt.title("Sine Scatter Graph")

plt.tight_layout()
plt.show()
```

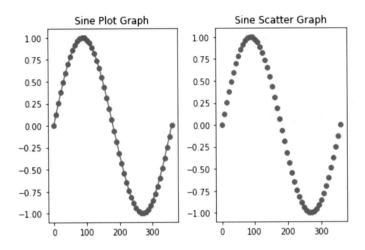

plt.plot() 함수 대신 plt.scatter() 함수를 사용하면 산점도를 그릴 수 있습니다. 위의 그래프에서 확인할 수 있는 것과 같이 plt.plot() 함수의 marker 키워드 인자에 'o'를 넘겨주면 plt.plot() 함수로 그린 x-y 그래프와 plt.scatter() 함수로 그린 산점도는 원 사이에 선이 있는지 없는지를 제외하면 동일합니다. 그래서 위와 같이 x축 값이 선형적으로 증가하거나 감소하도록 정렬되어 있다면 점 사이에 선이 있는 x-y 그래프를 그리지 굳이 산점도를 그릴 이유가 없습니다.

하지만 다음과 같이 나이와 체중의 상관관계를 구하기 위하여 데이터를 수집했다고 가정해 봅시다. 나이와 체중은 정렬되어 있지 않으며 데이터를 수집한 순서대로 ages와 weights 배열에 저장하였습니다.

```python
import numpy as np
import matplotlib.pyplot as plt

ages = np.array([10,17,27,24,38,35,29,40,12,32,23,21])
weights = np.array([30,45,58,50,61,65,50,51,35,62,50,40])

plt.subplot(1, 2, 1)          # 1행 2열 중 1번째 그래프
plt.plot(ages,weights,marker='o')
plt.title("Age-Weight Plot Graph")

plt.subplot(1, 2, 2)          # 1행 2열 중 2번째 그래프

                # 0~ 10~ 20~ 30~ 40~ 50~ 60~69
color_map = ['w','y','g','c','b','m','r']
colors = []
for weight in weights:
  color_index = weight // 10
  colors.append(color_map[color_index])

plt.scatter(ages,weights,s=weights*30,c=colors,alpha=0.7)
plt.title("Age-Weigh Scatter Graph")

plt.tight_layout()
plt.show()
```

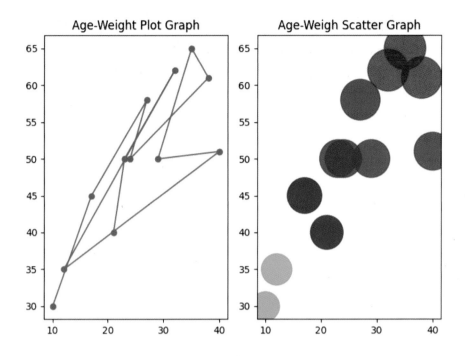

위의 실행화면을 보면 x-y 그래프는 나이 numpy 배열의 순서대로 선으로 연결되어 그래프가 산만하지만 산점도 그래프는 선이 없이 나이와 체중의 교차점에 원이 나타납니다. plt.scatter(ages,weights,s=weights*30,c=colors,alpha=0.7) 문장으로 s 키워드 인자를 사용하여 몸무게의 30배 크기로 원의 크기(size)를 지정하였고, c 키워드 인자를 사용하여 원의 색상(color)을 colors 리스트로 지정하였고, alpha 키워드 인자를 즉 투명도를 0.7로 지정하여 원이 겹치는 경우 원을 구분할 수 있게 하였습니다. alpha 키워드 인자가 0이면 완전한 투명이고 1이면 완전한 불투명입니다. 산점도를 그릴 때 이와 같이 색상과 원의 크기 등을 데이터에 맞게 조정하면 x축과 y축으로 구성된 2차원 그래프를 마치 x축과 y축과 원의 크기와 색상으로 구성된 4차원 그래프의 느낌으로 그릴 수 있습니다.

이제 조금 어렵게 느껴질 수도 있는 colors 리스트를 만드는 로직을 이해하면 전체 코드를 이해하게 될 것입니다. 먼저 color_map = ['w','y','g','c','b','m','r'] 문장은 체중이 많이 나갈수록 빨간색에 가까운 색으로 변하게 color_map 리스트를 구성합니다. colors = [ ] 문장은 빈 리스트를 만들어 줍니다. 그리고 for weight in weights: 반복문에 의하여 weights 리스트를 반복하여 처리하며 체중을 대변하는 colors 리스트를 만들어 갑니다. // 연산자가 나눗셈을 한 후 몫을 반환하기 때문에 61이어도 6을 반환하고, 65이어도 6을 반환하게 되는 것과 같이 10kg 구간별로 동일한 색상의 인덱스를 만들어 준다는 것을 이해한 후 다음 표를 봅시다.

변수/수식		반복											
weight		30	45	58	50	61	65	50	51	35	62	50	40
color_index = weight // 10		3	4	5	5	6	6	5	5	3	6	5	4
color_map[color_index]		'c'	'b'	'm'	'm'	'r'	'r'	'm'	'm'	'c'	'r'	'm'	'b'
colors.append( ) 수행 후 colors 리스트의 상태 변화	반복	[ ]											
	30	['c']											
	45	['c', 'b']											
	58	['c', 'b', 'm']											
	50	['c', 'b', 'm', 'm']											
	61	['c', 'b', 'm', 'm', 'r']											
	65	['c', 'b', 'm', 'm', 'r', 'r']											
	50	['c', 'b', 'm', 'm', 'r', 'r', 'm']											
	51	['c', 'b', 'm', 'm', 'r', 'r', 'm', 'm']											
	35	['c', 'b', 'm', 'm', 'r', 'r', 'm', 'm', 'c']											
	62	['c', 'b', 'm', 'm', 'r', 'r', 'm', 'm', 'c', 'r']											
	50	['c', 'b', 'm', 'm', 'r', 'r', 'm', 'm', 'c', 'r', 'm']											
	40	['c', 'b', 'm', 'm', 'r', 'r', 'm', 'm', 'c', 'r', 'm', 'b']											

반복문이 처리되는 형태를 weight 제어 변수의 값이 변함에 따라 프로그램의 상태를 이루는 다른 변수들의 값이 함께 변하는 모습을 표로 그려서 설명하였으니 변화의 흐름을 따라가면서 이해할 수 있을 것입니다. 따라가지 못하겠다면 Visual Studio Code에 코드를 복사해 넣고 디버거를 사용하여 로직의 흐름을 추적하면서 변수들의 상태변화를 위의 표처럼 확인해 보기 바랍니다.

도수분포표 그리기

```python
import numpy as np
import matplotlib.pyplot as plt

scores = np.array([85,95,80,80,75,100,85,70,61,90,80,85,77,87,75,77,83,87])

plt.hist(scores,cumulative=True,label="Cumulative Histogram")
plt.hist(scores,bins=8,label="Normal Histogram")
plt.legend()

plt.show()
```

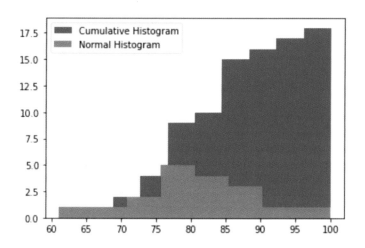

도수분포표(히스토그램, histogram)는 특정 값들이 나타나는 구간별 횟수를 보여 주는 그래프입니다. plt. hist() 함수를 사용하여 그릴 수 있습니다. 위의 코드조각과 실행화면에서는 x축이 성적의 구간이고 y축이 횟수입니다. 누적도수분포표를 보려면 cumulative 키워드 인자에 참(True)을 넘겨줍니다. bins 키워드 인자로는 구분할 구간의 개수를 넘겨주는데 여기서는 61점부터 100점까지 5점 간격의 구간으로 보기 위하여 8을 넘겨주었습니다.

```
import numpy as np
import matplotlib.pyplot as plt

random_data1 = np.random.normal(10,8,500)
random_data2 = np.random.normal(10,6,500)
random_data3 = np.random.normal(10,2,500)

plt.hist(random_data1,bins=20,color='r',alpha=0.5)
plt.hist(random_data2,bins=20,color='g',histtype='step')
plt.hist(random_data3,bins=20,color='b')
plt.show()
```

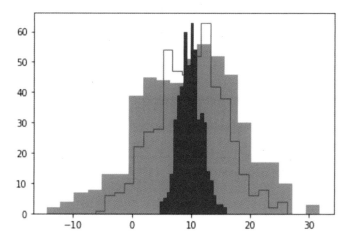

np.random.normal() 함수를 사용하여 3가지 정규분포의 도수분포표를 그려 보았습니다. plt.hist() 함수에 color 키워드 인자를 넘겨주면 색상을 지정할 수 있으며, alpha 키워드 인자로 투명도를 지정할 수 있습니다. 0이면 완전한 투명이고 1이면 완전한 불투명입니다. histtype 키워드 인자로 'bar', 'barstacked', 'step', 'stepfilled' 등의 값을 넘겨주어 히스토그램의 형태를 바꿀 수 있는데 디폴트(default, 기본값)는 'bar'입니다.

파이 차트 그리기

```
import numpy as np
import matplotlib.pyplot as plt

phone_counts = np.array([450,1500,50])
phone_types = np.array(['iPhone', 'Android', 'Etc'])

plt.pie(phone_counts,labels=phone_types,autopct='%.1f%%')

plt.show()
```

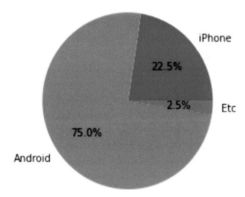

plt.pie() 함수를 사용하여 파이(pie) 차트를 그릴 수 있습니다. 첫 번째 인자로 수량의 배열을 넘기고 labels 키워드 인자로 수량이 의미하는 레이블의 배열을 넘기면 됩니다. 파이 차트 안에 비율을 출력할 수 있는데 autopct(automatic percent) 키워드 인자에 autopct='%.1f%%'와 같이 출력할 형식 문자열을 넘기면 됩니다. 백분율 기호(%)는 형식 문자열의 시작을 의미하고 .1f는 문자열 포맷팅에서 실수의 출력 형식을 설명한 것과 같이 소수점 아래 한자리까지 실수(float) 자료형으로 보여 준다는 의미가 됩니다. 뒤에 있는 %%는 백분율 기호(%)를 출력하기 위하여 추가되었습니다. 이것은 **[적재적소] 이스케이프 시퀀스의 ₩₩와 f 문자열의 {{ 그리고 }}**에서 설명한 것과 동일한 원리입니다. 백슬래시(\)와 중괄호({})를 백분율 기호(%)로 바꾸어 이해하면 됩니다. 백분율 기호(%)는 C언어에서 문자열 형식을 지정하기 위하여 사용되던 기호인데 Python의 문자열 포맷팅 문자로 아직 사용되고 있습니다.

6.5 리스트와 numpy 배열 데이터 분석

6.3 리스트와 numpy 배열 다루기에서 리스트와 numpy 배열을 대상으로 할 수 있는 기본적인 연산에 대하여 알아보았습니다. 여기에서는 최댓값과 최솟값, 합과 곱 및 간단한 통계 기법을 활용하여 데이터를 분석하고 집계하는 기본적인 기법에 대하여 알아보겠습니다.

최댓값과 최솟값

min( )과 max( ) 내장 함수을 사용하면 리스트(list) 벡터와 numpy 배열(array) 벡터의 최솟값과 최댓값을 알 수 있습니다.

```
import numpy as np

list_vector = [10,9,8,7,6,5,4,3,2,1]
print("list_vector의 최소값 : ", min(list_vector))
print("list_vector의 최대값 : ", max(list_vector))

array_vector = np.array(list_vector)
print("array_vector의 최소값 : ", min(array_vector))
print("array_vector의 최대값 : ", max(array_vector))

list_vector의 최소값 : 1
list_vector의 최대값 : 10
array_vector의 최소값 : 1
array_vector의 최대값 : 10
```

np.min( )과 np.max( ) 함수를 사용하여 numpy 배열 행렬의 최솟값과 최댓값을 구할 수 있고, axis 키워드 인자를 사용하여 행과 열별 최솟값과 최댓값을 알 수 있습니다.

```
import numpy as np

array_matrix = np.arange(1,51).reshape(5,10)
print("array_matrix :\n",array_matrix)
print("최소값 : ", np.min(array_matrix))
print("최대값 : ", np.max(array_matrix))
print("열의 최소값 : ", np.min(array_matrix,axis=0))
print("열의 최대값 : ", np.max(array_matrix,axis=0))
print("행의 최소값 : ", np.min(array_matrix,axis=1))
print("행의 최대값 : ", np.max(array_matrix,axis=1))

array_matrix :
 [[ 1  2  3  4  5  6  7  8  9 10]
 [11 12 13 14 15 16 17 18 19 20]
 [21 22 23 24 25 26 27 28 29 30]
 [31 32 33 34 35 36 37 38 39 40]
 [41 42 43 44 45 46 47 48 49 50]]
최소값 : 1
최대값 : 50
열의 최소값 : [ 1  2  3  4  5  6  7  8  9 10]
열의 최대값 : [41 42 43 44 45 46 47 48 49 50]
행의 최소값 : [ 1 11 21 31 41]
행의 최대값 : [10 20 30 40 50]
```

np.argmin()과 np.argmax() 함수는 numpy 배열의 요소 중 최솟값과 최댓값의 인덱스를 반환합니다. 그래서 최솟값이나 최댓값을 보려면 array_vector[min_index] 혹은 array_vector[max_index]와 같이 첨자를 사용하여 배열의 값을 조회하여야 합니다. 위의 코드조각에서 예를 들지 않았지만 np.argmin()과 np.argmax() 함수의 경우에도 axis 키워드 인자를 사용하면 행이나 열별 최솟값과 최댓값의 인덱스를 구하여 사용할 수 있습니다. 최댓값과 최솟값의 인덱스로 배열상의 위치를 알게 되면 array_vector[min_index] 혹은 array_vector[max_index]에 값을 할당하는 방식으로 최솟값과 최댓값을 변경하는 등의 작업에 유용하게 사용할 수 있습니다.

```
import numpy as np

array_vector = np.array([10,9,8,7,6,5,4,3,2,1])
min_index = np.argmin(array_vector)
print("최소값 인덱스 :", min_index)
print("최소값 : ", array_vector[min_index])
max_index = np.argmax(array_vector)
print("최대값 인덱스 :", max_index)
print("최대값 : ", array_vector[max_index])
#최대값을 국외자로 가정하고 평균값으로 변경
array_vector[max_index] = np.mean(array_vector)
print("변경후 array_vector :",array_vector)


최소값 인덱스 : 9
최소값 : 1
최대값 인덱스 : 0
최대값 : 10
변경후 array_vector : [5 9 8 7 6 5 4 3 2 1]
```

합과 곱

최댓값과 최솟값을 구하는 방법과 유사하게 합과 곱을 계산할 수 있습니다. 리스트의 요소들의 합은 sum() 내장 함수를 사용하여 구할 수 있습니다. 리스트의 요소들의 곱을 지원하는 내장 함수가 없어서 math 모듈을 import한 후 math.prod() 함수를 사용해야 합니다. 배열의 합과 곱은 np.sum()과 np.prod() 함수를 사용하여 계산합니다. 열과 행의 합과 곱은 axis 키워드 인자에 축의 값을 넘겨주어 계산하며 결과는 열의 수와 합의 수만큼 만들어집니다. 코드조각과 실행화면은 최솟값과 최대값을 구하는 것과 유사하여 생략합니다.

📄 적재적소 _ 정수 허용범위 초과

아래의 코드조각과 실행화면을 봅시다.

```
import numpy as np

array_matrix = np.arange(1,51).reshape(5,10)
print("array_matrix :\n",array_matrix)
print("array_matrix의 합 :",np.sum(array_matrix))
print("array_matrix의 곱 :",np.prod(array_matrix))

array_matrix :
 [[ 1  2  3  4  5  6  7  8  9 10]
 [11 12 13 14 15 16 17 18 19 20]
 [21 22 23 24 25 26 27 28 29 30]
 [31 32 33 34 35 36 37 38 39 40]
 [41 42 43 44 45 46 47 48 49 50]]
array_matrix의 합 : 1275
array_matrix의 곱 : -3258495067890909184
```

교육용 데이터라서 극단적이기는 하지만 합을 구할 때는 괜찮았는데 2차원 행렬의 곱을 구하는 과정에서 한 가지 문제가 생겼습니다. 분명히 양수들의 곱셈을 수행했는데 값이 음수로 나왔습니다. 그 이유는 각 요소들을 누적하여 곱셈한 결과가 Python이 지원할 수 있는 int 정수 자료형의 허용범위를 초과했기 때문입니다.

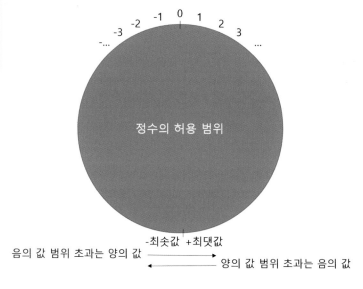

이런 경우 Python이 오류를 발생시키면 좋은데 Python만이 아니라 대부분의 컴퓨터 시스템이 오류를 발생시키지 않고 위의 그림으로 설명한 것과 같이 값을 순환시킵니다. 즉, 양수가 허용범위의 값을 넘어서면 음수로 전환되고 음수가 허용범위의 값을 넘어서면 양수로 전환되는 것입니다. 값이 허용범위를 넘어서는 것을 오버플로우(overflow)라고 부르는데 넘쳐서 흘러 넘어가 버리는 것을 의미합니다. 그래서 프로그래머는 항상 연산한 결과의 값을 예측하고 있다가 그 예측의 범위를 벗어나는 경우 알아차릴 수 있도록 테스트(test)하여 값을 검증(validation)할 수 있는 방법을 강구하여야 합니다.

📖 적재적소 _ numpy 배열의 자료형

numpy 배열은 수행속도와 저장 공간을 고려하여 만들어졌기 때문에 제공되는 자료형이 많이 있습니다. Visual Studio Code 나 Google Colab의 코딩보조도구의 도움을 받아서 numpy 배열이 지원하는 자료형을 확인할 수 있습니다. numpy 패키지를 import한 후 np.float, np.int, np.complex 및 np.str만 치고 잠시 기다리면 다음과 같은 화면이 나타나며 numpy 패키지가 지원하는 자료형의 종류를 보여 줍니다.

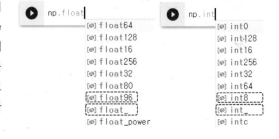

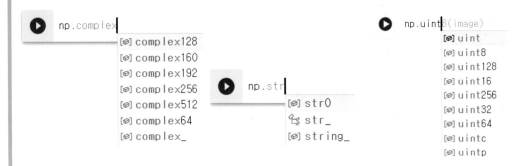

자료형 뒤에 붙은 숫자는 해당되는 자료형을 표현하는 컴퓨터의 비트 수를 의미합니다. 비트 수가 클수록 저장 공간을 많이 차지하고 느려지지만 표현 가능한 유효숫자가 커지고, 비트 수가 작을수록 저장 공간을 적게 차지하며 빠르지만 표현 가능한 유효숫자가 작아집니다. 이름 뒤에 _가 붙은 자료형은 컴퓨터가 지원하는 기본 자료형입니다. 저장 공간이나 속도나 유효숫자에 대하여 특별한 목적이 없다면 _가 붙은 기본 자료형을 사용하면 됩니다. 그러나 특별한 목적이 있다면 그에 맞는 자료형을 선택하여야 합니다. 예를 들면, 이미지나 색상을 관리하기 위한 목적의 배열이라면 uint8 자료형을 사용합니다.

```
array_matrix = np.arange(1,51,dtype=np.float_).reshape(5,10)
print(array_matrix.dtype)

float64
```

numpy 배열 객체를 생성하는 함수의 dtype 키워드 인자에 자료형을 넘겨주면 원하는 자료형의 배열이 만들어지고, 사용 중인 numpy 배열 변수의 자료형은 dtype 속성을 확인하여 알 수 있습니다. 배열을 생성할 때 np.arange(1,51,dtype=np.float_)와 같이 np.float_를 자료형으로 넘겨주었는데 Google Colab이 실행되는 컴퓨터의 기본 실수 자료형인 float64 자료형이 반환되는 것을 확인할 수 있습니다.

누적합과 누적곱

```
array_matrix = np.array([[9,2,7],[1,7,5]])
print("array_matrix의 누적합 : ",np.cumsum(array_matrix))
print("array_matrix의 누적곱 : ",np.cumprod(array_matrix))

array_matrix의 누적합 : [ 9 11 18 19 26 31]
array_matrix의 누적곱 : [   9   18  126  126  882 4410]
```

np.cumsum() 함수를 사용하면 배열의 누적합을 구할 수 있고, np.cumprod() 함수를 사용하면 배열의 누적곱을 구할 수 있습니다. 누적합과 누적곱은 벡터의 형태로 값이 반환됩니다. 예를 들면 첫 번째 요소는 첫 번째 값인 9가 되고, 두 번째 요소는 두 번째 값인 2까지 합친 11이 되고, 세 번째 요소는 세 번째 값인 7이 합쳐져 18이 되는 형태로 마지막 요소까지 반복하여 누적합을 구하게 됩니다. 누적곱도 구하는 방식이 누적합과 동일한데 특기할 만한 것은 다차원 배열도 1차원 배열처럼 취급한다는 것입니다.

```
print("array_matrix :\n", array_matrix)
print("array_matrix의 열 누적합 : \n",np.cumsum(array_matrix,axis=0))
print("array_matrix의 행 누적합 : \n",np.cumsum(array_matrix,axis=1))
print("array_matrix의 열 누적곱 : \n",np.cumprod(array_matrix,axis=0))
print("array_matrix의 행 누적곱 : \n",np.cumprod(array_matrix,axis=1))

array_matrix :
 [[9 2 7]
 [1 7 5]]
array_matrix의 열 누적합 :
 [[ 9  2  7]
 [10  9 12]]
array_matrix의 행 누적합 :
 [[ 9 11 18]
 [ 1  8 13]]
array_matrix의 열 누적곱 :
 [[ 9  2  7]
 [ 9 14 35]]
array_matrix의 행 누적곱 :
 [[  9  18 126]
 [  1   7  35]]
```

다른 함수들과 마찬가지로 행과 열별 누적합과 누적곱을 axis 키워드 인자를 사용하여 구할 수 있습니다. 축을 따라 누적합이 만들어지는 순서는 위의 실행화면에 점선으로 표시한 방향을 참조하기 바랍니다.

📋 적재적소 _ 컴퓨터의 메모리는 일차원

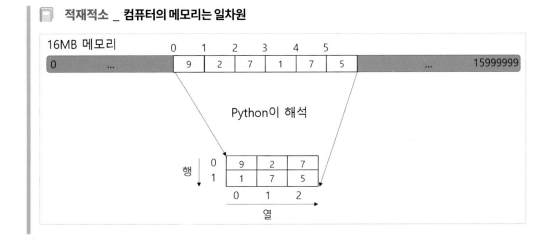

컴퓨터의 메모리는 일차원으로 이해할 수 있어서 메모리상의 데이터나 프로그램은 일렬로 연속된 형태로 컴퓨터에 저장이 됩니다. 다차원 numpy 배열의 경우에도 실제로는 메모리의 어딘가에 일차원으로 저장되어 있으며 Python이 다차원 배열의 행과 열 정보를 알고 있어서 프로프로그램에서 코딩한 형태로 해석하여 사용하는 것입니다. numpy 패키지의 reshape( ) 함수가 이런 해석 작업을 수행한다고 이해하면 됩니다. reshape( ) 함수를 수행해도 메모리에 저장된 형태는 변경되지 않고 일차원인 상태 그대로인데 Python이 해석하는 형태만 달라지게 되는 것입니다. 프로그램을 개발할 때에도 이 원리를 이해하고 있으면 코딩에 따른 메모리의 변화를 인식하면서 더욱 효율적인 프로그램을 개발할 수 있습니다.

차이

```
import numpy as np

array_vector = np.array([10,9,8,7,6,5,4,3,2,1])
array_matrix = np.array([[9,2,7],[1,7,5],[3,5,3]])

print("array_vector의 차이 :",np.diff(array_vector))
print("array_matrix의 차이 (2차원) :\n",np.diff(array_matrix))
print("array_matrix 열의 차이 :\n",np.diff(array_matrix,axis=0))
print("array_matrix 행의 차이 :\n",np.diff(array_matrix,axis=1))
print("array_matrix의 차이 (1차원) :",np.diff(array_matrix.reshape(-1)))

array_vector의 차이 : [-1 -1 -1 -1 -1 -1 -1 -1 -1]
array_matrix의 차이 (2차원) :
 [[-7  5]
 [ 6 -2]
 [ 2 -2]]
array_matrix 열의 차이 :
 [[-8  5 -2]
 [ 2 -2 -2]]
array_matrix 행의 차이 :
 [[-7  5]
 [ 6 -2]
 [ 2 -2]]
array_matrix의 차이 (1차원) : [-7  5 -6  6 -2 -2  2 -2]
```

np.diff( ) 함수를 사용하면 배열의 인접한 요소들의 값의 차이를 알 수 있습니다. 인접한 요소들의 값의 차이를 보여 주는 것이니 출력되는 요소의 개수가 원본 배열보다 1이 작습니다. 함수를 호출하는 방법은 np.cumsum( )과 np.cumprod( ) 함수와 동일한데 axis 키워드 인자를 지정하지 않으면 axis의 디폴트(default, 기본값)를 1로 한 것과 동일하게 수행됩니다. 다차원 배열을 1차원 배열처럼 처리하려면 위 코드 조각의 마지막 예처럼 array_matrix.reshape(-1)과 같이 원본 배열을 1차원으로 만든 후에 np.diff( ) 함수를 호출하면 됩니다.

통계

np.mean( ) 함수를 사용하면 배열의 평균값을 실수(float)의 배열로 구할 수 있습니다. 그런데 다음의 결과를 확인하니 array_vector의 평균값이 이상합니다. 값들 대부분이 10 이하인데 평균값이 13.9입니다.

```
import numpy as np

array_vector = np.array([10,9,8,7,98,6,5,4,3,2,1])
array_matrix = np.array([[9,2,7],[1,7,5],[3,5,3]])

print("array_vector의 평균 :",np.mean(array_vector))
print("array_matrix의 평균 :",np.mean(array_matrix))
print("array_matrix 열의 평균 :",np.mean(array_matrix,axis=0))
print("array_matrix 행의 평균 :",np.mean(array_matrix,axis=1))

array_vector의 평균 : 13.9090909090908
array_matrix의 평균 : 4.666666666666667
array_matrix 열의 평균 : [4.33333333 4.66666667 5.        ]
array_matrix 행의 평균 : [6.         4.33333333 3.66666667]
```

데이터를 자세히 들여다보니 98이라는 이상치(outlier) 데이터가 섞여 있습니다. 다행히 이상치가 최댓값이니 최댓값을 제거한 후 평균을 구해 보겠습니다.

```
import numpy as np

array_vector = np.array([10,9,8,7,98,6,5,4,3,2,1])
temp_array_vector = array_vector[array_vector != np.max(array_vector)]
print("최대값 이상치가 제거된 array_vector :",temp_array_vector)
print("array_vector의 평균 :",np.mean(temp_array_vector))

최대값 이상치가 제거된 array_vector : [10  9  8  7  6  5  4  3  2  1]
array_vector의 평균 : 5.5
```

array_vector[array_vector != np.max(array_vector)]와 같이 불리언 인덱싱(boolean indexing) 기법을 사용하여 값이 최대치가 아닌 값들만 골라서 별도의 임시 배열 변수에 저장한 후 임시 배열 변수를 대상으로 np.mean() 함수를 호출하니 예상되던 평균치인 5.5가 나왔습니다.

평균만이 아니라 np.std() 함수로 표준편차를, np.var() 함수로 분산을, np.median() 함수로 중간값을 각각 평균을 구한 것과 같은 코드에 함수 이름만 변경하여 구할 수 있습니다. 그런데 이렇게 간단한 통계값을 구하는 함수를 나열하다 보니 뭔가 허전합니다. 최빈치를 구하는 np.mode() 함수를 빼 먹었군요.

아쉽게도 numpy 패키지는 최빈치를 구하는 함수인 mode()를 가지고 있지 않습니다. mode() 함수는 scipy 패키지의 stats 모듈에 있습니다.

```
    import numpy as np
    from scipy import stats

    array_vector = np.array([10,9,8,7,6,6,5,4,3,2,1])
    array_matrix = np.array([[9,9,2,3],[9,7,7,5],[3,5,2,3]])

    print("array_vector의 최빈치 :",stats.mode(array_vector))
    print("array_matrix :\n",array_matrix)
    print("array_matrix의 최빈치 (2차원) :\n",stats.mode(array_matrix))
    print("array_matrix 열의 최빈치 :\n",stats.mode(array_matrix,axis=0))
    print("array_matrix 행의 최빈치 :\n",stats.mode(array_matrix,axis=1))
```

먼저 위의 코드조각을 봅시다. from scipy import stats 문장으로 import한 후 stats.mode( ) 함수를 호출하게 하였습니다.

```
array_vector의 최빈치 : ModeResult(mode=6, count=2)
array_matrix :
 [[9 9 2 3]
 [9 7 7 5]
 [3 5 2 3]]
array_matrix의 최빈치 (2차원) :
 ModeResult(mode=array([9, 5, 2, 3]), count=array([2, 1, 2, 2]))
array_matrix 열의 최빈치 :
 ModeResult(mode=array([9, 5, 2, 3]), count=array([2, 1, 2, 2]))
array_matrix 행의 최빈치 :
 ModeResult(mode=array([9, 7, 3]), count=array([2, 2, 2]))
```

우선 실행화면 중 ModeResult(mode=6, count=2) 부분을 봅시다. 이 출력은 stats.mode( ) 함수의 수행 결과가 ModeResult라는 객체이고, 객체의 mode(최빈치) 속성에 6이 들어가 있어서 최빈치가 6이고, count(발생횟수) 속성에 2가 들어가 있어서 최빈치의 발생횟수는 2라고 받아들이면 됩니다.

2차원 배열의 최빈치 값이 맞는지는 array_vector에 대한 최빈치 결과를 보는 방법을 확장하여 알 수 있습니다. 열의 최빈치인 ModeResult(mode=array([9, 5, 2, 3]), count=array([2, 1, 2, 2]))가 맞는지 하나만 확인해 봅시다. 첫 번째 열을 보면 9가 2개, 3이 1개로 9가 최빈치이고 두 번째 열은 9와 7과 5가 각각 1개인데 stats.mode( ) 함수가 그중에서 5를 최빈치로 선택했습니다. 같은 방법으로 세 번째 열은 2가 2개로, 네 번째 열은 3이 2개로 각각 해당하는 열의 최빈치입니다. mode 배열이 array([9, 5, 2, 3])이고 count 배열이 array([2, 1, 2, 2])이니 원하는 최빈치가 구해진 것이 확인됩니다. 그런데 stats.mode( ) 함수가 np.diff( ) 함수와 다르게 axis 키워드 인자를 생략했을 때 디폴트가 1이 아니라 0으로 수행되는군요. 배열의 축이 의미를 가지는 코딩인 경우 axis 키워드 인자를 반드시 지정하기로 코딩 표준(coding standard)을 정하여 지키면 axis 키워드 인자를 주지 않았을 때 두 함수의 차이를 기억하지 않아도 될 것입니다.

최빈치의 결과를 보여 주는 형태가 복잡하니 코드를 조금 다듬어 보겠습니다.

```
print("array_vector의 최빈치 :",stats.mode(array_vector).mode)
print("array_vector의 최빈치 발생 횟수 :",stats.mode(array_vector).count)
print("array_matrix 1열의 최빈치 :",stats.mode(array_matrix,axis=0).mode[0])
print("array_matrix 1열의 최빈치 발생 횟수 :",stats.mode(array_matrix,axis=0).count[0])
print("array_matrix 2행의 최빈치 :",stats.mode(array_matrix,axis=1).mode[1])
print("array_matrix 2행의 최빈치 발생 횟수 :",stats.mode(array_matrix,axis=1).count[1])

array_vector의 최빈치 : 6
array_vector의 최빈치 발생 횟수 : 2
array_matrix 1열의 최빈치 : 9
array_matrix 1열의 최빈치 발생 횟수 : 2
array_matrix 2행의 최빈치 : 7
array_matrix 2행의 최빈치 발생 횟수 : 2
```

stats.mode(array_vector).mode나 stats.mode(array_matrix,axis=1).count[1]와 같이 코딩하여 stats.mode() 함수가 반환하는 객체의 속성을 조회해 보는 것은 메소드 체이닝 방식으로 '객체이름.속성이름'의 형태를 사용하는 것으로 이해하면 됩니다. 함수의 반환값이 객체이니 stats.mode(array_vector) 뒤에 점을 찍고 속성이 스칼라 값인 경우 mode와 같이 속성을 붙이고, 속성이 배열인 경우 count[1]과 같이 속성을 붙여 넣었습니다.

```
array_vector = np.array([10,9,8,7,6,6,5,4,3,3,2,1])

print("array_vector의 최빈치 :",stats.mode(array_vector))

array_vector의 최빈치 : ModeResult(mode=3, count=2)
```

scipy 패키지를 포함하여 전통적인 통계 패키지들은 최빈치가 여러 개일 때 그중 하나만 최빈치로 반환해 주는 한계를 가지고 있습니다. 위의 코드조각과 실행화면을 보면 최빈치가 6과 3으로 각각 2개의 요소를 가지고 있는데 최빈치는 3 하나만 출력해 주고 있습니다.

📋 적재적소 _ 버전 변경의 영향

본 도서의 초안을 2023년 9월에 완성하고 12월에 1차 교정을 하고 있는데 그 사이에 Google Colab의 scipy의 버전이 변경되었나 봅니다.

다음의 코드조각과 실행화면은 이 책의 초안을 작성하던 2023년 9월의 stats.mode() 함수의 실행화면입니다.

```
print("array_matrix 행의 최빈치 :\n",stats.mode(array_matrix,axis=1))

array_vector의 최빈치 : ModeResult(mode=array([6]), count=array([2]))
array_matrix :
 [[9 9 2 3]
 [9 7 7 5]
 [3 5 2 3]]
array_matrix의 최빈치 (2차원) : ModeResult(mode=array([[9, 5, 2, 3]]), count=array([[2, 1, 2, 2]]))
array_matrix 열의 최빈치 :
 ModeResult(mode=array([[9, 5, 2, 3]]), count=array([[2, 1, 2, 2]]))
array_matrix 행의 최빈치 :
 ModeResult(mode=array([[9],
       [7],
       [3]]), count=array([[2],
       [2],
       [2]]))
```

다음의 코드조각과 실행화면은 첫 교정지를 교정하던 2023년 12월의 stats.mode() 함수의 실행화면입니다.

```
print("array_matrix 행의 최빈치 :\n",stats.mode(array_matrix,axis=1))

array_vector의 최빈치 : ModeResult(mode=6, count=2)
array_matrix :
 [[9 9 2 3]
  [9 7 7 5]
  [3 5 2 3]]
array_matrix의 최빈치 (2차원) :
 ModeResult(mode=array([9, 5, 2, 3]), count=array([2, 1, 2, 2]))
array_matrix 열의 최빈치 :
 ModeResult(mode=array([9, 5, 2, 3]), count=array([2, 1, 2, 2]))
array_matrix 행의 최빈치 :
 ModeResult(mode=array([9, 7, 3]), count=array([2, 2, 2]))
```

변경 전과 변경 후의 실행화면을 비교해 보면 빨간색 점선으로 표시해 놓은 ModeResult 객체 속성이 벡터에서 스칼라로, 행렬에서 벡터로 각각 바뀌었습니다. scipy 버전의 변경으로 인해 필자가 초안으로 만들어 놓은 코드 수행 시 오류가 발생하였고 오류를 해결하기 위하여 코드를 수정하여야 하였습니다.

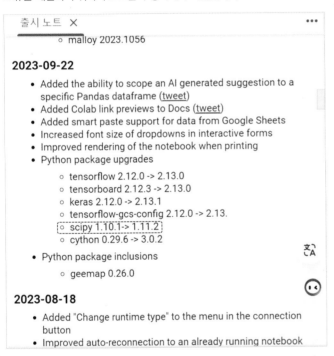

Google Colab에서 도움말→출시 노트 보기 메뉴를 클릭하면 위의 화면과 같이 Google Colab 개발 환경의 변경 이력을 볼 수 있는데 2023년 9월 22일자 변경 이력에 scipy의 버전이 1.10.1에서 1.11.2로 변경된 것을 확인할 수 있습니다. 아마도 이런 scipy 버전의 변경에 의하여 위와 같은 문제를 겪게 되었을 것으로 판단됩니다.

이런 사유에 의하여 실제 프로그램의 개발 환경에서는 사용하는 Python과 패키지들의 버전을 고정하여 사용하는 경우가 많습니다. Google Colab에서는 Python과 패키지의 버전을 고정할 수 없고 여러분이 소유한 컴퓨터에서는 고정할 수 있습니다. 한 가지 편법을 사용하여 고정하는 방법은 !pip install scipy==1.11.2 명령어를 사전에 실행하여 원하는 버전의 패키지를 코드를 실행하기 전에 설치하는 것입니다.

6.6 정렬

```
string_vector = '코딩 123 혹은 ABC'
print("순방향 정렬 :", sorted(string_vector))
print("역방향 정렬 :", sorted(string_vector,reverse=True))

순방향 정렬 : [' ', ' ', ' ', '1', '2', '3', 'A', 'B', 'C', '딩', '은', '코', '혹']
역방향 정렬 : ['혹', '코', '은', '딩', 'C', 'B', 'A', '3', '2', '1', ' ', ' ', ' ']
```

문자열 하나를 정렬할 일이 자주 있지는 않겠지만 정렬의 기준이 되는 코드의 원리를 설명하기 좋아서 sorted() 내장 함수를 사용하여 문자열을 정렬해 보았습니다. 역방향으로 정렬하려면 sorted() 함수의 reverse 키워드 인자에 참(True)을 넘겨줍니다. 정렬된 결과를 보면 Python의 정렬순서가 **[적재적소] ASCII코드표**에서 확인한 것과 같이 특수문자, 숫자, 영어의 순인 것을 알 수 있습니다. 유니코드는 ASCII 코드를 확장해서 만들었기 때문에 가장 뒷부분에 한글이 나옵니다.

```
list_vector = [10,19,8,7,15]
sorted_list_vector = sorted(list_vector)
print("순방향 정렬된 list_vector :", sorted_list_vector)
reverse_sorted_list_vector = sorted(list_vector,reverse=True)
print("역방향 정렬된 list_vector :", reverse_sorted_list_vector)
print("원본 list_vector :",list_vector)

순방향 정렬된 list_vector : [7, 8, 10, 15, 19]
역방향 정렬된 list_vector : [19, 15, 10, 8, 7]
원본 list_vector : [10, 19, 8, 7, 15]
```

리스트를 정렬하는 방법은 문자열을 정렬하는 방법과 동일한 것을 알 수 있습니다. 다만 위의 예제에서는 정렬의 기준이 문자가 아니라 수치이어서 정렬의 기준이 유니코드를 따르지 않고 수치의 값에 의하여 결정됩니다. 그리고 Python의 정렬 작업이 원본 리스트에는 아무런 영향을 미치지 못하기 때문에 나중에 정렬된 결과를 사용하려면 별도의 변수에 저장하여야 합니다.

```
str_list = ['한글1','ABC38','한글02','ABC5']
sorted_str_list = sorted(str_list)
print("순방향 정렬된 str_list :", sorted_str_list)
reverse_sorted_str_list = sorted(str_list,reverse=True)
print("역방향 정렬된 str_list :", reverse_sorted_str_list)

순방향 정렬된 str_list : ['ABC38', 'ABC5', '한글02', '한글1']
역방향 정렬된 str_list : ['한글1', '한글02', 'ABC5', 'ABC38']
```

문자열 리스트를 정렬하는 방법도 동일한데 정렬된 결과를 잘 관찰해 보기 바랍니다. '한글02'가 '한글1' 보다 작고, 'ABC38'이 'ABC5'보다 작다고 나옵니다. 이것은 sorted() 함수가 정렬할 때 수치의 크기가 아 니라 유니코드의 크기를 보고 순서를 결정하기 때문입니다. 유니코드에서 한글 뒤에 나오는 0이 1보다 작 고, ABC 뒤에 나오는 3이 5보다 작다고 인식한 것입니다.

```
list_vector = [10,19,8,7,15]
print("순방향 정렬된 list_vector :", list_vector.sort())
print("원본 list_vector :",list_vector)

print("역방향 정렬된 list_vector :", list_vector.sort(reverse=True))
print("원본 list_vector :",list_vector)

순방향 정렬된 list_vector : None
원본 list_vector : [7, 8, 10, 15, 19]
역방향 정렬된 list_vector : None
원본 list_vector : [19, 15, 10, 8, 7]
```

원본 리스트를 정렬하는 방법으로 리스트 변수 객체의 sort() 메소드를 사용하는 방법이 있습니다. sorted()는 내장 함수라서 특별한 일이 없는 한 함수의 적용 범위가 Python 전체가 됩니다. 그런데 sort()는 리스트 객체에 포함된 메소드입니다. 특별한 일이 없는 한 메소드의 적용 범위가 객체 자신이 됩니다. 그래서 sorted() 내장 함수와 다르게 객체를 정렬된 상태로 만들어 놓는 것입니다. 대신 sort() 메소드의 반환값은 정렬된 결과가 아니라 없음(None)이 됩니다.

```
import numpy as np

array_vector = np.array([10,19,8,7,15])
print("순방향 정렬된 array_vector :", sorted(array_vector))
print("역방향 정렬된 array_vector :", sorted(array_vector,reverse=True))
print("원본 array_vector :",array_vector)

array_vector = np.array([10,19,8,7,15])
print("array_vector.sort()의 반환값 :", array_vector.sort())
print("원본 array_vector (순방향 정렬된 array_vector) :",array_vector)
print("역방향 정렬된 array_vector :", array_vector.sort(reverse=True))
print("원본 array_vector (역방향 정렬된 array_vector) :",array_vector)
```

```
순방향 정렬된 array_vector : [7, 8, 10, 15, 19]
역방향 정렬된 array_vector : [19, 15, 10, 8, 7]
원본 array_vector : [10 19  8  7 15]
array_vector.sort()의 반환값 : None
원본 array_vector (순방향 정렬된 array_vector) : [ 7  8 10 15 19]
-------------------------------------------------------------------
TypeError                                 Traceback (most recent call last)
<ipython-input-17-722fd0cfab54> in <cell line: 11>()
      9 print("array_vector.sort()의 반환값 :", array_vector.sort())
     10 print("원본 array_vector (순방향 정렬된 array_vector) :",array_vector)
---> 11 print("역방향 정렬된 array_vector :", array_vector.sort(reverse=True))
     12 print("원본 array_vector (순방향 정렬된 array_vector) :",array_vector)

TypeError: sort() got an unexpected keyword argument 'reverse'
```

numpy 배열 벡터를 대상으로한 정렬은 기본적으로 리스트 벡터를 대상으로한 정렬 방법과 동일한데 역방향으로 정렬하는 기능이 없어서 문법 오류가 발생합니다.

그러면 역방향 정렬은 어떻게 하면 되는 것일까요? 결론부터 말하면 역방향 정렬은 할 필요가 없습니다.

```
print(array_vector[::-1])

[[19 15 10  8  7]]
```

슬라이싱의 문법이 생각나요? 콜론(:)을 구분자로 '시작인덱스:종료인덱스:증가값'의 형식이었습니다. 그래서 슬라이싱을 ::-1과 같이 기술하면 전체값을 역으로 -1씩 인덱스를 줄여 가면서 조회하니 역방향 정렬을 한 결과와 동일한 값을 얻을 수 있습니다.

```
import numpy as np

array_matrix = np.array([[9,2,7],[1,7,5],[3,5,3]])
print("array_matrix :\n", array_matrix)
print("열방향 순방향 정렬된 array_matrix :\n", np.sort(array_matrix,axis=0))
print("열방향 역방향 정렬된 array_matrix :\n", np.sort(array_matrix,axis=0)[::-1,:])
print("행방향 순방향 정렬된 array_matrix :\n", np.sort(array_matrix,axis=1))
print("행방향 순방향 정렬된 array_matrix :\n", np.sort(array_matrix,axis=1)[:,::-1])
print("원본 array_matrix :\n", array_matrix)
```

```
array_matrix :
 [[9 2 7]
 [1 7 5]
 [3 5 3]]
열방향 순방향 정렬된 array_matrix :
 [[1 2 3]
 [3 5 5]
 [9 7 7]]
열방향 역방향 정렬된 array_matrix :
 [[9 7 7]
 [3 5 5]
 [1 2 3]]
행방향 순방향 정렬된 array_matrix :
 [[2 7 9]
 [1 5 7]
 [3 3 5]]
행방향 순방향 정렬된 array_matrix :
 [[9 7 2]
 [7 5 1]
 [5 3 3]]
원본 array_matrix :
 [[9 2 7]
 [1 7 5]
 [3 5 3]]
```

sorted() 내장 함수로는 2차원 이상의 배열을 대상으로 정렬를 수행할 수 없습니다. 그러나 np.sort() 함수를 사용하면 numpy 배열 벡터만이 아니라 2차원 이상의 numpy 배열을 대상으로 정렬을 수행할 수 있습니다. 그리고 np.sort() 함수는 패키지 수준의 함수이기 때문에 정렬의 대상이 되는 원본 배열은 변경 없이 유지됩니다. 역방향 정렬 결과를 보기 위한 슬라이싱이 혼동될 수 있는데 [:, ::-1]은 행은 전체를 보고 열은 역으로 보는 슬라이싱이고 [::-1, :]은 열은 전체를 행을 역으로 보는 슬라이싱인 것으로 이해하면 됩니다. array_matrix.sort(axis=0)과 같이 numpy 배열 객체의 sort 메소드를 사용하면 원본 객체가 정렬됩니다.

때로 정렬된 결과를 결과값이 아니라 인덱스로 가지고 있으면, 수행속도를 높이거나 인공지능 알고리즘에 적용하기 쉽습니다. 또한, 정렬된 결과를 순차적으로 접근하거나, 특정 요소를 빠르게 찾거나, 범위 내에서 요소를 찾는 등의 작업을 보다 편리하게 수행할 수 있습니다.

```python
import numpy as np

array_vector = np.array([10,19,8,7,15])

sort_index = np.argsort(array_vector)
print("array_vector의 Sort Index :",sort_index)
print("순방향 정렬된 array_vector :",array_vector[sort_index])
print("np.argsort()로 정렬후 array_vector :",array_vector)

sort_index = array_vector.argsort()
print("array_vector의 Sort Index :",sort_index)
print("array_vector.argsort()로 정렬후 array_vector :",array_vector)
```

```
array_vector의 Sort Index : [3 2 0 4 1]
순방향 정렬된 array_vector : [ 7  8 10 15 19]
np.argsort()로 정렬후 array_vector : [10 19  8  7 15]
array_vector의 Sort Index : [3 2 0 4 1]
array_vector.argsort()로 정렬후 array_vector : [10 19  8  7 15]
```

np.argsort() 함수나 array_vector.argsort()와 같은 numpy 배열 객체의 메소드를 호출하여 정렬된 정보를 [3 2 0 4 1]과 같이 인덱스의 형태로 변수에 저장합니다. 그리고 array_vector[sort_index]와 같이 배열의 인덱스를 사용하여 조회하면 정렬된 값을 알아낼 수 있습니다. 그런데 np.argsort() 함수와 array_vector.argsort() 메소드는 인덱스로 정렬하기 때문에 원본 배열은 정렬되지 않은 상태로 남아 있습니다. np.sort() 함수는 정렬된 배열의 객체를 만들고, array_vector.sort()와 같은 numpy 배열 객체의 메소드는 원본 객체를 정렬하는 반면에 인덱스 정렬은 정렬된 인덱스만 반환하기 때문에 정렬의 속도가 빨라지게 됩니다.

이번에는 정렬할 요소 데이터가 지금까지와 다르게 단일한 값이 아닌 복합적인 값일 때 정렬할 기준이 되는 키(key)를 반환하는 별도의 함수를 만들어 정렬하는 방법을 알아보겠습니다.

```
import numpy as np

# 한행의 데이터 구성 : 학번, 중간고사, 기말고사
list2d = [('002',90,95),('001',100,90),('003',95,100)]
array2d = np.array([(2,90,95),(1,100,90),(3,95,100)])

def sort_key_function(row):
    return row[0]

print('학번 기준 정렬 결과(list):',sorted(list2d,key=sort_key_function))
print('학번 기준 정렬 결과(array):\n',sorted(array2d,key=sort_key_function))

학번 기준 정렬 결과(list): [('001', 100, 90), ('002', 90, 95), ('003', 95, 100)]
학번 기준 정렬 결과(array):
 [array([  1, 100,  90]), array([ 2, 90, 95]), array([  3,  95, 100])]
```

먼저 위의 코드조각에서 list2d와 array2d 변수가 정의된 형태를 자세히 보기 바랍니다. 그동안 다루었던 리스트나 numpy 배열과 달리 각각의 요소들이 ('002',90,95)나 (2,90,95)와 같이 튜플과 같은 복합적인 값의 형태로 되어 있습니다. 튜플의 구성 요소는 각각 학번, 중간고사 점수 및 기말고사 점수라고 가정합니다. 리스트의 경우 학번을 '002'와 같이 정의한 것은 리스트가 문자열과 정수의 혼합된 자료형을 수용하기 때문에 문자열로 지정한 것이며, numpy 배열의 경우 2와 같이 정의한 것은 한 가지 자료형만 수용할 수 있기 때문에 모두 정수로 통일하여 정수로 지정한 것입니다. 이런 복합적인 값을 가지는 반복객체들을 어떻게 정렬하여야 할까요? 좋은 방법은 정렬할 키를 지정하여 sorted() 정렬 함수에게 알려 주는 것입니다.

그래서 def sort_key_function(row): 문장으로 정렬할 복합값을 row라는 인자로 받는 함수를 정의한 후 정렬의 기준이 되는 단일값을 return row[0]과 같이 반환하게 하였습니다. 그 후 sorted() 내장 함수의 key 인자로 key=sort_key_function과 같이 넘겨주면 sort_key_function() 함수가 반환하는 값을 정렬의 기준이 되는 키(key)로 사용하여 정렬하게 됩니다. 정렬키 함수의 첫 번째 인자로 사용된 row는 위치인자로 ('002',90,95),('001',100,90) 및 ('003',95,100)과 같은 값들을 차례로 받아 정렬키를 평가하게 되는 것입니다. 때에 따라서 이 위치인자는 x나 item 등의 받아 올 값에 합당한 이름을 가지게 되는데 여기서는 튜플 한 줄을 받아 온다는 의미로 row라는 인자 이름을 사용하였습니다.

위의 코드조각에서는 sort_key_function() 함수가 row[0]을 반환하기 때문에 위의 실행화면에서 확인할 수 있는 것과 같이 정렬 대상 데이터인 행(row)의 첫 번째 값인 학번을 기준으로 정렬을 하게 됩니다. 그런데 np.sort() 함수와 numpy 배열 객체의 sort() 메소드가 key 키워드 인자를 지원하지 않아 복합값을 정렬하기 위해서 sorted() 내장 함수를 대신 사용하여야 합니다.

그러면 중간고사나 기말고사 성적을 기준으로 정렬하려고 하면 어떻게 하면 될까요?

```
import numpy as np

# 한행의 데이터 구성 : 학번, 중간고사, 기말고사
list2d = [('002',90,95),('001',100,90),('003',95,100)]
array2d = np.array([(2,90,95),(1,100,90),(3,95,100)])

def sort_key_function(row):
    #return row[0]          # 학번
    return row[1]           # 중간고사 성적
    #return row[2]          # 기말고사 성적

print('중간고사 기준 정렬 결과(list):',sorted(list2d,key=sort_key_function))
print('중간고사 기준 정렬 결과(array):\n',sorted(array2d,key=sort_key_function))

중간고사 기준 정렬 결과(list): [('002', 90, 95), ('003', 95, 100), ('001', 100, 90)]
중간고사 기준 정렬 결과(array):
 [array([ 2, 90, 95]), array([  3,  95, 100]), array([  1, 100,  90])]
```

위의 코드조각과 실행화면과 같이 sort_key_function() 함수가 return row[1]과 같이 중간고사 성적을 반환하게 하거나 return row[2]와 같이 기말고사 성적을 반환하게 하면 됩니다.

```
def sort_key_function(row):
    return row[1] + row[2]              # 성적 합계

print('성적합계 기준 정렬 결과(list):',sorted(list2d,key=sort_key_function))
print('성적합계 기준 정렬 결과(array):\n',sorted(array2d,key=sort_key_function))

성적합계 기준 정렬 결과(list): [('002', 90, 95), ('001', 100, 90), ('003', 95, 100)]
성적합계 기준 정렬 결과(array):
 [array([ 2, 90, 95]), array([  1, 100,  90]), array([  3,  95, 100])]
```

성적을 합친 값을 반환하면 성적의 합계를 정렬키로 사용하여 정렬할 수 있습니다. 이와 같은 방식으로 연산식을 만들어 반환하면 단일 정렬키보다 더 복합적인 정렬키를 기준으로 정렬할 수 있는 장점을 가지게 됩니다.

📖 적재적소 _ 익명의 한 줄 임시 함수 람다

람다 함수(lambda function)는 함수의 이름을 부여하지 않아서 작명의 부담을 줄여 주며, 함수의 크기를 한 줄로 줄여서 매우 간략하게 함수를 표현하는 방식입니다. 람다 함수는 수학자 알론조 처치(Alonzo Church)가 1930년대에 개발한 람다 계산법(lambda calculus)에서 유래되었는데 정렬 함수를 람다 함수로 바꾸어 구현하며 람다 함수에 대하여 이해해 봅시다.

```
#def sort_key_function(row):
#   return row[1] + row[2]        # 성적 합계
sort_key_function = lambda row: row[1] + row[2]

print('성적합계 기준 정렬 결과(list):',sorted(list2d,key=sort_key_function))
print('성적합계 기준 정렬 결과(array):\n',sorted(array2d,key=sort_key_function))

성적합계 기준 정렬 결과(list): [('002', 90, 95), ('001', 100, 90), ('003', 95, 100)]
성적합계 기준 정렬 결과(array):
 [array([ 2, 90, 95]), array([  1, 100,  90]), array([ 3,  95, 100])]
```

위의 코드조각을 확인해 보면 def sort_key_function(row):가 문법적으로 lambda row:로 대체되고 return 문장이 사라지는 방식으로 람다 함수를 정의하였습니다. 그리고 정의된 람다 함수를 sort_key_function 변수에 저장하였다는 차이점만 존재하고 나머지 코드는 정렬키 함수를 사용한 경우와 동일합니다. 코드의 실행 결과도 정렬키 함수를 사용하는 경우와 동일합니다. 그런데 아직까지는 정렬키 함수를 사용한 두 줄의 코드가 람다 함수 한 줄로 줄었다는 것 외에 별다른 이점이 느껴지지 않을 것입니다.

```
#sort_key_function = lambda row: row[1] + row[2]

print('성적합계 기준 정렬 결과(list):',sorted(list2d,key=lambda row: row[1] + row[2]))
print('성적합계 기준 정렬 결과(array):\n',sorted(array2d,key=lambda row: row[1] + row[2]))

성적합계 기준 정렬 결과(list): [('002', 90, 95), ('001', 100, 90), ('003', 95, 100)]
성적합계 기준 정렬 결과(array):
 [array([ 2, 90, 95]), array([  1, 100,  90]), array([ 3,  95, 100])]
```

이번에는 람다 함수를 sort_key_function 변수에 저장하지 않고 sorted() 함수 안에 바로 집어넣었습니다. 람다 함수도 함수이기 때문에 코드의 동작은 정상적입니다. 이와 같이 람다 함수는 함수를 정의하여 별도로 이름을 부여하여 저장해 두지 않고 한 번만 사용하는 한 줄로 구성된 함수로 사용하기에 적합합니다. 반복하여 사용하지 않으니 이름을 가지지 않아서 익명함수(anonymous function)라고도 부르는데 다른 프로그래밍 언어들과 달리 Python에서는 람다 함수 객체변수에 저장하여 반복하여 사용할 수 있게 만들어 놓았습니다.

그런데 위의 코드들은 row[0], row[1] 및 row[2]가 각각 학번, 중간고사 성적 및 기말고사 성적이라는 것을 코드를 보고 알기 어렵습니다. 코드를 보고 직관적으로 알 수 있게 하는 방법이 있으면 좋겠습니다. 그래서 다음과 같이 수정해 보겠습니다.

```
import numpy as np

# 한행의 데이터 구성 : 학번, 중간고사, 기말고사
list2d = [('002',90,95),('001',100,90),('003',95,100)]
array2d = np.array([(2,90,95),(1,100,90),(3,95,100)])

def sort_key_function(row):
    id, midterm_score, final_score = row
#   return row[1] + row[2]        # 성적 합계
    return midterm_score + final_score # 성적 합계

print('성적합계 기준 정렬 결과(list):',sorted(list2d,key=sort_key_function))
print('성적합계 기준 정렬 결과(array):\n',sorted(array2d,key=sort_key_function))

성적합계 기준 정렬 결과(list): [('002', 90, 95), ('001', 100, 90), ('003', 95, 100)]
성적합계 기준 정렬 결과(array):
 [array([ 2, 90, 95]), array([  1, 100,  90]), array([ 3,  95, 100])]
```

id, midterm_score, final_score = row 할당문과 같이 row 인자의 값을 각각의 변수로 분리하여 저장한 후 row[0] 대신 id 변수를, row[1] 대신 midterm_score 변수를, row[2] 대신 final_score 변수를 각각 사용하여 반환하면 코드의 의미가 명확해집니다. 람다 함수는 이와 같은 코드를 구성하기 힘들어 코드의 가독성이 직관적으로 확보될 때 사용하는 것이 유리합니다.

📋 적재적소 _ 패킹과 언패킹

정렬키 함수를 설명할 때의 row와 같이 여러 개의 값을 하나의 구조(예: 튜플, 리스트, 딕셔너리)로 묶여 있는 것을 '패킹(packing)되어 있다'고 합니다. 그리고 이렇게 묶여 있는 구조를 id, midterm_score, final_score = row 문장과 같이 개별적인 변수들에 할당하는 것을 '언패킹(unpacking)'이라고 합니다.

_, value2, _ = packed_tuple 문장과 같이 패킹된 값을 개별적으로 가져다 사용할 때 사용하지 않을 요소의 변수를 언더스코어(_) 부호로 표기하면 원하는 요소만 가져다 사용할 수 있습니다. 만약 인접한 여러 개의 요소를 사용하지 않을 경우 value1, *_ = packed_tuple 문장과 같이 생략할 요소마다 언더스코어를 반복하여 기술하지 않고 *_와 같이 기술할 수 있습니다. 그리고 패킹된 값들은 for 반복문을 사용하여 개별 요소를 하나씩 순회하면서 사용할 수 있습니다.

```
packed_tuple = (1,2,3)
_, value2, _ = packed_tuple
print('value2:',value2)
value1, *_ = packed_tuple
print('value1:',value1)
for value in packed_tuple:
  print(value)
```

```
value2: 2
value1: 1
1
2
3
```

다음의 코드조각과 실행화면과 같이 패킹된 딕셔너리(dict)도 패킹된 튜플(tuple)이나 리스트(list)와 같은 방식으로 언패킹하여 사용할 수 있습니다.

```
packed_dict = {'a':1,'b':2,'c':3}
[_], value2,[_] = packed_dict.items()
print('value2:',value2)
value1, [*_] = packed_dict.items()
print('value1:',value1)
for key, value in packed_dict.items():
    print('(',key, ',',value,')')
```

```
value2: ('b', 2)
value1: ('a', 1)
( a , 1 )
( b , 2 )
( c , 3 )
```

패킹된 값을 for 반복문을 사용하여 가져다 사용하는 것이 낯설지 않지요? 그렇습니다. 인자를 설명할 때 *numbers 인자의
예로 설명했던 가변 위치 인자(variable location argument)와 **kwargs 인자의 예로 설명했던 가변 키워드 인자(variable
keyword argument)도 패킹과 언패킹을 사용한 것입니다. 인자를 함수에 전달할 때 패킹을 사용하고, 함수 내에서 인자를
사용할 때 언패킹을 사용합니다.

📖 적재적소 _ enumerate( ) 함수와 zip( ) 함수

정렬의 예를 들면서 [(2,90,95),(1,100,90),(3,95,100)]과 같은 2차원의 복합적인 데이터를 다루어 보았습니다. 데이터를
일일이 원하는 구조에 맞게 하드코딩(hard coding)하여 만들었었는데 이미 존재하는 데이터가 있다면 병합하여 사용하는 것
이 유리할 것입니다.

예를 들었던 학번, 중간고사 점수 및 기말고사 점수를 병합하여 데이터를 만들어 보겠습니다. 편의상 학번은 1부터 자동으로
부여하도록 하겠습니다. 이런 일을 하기에 적합한 함수는 enumerate( ) 내장 함수입니다.

enumerate(midterm_scores)와 같이 함수를 호출했더니 객체가 반환되어 출력됩니다. 그래서 for 반복문으로 각각의 값들
을 출력해 보았습니다. 리스트로 형변환하여 출력해도 됩니다.

```
midterm_scores = (100,90,95)

print(enumerate(midterm_scores))
for i, score in enumerate(midterm_scores):
    print(i,score)
print(list(enumerate(midterm_scores)))

<enumerate object at 0x78a0dcb4f100>
0 100
1 90
2 95
[(0, 100), (1, 90), (2, 95)]
```

코드만 보고 이해가 어려울 것 같아 그림을 그려 보았습니다. 코드로만 이해가 어렵다면 다음의 그림을 보고 이해해 보기 바랍니다.

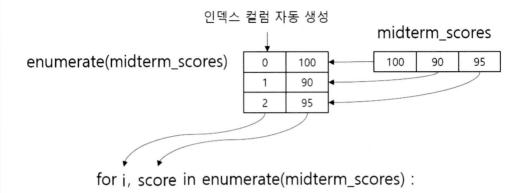

일련번호를 1부터 시작하게 하려면 enumerate( ) 함수의 start 키워드 인자에 1을 넘겨주면 됩니다.

```
print(list(enumerate(midterm_scores,start=1)))

[(1, 100), (2, 90), (3, 95)]
```

이제 학번과 중간고사점수를 합쳤으니 기말고사 점수까지 합쳐 봅시다. 일련번호의 부여 없이 데이터를 있는 그대로 합쳐 주는 함수로는 zip( ) 내장함수가 있습니다.

zip(enumerate(midterm_scores,start=1),final_scores)와 같이 zip( ) 함수를 호출한 후 리스트로 형변환하여 출력했더니 [((1, 100), 90), ((2, 90), 95), ((3, 95), 100)]과 같이 튜플들의 리스트가 만들어졌습니다.

```
final_scores = (90,95,100)

print(list(zip(enumerate(midterm_scores,start=1),final_scores)))

[((1, 100), 90), ((2, 90), 95), ((3, 95), 100)]
```

코드만 보고 이해가 어려울 것 같아 다시 그림을 그려 보았습니다. 코드로만 이해가 어렵다면 다음의 그림을 보고 이해해 보기 바랍니다. 아래의 그림을 보면 ((1, 100), 90)과 같이 1과 100의 튜플이 다시 90과 튜플되어 있는 것을 이해할 수 있을 것입니다.

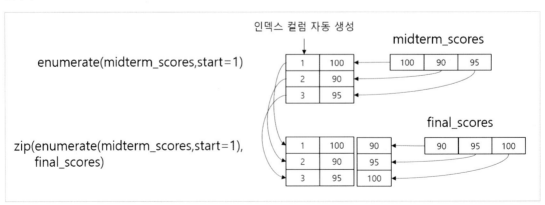

그런데 enumerate() 함수를 호출한 결과를 zip() 함수로 합쳤더니 튜플 안에 또 튜플이 중복하여 생겼습니다. 그럼 튜플이 중복되는 문제를 해결해 봅시다. 이번에는 코드만 보고 이해가 될 것입니다.

zip( ) 함수에 range( ) 함수와 midterm_scores 리스트 그리고 final_scores 리스트를 각각 인자로 넘겨서 원하는 데이터를 같은 레벨의 튜플로 병합하였습니다. range(1,4)와 같이 하드코딩을 하는 것이 마음에 걸려 range(1,len(midterm_scores)+1)과 같이 midterm_scores 리스트의 길이를 종료값으로 range( ) 함수에 넘겨서 병합할 요소들의 수가 3이 아닌 값으로 변경될 때를 대비해 보았습니다.

```
print(list(zip(range(1,4),midterm_scores,final_scores)))
print(list(zip(range(1,len(midterm_scores)+1),midterm_scores,final_scores)))

[(1, 100, 90), (2, 90, 95), (3, 95, 100)]
[(1, 100, 90), (2, 90, 95), (3, 95, 100)]
```

6.7 딕셔너리

Chapter 4 프로그래밍 기초에서 자료형을 설명할 때 딕셔너리(dict)는 키(key)와 값(value)이 쌍을 이루며 키를 지정하여 그에 대응하는 값을 관리하는 진짜 사전(dictionary)과 같은 자료형이라고 단순화하여 설명했습니다. 딕셔너리(dict) 자료형은 프로그래머에게 그 이상의 의미를 제공합니다.

우선 아래와 같은 코드조각을 생각해 봅시다.

```
subjects = ['국어','영어','수학']
scores = [95,100,90]

for i in range(len(subjects)):
  print(subjects[i],scores[i])

국어 95
영어 100
수학 90
```

위의 코드조각에서 성적을 관리하기 위하여 subjects 변수와 scores 변수를 만들었습니다. 그리고 두 변수가 순서에 의하여 연관관계를 가지는 것으로 암묵적(implicit)으로 이해하고 코딩했습니다. 이 말을 이해하기 위하여 먼저 정의된 subjects 리스트 변수를 표의 형태로 표현하여 이해해 봅시다.

subjects	'국어'	'영어'	'수학'
인덱스	0	1	2

이번에는 scores 리스트 변수를 그림으로 그려서 표의 형태로 표현하여 이해해 봅시다.

scores	95	100	90
인덱스	0	1	2

위의 표를 보고 이해할 수 있듯이 subjects 변수의 요소들과 scores 변수의 요소들이 공통적인 인덱스를 매개로 하여 연결될 수 있습니다. 즉 subjects[0]과 scores[0]은 국어의 과목 이름과 성적으로 이해할 수 있고, subjects[1]과 scores[1]은 영어의 과목 이름과 성적으로 이해할 수 있고, 마찬가지로 subjects[2]와 scores[2]는 수학의 과목 이름과 성적으로 이해할 수 있습니다. 이런 사유에 의하여 연관관계가 암묵적이라고 말한 것입니다.

그러면 위의 코드조각에서 for i in range(len(subjects)): 반복문이 이해가 됩니다. 과목의 리스트의 크기인 len(subjects)만큼 반복하며 i, 즉 인덱스값을 배열을 조회하기 위한 첨자로 활용하여 과목과 성적을 연결하여 보여 주고 있습니다. 그런데 이런 암묵적인 관계에는 위험이 도사리고 있습니다.

```
subjects = ['국어','영어','수학','과탐']
scores = [95,100,90]

for i in range(len(subjects)):
    print(subjects[i],scores[i])

국어 95
영어 100
수학 90
-----------------------------------------------------
IndexError                         Traceback (most recent call last)
<ipython-input-1-71032a76056c> in <cell line: 4>()
      3
      4 for i in range(len(subjects)):
----> 5     print(subjects[i],scores[i])

IndexError: list index out of range
```

subjects 변수에는 과목 요소를 추가하고 실수로 scores 변수에는 성적 요소를 추가하지 않았더니 위의 코드조각과 실행화면처럼 오류가 발생합니다. 오류가 발생했으니 프로그래머에게는 매우 다행입니다. 오류가 발생한 것을 알게 되었으니까요.

```
subjects = ['국어','영어','수학']
scores = [95,100,90,80]

for i in range(len(subjects)):
    print(subjects[i],scores[i])

국어 95
영어 100
수학 90
```

이번에는 subjects 변수에는 실수로 과목 요소를 추가하지 않고 scores 변수에는 성적 요소를 추가하였습니다. 그랬더니 오류가 발생하지 않았고 프로그래머는 기뻐서 잘못된 즉 과학 성적이 포함되지 않은 프로그램의 출력 결과를 받아 보게 됩니다. 이런 일들은 비일비재하게 발생하며 프로그램을 개발할 때 테스팅(testing)을 강조하는 이유가 됩니다.

이런 문제를 딕셔너리(dict) 자료형으로 명시적(explicit)으로 코딩하여 해결해 보겠습니다.

```
scores = {'국어': 95,'영어': 100,'수학': 90,'과탐': 80}

for key, value in scores.items():
  print(key, value)

국어 95
영어 100
수학 90
과탐 80
```

먼저 subjects와 scores 2개의 리스트(list) 변수를 scores 1개의 딕셔너리(dict) 변수로 만들었는데 전체 값들을 중괄호({})로 묶고 키(key)와 값(value)을 콜론(:)으로 구분한 후 여러 개의 값은 리스트(list)나 튜플(tuple)과 같이 콤마(,)로 구분하여 딕셔너리(dict) 자료형 변수를 만들었습니다. 문법이 생각보다 단순합니다. 이와 같은 문법은 json(javascript object notation)을 포함한 다른 프로그래밍 도구들에서도 폭넓게 활용되고 있으니 반드시 기억해 두어야 합니다. 2개의 변수의 관계를 키와 값으로 명시적(explicit)으로 구분하여 딕셔너리 변수로 만들면서 인덱스와 같은 암묵적(implicit)인 방법으로 기억하고 있을 필요가 없어졌습니다.

이렇게 만든 딕셔너리 변수를 대상으로 for key, value in scores.items(): 와 같은 for 반복문을 사용하여 리스트나 튜플과 유사한 방식으로 사용할 수 있습니다. 리스트나 튜플은 for 반복문으로 사용할 때와 차이점을 보니 in 키워드 뒤에 scores.items()라고 코딩한 것과 for 반복문의 제어변수에 하나의 변수를 사용하지 않고 key, value와 같이 2개의 변수를 사용한 것이 다릅니다. 딕셔너리의 키는 key 제어변수에 저장되고, 값은 value 제어변수에 저장되어 반복하게 되는 것입니다.

아무튼 이렇게 리스트를 사용하여 2개의 변수를 암묵적(implicit)으로 연결하는 코딩을 딕셔너리(dict) 자료형을 사용하여 명시적(explicit)으로 연결하는 코딩으로 바꾸어 코드의 간결성과 가독성을 동시에 높이며 오류의 발생 가능성도 줄이게 되었습니다.

📋 적재적소 _ 딕셔너리 자료형 변수 객체의 items( ), keys( )와 values( ) 메소드

딕셔너리(dict) 자료형 변수 객체의 items( ) 메소드를 호출하면 키와 값을 동시에 가져다 사용할 수 있었습니다. keys( ) 메소드와 values( ) 메소드를 호출하면 키와 값을 별도로 구분하여 가져다 사용할 수 있습니다.

```
for key in scores.keys():
    print(key)

for value in scores.values():
    print(value)

국어
영어
수학
과탐
95
100
90
80
```

❗ 알아두기 _ 리스트 컴프리헨션과 딕셔너리

다음의 코드조각과 실행화면에서 볼 수 있는 것과 같이 scores = {key: value for key, value in zip(subjects, scores)} 문장과 같이 리스트 컴프리헨션(list comprehension)을 사용하여 딕셔너리를 구성할 수 있습니다. 대괄호([ ])를 중괄호({ })로 바꾸어 표현하면 됩니다. 대괄호([ ])를 중괄호({ })로 바꾸고 for 문장이 딕셔너리를 처리하도록 2개의 제어변수를 가지게 하면 리스트에 적용하는 것과 유사하게 딕셔너리에 리스트 컴프리헨션을 적용할 수 있습니다.

```
subjects = ['국어','영어','수학','과탐']
scores = [95,100,90,80]

scores = {key: value for key, value in zip(subjects, scores)}
print("리스트컴프리헨션으로 만든 딕셔너리:\n",scores)

리스트컴프리헨션으로 만든 딕셔너리:
{'국어': 95, '영어': 100, '수학': 90, '과탐': 80}
```

딕셔너리에 리스트컴프리헨션을 적용하면 위의 코드조각과 실행화면과 같이 키(key)와 값(value)의 순서를 쉽게 바꿀 수 있습니다.

```
word2vec = {'바나나': 1, '사과': 2, '배': 10}
vec2word = {value: key for key, value in word2vec.items() if value < 10}
print("vec2word :",vec2word)
```

프로그래머들은 코드 테이블(code table)을 만들어 사용하는 것을 즐깁니다. 여기서 말하는 코드는 프로그램 코드가 아니라 어떤 의미를 가지는 긴 값들을 중복되지 않는 짧은 값들로 대응시켜 사용하는 것을 말합니다. 코드를 사용하면 긴 값을 짧은 값으로 대신 저장하여 저장 공간을 크게 줄일 수 있습니다. 코드를 사용하는 또 다른 목적으로는 순서를 지정하기 위한 것입니다. 마지막으로 코드를 잘 설계하면 기억하기가 쉽다는 장점이 있습니다.

다음의 코드조각과 실행화면으로 예를 든 코드 테이블은 첫 번째와 두 번째 목적을 충족시키고 있습니다. code_table 변수가 code_table = ['left','right','center','top','bottom']과 같이 단순한 리스트로 만들어져 있지만 enumerate() 함수의 도움을 받아 출력해 보면 0부터 4까지 코드화가 되어 있는 것을 알 수 있습니다.

```
code_table = ['left','right','center','top','bottom']

for code, description in enumerate(code_table):
    print("Code :", code, ", Desc :", description)

Code : 0 , Desc : left
Code : 1 , Desc : right
Code : 2 , Desc : center
Code : 3 , Desc : top
Code : 4 , Desc : bottom
```

이와 같은 암묵적인(implicit) 코드화가 마음에 들지 않으면 다음의 코드조각과 실행화면과 같이 딕셔너리를 사용하여 명시적으로 코드화하면 됩니다.

```
code_table = {key: value for key, value in enumerate(code_table)}
print("명시적인 코드 테이블 :", code_table)

명시적인 코드 테이블 : {0: 'left', 1: 'right', 2: 'center', 3: 'top', 4: 'bottom'}
```

다음과 같은 코드 테이블은 마지막 목적을 충족시키는 예로 구매발주(purchase order)를 PO로, 입고(good receipt)를 GR로 그리고 세금계산서 처리를 IV(invoice)로 코드화하면 두 글자 코드를 사용하여 아주 쉽게 기억할 수 있을 것입니다. 이런 용도로 딕셔너리가 매우 유용하게 사용됩니다.

```
code_table = {"PO": "Purchase Order",
              "GR": "Goods Receipt",
              "IV": "invoice"}
```

컴퓨터의 용량이 매우 제한적이던 시절에는 긴 값을 짧은 값으로 대신 사용하여 저장 공간을 줄이기 위한 용도로 주로 사용되었습니다만 저장 공간이 풍부해진 지금은 순서 지정과 기억을 효율적으로 하려는 목적으로 코드가 주로 사용됩니다.

본 도서에서 여러 번 명시적인(explicit) 코딩이 권장된다고 말해 왔습니다. 그만큼 중요한 코딩의 원칙이기 때문입니다. 반대로 암묵적인(implicit) 코딩은 권장되지 않습니다.

암묵적인 코딩	명시적인 코딩
score + 10 > 90 or score - 10 < 70	(score + 10 > 90) or (score - 10 < 70)
10 + 5j	(10 + 5j)
from math import * exp(3)	import math math.exp(3)
plt.plot(x,y,'g+-')	plt.plot(x,y,color='green',marker='+',linestyle='solid')
subjects = ['국어','영어','수학','과탐'] scores = [95,100,90,80]	scores = {'국어': 95,'영어': 100,'수학': 90,'과탐': 80}

위의 표에 암묵적인 코딩과 명시적인 코딩을 비교해 놓았으니 참조하며 명시적인 코딩의 중요성을 느껴 보기 바랍니다. 위의 예 외에도 무수히 많은 사례들이 있습니다. 그러나 암묵적이라는 것과 명시적이라는 것은 얼마나 많이 아느냐가 많은 영향을 미치기 때문에 매우 상대적인 개념이라는 것을 이해해야 합니다. 예를 들면 Python과 matplotlib 입문자에게 plt.plot(x, y, color='green', marker='+', linestyle='solid')와 같은 코딩은 매우 훌륭한 코드이지만 Python과 matplotlib 전문 프로그래머에게는 매우 우스꽝스러운 코드가 될 것입니다. plt.plot(x,y,'g+-')와 같은 코드는 그 반대의 경우가 되겠습니다. 그러나 plt.plot(x=x, y=y, color='green', marker='+', linestyle='solid')와 같은 코드에서 x=x, y=y와 같은 코드는 지나치게 친절하여 바보스럽다는 것은 누구라도 동감하게 될 것입니다.

암묵적인(implicit) 코딩이 얼마나 해로운지를 알려 주는 격언으로 '디폴트(default, 기본값)는 악이다.'라는 말이 있습니다. 디폴트는 명시적(explicit)이지 않고 소프트웨어 버전이 변경되면 함께 변경되는 경향이 있기 때문에 만들어진 말입니다. 2차원 이상의 행렬을 처리할 때 함수마다 axis 키워드 인자의 디폴트가 틀려서 고생한 기억이 나지요? 그러나 print( ) 함수를 실행하면 디폴트로 한 줄을 넘기는 것처럼 디폴트가 꼭 필요한 경우가 있기 때문에 남발하는 디폴트만이 악이 될 것입니다.

딕셔너리(dict) 자료형에서 키(key)는 변경할 수 없고(immutable) 값(value)은 변경할 수 있습니다(mutable). 이 사실을 이해하고 아래 코드들을 분석하며 딕셔너리 자료형의 사용법을 익혀 봅시다.

중괄호({ })는 집합(set)과 딕셔너리(dict) 자료형의 정의에 모두 사용되는데 중괄호({ })를 사용하면 딕셔너리 자료형의 변수가 만들어집니다.

```
scores = {}
print(type(scores))

<class 'dict'>
```

scores['국어'] = 95 문장과 같이 딕셔너리(dict) 변수에 존재하지 않는 키를 대괄호([ ]) 안에 인덱스처럼 입력한 후 값을 할당하면 새로운 딕셔너리 요소가 추가됩니다.

```
print("요소 추가전 scores 사전 변수 :",scores)
scores['국어'] = 95
scores['영어'] = 100
scores['수학'] = 90
scores['과탐'] = 80
print("요소 추가후 scores 사전 변수 :",scores)

요소 추가전 scores 사전 변수 : {}
요소 추가후 scores 사전 변수 : {'국어': 95, '영어': 100, '수학': 90, '과탐': 80}
```

딕셔너리(dict) 변수의 키는 dict_variable[1]과 같이 문자열만이 아니라 숫자와 같이 변경이 가능하지 않은 자료형을 키로 사용할 수 있습니다.

```
dict_variable = {}
print("요소 추가전 dict_variable 사전 변수 :",dict_variable)
dict_variable[1] = "홍길동"
dict_variable[2] = "유관순"
dict_variable[3] = "강감찬"
print("요소 추가후 dict_variable 사전 변수 :",dict_variable)

요소 추가전 dictVariable 사전 변수 : {}
요소 추가후 dictVariable 사전 변수 : {1: '홍길동', 2: '유관순', 3: '강감찬'}
```

scores['국어']와 같이 딕셔너리(dict) 변수에 존재하는 키를 대괄호([]) 안에 인덱스처럼 입력하여 사용하면 딕셔너리 요소의 값을 조회할 수 있습니다. scores['국어'] = 99 문장과 같이 이미 존재하는 키에 값을 다시 저장하면 딕셔너리 요소의 값을 수정할 수 있습니다.

```
print("국어 성적 :",scores['국어'])
scores['국어'] = 99
print("국어 성적 :",scores['국어'])
print("요소 변경후 scores 사전 변수 :",scores)

국어 성적 : 95
국어 성적 : 99
요소 변경후 scores 사전 변수 : {'국어': 99, '영어': 100, '수학': 90, '과탐': 80}
```

딕셔너리(dict) 변수는 리스트 변수와 마찬가지로 '국어' in scores와 같이 특정한 키가 딕셔너리 변수에 들어 있는지 in 연산자를 활용하여 조건식으로 확인해 볼 수 있습니다. 물론 not in 연산자를 사용하면 들어 있지 않은지를 확인해 볼 수 있습니다.

```
print('국어가 scores 변수에 있나?', '국어' in scores)
print('사탐이 scores 변수에 있나?', '사탐' in scores)

국어가 scores 변수에 있나? True
사탐이 scores 변수에 있나? False
```

del scores['국어'] 문장과 같이 del 키워드를 사용하여 리스트의 요소를 삭제하듯이 딕셔너리(dict)의 요소를 삭제할 수 있습니다.

```
del scores['국어']
print("요소 삭제후 scores 사전 변수 :",scores)

요소 삭제후 scores 사전 변수 : {'영어': 100, '수학': 90, '과탐': 80}
```

이번에는 딕셔너리(dict) 객체를 정렬해 봅시다.

sorted(dict_var)와 같이 정렬하면 딕셔너리를 키를 기준으로 정렬한 다음 정렬된 키들만 리스트의 형태로 반환합니다.

```
dict_var = {"key1": "value3","key3":"value1","key2":"value2"}

print("정렬전 딕셔너리:",dict_var)
print("정렬후 딕셔너리:",sorted(dict_var))

정렬전 딕셔너리: {'key1': 'value3', 'key3': 'value1', 'key2': 'value2'}
정렬후 딕셔너리: ['key1', 'key2', 'key3']
```

sorted(dict_var.items())와 같이 dict_var 대신 dict_var.items()를 정렬하면 키를 기준으로 정렬한 다음 정렬된 키와 값들의 쌍을 튜플로 만들어 튜플들의 리스트의 형태로 반환합니다.

```
dict_var = {"key1": "value3","key3":"value1","key2":"value2"}

print("정렬전 딕셔너리:",dict_var)
print("정렬후 딕셔너리:",sorted(dict_var.items()))

정렬전 딕셔너리: {'key1': 'value3', 'key3': 'value1', 'key2': 'value2'}
정렬후 딕셔너리: [('key1', 'value3'), ('key2', 'value2'), ('key3', 'value1')]
```

값(value)을 기준으로 정렬하고 싶다면 정렬키를 반환하는 함수를 정의하여 sorted() 함수의 key 인자로 넘겨주어야 합니다. 딕셔너리 item의 경우 key와 value 두 개의 값을 가지는데 첫 번째 값 즉 item[0]은 키(key)를 의미하고 item[1]은 value를 의미하니 위의 코드조각과 같이 정렬키 함수를 정의하면 값(value)을 정렬키로 정렬하게 됩니다.

```
dict_var = {"key1": "value3","key3":"value1","key2":"value2"}

def sort_key_function(item):
    return item[1]

print("정렬전 딕셔너리:",dict_var)
print("정렬후 딕셔너리:",sorted(dict_var.items(),key=sort_key_function))

정렬전 딕셔너리: {'key1': 'value3', 'key3': 'value1', 'key2': 'value2'}
정렬후 딕셔너리: [('key3', 'value1'), ('key2', 'value2'), ('key1', 'value3')]
```

정렬키 함수의 경우 이름도 필요하지 않고 한 줄로 간단하니 lambda item: item[1]을 sorted() 함수의 key 키워드 인자로 넘겨 람다 함수를 사용하도록 개선하는 것이 좋겠습니다.

```
dict_var = {"key1": "value3","key3":"value1","key2":"value2"}

print("정렬전 딕셔너리:",dict_var)
print("정렬후 딕셔너리:",sorted(dict_var.items(),key=lambda item: item[1]))

정렬전 딕셔너리: {'key1': 'value3', 'key3': 'value1', 'key2': 'value2'}
정렬후 딕셔너리: [('key3', 'value1'), ('key2', 'value2'), ('key1', 'value3')]
```

정렬되어 반환된 튜플의 리스트 형식의 정렬된 결과를 dict() 함수로 형변환하면 다시 딕셔너리 객체로 변환하게 됩니다.

```
print(dict(sorted(dict_var.items(),key=lambda item: item[1])))

{'key3': 'value1', 'key2': 'value2', 'key1': 'value3'}
```

6.8 방정식

방정식을 만들고 풀어 보는 것은 딥러닝 프로그래밍을 이해하기 위한 첫 걸음이 됩니다. 가장 단순한 인공신경망의 뉴런 하나는 회귀방정식으로 볼 수 있기 때문입니다. 그리고 방정식을 만들고 풀어 보는 과정을 통하여 Python의 함수의 개념과 코딩의 기본기를 익힐 수 있을 것입니다.

일차방정식

$f(x) = 2x - 3$과 같은 일차방정식의 계산 결과를 보여 주는 Python 프로그램을 생각해 봅시다.

계산해야 할 x의 값을 프로그램이 이미 알고 있다고 가정하고 $y = 2 * x - 3$ 일차방정식을 Python으로 간단히 코딩해 보았습니다.

```
x = 2
y = 2 * x - 3
print('x가 2일 때 f(x) = 2x - 3식의 계산 결과 :',y)

x가 2일 때 f(x) = 2x - 3식의 계산 결과 : 1
```

그러나 방정식은 한 번만 수행하고 말 것이 아니니 함수로 만들어 반복하여 사용하는 것이 좋겠습니다.

$2 * x - 3$을 반환하는 f(x) 함수를 정의하여 방정식을 계산하는 함수를 만들고 x에 2와 3을 대입한 후 f(x)

함수를 수행해 보았습니다. 이와 같이 방정식을 계산하는 것은 식을 알고 있으면 Python으로 쉽게 코딩할 수 있습니다.

```
def f(x):
    return 2 * x - 3

x = 2
y = f(x)
print('x가 2일 때 f(x) = 2x - 3식의 계산 결과 :',y)
x = 3
y = f(x)
print('x가 3일 때 f(x) = 2x - 3식의 계산 결과 :',y)
```
```
x가 2일 때 f(x) = 2x - 3식의 계산 결과 : 1
x가 3일 때 f(x) = 2x - 3식의 계산 결과 : 3
```

그러면 방정식을 풀어 봅시다. f(x) = 2x − 3 방정식의 해를 구하기 위해서는 2x − 3 = 0이 되는 x의 값을 구하면 되는데 2x − 3 = 0 → 2x = 3 → x = 3 / 2의 수식 전개 과정을 거쳐 해를 얻을 수 있습니다.

```
def fsolve():
    return 3 / 2

root = fsolve()
print('f(x) = 2x - 3 식의 근 :',root)
y = f(root)
print('근을 사용한 f(x) = 2x - 3식의 계산 결과 :',y)
```
```
f(x) = 2x - 3 식의 근 : 1.5
근을 사용한 f(x) = 2x - 3식의 계산 결과 : 0.0
```

방정식을 푸는 것이니 fsolve() 함수를 만들어 방정식의 근을 구하고, fsolve() 함수가 근을 잘 구한 것인지 f(x) 함수가 근으로 방정식을 계산하여 0이 나오는지 f(root) 함수를 실행하여 확인함으로써 검산까지 해 보았습니다. 너무 쉽지요? 하지만 쉽다고 스쳐 지나가지 마시고 일차방정식을 푸는 함수가 이상하다고 의아해하지 마시고 코딩을 해 가는 생각의 흐름을 알려드리기 위한 목적으로 구성하였으니 잘 따라가 보기 바랍니다.

이차방정식

이번에는 f(x) = x^2 + 2x + 1과 같은 이차방정식의 계산 결과와 근을 구하는 Python 프로그램을 생각해 봅시다. 코딩의 생각의 흐름은 이미 설명하였기 때문에 전체 코드를 한 번에 만들어 보겠습니다.

계산 결과를 구하는 f(x) 함수는 식을 그대로 함수로 만들면 되는데 거듭제곱을 위한 연산자가 **이라는 것만 알면 아래 함수는 쉽게 이해가 됩니다.

```
def f(x):
    return x ** 2 + 2 * x + 1
```

이차방정식의 근을 구하기 위해서는 근을 구하는 공식을 알아야 하는데 인터넷 검색이나 대화형 AI 서비스에 문의하여 쉽게 알아낼 수 있습니다. 이차방정식의 근을 구하는 공식은 아래와 같습니다.

$$x_1 = \frac{-b + \sqrt{b^2 - 4ac}}{2a} \quad or \quad x_2 = \frac{-b - \sqrt{b^2 - 4ac}}{2a}$$

이차방정식이라서 근이 2개인데 각각의 근은 x1과 x2로 표현되고 있습니다. 그리고 a는 x의 차수가 2인 경우의 계수(coefficient)이고, b는 x의 차수가 1인 경우의 계수이고, c는 x의 차수가 없는 상수항의 계수입니다. $x^2 + 2x + 1$ 방정식의 경우 a는 1, b는 2, c는 1이 됩니다. fsolve( ) 함수는 근을 구하는 공식을 함수로 정의하면 됩니다.

제곱근을 구하는 sqrt( ) 함수가 math 모듈에 있어서 import하였습니다. 일차방정식의 근을 구하는 경우와 다르게 하나의 고정된 식에 대한 근을 구하는 함수가 아니라 모든 이차방정식에 대한 근을 구하는 함수가 될 수 있어서 인자로 a,b,c를 각각 받아들이게 하였습니다. 그 후 x1과 x2를 계산하는데 연산자의 우선순위 때문에 괄호를 상변의 식과 하변의 식에 각각 추가하여 감싸 주었습니다. 그리고 계산된 x1과 x2를 반환해 줍니다.

```python
import math

def fsolve(a,b,c):
    x1 = ((-b + math.sqrt(b**2 - 4*a*c)) / (2*a)
    x2 = ((-b - math.sqrt(b**2 - 4*a*c)) / (2*a)
    return x1, x2
```

아래 코드조각과 실행화면에서 이차방정식을 푸는 함수를 만들어 fsolve(1,2,1)과 같이 호출하여 2개의 근을 구한 후 f(root1)과 f(root2)와 같이 방정식을 푸는 함수를 호출하여 방정식의 계산결과가 0이 나오는지 확인함으로써 검산까지 해 보았습니다. fsolve( ) 함수에 a,b,c의 값을 넘겨주는 부분과 함수가 실행할 때 반환하는 값이 2개이니 root1, root2 = fsolve(1,2,1) 문장과 같이 반환값을 저장하는 변수도 2개를 주는 부분을 주의해서 보기 바랍니다.

```python
root1, root2 = fsolve(1,2,1)
print('f(x) = x**2 + 2x + 1식의 근 :',root1, root2)
y = f(root1)
print('근1을 사용한 f(x) = x**2 + 2x + 1식의 계산 결과 :',y)
y = f(root2)
print('근2을 사용한 f(x) = x**2 + 2x + 1식의 계산 결과 :',y)
```
```
f(x) = x**2 + 2x + 1식의 근 : -1.0 -1.0
근1을 사용한 f(x) = x**2 + 2x + 1식의 계산 결과 : 0.0
근2을 사용한 f(x) = x**2 + 2x + 1식의 계산 결과 : 0.0
```

이차방정식의 근을 구하는 함수를 만들고 보니 인자의 값을 바꾸며 반복하여 사용할 수 있는 수준이 되어 일차방정식의 근을 구하는 함수에서 느꼈던 항상 고정된 값을 반환하는 함수가 왜 있어야 하는지 의아해 하던 수준은 벗어나게 되었습니다.

그런데 이것으로 방정식과 관련한 코딩이 끝나는 것이 아닙니다. 실수만이 아니라 복소수 근도 계산할 수 있어야 하고, 속도나 메모리 사용량이나 유지보수성 등을 개선하여야 하고, 다차방정식의 근도 구할 수 있어야 합니다.

코딩으로 문제를 풀어가는 생각의 흐름을 설명할 목적으로 일차방정식과 이차방정식을 풀어 보았고 그 한계를 느끼며 전문적인 라이브러리의 필요성을 느끼게 되었으니 이제는 이미 개발된 라이브러리를 활용하여 방정식을 풀어 볼 것입니다.

> ### 💡 생각하기 _ 테스트 주도 방법론
>
> 방정식을 Python 문장으로 코딩한 후 인자가 없는 함수로 확장하고 다시 인자를 사용한 함수로 확장해 가는 방식의 설명은 테스트 주도 방법론(test driven development, TDD)에서 차용한 것입니다. 사실 본 도서에서 유사한 코드조각을 처음에는 가장 단순한 형태로 제시하여 이해를 돕고 점진적으로 난이도를 높여 가며 설명하는 방식 자체를 테스트 주도 방법론에서 차용한 것입니다.
>
> 이와 같은 시도는 테스트 주도 방법론(test driven development, TDD) 진영에서 주창되고 있으며 처음에는 쉽고 간결하게 개발한 후 필요한 시점에 필요한 만큼 개선해 가자는 전략으로 본 도서도 동일한 사고 방식에 의하여 저술되었습니다. 처음부터 복잡하게 많은 것을 설명하는 것을 지양하여 필요할 때 필요한 만큼 설명함으로써 학습에 실증을 느끼지 않고 쉽게 배울 수 있도록 유도합니다.
>
> 코딩 현장의 개발 원리도 이와 같습니다. 처음에는 가장 단순한 형태의 개발부터 시작하여 점진적으로 개선해 가면 목표했던 개발 수준에 도달할 수 있습니다.

다항식

특정 방정식에 대한 표현과 처리는 일차방정식과 이차방정식의 예를 들었던 것과 같이 스스로 코딩하여 사용하면 되지만 Python이 제공하는 라이브러리를 사용하려면 그와 같은 라이브러리들이 어떤 방식으로 방정식을 표현하고 처리하는지 알아야 합니다. 방정식의 처리는 numpy 패키지가 다항식(polynomial)으로 지원합니다.

우선 다항식을 Python에서 어떻게 표현할 수 있는지 먼저 알아봅시다.

$f(x) = 2x - 3$과 같은 일차방정식은 [2,-3]와 같이, $f(x) = x^2 + 2x + 1$와 같은 이차방정식은 [1,2,1]과 같이, $f(x) = 3x^3 - 2x^2 + 4$와 같은 삼차방정식은 [3,-2,0,4]와 같이 다항식의 차수가 더 올라가도 x의 차수에 따라 계수(coefficient)의 값들을 차수에 해당하는 리스트의 위치에 배치합니다. 즉 [n차수의 계수,…,2차수의 계수,1차수의 계수,0차수의 계수]와 같이 표현합니다.

그럼 numpy 패키지와 다항식 표현을 사용하여 $f(x) = 2x - 3$ 일차방정식을 풀어 보겠습니다.

```
import numpy as np

f = np.poly1d([2,-3])
print('방정식 : f(x)=',f)
root = np.roots(f)
print('방정식의 근:', root)
y = np.polyval(f,root)    # y = f(root)
print('근을 사용한 방정식의 계산 결과 :', y)
```

```
방정식 : f(x)=
2 x - 3
방정식의 근: [1.5]
근을 사용한 방정식의 계산 결과 : [0.]
```

np.poly1d() 함수는 방정식을 정의하는 함수입니다. 인자로 f(x) = 2x − 3의 다항식 표현인 [2,-3]을 넘겨주었습니다. 다항식으로 정의한 일차방정식을 f 변수에 저장한 후 출력하면 2x − 3과 같이 계산하려고 하는 방정식이 출력됩니다. 그리고 앞에서 설명한 fslove() 함수에 해당하는 np.roots() 함수에 방정식을 저장한 f 변수를 넘겨주면 근을 계산하여 값을 반환하고, f(x) 함수에 해당하는 np.polyval() 함수에 방정식과 방정식을 계산할 x의 값을 넘겨주면 방정식을 계산해 줍니다. 위의 코드조각에서는 근(root) 변수를 방정식 계산에 사용할 x값으로 넘겨주었기 때문에 0이 출력되어 np.root() 함수로 계산한 근이 정확하다는 검증까지 하였습니다. np.poly1d() 함수에서 poly는 다항식(polynomial)을 의미하고 1d는 1차원(1 dimension)을 의미합니다.

이번에는 f(x) = x^2 + 2x + 1 이차방정식을 풀어 보겠습니다.

```
import numpy as np

f = np.poly1d([1,2,1])
print('방정식 : f(x)=')
print(f)
root = np.roots(f)
print('방정식의 근:', root)
y = np.polyval(f,root)    # y = f(root)
print('근을 사용한 방정식의 계산 결과 :', y)
```

```
방정식 : f(x)=
        2
1 x + 2 x + 1
방정식의 근: [-1. -1.]
근을 사용한 방정식의 계산 결과 : [0. 0.]
```

np.poly1d() 함수에 방정식인 f(x) = x^2 + 2x + 1의 다항식 표현인 [1,2,1]을 인자로 넘겨주는 것이 일차방정식을 풀 때와 다르고 나머지는 동일합니다. 이차방정식이라서 근이 2개이고 검산한 결과도 2개의 0이 나타나는 것을 확인할 수 있습니다.

본 도서에서 개발을 하지 않았던 3차 이상의 다차방정식도 이와 같은 방법으로 풀면 됩니다.

회귀방정식

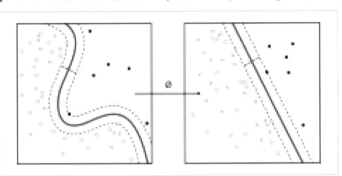
지금까지는 주어진 방정식으로 계산하고 방정식의 근을 구해 보았습니다. 이번에는 현실에서 수집한 데이터를 활용하여 결과를 예측하기 위한 회귀방정식을 만들고 만든 방정식을 활용하여 주어진 조건에서 결과가 어떻게 나올지 예측해 보겠습니다. 회귀방정식(regression equation)은 인공신경망의 뉴런을 만들기 위하여 기본이 되는 아이디어를 제공합니다.

회귀라는 용어가 어렵지만 앞에서 예를 들었던 $y = 2x - 3$이나 $y = x^2 + 2x + 1$과 같은 방정식을 생각해 봅시다. 이들 방정식의 계수(coefficient)는 $[2,-3]$이나 $[1,2,1]$과 같이 정해져 있었는데 회귀는 현실에서 수집한 원인변수 x와 결과변수 y 데이터를 활용하여 원인변수가 결과변수에 미치는 영향을 분석하여 방정식의 계수를 찾아내는 것으로 이해하면 됩니다. 방정식의 계수를 찾아서 만든 회귀방정식은 독립변수 x가 주어질 때 종속변수 y의 값을 예측하는 용도로 사용됩니다. 이와 같은 일련의 기법을 회귀분석(regression analysis)이라고 부릅니다.

말이 어려우니 산점도 그리기에서 사용했던 나이와 체중 데이터를 사용하여 회귀분석을 단계적으로 활용해 보겠습니다. 이 예제에서 체중에 영향을 미치는 나이가 원인변수 x가 되고 체중이 결과변수 y가 됩니다.

구분1	구분2	구분3	구분4	구분5	구분6	구분7
x	원인변수	독립변수	입력변수	미지수	기호	특징
y	결과변수	종속변수	출력변수	f(x)	함수	레이블

원인변수, 독립변수, 입력변수, 미지수 및 기호 등의 용어가 x를 의미하는 다양한 용어들이며 결과변수, 종속변수, 출력변수, f(x) 및 함수 등의 용어가 y를 의미하는 다양한 용어들입니다. 머신러닝이나 딥러닝에서는 x 역할을 하는 데이터를 특징이라고 부르며, y 역할을 하는 데이터를 레이블이라고 부릅니다.

먼저 예측을 위한 방정식 즉 회귀방정식을 만들기 위한 x의 계수(coefficient)들을 구해 다항식 표현으로 전환해 보겠습니다.

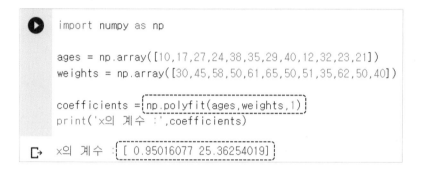

```python
import numpy as np

ages = np.array([10,17,27,24,38,35,29,40,12,32,23,21])
weights = np.array([30,45,58,50,61,65,50,51,35,62,50,40])

coefficients = np.polyfit(ages,weights,1)
print('x의 계수 :',coefficients)
```
```
x의 계수 : [ 0.95016077 25.36254019]
```

수집된 데이터를 np.polyfit() 함수에 인자로 넘겨서 호출하면 첫 번째 인자로 넘겨진 데이터를 원인변수 x로 두 번째 인자로 넘겨진 데이터를 결과변수 y로 분석하여 원인과 결과의 데이터의 상관관계가 높은 방정식을 만들어 줍니다. 세 번째 인자는 만들어질 방정식의 차수를 넘겨 줍니다. 우선 일차방정식을 만들기 위하여 1을 넘겨주었습니다. 위의 실행화면에서 x의 계수를 보고 수집된 데이터를 기반으로 y = 0.95x + 25.36과 같은 방정식이 만들어졌다는 것을 알 수 있습니다. 앞에서 방정식을 풀 때는 방정식이 이미 정해져 있었지만 회귀분석의 경우에는 수집한 데이터를 분석하여 현실 세계의 데이터에 적합한 방정식을 만듭니다. 그래서 회귀방정식을 현실 세계의 모델(model)이라고 부를 수 있습니다.

회귀방정식을 만들기 위해서는 np.poly1d(coefficients)와 같이 실데이터를 사용하여 np.polyfit() 함수로 만든 다항식 표현 리스트를 np.poly1d() 함수에 넘겨서 호출하여야 합니다. 주어진 나이에 체중이 얼마나 나갈지 예측하기 위하여 만들어진 회귀방정식과 예측을 원하는 나이를 np.polyval(f,30)과 같이 np.polyval() 함수에 인자로 넘겨줍니다.

```
f = np.poly1d(coefficients)
print('회귀방정식 :',f)
expected_weight = np.polyval(f,30)
print('30살일 때 예측되는 체중 :',expected_weight)
```

```
회귀방정식 :
0.9502 x + 25.36
30살일 때 예측되는 체중 : 53.86736334405144
```

위의 코드조각은 일차방정식을 풀고 계산 결과를 검증할 때의 로직과 기본적으로 동일합니다. 다만 개념 적으로 방정식이 수집된 데이터로부터 왔기 때문에 회귀방정식 즉 회귀모델이 되고, 계산 결과는 예측 결 과가 되는 것입니다.

그러면 회귀방정식에 의한 예측이 잘 되는지 수집된 데이터의 산점도와 생성된 회귀방정식으로 계산한 x-y 그래프를 그려서 회귀방정식이 수집된 데이터를 어느 정도 대변할 수 있는지 확인해 보겠습니다.

```
import matplotlib.pyplot as plt

ages_for_prediction = np.arange(10,41)
predicted_weights = np.polyval(f,ages_for_prediction)

plt.scatter(ages,weights)
plt.plot(ages_for_prediction,predicted_weights)
plt.show()
```

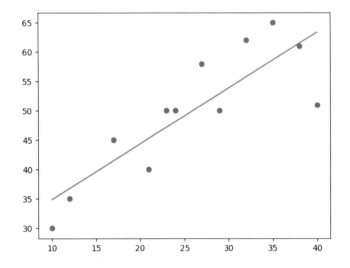

위의 코드조각에서 체중을 예측하고 싶은 나이의 구간을 10세에서 40세로 np.arange() 함수를 사용하 여 벡터로 값을 만들었습니다. 그리고 np.polyval() 함수에 예측하고 싶은 나이 벡터 변수인 ages_for_

prediction를 두 번째 인자로 넘기고 예측 결과값을 predicted_weights 벡터 변수에 저장하였습니다. 그후 수집된 나이와 체중 데이터는 산점도(scatter)로 그리고 회귀방정식으로 예측한 나이와 체중은 x-y 그래프(plot)로 그렸습니다. 산점도와 x-y 그래프의 오차가 적게 느껴져야 예측을 위한 회귀방정식이 수집한 데이터에 적합하다고 판단할 수 있을 것입니다.

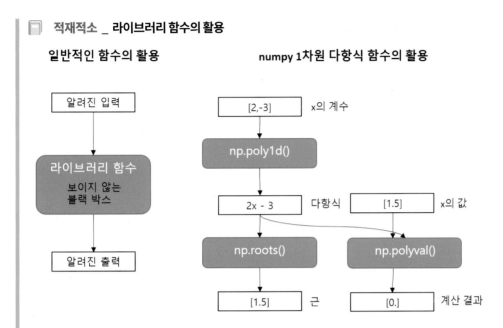

라이브러리 함수는 일반적으로 라이브러리를 사용하는 프로그래머에게는 보이지 않는 블랙박스입니다. 하지만 함수의 기능, 알고리즘, 입력 형태 및 출력 형태는 도움말이나 매뉴얼 혹은 인터넷 공개 자료 등을 통하여 알려져 있습니다. 그래서 프로그래머가 라이브러리의 함수를 사용할 때에는 입력과 출력의 형태에 대하여 먼저 이해하고 사용하여야 합니다. 함수의 기능과 알고리즘은 라이브러리를 개발한 프로그래머에 의하여 테스트되었으니까요. 그리고 라이브러리 함수들은 다양한 선후행 관계를 가지는데 이것을 이해하는 것이 중요합니다. 위의 그림으로 예를 들면 np.poly1d( ) 함수의 도움이 없으면 np.roots( )와 np.polyval( ) 함수를 사용할 수 없습니다. 블랙박스인 라이브러리를 호출하여 사용하는 것은 어려운 일이 아니지만 이런 제약 사항을 이해하는 것에는 학습과 경험이 수반되어야 합니다.

미분과 적분

미분과 적분은 수학적으로 어려운 개념이지만 프로그램 코딩의 관점에서 보면 어렵지 않습니다. 미분과 적분의 전문가들이 라이브러리를 만들어 제공하기 때문에 프로그래머는 제공되는 함수들을 호출하여 사용하면 되기 때문입니다. 이는 마치 수치계산을 위한 알고리즘을 개발하고 계산기를 만드는 것은 어려운 일이지만 계산기를 사용하는 것은 쉬운 것과 같은 원리입니다. 미분과 적분의 원리를 찾아내고 라이브러리화하는 것은 수학자와 시스템 프로그래머들에게 맡기고 우리는 제공되는 라이브러리를 활용하고 응용하는 것에 초점을 맞추면 됩니다.

먼저 Python 코딩으로 미분하는 방법을 알아보겠습니다.

! **알아두기 _ 미분 (출처 - https://ko.wikipedia.org/wiki/미분)**

미분(微分, derivative) 또는 도함수(導函數)는 어떤 함수의 정의역 속 각 점에서 함숫값의 변화량과 독립 변숫값의 변화량 비의 극한 혹은 극한들로 치역이 구성되는 새로운 함수입니다.

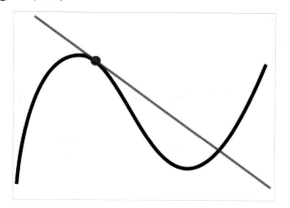

$f(x) = 3x^3 - 2x^2 + 4$ 삼차방정식을 미분하여 보겠습니다.

numpy 패키지에서 미분해 주는 함수는 np.polyder() 함수로 np.polyder(f)와 같이 인자로 np.poly1d() 함수로 정의한 방정식 변수를 넘겨주어 호출합니다. 함수 이름에 포함된 der는 미분의 영어 표현인 derivative 에서 온 용어입니다. 1차 이상의 미분을 하고 싶으면 np.polyder(f,2)나 np.polyder(f,2)와 같이 두 번째 인자로 차수를 넘겨주면 됩니다.

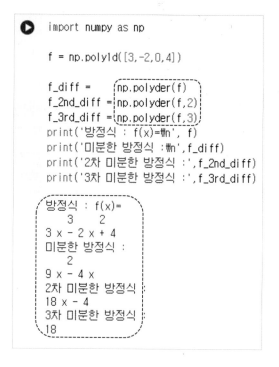

미분을 하여 방정식을 구했으니 방정식을 사용하여 특정 위치에서의 미분계수(derivative coefficient) 혹은 기울기(slope)를 구해 보겠습니다.

```
print('x값이 -1일때 미분계수 :', f_diff(-1))

x값이 -1일때 미분계수 : 13
```

f_diff(-1)과 같이 미분된 방정식에 x축의 특정값을 인자로 넘겨주어 호출하면 x 값의 위치에서 미분계수를 반환해 줍니다.

```
print('x값이 -1과 0과 1일때 미분계수 :', f_diff((-1,0,1)))
x값이 -1과 0과 1일때 미분계수 : [13  0  5]
```

x축의 여러 위치에서 미분계수를 구하고 싶으면 f_diff([-1,0,1])과 같이 리스트나 튜플의 형식으로 미분계수를 구할 x값들을 인자로 넘겨주면 됩니다. 아무튼 미분을 하고 미분계수를 구하는 방법이 계산기를 두드리는 것 만큼이나 쉽습니다.

📋 적재적소 _ 그래프로 알아보는 미분

f(x) = x² + 2x + 1 이차방정식의 그래프를 그리고 미분한 도함수를 사용하여 x축상의 특정한 지점에서 미분계수를 구한 다음 미분계수의 그래프를 그려 보겠습니다.

```
import numpy as np
import matplotlib.pyplot as plt

f = np.poly1d([1,2,1])

f_diff = np.polyder(f)
print('방정식 : f(x)=\n', f)
print('미분한 방정식 :\n',f_diff)

diff_coef = f_diff([-7.5,0,5])
print('x값이 [-7.5,0,5]일때 미분계수 :', diff_coef)

x = np.linspace(-10,10,50)
y = f(x)
plt.plot(x,y,'b-',label=r'f(x)=$x^2 + 2x + 1$')
```

```
f_diff1 = np.poly1d([diff_coef[0],-56])
x_diff1 = np.linspace(-10,-5,20)
y_diff1 = f_diff1(x_diff1)
plt.plot(x_diff1,y_diff1,'r:',label='Diff Coef at -7.5')

f_diff2 = np.poly1d([diff_coef[1],0])
x_diff2 = np.linspace(-2.5,2.5,20)
y_diff2 = f_diff2(x_diff2)
plt.plot(x_diff2,y_diff2,'g--',label='Diff Coef at 0')

f_diff3 = np.poly1d([diff_coef[2],-25])
x_diff3 = np.linspace(2.5,7.5,20)
y_diff3 = f_diff3(x_diff3)
plt.plot(x_diff3,y_diff3,'b-.',label='Diff Coef at 5')

plt.legend()
plt.show()
```

```
방정식 : f(x)=
            2
1 x + 2 x + 1
미분한 방정식 :

2 x + 2
x값이 [-7.5,0,5]일때 미분계수 : [-13.    2.   12.]
```

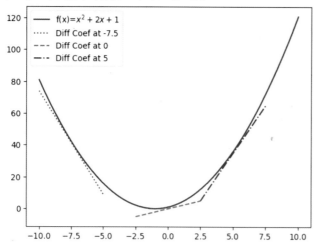

위의 코드조각은 앞에서 설명한 코드조각들을 레고조각처럼 합쳐서 하나로 만든 것에 불과합니다. y = f(x) 문장으로 값을 구해 그려진 파란색 실선 그래프가 미분할 방정식의 그래프입니다. 이차방정식이어서 포물선으로 나타났습니다. f_diff = np.poly-der(f) 문장으로 미분하여 diff_coef = f_diff([-7.5,0,5]) 문장으로 세 지점에서의 미분계수를 구하니 x가 -7.5일 때 -13, x가 0일 때 2, x가 5일 때 12로 이 수치는 해당 지점에서의 기울기라는 것을 알 수 있습니다. f_diff1 = np.poly1d([diff_coef[0],-56]) 문장으로 일차방정식을 만들어 직선을 그리면 x가 -7.5일 때의 기울기가 직선으로 나타나는데 위의 실행화면에서 빨간색 점선으로 그려졌습니다. 같은 방법으로 x가 0일 때 초록색 점선을 그리고, x가 5일 때 파란색 점선을 그리니 그래프상에서 미분이 해당 지점에서의 기울기라는 것을 시각적으로 확인할 수 있습니다. 이런 시각화를 통하여 미분한 함수가 x축상의 위치에서 미분계수를 구하기 위한 방정식이라는 것을 이해할 수 있으며 방정식에 의하여 구해지는 미분계수가 해당 위치에서의 순간 변화율 혹은 기울기라는 것을 쉽게 이해할 수 있습니다.

이제 Python 코딩으로 적분하는 방법을 알아보겠습니다.

❗ 알아두기 _ 적분 (출처 - https://ko.wikipedia.org/wiki/적분)

적분(積分, integral)은 정의된 함수의 그래프와 그 구간으로 둘러싸인 도형의 넓이를 구하는 것입니다.

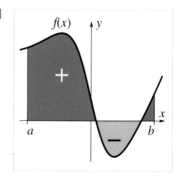

미분에 사용했던 f(x) = 3x³ − 2x² + 4 삼차방정식을 적분하기 전에 먼저 방정식의 그래프를 그려 적분의 개념인 "정의된 함수의 그래프와 그 구간으로 둘러싸인 도형의 넓이"를 확인해 보겠습니다. 적분 구간을 -1과 1 사이로 두고 적분에 대한 이해와 로직에 대한 이해도를 향상시키기 위하여 구간을 분할할 개수를 5로 줄이겠습니다.

```python
import numpy as np
import matplotlib.pyplot as plt

f = np.poly1d([3,-2,0,4])
num_of_xs = 5
x = np.linspace(-1,1,num_of_xs)
y = f(x)

plt.plot(x,y)
plt.axvline(x=0, color='k') # 검정색 x축
plt.axhline(y=0, color='k') # 검정색 y축
plt.fill_between(x, y, 0, facecolor='g')
plt.show()
```

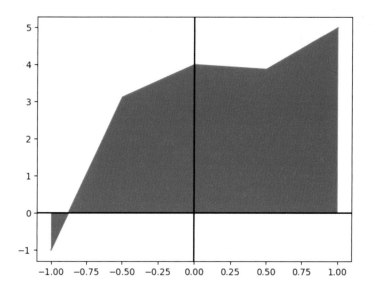

x 배열과 y 배열을 이용하여 그래프를 그리는 로직은 평범합니다. 적분 구간을 x 배열에 저장한 후 y = f(x) 문장으로 y 배열의 값을 구한 후 plt.plot(x,y) 함수를 호출하여 그래프를 그리면 됩니다. 그런데 적분을 표현하려면 x축과 y축의 좌표가 0인 곳에 좌표축이 그려져야 합니다. 그래서 plt.axvline(x=0, color='k') 함수 호출과 plt.axhline(y=0, color='k') 함수 호출을 통하여 검정색으로 좌표축을 그렸습니다. 함수의 이름에서 ax는 축(axis)을 나타내는 용어이고 vline은 수직선(vertical line)을, hline은 수평선(horizontal line)을 각각 의미한다는 것을 이해하면 함수의 호출은 직관적입니다. 적분을 위하여 x축과 y 배열값 사이의 면적의 합을 구하면 됩니다. 적분할 영역을 구분하여 표현하기 위하여 plt.fill_between(x, y, 0, facecolor='g') 문장으로 색을 채워 보았습니다. 세 번째 인자가 색을 채워넣을 y의 기준값이라는 것을 이해하면 직관적인 문장으로 y의 값이 0을 기준으로 즉 x축과 y값 사이에 색을 채워 넣게 됩니다. 위의 실행

화면에서는 5개의 x값을 사용하여 그래프를 그렸기 때문에 4개의 사다리꼴의 면적을 구하여 더하면 적분의 근사치를 얻을 수 있습니다.

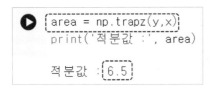

numpy 패키지는 사다리꼴 공식에 의한 근사 수치 적분을 수행하는 np.trapz() 함수를 제공합니다. trapz는 사다리꼴(trapezoid)을 의미하는데 np.trapz() 함수는 plt.plot() 함수와 다르게 첫 번째 인자가 계산결과인 y 배열이 되고 두 번째 인자가 방정식의 계산에 사용된 x 값들의 배열이니 순서에 주의하여 사용하여야 합니다. 간단하게 함수 하나를 호출하여 적분값을 구하였습니다. 물론 x 배열의 요소의 개수를 5개로 제한하여 오차가 클 것입니다.

그래서 적분을 수행하는 scipy 패키지의 다른 함수를 사용하여 두 가지 방법의 결과를 비교하는 방법으로 겨우 5개 구간으로 나누어 np.trapz(y,x) 함수를 호출하여 구한 적분값의 오차가 얼마나 클지 검증해보도록 하겠습니다.

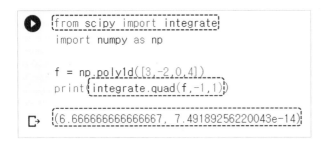

scipy 패키지 integrate 모듈의 integrate.quad() 함수는 Simpson 방법의 적분을 수행합니다. 첫 번째 인자로 np.poly1d() 함수로 생성한 방정식 객체를 넘겨주고 두 번째 인자와 세 번째 인자는 적분 구간의 시작값과 종료값을 각각 넘겨줍니다. 이 함수는 튜플(tuple)로 적분값을 반환하는데 첫 번째 요소가 적분값이고 두 번째 요소는 적분할 때의 오차입니다. np.trapz() 함수와 integrate.quad() 함수의 결과값은 6.5와 6.67로 5개 구간의 사다리꼴만 사용한 것으로 고려할 때 제법 비슷합니다.

📄 **적재적소 _ 방정식 객체와 방정식 함수**

scipy 패키지에서 np.poly1d( ) 함수로 만든 방정식 객체는 함수로 대신 만들어 사용할 수 있습니다.

```
from scipy import integrate

#f = np.poly1d([3,-2,0,4])
def f(x):
  return 3*x**3 - 2*x**2 + 4


print(integrate.quad(f,-1,1))
```

```
(6.666666666666667, 7.49189256220043e-14)
```

위의 코드조각과 같이 np.poly1d( )로 방정식을 만들어 f 방정식 객체변수에 저장하는 부분을 동일한 이름의 함수로 바꾸어 정의하고 적분을 했더니 동일한 결과가 반환되는 것을 확인할 수 있습니다. 그럼 방정식을 방정식 객체로 만드는 것과 함수로 만드는 것에는 어떤 차이가 있을까요? 방정식을 객체로 만들면 앞에서 설명했던 것과 같이 계수(coefficient)를 찾아내거나 그래프를 그리는 것들과 같이 방정식 객체 고유의 속성과 메소드를 정의하여 사용할 수 있고 함수는 방정식을 계산한 결과만 반환하게 됩니다. 일반화하여 말하면 객체는 무겁지만 기능이 많고 함수는 가볍지만 기능이 적습니다. 함수로 방정식을 만들어 사용하게 되며 위의 코드조각에서 numpy 패키지의 import가 사라진 것을 눈치채셨나요? 그리고 객체를 사용하면 객체가 제공하는 특징에 맞추어 사용할 수밖에 없지만 함수를 사용하면 객체의 한계에 국한되지 않는 기능을 만들어 사용할 수 있습니다. 예를 들면 np.poly1d( )로 만든 방정식 객체는 다항식만 지원하지만 함수로 방정식을 만들면 sin( )이나 cos( ) 같은 수학함수만이 아니라 3-4x와 같이 다항식으로는 표현할 수 없지만 Python 수식이 제공하는 모든 형태의 방정식을 만들어 사용할 수 있습니다.

Chapter 7

파일 입출력

지금까지 Python이 기본적으로 제공하는 입출력 기능으로 input() 함수를 사용하여 표준 입력으로부터 입력을 받아들이고, print() 함수를 사용하여 표준 출력으로 출력하는 기능을 사용해 보았습니다.

이번에는 파일로부터 데이터를 읽어 들이고 파일로 데이터를 출력하는 방법을 알아보겠습니다. 표준 입력인 키보드로부터 입력을 받는 것은 사람의 개입이 필요하고, 표준 출력이나 표준 오류인 화면으로 출력하는 것은 화면에 일회성으로 나타나는 출력입니다. 이에 비하여 파일로부터의 입력은 사용자의 개입이 없이 자동으로 처리할 수 있으며, 파일로 출력하면 출력된 결과가 파일에 저장되기 때문에 필요 시 반복하여 사용할 수 있습니다.

표준 입력과 표준 출력을 사용한 입출력의 경우 Python 프로그램이 실행되는 동안에 항상 입력과 출력을 할 수 있는 상태에 있기 때문에 input() 함수를 실행하면 바로 표준 입력인 키보드에서 입력하게 되고 print() 함수를 실행하면 바로 표준 출력인 화면에 출력하게 됩니다. 그러나 파일에 입출력하기 위해서는 아래와 같은 단계를 거쳐야 합니다.

- 파일에 입출력하기 위하여 파일을 여는(open) 단계
- 입력(read,읽기)하거나 출력(write)하는 단계
- 입출력을 한 후 파일을 닫는(close) 단계

7.1 파일 쓰기

파일을 열기 위한 문법은 아래와 같습니다.

파일오브젝트이름 = open(파일이름,파일열기모드)

파일은 여러 가지 모드(mode)로 열 수 있으나 기본적으로 아래의 표와 같은 세 가지 목적을 위하여 열 수 있습니다.

파일 열기 모드		설명
'r'	파일 읽기	파일이 있으면 기존 내용을 읽기(read) 위하여 열고, 파일이 없으면 오류 발생
'w'	파일 쓰기	파일이 있으면 기존 내용을 지우고, 파일이 없으면 새로 만들어 쓰기(write) 위하여 열기
'a'	파일 추가	파일이 있으면 기존 내용을 보존하고, 파일이 없으면 새로 만들어 추가(append)하여 쓰기 위하여 열기

▲ [표] 가장 기본적인 파일 열기 모드의 종류

다른 프로그래밍 언어 책들을 보면 대부분 파일 읽기를 파일 쓰기보다 먼저 설명하는데 그렇게 설명을 하면 파일을 만드는 단계를 생략한 채 만든 파일을 읽는 것부터 배우기 때문에 앞뒤가 바뀐 설명 순서라고 생각합니다. 본 도서에서는 파일 쓰기를 먼저 설명하고 파일 쓰기로 만든 파일을 가지고 파일 읽기를 설명하여 독자들의 이해를 높이도록 하겠습니다.

📋 **적재적소 _ 예외처리**

프로그램 코드를 처리하다 보면 0으로 나누거나(ZeroDivisionError), 연산 결과가 자료형이 처리할 값의 범위를 넘어서거나(OverFlowError), 허용할 수 없는 값이거나(ValueError), 읽을 파일을 찾을 수 없거나(FileNotFoundError), 파일을 읽거나 파일에 쓸 수 없는 오류가 발생하거나(IOError), 인덱스가 허용한 범위를 벗어나거나(IndexError), 딕셔너리(dict) 변수에서 존재하지 않는 키(key)를 읽으려고 하는(KeyError) 등의 예외적인 상황이 발생합니다. Python에서 예외의 이름은 zero_division_error와 같이 스네이크 표기법을 사용하지 않고 ZeroDivisionError와 같이 카멜 표기법을 사용하는데 그 이유는 예외가 클래스(class, 객체유형)로 구현되어 있기 때문입니다.

예외가 발생하면 프로그래머는 프로그램의 수행을 중단하거나 예외가 발생한 원인을 제거한 후 프로그램의 수행을 계속할 것인지 선택을 해야 하는데, 이런 예외적인 상황이 발생할 때 예외를 잡아서 처리하지 않으면 프로그램이 비정상적으로 멈추게 됩니다.

먼저 컴퓨터에 존재하지 않는 파일을 여는 예외 상황을 만들어 예외처리를 하는 방법을 알아보겠습니다.

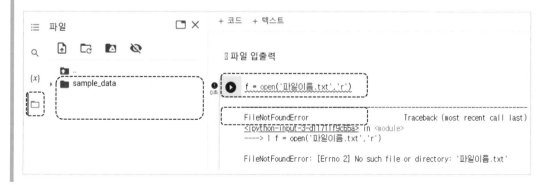

위의 코드조각과 실행화면을 보면 파일을 열기 위하여 f = open('파일 이름.txt','r')과 같이 open( ) 내장 함수에 첫 번째 인자로 파일의 이름을 문자열로 넘겨주고 두 번째 인자로 파일 열기 모드 'r'을 문자열로 넘겨주었습니다. 파일 열기 모드가 'r'로 되어 있으면 파일을 읽기 위하여 파일을 연다는 의미입니다. 그런데 파일을 열기 위하여 코드를 실행하면 읽을 파일이 없기 때문에 파일을 열다가 오류가 발생합니다. Google Colab이 사용하는 저장 공간을 화면 좌측에 있는 파일 버튼 🗀 을 클릭해 버튼 오른쪽에 나타나는 파일과 폴더 목록을 보고 확인할 수 있는데 "파일이름.txt"라는 파일을 발견할 수 없습니다.

앞의 코드조각과 실행화면에서 관심있게 보아야 할 부분은 빨간색 밑줄이 그어진 코드와 하단에 오류가 발생한 뒤에 보여 주는 빨간색 글자입니다. f = open('파일이름.txt','r')와 같이 빨간색 밑줄이 그어진 코드는 예외적인 상황 즉 오류가 발생한 곳이고, 실행화면에서 FileNotFoundError와 같이 빨간색으로 보여 주는 것이 오류 코드(error code)인데 예외 객체(exception object)라고 부릅니다. 예외적인 상황 즉 프로그램에서 오류가 발생하면 위와 같이 오류에 대한 정보를 보여 주니 참조하여 예외적인 상황을 판단하면 됩니다.

본 도서에서는 FileNotFoundError 예외가 발생하는 상황 외에도 프로그램 오류가 발생하는 화면을 보여 주며 설명해 왔는데 오류가 발생한 위치와 오류의 예외 객체 이름에 초점을 맞추어 다시 한 번 자세히 코드조각과 실행화면을 검토해 보기 바랍니다. 굳이 Python의 예외처리(exception handling) 구성도를 보지 않더라도 예외를 발생시키는 코드의 상황으로 예외에 대한 이해가 가능할 것입니다. 단, Exception 예외 객체가 모든 예외 객체들의 최상위 객체라는 것은 이해하고 있어야 합니다.

그런데 프로그램이 원하지 않는 방법으로 종료되니 당황스럽습니다. 혼자 사용하는 코드라면 크게 문제가 되지 않을 수도 있겠지만 개발하여 판매해야 할 프로그램이라면 예외적인 상황을 예측하여 그에 걸맞는 뭔가 특별한 처리를 해 주어야 합니다. 이와 같은 것을 예외처리(exception handling)를 한다고 합니다. 예외처리를 해 주기 위한 Python 문장의 전형적인 구조는 아래와 같습니다.

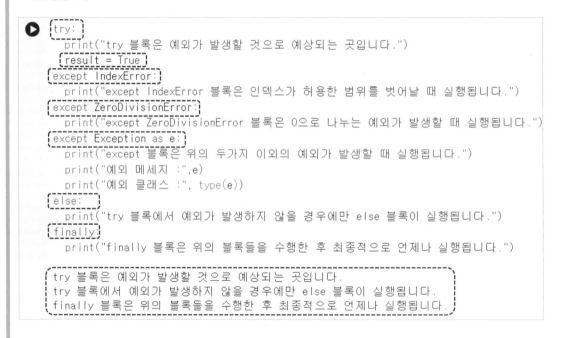

```
try:
    print("try 블록은 예외가 발생할 것으로 예상되는 곳입니다.")
    result = True
except IndexError:
    print("except IndexError 블록은 인덱스가 허용한 범위를 벗어날 때 실행됩니다.")
except ZeroDivisionError:
    print("except ZeroDivisionError 블록은 0으로 나누는 예외가 발생할 때 실행됩니다.")
except Exception as e:
    print("except 블록은 위의 두가지 이외의 예외가 발생할 때 실행됩니다.")
    print("예외 메세지 :",e)
    print("예외 클래스 :", type(e))
else:
    print("try 블록에서 예외가 발생하지 않을 경우에만 else 블록이 실행됩니다.")
finally:
    print("finally 블록은 위의 블록들을 수행한 후 최종적으로 언제나 실행됩니다.")
```

```
try 블록은 예외가 발생할 것으로 예상되는 곳입니다.
try 블록에서 예외가 발생하지 않을 경우에만 else 블록이 실행됩니다.
finally 블록은 위의 블록들을 수행한 후 최종적으로 언제나 실행됩니다.
```

위의 코드조각을 보면서 print( ) 문장을 읽어 보기 바랍니다. 그러면 코드가 스스로 설명이 가능하게 코딩(self-explanatory coding)되어 있어서 읽으며 이해가 될 것입니다. 위의 사례에서는 result 변수에 참(True)을 저장할 때에는 예외가 발생하지 않기 때문에 try 블록이 실행된 후 else 블록과 finally 블록까지 실행된 것을 알 수 있습니다.

```
try:
    print("try 블록은 예외가 발생할 것으로 예상되는 곳입니다.")
    list_variable = [1,2,3]
    result = list_variable[3]
except IndexError:
    print("except IndexError 블록은 인덱스가 허용한 범위를 벗어날 때 실행됩니다.")
except ZeroDivisionError:
    print("except ZeroDivisionError 블록은 0으로 나누는 예외가 발생할 때 실행됩니다.")
except Exception as e:
    print("except 블록은 위의 두가지 이외의 예외가 발생할 때 실행됩니다.")
    print("예외 메세지 :",e)
    print("예외 클래스 :", type(e))
else:
    print("try 블록에서 예외가 발생하지 않을 경우에만 else 블록이 실행됩니다.")
finally:
    print("finally 블록은 위의 블록들을 수행한 후 최종적으로 언제나 실행됩니다.")
```

```
try 블록은 예외가 발생할 것으로 예상되는 곳입니다.
except IndexError 블록은 인덱스가 허용한 범위를 벗어날 때 실행됩니다.
finally 블록은 위의 블록들을 수행한 후 최종적으로 언제나 실행됩니다.
```

위의 사례에서는 try 블록의 list_variable[3]이 0에서 2까지의 허용 가능한 인덱스를 벗어나 있어서 except IndexError 블록이 실행된 후 finally 블록까지 실행된 것을 알 수 있습니다.

```
try:
    print("try 블록은 예외가 발생할 것으로 예상되는 곳입니다.")
    result = 1 / 0
except IndexError:
    print("except IndexError 블록은 인덱스가 허용한 범위를 벗어날 때 실행됩니다.")
except ZeroDivisionError:
    print("except ZeroDivisionError 블록은 0으로 나누는 예외가 발생할 때 실행됩니다.")
except Exception as e:
    print("except 블록은 위의 두가지 이외의 예외가 발생할 때 실행됩니다.")
    print("예외 메세지 :",e)
    print("예외 클래스 :", type(e))
else:
    print("try 블록에서 예외가 발생하지 않을 경우에만 else 블록이 실행됩니다.")
finally:
    print("finally 블록은 위의 블록들을 수행한 후 최종적으로 언제나 실행됩니다.")
```

```
try 블록은 예외가 발생할 것으로 예상되는 곳입니다.
except ZeroDivisionError 블록은 0으로 나누는 예외가 발생할 때 실행됩니다.
finally 블록은 위의 블록들을 수행한 후 최종적으로 언제나 실행됩니다.
```

위의 사례에서는 try 블록의 1 / 0이 0으로 나누고 있어서 except ZeroDivisionError 블록이 실행된 후 finally 블록까지 실행된 것을 알 수 있습니다.

```
try:
    print("try 블록은 예외가 발생할 것으로 예상되는 곳입니다.")
    result = int("문자열")
except IndexError:
    print("except IndexError 블록은 인덱스가 허용한 범위를 벗어날 때 실행됩니다.")
except ZeroDivisionError:
    print("except ZeroDivisionError 블록은 0으로 나누는 예외가 발생할 때 실행됩니다.")
except Exception as e:
    print("except 블록은 위의 두가지 이외의 예외가 발생할 때 실행됩니다.")
    print("예외 메세지 :",e)
    print("예외 클래스 :", type(e))
else:
    print("try 블록에서 예외가 발생하지 않을 경우에만 else 블록이 실행됩니다.")
finally:
    print("finally 블록은 위의 블록들을 수행한 후 최종적으로 언제나 실행됩니다.")
```

```
try 블록은 예외가 발생할 것으로 예상되는 곳입니다.
except 블록은 위의 두가지 이외의 예외가 발생할 때 실행됩니다.
예외 메세지 : invalid literal for int() with base 10: '문자열'
예외 클래스 : <class 'ValueError'>
finally 블록은 위의 블록들을 수행한 후 최종적으로 언제나 실행됩니다.
```

위의 사례에서는 try 블록의 int("문자열")이 except 블록으로 정의되지 않은 예외를 만나서 디폴트(default,기본값) except 블록인 except Exception as e:이 실행된 후 finally 블록까지 실행된 것을 알 수 있습니다. 어떤 예외가 발생했는지 오류 메시지를 보여 주기 위하여 Exception 뒤에 as e를 추가하여 예외객체(exception object)를 받아 와서 오류 메시지를 보여 주었습니다. except 키워드 뒤에 지정한 Exception 예외객체는 프로그래머가 발생시킬 수 있는 최상위 예외 객체로 상단의 except 블록에 지정하지 않은 모든 예외를 잡아내게 됩니다. type(e)로 예외의 유형을 출력해 보니 예외 클래스(class, 객체 유형) 이름이 ValueError입니다. 필요하면 별도의 except ValueError: 블록을 추가하여 처리할 수 있습니다.

지금까지는 예외처리의 문법을 설명했는데 무척 복잡하게 느껴지지요? 하지만 걱정할 필요가 없습니다. 실제 사용하게 되는 실용적인 예들을 보면 위의 블록들을 모두 사용하지 않고 일부만 사용하게 되기 때문에 익숙해지면 크게 어렵지 않습니다.

먼저 파일을 읽기 위한 열기 작업을 하다가 발생한 예외를 처리해 보겠습니다.

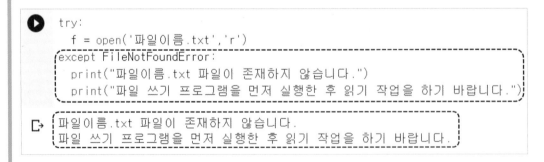

```
try:
    f = open('파일이름.txt','r')
except FileNotFoundError:
    print("파일이름.txt 파일이 존재하지 않습니다.")
    print("파일 쓰기 프로그램을 먼저 실행한 후 읽기 작업을 하기 바랍니다.")
```

```
파일이름.txt 파일이 존재하지 않습니다.
파일 쓰기 프로그램을 먼저 실행한 후 읽기 작업을 하기 바랍니다.
```

예외처리를 위한 복잡한 문법 중에서 여기서 필요한 것은 오직 FileNotFoundError 예외를 처리할 블록 하나입니다. 위의 코드조각과 같이 예외를 잡아 냄으로써 프로그램 오류를 발생시키지 않았고, 오류가 왜 발생했는지 보여 줌으로써 프로그램을 사용하는 사람이 어떤 조치를 해야 할지 알려 주었습니다. 이제 사례를 통하여 예외처리가 무엇인지 이해했을 것으로 믿습니다.

이번에는 예외처리를 설명하기에 적합한 실용적인 예를 하나 더 들어 보겠습니다.

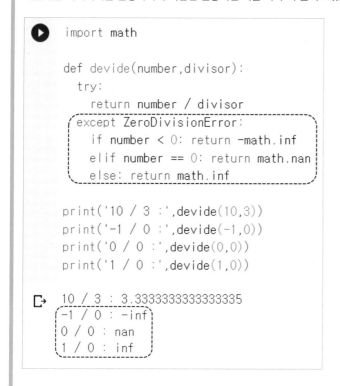

```
import math

def devide(number,divisor):
  try:
    return number / divisor
  except ZeroDivisionError:
    if number < 0: return -math.inf
    elif number == 0: return math.nan
    else: return math.inf

print('10 / 3 :',devide(10,3))
print('-1 / 0 :',devide(-1,0))
print('0 / 0 :',devide(0,0))
print('1 / 0 :',devide(1,0))
```

```
10 / 3 : 3.3333333333333335
-1 / 0 : -inf
0 / 0 : nan
1 / 0 : inf
```

위의 코드조각은 **Chapter 6 인공지능 코딩 기본기**에서 행렬을 설명할 때 **[적재적소] numpy 배열 연산과 일반적인 스칼라 연산의 차이**에서 음의 무한대(-inf)나 양의 무한대(inf)나 not a number(nan) 값을 가지게 되는 배열연산을 예외처리로 구현해 본 것입니다. if 문장으로 나눌 수가 음수이면 -inf를 0이면 nan을 양수이면 inf를 반환하고 있습니다. 아마 numpy 패키지도 위의 예외처리와 유사한 기법을 사용했을 것입니다.

파일 열기 모드를 'w'로 지정하여 파일을 열어 보겠습니다.

파일을 열기 위하여 f = open('파일이름.txt','w') 코드를 실행하면 Google Colab의 폴더 목록에 '파일이름.txt' 파일이 만들어진 것을 확인할 수 있습니다. 파일의 내용을 확인하기 위하여 파일 이름을 더블클릭합니다.

그러면 Google Colab 화면의 우측상단에 파일의 내용이 나타나는데 아직 파일에 쓰기 전이기 때문에 파일이 있는 것을 확인할 수 있습니다.

Google Colab 화면 좌측에 변수 버튼{x}을 클릭하면 현재 사용 중인 노트의 런타임 환경에 생성된 변수들을 볼 수가 있는데 f = open('파일이름.txt','w') 코드로 파일을 열어서 객체로 만들어 저장해 놓은 파일객체 TextIOWrapper 유형의 변수인 f를 발견할 수 있습니다. 그러면 파일을 열어서 만든 이 파일객체변수를 사용하여 쓰는 작업을 해 보겠습니다.

파일을 열 때 만들어진 파일객체변수의 write() 메소드를 호출하며 출력할 문자열을 인자로 넘겨주면 열린 파일에 쓰기 작업을 할 수 있습니다.

위의 코드조각과 같이 파일객체변수의 write() 메소드를 사용하여 쓰기 작업을 하는데 세 개의 문자열의 줄을 파일에 출력해 보았습니다. 쓰기 작업을 했으니 파일 이름을 더블클릭하여 저장된 내역을 확인해 봅시다.

그런데 예상했던 것과 달리 파일에는 아무런 내용도 보이지 않습니다. 그럼 파일 쓰기 작업을 다했으니 파일을 닫아 봅시다.

f.close()와 같이 파일객체변수의 close( ) 메소드를 사용하여 파일을 닫습니다. 열려진 파일객체변수를 닫는 것이기 때문에 어떤 인자도 넘겨줄 필요가 없습니다. 코드를 실행하여 파일을 닫은 후 파일 이름을 더블클릭하여 다시 저장된 내역을 확인해 봅시다.

이제 파일이름.txt 파일에 출력한 문자열들이 들어가 있는 것을 확인할 수 있습니다.

❗ 알아두기 _ 버퍼 입출력

read( ) 함수로 키보드 입력을 받을 때에는 원하는 문자열을 키보드에 입력한 후 [Enter↵]를 칠 때 지연 없이 즉시 입력이 발생합니다. print( ) 함수로 화면에 출력을 내보낼 때에는 함수가 실행되는 시점에 지연 없이 바로 출력합니다. 그러나 파일에 출력할 때에는 write( ) 메소드를 수행한다고 바로 파일에 출력하지 않고 임시 저장소인 버퍼(buffer)에 잠시 보관해 두었다가 버퍼가 꽉 차거나 버퍼를 비우는(flush) 코드를 실행하거나 파일객체변수를 닫을 때 출력합니다. 대량의 데이터를 처리할 때 성능을 향상 시키기 위한 목적으로 설계된 방식인데 이와 같은 입출력 방식을 버퍼 입출력(buffered io)이라고 합니다.

7.2 파일 내용 추가하기

파일 쓰기를 통하여 열기, 입출력 그리고 닫기로 구성된 파일 입출력 절차를 단계적으로 알아보았습니다. 이번에는 파일 열기 모드로 'a'를 사용하여 '파일이름.txt' 파일의 뒤에 내용을 추가하여 출력해 보겠습니다.

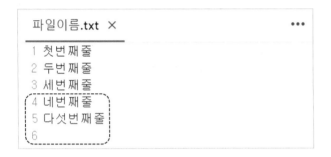

```
f = open('파일이름.txt','a')

f.write('네번째줄\n')
f.write('다섯번째줄\n')

f.close()
```

이번에는 파일의 열기, 쓰기 그리고 닫기를 하나의 스크립트로 구성하였습니다. 파일 열기 모드가 'a' 즉 파일 추가 모드로 열린 것을 제외하면 앞에서 설명한 파일 쓰기 방법과 동일합니다. 위의 코드조각을 실행한 후 파일의 내용을 확인해 봅시다. 파일을 열 때 예외처리가 빠졌는데 설명의 편의성을 위하여 의도적으로 생략합니다. 필요 시 추가하여 사용바랍니다.

```
파일이름.txt  ✕                        •••

1  첫번째줄
2  두번째줄
3  세번째줄
4  네번째줄
5  다섯번째줄
6
```

그러면 기존에 쓰기 작업으로 추가된 세 번째 줄의 뒤에 네 번째와 다섯 번째 줄이 추가되어 있는 것을 확인할 수 있습니다.

7.3   파일 읽기

이번에는 파일 열기 모드를 'r'을 사용하여 '파일이름.txt' 파일을 읽어서 화면에 출력해 보겠습니다.

열기모드가 'r'로 지정된 것 외에는 파일을 열고 닫는 코드가 앞에서 설명한 파일에 쓰거나 파일에 내용을 추가하는 부분과 동일합니다. text_data = f.read() 문장으로 읽은 내역을 변수에 저장합니다. 그리고 파일에서 읽은 문자열을 repr() 함수의 도움을 받아 출력해 보면 read() 메소드가 파일을 줄 단위로 읽지 않고 '첫 번째줄\n두 번째줄\n세 번째줄\n'과 같이 모든 파일의 내용을 한꺼번에 읽은 것을 알 수 있습니다.

```
f = open('파일이름.txt','r')

text_data = f.read()

f.close()

print(text_data)
print(repr(text_data))

첫번째줄
두번째줄
세번째줄
네번째줄
다섯번째줄

'첫번째줄\n두번째줄\n세번째줄\n네번째줄\n다섯번째줄\n'
```

그러나 파일을 write( ) 메소드로 출력할 때는 컴퓨터 메모리의 크기가 저장 공간보다 훨씬 작기 때문에 꼭 줄 단위로 출력하지 않아도 되지만, read( )로 파일을 읽을 때 파일 전체를 한꺼번에 읽으면 파일이 매우 큰 경우가 있기 때문에 컴퓨터의 메모리를 지나치게 차지하게 될 위험이 있습니다. 그래서 파일을 읽을 때 f.read(1024)와 같이 크기를 지정해서 읽을 수 있으나 텍스트 형식의 파일은 줄 단위로 읽을 필요성이 큽니다. 그래서 Python 언어는 read( ) 메소드와 함께 줄 단위로 읽을 수 있는 readline( ) 메소드를 제공합니다.

```
f = open('파일이름.txt','r')

textData = f.readline()

f.close()

print(textData)
print(repr(textData))

첫번째줄

'첫번째줄\n'
```

앞의 코드조각과 실행화면과 같이 f.read( )를 f.readline( ) 메소드로 바꾸어 호출하니 하나의 줄만 읽어서 스트링 변수에 저장하는 것을 확인할 수 있습니다. 이럴 때는 반복문을 사용하여 파일을 라인별로 파일의 내용을 다 읽을 때까지 반복하여 읽으면 되는데 for 반복문과 while 반복문 중 어떤 반복문을 사용해야 할까요? 몇 번을 반복할지 알 수 없으니 while 반복문을 사용하면 됩니다. 위의 실행화면에서 readline( ) 메소드로 읽으면 줄바꿈(\n) 문자까지 읽게 되는 것을 repr( ) 내장 함수의 도움을 받아서 확인할 수 있습니다.

왈러스 연산자(:=)라는 개념이 추가된 것을 제외하면 오른쪽의 코드는 단순합니다. readline() 메소드로 한 줄씩 읽어서 line 변수에 저장한 후 line 변수에 읽어진 값이 있을 때까지 while 반복문을 반복하여 수행합니다. 그리고 더 이상 읽을 파일의 내용이 없을 때 while 반복문을 빠져 나오며 읽기 작업을 중단하게 됩니다.

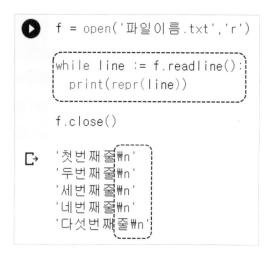

📋 적재적소 _ 왈러스 연산자

Python은 3.8 버전부터 왈러스 연산자(:=, walrus operator)를 지원합니다. while 반복문의 조건식으로 할당문을 사용할 수 없기 때문에 왈러스 연산자가 없었다면 위의 while 반복문 코드는 다음과 같이 4개의 문장으로 코드되어야 했을 것입니다.

```
line = f.readline()
while line:
 print(repr(line))
 line = f.readline()
```

왈러스 연산자(:=, walrus operator)는 while 반복문이 가지는 초기반복조건 설정과 반복조건 변경을 위한 line = f.readline() 문장이 중복되는 현상을 while line := f.readline(): 문장 하나로 해결해 줍니다.

그러나 왈러스 연산자의 연산자 우선순위가 다른 연산자들 보다 낮기 때문에 왈러스 연산을 한 후에 조건식으로 비교해야 한다면 왈러스 할당식을 괄호로 감싸 주어야 합니다. 예를 들면 while operator := get_operator() != 'q':와 같이 코딩하면 안 되고 while (operator := get_operator()) != 'q':와 같이 코딩해 주어야 합니다.

읽어 들인 문자열에서 줄바꿈(\n) 문자를 제외하고 싶으면 오른쪽의 코드조각과 같이 rstrip() 메소드를 readline() 메소드 뒤에 추가하여 사용하면 됩니다.

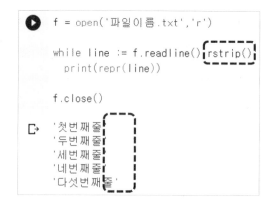

그런데 Python은 파일을 읽는 것도 정해진 횟수만큼 반복하는 것으로 보아서 for 반복문을 사용하는 길을 열어 놓았습니다. while line := f.readline(): 문장을 for line in f: 문장으로 변경했는데 코드를 보고 읽으며 직관적으로 알아차릴 수 없다는 단점이 있지만 코드가 매우 간결해졌습니다.

```
f = open('파일이름.txt','r')

for line in f:
    print(line.rstrip())

f.close()
```

```
첫번째 줄
두번째 줄
세번째 줄
네번째 줄
다섯번째 줄
```

그런데 지금까지 설명한 입출력 코드들은 읽고 쓰기를 하기 전에 파일 열기를 하지 않는다거나 읽고 쓰기를 한 후 파일 닫기를 누락시키는 등의 실수를 방지하지 못하는 약점이 있습니다. 그래서 코드를 오른쪽과 같이 수정해 보았습니다.

```
with open('파일이름.txt','w') as f:
    f.write('첫번째줄\n')
    f.write('두번째줄\n')
    f.write('세번째줄\n')

with open('파일이름.txt','r') as f:
    for line in f:
        print(line.rstrip())
```

```
첫번째 줄
두번째 줄
세번째 줄
```

파일을 여는 open() 문장은 with 문장으로 대체되었고 f 파일객체변수에 할당하는 것은 as f로 대체되었습니다. 그러면 파일을 닫는 close() 문장은 어디로 갔을까요? close() 문장은 with() 문장의 영향을 받는 들여쓰기 블록이 끝날 때 Python에 의하여 암묵적으로 처리됩니다. 이와 같은 암묵적 처리 방법은 간결성과 명시성을 동시에 가지게 됩니다. 동시에 프로그래머가 파일을 열고 닫는 코드를 누락시킬 위험도 모두 사라지게 되었습니다. with 구문은 파일을 열고 닫는 것뿐만 아니라, 객체를 생성하고 닫는 데도 사용되는 매우 안전한 코딩 기법으로 빈번히 사용되니 꼭 원리를 파악하고 숙지하기 바랍니다.

📋 적재적소 _ Google Colab 저장 장소의 휘발성

Google Colab에서 생성한 파일을 다시 사용하려고 하면 아래 그림들과 같이 파일이 사라지고 없는 경우가 발생합니다.

⚠ **[화면]** Google Colab의 파일이 사라지기 전

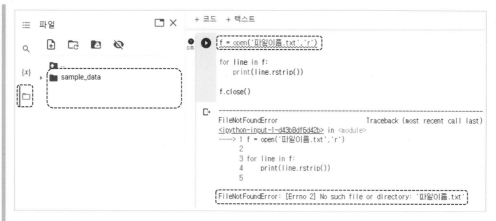

▲ [화면] Google Colab의 파일이 사라진 후

Google Colab은 클라우드 기반의 노트북 환경으로 사용자가 노트북 내에서 생성한 파일은 일반적으로 가상 머신의 로컬 디스크에 저장됩니다. 하지만 가상 머신의 로컬 디스크는 일시적인 저장 공간으로 가상 머신이 종료되면 저장된 파일도 함께 삭제됩니다. 이런 특성을 휘발성(volatility)이라고 부릅니다. Python 인터프리터는 프로그램을 종료하면 그때까지 사용하던 변수 등의 환경만 사라지는데 반하여 Google Colab이 사용하는 가상 머신은 컴퓨터 자체가 없어졌다가 생기는 것으로 서버에 저장되었던 파일도 함께 사라집니다. Google Colab에서 생성한 파일을 구글 드라이브와 연동하여 구글 드라이브에 저장하거나 Visual Studio Code를 활용하여 물리적인 컴퓨터에 저장하면 Google Colab 파일의 휘발성 문제를 해결할 수 있습니다.

▲ [화면] Google Colab의 변수들이 사라지기 전   ▲ [화면] Google Colab의 변수들이 사라진 후

Google Colab에서 코드 실행 시 만들어진 변수들도 다시 사용하려고 하면 위의 그림들과 같이 사라지고 없는 경우가 발생합니다. Google Colab의 변수들은 런타임이 허용 시간을 초과하여 끊기거나 노트를 다시 시작할 때 사라지기 때문에 파일이 사라지는 것보다 더 자주 사라집니다. 이와 같이 변수가 사라지는 문제는 노트의 코드를 다시 실행시키는 방법으로 해결할 수 있습니다. 런타임 → 모두 실행 메뉴를 클릭하면 노트의 모든 코드를 다시 실행하게 됩니다.

❗ 알아두기 _ Python 인터프리터에서 사용 중인 변수 목록 확인 방법

```
>>> a = "변수값"
>>> locals()
{'__name__': '__main__', '__doc__': None, '__package__': None, '__loader__':
 <class '_frozen_importlib.BuiltinImporter'>, '__spec__': None, '__annotatio
ns__': {}, '__builtins__': <module 'builtins' (built-in)>, 'a': '변수값'}
>>>
```

위의 코드조각과 실행화면과 같이 Python 인터프리터를 사용하다가 생성되어 사용 중인 변수들의 목록과 값을 locals( ) 함수를 호출하여 알 수 있습니다.

7.4 파일 인코딩

Python 언어에서의 기본 인코딩은 utf-8입니다. 인코딩(encoding)이라는 것은 부호화한다는 의미로 메모리에 저장하거나 파일에 저장할 때 어떻게 코드화하여 저장할 것인지를 결정합니다.

```
>>> bin(ord('a'))      # 문자 'a'의 UTF-8 이진 코드
'0b1100001'
>>> bin(ord('5'))      # 문자 '5'의 UTF-8 이진 코드
'0b110101'
>>> bin(5)             # 숫자 5의 UTF-8 이진 코드
'0b101'
>>> bin(ord('안'))     # 한글 '안'의 UTF-8 이진 코드
'0b1100010101001000'
>>>
```

utf-8 인코딩의 기본적인 원리는 위의 코드조각과 실행화면에서 보는 것과 같은데 이는 기본적으로 **[적재적소] ASCII코드와 유니코드**와 **[적재적소] ASCII코드표**에서 설명했던 것과 동일합니다. bin() 함수를 사용하면 컴퓨터에 저장되는 2진수의 형태로 보여주는데 bin은 binary의 약자입니다. 문자 'a'는 메모리에 저장할 때 1바이트를 차지하며 저장되는 2진수는 0110 0001이 되고, 문자 '5'는 마찬가지로 1바이트를 차지하며 0011 0101이 됩니다. 숫자 5는 1바이트를 차지하며 0000 0101이 되는데 이는 숫자 5를 2진수로 표현한 것과 동일합니다. 한글 '안'은 2바이트를 차지하며 저장하는 2진수는 1100 0101 0100 0010이 됩니다.

utf-8 인코딩의 기본적인 원리는 이와 같지만 인코딩 방식은 utf-8 하나만 있는 것이 아니라 매우 다양하며, 컴퓨터나 프로그램 그리고 파일의 종류마다 조금씩 다르게 적용됩니다. 그래서 파일을 읽고 쓸 때에는 인코딩이 어떻게 지정되는지 알고 있어야 합니다.

그럼 앞에서 인코딩 방식의 지정이 없이 저장했던 파일이름.txt 파일을 인코딩 방식을 Python의 기본 인코딩 방식인 utf-8로 읽어 보겠습니다.

```
with open('파일이름.txt','r', encoding='utf-8') as f:
    in_list1d_str = f.readlines()

print(in_list1d_str)
```

```
['첫번째줄\n', '두번째줄\n', '세번째줄\n']
```

파일을 읽거나 쓸 때 open() 함수의 encoding 키워드 인자에 인코딩 방식을 지정합니다. 위의 코드조각과 실행화면과 같이 utf-8로 인코딩을 지정하여 잘 읽는다는 것은 파일에 쓸 때 인코딩의 디폴트(default, 기본값)로 utf-8 인코딩 방식을 사용했다는 의미입니다.

그럼 동일한 코드를 Visual Studio Code를 사용하여 실행해 보겠습니다. 앞에서 설명한 파일 쓰기를 위한 코드조각들을 사용하여 파일이름.txt 파일을 생성한 후 다음의 코드를 실행해 보아야 합니다.

```
1  with open('파일이름.txt','r', encoding='utf-8') as f:
2      in_list1d_str = f.readlines()
3
4  print(in_list1d_str)
```

문제 출력 디버그 콘솔 **터미널** JUPYTER

```
PS C:\Users\00320811\Documents\python_coding> & C:/Users/00320811/AppData/Local/Programs/Python/Pythor
20811/Documents/python_coding/test.py
Traceback (most recent call last):
  File "c:\Users\00320811\Documents\python_coding\test.py", line 2, in <module>
    in_list1d_str = f.readlines()
  File "C:\Users\00320811\AppData\Local\Programs\Python\Python310\lib\codecs.py", line 322, in decode
    (result, consumed) = self._buffer_decode(data. self.errors, final)
UnicodeDecodeError: 'utf-8' codec can't decode byte 0xb9 in position 2: invalid start byte
PS C:\Users\00320811\Documents\python_coding> █
```

Google Colab에서 잘 동작하던 코드가 Windows 컴퓨터의 Visual Studio Code에서 실행하니 Unicode DecodeError가 발생합니다. 저장할 때 부호화 즉 인코딩(encoding)했으니 읽어 올 때는 부호화 해독 즉 디코딩(decoding)하다가 UnicodeDecodeError가 발생하는 것입니다. Windows 컴퓨터의 Visual Studio Code는 어떤 인코딩 방식으로 '파일이름.txt 파일'에 저장했을까요?

❗ **알아두기 _ 코덱**

코덱(codec)은 어떠한 데이터 스트림이나 신호에 대해 인코딩이나 디코딩 혹은 둘 다 할 수 있는 하드웨어나 소프트웨어를 일컫는 것으로 'utf-8' codec은 utf-8 변환기라고 이해하면 되며 통상 컴퓨터를 하는 사람들은 번역하지 않고 코덱이라고 부릅니다.

파일 탐색기에서 '파일이름.txt' 파일을 메모장으로 열어 보니 우측 하단에 ANSI로 인코딩했다고 나옵니다. 그럼 encoding 키워드 인자에 ANSI라고 주고 다시 읽어 보겠습니다.

```
1   with open('파일이름.txt','r', encoding='ansi') as f:
2       in_list1d_str = f.readlines()
3
4   print(in_list1d_str)
```

문제   출력   디버그 콘솔   **터미널**   JUPYTER

```
PS C:\Users\00320811\Documents\python_coding> & C:/Users/00320811/AppData/Local/Programs/Python/Python
20811/Documents/python_coding/test.py
Traceback (most recent call last):
  File "c:\Users\00320811\Documents\python_coding\test.py", line 2, in <module>
    in_list1d_str = f.readlines()
  File "C:\Users\00320811\AppData\Local\Programs\Python\Python310\lib\codecs.py", line 322, in decode
    (result, consumed) = self._buffer_decode(data, self.errors, final)
UnicodeDecodeError: 'utf-8' codec can't decode byte 0xb9 in position 2: invalid start byte
PS C:\Users\00320811\Documents\python_coding> & C:/Users/00320811/AppData/Local/Programs/Python/Python
20811/Documents/python_coding/test.py
['첫번째줄\n', '두번째줄\n', '세번째줄\n']
PS C:\Users\00320811\Documents\python_coding>
```

파일을 읽을 때 인코딩 방식을 파일을 쓸때의 인코딩 방식인 ANSI로 통일해 주었더니 잘 읽힙니다. 그래서 컴퓨터나 프로그램 간의 인코딩 방식의 문제를 발생시키지 않으려면 파일을 저장할 때 반드시 인코딩 방식을 지정하여 저장하고 읽을 때에도 동일한 인코딩 방식으로 읽어야 합니다.

그럼 자주 사용하는 인코딩 방식에는 어떤 것들이 있는지 메모장 프로그램으로 알아보겠습니다.

메모장에서 **파일 → 다른 이름으로 저장** 메뉴를 차례로 선택하면 화면 하단에 메모장이 지원하는 인코딩 방식이 나타납니다. ANSI(american national standards institute)는 미국 국가 표준 협회의 ASCII 1바이트 고정길이 인코딩 방식이고, 나머지는 UTF(unicode transformation format) 인코딩 방식인데 utf-8은

코드를 8비트씩 확장해 가는 가변길이코드로 기존의 ASCII에 해당하는 경우 8비트(1바이트)를 사용하고 한글의 경우는 8비트 더 확장한 16비트(2바이트)를 사용합니다. UTF-16은 16비트 즉 2바이트를 사용하고 부족한 경우 2바이트씩 확장해 갑니다. utf-8은 저장 공간을 효율적으로 사용하나 느리고, UTF-16은 저장 공간을 많이 차지하나 빠르다고 이해하면 되는데 한글 위주의 데이터는 UTF-16이 유리하고 영문과 한글이 혼용되는 경우는 utf-8이 유리하다고 볼 수 있습니다.

그럼 Windows 컴퓨터의 Visual Studio Code에서 utf-8 인코딩으로 저장하도록 쓰기 코딩을 수정한 후 다시 utf-8로 읽어 보겠습니다.

```
1  with open('파일이름.txt','w', encoding='utf-8') as f:
2      f.write('첫번째줄\n')
3      f.write('두번째줄\n')
4      f.write('세번째줄\n')
5
6  with open('파일이름.txt','r', encoding='utf-8') as f:
7      in_list1d_str = f.readlines()
8
9  print(in_list1d_str)
```

문제   출력   디버그 콘솔   **터미널**   JUPYTER

```
PS C:\Users\00320811\Documents\python_coding> & C:/Users/003208
20811/Documents/python_coding/test.py
['첫번째줄\n', '두번째줄\n', '세번째줄\n']
PS C:\Users\00320811\Documents\python_coding>
```

파일 쓰기 할 때와 파일 읽기 할 때의 인코딩 방식을 utf-8로 통일한 위의 코드조각은 Google Colab과 Windows 컴퓨터의 Visual Studio Code에서 모두 정상 동작하는 코드가 되었습니다. 이제 유니코드가 국제표준이 되어 가고 있으니 앞으로는 유니코드로 인코딩하여 사용하고 ANSI 인코딩은 과거에 ANSI 인코딩으로 저장된 파일의 데이터를 읽을 때에 사용합시다.

7.5 numpy 배열 입출력

numpy 배열은 파일을 읽고 쓰는 기능을 상위레벨(high level)의 함수로 제공합니다.

```
import numpy as np

out_array_matrix = np.arange(1,51).reshape(5,10)
print("out_array_matrix :\n",out_array_matrix)

np.savetxt("numpy배열.csv",out_array_matrix,fmt='%d',delimiter=',',encoding='utf-8')

in_array_matrix = np.loadtxt("numpy배열.csv",dtype='int',delimiter=",",encoding='utf-8')

print("in_array_matrix :\n",in_array_matrix)
```

```
out_array_matrix :
 [[ 1  2  3  4  5  6  7  8  9 10]
 [11 12 13 14 15 16 17 18 19 20]
 [21 22 23 24 25 26 27 28 29 30]
 [31 32 33 34 35 36 37 38 39 40]
 [41 42 43 44 45 46 47 48 49 50]]
in_array_matrix :
 [[ 1  2  3  4  5  6  7  8  9 10]
 [11 12 13 14 15 16 17 18 19 20]
 [21 22 23 24 25 26 27 28 29 30]
 [31 32 33 34 35 36 37 38 39 40]
 [41 42 43 44 45 46 47 48 49 50]]
```

numpy배열.csv ×									...
				1 to 4 of 4 entries	Filter				
1	**2**	**3**	**4**	**5**	**6**	**7**	**8**	**9**	**10**
11	12	13	14	15	16	17	18	19	20
21	22	23	24	25	26	27	28	29	30
31	32	33	34	35	36	37	38	39	40
41	42	43	44	45	46	47	48	49	50

Show 10 ⌄ per page

np.savetxt("numpy배열.csv",out_array_matrix,fmt='%d',delimiter=',',encoding='utf-8') 문장으로 파일에 저장하였습니다. 저장할 파일명인 "numpy배열.csv"을 첫 번째 인자로 넘기고, 두 번째 인자로 파일에 저장할 numpy 배열명인 out_array_matrix를 넘기고, 정수형 형식으로 저장하기 위하여 fmt(format) 키워드 인자에 %d를 넘겼는데 이것은 문자열 포맷팅에서 언급한 자료형의 앞에 백분율 기호(%)를 추가한 문법입니다. delimiter 키워드 인자는 csv 파일로 저장하기 위하여 콤마(,)를 넘기고 encoding 키워드 인자는 'utf-8'을 넘겼습니다.

in_array_matrix = np.loadtxt("numpy배열.csv",dtype='int',delimiter=",",encoding='utf-8') 문장으로 파일에 저장된 값을 읽어 왔습니다. 읽는 것은 저장하는 것과 반대로 이해하면 되는데 읽어 와서 저장할 numpy 배열 변수를 인자가 아니라 할당문으로 처리한 차이가 있고, fmt 키워드 인자 대신 dtype(data type) 키워드 인자를 사용하여 읽어 올 형식을 지정하였는데 %d 대신 'int'를 넘겨주었습니다. 같은 의미인데 문법만 다르다고 인식하면 됩니다. 저장할 파일명을 공통적으로 첫 번째 인자로 "numpy배열.csv"를 넘겼습니다.

numpy 배열을 파일에 읽고 쓸 때에 원하는 형식과 자료형을 선택하여 np.savetxt( ) 함수와 np.loadtxt( ) 함수를 호출하면 함수 내부적으로 파일의 입출력을 처리해 주기 때문에 코딩이 매우 단순합니다. 그래서 상위레벨이라는 표현을 사용한 것입니다. 모듈이나 패키지들이 제공하는 함수를 사용하다가, 모듈이나 패키지들이 제공하지 않는 기능을 구현할 때 강력한 하위레벨 함수를 사용하는 것이 적절한 함수 선택 전략이 될 것입니다.

📖 적재적소 _ 입력값 검증 II

수치로 구성된 numpy 배열을 파일에 출력하고 읽는 코드를 연속하여 해 보았습니다. 그런데 위의 코드를 보면 파일을 읽은 후에 키보드 입력 시에 수행했던 입력값 검증(input validation) 코딩이 존재하지 않습니다. 파일에 출력하는 코드를 신뢰했기 때문에 생략한 것입니다. 사람의 입력은 언제라도 실수를 할 수 있지만 테스트된 프로그램 코드가 실수를 할 가능성은 낮으니까요. 실제 업무 환경에서도 다른 프로그램 개발 시 테스트되어 이미 검증된 값이 파일로 제공되거나 신뢰할 수 있는 통신망을 통하여 데이터가 넘어왔다면 검증 작업을 생략할 수 있습니다. 입력값 검증은 실수의 여지가 적은 파일 입력보다는 실수의 여지가 큰 사용자 입력에 더욱 중요한 의미를 가집니다만 컴퓨터는 가비지가 입력되면 가비지가 출력되기 때문에(garbage in garbage out) 만약을 대비하여 입력값 검증을 생략하는 것은 매우 보수적으로 판단하여 결정하여야 합니다.

7.6 모니터링 로그 쓰기

프로그램을 개발하면서 모니터링 로그를 남기는 것은 여러 가지 이유로 중요합니다.

먼저 모니터링 로그를 통해 프로그램의 상태를 살펴볼 수 있습니다. 이런 목적을 위해 프로그램의 상태를 파악하기 위하여 중요한 변수의 내용들을 로그 파일로 저장하는 것이 좋습니다. 본 도서에서 코드조각을 예시로 보여줄 때 중간중간에 print() 함수로 변수들의 값을 출력하고 있는데 이와 유사한 목적으로 로그 파일을 사용할 수 있습니다.

다음으로는 모니터링 로그를 통해 프로그램의 실행을 추적할 수 있습니다. 이런 목적을 위해 프로그램 수행 시 프로그램의 시작이나 종료, 파일의 읽기와 쓰기 및 작업 요청 시간이나 작업 완료 시간 등 특별한 사건이 발생할 때마다 기록을 남기는 것이 좋습니다.

그 외에도 컴퓨터에 비정상적인 동작이 발생하거나 과부하가 걸리거나 하는 등의 로그를 남기면 해킹이나 비정상적인 접근 시도 등을 로그를 통하여 확인할 수 있습니다.

일반적으로 로그 파일은 텍스트 파일로 만들어지며 확장자로 .log를 가지는데 로그 파일에 모니터링 로그를 남기기 위해서 기본적으로 고려되어야 할 사항으로 다음과 같은 것들이 있습니다.

- 로그의 종류 혹은 레벨이 정의되어야 함
- 로그파일을 추가 모드로 열고 닫아야 함
- 로그에는 로그가 발생한 날짜가 출력되어야 함

그래서 위와 같은 내역들을 모두 개별 프로그래머가 고려하여 로그를 출력하는 기능을 만드는 것은 합리적이지 않습니다. 본 도서의 코드조각에 로그 파일과 유사한 목적으로 중간중간 추가되어 있는 print() 함수들도 위에서 언급한 기본적인 로그의 기능들이 고려되어 있지 않습니다.

여기에서는 기본적인 로그의 기능들이 구현된 Python이 제공하는 logging 모듈을 사용하여 로그 파일에 출력해 보겠습니다. Google Colab에서 로그파일이 생성되게 하려면 환경설정이 복잡해지기 때문에 Visual Studio Code를 사용하여 설명하겠습니다.

```python
import logging

logging.basicConfig(filename='monitoring.log',
                    encoding='utf-8',
                    format='%(asctime)s %(levelname)s %(message)s',
                    level=logging.INFO)

memoryUsage = 10
logging.debug(f'메모리 사용량 : {memoryUsage}MB')
logging.info('프로그램이 기동되었습니다.')
logging.info(repr('\t\n과 같은 특수 문자가 포함된 로그의 출력은 repr() 함수를 사용합니다.'))
logging.warning('나눗셈에 사용될 outArrayMatrix2d 배열에 0이 포함되어 있습니다.')
logging.error('나눗셈에 사용될 divisor 변수의 값이 0입니다.')
logging.critical('프로그램이 정상 종료되지 않았습니다.')
logging.info('프로그램이 종료되었습니다.')
```

logging 모듈을 사용하여 로그 파일에 로그를 출력하려면 먼저 logging.basicConfig( ) 함수를 사용하여 로그 파일을 출력하기 위한 환경을 설정해 주어야 합니다.

filename 키워드 인자로 로그 파일의 이름을 지정하고 encoding 키워드 인자로 인코딩 방식을 utf-8 로 지정하였습니다. format 키워드 인자에는 로그를 출력할 형식을 format='%(asctime)s %(levelname)s %(message)s'와 같이 넘겨주는데 %는 형식 문자열의 시작을 나타내는 접두어로 np.savetxt( ) 함수의 fmt 키워드 인자로 넘겨줄 때에도 %d와 같이 사용하고, matplolib에서 파이 차트를 그릴 때 autopct 키워드 인자에 출력할 형식을 %.1f와 같이 지정할 때에도 사용한 기호인데 C언어의 문법에서 차용되어 광범위 하게 사용되고 있습니다. 괄호 안에 있는 asctime, levelname 및 message는 logging 모듈에 정해져 있는 이름으로 각각 문자열 형태의 시간(ASCII time)과 로그 레벨과 메시지를 의미하고, 괄호 뒤의 s는 문자 열(str)로 보여 준다는 의미가 됩니다. 괄호는 f 문자열(format string)의 중괄호({})와 유사한 문법적 역할을 하는 것으로 이해할 수 있습니다. level 키워드 인자는 어떤 레벨의 로그까지 보여줄 것인가 하는 것을 결 정합니다. logging 모듈의 로그 레벨은 DEBUG, INFO, WARNING, ERROR, CRITICAL의 순서대로 심 각합니다. 위의 코드조각에서는 level을 logging.INFO로 지정했기 때문에 INFO 레벨 이상으로 심각한 INFO, WARNING, ERROR, CRITICAL 레벨의 로그를 출력하게 됩니다. 만약에 DEBUG 레벨까지 모두 보고 싶다면 logging.DEBUG를 넘겨주어야 합니다.

logging.debug( ), logging.info( ), logging.warning( ), logging.error( ), logging.critical( ) 함수를 사용 하여 로그 레벨별로 로그를 남기는 코드는 직관적이어서 설명이 필요 없을 것입니다.

💡 **생각하기 _ 기본 개념의 중요성**

logging.basicConfig( ) 함수의 format 키워드 인자에 넘겨준 형식 문자열 '%(asctime)s %(levelname)s %(message) s'을 f 문자열(format string)의 문법으로 표현해 보면 f'{asctime:s} {levelname:s} {message:s}'가 될 것입니다. 그리고 format( ) 내장 함수를 사용한다면 format(asctime,'s') + ' ' + format(levelname,'s') + ' ' + format(message,'s')와 같이 표현할 수 있을 것입니다. Python은 다양성을 추구하기 때문에 한 가지 목적을 위하여 다양한 문법을 사용하는데 문법 중심으로 학습을 하면 이런 것들이 다 달라 보이게 됩니다.

그러나 문맥 중심으로 학습을 하면 형식 문자열, 형식 문자열의 시작 기호, 변수 출력 시의 기호 그리고 자료형 정도의 기본 개 념을 이해하면 위의 세 가지 방식은 형태만 달리했을 뿐 같은 것이라는 것을 알게 됩니다. 동일한 방법으로 학습하면 Python 만이 아니라 다른 언어들도 기본 개념을 배운 후 문법은 그때그때 찾아보며 코딩할 수 있을 것입니다.

💡 **생각하기 _ 이름을 부여할 때 표기법과 관행을 반드시 준수하여야 하나?**

logging.basicConfig( ) 함수는 스네이크 표기법(snake case)을 사용하지 않고 카멜 표기법(camel case)을 사용하면서 첫 글자를 소문자로 사용하였습니다. pyautogui 패키지도 moveTo( )나 dragTo( ) 함수와 같이 카멜 표기법을 사용합니다. 이 는 Java나 C# 등의 명명 규칙의 관행을 이어받은 것으로 Python 프로그래머들이 자주 사용하는 방식은 아닙니다. 그러나 자릿수를 작게 차지하면서 이름의 가독성이 높은 방식입니다. 두 가지 표기법을 모두 수용하거나 이름이 충분히 간결한 경우 pyautogui와 같이 아무런 표기법을 사용하지 않는 것도 충분히 받아들일 수 있는 것 아닐까요?

logging.INFO, logging.WARNING, logging.ERROR, logging.CRITICAL 등의 상수들은 소문자를 사용하지 않고 대문자를 사용하였습니다. 이는 C언어에서 상수를 #define 매크로로 정의하여 사용하던 관행을 그대로 이어받은 것으로 이름이 대문자로 되어 있는 것만 보아도 상수인 것을 알 수 있는 장점이 있습니다. 그러나 math.pi는 Python의 내장 모듈에 포함되어 있어도 상수를 대문자로 표기하는 관행을 따르지 않았습니다. 때때로 사분위수를 의미하는 Q1, Q2, Q3, Q4나 IQR(interquartile range)와 같이 약자를 사용하는 것이 일반적인 경우에는 상수가 아니고 변수이지만 대문자를 그대로 변수명으로 사용하는 것이 더 가독성이 높을 때도 있습니다. 이런 프로그래머들의 관행은 프로그램 소스의 길이가 짧아지며 점점 사용하지 않는 추세를 보이고 있습니다.

그럼 프로그램을 실행하여 만들어지는 로그 파일을 확인해 보겠습니다. 프로그램 실행 후 만들어진 로그 파일은 파일 탐색기만이 아니라 Visual Studio Code 좌측의 탐색기에서 확인할 수 있습니다.

로그 파일을 확인해 보면 DEBUG 레벨의 로그를 제외한 로그들이 날짜, 로그 레벨 그리고 함수 실행 시 넘겨 준 문자열 메시지의 형태로 나타나는 것을 확인할 수 있습니다. 그럼 level 키워드 인자를 level=logging.DEBUG로 변경하고 다시 코드를 실행해 보겠습니다.

```python
import logging

logging.basicConfig(filename='monitoring.log',
                    encoding='utf-8',
                    format='%(asctime)s %(levelname)s %(message)s',
                    #level=logging.INFO)
                    level=logging.DEBUG)

memoryUsage = 10
logging.debug(f'메모리 사용량 : {memoryUsage}MB')
logging.info('프로그램이 기동되었습니다.')
logging.info(repr('\t\n과 같은 특수 문자가 포함된 로그의 출력은 repr() 함수를 사용합니다.'))
logging.warning('나눗셈에 사용될 outArrayMatrix2d 배열에 0이 포함되어 있습니다.')
logging.error('나눗셈에 사용될 divisor 변수의 값이 0입니다.')
logging.critical('프로그램이 정상 종료되지 않았습니다.')
logging.info('프로그램이 종료되었습니다.')
```

실행 후 로그 파일에 어떤 변화가 있는지 monitoring.log 파일을 다시 열어 보겠습니다.

```
≡ monitoring.log  ×
≡ monitoring.log
  1   2023-03-09 08:59:16,615 INFO 프로그램이 기동되었습니다.
  2   2023-03-09 08:59:16,615 INFO '\t\n과 같은 특수 문자가 포함된 로그의 출력은 repr() 함수를 사용합니다.'
  3   2023-03-09 08:59:16,616 WARNING 나눗셈에 사용될 outArrayMatrix2d 배열에 0이 포함되어 있습니다.
  4   2023-03-09 08:59:16,616 ERROR 나눗셈에 사용될 divisor 변수의 값이 0입니다.
  5   2023-03-09 08:59:16,616 CRITICAL 프로그램이 정상 종료되지 않았습니다.
  6   2023-03-09 08:59:16,616 INFO 프로그램이 종료되었습니다.
  7   2023-03-09 09:04:12,376 DEBUG 메모리 사용량 : 10MB
  8   2023-03-09 09:04:12,376 INFO 프로그램이 기동되었습니다.
  9   2023-03-09 09:04:12,376 INFO '\t\n과 같은 특수 문자가 포함된 로그의 출력은 repr() 함수를 사용합니다.'
 10   2023-03-09 09:04:12,376 WARNING 나눗셈에 사용될 outArrayMatrix2d 배열에 0이 포함되어 있습니다.
 11   2023-03-09 09:04:12,376 ERROR 나눗셈에 사용될 divisor 변수의 값이 0입니다.
 12   2023-03-09 09:04:12,376 CRITICAL 프로그램이 정상 종료되지 않았습니다.
 13   2023-03-09 09:04:12,376 INFO 프로그램이 종료되었습니다.
 14
```

로그 파일을 추가 모드('a')로 열지 않았어도 이전 로그들이 사라지지 않고 쌓이는 것으로 볼 수 있으며 이전에는 나오지 않았던 DEBUG 레벨의 로그도 나오는 것을 확인할 수 있습니다. 통상적으로 프로그램 개발 단계에서는 DEBUG 레벨의 로그까지 남기며, 운영 단계에서는 DEBUG 레벨을 제외한 INFO 레벨 이상의 로그를 남깁니다.

```python
 1   import logging
 2
 3   logging.basicConfig(filename='monitoring.log',
 4                       encoding='utf-8',
 5                       format='%(asctime)s %(levelname)s %(message)s',
 6                       #level=logging.INFO)
 7                       level=logging.DEBUG)
 8
 9   try:
10       result = 10 / 0
11   except Exception:
12       logging.exception('처리할 수 없는 예외가 발생하여 프로그램의 실행을 종료합니다.')
```

```
≡ monitoring.log
  1   2023-09-22 11:12:24,062 INFO 프로그램이 기동되었습니다.
  2   2023-09-22 11:12:24,062 INFO '\t\n과 같은 특수 문자가 포함된 로그의 출력은 repr() 함수를 사용합니다.'
  3   2023-09-22 11:12:24,063 WARNING 나눗셈에 사용될 out_array_matrix 배열에 0이 포함되어 있습니다.
  4   2023-09-22 11:12:24,063 ERROR 나눗셈에 사용될 divisor 변수의 값이 0입니다.
  5   2023-09-22 11:12:24,063 CRITICAL 프로그램이 정상 종료되지 않았습니다.
  6   2023-09-22 11:12:24,063 INFO 프로그램이 종료되었습니다.
  7   2023-09-22 11:19:06,621 DEBUG 메모리 사용량 : 10MB
  8   2023-09-22 11:19:06,625 INFO 프로그램이 기동되었습니다.
  9   2023-09-22 11:19:06,625 INFO '\t\n과 같은 특수 문자가 포함된 로그의 출력은 repr() 함수를 사용합니다.'
 10   2023-09-22 11:19:06,625 WARNING 나눗셈에 사용될 out_array_matrix 배열에 0이 포함되어 있습니다.
 11   2023-09-22 11:19:06,625 ERROR 나눗셈에 사용될 divisor 변수의 값이 0입니다.
 12   2023-09-22 11:19:06,625 CRITICAL 프로그램이 정상 종료되지 않았습니다.
 13   2023-09-22 11:19:06,625 INFO 프로그램이 종료되었습니다.
 14   2023-09-22 11:19:52,569 ERROR 처리할 수 없는 예외가 발생하여 프로그램의 실행을 종료합니다.
 15   Traceback (most recent call last):
 16     File "c:\Users\00320811\Documents\python_coding\test.py", line 10, in <module>
 17       result = 10 / 0
 18   ZeroDivisionError: division by zero
```

앞의 코드조각과 실행화면과 같이 logging.exception( ) 함수를 사용하면 ERROR 레벨의 로그가 자세한 예외 정보와 함께 출력되는 것을 확인할 수 있습니다.

이번에는 앞에서 테스트했던 로그 예제를 Google Colab에서 실행해 보겠습니다.

그러나 결과가 조금 이상합니다. 로그 파일이 생성되지 않았고, 실행화면을 확인하니 로깅 레벨이 logging. DEBUG로 설정되어 있음에도 불구하고 WARNING 레벨 이상의 로그만 표시되고 있습니다. 또한, 디버깅 레벨과 로그 메시지 사이에 root라는 문자열이 추가되어 나타나는데, Google Colab은 root라는 최상위 로거를 항상 화면에 출력하도록 설정되어 있어서 발생되는 현상입니다. 로거(logger)는 로그를 관리하는 관리자 객체인데 Google Colab 외의 많은 클라우드 서비스와 django와 flask를 포함한 많은 웹 프레임워크에서는 사용자가 root 최상위 로거를 직접 사용하지 않도록 통제하는 경향이 있습니다. 이러한 환경에서는 종종 서비스나 프레임워크가 제공하는 로깅 메커니즘을 활용하여 로그를 남기도록 유도됩니다.

Chapter 8
멀티미디어 데이터 표현

Chapter 7 파일 입출력에서 .txt, .tsv 및 .csv 등의 확장자를 가지는 텍스트 파일(text file)을 쓰고 읽는 방법에 대하여 설명을 하였습니다. 멀티미디어 데이터는 일반적으로 .jpg, .gif, .mp3,. mp4, .wav, .mpg 및 .mpeg 등의 확장자를 가지는 바이너리 파일(binary file)로 저장됩니다. 바이너리 파일은 컴퓨터가 표현할 수 있는 0과 1의 조합인 이진(binary) 데이터의 형태로 인코딩되어 저장되는 파일을 의미합니다. 바이너리 파일은 이미지, 음성 및 영상 등을 생성하는 전문 소프트웨어들에 의하여 만들어지기 때문에 본 도서에서 설명할 범위를 벗어납니다만 만들어진 멀티미디어 파일은 가져다 사용할 수 있어야 합니다. 특히 인공지능 알고리즘으로 멀티미디어 데이터를 학습시키기 위해서는 멀티미디어의 데이터 표현을 확실하게 이해하고 있어야 합니다. 그래서 이번 장에서는 멀티미디어 파일을 읽는 방법과 읽은 멀티미디어 데이터가 컴퓨터에 어떻게 저장되고 표현되는지 알아보도록 하겠습니다. 1차원적인 텍스트 데이터 표현과 달리 멀티미디어 데이터 표현은 1차원을 포함하여 2차원적 혹은 3차원적일 수도 있기 때문에 이해가 쉽지 않습니다. 그러나 다음 예제를 컴퓨터 입력한 후 실행시켜가며 차근차근 따라하면 자연스럽게 이해하게 될 것입니다.

8.1 회색조 이미지

tensorflow 패키지에서 제공되는 MNIST(mixed national institute of standards and technology) 데이터셋을 사용하여 회색조 이미지(gray scale image) 파일을 설명하겠습니다. MNIST 데이터셋은 0부터 9까지의 손글씨 숫자 이미지로 이루어진 회색조 이미지 데이터셋입니다. MNIST 데이터셋은 딥러닝을 학습하기 위한 기본적인 데이터셋으로 많이 사용되며 tensorflow의 예제로 자주 활용됩니다.

먼저 MNIST 데이터셋을 읽어 보겠습니다.

```
import tensorflow as tf

(number_images, numbers),(_,_) = tf.keras.datasets.mnist.load_data()

Downloading data from https://storage.googleapis.com/tensorflow/tf-ke
11490434/11490434 [==============================] - 0s 0us/step
```

MNIST 데이터셋을 읽기 위한 tf.keras.datasets.mnist.load_data() 문장을 자세히 살펴봅시다. tf와 keras와 datasets가 점(.)으로 분리된 것으로 보아 tensorflow는 상위 패키지이고 keras와 datasets가 하부 패키지이며 최하위의 mnist는 모듈이라고 이해할 수 있습니다. 그래서 기술적으로 보면 tf.keras. datasets.mnist는 MNIST 데이터셋 모듈입니다. 그러면 load_data()는 데이터셋을 읽어 오는 함수라는 것을 알 수 있습니다. 그러면 함수의 결과를 받아 오는 변수로 (number_images, numbers),(_,_)와 같이 기술하는 것은 어떻게 알 수 있을까요?

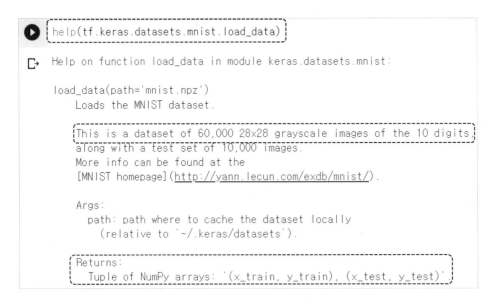

```
help(tf.keras.datasets.mnist.load_data)

Help on function load_data in module keras.datasets.mnist:

load_data(path='mnist.npz')
    Loads the MNIST dataset.

    This is a dataset of 60,000 28x28 grayscale images of the 10 digits
    along with a test set of 10,000 images.
    More info can be found at the
    [MNIST homepage](http://yann.lecun.com/exdb/mnist/).

    Args:
        path: path where to cache the dataset locally
            (relative to `~/.keras/datasets`).

    Returns:
        Tuple of NumPy arrays: `(x_train, y_train), (x_test, y_test)`
```

tf.keras.datasets.mnist.load_data() 함수에 대한 도움말에서 반환값(Returns) 부분을 봅시다. 도움말과 같이 (x_train, y_train), (x_test, y_test) 형태로 반환값을 받으면 되는데 **[적재적소] 동일한 의미를 가지는 다양한 용어들**에서 x는 머신러닝과 딥러닝의 특징에 해당하고, y는 레이블에 해당한다는 설명을 상기해 봅시다. 그렇습니다. x_train은 이미지 데이터를 학습시키기 위한 숫자 이미지이고, y_train은 그 숫자가 무엇인지 알려 주는 레이블로 이미지가 어떤 숫자인지를 알려 주는 레이블입니다. 그런데 아직 인공지능 코딩을 배우지 않은 상태에서 . x_train은 훈련에 사용할 이미지 데이터를 제공하기 때문에 number_images라는 변수 이름을 부여하고, y_train은 이미지가 어떤 숫자인지를 알려 주기 때문에 numbers라고 변수 이름을 부여하여 (number_images, numbers),(_,_)와 같이 코드를 인공지능을 모르는 사람도 알 수 있도록 변형하였습니다. 이 코드를 실행하면 number_images라는 변수에 0부터 9까지의 손글씨 숫자 이미지가 저장됩니다. x_test, y_test 데이터는 가져다 사용하지 않을 것이기 때문에 변수 이름을 기술하지 않고 **[적재적소] 패킹과 언패킹**에서 설명한 것과 같이 언더스코어(_)를 기술하여 변수에 저장하지 않게 하였습니다.

```
print('숫자 이미지 변수 number_images의 유형₩t:',type(number_images))
print('숫자 레이블 변수 numbers의 유형₩t₩t:',type(numbers))

숫자 이미지 변수 number_images의 유형    :<class 'numpy.ndarray'>
숫자 레이블 변수 numbers의 유형          :<class 'numpy.ndarray'>
```

읽어진 숫자 이미지 변수 number_images와 숫자 레이블 변수 numbers의 유형(type)을 확인해 보면 numpy 배열(array)이라는 것을 알 수 있습니다.

```
print('숫자 이미지 변수 number_images의 형상₩t:',number_images.shape)
print('숫자 레이블 변수 numbers의 형상₩t₩t:',numbers.shape)

숫자 이미지 변수 number_images의 형상    :(60000, 28, 28)
숫자 레이블 변수 numbers의 형상          :(60000,)
```

읽어진 숫자 이미지 변수 number_images와 숫자 레이블 변수 numbers의 형상(shape)을 확인해 보았습니다. number_images 변수의 형상은 (60000,28,28)로 3차원 배열인데 0번 축은 60,000의 길이를 가지고 있고, 1번 축과 2번 축은 각각 28의 길이를 가지고 있습니다. 이 정보를 'This is a dataset of 60,000 28x28 grayscale images of the 10 digits'라고 되어 있는 tf.keras.datasets.mnist.load_data() 함수에 대한 도움말과 연결해 보면 세로 28 가로 28(28x28) 크기의 회색조 이미지 60,000개를 가지고 있는 것을 알 수 있습니다. numbers 변수의 형상은 (60000,)으로 60,000개의 회색조 이미지가 어떤 숫자의 이미지인지에 대한 레이블입니다.

이미지를 읽었더니 배열로 표현된다는 것이 놀랍지 않나요? 멀티미디어 데이터를 저장할 때 어떤 형태로 인코딩(encoding)을 하여 저장하든 저장된 파일을 디코딩(decoding)하여 읽은 다음에는 numpy 배열과 같은 자료형으로 표현된다는 것을 이해하여야 합니다.

그러면 그중 첫 번째 이미지인 number_images[0]을 화면에 출력해 보겠습니다.

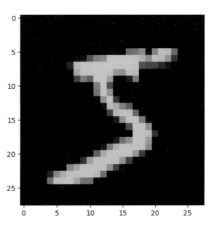

```
import matplotlib.pyplot as plt

plt.imshow(number_images[0])
plt.show()
```

plt.imshow(number_images[0]) 문장과 같이 plt.imshow( ) 함수를 사용하면 numpy 배열의 형태로 저장된 이미지를 화면에 보여 줍니다. 그런데 그런데 이미지가 너무 크고 회색조 이미지인데 컬러로 나타나니 모양이 조금 이상하고 숫자도 5처럼 보이는데 눈으로 인식하기 좀 더 명확한 숫자 이미지가 있으면 좋겠습니다.

숫자 레이블은 첫 5개를 조회해 보겠습니다.

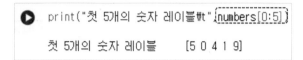

```
print("첫 5개의 숫자 레이블\t", numbers[0:5])
     첫 5개의 숫자 레이블      [5 0 4 1 9]
```

첫 이미지가 5였는데 첫 숫자 레이블이 5로 서로 일치하는 것을 알 수 있습니다. 두 번째 숫자 레이블이 0인데 이미지의 데이터 표현을 설명하기에 적절할 것 같습니다.

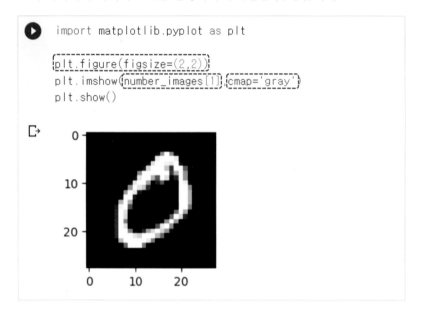

```
import matplotlib.pyplot as plt

plt.figure(figsize=(2,2))
plt.imshow(number_images[1], cmap='gray')
plt.show()
```

plt.figure(figsize=(2,2))와 같이 plt.figure( ) 함수에 figsize 키워드 인자를 넘겨주어 세로와 가로를 모두 2인치로 보여 주게 하였습니다. 여기서 figure는 그래프를 의미합니다. plt.imshow( ) 함수의 cmap(colormap, 컬러맵) 키워드 인자에 'gray'라고 넘겨주면 회색조 이미지를 보여 줍니다. 예측했던 것처럼 숫자 0에 해당하는 두 번째 이미지인 number_images[1]를 화면에 출력하니 첫 번째 이미지였던 5보다 사람이 육안으로 금방 이해할 수 있습니다.

숫자 이미지와 비교하기 위하여 숫자 이미지의 numpy 배열인 number_images[1]을 출력해 보겠습니다.

```
print(number_images[1])
```

```
[[  0   0   0   0   0   0   0   0   0   0   0   0   0   0   0   0   0   0   0
    0   0   0   0   0   0   0   0   0]
 [  0   0   0   0   0   0   0   0   0   0   0   0   0   0   0   0   0   0   0
    0   0   0   0   0   0   0   0   0]
 [  0   0   0   0   0   0   0   0   0   0   0   0   0   0   0   0   0   0   0
    0   0   0   0   0   0   0   0   0]
 [  0   0   0   0   0   0   0   0   0   0   0   0   0   0   0   0   0   0   0
    0   0   0   0   0   0   0   0   0]
 [  0   0   0   0   0   0   0   0   0   0   0   0   0   0   0  51 159 253
  159  50   0   0   0   0   0   0   0   0]
 [  0   0   0   0   0   0   0   0   0   0   0   0   0   0  48 238 252 252
  252 237   0   0   0   0   0   0   0   0]
 [  0   0   0   0   0   0   0   0   0   0   0   0   0  54 227 253 252 239
  233 252  57   6   0   0   0   0   0   0]
 [  0   0   0   0   0   0   0   0   0   0   0   0   0  10  60 224 252 253 252 202
   84 252 253 122   0   0   0   0   0   0]
 [  0   0   0   0   0   0   0   0   0   0   0   0   0 163 252 252 252 253 252 252
   96 189 253 167   0   0   0   0   0   0]
 [  0   0   0   0   0   0   0   0   0   0   0  51 238 253 253 190 114 253 228
   47  79 255 168   0   0   0   0   0   0]
 [  0   0   0   0   0   0   0   0   0   0  48 238 252 252 179  12  75 121  21
    0   0 253 243  50   0   0   0   0   0]
 [  0   0   0   0   0   0   0   0  38 165 253 233 208  84   0   0   0   0
    0   0 253 252 165   0   0   0   0   0]
```

numpy 배열을 화면에 출력하는 것은 print(number_images[1])과 같은 코드를 사용하니 쉬운데 배열의 한 행이 두 줄에 나타나니 numpy 배열 데이터를 한눈에 확인하기가 어렵습니다.

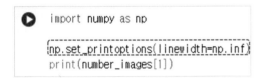

```python
import numpy as np

np.set_printoptions(linewidth=np.inf)
print(number_images[1])
```

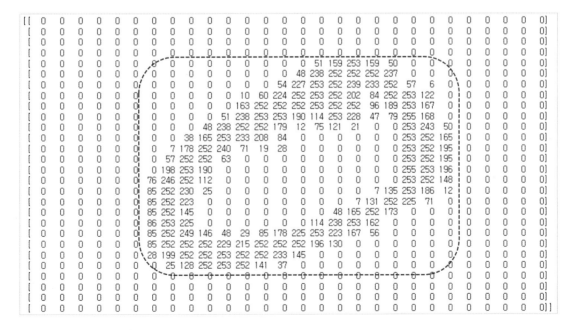

그럴 때에는 np.set_printoptions(linewidth=np.inf) 문장을 사용하여 줄너비의 제한을 없게 만듭니다. 그랬더니 실행화면에 숫자 0을 바탕으로 숫자가 0이 아닌 수치가 육안으로 인식할 수 있는 모양으로 나타나는 것을 확인할 수 있습니다. 여기서 0은 색이 없는 검정을 의미하고 255는 흰색을 의미합니다. 부호가 없는 1바이트(np.uint8 자료형)로 표현할 수 있는 최솟값이 0이고 최댓값이 255라는 것을 함께 이해하여야 합니다. 숫자가 0에 가까울수록 검은색에 가깝고 255에 가까울수록 흰색에 가까운 회색조 이미지의 전형적인 데이터의 모습입니다. 물론 파일에 저장될 때에는 인코딩되어 들어가기 때문에 육안으로 확인할 수 없고 데이터를 저장하는 소프트웨어의 도움을 받아야 볼 수 있습니다. 만약에 0에서 255까지의 값을 사용하지 않고 0과 1만으로 이미지를 표현한다면 흑백 이미지(black and white image)가 됩니다.

이제 화면에 나타난 이미지와 배열 정보를 비교해 봅시다.

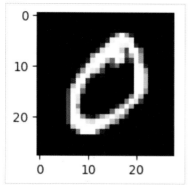
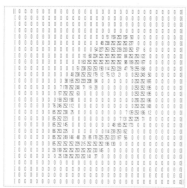

아! 이 두 그림을 대조해 보니 회색조 이미지는 그 자체가 2차원 행렬이로군요. 어떤가요? 회색조 이미지를 수치 데이터로 이해할 수 있지요? 컬러 이미지나 영상도 회색조 이미지의 확장일 뿐이니 회색조 이미지를 배열로 이해했으면 나머지도 배열로 표현할 수 있다는 것을 미루어 짐작할 수 있을 것입니다. 그리고 회색조 이미지를 나타내는 위의 2차원 행렬의 그림에서 0이라는 수치의 경계가 눈에 명확히 드러나는 것을 잘 관찰해 보기 바랍니다. 이 경계의 정보를 이용하여 이미지를 데이터로 인식하여 사용하게 됩니다. 특히 이미지 처리를 위한 딥러닝을 이해하기 위하여 중요한 시각적 인식입니다.

8.2 컬러 이미지

이번에는 컬러 이미지 파일을 읽어서 데이터가 어떻게 표현되는지 살펴보겠습니다.

Google Colab에 저장된 컬러 이미지 파일이 없으니 Windows 컴퓨터에 저장된 컬러 이미지 파일을 가져다 사용하겠습니다.

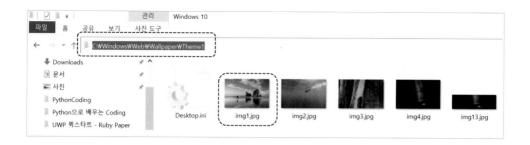

Windows 컴퓨터의 C:\Windows\Web\Wallpaper\Theme1 폴더를 찾아 가니 몇 개의 이미지 파일이 존재하는데 그중 img1.jpg 파일을 사용하겠습니다. 혹시 필자와 폴더 구조가 다른 PC를 사용하는 독자들은 필자의 구글 드라이브에 공유해 놓은 img1.jpg 파일을 사용하기 바랍니다. 공유한 링크의 이름은 https://drive.google.com/file/d/1zIu_haofwgQgzPDh3OPzvOUp8bYl7us_/view?usp=sharing 입니다. 링크의 이름이 길어 입력하기 힘드니 본 도서의 소스 코드를 제공하는 필자의 GitHub 리포지토리(repository, 저장소)에 저장된 **08_멀티미디어_데이터_처리.ipynb** 소스 코드에서 복사하여 사용하기 바랍니다.

📒 적재적소 _ 구글 드라이브에 이미지 파일 저장하기

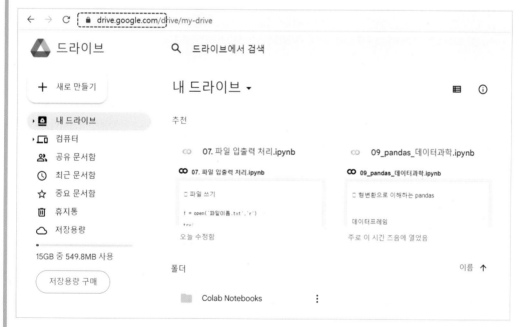

웹브라우저에서 https://drive.google.com/ 주소로 이동하면 Google Colab을 사용하기 위하여 Google 계정으로 로그인된 상태이기 때문에 별다른 인증 절차 없이 위의 화면과 같이 구글 드라이브 저장소가 나타납니다.

내 드라이브 폴더에 마우스 포인터를 놓고 마우스 우클릭 시 나타나는 팝업 메뉴에서 새 폴더 메뉴를 클릭해 images 폴더를 만듭니다.

구글 드라이브의 내 드라이브 폴더 하단에 만들어진 images 폴더에 컬러 이미지 파일을 하나 저장하기 바랍니다. 파일을 끌어다 놓거나 마우스 우클릭하여 나타나는 팝업 메뉴에서 파일 업로드를 선택하면 됩니다.

위의 화면과 같이 파일이 구글 드라이브에 업로드되면 Google Colab 화면으로 이동합니다.

📖 적재적소 _ Google Colab과 구글 드라이브 연결하기

Google Colab 화면에서 노트가 열린 상태로 파일 버튼 🗂을 클릭해 폴더 목록을 나타나게 한 후 드라이브 마운트 버튼 📷을 클릭합니다. 여기서 드라이브는 구글 드라이브를 의미하여 마운트(mount)는 장치를 컴퓨터에 연결한다는 의미의 용어입니다.

다음과 같은 팝업 화면이 나타나면 Google Drive에 연결 버튼을 클릭합니다.

Google Colab과 구글 드라이브가 정상적으로 연결되면 'drive/MyDrive/images' 폴더가 나타나고 하단에 업로드한 img1. jpg 파일이 보입니다. 하단에 위치한 number0.txt와 같은 파일들은 휘발성이 있어 주기적으로 사라지지만 구글 드라이브에 저장된 파일들은 주기적으로 삭제되지 않는 파일들입니다.

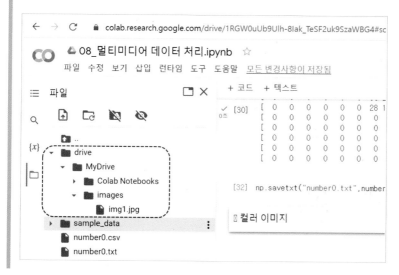

Google Colab 파일 탐색기에서 업로드 버튼 📤 을 클릭해 여러분의 컴퓨터에 저장된 파일을 Google Colab으로 가져다 사용할 수 있는데 Google Colab에 저장된 파일들은 주기적으로 삭제되니 주의하여야 합니다. 그러나 구글 드라이브에 저장된 파일들을 대상으로 작업을 할 때보다 Google Colab에 저장된 파일들을 대상으로 작업을 할 때 속도가 더 빠르기 때문에 딥러닝과 같은 대용량의 작업을 할 때에는 Google Colab에 파일을 업로드하여 사용하는 것을 고려하여야 합니다.

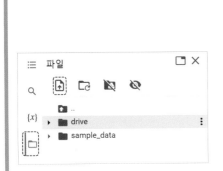 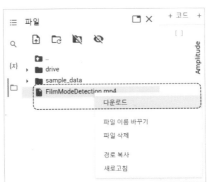

Google Colab에 저장된 파일 위에서 마우스 우클릭을 한 후 나타나는 팝업 메뉴에서 다운로드를 선택하면 여러분의 컴퓨터에 다운로드할 수 있습니다.

Pillow(PIL, Python Image Library) 패키지의 Image 객체를 import한 후 image = Image.open('drive/MyDrive/images/img1.jpg') 문장과 같이 Image.open( ) 메소드를 호출하여 이미지 파일을 읽어 온 후 회색조 이미지의 경우와 동일하게 plt.imshow( ) 함수를 사용하여 이미지를 화면에 보여 줍니다. 컬러 이미지를 보여 줄 때에는 cmap 키워드 인자의 지정이 필요하지 않습니다.

```
from PIL import Image
import matplotlib.pyplot as plt

image = Image.open('drive/MyDrive/images/img1.jpg')

plt.imshow(image)
plt.show()
```

Image.open() 이미지로 읽어 온 image 변수를 유형을 확인해 보면 PIL.JpegImagePlugin.JpegImageFile 객체입니다. numpy 배열의 형태로 보기 위해서는 np.array() 함수를 사용하여 형변환을 해 주어야 합니다. numpy 배열로 형변환된 이미지 변수의 형상(shape)을 확인하니 (1200, 1920, 3)으로 나타납니다. MNIST 숫자 회색조 이미지의 형상인 (60000,28,28)과 비교해 봅시다. MNIST 숫자 이미지는 60,000 장의 이미지였는데 이번에 읽은 컬러 이미지는 1장이어서 이미지의 개수를 표현하기 위한 차원은 필요하지 않습니다. 회색조 이미지의 경우 (28,28)의 형상으로 2차원 행렬로 표현되었는데, 컬러 이미지는 (1200,1920,3)의 형상으로 3차원 배열로 표현되는 것을 알 수 있습니다. 1200은 세로의 크기이고, 1920은 가로의 크기인 것은 쉽게 예측할 수 있는데 3은 무슨 의미일까요? 회색조 이미지를 처리하기 위해서는 회색조의 강도를 나타내는 수치 한 개만 필요했습니다. 그런데 컬러 이미지를 처리하기 위해서는 빛의 3원색인 빨간색/녹색/파란색(red/green/blue, RGB) 3가지의 값이 필요하겠지요? 그래서 마지막 형상이 3입니다.

```
import numpy as np

print('컬러 이미지 변수의 유형:\t\t',type(image))
image_array = np.array(image)
print('numpy 배열로 변환된 이미지의 형상:\t',image_array.shape)

컬러 이미지 변수의 유형:             <class 'PIL.JpegImagePlugin.JpegImageFile'>
numpy 배열로 변환된 이미지의 형상:    (1200, 1920, 3)
```

그럼 컬러 이미지에서 좌측 상단의 첫 번째 픽셀(pixel)의 색상 값을 확인해 보겠습니다.

```
print('좌측 상단 첫 픽셀의 색상\n',image_array[0][0])

좌측 상단 첫 픽셀의 색상
[ 59 130 208]
```

색상을 나타내는 리스트의 값은 왼쪽부터 RGB(Red Green Blue) 순서로 주어지는데 빨간색(R)의 강도가 59, 녹색(G)의 강도가 130, 파란색(B)의 강도가 208입니다. 이 세 가지 3원색의 색상을 섞어서 나오는 색상이 좌측 상단의 첫 번째 픽셀(pixel)의 색상이 되는 것입니다.

그럼 이번에는 첫 5개의 픽셀의 색상 값을 확인해 보겠습니다.

```
print('좌측 상단 하늘의 색상\n',image_array[0][0:5])

좌측 상단 하늘의 색상
[[ 59 130 208]
 [ 58 129 207]
 [ 57 130 207]
 [ 58 131 208]
 [ 56 132 208]]
```

좌측 상단의 하늘을 구성하는 첫 5개의 픽셀의 색상이 연속적으로 유사한 것을 볼 수 있습니다. 이 유사한 연속적인 값이 컬러 이미지에 따라 변하게 됩니다. 이번에는 해변의 갈색 바위가 나오는 부분의 5개의 픽셀의 색상을 살펴보겠습니다.

```
print('중앙의 해변 바위의 색상\n', image_array[600][1500:1505])

중앙의 해변 바위의 색상
[[206 124  24]
[199 113  28]
[200 122  48]
[184 118  42]
[188 115  46]]
```

첫 픽셀의 경우 빨간색(R)의 강도가 206, 녹색(G)의 강도가 124, 파란색(B)의 강도가 24입니다. 이어지는 4개의 픽셀의 색상도 연속적으로 유사한 것을 확인할 수 있습니다. 그러나 좌측 상단의 하늘의 색상과는 크게 다릅니다. 이와 같이 하나의 픽셀에 3개의 값이 대응되어 회색조 이미지와 같이 수치를 가시적으로 이미지와 비교하여 볼 수는 없지만 색상이 수치로 구분되어 보이는 원리는 동일합니다.

📒 적재적소 _ 픽셀

픽셀은(pixel)은 Pictures Element의 약자로 화면을 세로와 가로로 분할한 하나의 좌표점을 말하는데 우리말로 번역하면 화소가 됩니다. 좌표점마다 색상을 가지게 되며 색상이 조합되어 이미지를 형성하고 단위 화면에 픽셀이 많을수록 정밀한 화질을 보여 주게 됩니다.

📒 적재적소 _ RGB 값으로 색상 알아보기

Windows의 시작 메뉴에서 Windows 보조프로그램 폴더를 찾아 그림판 앱을 실행합니다.

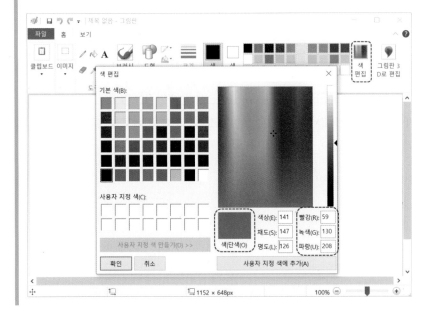

그림판 앱의 리본 메뉴 우측에서 색 편집 아이콘을 클릭하여 나타나는 색 편집 화면에서 우측 하단에 빨간색(R)과 녹색(G)과 파란색(B)의 강도를 0~255 사이의 값으로 입력하면 좌측의 색/단색 란에 입력한 3원색의 강도에 맞는 색상이 출력되는 것을 확인할 수 있습니다. 빨간색(R)에 59, 녹색(G)에 130, 파란색(B)에 208을 입력한 색상과 img1.jpg 컬러 이미지와 비교해 보니 좌측 상단의 하늘의 색상과 일치하는 것을 확인할 수 있습니다.

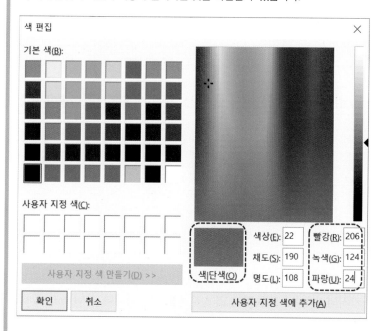

마찬가지로 빨간색(R)에 206, 녹색(G)에 124, 파란색(B)에 24를 입력한 색상과 img1.jpg 컬러 이미지와 비교해 보니 중앙의 바위의 색상과 일치하는 것을 확인할 수 있습니다.

8.3 음성

이번에는 음성 파일을 읽어서 데이터가 어떻게 표현되는지 살펴보겠습니다.

음성 파일은 필자의 구글 드라이브에 공유해 놓은 'CompletedSound.mp3' 파일을 사용합니다. 공유한 링크의 이름은 https://drive.google.com/file/d/168FXMA9NK9c68AwL4ahTcthKbeCSRYdX/view?usp=share_link입니다. 링크의 이름이 길어 입력하기 힘드니 본 도서의 소스 코드를 제공하는 필자의 GitHub 리포지토리(repository, 저장소)에 저장된 **08_멀티미디어_데이터_처리.ipynb** 소스 코드에서 복사하여 사용하기 바랍니다.

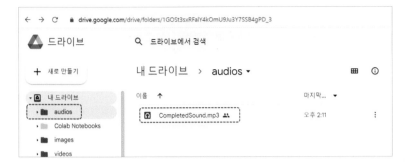

링크를 사용하여 파일을 다운로드한 후 위의 화면과 같이 구글 드라이브에 audios 폴더를 만들어 저장하기 바랍니다.

```
from IPython.display import Audio

audio = Audio('drive/MyDrive/audios/CompletedSound.mp3')

display(audio)
```

```
▶  0:00 / 0:01 ——————  🔊  ⋮
```

음성 파일을 처리하려면 IPython 패키지의 display 모듈의 Audio 객체를 사용합니다. IPython.display 모듈로부터 Audio 객체를 import한 후 audio = Audio('drive/MyDrive/audios/CompletedSound.mp3') 문장과 같이 Audio() 생성자에 음성 파일의 이름을 넘겨주면 음성 파일 객체를 반환합니다. 음성 파일 객체인 audio를 display() 함수의 도움을 받아 출력하면 하단에 음성 파일을 실행하는 앱이 나타납니다. 실행 버튼을 클릭하면 소리를 들을 수 있습니다. '띵~' 소리가 나는 아주 짧고 단순한 소리입니다.

> **❗ 알아두기 _ Jupyter Notebook 고유 기능**
>
> IPython 패키지는 Jupyter Notebook에서만 사용이 가능하고 display() 함수는 Jupyter Notebook에서 파이썬 객체를 보여 주는 내장 함수입니다. 따라서 Visual Studio Code나 Python 인터프리터를 사용하는 경우에는 호출할 수 없습니다. Visual Studio Code나 Python 인터프리터에서 음성 파일을 처리할 때에는 IPython.display 모듈과 Audio 객체 그리고 display() 함수를 사용할 수 없기 때문에 다른 패키지와 함수를 찾아 사용해야 하는데 pydub 패키지의 AudioSegment 객체와 pydub.playback 모듈의 play() 함수를 대신 사용할 수 있습니다.

```
import librosa
import librosa.display
import matplotlib.pyplot as plt

audio_array, sampling_rate = librosa.load('drive/MyDrive/audios/CompletedSound.mp3')

print('음성 데이터의 유형:',type(audio_array))
print('음성 데이터의 형상:',audio_array.shape)
print('주파수(Smapling Rate):',sampling_rate)
```

```
음성 데이터의 유형: <class 'numpy.ndarray'>
음성 데이터의 형상: (34685,)
주파수(Smapling Rate): 22050
```

이미지 파일과 달리 음성 파일은 numpy 벡터로 읽어 들일 때 음성의 진폭이나 주파수 등을 고려하여야 하기 때문에 음성을 처리하는 별도 패키지의 도움을 받아야 합니다. 위의 코드조각과 실행화면에서는 librosa 패키지를 사용하였습니다. librosa.load() 함수는 음성 파일에서 음성을 읽어 numpy 배열로 반환하면서 동시에 음성의 sampling rate를 정수의 값으로 반환해 줍니다. librosa 패키지의 sampling rate는 주파수와 유사한 개념입니다. 음성 데이터의 형상(shape)을 확인해 보면 34,685개의 원소를 가지는 1차원 numpy 배열입니다. 음성 데이터가 1차원이라는 것은 이 음성 파일이 모노(mono)라는 것을 의미합니다. 음성 파일이 스테레오(stereo)라면 2차원의 형상을 가지게 되고 돌비(dolby)라면 다차원의 형상을 가지고 됩니다. 반환된 값 중 주파수의 값을 확인해 보면 22.05KHz로 CD 품질 오디오의 주파수인 44.1kHz의 절반입니다.

일반적인 음성 데이터가 1차원 배열이니 그래프를 그려 볼 수 있습니다. 소리 데이터이니 x축은 시간이고 y축은 소리의 진폭입니다.

```python
import matplotlib.pyplot as plt
plt.plot(audio_array)
plt.xlabel('Time(s)')
plt.ylabel('Amplitude')
plt.show()
```

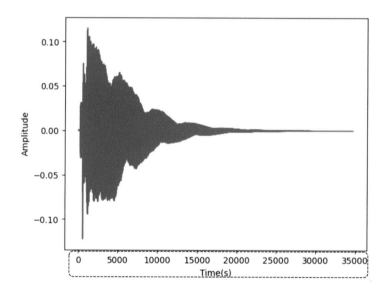

plt.plot() 함수를 호출하여 그래프를 그려 보니 띵 하는 시점에 진폭이 크게 나타나고 소리의 여운이 특정한 시간대까지 지속되는 모양을 보여 줍니다. 그런데 x축에 시간이 나타나는 형태가 음성 데이터에 순서대로 부여된 번호이어서 마음에 들지 않습니다. x축을 데이터의 발생 순서가 아니라 시간으로 변환하여 보여 주면 그래프의 이해도가 더 높아질 것입니다. 이럴 때에는 librosa.display.waveshow() 함수의 도움을 받으면 됩니다.

```
import matplotlib.pyplot as plt
librosa.display.waveshow(audio_array, sr=sampling_rate)
plt.xlabel('Time(s)')
plt.ylabel('Amplitude')
plt.show()
```

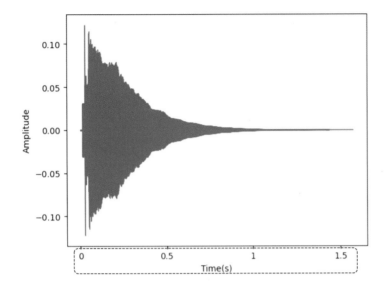

librosa.display.waveshow() 함수의 첫 번째 인자로 numpy 배열로 변환된 음성 데이터를 넘겨주고 두 번째 인자로 sampling rate를 넘겨주면 x축을 일종의 주파수가 고려된 시간으로 변환하여 볼 수 있습니다.

8.4 영상

이번에는 영상 파일을 읽어서 데이터가 어떻게 표현되는지 살펴보겠습니다.

영상은 필자의 구글 드라이브에 공유해 놓은 FilmModeDetection.mp4 파일을 사용합니다. 공유한 링크의 이름은 https://drive.google.com/file/d/1D7GNnD8DesW4O0wHBu5aZlWLW2y9ZF4P/view?usp=sharing입니다. 이 링크의 이름도 길어서 입력하기 힘드니 본 도서의 소스 코드를 제공하는 필자의 GitHub 리포지토리(repository, 저장소)에 저장된 **08_멀티미디어_데이터_처리.ipynb** 소스 코드에서 복사하여 사용하기 바랍니다.

링크를 사용하여 파일을 다운로드한 후 위의 화면과 같이 구글 드라이브에 videos 폴더를 만들어 저장하기 바랍니다.

```python
import cv2
from google.colab.patches import cv2_imshow

video_capture = cv2.VideoCapture('drive/MyDrive/videos/FilmModeDetection.mp4')

return_code, frame = video_capture.read()
#cv2.imshow('Frame', frame)
cv2_imshow(frame)
```

영상 파일은 엄밀하게 말하면 여러 장의 이미지를 모아서 음성 파일과 동기화시켜 놓은 것으로 이해할 수 있는데 OpenCV(cv2, computer vision 2) 패키지를 사용하면 영상 파일을 읽어 영상을 구성하는 한 장한 장의 단위 이미지 즉 프레임(frame)별로 처리할 수 있습니다. video_capture = cv2.VideoCapture ('drive/MyDrive/videos/FilmModeDetection.mp4') 문장과 같이 cv2.VideoCapture( ) 생성자로 영상 파

일을 읽는데 저장되는 형태는 영상 객체가 아니라 영상의 단위 이미지를 화면 캡처한 형태의 이미지들의 집합입니다. 영상 파일을 읽어 변수로 저장한 후 return_code, frame = video_capture.read()와 같이 읽으면 이미지의 읽는 작업이 성공했는지의 반환코드값(return_code)과 영상의 프레임(frame) 하나를 반환해 줍니다. 그 후 cv2_imshow(frame) 함수를 호출하여 영상의 프레임 하나를 화면에 출력합니다. cv2_imshow() 함수는 cv2.imshow() 함수를 Google Colab에서 사용할 수 있도록 수정한 함수인데 Google Colab에서는 cv2.imshow() 함수가 정상 동작하지 않기 때문에 대신 cv2_imshow() 함수를 사용해야 합니다. 그러면 위의 실행화면과 같이 이미지 한 장 즉 영상 파일의 첫 번째 프레임 이미지가 출력됩니다.

그러면 영상의 첫 프레임(frame) 이미지의 형상(shape)과 데이터 표현을 확인해 봅시다.

프레임 이미지로 반환된 frame 변수의 자료형이 ndarray로 video_capture.read() 함수가 첫 번째 이미지 프레임을 읽어 numpy 배열(array)로 변환하여 반환한 것을 알 수 있습니다. frame 변수의 형상(shape)을 확인하니 (480,720,3)과 같이 나타나는데 컬러 이미지의 형상 (1200,1920,3)과 비교해 보면 480은 세로의 길이이고, 720은 가로의 길이이고 그리고 3은 색상의 수를 의미하는 것을 알 수 있습니다. 다만 cv2 패키지가 처리하는 영상 프레임의 경우 색상의 순서가 RGB가 아니라 BGR이라는 것에 주의하여야 합니다. 결국 컬러 이미지의 데이터 표현과 영상 프레임 이미지의 데이터 표현은 색상의 표현 형식에 차이가 있으나 개념적으로 동일한 것입니다. 영상의 데이터 표현은 이러한 프레임의 데이터 표현을 반복하여 가지게 됩니다.

```
print('frame의 자료유형:\t',type(frame))
print('첫 frame 이미지의 형상:\t',frame.shape)
print('이미지 우측 하단 잔디의 색상\n',frame[-1][-1:-6:-1])

frame의 자료유형:     <class 'numpy.ndarray'>
첫 frame 이미지의 형상: (480, 720, 3)
이미지 우측 하단 잔디의 색상
 [[27 91 49]
 [27 91 49]
 [27 91 49]
 [27 91 49]
 [23 87 45]]
```

첫 프레임 이미지의 마지막 픽셀의 경우 파란색(B)의 강도가 27, 녹색(G)의 강도가 91, 파란색(R)의 강도가 49로 녹색에 가까우며 앞쪽으로 이어지는 4개의 픽셀의 색상도 연속적으로 유사한 것을 확인할 수 있습니다.

이번에는 전체 동영상을 읽어 형상을 확인해 보겠습니다.

```
import numpy as np
import cv2
from google.colab.patches import cv2_imshow

video_capture = cv2.VideoCapture('drive/MyDrive/videos/FilmModeDetection.mp4')

frames = []

while True:
    return_code, frame = video_capture.read()
    if not return_code: break
    frames.append(frame)

video_array = np.array(frames)

print('전체 동영상의 형상 :',video_array.shape)

video_capture.release()

전체 동영상의 형상 : (168, 480, 720, 3)
```

video_capture.read( ) 함수의 반환코드(return_code)가 참(True)이면 프레임 하나를 읽는 작업에 성공했다는 의미이고 거짓(False)이면 프레임을 모두 읽은 뒤에 더 읽을 프레임 이미지가 없다는 의미입니다. 이와 같은 패턴은 파일을 읽을 때와 유사합니다. 그러면 위의 코드조각이 이해가 됩니다. frames =[ ] 문장으로 빈 리스트를 만든 후 프레임을 읽어서 frames.append(frame) 문장으로 빈 리스트에 읽은 프레임을 모두 추가하는 로직입니다. frames를 리스트로 만들었기 때문에 np.array( ) 형변환 함수를 통하여 numpy 배열로 변환하고 형상을 출력해 보았습니다. 그랬더니 2차원에서 4차원까지의 형상은 프레임 한장의 형상과 동일하며 1차원의 형상이 168이 나오는데 동영상을 구성하는 전체 이미지의 수가 168장이라는 것을 의미합니다.

📋 적재적소 _ cv2 패키지의 색상 지정 순서

일반적으로 프로그래밍 언어들은 RGB의 순서로 색상을 관리하는데 cv2 패키지는 색상을 BGR의 순서로 관리하기 때문에 파랑과 빨강의 순서가 뒤집어져 있는 것에 유의하여야 합니다.

```
import cv2
import matplotlib.pyplot as plt

image = cv2.imread('drive/MyDrive/images/img1.jpg')

plt.imshow(image)
plt.show()
```

위의 코드조각과 실행화면을 보면 컬러 이미지에서 예를 든 img1.jpg 이미지를 cv2 패키지의 imread( ) 함수를 사용하여 읽어서 plt.show( ) 함수로 출력하면 컬러가 아주 이상하게 나타나는데 사유가 cv2는 BGR의 순서로 색상을 관리하는데 matplotlib은 RGB로 관리하기 때문입니다.

```
import cv2
import matplotlib.pyplot as plt

image = cv2.imread('drive/MyDrive/images/img1.jpg')
image = cv2.cvtColor(image,cv2.COLOR_BGR2RGB)

plt.imshow(image)
plt.show()
```

만약 cv2에서 사용하는 이미지를 다른 프로그래밍 언어나 다른 패키지에서 사용하려면 image_rgb = cv2.cvtColor(image_bgr, cv2.COLOR_BGR2RGB)와 같은 문장으로 RGB 형식 이미지로 변환해 주어야 하고 RGB 순서로 되어 있는 이미지를 cv2에서 가져다 사용하려면 'image_bgr = cv2.cvtColor(image_rgb, cv2.COLOR_RGB2BGR'와 같은 문장으로 BGR 형식 이미지로 변환해 주어야 합니다. 물론 cv2 패키지로 읽어 cv2 패키지로 처리하면 이미지 데이터의 변환 작업이 필요하지 않습니다.

> **! 알아두기 _ Jupyter Notebook에서 영상 실행**
>
> ```python
> from IPython.display import HTML
> from base64 import b64encode
> import io
>
> video_file = io.open('drive/MyDrive/videos/FilmModeDetection.mp4', 'rb').read()
>
> video_data = "data:video/mp4;base64," + b64encode(video_file).decode()
> html_tag = "<video controls alt='Sample video' src='{0}' style='max-height: 300px;'></video>".format(video_data)
>
> HTML(html_tag)
> ```
>
>

위와 같은 코드조각을 사용하면 Jupyter Notebook에서 위의 실행화면에서 영상의 좌측 하단에 있는 플레이 버튼▶을 클릭해 영상을 실행할 수 있습니다. HTML을 활용한 웹 프로그래밍은 본 도서의 범위를 벗어나니 위의 코드조각에 대한 설명을 생략합니다. 기술적인 내용을 몰라도 변수의 이름을 의미있게 만들어 놓았으니 코드의 흐름을 이해하는 것에는 무리가 없을 것입니다.

🗂 적재적소 _ 채널

컬러 이미지는 빨간색, 녹색, 파란색 (RGB)으로 나누어 데이터를 관리합니다. 이때 빨간색, 녹색, 파란색은 각각 채널이 되며 컬러 이미지는 3개의 채널을 가지게 됩니다. 회색조 이미지는 하나의 채널만을 가지며, 음성의 경우 모노는 하나의 채널, 스테레오는 두 개의 채널, 돌비와 같은 서라운드 사운드는 여러 개의 채널(n채널)을 가집니다. 영상은 연속적인 이미지 프레임과 오디오 트랙을 포함하며, 이미지 프레임은 여러 채널(RGB 등)을, 오디오는 모노, 스테레오, 또는 서라운드 채널을 가질 수 있습니다.

Chapter 9

pandas 데이터 분석

pandas는 벡터(vector) 형태의 1차원 객체인 시리즈(Series)와 행렬(matrix) 형태의 2차원 객체인 데이터 프레임(DataFrame)을 제공합니다. pandas의 패널(panel) 데이터 구조는 3차원 데이터를 지원하긴 하지만, 현재는 주로 사용되지 않습니다. 대신, 시리즈와 데이터프레임이 매우 폭넓게 활용되며, 이들은 리스트와 numpy 배열과 유사한 기능을 제공하면서도 데이터 정렬, 집계, 변환, 시각화 등 데이터 분석을 위한 특화된 기능들을 풍부하게 제공합니다.

📂 적재적소 _ 오픈 소스

Python은 오픈 소스(open source) 제품으로 다양한 기능을 다양한 공급자로부터 제공받고 있습니다. 여러 패키지들이 비슷한 기능을 제공하고 있지만 유사하면서도 차이가 있습니다. 예를 들어 시각화 도구로 matplotlib, plotly 및 seaborn 등이 있고, 웹 프레임워크로 django와 flask가 있고, 데이터를 분석하기 위한 리스트, numpy 배열 및 pandas의 시리즈와 데이터프레임 등이 유사하면서도 조금씩 차이를 보입니다. 그래서 이러한 기능들을 효과적으로 조합하고 활용하기 위해서는 각각의 특징과 변환 방법을 잘 이해하고 있어야 합니다.

9.1 형변환으로 이해하는 pandas

복잡하고 고도화된 자료구조를 이해하는 쉬운 방법은 단순한 자료구조로 혹은 이미 알고 있는 자료구조로 형변환(cast, type conversion)해 보는 것입니다. 이렇게 함으로써 기존에 알고 있던 지식을 쉽게 확장하여 이해할 수 있습니다.

데이터프레임

pandas 데이터프레임(DataFrame)을 먼저 알아보겠습니다.

먼저 numpy 배열로 정의한 array2d 변수를 pandas 데이터프레임으로 변환해 보았습니다. 다음의 실행 화면을 보니 numpy 배열과 pandas 데이터프레임은 거의 동일해 보입니다. 다만 왼쪽에 0부터 1까지 행의 인덱스가 붙어 있고, 상단에 0부터 4까지 열의 인덱스가 붙어 있는데, 출력되는 형태로 보아 pandas 데이터프레임은 행과 열의 인덱스를 명시적으로 관리하는 2차원 배열처럼 보입니다.

```
import numpy as np
import pandas as pd

array2d = np.array([[100,90,95,100,80],[95,95,90,100,85]])
print('numpy 배열\n',array2d)

pandas_dataframe = pd.DataFrame(array2d)
print('pandas 데이터프레임 from numpy 배열\n',pandas_dataframe)

numpy 배열
 [[100  90  95 100  80]
 [ 95  95  90 100  85]]
pandas 데이터프레임 from numpy 배열
     0   1   2    3   4
0  100  90  95  100  80
1   95  95  90  100  85
```

이번에는 딕셔너리(dict) 자료형으로 정의한 dict_var 변수를 pandas 데이터프레임으로 변환해 보았습니다. 키(key)에 과목을 넣었고, 값(value)에 성적의 리스트를 넣었습니다. 직관적으로 과목마다 두 번의 시험 성적이 들어가 있다고 이해할 수 있을 것입니다. 이것을 pandas 데이터프레임으로 형변환하여 출력하니 numpy 배열을 형변환한 것과 유사한 형태의 2차원 데이터가 출력됩니다. 그리고 왼쪽에 행의 인덱스가 나오는 것은 numpy 배열을 형변환했을 때와 동일합니다. 그런데 상단의 열의 인덱스에 dict_var의 키가 타이틀의 형태로 나타납니다. padas 데이터프레임의 열 인덱스는 수치만이 아니라 딕셔너리의 키와 같은 타이틀의 형태로도 관리가 되고 있습니다.

```
import pandas as pd

dict_var = {'국어':[100,95],'영어':[90,95],'수학':[95,90],'사탐':[100,100],'과탐':[80,85]}
print('dict:',dict_var)

pandas_dataframe = pd.DataFrame(dict_var)
print('pandas 데이터프레임 from dict\n',pandas_dataframe)

dict: {'국어': [100, 95], '영어': [90, 95], '수학': [95, 90], '사탐': [100, 100], '과탐': [80, 85]}
pandas 데이터프레임 from dict
    국어  영어  수학   사탐  과탐
0  100  90  95  100  80
1   95  95  90  100  85
```

알고 있는 자료형들과 형변환해 보면서 이해할 수 있는 것처럼 pandas 데이터프레임은 딕셔너리(dict)의 키(key)처럼 관리되는 열의 인덱스와 numpy 배열의 인덱스와 유사하지만 명시적으로 관리되는 행의 인덱스를 가진 2차원 배열로 이해할 수 있습니다. pandas 데이터프레임의 행과 열의 인덱스는 데이터를 효과적으로 관리하면서 행과 열에 접근할 수 있는 강력한 도구로 사용됩니다.

그런데 pandas 데이터프레임도 numpy 배열과 같이 모두 같은 자료형만 처리될까요? 아니면 리스트나 딕셔너리처럼 다양한 자료형을 처리할 수 있을까요?

```python
import numpy as np
import pandas as pd

dict_var = {'이름':['홍길동','강감찬'],'국어':[100,95],'영어':[90,95]}

pandas_dataframe = pd.DataFrame(dict_var)
print('pandas 데이터프레임\n',pandas_dataframe)
print('이름',pandas_dataframe['이름'][0],'의 자료형:\t',type(pandas_dataframe['이름'][0]))
print('성적',pandas_dataframe['국어'][0],'의 자료형:\t',type(pandas_dataframe['국어'][0]))

pandas 데이터프레임
    이름   국어  영어
0  홍길동  100  90
1  강감찬   95  95
이름 홍길동 의 자료형:     <class 'str'>
성적 100 의 자료형:     <class 'numpy.int64'>
```

딕셔너리(dict) 변수를 정의할 때 ['홍길동','강감찬']과 같이 값의 리스트로 사람의 이름을 추가하였습니다. 그 후 pandas의 데이터프레임으로 형변환을 하니 이름은 문자열로 성적은 숫자로 저장됩니다. 구성요소의 자료형을 확인해 보니 이름은 문자열(str) 자료형으로 성적은 numpy.int64 정수 자료형으로 저장되는 것을 알 수 있습니다. numpy.int64라는 자료형의 이름을 보고 pandas가 내부적으로 numpy 패키지를 사용한다는 것도 알게 되었습니다. 결과적으로 numpy 배열은 문자열과 숫자와 같이 서로 다른 자료형을 동시에 관리할 수 없지만 pandas 데이터프레임은 문자열은 문자열로 처리하고 숫자는 숫자로 처리할 수 있습니다.

그리고 위에서 눈여겨볼 문법 중의 하나가 pandas_dataframe['이름'][0]과 같은 요소를 조회하는데 사용되는 인덱싱 방식인데 numpy 배열이 행 인덱스가 먼저 나오는데 반하여 pandas 데이터프레임은 열 인덱스가 먼저 나옵니다. 이와 같은 몇 가지 차이점을 제외하면 요소를 인덱싱하는 원리가 리스트 혹은 numpy 배열의 경우와 동일합니다.

리스트에 대한 이해는 numpy 배열에 대한 이해를 촉진하며 numpy 배열에 대한 이해는 또한 pandas 데이터프레임에 대한 이해를 촉진합니다. numpy 배열(array)을 설명할 때 리스트(list)와 함께 설명한 이유이기도 한데 이미 한 번 상세하게 설명했기 때문에 여기에서는 유사점은 간단히 언급하고 차이점을 중심으로 설명합니다.

📋 적재적소 _ numpy 배열과 pandas 데이터프레임

데이터의 구조와 사용법이 유사한 numpy 배열과 pandas 데이터프레임은 약간 다른 용도로 사용됩니다. 일반적으로 벡터 연산, 행렬 연산 등의 수치 연산과 관련된 작업에서는 numpy 배열이 더 적합하고, 필터링, 정렬, 그룹화, 병합, 결측치 처리, 이상치 처리 등 데이터 조작 및 분석 작업에서는 pandas 데이터프레임이 더 적합합니다.

시리즈

이번에는 pandas 시리즈(Series)를 알아보겠습니다.

```
print('pandas 데이터프레임\n',pandas_dataframe)
print('pandas 열시리즈/열벡터')
print(pandas_dataframe['이름'])
print(pandas_dataframe['국어'])

pandas 데이터프레임
      이름   국어   영어
0   홍길동   100   90
1   강감찬    95   95
pandas 열시리즈/열벡터
0   홍길동
1   강감찬
Name: 이름, dtype: object
0   100
1    95
Name: 국어, dtype: int64
```

pandas 데이터프레임의 특정한 열을 조회해 보려면 pandas_dataframe['이름']과 같이 대괄호([ ]) 안에 열의 이름을 문자열로 지정합니다. 이는 딕셔너리(dict) 자료형에서 키를 사용하여 요소를 조회해 보던 방법과 동일합니다. 열을 print( ) 내장 함수로 출력하면 타이틀 형태로 된 열 인덱스(열 이름, column name)와 요소의 자료형까지 함께 보여 줍니다.

```
print(type(pandas_dataframe['이름']))
print(type(pandas_dataframe['국어']))

<class 'pandas.core.series.Series'>
<class 'pandas.core.series.Series'>
```

pandas 데이터프레임의 열을 type( ) 내장 함수를 사용하여 자료형을 확인해 보면 시리즈(Series)인 것을 알 수 있습니다. 이와 같이 pandas의 시리즈는 1차원 numpy 배열 혹은 1차원 리스트 등과 같은 벡터에 해당합니다. 그런데 리스트와 numpy 배열은 벡터를 별도의 자료형으로 구분하지 않는데 pandas 패키지는 데이터프레임과 시리즈를 명시적으로 구분합니다.

pandas 데이터프레임의 열은 딕셔너리(dict)를 조회하는 방법으로 간단히 조회해 보았는데 행은 어떻게 조회해 보아야 할까요? 우선 numpy 배열에서 사용했던 방법을 시도해 봅시다.

```
print('pandas 데이터프레임\n',pandas_dataframe)
print('pandas 행시리즈/행벡터')
print(pandas_dataframe[:,0])
print(pandas_dataframe[:,1])

pandas 데이터프레임
      이름   국어   영어
0   홍길동   100   90
1   강감찬    95   95
pandas 행시리즈/행벡터
----------------------------------------------------------
TypeError                              Traceback (most recent call last)
```

안타깝게도 numpy 배열에서 특정 행 전체를 볼 때 사용했던 슬라이싱 문법을 pandas 데이터프레임에 적용했더니 오류가 발생합니다. 우리를 힘들게 하는 대목입니다.

```
print('pandas 데이터프레임\n',pandas_dataframe)
print('pandas 행시리즈/행벡터')
print(pandas_dataframe.iloc[0])
print(pandas_dataframe.iloc[1])

pandas 데이터프레임
      이름    국어    영어
0   홍길동   100    90
1   강감찬    95    95
pandas 행시리즈/행벡터
이름    홍길동
국어    100
영어     90
Name: 0, dtype: object
이름    강감찬
국어     95
영어     95
Name: 1, dtype: object
```

pandas 데이터프레임의 특정한 행을 조회해 보려면 pandas_dataframe.iloc[0] 문장과 같이 iloc 메소드의 도움을 받아야 합니다. 위의 실행화면을 보면 행 데이터의 좌측에 국어나 영어와 같은 열 인덱스(열 이름, column name)가 출력되고 하단에 0과 1 같은 행 인덱스(행 이름, row name)가 Name: 타이틀 우측에 출력됩니다. 그 외의 문법과 실행화면은 특정한 열을 조회한 경우와 같습니다.

```
print(type(pandas_dataframe.iloc[0]))
print(type(pandas_dataframe.iloc[1]))

<class 'pandas.core.series.Series'>
<class 'pandas.core.series.Series'>
```

pandas 데이터프레임의 행을 type() 내장 함수를 사용하여 자료형을 확인해 보면 열의 경우와 동일하게 시리즈(Series)인 것을 알 수 있습니다.

pandas 시리즈는 numpy 배열 벡터와 유사한 방법으로 생성할 수 있습니다.

```
import pandas as pd
import numpy as np

kor_scores = pd.Series([100,95])
eng_scores = pd.Series([90,95])
random_series = pd.Series(np.random.randn(2))

print('국어성적\n',kor_scores)
print('영어성적\n',eng_scores)
print('난수시리즈\n',random_series)
```

```
국어성적
 0    100
 1     95
dtype: int64
영어성적
 0     90
 1     95
dtype: int64
난수시리즈
 0    0.104545
 1    0.702444
dtype: float64
```

np.array( ) 함수를 사용하여 numpy 배열을 생성하듯이 pd.Series( ) 함수를 사용하면 pandas 시리즈를 만들 수 있습니다. 시리즈를 묶어 데이터프레임을 만들 수도 있습니다.

```
pandas_dataframe = pd.DataFrame({'국어':kor_scores,'영어':eng_scores})
print('pandas 데이터프레임\n',pandas_dataframe)

pandas 데이터프레임
    국어  영어
0  100  90
1   95  95
```

시리즈를 데이터프레임으로 만드는 방법은 딕셔너리(dict)를 데이터프레임으로 만드는 방법과 동일합니다. pd.DataFrame({'국어':kor_scores,'영어':eng_scores}) 문장과 같이 딕셔너리의 값(value)으로 리스트(list)나 numpy 배열(array) 대신 시리즈(Series)가 들어가면 됩니다.

📋 적재적소 _ 형변환 함수와 생성자 함수

pd.DataFrame( ) 함수와 pd.Series( ) 함수의 이름이 대문자로 시작하는 것에 주목하기 바랍니다. int( ), float( ), str( ) 및 np.array( ) 등의 일부 예외를 제외하고 객체를 만드는 함수의 이름은 대문자로 시작합니다. 이는 클래스(class, 객체 유형)의 이름이 대문자로 시작하는 규칙과 동일합니다. 이러한 클래스는 객체를 생성하며, 생성자(constructor)라고 부릅니다. 기술적으로 생성자는 객체를 생성하는 역할을 하며, 형변환 함수는 자료형을 바꾸어 주는 역할을 합니다. 그러나 응용 프로그래머의 관점에서 생성자와 형변환 함수는 명확히 구분되지 않을 수 있습니다. 정수(int), 실수(float), 문자열(str) 및 배열(array) 등의 자료형도 일종의 객체이기 때문입니다.

Chapter 9 pandas 데이터 분석 341

9.2 리스트/numpy 배열과 공통 기능

현재 시중에서는 numpy와 pandas에 관한 별도의 깊이 있는 책이 출판되어 있을 만큼 공부할 양이 방대합니다. 그러나 이전에 알고 있는 지식을 확장하는 방법을 사용하면 공부할 양을 줄일 수 있으며 생각보다 쉽게 정복해 갈 수 있습니다. 리스트와 numpy 배열에서 얻은 지식을 출발점으로 삼아 pandas까지 확장하여 이해해 봅시다. 문법(syntax)에 집중하지 말고 의미(semantics)에 집중하기 바랍니다.

형상 확인

총 6회의 성적을 가지고 있는 데이터프레임을 예로 들겠습니다.

```
import pandas as pd

pandas_dataframe = pd.DataFrame({'국어':[100,95,80,95,90,85],
                                 '영어':[90,95,100,70,75,100],
                                 '수학':[50,60,70,80,90,100],
                                 '과탐':[100,90,80,70,60,50],
                                 '사탐':[99,88,77,66,55,44]})
print('pandas 데이터프레임\n',pandas_dataframe)

pandas 데이터프레임
    국어   영어   수학  과탐  사탐
0  100   90   50  100  99
1   95   95   60   90  88
2   80  100   70   80  77
3   95   70   80   70  66
4   90   75   90   60  55
5   85  100  100   50  44
```

pandas 패키지는 size 및 shape 등의 형상(shape) 정보를 pandas 객체의 속성으로 제공합니다. 그러나 pandas 패키지의 함수로는 제공하지 않습니다.

```
print('pandas 데이터프레임의 크기:',pandas_dataframe.size)
print('pandas 데이터프레임의 형상:',pandas_dataframe.shape)
print('pandas 데이터프레임의 형상:',pd.shape(pandas_dataframe))

pandas 데이터프레임의 크기: 30
pandas 데이터프레임의 형상: (6, 5)
---------------------------------------------------------------------------
AttributeError                            Traceback (most recent call last)
<ipython-input-31-6bb765017c0d> in <cell line: 3>()
      1 print('pandas 데이터프레임의 크기:',pandas_dataframe.size)
      2 print('pandas 데이터프레임의 형상:',pandas_dataframe.shape)
----> 3 print('pandas 데이터프레임의 형상:',pd.shape(pandas_dataframe))

/usr/local/lib/python3.10/dist-packages/pandas/__init__.py in __getattr__(name)
    262             return _SparseArray
    263
--> 264     raise AttributeError(f"module 'pandas' has no attribute '{name}'")
    265
    266

AttributeError: module 'pandas' has no attribute 'shape'
```

pandas_dataframe.info() 문장과 같이 pandas 객체의 info() 메소드를 사용하면 numpy 배열과 같은 형상이 아닌 pandas 데이터프레임다운 형상 정보를 받아볼 수 있습니다. 출력된 정보를 읽어 보니 클래스(class, 객체유형)의 이름은 pandas.core.frame.DataFrame이고, 행 인덱스는 RangeIndex 객체로 0에서 5까지 6개의 값이 있고, 열 인덱스는 데이터 컬럼(data column)이라고도 부르는데 총 5개의 컬럼이고, 각각의 컬럼들이 비어 있지 않은(non null) 값을 6개를 가지고 있고, 각각의 컬럼들의 자료형(dtype)은 int64 정수형이고, 그리고 메모리 사용량이 368 바이트(bytes)입니다.

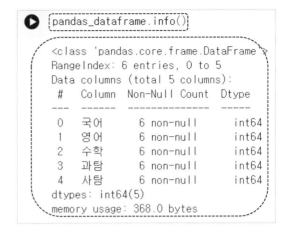

```
pandas_dataframe.info()

<class 'pandas.core.frame.DataFrame'>
RangeIndex: 6 entries, 0 to 5
Data columns (total 5 columns):
 #   Column  Non-Null Count  Dtype
---  ------  --------------  -----
 0   국어       6 non-null      int64
 1   영어       6 non-null      int64
 2   수학       6 non-null      int64
 3   과탐       6 non-null      int64
 4   사탐       6 non-null      int64
dtypes: int64(5)
memory usage: 368.0 bytes
```

pandas_dataframe['국어'].info() 문장과 같이 pandas 객체의 info() 메소드를 사용하면 pandas 시리즈의 형상 정보도 받아 볼 수 있습니다.

```
pandas_dataframe['국어'].info()

<class 'pandas.core.series.Series'>
RangeIndex: 6 entries, 0 to 5
Series name: 국어
Non-Null Count  Dtype
--------------  -----
6 non-null      int64
dtypes: int64(1)
memory usage: 176.0 bytes
```

pandas 시리즈 객체의 value_counts() 메소드를 사용하면 구성 요소의 값들이 각각 몇 개가 들어 있는지 확인할 수 있는데 데이터의 내용을 요약해 볼 수 있는 아주 유용한 기능입니다.

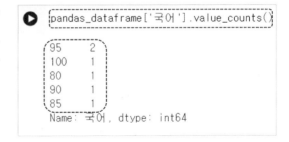

```
pandas_dataframe['국어'].value_counts()

95      2
100     1
80      1
90      1
85      1
Name: 국어, dtype: int64
```

조회

```
print("열 첫 요소 :", pandas_dataframe['국어'][0], pandas_dataframe['영어'][0])
#print("열 마지막 요소 :", pandas_dataframe['국어'][-1], pandas_dataframe['영어'][-1])
print("국어 열 3~5번째 요소 :₩n", pandas_dataframe['국어'][2:5])
print("영어 열 1~5번째 요소 :₩n", pandas_dataframe['영어'][:5])
print("국어 열 5번째~마지막 요소 :₩n", pandas_dataframe['국어'][4:])
print("영어 열 2~5번째 요소 중 짝수번째 요소 :₩n", pandas_dataframe['영어'][1:5:2])
#print("국어 열 마지막에서 2~5번째 요소 중 짝수번째 요소 :₩n", pandas_dataframe['국어'][-2:-5:-2])
print("영어 열 전체 요소 중 홀수번째 요소 :₩n", pandas_dataframe['영어'][::2])
```

위의 코드조각은 numpy 배열의 조회를 설명하기 위하여 사용했던 코드 패턴을 pandas의 시리즈에 적용해 본 것입니다. 주석으로 처리된 음수 인덱스를 사용하지 못하는 것을 제외하면 numpy 배열을 조회하는 방법과 동일합니다.

📋 **적재적소 _ numpy 배열의 인덱스와 pandas 데이터프레임과 시리즈의 이름의 차이**

numpy_array[1][2]와 같은 numpy 배열의 요소를 조회하는 표현에서 1과 2는 인덱스(index) 즉 오프셋(offset, 기준점으로부터 떨어진 거리)이라고 했습니다. 그래서 -1을 사용하면 뒤에서부터의 상대적 위치인 오프셋으로 인식하게 되어 마지막 요소로 인식하게 되는 것입니다. 그러나 pandas_dataframe['국어'][1]과 같은 표현에서 '국어'와 1은 상대적 위치가 아니라 이름(name)입니다. 이해를 실감나게 하기 위하여 pandas_dataframe을 전치해 보겠습니다.

```
print(pandas_dataframe.T)

       0    1    2    3    4    5
국어   100   95   80   95   90   85
영어    90   95  100   70   75  100
수학    50   60   70   80   90  100
과탐   100   90   80   70   60   50
사탐    99   88   77   66   55   44
```

numpy 배열의 경우와 같이 pendas 데이터프레임의 T 속성을 사용하여 쉽게 전치할 수 있습니다. 위의 실행화면에서 전치된 뒤의 행과 열의 인덱스를 자세히 보기 바랍니다. 인덱스보다 이름에 가깝다고 느껴질 것입니다. 아무튼 '국어'는 열 이름(column name, 컬럼 이름)이고 1은 행 이름(row name, 로우 이름)인데 전치하면 '국어'가 행 이름이 되고 1이 열 이름이 됩니다. 관행적으로 행 이름은 인덱스라고 부르고, 열 이름은 컬럼이라고 부릅니다. 이름을 레이블(label)이라고 부르기도 하는데 무엇이라고 부르든 행과 열 인덱스 혹은 이름의 본질은 동일합니다. 아무튼 pandas 패키지의 인덱스는 엄밀하게 말하면 인덱스가 아니고 이름이기 때문에 -1과 같은 상대적 위치를 사용할 수 없는 것입니다.

[적재적소] numpy 배열의 인덱스와 pandas 데이터프레임과 시리즈의 이름의 차이에서 설명한 사유에 의하여 오프셋 형태의 인덱스를 사용하여 데이터프레임과 시리즈를 조회하는 방법을 알고 있어야 하는데 그것이 iloc 메소드입니다. 위의 코드조각에서 주석 처리했던 부분을 iloc 속성을 사용하여 수정해 보겠습니다.

```
print("열 마지막 요소 :",
      pandas_dataframe['국어'].iloc[-1], pandas_dataframe['영어'].iloc[-1])
print("국어 열 마지막에서 2~5번째 요소 중 짝수번째 요소 :\n",
      pandas_dataframe['국어'].iloc[-2:-5:-2])

열 마지막 요소 : 85 100
국어 열 마지막에서 2~5번째 요소 중 짝수번째 요소 :
 4    90
 2    80
Name: 국어, dtype: int64
```

대괄호([]) 연산자 앞에 .iloc 메소드를 추가하니 numpy 배열과 같이 음수를 사용하여 요소의 마지막부터 오프셋 인덱스를 사용한 요소의 조회가 가능해집니다. iloc 메소드는 pandas 패키지의 이름(name)이나 레이블(label)이 아니라 numpy 패키지에서와 같이 오프셋 인덱스(index)를 사용하기 때문에 이런 동작이 가능한 것이며 pandas_dataframe.iloc[1,4])와 같이 콤마(,)를 사용한 튜플 인덱스(tuple index) 형식도 지원하는 것입니다. 이런 방법을 정수 위치 인덱싱(integer-location indexing) 혹은 위치 기반 인덱싱(position based indexing)이라고 부릅니다.

pandas의 행 이름이 아니라 오프셋 인덱스를 지원하는 iloc 메소드를 사용하여 행벡터, 아니 행시리즈들을 조회하는 코드를 작성해 보면 아래와 같습니다.

```
print("2~4행 시리즈 :\n", pandas_dataframe.iloc[1:4])
print("마지막행 시리즈 :\n", pandas_dataframe.iloc[-1])

2~4행 시리즈 :
     국어    영어   수학   과탐   사탐
1    95    95   60   90   88
2    80   100   70   80   77
3    95    70   80   70   66
마지막행 시리즈 :
국어      85
영어     100
수학     100
과탐      50
사탐      44
Name: 5, dtype: int64
```

위의 코드조각과 실행화면에서 볼 수 있는 것과 같이 데이터프레임 객체변수의 iloc 메소드를 사용하면 행시리즈를 슬라이싱 기법을 적용하여 조회할 수 있습니다.

그러면 열시리즈도 열의 이름(name)이 아니라 열의 상대적 위치인 오프셋(offset, 기준점으로부터 떨어진 거리)을 사용하여 조회해 봅시다.

열시리즈도 행시리즈의 경우와 같이 데이터프레임 객체변수의 iloc 메소드를 사용하면 numpy 행렬에서 열벡터를 조회하는 것과 동일한 방법으로 조회할 수 있습니다.

```
print("2~4열 시리즈 :\n", pandas_dataframe.iloc[:,1:4])
print("마지막열 시리즈 :\n", pandas_dataframe.iloc[:,-1])

2~4열 시리즈 :
      영어    수학   과탐
0     90    50  100
1     95    60   90
2    100    70   80
3     70    80   70
4     75    90   60
5    100   100   50
마지막열 시리즈 :
0    99
1    88
2    77
3    66
4    55
5    44
Name: 사탐, dtype: int64
```

이번에는 행시리즈들과 열시리즈들이 겹치는 구성요소들을 조회해 보겠습니다. 마찬가지로 numpy 배열과의 유사점은 슬라이싱 기법이고, numpy 배열과의 차이점은 iloc 메소드를 사용이라는 것만 이해하면 쉽게 이해가 됩니다.

```
print("2~3행([1:3,)과 2~4열(,1:4) 교차 슬라이싱 :\n",
      pandas_dataframe.iloc[1:3,1:4])

2~3행([1:3,)과 2~4열(,1:4) 교차 슬라이싱 :
     영어   수학   과탐
1    95   60   90
2   100   70   80
```

📋 **적재적소 _ iloc 메소드와 loc 메소드의 차이**

pandas_dataframe['국어'][0] 문장을 보면 열이 앞에 나오고 행이 뒤에 나오는데 pandas_dataframe.iloc[1:3,1:4]) 문장을 보면 행이 앞에 나오고 열이 뒤에 나온다는 것을 눈치채셨나요?

```
print("pandas_dataframe['사탐'][2]    :",pandas_dataframe['사탐'][2])
print("pandas_dataframe.loc[2]['사탐']:",pandas_dataframe.loc[2]['사탐'])
print("pandas_dataframe.loc[2,'사탐']  :",pandas_dataframe.loc[2,'사탐'])

pandas_dataframe['사탐'][2]    : 77
pandas_dataframe.loc[2]['사탐'] : 77
pandas_dataframe.loc[2,'사탐']  : 77
```

loc 메소드를 사용하면 pandas_dataframe.loc[2]['사탐'] 문장과 같이 행과 열의 순서로 조회할 수 있으며, pandas_dataframe.loc[2,'사탐'] 문장과 같이 튜플 인덱스(tuple index) 형식을 사용한 조회가 가능합니다. 이런 방법을 레이블 기반 인덱싱(label based indexing)이라고 부르는데 위치 기반 인덱싱을 사용하는 iloc 메소드와 달리 −1과 같은 오프셋 인덱스를 사용한 조회는 할 수 없습니다. loc는 location의 약자이고 iloc는 interger location의 약자입니다.

pandas 데이터프레임에서는 열 이름을 이용하여 특정한 열들을 매우 쉽게 조회할 수 있습니다.

```
print("국어,수학 및 사탐 열 조회\n",pandas_dataframe[['국어','수학','사탐']])

국어,수학 및 사탐 열 조회
     국어   수학   사탐
0   100   50   99
1    95   60   88
2    80   70   77
3    95   80   66
4    90   90   55
5    85  100   44
```

pandas_dataframe[['국어','수학','사탐']] 문장과 같이 열 이름으로 리스트를 넘겨주면 원하는 열들만 발췌하여 조회할 수 있습니다. pandas 패키지에 적용되는 일종의 팬시 인덱싱(fancy indexing) 기법입니다.

```
print("수학 열을 시리즈로 조회\n", pandas_dataframe['수학'])
print(type(pandas_dataframe['수학']))
print("수학 열을 데이터프레임으로 조회\n", pandas_dataframe[['수학']])
print(type(pandas_dataframe[['수학']]))

수학 열을 시리즈로 조회
 0     50
 1     60
 2     70
 3     80
 4     90
 5    100
Name: 수학, dtype: int64
<class 'pandas.core.series.Series'>
수학 열을 데이터프레임으로 조회
    수학
 0   50
 1   60
 2   70
 3   80
 4   90
 5  100
<class 'pandas.core.frame.DataFrame'>
```

데이터프레임에서 pandas_dataframe[['국어','수학','사탐']]과 같이 여러 개의 열을 조회하면 부분 데이터프레임으로 조회가 되고, pandas_dataframe['수학'] 문장과 같이 하나의 열을 조회하면 기본적으로 시리즈로 조회됩니다. 만약에 하나의 열을 조회하면서 데이터프레임으로 조회하고 싶다면 pandas_dataframe[['수학']] 문장과 같이 요소가 1개인 컬럼 이름의 리스트를 넘겨주어야 합니다. 이런 원리는 행에도 동일하게 적용되는데 인공지능과 관련한 코딩을 하다 보면 종종 시리즈를 입력으로 받지 않고 데이터프레임만 입력으로 받는 경우가 있으니 기억하고 있어야 합니다.

이번에는 pandas 패키지에 적용되는 일종의 불리언 인덱싱(boolean indexing) 기법을 사용해 보겠습니다.

pandas_dataframe[pandas_dataframe['영어'] == 100] 문장과 같이 불리언 조건식에 열 이름을 사용하면 특정한 열의 조건에 맞는 행들을 조회할 수 있습니다. 여기서는 조건식이 pandas_dataframe['영어'] == 100이었으니 영어가 100점인 행들만 조회됩니다.

```
print("영어 성적이 100점인 행들\n", pandas_dataframe[pandas_dataframe['영어'] == 100])

영어 성적이 100점인 행들
    국어   영어   수학  과탐  사탐
 2  80  100   70  80  77
 5  85  100  100  50  44
```

데이터프레임만이 아니라 시리즈에도 불리언 인덱싱(boolean indexing)이 적용되기 때문에 pandas_dataframe['영어'][pandas_dataframe['영어'] >= 80] 문장으로 같은 조건식에 맞는 열들을 조회해 볼 수 있습니다. 여기서는 성적이 80점 이상인 영어 시험의 요소만 조회해 보았습니다.

```
print('성적이 80점 이상인 영어 열의 요소:\n',
    pandas_dataframe['영어'][pandas_dataframe['영어'] >= 80])

성적이 80점 이상인 영어 열의 요소:
 0     90
 1     95
 2    100
 5    100
Name: 영어, dtype: int64
```

수정

numpy 배열의 경우와 같이 pandas 데이터프레임과 시리즈의 수정은 조회하는 문법 그대로 할당 연산자 (=)의 좌측에 변수처럼 지정하고 우측에 할당할 값을 지정하면 됩니다.

삭제

pandas 시리즈의 경우 pandas_series = pandas_series.drop(3) 문장과 같이 삭제할 요소의 인덱스 이름을 drop() 메소드에 전달하여 삭제합니다. 다음의 실행화면을 보면 삭제된 뒤에 인덱스 이름(name)인 3이 사라진 것을 확인할 수 있습니다. pandas의 인덱스는 numpy 배열과 달리 오프셋(offset, 기준점으로부터 떨어진 거리)이 아니라 일종의 레이블(label)이어서 레이블과 데이터가 함께 삭제된 것입니다. drop() 메소드는 객체에 직접 변경을 가하지 않기 때문에 삭제한 내역을 반복하여 사용하려면 변수에 다시 할당을 해 주어야 합니다.

```
import pandas as pd

pandas_series = pd.Series([1,2,3,4,5])
print('삭제전:\n',pandas_series)
pandas_series = pandas_series.drop(3)
print('삭제후:\n',pandas_series)

삭제전:
 0    1
 1    2
 2    3
 3    4
 4    5
dtype: int64
삭제후:
 0    1
 1    2
 2    3
 4    5
dtype: int64
```

요소를 삭제한 후 pandas_series.loc[3] 문장과 같이 레이블 기반 인덱싱(label based indexing)을 하는 경우 삭제된 요소를 출력하려고 하면 numpy 배열의 경우는 요소가 삭제된 후 인덱스가 재조정된 요소가 출력되는데 pandas에서는 요소가 삭제되고 없기 때문에 KeyError가 발생합니다.

그러나 print(pandas_series.iloc[3]) 문장과 같이 정수 위치 인덱싱(integer-location indexing)을 하는 경우 numpy 배열과 같이 오프셋(offset, 기준점으로부터 떨어진 거리)이 3인 즉 4번째 요소의 값을 조회해 5가 나옵니다.

pandas_series = pandas_series.drop([0,1]) 문장과 같이 삭제할 요소들의 이름 리스트를 넘겨주면 리스트에 포함된 모든 요소들을 삭제합니다.

```
print('삭제전:\n',pandas_series)
pandas_series = pandas_series.drop([0,1])
print('삭제후:\n',pandas_series)

삭제전:
0    1
1    2
2    3
4    5
dtype: int64
삭제후:
2    3
4    5
dtype: int64
```

pandas 데이터프레임의 경우에도 시리즈의 경우와 같이 행이나 열을 삭제하려면 drop() 메소드를 사용합니다. df = df.drop(2) 문장과 같이 개별 행의 인덱스 이름을 넘겨주면 개별 행을 삭제하고, df = df.drop([4,5]) 문장과 같이 개별 행의 인덱스 이름의 리스트를 넘겨주면 리스트에 포함된 모든 행을 삭제합니다. pandas_dataframe이라는 용어에 익숙해졌다고 판단하여 변수의 이름을 df라는 이름으로 단축하여 사용하였습니다. pandas를 사용하는 대부분의 프로그래머들이 관행적으로 사용하는 데이터프레임 변수의 이름입니다.

```
import pandas as pd

df = pd.DataFrame({'국어':[100,95,80,95,90,85],
                   '영어':[90,95,100,70,75,100],
                   '수학':[50,60,70,80,90,100]})
print('삭제전\n',df)
df = df.drop(2)
df = df.drop([4,5])
print('삭제후\n',df)

삭제전
     국어   영어   수학
0   100   90   50
1    95   95   60
2    80  100   70
3    95   70   80
4    90   75   90
5    85  100  100
삭제후
     국어   영어   수학
0   100   90   50
1    95   95   60
3    95   70   80
```

df = df.drop('국어',axis=1) 문장이나 df = df.drop(['국어','영어'],axis=1) 문장과 같이 drop() 메소드의 axis 키워드 인자에 1을 넘겨주면 pandas 데이터프레임의 열을 삭제할 수 있습니다.

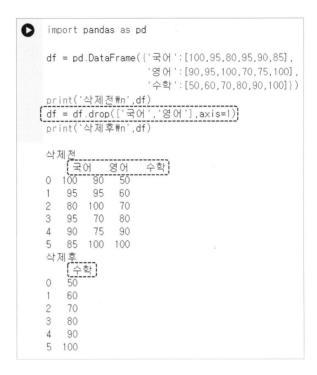

```
import pandas as pd

df = pd.DataFrame({'국어':[100,95,80,95,90,85],
                   '영어':[90,95,100,70,75,100],
                   '수학':[50,60,70,80,90,100]})
print('삭제전\n',df)
df = df.drop(['국어','영어'],axis=1)
print('삭제후\n',df)
```

```
삭제전
    국어   영어   수학
0  100   90   50
1   95   95   60
2   80  100   70
3   95   70   80
4   90   75   90
5   85  100  100
삭제후
    수학
0   50
1   60
2   70
3   80
4   90
5  100
```

추가

pendas의 시리즈에 값을 추가할 때에는 pandas_series[3] = 4 문장이나 pandas_series.loc[9] = 10 문장과 같이 비어 있는 인덱스 이름을 찾아 값을 저장하면 됩니다. pandas 시리즈와 데이터프레임의 인덱스 이름이 마치 딕셔너리(dict)의 키(key)와 같이 동작합니다. 그런데 인덱스 이름을 지정하며 시리즈를 추가하는 기능은 자주 사용하지 않습니다.

```
import pandas as pd

pandas_series = pd.Series([1,2,3])
print('추가전:\n',pandas_series)
pandas_series[3] = 4
pandas_series.loc[9] = 10
print('추가후:\n',pandas_series)
```

```
추가전:
 0    1
 1    2
 2    3
 dtype: int64
추가후:
 0    1
 1    2
 2    3
 3    4
 9   10
 dtype: int64
```

이와 같은 원리를 이해했다면 오른쪽의 코드조각과 실행화면과 같이 데이터프레임의 열과 행을 추가하는 코드를 쉽게 만들어 볼 수 있습니다. 그런데 오른쪽의 코드조각과 실행화면에서 볼 수 있는 것과 같이 열을 추가하는 기능은 자주 사용하지만 인덱스 이름을 지정하며 행을 추가하는 기능은 자주 사용하지 않습니다.

```python
import pandas as pd

df = pd.DataFrame({'국어':[100,95,80,95,90],
                   '영어':[90,95,100,70,75],
                   '수학':[50,60,70,80,90]})
print('추가전\n',df)
df['과탐'] = [100,90,80,70,60]    # 열 추가
df.loc[5] = [99,99,99,99]         # 행 추가
print('추가후\n',df)

추가전
     국어   영어   수학
0   100   90   50
1    95   95   60
2    80  100   70
3    95   70   80
4    90   75   90
추가후
     국어   영어   수학   과탐
0   100   90   50  100
1    95   95   60   90
2    80  100   70   80
3    95   70   80   70
4    90   75   90   60
5    99   99   99   99
```

matplotlib 그래프 그리기

pandas 시리즈(Series)가 일종의 벡터(vector)라는 것을 이해하면 **Chapter 6 인공지능 코딩 기본기**의 matplotlib 그래프 그리기에서 언급한 기법들을 대부분 적용할 수 있습니다.

plt.scatter(df['korean'],df['english']) 문장과 같이 x축에 df['korean'] 시리즈를 인자로 넘기고, y축에 df['english'] 시리즈를 지정하면 리스트나 numpy 배열로 벡터를 만들어 그래프를 그리는 것과 동일한 방법으로 그래프를 그리게 됩니다. 다른 그래프들도 동일한 원리로 동작합니다.

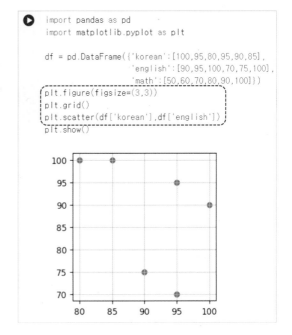

```python
import pandas as pd
import matplotlib.pyplot as plt

df = pd.DataFrame({'korean':[100,95,80,95,90,85],
                   'english':[90,95,100,70,75,100],
                   'math':[50,60,70,80,90,100]})
plt.figure(figsize=(3,3))
plt.grid()
plt.scatter(df['korean'],df['english'])
plt.show()
```

df.plot() 메소드를 사용하면 df.plot('korean', 'english', kind='scatter', grid=True, figsize=(3,3)) 문장과 같이 열 이름을 사용하여 그래프를 그릴 수 있습니다. plt.figure(figsize=(3,3)) 문장과 plt.grid() 문장과 같이 함수의 호출로 그래프의 옵션을 결정하는 방식이 figsize와 grid 키워드 인자를 사용하는 것과 같은 방식으로 간편해졌습니다. plt.scatter(df['korean'],df['english']) 문장과 같이 df['korean']

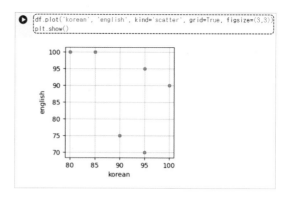

과 같은 형식이 'korean'과 같이 단순해지는 이유는 df.plot() 메소드가 객체에 종속된 메소드로 이미 df 객체를 알고 있기 때문입니다.

반면에 plt.scatter() 함수는 패키지에 포함된 함수로 df 객체를 모르니 df['korean']과 같은 형식으로 값을 넘겨주어야 하는 것입니다. 그리고 df.plot() 메소드에 kind='scatter' 인자를 넘겨주어 산점도를 그렸는데 kind 키워드 인자에는 'scatter' 외에 기본값으로 'line'(선 그래프), 'bar'(막대 그래프), 'barh'(수평 막대 그래프), 'hist'(히스토그램), 'box'(박스 플롯), 'kde'(커널 밀도 추정 그래프), 'area'(면적 그래프) 및 'pie'(파이 차트) 등을 넘겨줄 수 있게 되어 matplotlib 패키지에서 별도 함수로 분산되어 있던 그래프 기능이 df.plot() 메소드로 통합되었습니다.

Google Colab이나 Jupyter Notebook에서는 plt.show() 함수의 도움 없이 그래프가 그려지지만 간혹 이해할 수 없는 오류나 경고 메시지들이 나타날 때 plt.show() 함수를 추가하면 사라지는 경우가 있습니다. pandas 패키지의 경우에는 Visual Studio Code나 Python 인터프리터 환경에서도 plt.show() 함수의 도움이 없이 그래프가 그려지게 되어 있으나 간혹 경고나 오류 메시지가 나타나고 때로는 그래프가 그려지지 않는 경우가 있는데 마찬가지로 plt.show() 함수를 추가하여 해결할 수 있습니다.

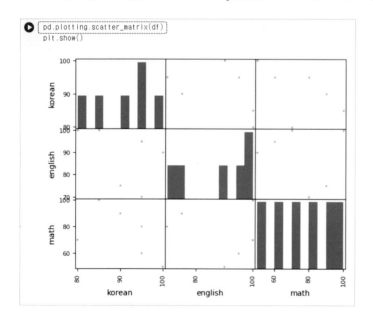

pandas 패키지의 plotting 모듈에는 pandas에서 제공되는 몇 가지 고유한 그래프 기능을 지원하는 df.plotting.density(), df.plotting.hexbin(), df.plotting.parallel_coordinates(), df.plotting.radviz(), pd.plotting.scatter_matrix() 등의 함수를 지원합니다. 특히 위의 코드조각과 실행화면에서 볼 수 있는 것과 같은 pd.plotting.scatter_matrix(df) 그래프는 x축과 y축의 타이틀이 교차하는 두 특성들의 산점도 행렬을 보여 주고 특성 간의 상관관계를 파악하게 해 주며, 그래프 중간에 히스토그램을 보여 주고 특정 특성의 분포를 함께 확인할 수 있게 해 줍니다. 머신러닝과 딥러닝에서 pandas 데이터프레임의 열은 종종 특성으로 사용되는데 특성 간의 상관 관계를 한눈에 파악하기 위하여 빈번하게 사용됩니다.

이번에는 matplotlib 그래프 그리기를 배우면서 그려 보았던 키와 몸무게의 산점도를 df.plot() 메소드를 사용하여 조금 더 쉬우면서도 세련되게 그려 보겠습니다.

```python
import numpy as np
import pandas as pd
import matplotlib.pyplot as plt

ages = [10, 17, 27, 24, 38, 35, 29, 40, 12, 32, 23, 21]
weights = [30, 45, 58, 50, 61, 65, 50, 51, 35, 62, 50, 40]

df = pd.DataFrame({"ages": ages, "weights": weights})
df.plot("ages","weights",kind="scatter",grid=True,title="Age-Weigh Scatter Graph",
        s=df["weights"]*30,c="weights",cmap="jet")
plt.show()
```

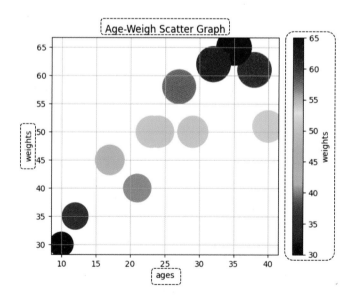

위의 코드조각과 실행화면을 보면 그래프를 그릴 데이터가 numpy 배열에서 pandas 데이터프레임으로 바뀐 것을 제외하면 기본적으로 기존에 그렸던 그래프와 유사하지만 df.plot("ages","weights",kind="scatter",grid=True,title="Age-Weigh Scatter Graph",s=df["weights"]*30,c="weights",cmap="jet") 단 한 문장으로 그래프에 타이틀과 축 레이블과 그리드를 추가하고 색상 표현을 좀 더 세련되게 하고 싶

어 컬러의 범례(colorbar)를 추가하였습니다. 기존의 plt.scatter(ages,weights,s=weights*30,c=colors, alpha=0.7) 문장과 비교해 보면 c=colors 인자와 같이 색상의 리스트를 넘기던 것을 c="weights"과 cmap="jet" 인자로 나누어 c 키워드 인자에 "weight" 열 이름을 넘기고 컬러맵(cmap)을 "jet"로 넘겼습니다. "jet" 컬러맵은 matplolib 패키지가 제공하는 컬러맵으로 값이 작은 부분은 차가운 색 계열이며 값이 큰 부분은 따뜻한 색 계열이 되도록 구성되어 있습니다. 컬러맵을 바꾸며 투명도는 사용하지 않는 것이 더 자연스러워 alpha 키워드 인자를 넘기지 않았습니다. 그 외의 코딩은 매우 매우 직관적이어서 별도의 설명이 필요하지 않습니다.

파일 입출력

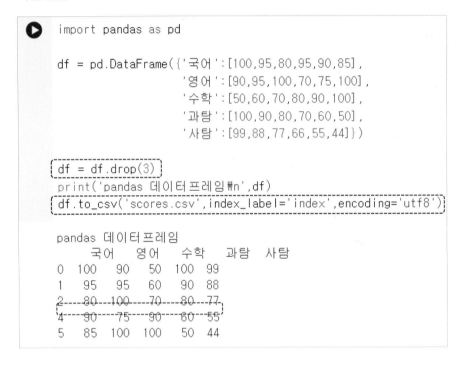

```
import pandas as pd

df = pd.DataFrame({'국어':[100,95,80,95,90,85],
                   '영어':[90,95,100,70,75,100],
                   '수학':[50,60,70,80,90,100],
                   '과탐':[100,90,80,70,60,50],
                   '사탐':[99,88,77,66,55,44]})

df = df.drop(3)
print('pandas 데이터프레임\n',df)
df.to_csv('scores.csv',index_label='index',encoding='utf8')

pandas 데이터프레임
    국어   영어   수학   과탐   사탐
0  100   90   50  100   99
1   95   95   60   90   88
2   80  100   70   80   77
4   90   75   90   60   55
5   85  100  100   50   44
```

pandas 데이터프레임을 csv 파일로 저장하려면 df.to_csv('scores.csv',index_label='index',encoding='utf8') 문장과 같이 to_csv() 메소드를 사용합니다. 파일의 이름과 인코딩 방식을 인자로 넘겨주는 것은 직관적입니다. index_label 키워드 인자를 넘겨주었는데 행 이름 인덱스를 저장할 때 사용할 csv 파일의 컬럼 타이틀 이름입니다. pandas 데이터프레임의 행 이름 인덱스를 쓰고 읽을 때 유지하기 위해서 지정해야 하는 인자입니다. 행 이름 인덱스 컬럼의 변화를 눈으로 확인하기 편하도록 데이터프레임을 csv 파일로 저장하기 전에 df = df.drop(3) 문장을 사용하여 행 이름 인덱스가 3인 행을 지웠습니다.

저장된 scores.csv 파일을 확인해 보겠습니다.

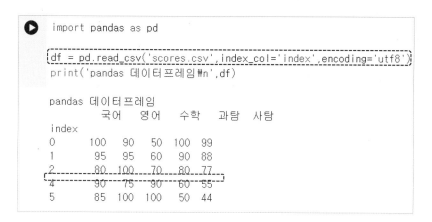

pandas 데이터프레임을 저장한 scores.csv 파일에서 눈여겨볼 부분은 index_label 키워드 인자의 지정으로 생성된 index 열과 csv 파일의 열 이름으로 자동으로 생성된 타이틀입니다. pandas 패키지의 상위레벨 입출력 함수를 사용하여 자동으로 처리되는 기능들입니다.

그럼 저장된 csv 파일을 읽어 보겠습니다.

```
import pandas as pd

df = pd.read_csv('scores.csv',index_col='index',encoding='utf8')
print('pandas 데이터프레임₩n',df)

pandas 데이터프레임
       국어   영어   수학   과탐  사탐
index
0     100   90   50  100  99
1      95   95   60   90  88
2      80  100   70   80  77
4      90   75   90   60  55
5      85  100  100   50  44
```

pandas 데이터프레임을 csv 파일에서 읽어 올 때에는 df = pd.read_csv('scores.csv',index_col='index', encoding='utf8') 문장과 같이 pd.read_csv() 함수를 사용하고 저장할 때 index_label 키워드 인자를 사용했던 것 대신 index_col 키워드 인자를 사용합니다. 읽어 온 값들을 df 객체변수에 저장한 후 출력해보면 인덱스의 변경 내역까지 자동으로 반영되는 것을 알 수 있습니다.

! 알아두기 _ pandas의 다양한 입출력 기능

pandas 패키지는 csv 파일 입출력 기능만이 아니라 to_excel( ) 메소드와 pd.read_excel( ) 함수를 사용하여 엑셀 파일을 입출력할 수 있으며, to_json( ) 메소드와 pd.read_json( ) 함수를 사용하여 JSON 파일을 입출력할 수 있으며, to_html( ) 메소드와 pd.read_html( ) 함수를 사용하여 HTML 파일을 입출력할 수 있습니다. 그리고 pd.to_hdf( ) 함수와 pd.read_hdf( ) 함수를 사용하면 머신러닝과 딥러닝에서 뿐만아니라 과학 연구, 공학 시뮬레이션, 기상학, 바이오인포매틱스, 의료 이미징 등 여러 분야에서 자주 사용되는 HDF5 파일로 입출력할 수도 있습니다. 그뿐만이 아니라 to_sql( ) 메소드와 pd.io.sql.read_sql( ) 함수를 사용하면 SQL 데이터베이스에 입출력할 수도 있습니다.

데이터 분석과 정렬

Chapter 6 인공지능 코딩 기본기에서 설명했던 최댓값과 최솟값, 합과 곱, 누적합과 누적곱, 차이, 간단한 통계, 정렬 등의 연산이 pandas의 시리즈와 데이터프레임에도 유사한 형태나 더 풍부한 형태로 제공됩니다. 이는 pandas가 numpy를 기반으로 개발되었기 때문입니다. 다만 numpy 배열의 경우 np.min() 과 같이 패키지의 함수를 주로 사용하는 반면에 pandas 시리즈나 데이터프레임의 경우 df.min()과 같이 pandas 객체의 메소드를 주로 사용합니다. numpy 패키지는 정렬을 위하여 np.sort() 함수를 제공하는 데 pandas 패키지는 df.sort_values()와 df.sort_index() 메소드를 제공하고, numpy 배열은 sorted() 내장 함수를 사용하여 정렬키 함수를 사용한 정렬이 가능하나 pandas 데이터프레임에는 sorted() 내장 함수를 적용할 수 없는 등 일부 함수와 메소드들은 numpy 패키지와 조금씩 다르니 주의하여야 합니다.

numpy 패키지에서는 제공하지 않는데 pandas 패키지에서는 제공되거나, pandas 패키지에서는 numpy 패키지와 다르게 사용되는 예를 몇 개 들어서 pandas와 numpy 패키지의 차이를 느껴볼 수 있 도록 하겠습니다.

먼저 데이터 분석 기능들 중에서 연속적인 데이터를 범주형 데이터로 변환하는 pd.cut() 함수의 예를 들 어 보겠습니다. 수학 성적을 수우미양가 등급으로 바꾸어 주는 예시입니다.

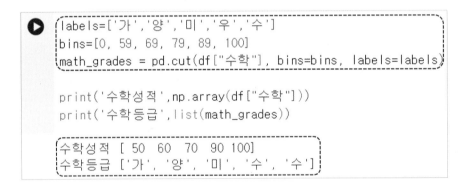

```
labels=['가','양','미','우','수']
bins=[0, 59, 69, 79, 89, 100]
math_grades = pd.cut(df["수학"], bins=bins, labels=labels)

print('수학성적',np.array(df["수학"]))
print('수학등급',list(math_grades))

수학성적 [ 50  60  70  90 100]
수학등급 ['가', '양', '미', '수', '수']
```

연속형 데이터를 범주형 데이터로 구분하기 위해서는 연속적인 수치의 분할 기준이 되는 bins 리스트와 분 할한 데이터에 범주 이름으로 제공할 레이블(lables) 리스트를 만들어 pd.cut() 함수에 제공하여야 합니다. 수우미양가 등급을 정할 labels 리스트와 bins 리스트의 관계를 표로 그려 보면 이해하기 쉬울 것입니다.

구간			0~59		60~69	70~79	80~89	90~100	
labels	[		가		양	미	우	수	]
bins	[		0	59	69	79	89	100	]

위의 표와 같이 bins 리스트와 lables 리스트를 만든 후 pd.cut(df["수학"], bins=bins, labels=labels) 문장 과 같이 pd.cut() 함수를 호출하면 연속적인 성적 정보를 수우미양가의 범주형 정보로 변환한 후 반환해 줍니다.

이번에는 통계와 관련된 기능들 중에서 df.describe() 메소드의 예를 들어 보겠습니다.

```
df.describe()
```

	국어	영어	수학	과탐	사탐
count	5.000000	5.000000	5.000000	5.000000	5.000000
mean	90.000000	92.000000	74.000000	76.000000	72.600000
std	7.905694	10.368221	20.736441	20.736441	22.810085
min	80.000000	75.000000	50.000000	50.000000	44.000000
25%	85.000000	90.000000	60.000000	60.000000	55.000000
50%	90.000000	95.000000	70.000000	80.000000	77.000000
75%	95.000000	100.000000	90.000000	90.000000	88.000000
max	100.000000	100.000000	100.000000	100.000000	99.000000

pandas 패키지는 주요 통계치를 한눈에 파악할 수 있도록 df.describe() 메소드를 제공합니다. describe() 메소드가 제공하는 통계치로는 위의 코드조각과 실행화면에서 확인할 수 있는 것과 같이 데이터수(count), 평균(mean), 표준편차(std), 최솟값(min), 4분위수(25%,50%,75%) 및 최댓값(max)이 있습니다.

이번에는 numpy 패키지에서 지원하지 않아 scipy 패키지의 도움을 받았던 최빈치를 pandas 패키지를 활용하여 구해 보겠습니다.

pandas 패키지는 최빈치를 구하는 mode() 메소드를 제공합니다. 최빈치는 데이터프레임의 형태로 반환되는데 전통적인 통계 패키지들이 최빈치가 여러 개일 때 그중 하나만 최빈치로 반환해 주는 한계를 가지고 있지 않습니다. 오른쪽 실행화면에서 B열의 두 번째 최빈치에 not a number(nan)가 나오는 이유는 A열은 최빈치가 2개인데 B열은 최빈치가 하나라서 2차원의 데이터프레임으로 값을 반환하다 보니 반환할 값이 없기 때문입니다.

```
import pandas as pd

df2 = pd.DataFrame({'A': [1, 2, 2, 3, 3, 4],
                    'B': [5, 5, 5, 6, 6, 7]})

modes = df2.mode()

print("최빈치 :\n", modes)
print("B열 첫번째 최빈치 :", modes['B'][0])
```

```
최빈치 :
     A    B
0  2  5.0
1  3  NaN
B열 첫번째 최빈치 : 5.0
```

이번에는 numpy 패키지나 Python 내장 함수와는 다르게 사용되는 pandas 패키지의 정렬 기능을 사용해 보겠습니다.

pandas 패키지에서 df.sort_values() 메소드를 사용하여 정렬할 때에는 by 키워드 인자를 사용하여 정렬 대상이 되는 키를 명시적으로 지정해 주어야 합니다. 만약 순방향 정렬이 아니라 역방향 정렬을 하고 싶다면 ascending 키워드 인자에 거짓(False)을 넘겨주어야 합니다. 단일 열을 키로 정렬할 때에는 df.sort_values(by="국어") 문장과 같이 열 이름을 문자열로 넘겨주고, 여러 개의 열을 키로 정렬할 때

▶ df.sort_values(by=["국어","영어"],ascending=False)					
index	국어	영어	수학	과탐	사탐
0	100	90	50	100	99
1	95	95	60	90	88
4	90	75	90	60	55
5	85	100	100	50	44
2	80	100	70	80	77

에는 df.sort_values(by=["국어","영어"]) 문장과 같이 열 이름들을 리스트로 넘겨줍니다.

만약 데이터프레임의 값들을 키로 정렬하지 않고 인덱스로 정렬할 일이 생기면 df.sort_index() 함수를 사용합니다. 정렬키가 이미 인덱스로 정해져 있기 때문에 by 키워드 인자는 생략합니다.

▶ df.sort_index(ascending=False)					
index	국어	영어	수학	과탐	사탐
5	85	100	100	50	44
4	90	75	90	60	55
2	80	100	70	80	77
1	95	95	60	90	88
0	100	90	50	100	99

9.3 pandas 패키지의 고유 기능

이제는 리스트와 numpy 배열에는 없는 pandas 고유의 기능들을 설명하겠습니다. 리스트나 numpy 배열과 차별화되는 pandas의 특징들을 이해하게 될 것입니다. pandas의 고유 기능 또한 방대하나 자주 사용하는 핵심 기능 중심으로 설명하겠습니다.

다양한 인덱스

딕셔너리(dict) 객체에 키를 보기 위한 keys() 메소드와 값을 보기 위한 values() 메소드와 키와 값의 쌍을 보기 위한 items() 메소드가 있는 것처럼 pandas 데이터프레임에는 행 이름을 보기 위한 index 속성과

열 이름을 보기 위한 columns 속성과 값들을 보기 위한 values 속성이 있습니다. df 변수의 index 속성을 출력하면 RangeIndex(start=0, stop=6, step=1)로 나오는데 RangeIndex라는 객체 자료형으로 시작값(start)은 0, 종료값(stop)은 6, 그리고 증가값(step)이 1로 지정되어 pandas의 인덱스가 마치 numpy 배열의 인덱스처럼 보였던 것입니다. df 변수의 columns 속성을 출력하면 Index(['국어', '영어', '수학', '과탐', '사탐'], dtype='object')로 나오는데 열의 이름도 Index라는 객체 자료형으로 만들어진 일종의 레이블 혹은 이름 인덱스인 것을 알 수 있습니다. 요소들의 자료형은 object로 이는 주로 문자열과 같은 비수치형 데이터를 다루기 위해 사용됩니다. df 변수의 values 속성을 출력하면 데이터프레임을 구성하는 2차원 값들이 출력되며 자료형을 확인하면 numpy 배열(numpy.ndarray)인 것을 알 수 있습니다.

```python
import pandas as pd

df = pd.DataFrame({'국어':[100,95,80,95,90,85],
                   '영어':[90,95,100,70,75,100],
                   '수학':[50,60,70,80,90,100],
                   '과탐':[100,90,80,70,60,50],
                   '사탐':[99,88,77,66,55,44]})

print('데이터프레임의 행 이름 :', df.index)
print('데이터프레임의 열 이름 :\n', df.columns)
print('데이터프레임의 값\n', df.values)
print('데이터프레임의 값의 자료형:', type(df.values))

데이터프레임의 행 이름 : RangeIndex(start=0, stop=6, step=1)
데이터프레임의 열 이름 :
Index(['국어', '영어', '수학', '과탐', '사탐'], dtype='object')
데이터프레임의 값
[[100  90  50 100  99]
 [ 95  95  60  90  88]
 [ 80 100  70  80  77]
 [ 95  70  80  70  66]
 [ 90  75  90  60  55]
 [ 85 100 100  50  44]]
데이터프레임의 값의 자료형 : <class 'numpy.ndarray'>
```

그럼 행 이름 인덱스를 정수의 형태가 아니라 원하는 레이블의 형태로 바꾸어 pandas의 데이터프레임을 만들어 보겠습니다.

```python
import pandas as pd

exams = ['1차퀴즈','2차퀴즈','중간고사','3차퀴즈','4차퀴즈','기말고사']
df = pd.DataFrame({'국어':[100,95,80,95,90,85],
                   '영어':[90,95,100,70,75,100],
                   '수학':[50,60,70,80,90,100],
                   '과탐':[100,90,80,70,60,50],
                   '사탐':[99,88,77,66,55,44]},
                  index=exams)

print('pandas 데이터프레임\n',df)
print('데이터프레임의 인덱스(행 이름)\n',
      df.index)

pandas 데이터프레임
            국어   영어   수학   과탐   사탐
1차퀴즈      100    90    50   100    99
2차퀴즈       95    95    60    90    88
중간고사       80   100    70    80    77
3차퀴즈       95    70    80    70    66
4차퀴즈       90    75    90    60    55
기말고사       85   100   100    50    44
데이터프레임의 인덱스(행 이름)
Index(['1차퀴즈', '2차퀴즈', '중간고사', '3차퀴즈', '4차퀴즈', '기말고사'], dtype='object')
```

pandas 데이터프레임을 만들 때 행 이름 인덱스를 원하는 형태로 지정하는 가장 간단한 방법은 위의 코드조각과 같이 인덱스 즉 행의 이름으로 사용할 레이블을 리스트로 만들어 pd.DataFrame() 생성자의 index 키워드 인자로 넘겨주는 것입니다. 위의 실행화면을 보면 리스트로 넘겨진 문자열들이 행 이름 인덱스로 나타나는 것을 확인할 수 있으며 df 변수의 index 속성을 출력해 보면 RangeIndex 객체 자료형이 아니라 데이터프레임의 열 이름과 같이 Index 객체 자료형인 것으로 확인할 수 있습니다.

위의 코드조각과 실행화면을 보고 행 이름 인덱스를 저렇게 어렵게 구성하지 않고 별도의 데이터프레임의 열로 구성하면 되지 않을까 하는 의문을 가질 수 있습니다.

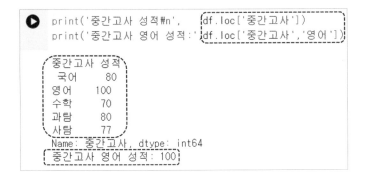

```python
print('중간고사 성적\n',   df.loc['중간고사'])
print('중간고사 영어 성적:',df.loc['중간고사','영어'])

중간고사 성적
국어      80
영어     100
수학      70
과탐      80
사탐      77
Name: 중간고사, dtype: int64
중간고사 영어 성적: 100
```

그러나 데이터프레임의 열로 구성하지 않고 행 이름 인덱스를 사용하면 위의 코드조각과 실행화면처럼 df.loc['중간고사'] 문장이나 df.loc['중간고사','영어'] 문장과 같이 pandas 데이터프레임의 레이블 기반의 인덱싱 기법을 사용하여 코드의 의미를 알기 쉽게 만들 수 있다는 장점이 있습니다.

시계열 데이터 처리

pandas 패키지는 시간에 따라 변하는 날짜나 시간 정보를 가지는 시계열 데이터를 표현하고 다루기 위한 폭넓은 기능을 제공합니다.

▢ **적재적소 _ Python의 날짜와 시간 관리**

Python에서 날짜와 시간을 관리하기 위한 가장 기본적인 모듈은 datetime이며 datetime 모듈의 datetime 객체를 사용하여 날짜와 시간 관리 기능을 사용할 수 있습니다. datetime 모듈에는 날짜를 관리하는 date 객체와 시간을 관리하는 time 객체가 함께 제공되어 날짜와 시간을 구분하여 관리할 수 있습니다.[*]

datetime 모듈에서 datetime 객체를 import한 후 datetime.now( ) 메소드를 실행하면 현재 시간을 알 수 있습니다. datetime 객체에세 제공되는 현재 시간은 2023-04-06 07:58:54.542829와 같은 형식으로 출력되는데 보이는 순서대로 년, 월, 일, 시, 분, 초 그리고 마이크로초입니다.

```
from datetime import datetime

now = datetime.now()
print("현재의 datetime:",now)
```

현재의 datetime: 2023-04-06 07:58:54.542829

---

* datetime, date, time은 모두 객체이지만 카멜 표기법을 따르지 않아 int, float, str 등과 같이 이름이 소문자로 시작합니다.

그런데 필자가 사용하는 PC의 시간을 작업표시줄에서 확인해 보니 datetime 객체가 제공하는 날짜와 시간이 PC의 시간과 9시간 차이로 서로 다르게 나타납니다. 의문을 해소하기 위해 Python 인터프리터에서 datetime.now( ) 메소드를 실행해 보겠습니다.

그러면 datetime.now( ) 메소드가 반환하는 날짜와 시간이 필자가 사용하는 PC의 시간과 일치하는 것을 확인할 수 있습니다. 요약해서 설명하면 datetime.now( ) 메소드는 Python 인터프리터가 실행되는 컴퓨터의 로컬 타임을 반환하는 것입니다.

Google Colab은 서버가 위치한 지역의 시간대를 따르고, 필자의 PC에 설치된 Python 인터프리터는 필자의 PC가 위치한 지역의 시간대를 따르는데 Google Colab의 시간이 9시간 느린 것으로 보아 Google Colab 서버가 한국보다 9시간 느린 지역에 위치해 있는 것 같습니다. Google Colab은 클라우드 기반의 서비스로 서버는 전 세계 다양한 지역에 위치할 수 있는데 한국보다 9시간 느린 지역으로는 미국 동부, 남미, 아프리카 등이 있습니다.

오른쪽의 코드조각과 실행화면처럼 now.date( )와 now.date( )와 같이 일시를 반환받은 now 객체 변수의 date( )와 time( ) 메소드를 호출하면 날짜와 시간 정보를 구분해 볼 수 있으며 year, month, day, hour, minute 그리고 second 속성을 조회하면 년, 월, 일, 시, 분, 초 정보를 구분해서 볼 수 있습니다.

datetime(2023,4,7,9,0)과 같이 datetime 객체의 이름을 생성자처럼 사용하여 호출하면 일시 정보를 생성하여 변수 객체에 저장할 수 있습니다. datetime( ) 생성자의 인자들로 년, 월, 일, 시, 분, 초 및 마이크로초의 순서로 넘겨줄 수 있습니다. 마이크로초부터 인자를 넘겨주는 것을 역순으로 생략할 수 있는데 인자의 입력을 생략하면 0으로 설정됩니다. end_datetime - start_datetime와 같이 일시 변수간의 뺄셈(-)을 하면 두 일시 간의 차이를 9 days, 8:30:00와 같은 형식으로 알 수 있습니다. 시, 분, 초를 포함한 차이가 아니라 날짜 단위의 차이를 알고 싶다면 datetime 객체 대신 date 객체를 사용하면 됩니다.

date 객체를 import한 후 date(2023,4,7) 문장과 같이 date 생성자에 년, 월, 일 정보만 넘겨주어 날짜 변수 객체를 생성한 후 end_date – start_date 수식으로 날짜의 차이를 구하니 9 days, 0:00:00과 같은 형식으로 일단위의 차이가 반환됩니다. 그런데 총 차이일수는 9일이지만 총 소요일수는 10일이라서 계산 결과에 하루를 더하고 싶습니다. 날짜를 더하려면 end_date – start_date 연산 결과의 자료형을 알아낸 다음 1일을 찾아낸 자료형으로 변환하여야 합니다. 그래서 type(end_date –

```
from datetime import date

start_date = date(2023,4,7)
end_date = date(2023,4,16)

print("시작일:",start_date)
print("종료일:",end_date)
print("소요일:",end_date - start_date)
print("소요일의 자료형:",type(end_date - start_date))
```
```
시작일: 2023-04-07
종료일: 2023-04-16
소요일: 9 days, 0:00:00
소요일의 자료형: <class 'datetime.timedelta'>
```

start_date) 문장으로 알아보니 날짜간의 차이 계산에 timedelta 객체가 사용되고 있습니다. 이와 같은 사실에서 객체지향적으로 유추해 보면 timedelta 객체 생성자를 사용하여 소요일에 하루를 더할 수 있겠습니다.

timedelta 객체를 추가로 import한 후 end_date – start_date + timedelta (days=1) 문장과 같이 timedelta( ) 생성자의 days 키워드 인자로 1일 넘겨준 후 날짜간의 차이에 더하는 방법으로 소요일이 정확하게 10일이 나오게 되었습니다. 이와 같이 timedelta 객체를 사용하면 특정 날짜 전이나 후의 날짜를 알아낼 수 있습니다.

```
from datetime import date, timedelta

start_date = date(2023,4,7)
end_date = date(2023,4,16)

print("시작일:",start_date)
print("종료일:",end_date)
print("소요일:",end_date - start_date + timedelta(days=1))
```
```
시작일: 2023-04-07
종료일: 2023-04-16
소요일: 10 days 0:00:00
```

date.today( ) 함수로 오늘 날짜를 구한 후 10일을 의미하는 timedelta 객체변수를 timedelta(days=10) 생성자로 만들어 today – day_delta 수식과 같이 빼면 10일 이전 일자를 알 수 있고, today + day_delta 수식과 같이 더하면 10일 이후 일자를 알 수 있습니다. 유사한 방식으로 년, 월, 시, 분, 초, 마이크로초 단위의 차이를 가지는 날짜와 시간을 계산할 수 있습니다.

```
from datetime import date, timedelta

today = date.today()
day_delta = timedelta(days=10)
print('오늘 날짜:',today)
print('10일전 날짜:',today - day_delta)
print('10일후 날짜:',today + day_delta)
```
```
오늘 날짜: 2023-08-31
10일전 날짜: 2023-08-21
10일후 날짜: 2023-09-10
```

다만 일부터 마이크로 초의 차이는 datetime 모듈의 timedelta 객체로 구하지만, 년과 월의 차이는 dateutil.relativedelta 모듈의 relativedelta 객체를 사용하여 구하는 것에 주의하면 오른쪽의 코드조각과 실행화면과 같이 나머지 코드는 인자의 이름만 원하는 단위에 맞추어 주면 간단하게 차이를 구할 수 있습니다.

```python
from datetime import datetime, timedelta
from dateutil.relativedelta import relativedelta

now = datetime.now()

print('현재일시:',now)
print('10년전:',now - relativedelta(years=10))
print('10개월후:',now + relativedelta(months=10))
print('10시간전:',now - timedelta(hours=10))
print('10분후:',now + timedelta(minutes=10))
print('10초전:',now - timedelta(seconds=10))
print('10마이크로초후:',now + timedelta(microseconds=10))
```

```
현재일시: 2023-08-31 02:39:27.997769
10년전: 2013-08-31 02:39:27.997769
10개월후: 2024-06-30 02:39:27.997769
10시간전: 2023-08-30 16:39:27.997769
10분후: 2023-08-31 02:49:27.997769
10초전: 2023-08-31 02:39:17.997769
10마이크로초후: 2023-08-31 02:39:27.997779
```

특정 날짜의 요일은 weekday( ) 메소드를 호출하여 알 수 있는데 요일을 숫자로 반환하기 때문에 오른쪽의 코드조각과 실행화면과 같이 요일을 표현하는 딕셔너리(dict)를 만들어 인덱싱하여 알아내는 과정을 거쳐야 합니다.

```python
from datetime import date

weekday_dict = { 0: '월요일',
                 1: '화요일',
                 2: '수요일',
                 3: '목요일',
                 4: '금요일',
                 5: '토요일',
                 6: '일요일' }

print('현재요일:',weekday_dict[date.today().weekday()])
```

```
현재요일: 목요일
```

시간과 관련한 여러 모듈 중에서 time 모듈은 경과 시간을 초단위로 측정하는데 가장 쉽고 단순한 방법을 제공합니다.

```python
import time

print('Enter 키 입력전 현재 초:', before_seconds := time.time())
input('Enter 키를 치세요.')
print('Enter 키 입력후 현재 초:', after_seconds := time.time())
print('Enter 키 입력을 위하여 걸린 초:', after_seconds - before_seconds)
```

```
Enter 키 입력전 현재 초: 1693449803.06651
Enter 키를 치세요.
Enter 키 입력후 현재 초: 1693449808.8644805
Enter 키 입력을 위하여 걸린 초: 5.797970533370972
```

time 모듈의 time( ) 함수를 호출하면 컴퓨터의 기준 시점(epoch)으로부터 경과한 시간을 초단위로 반환해 줍니다. 그래서 위의 코드조각과 실행화면과 같이 특정 명령어를 시작하기 직전에 time.time( ) 함수를 수행한 결과값과 종료한 직후에 time. time( ) 함수를 수행한 결과값의 차를 구하면 특정 명령어의 수행에 소요된 시간을 초 단위로 아주 간단하게 구할 수 있어서 코드의 수행속도를 확인하고 비교하는 데 빈번하게 사용됩니다.

[적재적소] Python의 날짜와 시간 관리에서 기본적인 날짜와 시간관리 기능을 알아보았으니 지금까지 pandas 데이터프레임을 설명하기 위하여 사용했던 성적 데이터를 시계열 데이터로 만들어 보겠습니다.

exam_dates = ['2022-09-20','2022-10-01','2022-10-25','2022-11-15','2022-11-25','2022-12-02'] 문장과 같이 날짜를 문자열 형식의 리스트로 만들어 pd.DataFrame() 생성자의 index 키워드 인자에 넘겨주며 데이터프레임을 만들어 보았습니다. 그랬더니 실행화면에 행 이름 인덱스로 날짜가 나타나며 제법 데이터프레임이 날짜에 기반한 시계열 데이터처럼 나타납니다. 하지만 df.index 속성을 확인해 보면 행 이름 인덱스의 요소들은 날짜처럼 보이지만 인덱스의 자료형은 Index이고 요소들의 자료형은 날짜가 아니라 object인 것을 알 수 있습니다. object 자료형은 날짜와 시간의 연산을 위한 기능들을 가지지 않습니다.

```
import pandas as pd

exam_dates = ['2022-09-20','2022-10-01','2022-10-25','2022-11-15','2022-11-25','2022-12-02']
df = pd.DataFrame({'국어':[100,95,80,95,90,85],
                   '영어':[90,95,100,70,75,100],
                   '수학':[50,60,70,80,90,100],
                   '과탐':[100,90,80,70,60,50],
                   '사탐':[99,88,77,66,55,44]},
                  index=exam_dates)

print('pandas 데이터프레임\n',df)
print('데이터프레임의 인덱스:',df.index)

pandas 데이터프레임
            국어   영어    수학   과탐  사탐
2022-09-20  100   90    50  100   99
2022-10-01   95   95    60   90   88
2022-10-25   80  100    70   80   77
2022-11-15   95   70    80   70   66
2022-11-25   90   75    90   60   55
2022-12-02   85  100   100   50   44
데이터프레임의 인덱스: Index(['2022-09-20', '2022-10-01', '2022-10-25', '2022-11-15', '2022-11-25',
       '2022-12-02'],
      dtype='object')
```

다음의 코드조각과 실행화면에서 볼 수 있는 것과 같이 df.loc[df.index > '2022-12-01']과 같은 불리언 인덱싱 방식으로 특정한 기간의 시험 성적을 조회해 볼 수 있습니다. 하지만 인덱스가 날짜와 시간을 관리하기 위한 자료형이 아니기 때문에 [적재적소] Python의 날짜와 시간 관리에서 언급한 날짜와 시간의 연산을 위한 기능들을 사용할 수 없습니다. 예를 들면 14개월 이전부터 현재까지 치루어진 시험 성적을 보고 싶다면 문자열을 처리하기 위한 object 자료형으로는 해결하기 어렵습니다.

```
print('2022년 12월 1일이후의 시험 성적:\n',df.loc[df.index > '2022-12-01'])

2022년 12월 1일이후의 시험 성적:
            국어   영어    수학  과탐  사탐
2022-12-02   85  100   100   50   44
```

날짜 연산이 가능한 인덱스를 구성하여 시계열 데이터를 관리하기 위해서는 다음의 코드조각과 같이 행 이름 인덱스로 넘길 exam_dates 변수를 만들 때 리스트의 요소들을 datetime(2022,9,20)과 같이 datetime

객체 유형으로 만들어야 합니다. 그러면 인덱스의 자료형이 DatetimeIndex로 만들어지고, 인덱스를 구성하는 요소들의 자료형이 datetime64로 만들어집니다. datetime64 자료형은 64비트의 크기로 날짜와 시간을 관리하는 datetime 자료형이니 날짜와 시간을 관리하는 연산 기능들을 가지게 됩니다.

```
import pandas as pd
from datetime import datetime

exam_dates = [datetime(2022,9,20),datetime(2022,10,1),datetime(2022,10,25),
              datetime(2022,11,15),datetime(2022,11,25),datetime(2022,12,2)]
df = pd.DataFrame({'국어':[100,95,80,95,90,85],
                   '영어':[90,95,100,70,75,100],
                   '수학':[50,60,70,80,90,100],
                   '과탐':[100,90,80,70,60,50],
                   '사탐':[99,88,77,66,55,44]},
                  index=exam_dates)

#print('pandas 데이터프레임\n',df)
print('데이터프레임의 인덱스\n',df.index)

데이터프레임의 인덱스
DatetimeIndex(['2022-09-20', '2022-10-01', '2022-10-25', '2022-11-15',
               '2022-11-25', '2022-12-02'],
              dtype='datetime64[ns]', freq=None)
```

행 이름 인덱스의 첫 번째 요소인 df.index[0]을 출력해 보니 2022-09-20 00:00:00 형식으로 출력됩니다. 직관적으로 느끼겠지만 시, 분 및 초가 모두 0인 datetime 자료형으로 date 자료형을 데이터를 표현하고 있습니다.

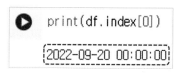

```
print(df.index[0])

2022-09-20 00:00:00
```

행 이름 인덱스의 자료형이 DatetimeIndex 인덱스 객체 유형으로 만들어지면 아래 코드조각의 datetime.now() - relativedelta(months=14) 수식과 같이 날짜와 시간의 연산 기능을 사용하여 사용하여 조회할 수 있습니다.

```
from dateutil.relativedelta import relativedelta

print('2022년 12월 1일이후의 시험 성적:\n',df.loc[df.index > datetime(2022,12,1)])
date_14_month_ago = datetime.combine(datetime.now() - relativedelta(months=14),
                                     datetime.min.time())
print('1년전부터 현재까지의 시험 성적\n',df.loc[df.index >= date_14_month_ago])

2022년 12월 1일이후의 시험 성적:
            국어   영어   수학   과탐   사탐
2022-12-02  85  100  100   50   44
1년전부터 현재까지의 시험 성적
            국어   영어   수학   과탐   사탐
2022-11-15  95   70   80   70   66
2022-11-25  90   75   90   60   55
2022-12-02  85  100  100   50   44
```

앞의 코드조각에서 설명이 어려운 부분을 다음의 코드조각과 실행화면과 같이 별도로 분리하여 설명해 보았습니다. datetime.combine(datetime.now( ) - relativedelta(months=14), datetime.min.time( )) 날짜 연산을 한 후 datetime.combine( )를 사용하여 년,월,일 부분만 남기고 시, 분 및 초 부분을 모두 0으로 바꾸어 줍니다. datetime.combine( ) 함수는 datetime 모듈의 함수로서, 첫 번째 인자로 받은 date 객체와 두 번째 인자로 받은 time 객체를 결합(combine)하여 datetime 객체를 생성합니다. 따라서 날짜 연산 결과를 datetime.combine( ) 함수의 두 번째 인자로 datetime.min.time( )을 넘겨주어 처리하면 해당 날짜의 시간 부분을 00:00:00으로 설정하는 효과가 있습니다.

```
print(datetime.now() - relativedelta(months=14))
print('datetime.min.time() :',datetime.min.time())
print(datetime.combine(datetime.now() - relativedelta(months=14),datetime.min.time()))

2022-10-31 11:20:07.367257
datetime.min.time() : 00:00:00
2022-10-31 00:00:00
```

그런데 인덱스의 구성 요소마다 datetime( ) 생성자를 적용하는 코딩을 하는 것이 매우 성가십니다. 그래서 다음 코드조각의 exam_dates = pd.to_datetime(exam_dates) 문장과 같이 pd.to_datetime( ) 함수를 사용하여 날짜 형태로 된 문자열을 datetime 객체 자료형으로 변환해 주면 좋습니다.

```
import pandas as pd

exam_dates = ['2022-09-20','2022-10-01','2022-10-25','2022-11-15','2022-11-25','2022-12-02']
exam_dates = pd.to_datetime(exam_dates)
df = pd.DataFrame({'국어':[100,95,80,95,90,85],
                   '영어':[90,95,100,70,75,100],
                   '수학':[50,60,70,80,90,100],
                   '과탐':[100,90,80,70,60,50],
                   '사탐':[99,88,77,66,55,44]},
                  index=exam_dates)

#print('pandas 데이터프레임\n',df)
print('데이터프레임의 인덱스:',df.index)

데이터프레임의 인덱스: DatetimeIndex(['2022-09-20', '2022-10-01', '2022-10-25', '2022-11-15',
               '2022-11-25', '2022-12-02'],
              dtype='datetime64[ns]', freq=None)
```

```python
import pandas as pd

exam_dates = pd.date_range('2022-07-15',periods=6,freq='D')
print('2022년 7월 15일 부터 6일간\n',exam_dates)
exam_dates = pd.date_range('2022-07-15','2022-07-17',freq='D')
print('2022년 7월 15일 부터 7월 17일까지 매일\n',exam_dates)

exam_dates = pd.date_range('2022-07-15 09:00',periods=4,freq='H')
print('2022년 7월 15일 9시 부터 4시간\n',exam_dates)
exam_dates = pd.date_range('2022-07-15 09:00','2022-07-15 12:00',freq='H')
print('2022년 7월 15일 9시 부터 12시까지 매시간\n',exam_dates)

2022년 7월 15일 부터 6일간
 DatetimeIndex(['2022-07-15', '2022-07-16', '2022-07-17', '2022-07-18',
                '2022-07-19', '2022-07-20'],
               dtype='datetime64[ns]', freq='D')
2022년 7월 15일 부터 7월 17일까지 매일
 DatetimeIndex(['2022-07-15', '2022-07-16', '2022-07-17'], dtype='datetime64[ns]', freq='D')
2022년 7월 15일 9시 부터 4시간
 DatetimeIndex(['2022-07-15 09:00:00', '2022-07-15 10:00:00',
                '2022-07-15 11:00:00', '2022-07-15 12:00:00'],
               dtype='datetime64[ns]', freq='H')
2022년 7월 15일 9시 부터 12시까지 매시간
 DatetimeIndex(['2022-07-15 09:00:00', '2022-07-15 10:00:00',
                '2022-07-15 11:00:00', '2022-07-15 12:00:00'],
               dtype='datetime64[ns]', freq='H')
```

pandas 패키지는 앞에서 설명한 가장 기본적인 형태의 시계열 데이터만이 아니라 pd.date_range( ) 함수를 사용한 일간, 주간, 월간 등의 빈도별 시계열 데이터나 pd.Period( ) 함수를 사용한 시간 인터벌을 사용한 시계열 데이터, 캘린더를 사용한 휴일을 고려한 시계열 데이터를 생성할 수 있으며 시프팅(shifting), 래깅(lagging), 빈도 변환, 다운샘플링(데이터를 더 낮은 빈도로 변환), 업샘플링(데이터를 더 높은 빈도로 변환), 시계열 데이터의 롤링 윈도우(rolling window) 등의 다양한 관리 기능을 가지고 있습니다.

💡 **생각하기** _ 날짜와 시간 관리를 위한 프로그래머들의 선택

앞에서 예를 들어 설명한 것처럼 날짜와 시간을 모두 문자열로 처리할 수도 있고, datetime 객체로 처리할 수도 있습니다. 하나의 선택이 더 있다면 Python의 기본 체계와 같이 날짜와 시간은 datetime 객체로 처리하고, 날짜는 date 객체로 처리하고, 시간은 time 객체로 처리할 수도 있습니다. 여러분은 어떤 방법이 가장 좋은 방법이라고 생각하나요? 이론적으로는 데이터의 특성에 맞는 객체를 사용하는 것이겠지만 과거의 프로그래머들은 대부분 문자열로 처리하는 선택을 하였고, 현재의 프로그래머들은 대부분 datetime 객체로 통일하여 사용하는 추세로 판단됩니다.

이상치 처리

이상치(outlier)는 다른 값들보다 특별히 크거나 작을 수 있으며, 나이나 가격과 같이 양수만 나올 수 있는 데이터에 음수가 나온다거나, 남녀나 국가와 같은 이산적인(discrete) 데이터에 존재하지 않는 값이 넘어오는 등 매우 다양한 형태로 존재합니다. 이상치는 실수방지(fool proof)와 입력값 검증(input validation)

등을 통하여 들어오지 않도록 하는 것이 가장 이상적입니다. 그러나 불가피하게 발생하는 이상치는 발견하여 처리해 주어야 합니다.

이상치를 발견하는 방법은 입력값을 검증하는 방법과 유사합니다. 조건식을 세부적으로 사용하여 값의 범위를 확인할 수도 있고, 코드 테이블을 사용할 수도 있고, 통계적 방법을 사용하는 등 매우 다양한 이상치 처리 방법들이 존재합니다.

조건식을 세부적으로 사용하는 방법은 if 문장과 조건식 그리고 불리언 인덱스에서 설명한 것과 유사합니다. 코드 테이블을 사용하는 방법은 코드 테이블을 리스트나 딕셔너리 등의 형태를 만든 후 in 조건식을 사용하는 것과 유사합니다. 통계적 방법을 사용하는 것은 평균, 표준편차, 중위수, 사분위수 등의 통계적 지표를 사용하여 지표를 크게 벗어나는 값들을 이상치로 간주합니다.

이상치를 발견하기 위한 통계적인 방법들 중 사분위수를 활용한 방법을 살펴보겠습니다. 먼저 박스플롯(box plot) 그래프를 그려서 시각적으로 확인해 보겠습니다.

```
import pandas as pd
import matplotlib.pyplot as plt

data = pd.Series([180,165,150,175,185,200,170,169,177,181])

data.plot(kind='box',grid=True)
plt.show()
```

위의 코드조각에서 임의의 data를 pandas 시리즈로 만들어 data.plot(kind='box',grid=True) 문장으로 박스플롯을 그렸습니다. data의 이상치를 하위 사분위 아래로는 150을, 상위 사분위 위로는 200을 인위적으로 각각 만들어 넣었습니다.

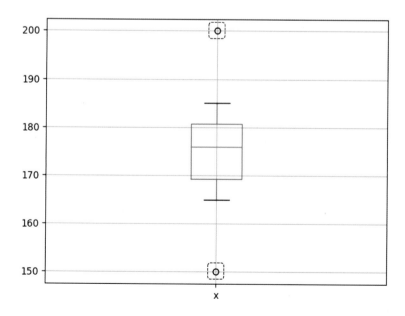

앞의 실행화면과 같이 그려진 박스플롯을 보면 상단으로는 200의 위치에, 하단으로는 150의 위치에 이상치의 표시로 동그라미가 나타나 이상치가 존재한다는 것을 알려 줍니다.

```
import numpy as np

Q1 = data.quantile(0.25)
Q3 = data.quantile(0.75)
IQR = Q3 - Q1          # InterQuartile Range
lower_bound = Q1 - 1.5 * IQR
upper_bound = Q3 + 1.5 * IQR
print('1사분위:',Q1,', 3사분위:',Q3,', IQR:',IQR)
print('하위 이상치 경계값:',lower_bound,', 하위 이상치 경계값:',upper_bound)

data[(data < lower_bound) | (data > upper_bound)] = np.nan
print(data)

1사분위: 169.25 , 3사분위: 180.75 , IQR: 11.5
하위 이상치 경계값: 152.0 , 하위 이상치 경계값: 198.0
0    180.0
1    165.0
2    NaN
3    175.0
4    185.0
5    NaN
6    170.0
7    169.0
8    177.0
9    181.0
dtype: float64
```

위의 코드조각은 사분위수를 활용한 이상치를 찾는 전형적인 코드인데 pandas 패키지의 quantile( ) 메소드와 변수의 이름만으로 코드의 의미를 이해할 수 있습니다. data.quantile(0.25) 문장과 같은 형태로 quantile( ) 메소드를 호출하는데 인자로 0.25를 넘기면 1사분위 값을, 0.75를 넘기면 3사분위의 값을 반환하는 것과 같이 인자로 넘겨지는 수치에 맞는 사분위 값을 반환합니다. 이런 방법으로 Q1에 1사분위 값을 저장하고 Q3에 3사분위 값을 각각 저장하였습니다. IQR = Q3 - Q1 문장으로 값을 구하는 IQR(inter quartile range)은 Q3에서 Q1까지 중간 50% 범위(range)를 의미하는데, 통계적으로 1사분위와 3사분위로부터 IQR의 1.5배를 벗어나는 곳에 있는 값들을 이상치로 취급합니다. 그래서 Q1 - 1.5 * IQR 문장으로 하한치(lower bound)를 구하고, Q3 + 1.5 * IQR 문장으로 상한치(upper bound)를 구한 후 경계값(bound)을 벗어나는 값들에 대하여 data[(data 〈 lower_bound) | (data 〉 upper_bound)] = np.nan 문장으로 이상치임을 표현하기 위하여 not a number(nan) 값을 할당하였습니다.

결측치 처리

pandas 패키지에서는 not a number(nan)를 결측치(missing data)로 인식합니다. 이상치 처리에서 설명한 것과 같이 이상치를 nan으로 바꾸어 저장하면 이상치도 결측치를 처리하는 방법으로 통일하여 처리할 수 있습니다. 그 외에도 양의 무한대(inf)와 음의 무한대(-inf), 빈 문자열('', ""), 빈 리스트([]) 및 빈 딕셔너리({})도 결측치로 처리하기 위해서는 미리 not a number(nan)으로 통일하여 변환해 두는 것이 좋을 것입니다. 이러한 일관성 있는 데이터 전처리(data preprocessing)는 코드의 복잡성을 줄이고 실수를 방지하는 데 도움이 됩니다.

먼저 결측치가 포함된 pandas 데이터프레임을 만들어 보겠습니다.

오른쪽의 코드조각과 실행화면과 같이 데이터가 None으로 넘어 오면 데이터프레임은 not a number(nan)으로 인식하여 저장합니다.

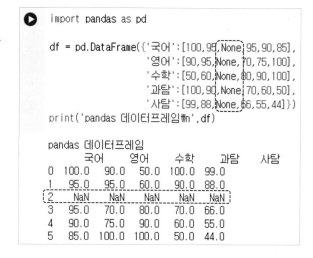

```
import pandas as pd

df = pd.DataFrame({'국어':[100,95,None,95,90,85],
                   '영어':[90,95,None,70,75,100],
                   '수학':[50,60,None,80,90,100],
                   '과탐':[100,90,None,70,60,50],
                   '사탐':[99,88,None,66,55,44]})
print('pandas 데이터프레임\n',df)

pandas 데이터프레임
      국어     영어     수학     과탐    사탐
0  100.0   90.0   50.0  100.0  99.0
1   95.0   95.0   60.0   90.0  88.0
2    NaN    NaN    NaN    NaN   NaN
3   95.0   70.0   80.0   70.0  66.0
4   90.0   75.0   90.0   60.0  55.0
5   85.0  100.0  100.0   50.0  44.0
```

0을 0으로 나누면 not a number(nan)이 되고 양수를 0으로 나누면 inf가 되고 음수를 0으로 나누면 -inf가 되기 때문에 이 세 가지의 경우도 입력이 넘어오지 않은 실제 결측 데이터와 동일한 방법으로 처리가 되어야 하기 때문에 pandas 데이터프레임의 값을 할당문(assignment statement)을 사용하여 인위적으로 변경하였습니다. 0/0이나 -1/0과 같이 수식을 바로 계산하면 오류가 발생하여 프로그램의 수행이 종료되기 때문에 df['영어'][0] = 0과 같이 pandas 데이터프레임

```
df['국어'][5] = df['국어'][5]/0
df['영어'][0] = 0
df['영어'][0] = df['영어'][0]/0
df['수학'][1] = -1
df['수학'][1] = df['수학'][1]/0
print('pandas 데이터프레임\n',df)

pandas 데이터프레임
      국어     영어     수학     과탐    사탐
0  100.0    NaN   50.0  100.0  99.0
1   95.0   95.0   -inf   90.0  88.0
2    NaN    NaN    NaN    NaN   NaN
3   95.0   70.0   80.0   70.0  66.0
4   90.0   75.0   90.0   60.0  55.0
5    inf  100.0  100.0   50.0  44.0
```

의 요소의 값을 먼저 변경한 후 df['영어'][0]/0과 같이 데이터프레임의 요소의 값을 나누는 코딩 방법을 사용해야 합니다.

df = df.replace([np.inf, -np.inf], np.nan) 문
장은 데이터프레임의 replace( ) 메소드를 사
용하여 첫 번째 인자로 넘겨지는 inf와 -inf 값
들을 두 번째 인자값인 not a number(nan)으
로 변환합니다. 변환한 값을 df 변수에 할당하
여 원본 데이터프레임에 변경된 내역을 반영
하였습니다.

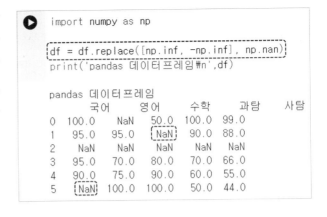

```
import numpy as np

df = df.replace([np.inf, -np.inf], np.nan)
print('pandas 데이터프레임\n',df)

pandas 데이터프레임
        국어      영어      수학      과탐      사탐
0   100.0     NaN    50.0   100.0    99.0
1    95.0    95.0     NaN    90.0    88.0
2     NaN     NaN     NaN     NaN     NaN
3    95.0    70.0    80.0    70.0    66.0
4    90.0    75.0    90.0    60.0    55.0
5     NaN   100.0   100.0    50.0    44.0
```

적재적소 _ None과 Null과 nan

pandas 패키지는 isna( )와 isnull( ) 메소드를 사용하
여 값이 not a number(nan)인 요소를 찾아냅니다.
na는 nan의 약자이고 null은 Python의 None에 해당
하는 다른 프로그래밍 언어들의 표현입니다. None과
Null과 nan은 값이 존재하지 않거나 성립하지 않는 것
을 의미하는 유사한 개념으로 볼 수 있습니다. 그리고
Python과 Matlab을 제외한 많은 프로그래밍 언어들
에는 inf나 -inf의 개념이 존재하지 않으며 대부분 오
류로 처리하거나 Null의 개념으로 표현합니다.

```
print('df.isna()\n', df.isna())
print('df.isnull()\n', df.isnull())

df.isna()
        국어      영어      수학      과탐      사탐
0   False    True   False   False   False
1   False   False    True   False   False
2    True    True    True    True    True
3   False   False   False   False   False
4   False   False   False   False   False
5    True   False   False   False   False
df.isnull()
        국어      영어      수학      과탐      사탐
0   False    True   False   False   False
1   False   False    True   False   False
2    True    True    True    True    True
3   False   False   False   False   False
4   False   False   False   False   False
5    True   False   False   False   False
```

위에서 예로 든 pandas 데이터프레임은 데이터가 적어서 한눈에 not a number(nan)과 무한대(inf)의 존
재 여부를 알 수 있지만 데이터의 수가 많은 경우에는 육안으로 판단하기 어렵습니다.

값이 not a number(nan)인 요소들의 수를 확인하려면
df.isna( ).sum( ) 문장과 같이 isna( ) 메소드와 sum( ) 메
소드를 연결하여 호출하면 됩니다. 이런 코딩이 가능한
이유는 Python에서 참(True)을 1로 취급하기 때문입니
다. 참고로 거짓(False)은 0으로 취급합니다.

```
print('Nan 값의 개수\n',df.isna().sum())

Nan 값의 개수
국어    2
영어    2
수학    2
과탐    1
사탐    1
dtype: int64
```

sum( ) 메소드를 한 번 더 호출하여
전체 not a number(nan) 요소의 개
수를 확인할 수 있습니다.

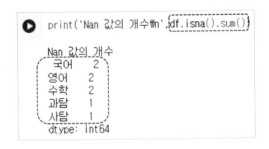

```
print('Nan 값의 개수\n',df.isna().sum().sum())

Nan 값의 개수
8
```

결측치를 처리하는 방법으로는 의미 없는 값으로 판단하여 삭제하거나, 다른 의미 있는 값으로 대체(imputation)하는 두 가지 방법이 있습니다.

첫 번째 방법으로 결측치가 있는 행을 지워 보겠습니다. 결측치 삭제는 데이터의 손실을 초래할 수 있으니 주의해서 사용해야 합니다.

df = df.dropna() 문장과 같이 df.drop-na() 메소드를 호출한 후 원본 데이터프레임인 df에 할당하면 pandas 데이터프레임에서 not a number(nan) 요소를 가진 행들이 모두 삭제됩니다. 오른쪽의 실행화면을 보면 nan 요소가 없던 인덱스가 3인 성적과 4인 성적의 행만 남고 모두 삭제된 것을 알 수 있습니다. df_backup = df.copy() 문장은 원본 데이터프레임을 보존하기 위하여 결측치 처리 전에 df_backup 변수에 복사해 놓은 것입니다.

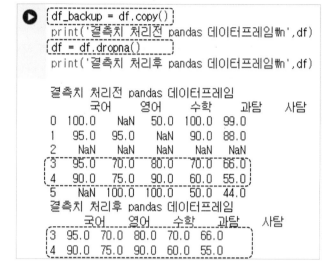

```
df_backup = df.copy()
print('결측치 처리전 pandas 데이터프레임\n',df)
df = df.dropna()
print('결측치 처리후 pandas 데이터프레임\n',df)
```

결측치 처리전 pandas 데이터프레임

	국어	영어	수학	과탐	사탐
0	100.0	NaN	50.0	100.0	99.0
1	95.0	95.0	NaN	90.0	88.0
2	NaN	NaN	NaN	NaN	NaN
3	95.0	70.0	80.0	70.0	66.0
4	90.0	75.0	90.0	60.0	55.0
5	NaN	100.0	100.0	50.0	44.0

결측치 처리후 pandas 데이터프레임

	국어	영어	수학	과탐	사탐
3	95.0	70.0	80.0	70.0	66.0
4	90.0	75.0	90.0	60.0	55.0

그런데 전체 요소가 not a number(nan)인 행은 삭제하는 것이 타당할 것 같은데 하나의 요소가 nan인 행의 경우에는 삭제하는 것보다 값을 대체하거나 변환하여 사용하는 것이 더 좋을 것 같습니다. 그리고 nan을 포함하는 행을 지운 후 매번 원래 데이터프레임을 할당하는 것은 프로그램의 수행 속도를 떨어지게 할 것 같습니다. pandas 데이터프레임을 원복한 후 코딩을 살짝 바꾸어 봅시다.

df = df_backup.copy() 문장으로 이전 결측치 처리 전에 df_backup 변수에 별도로 백업해 놓은 데이터프레임을 df 변수로 원상 복구하였습니다. 그 후 df.dropna(how='all',in-place=True) 문장과 같이 how 키워드 인자에 'all'을 넘겨주어 모든 행의 요소가 not a number(nan)인 경우에만 행을 삭제하였습니다. 그리고 할당문(assignment statement)을 사용하여 df 변수에 저장하지 않고 메소드를 호출할 때 데이터프레임을 바로 변경하게 하기 위하여 inplace 키워드 인자에 참(True)을 넘겨주었습니다. 오른쪽의 실행화면을 보면 전체 요소가 nan 값을 가지고 있던 인덱스가 2인 성적만 삭제된 것으로 알 수 있습니다.

```
df = df_backup.copy()
print('결측치 처리전 pandas 데이터프레임\n',df)
df.dropna(how='all',inplace=True)
print('결측치 처리후 pandas 데이터프레임\n',df)
```

결측치 처리전 pandas 데이터프레임

	국어	영어	수학	과탐	사탐
0	100.0	NaN	50.0	100.0	99.0
1	95.0	95.0	NaN	90.0	88.0
2	NaN	NaN	NaN	NaN	NaN
3	95.0	70.0	80.0	70.0	66.0
4	90.0	75.0	90.0	60.0	55.0
5	NaN	100.0	100.0	50.0	44.0

결측치 처리후 pandas 데이터프레임

	국어	영어	수학	과탐	사탐
0	100.0	NaN	50.0	100.0	99.0
1	95.0	95.0	NaN	90.0	88.0
3	95.0	70.0	80.0	70.0	66.0
4	90.0	75.0	90.0	60.0	55.0
5	NaN	100.0	100.0	50.0	44.0

코드조각과 실행화면의 예를 들지 않았지만 dropna 메소드의 axis 키워드 인자에 1을 넘기면 행 대신 열을 삭제하고, thresh 키워드 인자를 사용하여 not a number(nan) 요소의 개수를 지정하면 지정한 개수 이상의 nan이 행 혹은 열에 있는 경우에 해당하는 행 혹은 열을 삭제하게 됩니다.

📋 적재적소 _ 데이터의 삭제에 대하여

데이터는 한 번 삭제되면 복원하기 어렵기 때문에 가능하면 삭제하지 않아야 합니다. 그러나 불가피하게 삭제하여야 한다면 물리적으로 삭제하지 않고 데이터가 삭제되었다는 표시를 해 놓거나 데이터가 삭제된 날짜를 저장하여 데이터가 삭제되었다는 표시로 대신하는 것이 좋습니다. 아니면 두 가지 기법을 모두 사용하는 것이 좋습니다. 다른 사람들이 개발해 놓은 시스템이나 코드를 분석하다가 delete_flag이나 deleted나 deleted_date 등의 이름을 본다면 여기서 설명한 기법을 구현해 놓았을 가능성이 큽니다. 그럼에도 불구하고 꼭 삭제해야 할 일이 생긴다면 삭제 위험의 회피 방법으로 앞에서 사용한 df_backup = df.copy( ) 문장과 같이 원본을 백업하여 보존할 방법과 함께 df = df_backup.copy( ) 문장과 같이 보존한 백업본을 활용하여 복구할 방법을 강구해 놓아야 합니다.

결측치를 처리하는 두 번째 방법에는 평균, 중앙값, 최빈값 등의 대체값을 사용하거나 보간(interpolation)이나 예측 모델 등을 활용하여 결측치를 채우는 등 데이터에 따라 의미 있는 값을 다양하게 선택할 수 있습니다. 여기서는 데이터의 평균으로 대체해 보겠습니다.

결측치를 다른 의미있는 값으로 대체하기 전에 현재 df 데이터프레임의 평균값을 확인해 보겠습니다. df.mean( ) 메소드를 수행하면 데이터프레임 객체의 열별 평균값을 반환합니다.

```
print(df.mean())

국어     95.0
영어     85.0
수학     80.0
과탐     74.0
사탐     70.4
dtype: float64
```

pandas 데이터프레임의 fillna( ) 메소드는 이름이 의미하는 것과 같이 값이 not a number(nan)인 요소를 원하는 값으로 채워(fill) 줍니다. df.fillna(df. mean( ),inplace=True) 문장과 같이 첫 번째 인자로 수정할 값을 넘기고 inplace 키워드 인자는 dropna( ) 메소드를 호출할 때와 같이 데이터프레임을 바로 수정하게 해 줍니다. 그럼 첫 번째 인자에 df.mean()을 넘겼는데 어떤 평균의 값으로 바뀌었는지 확인해 봅시다.

```
print('결측치 처리전 pandas 데이터프레임\n',df)
df.fillna(df.mean(),inplace=True)
print('결측치 처리후 pandas 데이터프레임\n',df)

결측치 처리전 pandas 데이터프레임
       국어      영어     수학     과탐    사탐
0   100.0    NaN    50.0  100.0  99.0
1    95.0   95.0    NaN   90.0  88.0
3    95.0   70.0   80.0   70.0  66.0
4    90.0   75.0   90.0   60.0  55.0
5    NaN   100.0  100.0   50.0  44.0
결측치 처리후 pandas 데이터프레임
       국어      영어     수학     과탐    사탐
0   100.0   85.0   50.0  100.0  99.0
1    95.0   95.0   80.0   90.0  88.0
3    95.0   70.0   80.0   70.0  66.0
4    90.0   75.0   90.0   60.0  55.0
5    95.0  100.0  100.0   50.0  44.0
```

앞의 코드조각과 실행화면을 보면 국어 성적의 nan이 국어 열의 평균인 95.0으로, 영어 성적의 nan이 영어 열의 평균인 85.0으로, 수학 성적의 nan이 수학 열의 평균인 80.0으로 각각 수정된 것을 확인할 수 있습니다.

📋 **적재적소 _ numpy와 pandas 함수의 nan 처리 방식의 차이**

```
import numpy as np
import pandas as pd

print('NaN이 포함된 numpy  평균:', np.array([10,20,np.nan]).mean())
print('NaN이 포함된 pandas 평균:', pd.Series([10,20,np.nan]).mean())
```

```
NaN이 포함된 numpy  평균: nan
NaN이 포함된 pandas 평균: 15.0
```

numpy 배열에 not a number(nan)이 포함되면 함수의 수행 결과를 구할 수 없어 nan이 반환되나 pandas의 경우에는 nan을 제외한 함수의 결과를 반환합니다. 위의 코드조각과 실행화면에서는 평균의 예를 들어 보았으나 다른 함수나 메소드들도 동일한 원리로 동작합니다. 이러한 특징도 pandas 패키지가 데이터 분석에 폭넓게 활용되는 사유가 됩니다.

앞에서 설명한 일련의 과정을 거쳐서 df 데이터프레임에 not a number(nan)을 가진 값을 모두 처리하였습니다만 값의 대체를 통한 주요 처리 기법인 df.fillna() 메소드의 순방향 채우기와 역방향 채우기 방법을 소개합니다.

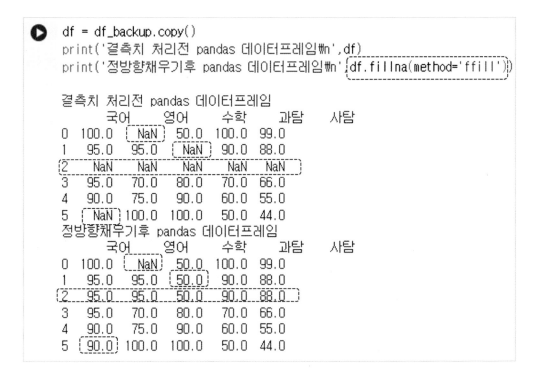

df.fillna(method='ffill') 문장과 같이 fillna( ) 메소드의 method 키워드 인자에 'ffill' 즉 순방향 채우기 (forward fill)를 넘겨주면 이전 값으로 대체합니다. 위의 코드조각과 실행화면과 같이 순방향 채우기를 할 때에는 첫행의 not a number(nan) 값이 대체되지 못하고 nan으로 남아 있게 되니 주의하여야 합니다.

유사한 방법으로 fillna( ) 메소드의 method 키워드 인자에 'bfill' 즉 역방향 채우기(backward fill)를 넘겨 주면 이후 값으로 대체하게 됩니다. 따라서 역방향 채우기를 할때에는 마지막 행의 nan 값이 대체되지 못 하고 nan으로 남아 있게 됩니다.

```
print('정방향채우기\n',df.fillna(method='ffill',axis=1))
print('역방향채우기\n',df.fillna(method='bfill',axis=1))
```

정방향 채우기와 역방향 채우기를 하는 경우 axis 키워드 인자에 1을 넘겨주면 행의 데이터를 기준으로 왼 쪽 혹은 오른쪽의 유효한 값을 사용하여 채우기를 할 수 있습니다.

📋 적재적소 _ 참조와 복사

결측값을 처리하기 전 데이터프레임의 원본을 백업해 놓기 위하여 df_backup = df와 같은 문장을 사용하지 않고 df_backup = df.copy( )와 같은 문장을 사용하였습니다. df_backup = df와 같은 할당문이 사용하는 방식을 참조(reference)라고 부르 고, df_backup = df.copy( ) 문장이 사용하는 방식을 복사(copy)라고 부릅니다. 복사는 다시 깊은 복사(deep copy)와 얕은 복사(shallow copy)로 나뉩니다.

그러면 Python에서 참조와 복사가 어떻게 이루어지는지 살펴 봅시다.

ref_list1d = list1d와 같은 할당문이 실행되면 ref_list1d 변 수가 list1d 변수를 참조하게 됩니다. 참조하게 된다는 것은 동일한 저장 공간을 공유하게 되어 변수의 이름이 2개이지만 실제로는 변수가 1개라는 것을 의미합니다. 그래서 list1d[0] = 99 문장과 같이 원본 변수인 list1d에 변경이 생기거나, ref_list1d[4] = 88 문장과 같이 참조 변수인 ref_list1d에 변 경이 생기면 동일한 저장 공간에서 변경이 생기기 때문에 서 로 영향을 미치게 됩니다. 그래서 오른쪽의 실행화면을 보면 각각의 변수가 하나의 요소의 값만 변경했음에도 불구하고 두 변수의 첫 요소와 마지막 요소가 모두 99와 88로 출력되는 것 을 알 수 있습니다.

```
import numpy as np

list1d = [1,2,3,4,5]

ref_list1d = list1d   # 할당을 통한 참조

print('값 변경전 list1d\t:', list1d)
print('값 변경전 ref_list1d\t:', ref_list1d)
list1d[0] = 99
ref_list1d[4] = 88
print('값 변경후 list1d\t:', list1d)
print('값 변경후 ref_list1d\t:', ref_list1d)
print("id(list1d)\t:",id(list1d))
print("id(ref_list1d)\t:",id(ref_list1d))
```

```
값 변경전 list1d      : [1, 2, 3, 4, 5]
값 변경전 ref_list1d  : [1, 2, 3, 4, 5]
값 변경후 list1d      : [99, 2, 3, 4, 88]
값 변경후 ref_list1d  : [99, 2, 3, 4, 88]
id(list1d)      : 137969249189760
id(ref_list1d)  : 137969249189760
```

copied_list1d = list1d.copy( ) 문장과 같이 list1d 변수를 복사하여 할당하면 2개의 변수가 다른 저장 공간을 사용하게 되어 두 변수는 이름만 다른 것이 아니라 사실상 서로 다른 변수가 됩니다. 그래서 list1d[0] = 99 문장과 같이 원본 변수인 list1d에 변경이 생기거나, copied_list1d[4] = 88 문장과 같이 복사된 변수인 copied_list1d에 변경이 생겨도 서로 다른 저장 공간에서 변경이 생기기 때문에 서로 영향을 미치지 못하게 됩니다. 그래서 오른쪽의 실행화면을 보면 변경이 발생한 요소만 각각 99와 88로 출력되는 것을 알 수 있습니다.

그림을 그려서 설명해 보겠습니다. 다음의 그림을 보면서 설명을 다시 읽어 보기 바랍니다. 이해가 되었다면 두 코드조각과 실행화면에서 각각의 변수를 대상으로 id( ) 함수를 호출하여 변수의 고유 id를 출력한 부분을 비교해 봅시다.

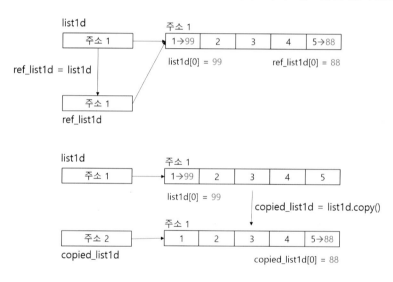

참조의 경우에는 list1d 변수와 ref_list1d 변수의 고유 번호가 일치하는 것으로 보아 두 변수가 동일한 저장 공간을 가지고 있다는 것을 알 수 있습니다.

```
id(list1d)    : 137969249189760
id(ref_list1d) : 137969249189760
```

복사의 경우에는 list1d 변수와 copied_list1d 변수의 고유 번호가 일치하지 않는 것으로 보아 두 변수가 서로 다른 저장 공간을 가지고 있다는 것을 알 수 있습니다.

```
id(list1d)      : 137969415266752
id(copied_list1d) : 137969408416000
```

```
def ref_test_func(scalar_param, list1d_param):
    print("인자의 변경을 의도하지 않은 ref_test_func 함수가 호출되었습니다.")
    scalar_param = 99
    list1d_param[0] = 88

scalar = 1
list1d = [1,2,3,4,5]
print('함수 호출전 scalar와 list1d:',scalar,list1d)
ref_test_func(scalar,list1d)
print("함수 호출후 scalar와 list1d:',scalar,list1d)

함수 호출전 scalar와 list1d: 1 [1, 2, 3, 4, 5]
인자의 변경을 의도하지 않은 ref_test_func 함수가 호출되었습니다.
함수 호출후 scalar와 list1d: 1 [88, 2, 3, 4, 5]
```

Python은 변수를 할당할 때만이 아니라 함수를 호출할 때에도 인자를 참조로 넘겨주기 때문에 함수 밖의 변수에 함수 안에서 변경을 가하게 되어 코드 간의 독립성을 해치게 되니 매우 주의하여야 합니다. 다행히 이런 현상은 단일값 변수에서는 발생되지 않으니 리스트, numpy 배열 및 pandas 데이터프레임을 인자로 사용할 때에는 각별히 주의하여야 합니다. 위의 코드조각과 실행화면을 보면 단일값인 scalar는 함수 안에서의 변경이 함수 밖의 변수에 영향을 미치지 않고, 반복값인 list1d는 함수 안에서의 변경이 함수 밖의 변수에 영향을 미치는 것을 알 수 있습니다.

! 알아두기 _ 얕은 복사와 깊은 복사

[적재적소] 참조와 복사에서 설명했던 것과 같이 copied_list1d = list1d.copy( ) 문장은 변수의 주소를 복사하여 list1d 변수와 copied_list1d 변수가 독립적인 저장 공간을 가지는 변수가 되었었습니다.

```
list2d = [[1,2,3,4,5],[6,7,8,9,10]]

copied_list2d = list2d.copy()    # 얕은 복사

print('값 변경전 list2d\t:', list2d)
print('값 변경전 copied_list2d :', copied_list2d)
copied_list2d[0][0] = 99
print('값 변경후 list2d\t:', list2d)
print('값 변경후 copied_list2d :', copied_list2d)

값 변경전 list2d         : [[1, 2, 3, 4, 5], [6, 7, 8, 9, 10]]
값 변경전 copied_list2d : [[1, 2, 3, 4, 5], [6, 7, 8, 9, 10]]
값 변경후 list2d         : [[99, 2, 3, 4, 5], [6, 7, 8, 9, 10]]
값 변경후 copied_list2d : [[99, 2, 3, 4, 5], [6, 7, 8, 9, 10]]
```

앞의 코드조각과 실행화면을 보면 copied_list2d = list2d.copy( ) 문장으로 복사를 한 후 copied_list2d[0][0] = 99 문장으로 복사된 copied_list2d 변수를 변경했는데 원본 변수인 list2d까지 변경되었습니다. 당황스럽지요? 이런 현상은 리스트 변수의 copy( ) 메소드가 기본적으로 얕은 복사(shallow copy)를 지원하기 때문에 발생합니다. 동일한 작업을 numpy 배열을 대상으로 코딩해 보겠습니다.

```
import numpy as np

array2d = np.array([[1,2,3,4,5],[6,7,8,9,10]])

copied_array2d = array2d.copy() # 깊은 복사

print('값 변경전 array2d\n', array2d)
print('값 변경전 copied_array2d\n', copied_array2d)
copied_array2d[-1,-1] = 99
print('값 변경후 array2d\n', array2d)
print('값 변경후 copied_array2d\n', copied_array2d)

값 변경전 array2d
 [[ 1  2  3  4  5]
 [ 6  7  8  9 10]]
값 변경전 copied_array2d
 [[ 1  2  3  4  5]
 [ 6  7  8  9 10]]
값 변경후 array2d
 [[ 1  2  3  4  5]
 [ 6  7  8  9 10]]
값 변경후 copied_array2d
 [[ 1  2  3  4  5]
 [ 6  7  8  9 99]]
```

numpy 배열의 경우 copied_array2d = array2d.copy( ) 문장으로 복사를 한 후 copied_array2d[-1,-1] = 99 문장으로 복사된 copied_array2d 변수를 변경해도 원본 변수인 array2d에는 영향을 미치지 않습니다. numpy 배열 변수의 copy( ) 메소드가 기본적으로 깊은 복사(deep copy)를 지원하기 때문에 두 변수가 독립성을 유지하는 것입니다.

단순화하여 설명하면 얕은 복사는 1차원 데이터까지만 복사하고 2차원 데이터 이후는 복사하지 않고, 깊은 복사는 모든 차원의 데이터를 복사합니다. 예를 들어 [[1,2,3,4,5],[6,7,8,9,10]]과 같은 데이터에서 얕은 복사는 2차원인 [1,2,3,4,5]와 [6,7,8,9,10]은 복사하지 않고 1차원인 [],[]의 틀만 복사하는 것입니다.

[적재적소] 참조와 복사에서 설명했던 것과 같이 1차원 데이터를 복사할 때에는 얕은 복사와 깊은 복사를 구분할 필요가 없습니다. 그러나 2차원 이상의 데이터를 복사할 때에는 위에서 설명한 것과 같이 구분되어야 합니다. 리스트는 주로 1차원 데이터를 다루기 때문에 얕은 복사를 기본값으로 제공하여 변수간의 독립성을 부분적으로 유지하고 numpy 배열과 pandas 데이터프레임은 2차원 이상의 데이터를 다루기 때문에 깊은 복사를 기본값으로 제공하여 변수 간의 독립성을 완전히 유지하게 해 줍니다.

참조, 얕은 복사 및 깊은 복사를 표로 간단히 비교해 보았습니다.

구분	특징	자료형
참조	저장 공간이 적으며 속도가 빠름	–
얕은 복사	1차원 데이터의 독립성을 보장함	리스트, 튜플
깊은 복사	저장 공간이 크나 데이터의 독립성을 보장함	배열, 데이터프레임

평소에 코딩을 할 때에는 Python이 제공하는 얕은 복사 혹은 깊은 복사를 변경 없이 사용하고, 리스트의 경우 수행 속도와 저장 공간을 희생하더라도 독립성을 유지해야 하면 깊은 복사를 사용하고, numpy 배열과 pandas 데이터프레임은 독립성을 희생하더라도 속도를 개선해야 하거나 저장 공간을 줄여야 하면 얕은 복사를 사용하기 바랍니다. 데이터의 독립성보다 수행 속도와 저장 공간의 절약이 가장 중요한 요소라면 참조를 사용하기 바랍니다.

중복 데이터 처리

pandas는 중복 데이터를 확인하고 처리하는 방법을 제공합니다.

```
import pandas as pd

df = pd.DataFrame({'이름':['홍길동','강감찬','강감찬'],'국어':[100,95,95],'영어':[90,95,95]})
print('pandas 데이터프레임\n',df)

print('중복 제거된 데이터프레임\n',df.drop_duplicates())

pandas 데이터프레임
      이름   국어  영어
0   홍길동  100   90
1   강감찬   95   95
2   강감찬   95   95
중복 제거된 데이터프레임
      이름   국어  영어
0   홍길동  100   90
1   강감찬   95   95
```

pandas 데이터프레임의 drop_duplicates() 메소드를 사용하면 중복된 행 데이터를 삭제합니다.

```
import pandas as pd

df = pd.DataFrame({'이름':['홍길동','강감찬','강감찬'],'국어':[100,95,95],'영어':[90,95,90]})
print('pandas 데이터프레임\n',df)

print('중복 제거된 데이터프레임\n',df.drop_duplicates())

pandas 데이터프레임
      이름   국어  영어
0   홍길동  100   90
1   강감찬   95   95
2   강감찬   95   90
중복 제거된 데이터프레임
      이름   국어  영어
0   홍길동  100   90
1   강감찬   95   95
2   강감찬   95   90
```

특별히 중복으로 판단할 만한 열을 지정하지 않으면 전체 열이 일치하는 경우만 중복 데이터로 판단하여 위의 코드조각과 실행화면과 같이 일부 데이터가 틀리는 경우 중복 데이터로 인식하지 못하고 삭제하지 못합니다.

```
print('중복 제거된 데이터프레임(첫 데이터 남기기)\n',df.drop_duplicates(['이름']))
print('중복 제거된 데이터프레임(마지막 데이터 남기기)\n',df.drop_duplicates(['이름'],keep='last'))

중복 제거된 데이터프레임(첫 데이터 남기기)
      이름   국어  영어
0   홍길동  100   90
1   강감찬   95   95
중복 제거된 데이터프레임(마지막 데이터 남기기)
      이름   국어  영어
0   홍길동  100   90
2   강감찬   95   90
```

중복으로 판단할 열들을 drop_duplicates() 메소드의 첫 번째 인자로 리스트의 형식으로 넘겨주면 넘겨준 열들을 기반으로 중복을 판단합니다. 위의 코드의 예에서는 이름 열을 기준으로 중복을 판단하였습니다. 그리고 특별히 지정하지 않으면 중복된 데이터 중 첫 데이터를 남기고 나머지 데이터를 지우는데 마지막 데이터를 남기고 싶다면 keep 키워드 인자에 'last'를 넘겨줍니다.

윈도우

데이터가 발생할 때 예측할 수 없는 이상치나 잡음이 포함되는 경우가 있습니다. 지금까지 예로 들어왔던 성적 데이터의 경우를 보면 갑자기 시험의 난이도가 달라져서 성적이 크게 오르거나 내릴 수 있으며 부정행위에 의하여 성적이 크게 오를 수도 있습니다. 이런 편차나 잡음을 있는 그대로 두고 처리하면 데이터의 의미가 왜곡됩니다.

다음과 같은 경우를 봅시다.

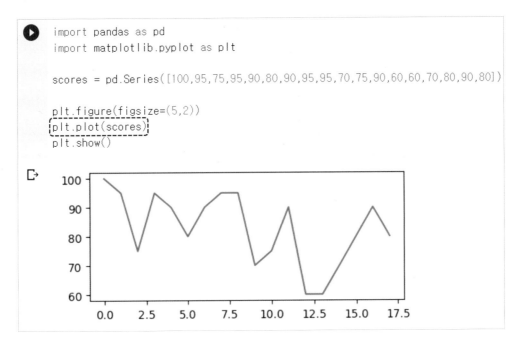

위의 코드조각과 실행화면과 같이 데이터가 발생한대로 성적의 그래프를 그려 보면 성적을 나타내는 그래프가 들쭉날쭉합니다. 이럴 때에는 데이터를 일정한 크기의 구간으로 나누어서 그 구간 내에서 계산을 수행하는 방식으로 데이터에서 일어나는 이상치의 영향과 잡음을 줄이고, 데이터의 추세를 더욱 부드럽게 파악할 수 있습니다. 이와 같은 구간을 윈도우(window)라고 부릅니다.

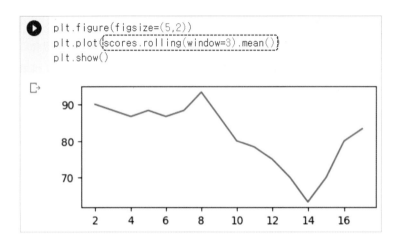

```
plt.figure(figsize=(5,2))
plt.plot(scores.rolling(window=3).mean())
plt.show()
```

위의 코드조각에서 pandas 패키지에서 윈도우 기능을 사용하기 위하여 rolling() 메소드를 사용하고 구간의 크기를 window 키워드 인자에 3으로 넘겨주어 데이터를 3개씩 구간으로 묶었습니다. 그 후 mean() 메소드를 메소드 체이닝 방식으로 연속하여 호출하여 묶어진 3개씩의 구간의 이동 평균(moving average)을 구하여 그래프를 그려 보면 성적 그래프의 추세선이 훨씬 부드러워지며 의미를 파악하기가 쉬워집니다. 그래프를 보니 수험자가 초반에는 우수한 성적을 유지하다가 어떤 사유에 의하여 성적이 하락하기 시작한 후 최근에는 성적의 반등을 시도하고 있는 것으로 보입니다.

앞에서 그래프로 그린 윈도우 크기 3의 이동평균이 어떻게 구해졌는지 데이터를 들여다봅시다.

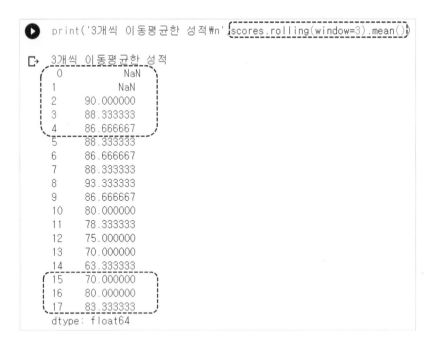

```
print('3개씩 이동평균한 성적\n', scores.rolling(window=3).mean())
```

```
3개씩 이동평균한 성적
 0          NaN
 1          NaN
 2    90.000000
 3    88.333333
 4    86.666667
 5    88.333333
 6    86.666667
 7    88.333333
 8    93.333333
 9    86.666667
10    80.000000
11    78.333333
12    75.000000
13    70.000000
14    63.333333
15    70.000000
16    80.000000
17    83.333333
dtype: float64
```

윈도우의 크기를 3으로 이동 평균을 구하는 데이터를 보면 3개의 데이터가 생길 때까지 첫 번째와 두 번째는 3개 데이터의 기준을 충족하지 못하여 not a number(nan) 값이 들어가 있는 것을 볼 수 있습니다. 그리고 세 번째 값으로 첫 3개의 값인 100, 95, 75의 평균인 (100+95+75)/3 = 90.0이 나오고, 네 번째의 값으로는 첫 3개의 값 중에서 뒤의 2개인 95와 75는 반복하여 사용하고 네 번째 값인 95를 추가로 사용하여 평균한 (95+75+95)/3 = 88.3이 나오는 것을 확인할 수 있습니다. 이런 식으로 마지막까지 반복하여 크기가 3인 구간 즉 윈도우별 평균이 구해집니다. 말로 설명한 것을 그림으로 그리면 아래와 같습니다.

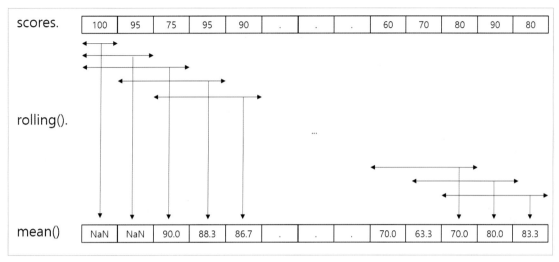

▲ **[그림]** 윈도우 크기를 3으로 롤링하여 이동 평균 구하기

pandas 패키지의 롤링 윈도우에 포함되는 값들을 대상으로 mean( ) 메소드를 사용하여 평균을 구했는데 std( ) 메소드(표준편차), max( ) 메소드(최댓값), min( ) 메소드(최솟값), sum( ) 메소드(합계) 등을 연산의 목적에 맞게 선택하여 사용할 수 있습니다.

롤링 윈도우는 tensorflow 패키지를 포함하여 머신러닝과 딥러닝 라이브러리에서 빈번하게 사용되는 개념입니다. 예를 들어, 시계열 데이터의 추세를 분석하거나, 이상치를 탐지하거나, 신호를 처리하는 등의 작업에 롤링 윈도우가 사용될 수 있습니다.

> ❗ **알아두기 _ pandas 패키지의 고급 데이터 관리 기능**
>
> pandas의 데이터프레임은 데이터베이스 관리 시스템(database management system, DBMS)에서나 제공할 만한 고급 기능들을 제공하고 있습니다. 몇 가지 예시를 아래에 소개합니다:
>
> - **merge( )**: 두 개 이상의 데이터프레임을 특정 열을 기준으로 병합(join)하는 기능을 제공합니다. 내부 조인, 외부 조인, 왼쪽 조인, 오른쪽 조인 등 다양한 조인 유형을 지원하며 복수의 키(열)를 기준으로 병합할 수도 있습니다.
> - **groupby( )**: 데이터프레임을 특정 열(또는 열들)을 기준으로 그룹화하여 그룹별로 집계, 변환, 필터링 등의 작업을 수행하는 기능을 제공합니다.
> - **pivot_table( )**: 엑셀의 피봇(pivot) 기능과 비슷하게 데이터프레임을 피봇하여 처리하는 기능을 제공합니다.
> - **apply( )**: 데이터프레임의 행(axis=0) 또는 열(axis=1)에 대해 사용자 정의 함수를 적용하는 기능을 제공합니다. 데이터프레임의 각 요소에 대해 일괄적으로 연산을 수행하거나, 특정 조건에 따라 데이터를 변환하는 등 다양한 작업에 활용할 수 있습니다.
>
> 필요 시 학습하여 사용하기 바랍니다.

PART 03

머신러닝/딥러닝 기본기

▶▶ Contents

Chapter 10

머신러닝

지금까지 Python 프로그래밍과 AI 프로그래밍 입문자들에게 꼭 필요한 코딩의 기본 기술과 원리와 개념들을 배웠습니다. 이제는 배운 기술과 원리와 개념들을 활용하여 업무에 적용하는 응용프로그램을 코딩해볼 차례입니다. 다만 인공지능 응용프로그램의 경우에도 업무의 영역과 적용할 기술이 다양하여 인공지능 응용프로그램으로 볼 수 있는 머신러닝과 딥러닝의 기본기에 초점을 맞추어 설명할 것입니다.

그러나 인공지능 분야는 머신러닝이나 딥러닝 기술만이 아니라 수학과 과학과 통계 등의 기초 학문과 함께 기존에 데이터 분석용으로 사용하던 데이터웨어하우징(data warehousing, DW)이나 데이터마이닝(data mining, DM)이나 비지니스인텔리전스(business intelligence, BI) 등의 IT 시스템에서 사용하던 전통적인 분석 기술 등 학습할 것들이 산재해 있습니다. 데이터 과학자(data scientist)가 되고 싶은 프로그램 입문자들이 이런 선행 지식들이 없이 인공지능으로 바로 점프하여 배우는 것은 매우 현실적이지 않습니다. 그래서 이 책에서는 지금까지 그래 왔던 것과 같이 이론적인 개념으로 어렵게 설명하기보다는 실용적으로 활용할 수 있는 코딩을 통하여 쉽게 설명할 것입니다. 그래서 이 책의 전체적인 목적과 동일하게 인공지능 응용프로그램의 기본기를 익힌 후 다른 책들이나 인터넷상의 자료들이나 동영상 강의들을 보면서 이해할 능력을 가지게 될 것입니다. 그리고 AI 코딩 비서가 제시해 주는 코드들이 눈에 들어 오기 시작할 것이며 여러분의 질문에 대답하는 대화형 AI 서비스가 맞는 답을 하는지 그렇지 않은지도 판단하여 활용할 능력을 갖추게 될 것입니다.

> **❗ 알아두기 _ 인공지능/머신러닝/딥러닝**
>
> - **딥러닝(deep learning, DL)**: 머신러닝의 한 분야로, 인공신경망(artificial neural network)을 사용하여 데이터를 분석하고 패턴을 찾아내는 기술입니다. 딥러닝은 머신러닝 알고리즘 중에서 인간의 두뇌를 흉내낸 인공신경망을 사용하기 때문에 더욱 복잡한 문제를 해결할 수 있습니다.
> - **머신러닝(machine learning, ML, 기계학습)**: 데이터를 통해 컴퓨터 즉 머신이 스스로 학습하는 기술을 의미합니다. 머신러닝은 머신이 데이터를 분석하고 패턴을 찾아내어 학습하는 기술입니다. 머신러닝은 주로 지도학습, 비지도학습 및 강화학습으로 분류됩니다.
> - **인공지능(artificial intelligence, AI)**: 머신러닝과 딥러닝을 포함하여 인간의 지능을 기계적으로 구현하는 기술을 의미합니다. 이는 컴퓨터가 인간의 학습, 추론, 의사결정 및 자연어 이해 등을 수행하는 능력을 가지게 된다는 것을 의미합니다.

10.1 인공지능 패키지의 종류

인공지능 코딩을 하기 위해서는 Python에서 어떤 패키지들을 제공하는지 먼저 알아야 합니다. Python에서 제공되는 인공지능을 위한 패키지는 일반적으로 데이터 분석, 머신러닝 및 딥러닝용으로 구분할 수 있습니다.

데이터 분석용 패키지

데이터 분석용 패키지는 데이터를 수집, 처리, 분석 및 시각화하는 데 사용됩니다. 대표적인 데이터 분석용 패키지로는 numpy, pandas, matplotlib 등이 있습니다.

머신러닝용 패키지

머신러닝용 패키지는 데이터를 기반으로 분류, 회귀, 군집화 등의 모델을 학습하고 예측하는 데 사용됩니다. 대표적인 머신러닝용 패키지로는 scikit-learn(sklearn), scikit-image(skimage) 등이 있습니다.

딥러닝용 패키지

딥러닝용 패키지는 인공신경망 모델을 구현하고 학습하는 데 사용됩니다. 대표적인 딥러닝용 패키지로는 텐서플로(tensorflow), 케라스(keras), 파이토치(PyTorch, torch) 등이 있습니다.

학습의 이해도를 높이기 위하여 각각의 패키지들을 세 가지로 분류해 보았으나, 이러한 패키지들은 각각의 분류된 영역에만 국한되지 않고, 서로 연결되어 종합적인 인공지능 솔루션을 제공하기도 합니다. 예를 들어, 텐서플로(tensorflow)는 머신러닝 및 딥러닝 기능을 모두 제공하며, scikit-learn은 머신러닝 기능과 데이터 전처리 기능을 함께 제공합니다. 따라서 적합한 패키지를 선택하고 사용할 때는 목적에 맞는 기능과 편의성, 성능 등을 고려해야 합니다.

위의 세 가지 분류에는 포함되지 않지만 이미지 및 비디오 처리를 위한 라이브러리로, 컴퓨터 비전 분야에서 널리 사용되는 OpenCV(cv2, computer vision 2)와 자연어 처리를 위한 패키지로, 토큰화, 형태소 분석, 언어 모델링 등 다양한 자연어 처리 기능을 제공하는 nltk 등의 패키지가 인공지능용 패키지들과 함께 사용됩니다.

10.2 인공지능 알고리즘 코딩 패턴

일반적인 인공지능 알고리즘의 목적은 설명 모델 혹은 예측 모델을 만드는 것으로 코딩 패턴이 **[그림] 인공지능 알고리즘 코딩 패턴**과 같이 정형화되어 있습니다.

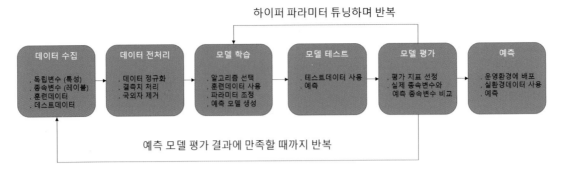

데이터 수집 → 데이터 전처리 → 모델 학습 → 모델 테스트 → 모델 평가 → 예측

하이퍼 파라미터 튜닝하며 반복

예측 모델 평가 결과에 만족할 때까지 반복

▲ [그림] 인공지능 알고리즘 코딩 패턴

위의 코딩 패턴에 따라 평가 결과가 만족할만한 모델이 나올 때까지 반복한 후 실제 운영 환경에 배포하여 사용합니다. 인공지능 알고리즘의 예제 코딩을 진행하면서 각각의 코딩 패턴의 단계에 대하여 설명하겠습니다.

10.3 선형 회귀 알고리즘

선형 회귀(linear regression) 알고리즘은 종속변수와 관련이 있는 일련의 독립변수들을 사용하여 종속변수를 예측해 내는데 주로 연속형 변수를 예측할 때 사용되는 머신러닝 알고리즘입니다. 선형 회귀 모델은 다른 비선형 회귀 알고리즘들이 고차원 데이터에서 성능이 저하되는 경우에도 잘 작동하는 특징을 가지고 있습니다. 매우 단순화하여 설명하자면 선형은 일차방정식적인 것이라고 볼 수 있고, 비선형은 이차방정식 이상인 것으로 볼 수 있습니다.

데이터 수집

각자의 업무 영역에서 분석할 데이터를 수집하여야 하나 본 도서는 코딩을 공부하는 것이 목적이기 때문에 scikit-learn 패키지가 제공하는 데이터셋을 대신 사용하도록 하겠습니다. 그중에서 선형 회귀 분석에 사용하기에 적합하다고 판단되는 당뇨병(diabetes) 데이터를 사용하겠습니다.

```
from sklearn.datasets import load_diabetes

diabetes = load_diabetes()

print(type(diabetes))
print(dir(diabetes))

<class 'sklearn.utils._bunch.Bunch'>
['DESCR', 'data', 'data_filename', 'data_module', 'feature_names', 'frame', 'target', 'target_filename']
```

먼저 sklearn.datasets 모듈에서 diabetes 데이터를 읽어 오는 load_diabetes() 함수를 import한 후 함수를 실행한 결과를 diabetes 변수에 저장합니다. 그 후 diabetes 변수의 유형을 type() 함수로 확인하니 sklearn.utils._bunch.Bunch 객체로 나타납니다. 객체의 유형만으로 데이터셋에 대한 추정이 어려워 dir( ) 함수를 사용하여 객체의 구성 요소를 확인해 보았습니다. 구성 요소의 이름만으로 DESCR(description)은 데이터셋에 대한 설명인 것을 추측할 수 있습니다. diabetes 데이터셋에 대한 정보를 얻기 위하여 DESCR 속성을 출력해 보겠습니다.

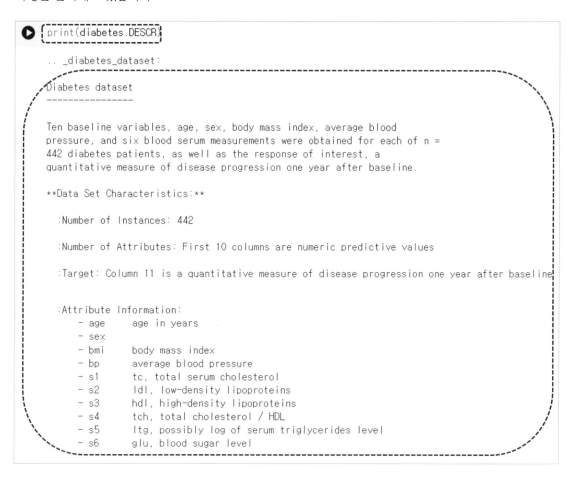

diabetes 데이터에 대한 설명을 읽어 보니 442명의 환자로부터 얻어진 나이(age), 성별(sex), 체질량 지수 (body mass index), 평균 혈압(average blood pressure), 6개의 혈청 측정치(blood serum measurement) 등 10개의 독립변수와 관심의 대상이 되는 1년 후 질병 즉 당뇨병 진행의 정량적 측정치를 종속변수로 가지고 있습니다.

이번에는 diabetes 데이터에 대한 추가적인 정보를 얻기 위하여 load_diabetes( ) 함수에 대한 도움말을 읽어 보겠습니다.

함수가 반환한 객체를 사용하여 코딩을 해야 하니 load_diabetes( ) 함수의 도움말 중에서 반환값(Returns) 에 관심을 가져 봅시다.

```
Returns
-------
data : :class:`~sklearn.utils.Bunch`
    Dictionary-like object, with the following attributes.

    data : {ndarray, dataframe} of shape (442, 10)
        The data matrix. If `as_frame=True`, `data` will be a pandas
        DataFrame.
    target: {ndarray, Series} of shape (442,)
        The regression target. If `as_frame=True`, `target` will be
        a pandas Series.
    feature_names: list
        The names of the dataset columns.
    frame: DataFrame of shape (442, 11)
        Only present when `as_frame=True`. DataFrame with `data` and
        `target`.

        .. versionadded:: 0.23
    DESCR: str
        The full description of the dataset.
    data_filename: str
        The path to the location of the data.
    target_filename: str
        The path to the location of the target.
```

도움말을 읽어 보면 반환값의 data 속성은 442행 10열의 배열(ndarray) 혹은 데이터프레임(dataframe)이고, target 속성은 442행 1열의 배열(ndarray) 혹은 시리즈(Series)라는 것을 알 수 있습니다. data 속성에 저장된 값이 10열로 여러 개이니 독립변수이고, target 속성에 저장된 값은 1열이니 종속변수라는 것을 알 수 있습니다. 물론 data라는 용어와 target이라는 용어를 보고도 data 속성은 독립변수, target 속성은 종속변수를 의미한다고 쉽게 추측할 수 있습니다. 그리고 feature_names 속성은 열의 이름이라는 것을 알 수 있습니다. 특징(feature)이라는 용어는 독립변수를 의미하는 인공지능 분야의 용어입니다.

데이터 전처리

데이터를 눈으로 확인해 봅시다.

```
print(diabetes.feature_names)
```
```
['age', 'sex', 'bmi', 'bp', 's1', 's2', 's3', 's4', 's5', 's6']
```

feature_names 속성에서 10개의 특징 즉 독립변수의 이름을 알 수 있고 data 속성에 있는 값들이 이 리스트에 들어 있는 순서와 같을 것이라는 것을 짐작할 수 있습니다.

```
print(diabetes.data[0:3])
print(diabetes.data[-1:-3:-1])
```

```
[[ 0.03807591  0.05068012  0.06169621  0.02187239 -0.0442235  -0.03482076
  -0.04340085 -0.00259226  0.01990749 -0.01764613]
 [-0.00188202 -0.04464164 -0.05147406 -0.02632753 -0.00844872 -0.01916334
   0.07441156 -0.03949338 -0.06833155 -0.09220405]
 [ 0.08529891  0.05068012  0.04445121 -0.00567042 -0.04559945 -0.03419447
  -0.03235593 -0.00259226  0.00286131 -0.02593034]]
[[-0.04547248 -0.04464164 -0.0730303  -0.08141314  0.08374012  0.02780893
   0.17381578 -0.03949338 -0.00422151  0.00306441]
 [-0.04547248 -0.04464164  0.03906215  0.00121528  0.01631843  0.01528299
  -0.02867429  0.02655962  0.04452873 -0.02593034]]
```

data 속성에서 첫 세 개의 값과 마지막 두 개의 값을 확인해 보았습니다. 행마다 10개의 데이터가 있어서 10개의 기준의 되는 독립변수가 들어 있다는 것을 쉽게 짐작할 수 있는데 각각의 값들이 이상합니다. 첫 번째 열은 전혀 나이(age) 같지 않고 두 번째 열은 전혀 성별(sex) 같지 않고 세 번째 열은 전혀 체질량 지수(body mass index) 같지 않습니다. 그 이유는 scikit-learn 패키지에서 diabetes 데이터셋을 제공할 때 10개의 변수들을 데이터 전처리(data preprocessing)해 놓았기 때문입니다.

여기서 전처리된 기법은 데이터 정규화(normalization) 혹은 데이터 표준화(standarization)입니다. 데이터의 크기를 조정하는 기법으로 스케일링(scaling)이라고 부르기도 합니다. 어떤 사람의 나이가 60이고 성별은 남자이고 체질량 지수가 30이라고 합시다. 그런데 주어진 데이터를 있는 그대로 선형 회귀 분석 알고리즘으로 모델을 학습시키면 나이가 60이고 체질량 지수가 30이니 수의 크기가 큰 나이가 결과에 미치는 영향이 수의 크기가 작은 체질량 지수가 미치는 영향보다 클 것입니다. 이는 모델의 학습 결과가 왜곡될 수 있는 원인이 될 수 있습니다. 성별은 어떨까요? 남자와 여자라는 것만 가지고는 선형 회귀 분석에 사용할 수가 없으니 수치화하여야 할텐데 어떻게 수치화하여야 할까요? 이때 적용하는 방법이 정규화입니다. 데이터 정규화를 통해 값의 크기를 표준화하면, 특징별로 학습에 과다하거나 과소하게 영향을 미치는 것을 방지할 수 있습니다. 따라서 모델의 학습 결과를 보다 정확하고 안정적으로 만들 수 있습니다. data 속성에 들어 있는 값들은 이상한 것이 아니라 잘 정규화되어 있는 값이라는 것을 알고 가면 되겠습니다. 인공 신경망(artificial neural networks)과 같은 딥러닝 알고리즘에서는 데이터의 평균이 0이고 값의 범위가 -1에서 1 사이의 값을 가질 때 학습에 가장 효율적인 것으로 알려져 있습니다. 그러나 이는 일반적인 원칙일 뿐이며 해당하는 문제와 모델에 따라 다를 수 있습니다. 데이터 전처리 기법은 상황에 따라 적절하게 선택되어야 합니다.

종속변수인 target 속성에서 첫 세 개의 값과 마지막 세 개의 값을 확인해 보면 1개의 종속변수가 연속적인 (continuous) 값으로 들어 있다는 것을 쉽게 짐작할 수 있습니다.

```
print(diabetes.target[0:3])
print(diabetes.target[-1:-4:-1])
```

```
[151.  75. 141.]
[ 57. 220. 132.]
```

적재적소 _ 정규화/표준화

정규화(normalization) 혹은 표준화(standarization) 코딩을 하는 방법으로 최댓값과 최솟값을 사용하는 방법과 평균과 표준편차를 활용하는 방법이 있습니다. 그러나 이러한 정규화 기법들은 이상치에 민감할 수 있으며, 이상치가 존재할 경우 정규화된 값이 왜곡될 수 있습니다. 평균과 표준편차를 사용하는 방법이 이상치에 덜 민감하기는 하나 이상치로 부터 자유롭지는 않습니다. 따라서 정규화 전에 이상치 처리를 먼저 진행하는 것이 좋습니다.

최댓값과 최솟값을 이용한 정규화는 데이터가 양의 최솟값과 최댓값 사이에 고르게 분포한다면 normalized = (values − min(values)) / max(values)와 같은 수식으로 쉽게 계산할 수 있습니다.

평균과 표준편차를 활용하는 정규화 방법은 코딩을 통하여 설명하겠습니다.

```python
import numpy as np

def normalize(values):
    mean = np.mean(values)    # 평균
    std = np.std(values)       # 표준편차
    # 정규화 = (값 - 평균) / 표준편차
    normalized = (values - mean) / std

    return normalized

ages = np.array([50,45,20,60,63,57,40,47,30,58])
normalized_ages = normalize(ages)
print('정규화된 나이 :\n',normalized_ages)

bmis = np.array([30,28,22,28,27,32,27,22,25,29])
normalized_bmis = normalize(bmis)
print('정규화된 체질량 지수 :\n',normalized_bmis)

정규화된 나이 :
[ 0.22834992 -0.15223328 -2.05514926  0.98951631  1.21786623  0.76116639
 -0.53281647  0.        -1.29398287  0.83728303]
정규화된 체질량 지수 :
[ 0.97849211  0.32616404 -1.63082018  0.32616404  0.          1.63082018
  0.        -1.63082018 -0.65232807  0.65232807]
```

평균과 표준편차를 활용하는 정규화는 데이터 값에서 평균을 빼고 표준편차로 나누면 됩니다. 평균을 빼면 데이터의 값이 평균을 중심으로 0에 모이게 됩니다. 표준편차로 나눌 때 값의 크기가 크면 큰 표준편차로 나누고 값의 크기가 작으면 작은 표준편차로 나누기 때문에 데이터 값의 크기가 특징별로 동일한 스케일을 갖게 합니다. 정규화는 반복되어 사용되기 때문에 함수로 정의하여 나이와 체질량 지수의 정규화에 사용하였는데 위의 코드조각과 실행화면을 보면 정규화 이전의 나이와 체질량 지수는 값의 크기가 2배 정도 차이가 나지만 정규화된 값은 크기의 차이가 나지 않고 비슷해 보이는 것을 확인할 수 있습니다.

그럼 이번에는 정규화 로직을 성별에 적용해 보겠습니다.

```python
sex = np.array(['M','F','F','M','M','F','F','F','M','F'])
sex_numeric = np.where(sex == 'M',1,0)
print('수치화된 성별 :',sex_numeric)
normalized_sex = normalize(sex_numeric)
print('정규화된 성별 :\n',normalized_sex)

수치화된 성별 :[1 0 0 1 1 0 0 0 1 0]
정규화된 성별 :
[ 1.22474487 -0.81649658 -0.81649658  1.22474487  1.22474487 -0.81649658
 -0.81649658 -0.81649658  1.22474487 -0.81649658]
```

성별은 수치 데이터가 아니기 때문에 선형 회귀 분석에 적용하기 위해서는 수치화를 해야 합니다. 그래서 np.where(sex == 'M',1,0) 문장을 사용하여 'M' 즉 남자(male)는 1로 그렇지 않은 경우 즉 여자(female)는 0으로 문자열 데이터를 수치 데이터로 변경하였습니다. 그 후 정규화하면 1과 0 대신에 정규화된 2개의 수치로 변하는 것을 볼 수 있습니다.

정규화는 각종 패키지들이 객체화하여 제공하는데 여기서는 sklearn.preprocessing 모듈의 StandardScaler 객체를 사용하여 정규화를 해 보겠습니다. 앞의 예제에서는 정규화에 대한 이해를 돕기 위하여 리스트로 만든 단순한 벡터를 가지고 정규화하는 코딩해 보았는데 sklearn 패키지는 numpy 배열을 기반으로 동작하기 때문에 리스트 벡터들을 모아서 numpy 행렬로 바꾸는 작업을 먼저 하여야 합니다.

```python
import numpy as np
from sklearn.preprocessing import StandardScaler

features = np.array(list(zip(ages,sex_numeric,bmis)))
print('특징 :\n',features)

scaler = StandardScaler()
normalized_features = scaler.fit_transform(features)

print('정규화된 특징 :\n',normalized_features)
```

```
특징 :
[[50  1 30]
 [45  0 28]
 [20  0 22]
 [60  1 28]
 [63  1 27]
 [57  0 32]
 [40  0 27]
 [47  0 22]
 [30  1 25]
 [58  0 29]]
정규화된 특징 :
[[ 0.22834992  1.22474487  0.97849211]
 [-0.15223328 -0.81649658  0.32616404]
 [-2.05514926 -0.81649658 -1.63082018]
 [ 0.98951631  1.22474487  0.32616404]
 [ 1.21786623  1.22474487  0.        ]
 [ 0.76116639 -0.81649658  1.63082018]
 [-0.53281647 -0.81649658  0.        ]
 [ 0.         -0.81649658 -1.63082018]
 [-1.29398287  1.22474487 -0.65232807]
 [ 0.83728303 -0.81649658  0.65232807]]
```

np.array(list(zip(ages,sex_numeric,bmis))) 문장만 이해하면 위의 코드조각은 매우 단순합니다. zip( ) 함수로 나이와 성별과 체질량 지수가 열을 구성하도록 만든 zip 객체를 numpy 배열로 형변환하는 것이 허용되지 않아 list( ) 함수로 먼저 리스트로 형변환한 후 numpy 배열로 형변환하였습니다. sklearn.preprocessing 모듈에서 StandardScaler 객체를 import한 후 scaler = StandardScaler( )와 같이 정규화를 위한 객체변수를 만들어 특징을 저장하는 행렬을 normalized_features = scaler.fit_transform(features) 문장과 같이 생성된 StandardScaler 객체의 fit_transform( ) 메소드에 넘겨주어 호출하는 것이 정규화를 위한 코드의 전부입니다. 표준척도(standard scale)라는 용어는 크기를 표준화한다는 의미이니 정규화라는 용어와 같은 뜻입니다. 실행화면에서 행렬로 만들어진 특징과 정규화된 특징을 보면 scikit-learn 패키지의 데이터셋에서 가져온 당뇨병(diabetes) 데이터에서 나이와 성별과 체질량 지수를 발췌한 것처럼 유사합니다.

scikit-learn(sklearn) 패키지의 preprocessing 모듈을 사용하면 정규화 코딩이 매우 쉬워지는 것을 경험했으니 위에서 설명한 최댓값과 최솟값을 사용한 정규화 코딩도 해 보겠습니다.

코드의 패턴이 평균과 표준편차로 정규화하는 StandardScaler와 동일합니다. 다만 정규화하는 객체를 StandardScaler에서 MinMaxScaler로 변경했기 때문에 우측의 실행화면을 보면 0에서 1 사이로 최댓값과 최솟값을 사용한 정규화되어 있는 것을 확인할 수 있습니다.

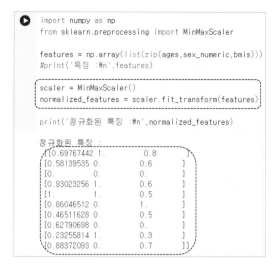

MinMaxScaler 객체를 생성할 때 feature_range 키워드 인자를 사용하여 정규할 대상값의 범위를 결정할 수 있습니다. feature_range=(-1,1)과 같이 인자를 넘기면 평균과 표준편차를 사용한 StandardScaler와 같이 -1과 1 사이의 값으로 정규화되는 것을 확인할 수 있습니다.

여기서 설명한 정규화 방법 외에 0~255의 0~255의 값을 가지는 이미지 데이터를 정규화할 때 최대치인 255로 나누어 0~1의 값을 가지도록 정규화하는 방법이 실제 딥러닝 코드에서 많이 발견됩니다. 데이터의 특성을 고려한 간편한 정규화 기법으로 판단됩니다. 이와 같이 데이터의 특성과 모델의 요구 사항에 따라 정규화 방법을 선택하고 적용하는 것이 중요합니다. 실험과 평가를 통해 최적의 정규화 방법을 찾아내는 것이 좋습니다.

모델 훈련

scikit-learn 패키지가 제공하는 diabetes 데이터를 사용하여 선형 회귀 분석 알고리즘으로 컴퓨터를 즉 머신을 학습 혹은 훈련시켜 보겠습니다. 머신을 훈련시킨 결과 객체를 모델(model)이라고 부릅니다. 선형 회귀 모델에서 훈련된 모델이 내부적으로 회귀방정식으로 구성되어 있을 것이라는 것을 어렵지 않게 짐작할 수 있습니다.

```
from sklearn.linear_model import LinearRegression

model = LinearRegression()
model.fit(diabetes.data,diabetes.target)
print('훈련된 회귀방정식의 계수 :\n',model.coef_)
print('훈련된 회귀방정식의 절편 :',model.intercept_)

훈련된 회귀방정식의 계수 :
 [ -10.0098663   -239.81564367   519.84592005   324.3846455    -792.17563855
   476.73902101   101.04326794   177.06323767   751.27369956    67.62669218]
훈련된 회귀방정식의 절편 : 152.13348416289597
```

먼저 sklearn.linear_model 모듈에서 LinearRegression 클래스(class, 객체유형)를 import합니다. 그리고 model = LinearRegression()과 같이 LinearRegression 객체를 만들어 model 객체변수에 저장합니다. 그 후 model.fit(diabetes.data,diabetes.target) 문장과 같이 model 객체의 fit() 메소드에 첫 번째 인자로 독립변수의 행렬인 data 속성을 넘겨주고, 두 번째 인자로 종속변수의 행렬인 target 속성을 넘겨주는 간단한 방법으로 모델을 훈련시키게 됩니다. 훈련하는 메소드의 이름이 fit인데 np.polyfit() 함수에서 사용되어서 어색하지 않을 것입니다. LinearRegression 객체는 scikit-learn 패키지가 np.polyfit()나 np.poly1d()와 같은 하위 레벨(low level)의 함수를 인간에게 더 가깝게 추상화된 상위 레벨(high level)의 객체로 구현한 것으로 이해하면 됩니다. 모델을 훈련시킨 후 model.coef_와 같이 모델의 coef_ 속성을 조회해 보면 훈련시킨 결과인 회귀방정식의 계수(coefficient)들을 확인해 볼 수 있습니다. intercept_ 속성으로는 회귀방정식의 절편(intercept)을 확인해 볼 수 있습니다.

> 📄 **적재적소 _ scikit-learn과 sklearn**
>
> scikit-learn 패키지를 import할 때는 scikit-learn이 아니라 sklearn으로 줄여진 이름을 사용하니 주의 바랍니다. 그런데 패키지를 설치할 때에는 pip install scikit-learn과 같이 줄이지 않은 이름을 그대로 사용합니다. 이런 현상이 scikit-learn만이 아니라 Pillow나 OpenCV 등에서도 발생하는데 본 도서에서는 괄호 안에 설치할 때 사용되는 이름과 import할 때 사용되는 이름을 병기해 놓았으니 참조하기 바라며, 이외의 다른 패키지들을 설치할 때에도 발생할 수 있는 일이니 숙지하기 바랍니다.

모델 테스트

이제 선형 회귀 분석 알고리즘으로 학습시킨 모델을 사용하여 1년 후 당뇨병 진행의 정량적 측정치를 예측하는 방법으로 모델을 테스트해 보겠습니다. 모델을 테스트할 때는 훈련 데이터와 별도로 테스트 데이터를 사용하여 테스트하는 것이 일반적입니다. 이를 통해 모델이 새로운 데이터에 대해 얼마나 잘 일반화(generalization)되었는지 평가할 수 있습니다. 그러나 여기서는 코딩을 설명할 목적으로 편의상 모델을 훈련 시 사용했던 데이터 중 첫 세 개의 데이터를 사용하겠습니다.

```
print('1년 후 당뇨병 진행의 예측을 위한 독립변수 :\n',diabetes.data[0:3])
y_pred = model.predict(diabetes.data[0:3])

y_true = diabetes.target[0:3]
print('회귀분석 모델에 사용된 1년 후 당뇨병 진행의 정량적 측정치:\n',y_true)
print('회귀분석 모델로 예측한 1년 후 당뇨병 진행의 정량적 측정치:\n',y_pred)

1년 후 당뇨병 진행의 예측을 위한 독립변수 :
 [[ 0.03807591  0.05068012  0.06169621  0.02187239 -0.0442235  -0.03482076
  -0.04340085 -0.00259226  0.01990749 -0.01764613]
 [-0.00188202 -0.04464164 -0.05147406 -0.02632753 -0.00844872 -0.01916334
   0.07441156 -0.03949338 -0.06833155 -0.09220405]
 [ 0.08529891  0.05068012  0.04445121 -0.00567042 -0.04559945 -0.03419447
  -0.03235593 -0.00259226  0.00286131 -0.02593034]]
회귀분석 모델에 사용된 1년 후 당뇨병 진행의 정량적 측정치:
 [151.  75. 141.]
회귀분석 모델로 예측한 1년 후 당뇨병 진행의 정량적 측정치:
 [206.11667725  68.07103297 176.88279035]
```

학습한 모델을 사용하여 예측을 하는 코드는 모델을 학습시키는 것만큼이나 단순합니다. model.
predict(diabetes.data[0:3]) 문장과 같이 model 객체의 predict( ) 메소드에 예측을 원하는 독립변수의
numpy 배열을 넘겨주기만 하면 됩니다. 위의 실행화면을 보면 예측된 1년 후 당뇨병 진행의 정량적 측
정치가 실제 측정치와 다르지만 어느 정도 근사한 값이 예측되는 것을 확인할 수 있습니다. y_true =
diabetes.target[0:3] 문장은 y_true 변수 이름을 사용하여 코드의 의미를 명확하게 하기 위한 목적으로
추가되었습니다. y_true와 y_pred 변수가 함께 사용되어 코드의 의미를 더욱 명확하게 해 주는 효과가
있습니다.

그럼 지금까지 학습하기 위하여 단편적으로 보았던 코딩을 모아서 보겠습니다.

```
from sklearn.datasets import load_diabetes
from sklearn.linear_model import LinearRegression

# 데이터 수집 및 전처리
diabetes = load_diabetes()

# 모델 훈련
model = LinearRegression()
model.fit(diabetes.data,diabetes.target)

# 모델 테스트
y_pred = model.predict(diabetes.data[0:3])
print('회귀분석 모델로 예측한 1년 후 당뇨병 진행의 정량적 측정치:\n', y_pred)

회귀분석 모델로 예측한 1년 후 당뇨병 진행의 정량적 측정치:
 [206.11667725  68.07103297 176.88279035]
```

어떤가요? 선형 회귀 모델을 머신으로 학습시키는 코딩을 따라해 본 것과 같이 그리고 위의 코드조각과
실행화면과 같이 인공지능의 경우 코딩은 크게 어렵지 않습니다. 어려운 것은 질높은 데이터를 확보하는
것과 학습 혹은 훈련에 적합하도록 데이터를 전처리하는 것과 훈련된 모델을 평가하여 개선해 가는 것입
니다.

적재적소 _ numpy 배열 데이터와 pandas 데이터프레임 데이터 동시 지원

load_diabetes( ) 함수의 도움말에서 반환값 부분을 읽어 보면 as_frame 키워드 인자로 참(True)을 넘겨주면 pandas 패키지의 데이터프레임(DataFrame) 자료형으로 데이터를 반환받을 수 있다는 것을 알 수 있습니다. 지금까지는 선형 회귀 알고리즘으로 예측 모델을 만들기 위하여 numpy의 배열을 사용했는데 pandas의 데이터프레임으로도 sklearn.linear_model 모듈의 LinearRegression 객체를 사용하여 선형 회귀 알고리즘을 적용할 수 있는지 코드로 확인해 보겠습니다.

```
from sklearn.datasets import load_diabetes
from sklearn.linear_model import LinearRegression

# 데이터 수집 및 전처리
diabetes = load_diabetes(as_frame=True)

# 모델 훈련
model = LinearRegression()
model.fit(diabetes.data,diabetes.target)

# 모델 테스트
y_pred = model.predict(diabetes.data[0:3])
print('회귀분석 모델로 예측한 1년 후 당뇨병 진행의 정량적 측정치:\n', y_pred)

회귀분석 모델로 예측한 1년 후 당뇨병 진행의 정량적 측정치:
 [206.11667725   68.07103297 176.88279035]
```

위의 코드조각과 실행화면을 보면 load_diabetes(as_frame=True)와 같이 함수를 호출한 후 다른 코드의 변경 없이 학습과 예측이 정상적으로 동작하는 것을 확인할 수 있습니다.

```
print(diabetes.data)

          age       sex       bmi        bp        s1        s2        s3 ₩
0    0.038076  0.050680  0.061696  0.021872 -0.044223 -0.034821 -0.043401
1   -0.001882 -0.044642 -0.051474 -0.026328 -0.008449 -0.019163  0.074412
2    0.085299  0.050680  0.044451 -0.005670 -0.045599 -0.034194 -0.032356
3   -0.089063 -0.044642 -0.011595 -0.036656  0.012191  0.024991 -0.036038
4    0.005383 -0.044642 -0.036385  0.021872  0.003935  0.015596  0.008142
. .        . .       . .       . .       . .       . .       . .       . .
437  0.041708  0.050680  0.019662  0.059744 -0.005697 -0.002566 -0.028674
438 -0.005515  0.050680 -0.015906 -0.067642  0.049341  0.079165 -0.028674
439  0.041708  0.050680 -0.015906  0.017293 -0.037344 -0.013840 -0.024993
440 -0.045472 -0.044642  0.039062  0.001215  0.016318  0.015283 -0.028674
441 -0.045472 -0.044642 -0.073030 -0.081413  0.083740  0.027809  0.173816
```

읽어 온 diabetes.data 속성을 확인해 보면 pandas 데이터프레임으로 읽어 왔기 때문에 데이터의 상단에 열의 이름이 나타나고 데이터의 좌측에 인덱스가 나타나는 것을 확인할 수 있습니다. 이와 같이 2차원 데이터인 경우 numpy 배열보다 pandas 데이터프레임의 표현력이 월등한 것으로 알 수 있습니다.

```
    print(diabetes.target)

    0      151.0
    1       75.0
    2      141.0
    3      206.0
    4      135.0
           ...
    437    178.0
    438    104.0
    439    132.0
    440    220.0
    441     57.0
    Name: target, Length: 442, dtype: float64
```

diabetes.target 속성의 경우에도 데이터의 좌측에 인덱스가 나타나 442행 1열의 데이터임을 numpy 배열보다 더 명시적으로 알 수 있습니다.

이와 같이 많은 인공지능과 관련한 Python 패키지들이 numpy 배열 데이터와 pandas 데이터프레임 데이터를 동시에 사용할 수 있도록 지원합니다.

모델 평가

모델 테스트 시 예측된 1년 후 당뇨병 진행의 정량적 측정치가 실제 측정치와 달랐는데 이 모델은 어느 정도의 신뢰성을 가지고 사용할 수 있는 것일까요? 10가지 독립변수의 값들을 확보하면 1년 동안 당뇨병이 어느 정도 진행되는지 의사들만큼이나 정확하게 예측할 수 있는 것일까요? 이런 질문에 대답을 할 수 있도록 인공지능 모델을 만드는 코드에는 모델을 평가하는 코드가 추가되어야 합니다.

모델을 평가하기 위해서는 모델의 학습 혹은 훈련에 데이터가 필요한 동시에 모델의 평가를 위해서도 데이터가 필요하게 됩니다. 프로그래머로서 프로그램 코드를 테스트할 때에는 테스트 케이스에 맞게 데이터를 만드는 것이 일반적입니다. 그러나 많은 데이터를 사용하는 인공지능 모델 개발의 경우 데이터를 인위적으로 만들기 매우 어렵습니다. 그래서 수집된 데이터 중 일부를 모델 훈련을 위하여 사용하고, 또 일부를 모델 테스트를 위하여 사용하는 것이 일반적입니다. 데이터를 모델 예측을 위한 훈련(train) 데이터와 모델 평가를 위한 테스트(test) 데이터로 나눌 때에는 sklearn.model_selection 모듈의 train_test_split() 함수를 사용합니다.

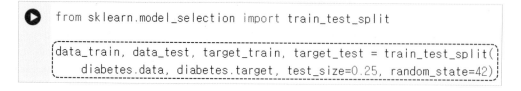

```
    from sklearn.model_selection import train_test_split

    data_train, data_test, target_train, target_test = train_test_split(
        diabetes.data, diabetes.target, test_size=0.25, random_state=42)
```

train_test_split() 함수의 첫 번째 인자는 독립변수의 배열 혹은 데이터프레임을 넘겨주고, 두 번째 인자로는 종속변수의 배열 혹은 데이터프레임을 넘겨줍니다. test_size 키워드 인자에는 테스트 데이터로 분류할 비율을 0~1 사이의 실수로 넘겨줍니다. 위의 코드에서는 0.25를 넘겨주었는데 전체 데이터 중 25%

를 테스트용으로 분류하라는 의미입니다. random_state 키워드 인자에는 난수를 발행할 시드(seed)를
넘겨줍니다.

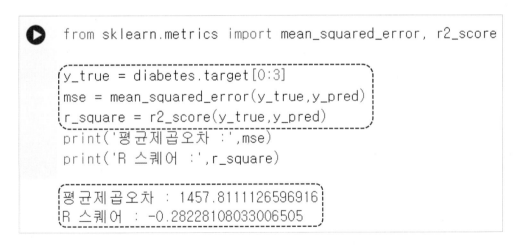

```
print('전체 데이터의 갯수 :',len(diabetes.data))
print('학습 데이터의 갯수 :',len(data_train))
print('테스트 데이터의 갯수 :',len(data_test))
print('테스트 데이터의 비율 :',len(target_test) / len(diabetes.data))

전체 데이터의 갯수 : 442
학습 데이터의 갯수 : 331
테스트 데이터의 갯수 : 111
테스트 데이터의 비율 : 0.251131221719457
```

위의 코드조각과 실행화면과 같이 테스트용 데이터수를 전체 데이터수로 나누면 test_size 키워드 인자에
지정된 0.25의 근사값인 확인할 수 있습니다.

모델을 평가하기 위하여 데이터를 훈련용과 테스트용으로 나누었으니 모델을 평가하는 방법을 알아볼 차
례입니다. 모델 테스트를 설명할 때 '예측된 1년 후 당뇨병 진행의 정량적 측정치가 실제 측정치와 다르
지만 어느 정도 근사한 값이 예측되는 것을 확인할 수 있습니다.'라고 한 것을 기억하나요? 모델을 평가하
는 힌트가 이 말에 들어 있습니다. 예측한 측정치와 실제 측정치를 비교해 보면 모델이 어느 정도 정확한
지 평가를 할 수 있는 것입니다.

선형 회귀 모델의 적합도를 수치로 평가하는 지표로 평균제곱오차(mean squared error, MSE)와 R 스퀘어
(R squared, R^2)가 있는데 평가지표를 제공하는 sklearn.metrics 모듈의 mean_squared_error( ) 함수와
r2_score( ) 함수를 사용하여 구할 수 있습니다.

```
from sklearn.metrics import mean_squared_error, r2_score

y_true = diabetes.target[0:3]
mse = mean_squared_error(y_true,y_pred)
r_square = r2_score(y_true,y_pred)
print('평균제곱오차 :',mse)
print('R 스퀘어 :',r_square)

평균제곱오차 : 1457.8111126596916
R 스퀘어 : -0.28228108033006505
```

앞에서 전체 당뇨병(diabetes) 데이터로 학습시키고 첫 세 개의 데이터로 예측을 한 경우의 평균제곱오차
는 1,458이고 R 스퀘어값은 -0.28입니다.

```
import numpy as np

rmse = np.sqrt(mse)
print('평균제곱근오차(np.sqrt)\t\t\t:',rmse)

rmse = mean_squared_error(y_true,y_pred,squared=False)
print('평균제곱근오차(mean_squared_error)\t:',rmse)

평균제곱근오차(np.sqrt)                    : 38.18129270545579
평균제곱근오차(mean_squared_error)         : 38.18129270545579
```

그런데 평균제곱오차(mean squared error, MSE)는 평가지표로 사용하기에는 적합한 방법이지만 제곱되어 있는 값이기 때문에 사람이 인식하기에는 적합한 수치가 아닙니다. 예를 들면 성적의 평균제곱오차가 100이라면 이는 약 10의 오차를 의미하기 때문입니다. 10의 제곱은 100이니까요. 그래서 프로그래머들은 np.sqrt(mse)와 같은 문장으로 MSE에 제곱근(square root)을 구한 평균제곱근오차(root mean squared error, RMSE)라는 지표를 즐겨 사용합니다. 즉 앞에서 성적의 예를 든 100과 10 중에서 10을 사용하는 것입니다. np.sqrt() 함수를 사용하는 것이 코드의 의미를 알 수 있는 직관적인 방법이지만 mean_squared_error() 함수의 squared 키워드 인자에 거짓(False)을 넘겨주는 방식으로도 평균제곱근오차를 구할 수 있습니다.

> **! 알아두기 _ 선형 회귀 모델의 평가 지표 - 평균제곱오차와 R 스퀘어**
>
> 평균제곱오차(mean squared error, MSE)는 실제 값과 예측 값의 차이를 제곱한 후에 평균을 구한 값으로, 예측 값과 실제 값 간 차이를 제곱하기 때문에 예측 값과 실제 값의 차이가 클수록 큰 값이 됩니다. 그래서 평균제곱오차는 작을수록 모델의 예측 성능이 좋다고 해석할 수 있습니다.
>
> R 스퀘어(R squared, R^2)는 결정계수(coefficient of determination)라고도 부르는데 전체 변동 중 회귀식에 의하여 설명되는 변동의 비율로 모델이 데이터를 얼마나 잘 설명하는지를 나타내는 지표입니다. R^2는 0에서 1 사이의 값인데 만약 0보다 작다면 모델의 예측 성능이 무작위 예측보다 못하다는 의미로 해석할 수 있으며, 일반적으로 0.5 이상의 값이면 모델이 좋은 예측 성능을 보이는 것으로 해석할 수 있습니다.

그럼 훈련용 데이터와 테스트용 데이터로 나눈 데이터로 훈련을 시키고 테스트를 위한 예측을 하여 모델의 성능을 확인해 보겠습니다. 훈련용 데이터와 테스트용 데이터를 분류하는 코드는 데이터 수집 및 전처리 영역에 배치하겠습니다.

```python
from sklearn.datasets import load_diabetes
from sklearn.model_selection import train_test_split
from sklearn.linear_model import LinearRegression
from sklearn.metrics import mean_squared_error, r2_score

# 데이터 수집 및 전처리
diabetes = load_diabetes(as_frame=True)
data_train, data_test, target_train, target_test = train_test_split(
    diabetes.data, diabetes.target, test_size=0.25, random_state=42)

# 모델 훈련
model = LinearRegression()
model.fit(data_train,target_train)

# 모델 테스트
y_pred = model.predict(data_test)

# 모델 평가
mse = mean_squared_error(target_test,y_pred)
r_square =        r2_score(target_test,y_pred)
print('평균제곱오차 :',mse)
print('R 스퀘어 :',r_square)
```

```
평균제곱오차 : 2848.3106508475057
R 스퀘어 : 0.4849058889476755
```

앞에서 설명한 부분과 코드가 달라지는 부분은 모델을 훈련시킬 때에는 data_train과 target_train 훈련용 데이터를 사용하고, 모델을 테스트할 때에는 data_test와 target_test 테스트용 데이터를 사용하는 것입니다. target_test 변수를 y_true 변수로 만들면 가독성이 향상될 수 있으나 target_test라는 이름도 충분히 가독성을 보장한다고 판단하였습니다. 전체 당뇨병(diabetes) 데이터로 학습시키고 첫 세 개의 데이터로 예측을 한 경우와 비교할 때 평균제곱오차가 1,458에서 2,848로 커져서 오차가 커진 것으로 보이고, R 스퀘어 값은 -0.28에서 0.48로 개선된 것으로 나옵니다. 그러나 앞의 코드는 코드를 빠르게 한 바퀴 돌며 이해시키기 위하여 전체 데이터를 사용하여 훈련하고 훈련된 데이터에서 데이터를 발췌하여 테스트했기 때문에 과대적합되었을 가능성이 높고, 테스트 데이터를 3개만 사용했기때문에 평가에 사용할 만큼 샘플이 확보되지 않아 이런 비교가 가능하지 않습니다. 여기서는 평가지표의 수치에 관심을 가지기보다 앞의 코드를 통하여 선형 회귀 모델을 훈련하는 코드의 패턴을 이해하고, 이번 코드를 통하여 훈련용 데이터와 테스트용 데이터를 나누어 훈련하는 코드의 패턴을 이해하기 바랍니다.

아무튼 이런 과정을 거쳐 한 가지 중요한 사실을 배우게 되었습니다. 훈련용 데이터로 모델을 평가하면 모델이 훈련용 데이터에 과대적합되는 문제가 발생할 수 있습니다. 훈련용 데이터와 테스트용 데이터를 분리하여 사용하면 모델의 일반화 성능을 평가할 수 있습니다.

📋 **적재적소 _ 과대적합**

과대적합(overfitting)은 특정 데이터에 학습한 모델이 훈련한 데이터에 편중되어 학습하지 않은 데이터에 대한 대표성이 떨어지는 현상을 말합니다. 훈련용 데이터에 과대적합된다는 것은 일반화(generalization)가 부족하다는 것을 의미하며, 과대적합되면 학습과 테스트 환경에서 모델이 적합하더라도 실사용환경에서는 모델이 적합하지 않게 된다는 것을 의미합니다. 훈련(train) 데이터와 테스트(test) 데이터를 서로 다른 데이터로 구분하여 사용하면 훈련 데이터와 테스트 데이터가 서로 다른 데이터이기 때문에 일반화된 모델을 평가하게 됩니다.

그 외에 아래와 같은 과대적합의 원인들이 있습니다.

- 훈련 데이터의 크기가 너무 작을 경우
- 모델의 복잡도가 너무 높을 경우
- 노이즈가 많은 데이터를 사용할 경우

그리고 아래와 같은 방법을 사용하여 과대적합을 방지할 수 있습니다.

- 훈련 데이터의 크기를 늘리는 방법
- 모델의 복잡도를 낮추는 방법
- 데이터 전처리를 통해 노이즈를 제거하는 방법

훈련 데이터와 테스트 데이터에 모두 적합하지 않으면 과소적합(underfitting)이라고 말하는데 모델이 너무 단순하거나 모델이 너무 복잡한 것이 주요 원인입니다.

10.4 로지스틱 회귀 알고리즘

로지스틱 회귀(logistic regression)는 선형 회귀(linear regression)와 함께 설명 모델링 혹은 예측 모델링에 사용되는 머신러닝 알고리즘입니다. 로지스틱 회귀 알고리즘은 주로 독립변수와 이항 종속변수간의 관계를 모델링합니다. 이항 종속변수는 두 가지 값 중 하나를 가지는 이산형(discrete) 종속변수를 말하는데 종속변수가 연속형(continuous)인 선형 회귀와 구분됩니다. 그래서 로지스틱 회귀는 주로 이진 분류(binary classification, 2 class classification) 문제를 해결하기 위하여 사용되는데 출력값이 3개 이상인 다중 분류(multi class classification) 문제에도 사용될 수 있습니다.

데이터 수집 및 전처리

이번에는 scikit-learn 패키지가 제공하는 데이터셋 중에서 로지스틱 회귀 분석에 사용하기에 적합하다고 판단되는 아이리스(iris, 붓꽃) 데이터를 사용하도록 하겠습니다.

```
from sklearn.datasets import load_iris
from sklearn.model_selection import train_test_split

iris = load_iris(as_frame=True)
data_train, data_test, target_train, target_test = train_test_split(
    iris.data, iris.target, test_size=0.25, random_state=42)
```

sklearn.datasets 모듈에서 load_iris() 함수를 호출하여 데이터를 가져옵니다. 데이터를 이해하기 쉬운 pandas 데이터프레임(DataFrame)으로 가져오기 위하여 as_frame 키워드 인자에 참(True)을 넘겨주었습니다. 훈련용 데이터와 테스트용 데이터를 분류하는 프로그램 코드는 iris.data와 iris.target을 대신 사용하는 것을 제외하고는 선형 회귀 모델의 코드와 동일합니다.

```
print(iris.data)

     sepal length (cm)  sepal width (cm)  petal length (cm)  petal width (cm)
0                  5.1               3.5                1.4               0.2
1                  4.9               3.0                1.4               0.2
2                  4.7               3.2                1.3               0.2
3                  4.6               3.1                1.5               0.2
4                  5.0               3.6                1.4               0.2
..                 ...               ...                ...               ...
145                6.7               3.0                5.2               2.3
146                6.3               2.5                5.0               1.9
147                6.5               3.0                5.2               2.0
148                6.2               3.4                5.4               2.3
149                5.9               3.0                5.1               1.8

[150 rows x 4 columns]
```

독립변수인 특징(feature) iris.data 데이터를 출력해 보니 꽃받침 길이(sepal length)와 넓이(sepal width) 그리고 꽃잎 길이(petal length)와 넓이(petal width)로 구성되어 있습니다.

종속변수 레이블(label) iris.target 데이터를 확인해 보면 0과 1과 2의 이산적인(discrete) 값으로 되어 있는 것을 알 수 있습니다.

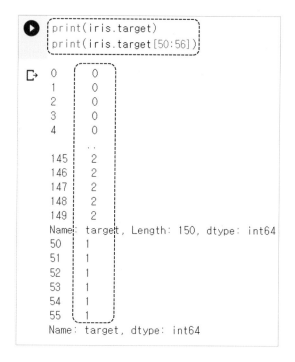

```
print(iris.target)
print(iris.target[50:56])

0      0
1      0
2      0
3      0
4      0
      ..
145    2
146    2
147    2
148    2
149    2
Name: target, Length: 150, dtype: int64
50    1
51    1
52    1
53    1
54    1
55    1
Name: target, dtype: int64
```

```
print(dir(iris))
print(iris.target_names)

['DESCR', 'data', 'data_module', 'feature_names', 'filename', 'frame', 'target', 'target_names']
['setosa' 'versicolor' 'virginica']
```

dir(iris) 문장으로 iris 데이터 객체의 구성요소를 조회해 보면 target_names라는 속성이 존재하는데 이 속성의 값을 확인하면 0은 setosa, 1은 versicolor, 2는 virginica의 범주로 모두 붓꽃의 종류를 의미한다는 것을 쉽게 판단할 수 있습니다. 따라서 iris 데이터는 출력값이 3개인 삼중 분류를 위한 것이 됩니다.

일반적으로 꽃받침과 꽃잎의 길이와 넓이와 같은 측정치는 종종 비슷한 단위와 범위를 갖기 때문에 정규화가 필수적이지 않을 수 있습니다. 그래서 제공되는 데이터에 정규화가 적용되어 있지 않습니다. 종속 변수는 꽃의 이름을 0과 1과 2로 수치화하는 전처리를 하였으나 마찬가지로 정규화는 적용하지 않았습니다. 정규화가 필수적인 것이 아니며 모델의 특성에 맞게 어떻게 데이터를 전처리하고 정규화할 것인지가 결정되어야 합니다.

이와 같은 것을 종합해 볼 때 아이리스 데이터셋은 꽃받침과 꽃잎의 길이와 넓이로 붓꽃의 종류를 예측하는 학습을 하기 위한 데이터인 것을 알 수 있습니다.

모델 훈련

모델을 학습 혹은 훈련시키는 방법은 LinearRegression 객체 대신 LogisticRegression 객체를 사용하는 것을 제외하고는 매우 유사합니다.

```
from sklearn.linear_model import LogisticRegression

model = LogisticRegression()
model.fit(data_train,target_train)
print('훈련된 회귀방정식의 계수 :',model.coef_)

훈련된 회귀방정식의 계수 : [[-0.38930504  0.92000554 -2.33122213 -0.98310984]
 [ 0.49929128 -0.30959282 -0.21517453 -0.73385023]
 [-0.10998624 -0.61041272  2.54639666  1.71696008]]
/usr/local/lib/python3.10/dist-packages/sklearn/linear_model/_logistic.py:458: Con
STOP: TOTAL NO. of ITERATIONS REACHED LIMIT.

Increase the number of iterations (max_iter) or scale the data as shown in:
    https://scikit-learn.org/stable/modules/preprocessing.html
Please also refer to the documentation for alternative solver options:
    https://scikit-learn.org/stable/modules/linear_model.html#logistic-regression
  n_iter_i = _check_optimize_result(
```

그런데 모델을 훈련시키는 과정에서 경고가 발생했습니다. 프로그램 코딩을 하다가 경고나 오류를 만나면 메시지를 자세히 보라고 했지요? 반복횟수를 늘리거나(Increase the number of iterations), 데이터를 정규화하라고(scale the data) 나옵니다. 인공지능 알고리즘은 최적화 알고리즘을 사용하기 때문에 메소드 내부적으로 최적화를 반복하는데 반복횟수가 부족하거나 데이터가 정규화되지 않으면 원하는 모델에 수렴하지 못할 수 있습니다. 정규화는 앞에서 해 보았고 데이터셋이 정규화 없이 제공되었으니 오류 메시지가 권고한 (max_iter) 키워드 인자를 사용하여 반복횟수를 늘려 보겠습니다.

```
from sklearn.linear_model import LogisticRegression

model = LogisticRegression(max_iter=1000)
model.fit(data_train,target_train)
print('훈련된 회귀방정식의 계수 :\n',model.coef_)

훈련된 회귀방정식의 계수 :
 [[-0.38927515  0.91983274 -2.33150421 -0.98321821]
 [ 0.49940308 -0.30884354 -0.21478362 -0.73419233]
 [-0.11012793 -0.6109892   2.54628783  1.71741054]]
```

LogisticRegression 객체의 최대 반복 횟수의 디폴트(default, 기본값)는 100인데 1000으로 올려 주고 모델을 훈련시켜서 문제를 해결하였습니다. 반복 횟수를 늘리는 방법은 LogisticRegression 객체를 만들 때 LogisticRegression(max_iter=1000)과 같이 max_iter 인자에 최대 반복 횟수를 넘겨주는 것입니다.

모델 테스트

이제 로지스틱 회귀 분석 알고리즘으로 훈련시킨 모델에 테스트 데이터를 넘겨주어 붓꽃의 종류를 예측해 보겠습니다. 모델을 통하여 예측하는 코드는 선형 회귀 알고리즘과 코드가 동일하며 그러나 예측되어 나오는 값은 선형 회귀 알고리즘과 같이 연속적인 값이 아니라 꽃의 종류를 나타내는 0, 1 및 2인 이산적인 값입니다. 이것이 선형 회귀 모델과 로지스틱 회귀 모델의 가장 큰 차이입니다.

```
y_pred = model.predict(data_test)
print('회귀분석 모델로 예측한 붓꽃의 종류:\n', y_pred)

회귀분석 모델로 예측한 붓꽃의 종류:
 [1 0 2 1 1 0 1 2 1 1 2 0 0 0 1 2 1 1 2 0 2 0 2 2 2 2 2 2 0 0 0 0 1 0 0 2 1 0]
```

모델 평가

로지스틱 회귀 모델의 적합도를 수치로 평가는 방법으로 정확도(accuracy)가 있는데 sklearn.metrics 모듈의 accuracy_score () 함수를 사용하여 구할 수 있습니다.

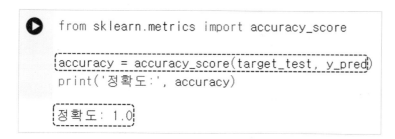

```
from sklearn.metrics import accuracy_score

accuracy = accuracy_score(target_test, y_pred)
print('정확도:', accuracy)

정확도: 1.0
```

모델 평가 지표인 정확도는 1.0이 나옵니다. 거의 100% 정확한 예측을 하는 모델이라는 의미입니다. 정확도(accuracy)는 모델의 성능을 평가하는 중요한 지표 중 하나이지만, 정확도만으로 모델의 성능을 평가하는 것이 충분하지 않을 수 있습니다. 그리고 데이터가 불균형한 경우(클래스 간 샘플 수의 차이가 큰 경우)에는 정확도가 높아도 실제로 중요한 클래스를 잘 처리하지 못하는 경우가 발생할 수 있습니다. 그리고 모델이 특정 클래스의 예측만 잘하는 경우 정확도는 높을 수 있지만, 실제 사용 환경에서는 좋은 성능을 발휘하지 못할 수 있습니다. 따라서 다른 평가 방법의 사용을 고려해 보아야 합니다.

분류를 하는 모델의 성능을 평가할 때는 정확도 외에도 정밀도(precision), 재현율(recall), F1 점수(F1 score) 등의 평가지표를 함께 사용할 수 있습니다.

❗ 알아두기 _ 로지스틱 회귀 모델의 평가 지표 - 정확도

로지스틱 회귀 모델의 평가지표인 정확도(accuracy)는 모델이 올바르게 분류한 샘플의 비율을 나타내는 지표입니다. 정확도는 예측 결과가 정답과 일치하는 샘플의 수를 전체 샘플 수로 나누어 계산됩니다. 예를 들어 100개의 테스트 샘플이 있고 모델이 85개의 샘플을 올바르게 분류한 경우 정확도는 0.85가 됩니다.

그럼 지금까지 학습하기 위하여 단편적으로 보았던 코딩을 모아서 보겠습니다.

```
from sklearn.datasets import load_iris
from sklearn.model_selection import train_test_split
from sklearn.linear_model import LogisticRegression
from sklearn.metrics import accuracy_score

# 데이터 수집 및 전처리
iris = load_iris(as_frame=True)
data_train, data_test, target_train, target_test = train_test_split(
    iris.data, iris.target, test_size=0.25, random_state=42)

# 모델 훈련
model = LogisticRegression(max_iter=1000)
model.fit(data_train,target_train)

# 모델 테스트
y_pred = model.predict(data_test)

# 모델 평가
accuracy = accuracy_score(target_test, y_pred)
print('정확도:', accuracy)

정확도: 1.0
```

선형 회귀 알고리즘으로 머신을 학습시키는 코딩을 알고 나니 자연스럽게 로지스틱 회귀 알고리즘으로 학습시키는 코딩을 할 수 있게 됩니다. 반복합니다. 머신러닝은 코딩 자체는 어렵지 않지만 질 높은 데이터를 확보하는 것과 학습 혹은 훈련에 적합하도록 데이터를 전처리하는 것과 훈련된 모델을 평가하여 개선해 가는 것은 어렵습니다. 그리고 로지스틱 회귀 알고리즘을 배우며 느꼈던 것처럼 알고리즘 자체와 평가 지표 등을 이해하는 것도 쉽지 않습니다. 인공지능의 영역이 넓으니 한 번에 모두 이해하려고 하지 말고 여러분의 업무에 인공지능 기술들을 적용해 가며 주제별로 하나씩 정복해 가기 바랍니다.

10.5 K-최근접 이웃 분류 알고리즘

K-최근접 이웃(K-Nearest Neighbors, K-NN) 분류 알고리즘은 특징(feature) 혹은 독립변수들의 유클리드 거리(Euclidean distance)로 비슷한 특성을 가진 데이터를 찾아 같은 범주로 구분하는 방법으로 분류(classification)하는 머신러닝 알고리즘입니다.

로지스틱 회귀 알고리즘에서 사용했던 아이리스 데이터를 다시 사용하겠습니다.

```python
from sklearn.datasets import load_iris
from sklearn.model_selection import train_test_split
from sklearn.neighbors import KNeighborsClassifier
from sklearn.metrics import accuracy_score

# 데이터 수집 및 전처리
iris = load_iris(as_frame=True)
data_train, data_test, target_train, target_test = train_test_split(
    iris.data, iris.target, test_size=0.2, random_state=0)

# 모델 훈련
k = 3
model = KNeighborsClassifier(n_neighbors=k)
model.fit(data_train,target_train)

# 모델 테스트
y_pred = model.predict(data_test)

# 모델 평가
accuracy = accuracy_score(target_test, y_pred)
print('정확도:', accuracy)

정확도: 0.9666666666666667
```

로지스틱 회귀 알고리즘의 코딩과 달라진 부분은 sklearn.neighbors 모듈에서 KNeighborsClassifier 객체를 가져가 사용한다는 것과 model 객체변수를 생성할 때 n_neighbors 키워드 인자에 k 값을 넘겨주는 것입니다. 인공지능 알고리즘에 학습 혹은 훈련을 위하여 K와 같은 값들을 지정해 주는 것이 필요한데 이런 작업을 하이퍼파라미터(hyperparameter)를 설정한다고 합니다. 로지스틱 회귀에서 사용했던 max_iter=1000 키워드 인자도 일종의 하이퍼파라미터로 이해할 수 있습니다. 하이퍼파라미터는 모델의 성능에 영향을 미치는 조절 가능한 매개변수 혹은 인자들을 의미하며, 이를 조정하여 모델의 성능을 향상시킬 수 있습니다.

코딩의 관점에서 인공지능 알고리즘을 이해한다는 것은 모델별로 사용 가능한 하이퍼파라미터가 무엇인지 그리고 어떻게 설정하여 학습을 시키는지를 아는 것이라고 해도 과언이 아닐 것입니다.

앞의 코드조각에서 random_state를 42에서 0으로 바꾼 것은 뒤에서 하이퍼파라미터를 변경해 가면서 정확도를 높여 가는 하이퍼파라미터 튜닝을 보여 주기 위하여 인위적으로 정확도를 줄이기 위한 것입니다. random_state가 42이면 정확도가 항상 1이 나옵니다. test_size를 0.25에서 0.2로 줄인 이유는 하이퍼파라미터의 변경 시 정확도의 증가를 유도하기 위한 것입니다. test_size가 0.25이면 하이퍼파라미터를 변경해도 정확도가 거의 증가하지 않습니다. 학습에 사용되는 데이터의 수를 늘려서 이 문제를 해결해 보았습니다. 이와 같이 난수의 시드는 모델의 성능에 영향을 미칠 수 있으며 난수의 시드를 변경하면 모델의 예측 결과가 변경될 수 있습니다. 그리고 테스트 크기를 변경하면 모델의 일반화(generalization) 성능에 영향을 미칠 수 있습니다. 따라서 난수의 시드와 테스트 크기는 샘플링 파라미터로 하이퍼파라미터는 아니지만 다양한 시도를 통하여 최적의 값을 찾아내고 활용할 수 있습니다.

> **❗ 알아두기 _ K-최근접 이웃 알고리즘의 하이퍼파라미터 - K**
>
> K-최근접 이웃 알고리즘에서 K는 이웃의 개수를 의미합니다. 이 알고리즘은 주어진 데이터에서 새로운 값이 들어왔을 때, 가장 가까운 K개의 이웃을 찾아서 이 새로운 값을 이 이웃들과 비교하여 다수결로 분류하는 알고리즘입니다. 여기서 다수결의 의미는 가장 가까운 K개의 이웃 중에서 가장 많은 수를 차지하는 클래스로 새로운 값을 분류하는 것을 의미합니다. 예를 들어, 가장 가까운 K개의 이웃 중에서 7개가 클래스 A에 속하고, 3개가 클래스 B에 속하는 경우, 새로운 값은 클래스 A로 분류됩니다. 다만 이웃들의 거리가 동일한 경우에는 다수결을 적용할 수 없기 때문에, 거리 가중치 방식을 사용할 수 있습니다. 따라서 K 값이 작으면 모델은 더 복잡해지고 노이즈에 민감해지지만 K 값이 크면 모델은 덜 복잡해지고 노이즈에 덜 민감해집니다. K 값을 적절하게 설정하는 것은 KNN 알고리즘의 성능을 결정하는 중요한 요소 중 하나입니다. K 값이 너무 작거나 너무 크면 모델의 성능이 저하될 수 있습니다.

> **💡 생각하기 _ 시드 42 II**
>
> 그동안 난수(random number) 발행을 위한 시드(seed)로 **[생각하기] 시드 42 I**에서 언급한 것을 기반으로 42를 시드로 활용해 왔습니다. 그런데 위의 코드조각에서는 random_state=0과 같이 시드를 0을 사용하였습니다. 시드를 42를 사용하면 정확도가 너무 높게 나와서 시드를 바꾼 것인데 시드가 0이면 정확도가 떨어지고 시드가 42이면 정확도가 올라간다는 것이 이론적으로는 설명되지 않습니다. 정말 코딩의 세계에도 신비주의가 반영되는 것일까요?

그럼 모델의 정확도를 높이기 위하여 K의 값을 5로 증가시켜 보겠습니다. 앞부분의 반복되는 동일한 코드를 생략한 후 캡처하였습니다.

```
# 모델 훈련
k = 5
model = KNeighborsClassifier(n_neighbors=k)
model.fit(data_train,target_train)

# 모델 테스트
y_pred = model.predict(data_test)

# 모델 평가
accuracy = accuracy_score(target_test, y_pred)
print('정확도:', accuracy)

정확도: 0.9666666666666667
```

그런데 정확도가 증가하지 않습니다. K 값을 조금 더 올려 봅시다. 마찬가지로 앞부분의 반복되는 동일한 코드를 생략한 후 캡처하였습니다.

K 값을 7로 증가시켰더니 정확도가 1로 상승하였습니다.

```
# 모델 훈련
k = 7
model = KNeighborsClassifier(n_neighbors=k)
model.fit(data_train,target_train)

# 모델 테스트
y_pred = model.predict(data_test)

# 모델 평가
accuracy = accuracy_score(target_test, y_pred)
print('정확도:', accuracy)

정확도: 1.0
```

K 값을 많이 상승시키면 어떤 일이 생길까요? 마찬가지로 앞부분의 반복되는 동일한 코드를 생략한 후 캡처하였습니다.

K 값을 많이 증가시킨다고 정확도가 올라가는 것이 아니라 오히려 정확도가 감소하는군요. 이와 같이 인공지능 코딩을 할 때에는 적정한 하이퍼파라미터 값을 찾아내는 것이 중요합니다.

```
# 모델 훈련
k = 100
model = KNeighborsClassifier(n_neighbors=k)
model.fit(data_train,target_train)

# 모델 테스트
y_pred = model.predict(data_test)

# 모델 평가
accuracy = accuracy_score(target_test, y_pred)
print('정확도:', accuracy)

정확도: 0.5666666666666667
```

그래서 코딩을 우측과 같이 살짝 수정해 보았습니다. 마찬가지로 앞부분의 반복되는 동일한 코드는 생략한 후 캡처하였습니다.

먼저 훈련에 대한 목표 정확도를 target_accuracy 변수에 설정한 후 K 하이퍼파라미터의 값을 1씩 증가시키며 모델 훈련과 테스트와 평가를 반복합니다. 그러다 정확도가 목표 정확도에 도달하면 while 반복문을 빠져나가게 하였습니다. 그랬더니 K가 5나 7까지가는 시행착오 없이 4에서 목표 정확도에 도달하게 되었습니다.

```
k = 3
target_accuracy = 0.99

while True:
    # 모델 훈련
    model = KNeighborsClassifier(n_neighbors=k)
    model.fit(data_train,target_train)

    # 모델 테스트
    y_pred = model.predict(data_test)

    # 모델 평가
    accuracy = accuracy_score(target_test, y_pred)
    print('K:',k,', 정확도:', accuracy)

    if accuracy > target_accuracy: break

    k = k + 1

K: 3 , 정확도: 0.9666666666666667
K: 4 , 정확도: 1.0
```

scikit-learn(sklearn) 패키지의 model_selection 모듈에는 하이퍼파라미터를 튜닝할 수 있도록 설계된 객체들이 들어 있습니다. 그중 그리드 서치(GridSearchCV) 객체는 시도할 하이퍼파라미터의 종류를 [3,4,5,7]과 같은 리스트 형식으로 설정한 후 모델을 수행시켜 보는 방식을 사용합니다. 앞의 예제에서 하이퍼파라미터인 K 값을 1씩 증가시켜가는 방법을 사용했는데 이와 같은 기법은 하이퍼파라미터가 규칙성을 가지지 않으면 사용할 수 없는 방법입니다. 그러나 그리드 서치 방식은 리스트에 값을 넣어 주면 수행해 볼 수 있기 때문에 하이퍼파라미터를 조정하며 실행해 볼 수 있는 매우 좋은 도구입니다. model_selection 모듈은 그리드 서치(GridSearchCV) 객체와 함께 랜덤 서치(RandomizedSearchCV) 객체를 제공하는데 randint(low=3, high=20)과 같은 방식으로 난수를 사용하여 테스트할 하이퍼파라미터를 결정합니다. 랜덤 서치는 시도해 볼 하이퍼파라미터의 값들이 매우 많을 때 하이퍼파라미터를 샘플링하여 사용하는 통계적 방법입니다. 여기서 그리드 서치와 랜덤 서치가 새로운 원리와 개념일까요? 그렇지 않습니다. 이미 배운 것들입니다. 그리드 서치는 리스트의 원리와 개념이고 랜덤 서치는 난수의 원리와 개념입니다. 이것을 살짝 확장하여 사용한 것일 뿐입니다. 이 책에서는 가능한 한글 용어와 함께 영문 용어를 소개하려고 노력하고 있습니다. 이런 용어들을 가능한 기억해 두었다가 인터넷 검색이나 대화형 AI 서비스를 사용할 때 활용하기 바랍니다.

10.6 결정 트리 분류 알고리즘

결정 트리 분류(decision tree classifier) 알고리즘은 의사결정규칙(decision rule)을 계층적인 나무 구조(hierachical tree structure)로 도표화하여 관심이 되는 집단을 몇 개의 소집단으로 분류하여 줍니다.

이번에도 우리에게 익숙한 아이리스(iris, 붓꽃) 데이터를 사용하겠습니다.

```
from sklearn.datasets import load_iris
from sklearn.model_selection import train_test_split
from sklearn.tree import DecisionTreeClassifier
from sklearn.metrics import accuracy_score

# 데이터 수집 및 전처리
iris = load_iris(as_frame=True)
data_train, data_test, target_train, target_test = train_test_split(
    iris.data, iris.target, test_size=0.25, random_state=42)

# 모델 훈련
model = DecisionTreeClassifier()
model.fit(data_train,target_train)

# 모델 테스트
y_pred = model.predict(data_test)

# 모델 평가
accuracy = accuracy_score(target_test, y_pred)
print('정확도:', accuracy)

정확도: 1.0
```

sklearn.tree 모듈에서 DecisionTreeClassifier 객체를 가져다 사용하는 것을 제외하면 나머지 코드는 K-최근접 이웃 분류 알고리즘과 동일합니다. K-최근접 이웃 분류 알고리즘과 같이 지도학습과 분류 알고리즘인 것까지 동일하여 모델 평가 지표까지 일치합니다.

이번 예제에서는 특별한 하이퍼파라미터의 설정 없이 정확도가 100%로 나왔는데 혹시 정확도가 만족할 만하지 않으면 하이퍼파라미터를 조정하며 위의 코드를 반복하여 실행해 보면 됩니다. 결정 트리 알고리즘의 하이퍼파라미터들은 max_depth, min_samples_split, min_samples_leaf, max_leaf_nodes, criterion, splitter 및 max_features 등이 있습니다.

결정 트리 알고리즘의 장점 중의 하나는 모델을 만든 결과가 결정 트리로 저장되어 그래프로 출력한 후 결정의 과정을 따라갈 수 있다는 것입니다. 결정 트리를 그래프로 출력해 봅시다.

```python
from sklearn.tree import export_graphviz
import graphviz

export_graphviz(model,
                out_file='decision tree.dot',
                class_names=iris.target_names,
                feature_names=iris.feature_names)

with open('decision tree.dot') as viz:
    decision_tree = viz.read()

graphviz.Source(decision_tree)
```

결정 트리를 그래프로 출력하기 위한 코드는 단순합니다. export_graphviz() 함수를 사용하여 파일로 결정 트리 모델을 저장한 후 일반 텍스트 파일처럼 읽어서 읽은 값을 변수에 저장하고 graphviz.Source() 함수에 인자로 넘겨주기만 하면 됩니다. 그러면 아래 실행화면과 같이 결정 트리가 그래프로 나타납니다. 위의 코드조각의 with open('decision tree.dot') as viz: 문장과 같이 with 구문을 사용하면 파일을 열고 닫는 작업을 자동으로 수행하여 프로그래머의 코딩 실수를 방지해 준다는 사실을 실전 예제를 통하여 상기하고 갑시다.

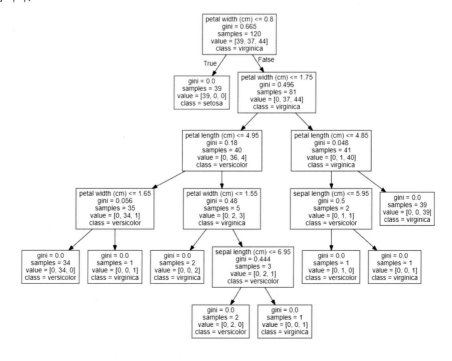

📋 적재적소 _ 지도학습

선형 회귀, 로지스틱 회귀, K-최근접 이웃 및 결정 트리 분류 알고리즘에 사용된 데이터를 보면 데이터 속성으로 제공된 특징(feature) 즉 독립변수들과 함께 target 속성으로 제공되는 종속변수가 있었습니다. 독립변수가 원인변수이고 종속변수가 결과변수이니 선형 회귀 알고리즘과 로지스틱 회귀 알고리즘에 제공되는 데이터에 답이 포함되어 있었던 것입니다. 학습시킨 데이터에 추가된 종속변수의 답을 레이블(label)이라고 부르는데 이와 같이 데이터에 레이블을 포함시켜 머신을 학습시키는 것을 지도학습(supervised learning)이라고 부릅니다. 지금까지 예를 들었던 알고리즘들과 같이 지도학습은 주로 회귀(regression)와 분류(classification)를 위하여 사용됩니다.

❗ 알아두기 _ 앙상블

우리는 붓꽃의 종류를 알아 내기 위하여 선형 회귀, 로지스틱 회귀 및 K-최근접 이웃 알고리즘 및 결정 트리 분류 알고리즘을 활용해 보았습니다. 알고리즘의 종류는 다르지만 특징을 사용하여 원하는 레이블의 분류를 해 내고자 하는 목적이 동일합니다. 그렇다면 우리는 이 중 어느 알고리즘을 사용해야 하는 것일까요? 모델 평가를 통하여 그중 가장 성능이 우수한 알고리즘을 사용할 수도 있겠지만 알고리즘을 조합하여 여러 개의 알고리즘을 동시에 사용해 볼 수도 있을 것입니다. 이와 같이 알고리즘을 여러 개 조합하여 사용하는 것을 앙상블(ensemble)이라고 부릅니다. IT를 하는 사람들이 용어를 참으로 잘 만들어 냅니다만 앙상블은 용어만큼 어렵지는 않은 개념입니다.

10.7 K-평균 군집분석 알고리즘

K-평균 군집분석(K-Means clustering) 알고리즘은 데이터를 K개의 군집(cluster)으로 묶는 알고리즘입니다. 분류(classification)와 군집(cluster)은 얼핏 같은 의미로 보입니다. 실제로 어떤 범주나 그룹을 만든다는 점에서는 같습니다. 하지만 분류는 실제 환경에서의 종속변수 혹은 결과변수 혹은 답 혹은 레이블에 맞는 즉 사전에 어떤 목적에 맞는 그룹을 찾아내지만 군집은 사전에 특별한 목적이 없이 어떻게 그룹을 만들지 모르지만 주어진 독립변수에서 그룹을 만들만한 실마리를 찾아 그룹을 만듭니다.

📋 적재적소 _ 분류와 군집의 예

분류와 군집에 대한 설명 외에 분류와 군집의 활용하는 예를 들면 그 차이를 더 쉽게 이해할 수 있을 것입니다.

분류의 예로 아래와 같은 것들이 있습니다.

- 숫자 식별
- 식물, 동물 및 기타 사물을 식별
- 불량품과 양품을 판정
- 환자의 질병을 진단

군집분석의 예로 아래와 같은 것들이 있습니다.

- 고객의 소비 패턴을 기반으로 고객을 세분화
- 쇼핑몰의 고객 위치를 기반으로 고객 동선을 분석

이번에도 우리에게 익숙한 아이리스(iris, 붓꽃) 데이터를 사용하겠습니다.

```
from sklearn.datasets import load_iris
from sklearn.model_selection import train_test_split
from sklearn.cluster import KMeans
from sklearn.metrics import silhouette_score

# 데이터 수집 및 전처리
iris = load_iris()
data_train, data_test, target_train, target_test = train_test_split(
    iris.data, iris.target, test_size=0.2, random_state=42)

# 모델 훈련
model = KMeans(n_clusters=3,n_init=10,random_state=42)
model.fit(data_train)

# 모델 테스트
y_pred = model.predict(data_test)

# 모델 평가
print('실데이터로 알려진 분류:\n',target_test)
print('모델로 예측된 분류:\n',y_pred)
score = silhouette_score(data_test, y_pred)
print('Silhouette Score: ',score)

실데이터로 알려진 분류:
 [1 0 2 1 1 0 1 2 1 1 2 0 0 0 0 1 2 1 1 2 0 2 0 2 2 2 2 2 0 0]
모델로 예측된 분류:
 [2 0 1 2 2 0 2 1 2 2 1 0 0 0 0 2 1 2 2 1 0 2 0 1 1 1 1 1 0 0]
Silhouette Score: 0.5749429418885253
```

기본적인 코딩의 패턴은 다른 알고리즘들과 동일한데 몇 가지 차이가 있습니다. 우선 sklearn.cluster 모듈에서 KMeans 객체를 가져다 사용합니다. 훈련 데이터와 테스트 데이터를 샘플링할 때 육안으로 확인할 테스트 데이터의 수를 줄이기 위하여 test_size 인자를 0.25에서 0.2로 수정하였습니다. K-최근접 이웃 알고리즘에서 K는 최근접 이웃의 수량(n_neighbors)이지만 여기서 설명하는 K-평균 군집분석 알고리즘에서는 군집화할 그룹의 개수(n_clusters)입니다. 그래서 model 객체변수를 생성할 때 n_clusters 키워드 인자에 군집화할 K를 넘겨주는데 여기서 3을 넘겨주는 이유는 우리가 이미 3가지의 붓꽃의 종류를 찾는 데이터인 것을 알고 있기 때문입니다. 그러나 실제 업무 환경에서는 이 값을 알 수 없어서 여러 가지 경우의 수를 조합하여 학습을 시켜 보며 찾아가야 합니다. n_init 하이퍼파라미터는 알고리즘의 디폴트(default, 기본값)인 10을 선택하였습니다. random_state는 학습용 데이터와 테스트용 데이터를 나눌 때 넘겨준 것과 같은 난수 발생을 위한 시드인데 K-평균 알고리즘 내부적으로 난수를 활용한 확률적 방법으로 군집을 만들어 가기 때문에 넘겨주었습니다.

그리고 앞에서 예를 든 지도학습 알고리즘에서는 학습을 시킬 때 model.fit(data_train,target_train)과 같이 종속변수를 함께 넘겨주었는데 여기서는 model.fit(data_train)과 같이 독립변수만 넘겨주고 있습니다. 그럼 머신이 답을 어떻게 찾느냐고요? 답은 K-평균 알고리즘이 통계적으로 그리고 확률적으로 찾아갑니다.

K-평균 알고리즘은 평가지표로 실루엣 스코어를 사용합니다. 실루엣 스코어를 계산할 때에도 종속변수 target 값은 사용하지 않습니다. 여기서는 0.55점이 나왔는데 다른 평가지표들과 같이 꽃잎과 관련한 도메인 지식을 활용해 판정하여야 합니다. 평가 결과를 알기 위하여 더 어려운 부분은 모델로 예측된 분류

로 출력된 y_pred 변수의 값들의 의미를 알아내는 것입니다. K값 즉 군집화할 개수를 3을 넘겨주어 0과 1과 2가 섞여 나오는 것까지는 알겠는데 실데이터로 알려진 분류인 target_test 변수의 값과 비교해도 연관성을 찾기가 어렵습니다. 아마도 0과 1과 2는 각각 setosa나 versicolor나 virginica일 것입니다. 학습시킬 종속변수에는 0은 setosa, 1은 versicolor, 2는 virginica이었습니다. 그러나 실제 환경에서는 주어지지 않는 정보이기 때문에 업무 도메인의 특성을 고려하여 K-평균 알고리즘이 제시하는 클러스터가 무엇인지 찾아내야 합니다.

> **❗ 알아두기 _ K-평균 군집분석 알고리즘의 하이퍼파라미터 - n_init**
>
> K-평균 군집분석에서 n_init 키워드 인자는 초기 중심값을 몇 번 무작위로 선택할 것인지를 지정합니다. n_init의 기본값은 10입니다. n_init는 양의 정수이므로 이 값의 범위는 1 이상의 양의 정수입니다. 이 값이 클수록 정확한 해를 찾을 가능성이 높아지지만 계산속도가 느려집니다.

> **❗ 알아두기 _ K-평균 군집분석 알고리즘의 평가 지표 - 실루엣 스코어**
>
> 실루엣 스코어는 클러스터링의 품질을 측정하기 위한 지표 중 하나로 각 데이터 값이 속한 클러스터와 그 클러스터의 인접 클러스터 간의 거리를 기반으로 $(b - a) / max(a, b)$ 공식으로 계산됩니다. 이때 a는 데이터 값이 속한 클러스터 내 평균 거리이고, b는 데이터 값이 속한 클러스터와 가장 가까운 인접 클러스터 간의 평균 거리입니다. 실루엣 스코어는 −1에서 1 사이의 값을 가지며, 1에 가까울수록 클러스터가 잘 형성되었다는 것을 의미합니다. 0에 가까울수록 클러스터링이 불분명하고, −1에 가까울수록 잘못된 클러스터링이라는 것을 의미합니다.

우리는 이미 알고 있는 정보를 기반으로 해결의 실마리를 찾기 위하여 테스트 데이터와 모델의 클러스터 그래프를 그려 보겠습니다. 그래프의 x축은 꽃받침 길이(sepal length) 혹은 꽃잎 길이(petal length), y축은 꽃받침 넓이(sepal width) 혹은 꽃잎 넓이(petal width)의 점을 찍는데 점의 색깔이 분류된 y_pred의 값에 따라 달라질 것입니다. 그러면 분류된 군집을 시각적으로 확인할 수 있습니다. 그리고 K-평균 알고리즘으로 학습시킬 때 중심값(cluster center)을 빨간 다이아몬드 모양으로 함께 출력해 볼 것입니다. 그전에 모델을 학습시켜서 구해진 중심값을 살펴보겠습니다.

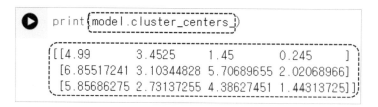

```
print(model.cluster_centers_)
```
```
[[4.99       3.4525     1.45       0.245     ]
 [6.85517241 3.10344828 5.70689655 2.02068966]
 [5.85686275 2.73137255 4.38627451 1.44313725]]
```

중심값은 model 객체의 cluster_centers 속성에 저장되어 있는데 행은 각각 예측된 값이 0, 1, 2인 경우의 중심점을 의미하고 열은 iris.data와 동일하여 인덱스가 0인 첫 번째 값은 꽃받침 길이(sepal length), 인덱스가 1인 두 번째 값은 꽃받침 넓이(sepal width), 인덱스가 2인 세 번째 값은 꽃잎 길이(petal length), 인덱스가 3인 네 번째 값은 꽃잎 넓이(petal width)입니다.

```
import matplotlib.pyplot as plt

sepal_length = data_test[:,0]
sepal_width = data_test[:,1]
petal_length = data_test[:,2]
petal_width = data_test[:,3]

sepal_length_cluster_center = model.cluster_centers_[:,0]
sepal_width_cluster_center = model.cluster_centers_[:,1]
petal_length_cluster_center = model.cluster_centers_[:,2]
petal_width_cluster_center = model.cluster_centers_[:,3]
```

그래서 위의 코드조각에서 [:,0], [:,1], [:,2], [:,3]과 같은 튜플 인덱스는 직관적으로 첨자 표현을 각각 이름있는 변수로 나누어 저장하여 각각의 값들의 의미를 알 수 있게 하였습니다. 그럼 그래프를 그려 보겠습니다.

```
plt.subplot(2,1,1)
plt.scatter(sepal_length,sepal_width,c=y_pred)
plt.title('IRIS Clustering - Predicted y (y_pred)')
plt.plot(sepal_length_cluster_center,sepal_width_cluster_center,
         'rd',label='Cluster Center')
plt.legend()
plt.xlabel('Sepal Length')
plt.ylabel('Sepal Width')
plt.grid()

plt.subplot(2,1,2)
plt.scatter(petal_length,petal_width,c=y_pred)
plt.plot(petal_length_cluster_center,petal_width_cluster_center,
         'rd',label='Cluster Center')
plt.legend()
plt.xlabel('Petal Length')
plt.ylabel('Petal Width')
plt.grid()

plt.tight_layout()
plt.show()
```

그래프의 형태가 동일하여 상단의 꽃받침(sepal) 그래프를 설명하면 하단의 꽃잎(petal) 그래프는 저절로 설명이 됩니다. 특성 데이터를 plt.scatter(sepal_length,sepal_width,c=y_pred) 문장과 같이 plt.scatter() 함수를 사용하여 산점도로 그래프를 그렸습니다. 이때 산점도에서 예측값에 따라 색상을 분류별로 다르게 나타나게 하기 위하여 c=y_pred와 같이 c 키워드 인자에 y_pred를 넘겨주었습니다. y_pred가 0, 1, 2와 같은 값을 가지는 범주형(categorical) 데이터로 간주되기 때문에 matplotlib에서는 각 범주에 대해 서로 다른 색상을 자동으로 할당합니다. 클러스터의 중심점은 plt.plot(sepal_length_cluster_center,sepal_width_cluster_center,'rd',label='Cluster Center') 문장과 같이 plt.plot() 함수에 'rb' 위치 인자를 넘겨주어 빨간 다이아몬드 모양으로 그래프를 그렸습니다.

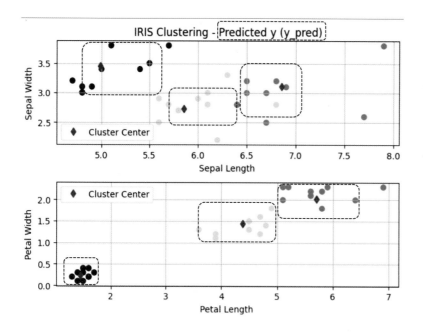

위의 실행화면을 확인하면 클러스터의 중심점을 기준으로 가시적으로 세 개의 군집으로 분류되는 것을 확인할 수 있는데 그래프에서 시각적으로 점들의 밀집도를 느껴 보면 꽃잎(petal) 그래프가 더 구분이 명확합니다. 그래프의 중심점(cluster center) 주변에 특성 데이터가 적당한 거리로 모여 있는 것을 보면 중심점으로부터의 거리로 분류하는 K-평균 알고리즘의 동작 방식에 대한 이해도 높아집니다. 붓꽃 데이터에 대하여 지식이 있다면 어떤 군이 setosa인지 아니면 versicolor인지 아니면 virginica인지 그래프가 해석이 될 것입니다.

위의 그래프를 해석할 도메인 지식이 우리에게 없으니 테스트 데이터의 레이블을 사용하여 위와 동일한 그래프를 그려 봅시다.

```python
plt.subplot(2,1,1)
plt.scatter(sepal_length,sepal_width,c=target_test)
plt.title('IRIS Clustering - Label y (target_test)')
plt.plot(sepal_length_cluster_center,sepal_width_cluster_center,
        'rd',label='Cluster Center')
plt.legend()
plt.xlabel('Sepal Length')
plt.ylabel('Sepal Width')
plt.grid()

plt.subplot(2,1,2)
plt.scatter(petal_length,petal_width,c=target_test)
plt.plot(petal_length_cluster_center,petal_width_cluster_center,
        'rd',label='Cluster Center')
plt.legend()
plt.xlabel('Petal Length')
plt.ylabel('Petal Width')
plt.grid()
```

코드가 차이가 나는 부분은 산점도를 그릴 때 c=target_test와 같이 c 키워드 인자에 테스트 데이터의 실제 분류값 즉 꽃잎의 이름을 넘겨준 것입니다. 그래프의 타이틀도 plt.title('IRIS Clustering - Predicted y (y_pred)')에서 plt.title('IRIS Clustering - Label y (target_test)')로 수정하였습니다. 나머지 코드는 예측값으로 색상을 부여한 코드와 동일합니다.

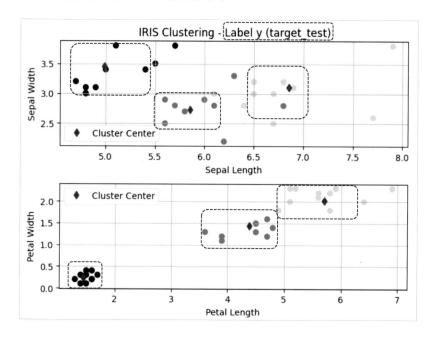

학습을 통한 예측 데이터(y_pred)와 레이블이 달린 실데이터(test_target) 그래프를 비교해 보니 노란색과 초록색의 위치가 바뀐 것을 제외하면 두 개의 그래프가 매우 유사한 것으로 보아 제법 모델이 잘 만들어진 것으로 느껴집니다. 붓꽃 데이터는 사실 우리가 붓꽃의 3가지 종류를 찾는 것이라는 답을 미리 알고 있었기 때문에 이런 분석이 가능하지만 실제 업무 환경에서는 이런 정보를 얻어 내기 위하여 업무 도메인에 대한 지식을 쌓고 더 많은 분석과 고민을 하여야 할 것입니다. 모델 학습의 시뮬레이션도 더욱 다각도로 해야 할 것입니다. 그래프도 더욱 다양하게 그려 보아야 할 것입니다.

그래프 비교를 통하여 육안으로만 확인했는데 지도하지 않고 머신 스스로 통계적이고 확률적인 방법에 의하여 답을 찾아간 것을 고려하면 나쁘지 않은 결과인 것 같습니다.

📋 적재적소 _ 비지도학습

K-평균 알고리즘에 사용된 데이터를 보면 독립변수인 data 속성을 사용하여 훈련도 하고 예측도 합니다. 종속변수인 target 속성은 사용하지 않습니다. 이 말은 데이터가 알고리즘에게 답을 제공하지 않는다는 말입니다. 그렇지만 머신은 내부적인 알고리즘에 의하여 그룹을 스스로 만들어 내는 것입니다. 그래서 알고리즘을 레이블이라는 답으로 지도하지 않기 때문에 비지도학습(unsupervised learning)이라고 부릅니다.

Chapter 11

딥러닝

11.1 인공신경망

인공신경망은 인간의 신경체계를 흉내내어 만든 개념으로, 프로그래머의 관점에서 보면 입력, 처리, 출력으로 이루어진 함수들이 망으로 연결된 형태의 일종의 복합 함수입니다.

📋 **적재적소 _ 인공신경망**

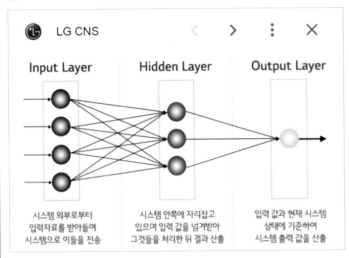

▲ 인공신경망이란?(출처 - https://www.lgcns.com/blog/cns-tech/ai-data/14558/)

인공신경망은 프로그램과 같이 입력과 처리와 출력으로 구성되는 하나의 시스템으로 입력계층(input layer)과 처리를 담당하는 숨겨진 계층(hidden layer) 및 출력계층(output layer)으로 구성됩니다. 입력계층과 출력계층은 신경망의 외부에 노출되나 숨겨진 계층은 신경망의 내부에 위치하며 외부에 직접 노출되지 않습니다. 숨겨진 계층의 존재 여부 및 개수는 처리해야 할 기능의 난이도와 복잡도에 따라 다를 수 있습니다. 위의 그림에서 원은 인공신경망의 노드(node)이고 화살표는 인공신경망의 엣지(edge, 연결)를 나타냅니다. 각 노드는 연산, 처리 및 함수로 이해할 수 있고, 엣지는 입력(x, 독립변수), 출력(y, 종속변수) 및 가중치(w, 계수)로 데이터가 전달되는 것으로 이해할 수 있습니다. 인공신경망을 제공하는 tensorflow 패키지에 따르면 원은 수치 연산을 나타내며, 화살표는 다차원 텐서를 전달하는 연결을 나타냅니다.

우선 **[적재적소] 인공신경망**의 그림에서 보았던 동그라미 즉 인공신경망의 노드가 코드의 관점에서 무엇을 의미하는지부터 알아봅시다. 인공신경망을 구성하는 노드 하나를 엣지와 함께 코딩하여 이해해 보겠습니다. 코딩할 노드는 y = ax + b 형태의 일차방정식인데 x는 독립변수이고 y는 종속변수이며 a는 계수(coefficient) 혹은 기울기(slope)이고 b는 절편(intercept)입니다. 그런데 인공지능에서는 일차방정식의 계수(coefficient) a를 가중치(weight)로, b를 편향(bias)으로 부르기 때문에 이를 고려하여 y = wx + b로 표현을 변경하겠습니다.

```
import tensorflow as tf

w = tf.Variable(2)
b = tf.Variable(1)

@tf.function
def f(x):
    return w*x + b

y = f(10)

print('f(10) 방정식의 수행결과 (Tensor):', y)
print('f(10) 방정식의 수행결과 (Numpy) :', y.numpy())

f(10) 방정식의 수행결과 (Tensor): tf.Tensor(21, shape=(), dtype=int32)
f(10) 방정식의 수행결과 (Numpy) : 21
```

위의 코드조각은 tf.Variable() 함수를 호출하여 w와 b를 변수로 정의한 후 f 함수를 만들 때 앞에 @tf.function과 같은 문장을 추가하여 tensorflow 패키지가 f 함수를 뉴런(neuron, 신경)이라는 특수한 함수로 인식하도록 했지만, 나머지 부분은 일반적인 Python 코딩과 동일합니다. w와 b는 일반적으로 최적화 과정을 거쳐 변경되는 변수로 정의되지만, 이번 예제에서는 변하지 않기 때문에 상수로 정의하고 싶다면 tf.constant() 함수를 사용하면 됩니다.

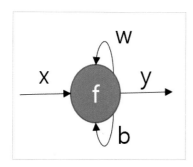

▲ **[그림]** y = wx + b를 구현한 뉴런 한 개로 구성된 인공신경망

앞서 설명한 그림에서 w, b, x 및 y가 각각 엣지를 의미하며, f는 노드를 나타냅니다. 위의 실행화면에서는 w에 2, b에 1, x에 10의 데이터를 입력으로 받은 f 노드가 실행되어 결과값으로 21이 출력되었습니다. y를 바로 출력하면 텐서 객체가 출력되고 y.numpy()와 같이 출력하면 텐서가 numpy 배열로 변환되어 출

력됩니다. 이때 인공지능 코딩의 관점에서 x는 입력, f는 노드를 나타내는 함수로 처리나 연산, y는 출력을 각각 의미합니다. w와 b는 하이퍼파라미터를 의미하는데 때로는 외부에서 주어지지만 f 노드의 경우 내부에서 해결되기 때문에 위의 그림과 같이 표현해 보았습니다. 앞의 코드는 단순한 선형 뉴런으로 이루어진 간단한 모델이지만, 실제 업무에서는 보다 복잡한 구조와 여러 뉴런으로 이루어진 코드가 될 것입니다.

위의 코드조각과 실행화면에서 사용된 입력과 출력, 그리고 파라미터를 스칼라에서 벡터나 행렬 및 다차원 텐서 등 다차원 데이터로 확장되면, 노드는 더 복잡한 계산을 수행할 수 있게 되어 처리 능력이 향상됩니다. 거기에 더하여 노드 간의 연결이 망을 형성하면, 각 노드의 계산 결과가 이웃하는 노드로 전달되어 전체 네트워크가 더 복잡한 패턴을 학습할 수 있게 됩니다. 따라서 노드 수와 계층의 깊이가 증가할수록, 모델이 학습할 수 있는 다양한 경우의 수가 기하급수적으로 증가하게 됩니다. 이로써 전체 망의 처리 능력이 향상됩니다.

이런 사유로 인공신경망은 기존의 프로그램 방식으로 처리하기 힘들던 음성, 이미지, 영상, 자연어 등의 처리에 활용됩니다. 인공신경망은 깊이가 얕은(shallow) 인공신경망과 깊이가 깊은(deep) 인공신경망을 모두 포함하나 최근에는 인공신경망을 사용하는 학습을 머신러닝에 비유하여 딥러닝이라고 부르는 경향이 있습니다.

> **! 알아두기 _ 절차적 프로그래밍과 선언적 프로그래밍**
>
> 위의 코드조각에서 @tf.function과 같은 문장을 데코레이터(decorator)라고 부르는데 코드의 구조가 구조적 프로그래밍에서 설명한 순차(sequence), 선택(selection), 반복(repetition)과 같은 절차를 따르지 않습니다. 그러면 이런 문장을 어떻게 이해해야 하는 것일까요? 이 문장은 일종의 선언(declaration)입니다. 프로그램의 로직을 순차, 선택, 반복과 같은 절차에 따라서 구성해 가는 것을 절차적 프로그래밍(procedural programming)이라고 부르고, 프로그램의 로직에는 영향을 미치지 않지만 @tf.function과 같은 데코레이터를 사용하여 프로그램에 영향을 미치는 것을 선언적 프로그래밍(declarative programming)이라고 부릅니다.

> **! 알아두기 _ 경우의 수 찾기**
>
> 프로그래밍의 로직을 구상하거나 프로그램을 테스트하는 등의 일들은 일종의 경우의 수 찾기라고 볼 수 있습니다. 절차적 프로그래밍으로 소화할 수 있는 경우의 수는 순차(sequence), 선택(selection), 반복(repetition) 등의 조합에 따라 산술 급수적으로 증가하기 때문에 각종 디버깅(debugging, 오류수정) 도구들의 도움을 받아 논리의 흐름을 따라가면서 명확히 알 수 있습니다. 함수형 프로그래밍이나 객체지향 프로그래밍은 함수나 객체로 로직을 나누어 정복하기(divide and conquer) 때문에 절차적 프로그램의 장점을 희생하지 않으면서 복잡한 문제를 해결할 수 있습니다. 앞에서 @tf.function 데코레이터를 사용했던 코드와 같이 선언적 프로그래밍은 복잡도가 높은 문제를 해결해 주는 장점이 있으나 로직의 흐름을 추적할 수 없기 때문에 오류가 발생할 경우 왜 오류가 발생하는지 찾아내는 것이 매우 어렵습니다. 딥러닝과 같은 경우에도 망(network)으로 구성되어 더욱 많은 경우의 수를 구상하고 처리할 수 있어서 기존의 프로그램 방식으로 처리하기 힘들던 음성, 이미지, 영상, 자연어 등의 처리에 활용될 수 있지만 그만큼 망을 구성하고 논리를 따라가고 오류를 해결하는 것에는 많은 어려움이 따릅니다.

11.2 경사하강법 최적화 알고리즘을 활용한 선형 회귀

경사하강법 최적화 알고리즘은 인공신경망으로 훈련하는 작업을 이해하기에 적절한 예입니다. 경사하강법 최적화 알고리즘으로 기울기를 사용하여 점진적으로 이동하며 최적의 값 혹은 답을 찾아가는 과정이 딥러닝과 닮아 있기 때문입니다.

Chapter 6 인공지능 코딩 기본기에서 회귀방정식을 설명하기 위하여 사용했던 나이와 체중의 관계를 나타내는 예제를 다시 생각해 봅시다.

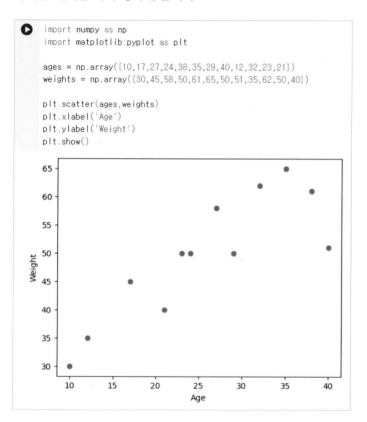

위의 코드조각과 실행화면을 보면 나이와 체중 간에 선형의 상관관계가 있는 것을 확인할 수 있으며 **Chapter 6 인공지능 코딩 기본기**에서 회귀방정식으로 예측할 때 np.polyfit( ) 함수를 호출하여 체중 = 0.95 * 나이 + 25.36으로 회귀방정식을 구해 보았습니다. 이번에는 라이브러리 함수의 도움을 받지 않고 최적화 알고리즘을 사용하여 회귀방정식을 구해 보겠습니다.

경사하강법 최적화 알고리즘은 오차를 최소화하며 최적화해 가기 때문에 최소화할 오차함수(error function)가 필요한데 회귀방정식을 구하기 위한 것이니 최소자승법을 사용하면 됩니다. 회귀분석 시 오차를 최소자승법으로 구하는 공식은 $\Sigma(y_i-\hat{y})^2$입니다. y_i는 결과값이고 $\hat{y}$는 회귀방정식을 사용한 수입니다. 그리고 최적화 알고리즘으로 구할 가설함수가 필요한데 1차 회귀방정식인 $\hat{y} = wx + b$로 하겠습니다. 가설함수에서 y를 $\hat{y}$으로 표현한 것은 실제 y 값이 아니라 최적화 중인 y의 예측값을 사용하기 때문입니다.

이 예제에서 최적화 알고리즘의 목적은 주어진 데이터에 적합한 w와 b의 근사값을 구하는 것인데 **[적재적소] 그래프로 알아보는 미분**에서 언급했던 그래프를 다시 봅시다.

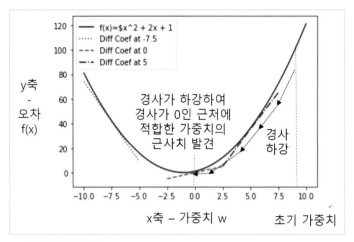

▲ **[그림]** 경사하강법

위의 그림과 같은 실행화면이었습니다. f(x)의 그래프가 $\Sigma(yi-y^\wedge)^2$와 같은 오차함수의 그래프라고 가정하고, y축은 f(x) 즉 오차이고 x축은 x 즉 가중치로 이해하고 봅시다. 오차함수의 경사가 최소일 때 즉 0일 때 오차가 최소가 되기 때문에 오차함수의 기울기가 0이 되는 지점에 가장 가까운 곳의 가중치 w 값을 구하면 실제 회귀방정식에 근사한 w 값을 가지게 되는 것입니다. 그래서 경사값을 즉 오차를 줄여 가면서 최적화하기 때문에 경사하강 최적화 알고리즘이라고 부릅니다.

📗 **적재적소 _ 오차함수/손실함수/비용함수/목적함수**

오차함수(rrror function), 손실함수(loss function), 비용함수(cost function)는 약간씩 강조하는 의미가 다르지만 유사한 의미로 혼용하여 사용되는데 tensorflow 패키지에서는 손실함수(loss function)라고 사용되는 경향이 있습니다. 목적함수(objective function)는 모델을 학습시키는 동안 최소화하고자 하는 함수를 의미하는데 손실함수, 비용함수 또는 오차함수를 포괄하는 개념입니다. 다만, 이러한 함수들은 사용되는 맥락에 따라서 강조하는 의미가 다를 수 있습니다.

❗ **알아두기 _ 경사/기울기/미분계수/미분값**

미분의 관점에서 경사(gradient), 기울기(slope), 미분계수(derivative coefficient) 및 미분값(derivative value)는 유사한 의미로 사용됩니다. 그러나 이 용어들은 상황에 따라 약간의 차이가 있을 수 있으며 사용되는 맥락에 따라 다른 의미로 사용될 수도 있습니다.

오차함수는 $\Sigma(yi-y^\wedge)^2$으로 w와 b에 대하여 편미분하면 w의 편미분식은 $-2 * \Sigma(yi-y^\wedge)^2 * x$가 되고 b의 편미분식은 $-2 * \Sigma(yi-y^\wedge)^2$가 됩니다. yi는 y의 실제값이고 y^는 wx + b의 회귀방정식으로 구하는 y 값의 예측치입니다.

이제 경사하강 최적화 알고리즘으로 회귀방정식을 구하는 코딩을 할 준비가 되었습니다.

```python
import numpy as np

x = np.array([10,17,27,24,38,35,29,40,12,32,23,21])
y = np.array([30,45,58,50,61,65,50,51,35,62,50,40])

epochs = 5000
learning_rate = 0.001

w = np.random.rand()
b = np.random.rand()

for epoch in range(epochs):
    y_hat = w * x + b

    error = np.sum((y - y_hat)**2)

    w_gradient = -2 * np.mean((y - y_hat) * x)
    b_gradient = -2 * np.mean(y - y_hat)

    w = w - learning_rate * w_gradient
    b = b - learning_rate * b_gradient

print('최적화된 w:',w)
print('최적화된 b:',b)
```

먼저 ages와 weights 변수에 저장했던 값들을 ages는 x 변수에 weights는 y 변수에 저장하여 y = wx + b의 형태에 맞게 변수의 이름을 수정하였습니다. 그리고 epoch 변수에 5,000을 저장하여 최적화를 위한 반복을 최대 5,000회 반복하도록 설정했습니다. 인공지능에서는 학습을 반복시키는 횟수를 에포크(epoch, 시대, 반복)라고 부릅니다. learning_rate 변수에는 0.001로 설정하여 적당히 작은 비율로 경사를 줄여 가면서 최적화, 즉 학습을 반복하게 했습니다. 그래서 학습율이라고 부릅니다. 학습율은 너무 크면 발산하거나 수렴하지 않을 수 있으며, 너무 작으면 학습이 느려질 수 있어 경험적이거나 통계적으로 적절한 값을 선택해야 합니다.

그다음에 w와 b의 초기값을 설정하는데, w = np.random.rand()와 b = np.random.rand()와 같이 코딩하여 0에서 1 사이의 값을 난수로 지정했습니다. w와 b의 초기값은 대부분의 최적화에서 문제 없이 동작하기 때문에 적당한 범위의 어떤 값이어도 됩니다. 난수로 지정한 것은 초기화를 무작위로 하여 모델이 다양한 가중치와 편향에서 시작하도록 하기 위함입니다. 만약 적당한 범위가 0과 1이 아니라 -0.5와 0.5라면 np.random.rand() - 0.5와 같이 코딩을 살짝 바꾸면 됩니다.

이와 같이 회귀의 최적화에서 w와 b는 난수를 사용하여 노드 자체적으로 해결이 가능하기 때문에 **[그림] y = wx + b를 구현한 뉴런 한 개로 구성된 인공신경망**에서 우측의 그림과 같이 w와 b가 노드에서 노드를 향하도록 그래프를 그린 것입니다. 그리고 for 반복문으로 epoch 변수에 지정된 횟수만큼 경사하강법을 반복시킵니다.

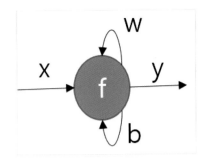

y_hat = w * x + b 문장은 가설함수의 현재 반복에서 w와 b 값을 사용하여 즉 회귀방정식을 사용하여 y 값의 추정치를 구합니다.

error = np.sum((y - y_hat)**2) 문장은 현재 반복에서 회귀방정식으로 최소자승법에 따른 오차가 얼마나 발생하는지 계산합니다.

w_gradient = -2 * np.mean((y - y_hat) * x)와 b_gradient = -2 * np.mean(y - y_hat) 문장은 각각 현재 반복에서 회귀방정식으로 w 오차의 경사와 b 오차의 경사를 구합니다.

그리고 중요한 것은 for 반복문의 끝에 위치한 w = w - learning_rate * w_gradient와 b = b - learning_rate * b_gradient 문장입니다. 회귀방정식의 w와 b에서 경사에 학습율을 곱한 만큼을 빼서 경사를 하강시킵니다.

```
최 적 화 된  w: 1.2191553849300694
최 적 화 된  b: 17.554176384478883
```

이렇게 5,000번을 반복한 후의 w와 b 값이 경사하강 최적화 알고리즘으로 구해진 회귀방정식의 w와 b 값이 됩니다. 그래서 print('최적화된 w:',w)와 print('최적화된 b:',b) 문장으로 출력하니 위의 실행화면과 같은 결과가 나옵니다.

❗ 알아두기 _ y_hat과 y_pred

일반적으로 머신러닝이나 통계 모델에서 입력 데이터를 기반으로 예측하거나 추정된 결과를 나타낼 때 "y hat" 또는 "y predict"이라는 용어를 사용합니다. "y hat"은 y에 첨자로 "hat" (^)을 붙인 것으로, 실제 관측된 목표 변수를 의미하는 y 값의 예측값을 니디'냅니다. 미찬기지로 "y predict"도 모델의 예측 결괴를 의미합니다.

아주 간단한 회귀분석을 위하여 5,000번을 반복하다니 매우 비효율적인 코드임에 틀림이 없습니다. 인공지능 알고리즘들이 최적화 알고리즘처럼 반복을 해야 하다 보니 그것도 인공신경망의 계층이 깊을수록 많은 반복을 해야 하다 보니 막대한 컴퓨팅 자원을 사용하게 되는 것입니다. 비효율적이긴 하지만 기존의 방식으로 하지 못하던 일들을 하게 해 주니 인공지능이 붐을 일으키는 세상이 되었습니다. 그러나 기존의 알고리즘으로 풀 수 있는 것들을 인공지능 알고리즘으로 풀면 매우 비효율적이며 때로는 정확도가 떨어진다는 사실을 꼭 이해하고 있어야 합니다. 여기서 회귀분석을 최적화 알고리즘으로 풀어 보는 것은 회귀분석을 하기 위한 목적이 아니고 최적화 알고리즘의 사례를 보여 주어 인공지능 알고리즘에 대한 이해도를 높이기 위한 것입니다.

그런데 **Chapter 6 인공지능 코딩 기본기**에서 회귀방정식으로 예측할 때 np.polyfit( ) 함수를 호출하여 구한 회귀방정식은 y = 0.95 * x + 25.36이었는데 경사하강 최적화 알고리즘으로 구한 회귀방정식은 y = 1.22 * x + 17.55로 서로 다릅니다. np.polyfit( ) 함수로 구한 회귀방정식은 최소자승법 알고리즘으로 구한 값인데 앞에서 설명했던 것과 같이 최적화 알고리즘에서 구하는 값은 근사치입니다. 그래서 실제 학습에 사용한 데이터와 두 회귀방정식이 어느 정도로 근사한지 그래프를 그려서 확인해 보겠습니다.

```python
import matplotlib.pyplot as plt

y1 = 0.95 * x + 25.36    # np.polyfit()으로 구한 회귀방정식
y2 = 1.22 * x + 17.55    # 경사하강 최적화 알고리즘으로 구한 회귀방정식

plt.scatter(x,y,label='Trainging Data')
plt.plot(x,y1,label='np.polyfit()')
plt.plot(x,y2,label='Optimization')
plt.xlabel('Age')
plt.ylabel('Weight')
plt.legend()
plt.show()
```

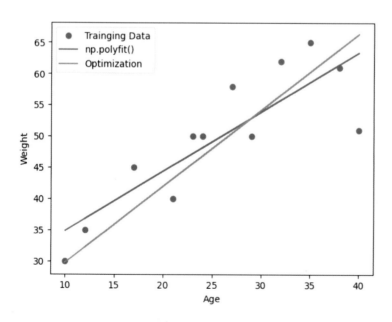

학습에 사용한 데이터와 2개의 방정식을 그래프로 그려 보니 서로 계수(coefficient)가 조금 다른 것이지 회귀방정식의 그래프의 모습은 유사합니다.

앞에서 설명한 것과 같이 최적화 알고리즘을 사용하는 인공신경망은 일반적으로 근사와 추정에 매우 적합한 것으로 알려져 있습니다.

> **！알아두기 _ 최소자승법 알고리즘**
>
> 최소자승법 알고리즘을 활용하여 바로 위에서 언급한 회귀방정식을 구해 보겠습니다. 최소자승법 알고리즘에 따르면 w는 $\Sigma yi(xi-x^-) / \Sigma yi(xi-x^-)^2$ 공식으로 구하고, b는 $y^- - wx^-$ 공식으로 구합니다. x^-와 y^-는 각각 x와 y의 평균입니다.

```python
import numpy as np
import matplotlib.pyplot as plt

x = ages = np.array([10,17,27,24,38,35,29,40,12,32,23,21])
y = weights = np.array([30,45,58,50,61,65,50,51,35,62,50,40])

w = np.sum(y * (x - x.mean())) / np.sum((x - x.mean())**2)
b = y.mean() - w * x.mean()

print('y =',w,'x + ',b)
```
```
y = 0.9501607717041793 x +  25.362540192926062
```

위의 코드조각과 실행화면과 같이 최소자승법 알고리즘을 Python 문법에 따라 코딩을 하고 회귀방정식을 확인하면 np.polyfit( ) 함수를 호출하여 구한 회귀방정식인 y = 0.95 * x + 25.36과 동일한 것을 알 수 있습니다. np.polyfit( ) 함수는 최적화 알고리즘이 아니라 최소자승법 알고리즘으로 개발되었기 때문입니다. 그리고 최적화 알고리즘 코드와 위의 코드를 비교하면 반복이 적고 코드가 단순하다는 것을 알게 됩니다.

이번에는 인공지능 알고리즘으로 소개했던 선형 회귀 알고리즘으로 바로 위에서 언급한 회귀방정식을 구해 보겠습니다.

```python
import numpy as np
from sklearn.linear_model import LinearRegression

x = np.array([[10],[17],[27],[24],[38],[35],[29],[40],[12],[32],[23],[21]])
y = np.array([30,45,58,50,61,65,50,51,35,62,50,40])

model = LinearRegression()
model.fit(x,y)

print('y =',model.coef_[0],'x + ',model.intercept_)
```
```
y = 0.9501607717041805 x +  25.362540192926033
```

위의 코드조각과 실행화면과 같이 최소자승법 알고리즘과 np.polyfit( ) 함수를 호출하여 구한 회귀방정식인 y = 0.95 * x + 25.36과 동일한 것을 알 수 있습니다. LinearRegression 객체는 딥러닝 알고리즘과는 달리 최적화 알고리즘을 사용하지 않고 특이값 분해(SVD, singular value decomposition)라는 수학적 방법을 사용하여 파라미터를 조정합니다. 위의 코드조각에서 x 독립변수를 정의하는 문장이 특이한데 LinearRegression 객체가 다변량(multivariate) 즉 여러 개의 독립변수 혹은 특징을 입력으로 받기 때문에 각각의 값들을 1차원 numpy 배열 즉 벡터로 표기하여 x = np.array([[10],[17],[27],[24],[38],[35],[29],[40],[12],[32],[23],[21]])과 같이 2차원 numpy 배열로 정의하였습니다.

📋 **적재적소 _ numpy 배열의 차원 확장**

x = np.array([[10],[17],[27],[24],[38],[35],[29],[40],[12],[32],[23],[21]])과 같이 x 변수를 정의하는 것이 설명의 편의를 위해서는 좋은 방법인데 코딩할 때 실수의 여지도 많고 데이터가 많을 때에는 이렇게 코딩을 한다는 것이 사실상 가능하지 않은 방법입니다. 그럴 때에는 x = np.array([10,17,27,24,38,35,29,40,12,32,23,21])과 같이 1차원 배열로 정의한 후 np.expand_dims(x,axis=1) 함수를 사용하여 배열의 차원을 확장하는 방법을 사용하면 됩니다. 이 예제의 경우 np.expand _dims(x,axis=1) 함수는 x[:,np.newaxis]나 x.reshape(-1,1)과 같이 바꾸어 쓸 수 있습니다.

```
x = np.array([10,17,27,24,38,35,29,40,12,32,23,21])
x = np.expand_dims(x,axis=1)
x

array([[10],
       [17],
       [27],
       [24],
       [38],
       [35],
       [29],
       [40],
       [12],
       [32],
       [23],
       [21]])
```

11.3 인공신경망을 활용한 선형 회귀

인공신경망을 사용하는 코딩도 모델을 훈련하기 전에 인공신경망을 미리 만들어 두어야 하는 것을 제외하면 **[그림] 인공지능 알고리즘 코딩 패턴**에서 설명한 것과 유사합니다.

```
import numpy as np
import matplotlib.pyplot as plt
import tensorflow as tf

# 데이터 수집 및 전처리
x = np.array([10,17,27,24,38,35,29,40,12,32,23,21])
y = np.array([30,45,58,50,61,65,50,51,35,62,50,40])

# 모델 훈련
model = tf.keras.Sequential()                # 인공신경망 모델 정의
model.add(tf.keras.layers.Dense(1,input_shape=(1,)))
model.compile(optimizer='sgd',loss='mse') # 인공신경망 모델 컴파일

model.fit(x,y,epochs=1000,verbose=False)

w, b = model.get_weights()
print("w:", w, "b:", b)

# 모델 테스트
y_pred = model.predict(x)
```

위의 코드조각에서 확인할 수 있는 것과 같이 인공신경망을 만들기 위해서는 인공신경망 객체를 만들고, 컴파일(compile)하여야 하고 컴파일된 모델을 사용하여 적합(fit)시키는 단계를 거쳐야 합니다. 인공신경망 객체는 tf.keras.Sequential() 함수를 호출하여 만듭니다. tf는 tensorflow 패키지를 의미하고 keras 는 tensorflow 패키지의 상위 레벨 API를 사용하게 해 주는 하부 패키지입니다. 그중 Sequential은 인공신경망을 순차적으로 구성해 주는 클래스(class, 객체유형)입니다. 인경신경망 객체를 인공지능 모델로 볼 수 있으며 model.add(tf.keras.layers.Dense(1,input_shape=(1,))) 문장과 같이 add() 메소드를 사용하여 신경망의 계층을 추가할 수 있습니다. tf.keras.layers.Dense(1,input_shape=(1,))와 같이 인자를 넘기면 Dense 계층을 추가하는데 Dense 계층은 회귀 기능을 수행하는 인공신경망 계층으로 이해할 수 있습니다. tf.keras.layers.Dense() 함수에 넘겨진 첫 번째 인자인 1은 노드가 1개라는 것을 의미하며, input_shape 키워드 인자에 넘겨진 (1,)은 1차원으로 형상(shape)이 1인 데이터가 입력으로 넘겨진다는 것을 의미하는 튜플 표현입니다. 이런 방법으로 노드가 1개인 1차원 입력을 받는 회귀를 위한 인공신경망 을 만들게 되는 것입니다. tf.keras.layers.Dense() 계층은 **경사하강법 최적화 알고리즘을 활용한 선형 회 귀**에서 설명한 뉴런으로 이해해도 무리가 없습니다.

! 알아두기 _ 인공신경망을 만드는 방법

Sequential API인 tf.keras.Sequential() 함수를 호출하면 함수의 이름이 의미하는 것과 같이 순차적인 구조의 인경신경망을 만들 수 있습니다. 그러나 이런 단순한 형태의 인공신경망이 아니라 입력과 출력이 여러 종류이거나 인경신경망의 계층이 순차적이지 않아 인공신경망이 복잡해진다면 함수형 API(functional API)를 사용하거나 tensorflow가 제공하는 Model 클래스(class,객체유형)를 상속받아 모델 서브클래싱(model subclassing)하는 방법으로 구현할 수 있습니다. 또한 tensorflow 1.x를 사용하여 하위 레벨로 인공신경망을 만들 수도 있습니다.

📋 적재적소 _ 인공신경망 계층의 종류

회귀 기능을 수행하는 tf.keras.layers.Dense() 계층(layer) 외에 여러 가지 기능을 하는 계층들이 존재합니다. 예를들면 tf.keras.layers.Flatten() 계층은 다차원의 데이터를 1차원으로 변환하는 기능을 하며 tf.keras.layers.Conv2D()은 2차원 컨볼루션 연산을 하는 계층으로 이미지와 같은 입력 데이터의 국소적인 패턴을 감지하고 추출하는 기능을 합니다. 즉, 계층은 절차적 프로그램의 함수와 같은 역할을 하며 라이브러리 함수를 적절히 호출하여 코딩하듯이 인공신경망의 계층을 적절히 연계하여 망을 구성함으로써 원하는 코딩을 할 수 있습니다. Dense 계층을 사용한 인공신경망을 Dense 인공신경망(DenseN-ets)이라고 부르고 Conv2D 계층을 사용한 인공신경망을 CNN 합성곱신경망(ConvNets)이라고 부릅니다.

인공신경망을 만든 후 model.compile(optimizer='sgd',loss='mse')와 같이 옵티마이저(optimizer, 최적화기)와 손실함수를 지정하여 컴파일하면 인공신경망을 사용할 수 있는 상태가 됩니다. 여기서는 optimizer 키워드 인자에 'sgd'를 넘겨서 tensorflow에 내장된 확률적 경사하강법(stochastic gradient descent)을 최적화 알고리즘으로 사용하게 하였고, loss 키워드 인자에 'mse'를 넘겨서 tensorflow에 내장된 평균 제곱 오차(mean squared error)를 손실함수로 사용하게 하였습니다.

인공신경망이 만들어지면 다른 인공지능 알고리즘들의 경우와 같이 model.fit() 함수를 사용하여 훈련 즉 적합하는 과정을 밟는데 model.fit(x,y,epochs=1000,verbose=False)와 같이 첫 번째 인자로 독립변수를, 두 번째 인자로 종속변수를, epochs 키워드 인자로 반복할 횟수를, 훈련을 진행하면서 발생하는 경고나 오류 메시지 등을 출력하지 않기 위하여 verbose 키워드 인자에 거짓(False)을 넘겨주었습니다.

인공신경망을 만들어 훈련을 시킨 후에는 w, b = model.get_weights() 문장과 같이 get_weights() 메소드를 사용하여 가중치와 편향을 받아 올 수 있습니다.

```
w: [[nan]] b: [nan]
1/1 [==============================] - 0s 99ms/step
```

그런데 위의 실행화면을 보니 문제가 생겼습니다. 훈련 후 반환된 가중치인 w와 편향인 b의 값이 not a number(nan)입니다. NaN 값은 계산 과정에서 오류가 발생하거나 극단적으로 큰 값이 계산되어 발생할 수 있습니다. 무엇이 잘못된 것일까요? 문제의 원인을 파악하기 위해서는 최적화를 수행할 때 경사(gradient)를 관찰해 보아야 합니다. 경사는 손실 함수의 변화율을 나타내며, 이를 통해 최적화 알고리즘이 올바른 방향으로 진행되는지 확인할 수 있습니다. 하지만 경사를 직접 관찰하는 그래디언트 클리핑(gradient clipping)은 기술적으로 어려우므로, 대신 손실(loss)의 변화를 관찰해 봅시다. 손실은 모델의 예측 오류를 나타내는 지표이며, 경사와 밀접하게 관련되어 있습니다. 손실의 변화를 관찰함으로써 경사 폭발로 인한 오류를 간접적으로 파악할 수 있습니다.

```
# 모델 훈련
model = tf.keras.Sequential()              # 인공신경망 모델 정의
model.add(tf.keras.layers.Dense(1,input_shape=(1,)))
model.compile(optimizer='sgd',loss='mse') # 인공신경망 모델 컴파일

history = model.fit(x, y, epochs=1000, verbose=False)

# 손실 값 추이 그래프
plt.plot(range(1, len(history.history['loss']) + 1), history.history['loss'], 'b-')
plt.xlabel('Epochs')
plt.ylabel('Loss')
plt.title('Training Loss Over Time')
plt.show()

w, b = model.get_weights()
print("w:", w, "b:", b)
```

위의 코드조각에서와 같이 기존의 코드에서 model.fit(x,y,epochs=1000,verbose=False) 문장 앞에 'history ='을 추가하여 반환값을 받아 오고 하단에 빨간색 점선으로 둘러싼 것과 같은 그래프를 그리는 코드를 추가합니다. model.fit() 메소드의 수행결과로 반환된 history 변수는 학습시킬 때의 정보를 가지는 객체인데 history.history['loss']가 학습 중의 손실을 가지고 있다는 것을 이해하면 그래프를 보여 주는 코드는 직관적입니다. 그러면 그려진 손실의 추이 그래프를 봅시다.

학습이 진행되면서 오류가 감소해야 하는데 위의 그래프를 보면 오히려 오류가 급격이 증가하고 있습니다. 이런 현상을 경사폭발이라고 부르고 w와 b 값에 nan이 나오는 이유는 경사폭발이 원인인 것으로 판단됩니다.

> ! **알아두기** _ **경사폭발과 경사소실**
>
> 경사폭발(gradient explosion)은 학습 과정에서 기울기가 기하급수적으로 증가하는 현상입니다. 이는 가중치의 초기값이 너무 크거나, 학습률이 너무 높을 때 발생할 수 있습니다. 또한, 활성화 함수의 특성으로 인해 발생할 수도 있습니다.
>
> 경사소실(gradient vanishing)은 경사폭발과 반대로 학습 과정에서 기울기가 점차 감소하여 0에 가까워지는 현상입니다. 이는 가중치의 초기값이 너무 작거나, 학습률이 너무 작을 때 발생할 수 있습니다. 또한, 활성화 함수의 특성으로 인해 발생할 수도 있습니다.

```
import numpy as np
import matplotlib.pyplot as plt
import tensorflow as tf

# 데이터 수집 및 전처리
x = np.array([10,17,27,24,38,35,29,40,12,32,23,21])
y = np.array([30,45,58,50,61,65,50,51,35,62,50,40])

# 모델 훈련
model = tf.keras.Sequential()                      # 인공신경망 모델 정의
model.add(tf.keras.layers.Dense(1,input_shape=(1,)))
sgd = tf.keras.optimizers.SGD(learning_rate=0.001) # sgd의 Default 학습율은 0.01
#model.compile(optimizer='sgd',loss='mse') # 인공신경망 모델 컴파일
model.compile(optimizer=sgd,loss='mse')      # 인공신경망 모델 컴파일

model.fit(x,y,epochs=1000,verbose=False)

w, b = model.get_weights()
print("w:", w, "b:", b)

# 모델 테스트
y_pred = model.predict(x)

w: [[1.6413829]] b: [5.297775]
1/1 [==============================] - 0s 116ms/step
```

위의 코드조각에 주석으로 달아 놓은 것과 같이 확률적 경사하강법(stochastic gradient descent) 최적화 알고리즘의 학습율은 프로그래머가 별도로 지정하지 않으면 0.01이 사용됩니다. 학습율이 너무 크면 종종 이와 같은 오류를 발생시킨다는 것을 경험적으로 알고 있기 때문에 0.001로 바꾸어 보았습니다. 최적화 알고리즘의 학습율을 변경하려면 sgd = tf.keras.optimizers.SGD(learning_rate=0.001) 문장과 같이 tf.keras.optimizers.SGD() 함수로 최적화 객체를 만들 때 learning_rate 키워드 인자에 변경할 학습율을 넘겨주면 됩니다. 그리고 생성된 객체를 optimizer 키워드 인자에 넘겨줄 때 optimizer='sgd'와 같이 문자열 대신 optimizer=sgd와 같이 정의된 객체의 이름을 넘겨줍니다. 그리고 실행해 보면 위의 실행화면과 같이 인공신경망을 사용하여 학습된 결과가 정상적으로 나타나는 것을 확인할 수 있습니다.

앞에서와 마찬가지로 이번에도 오류의 변화 그래프를 동일한 코드를 동일한 방식으로 추가하여 확인해 봅시다.

```python
# 모델 훈련
model = tf.keras.Sequential()                    # 인공신경망 모델 정의
model.add(tf.keras.layers.Dense(1,input_shape=(1,)))
sgd = tf.keras.optimizers.SGD(learning_rate=0.001) # sgd의 Default 학습율은 0.01
#model.compile(optimizer='sgd',loss='mse') # 인공신경망 모델 컴파일
model.compile(optimizer=sgd,loss='mse')    # 인공신경망 모델 컴파일

history = model.fit(x, y, epochs=1000, verbose=False)

# 손실 값 추이 그래프
plt.plot(range(1, len(history.history['loss']) + 1), history.history['loss'], 'b-')
plt.xlabel('Epochs')
plt.ylabel('Loss')
plt.title('Training Loss Over Time')
plt.show()

w, b = model.get_weights()
print("w:", w, "b:", b)
```

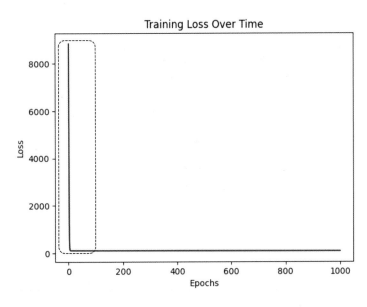

위의 그래프를 확인해 보니 이번에는 오류가 학습 초반에 높은 상태에 있다가 학습이 진행될수록 급격이 감소한 후 안정되는 것을 확인할 수 있는데 0으로 수렴되지는 않아 경사소실은 발생하지 않았습니다. 통상적인 최적화 알고리즘은 이런 형태의 오류 그래프를 가지게 됩니다.

📖 적재적소 _ 원소가 1개인 튜플

(1,)은 원소가 1개인 튜플(tuple)인데 그 값이 1인 것을 의미합니다. 그런데 (1)이나 (2)와 같이 표현하면 튜플이 아닐까요?

그렇습니다. 괄호는 수식의 우선순위를 나타내는 연산자로 사용하기 때문에 (1)은 숫자 1이고 (2)는 숫자 2이지 원소가 1개인 튜플이 되지 않습니다.

```
print("숫자 1:",(1))
print("숫자 2:",(2))
```
```
숫자 1: 1
숫자 2: 2
```

원소가 1개인 튜플이 Python에서 튜플로 인식되려면 원소 뒤에 콤마(,)를 추가하여 명시적으로 튜플이라고 알려 주어야 합니다. 원소가 2개 이상인 튜플에서 괄호는 연산자의 우선순위를 나타내는 괄호와 명확하게 구분되기 때문에 수식이 아니라 튜플로 인식됩니다.

```
print("튜플 1:",(1,))
print("튜플 2:",(2,))
print("튜플 28*28:",(28*28,))
print("튜플 (1,2):",(1,2))
```
```
튜플 1: (1,)
튜플 2: (2,)
튜플 28*28: (784,)
튜플 (1,2): (1, 2)
```

❗ 알아두기 _ 확장 가능한 문법

원소가 1개인 튜플이 아닌데도 오른쪽의 코드조각과 같이 반복값 변수에 할당하는 값들의 마지막에 콤마(,) 추가된 소스 코드들을 자주 발견하게 될 것입니다. 언뜻 보기에는 문법 오류가 발생해야 할 상황으로 보이겠지만 이것은 값들을 쉽게 확장하게 하기 위한 Python의 의도된 문법입니다.

```
expandable_tuple = (1,2,3,)
expandable_list = [(1,2,3),(4,5,6),]
expandable_dict = {1:"one",
                   2:"two",
                  }
```

예를 들어 expandable_dict 변수를 확장해 보겠습니다. 먼저 오른쪽 코드화면에 하이라이트된 것과 같이 마우스로 선택한 후 복사 단축키(Ctrl+C)를 누른 후 붙여넣기 단축키(Ctrl+V)를 두 번 누릅니다.

```
expandable_tuple = (1,2,3,)
expandable_list = [(1,2,3),(4,5,6),]
expandable_dict = {1:"one",
                   2:"two",
```

복사된 키와 값을 오른쪽 화면과 같이 변경하면 또 다시 값들을 쉽게 확장할 수 있는 상태의 코드가 됩니다.

```
expandable_tuple = (1,2,3,)
expandable_list = [(1,2,3),(4,5,6),]
expandable_dict = {1:"one",
                   2:"two",
                   3:"three",
                  }
```

인공신경망을 활용한 선형 회귀 모델의 평가를 선형 회귀 알고리즘과 동일한 방법으로 해 보겠습니다.

평균제곱오차는 77.44이고 R 스퀘어값은 0.29입니다.

```
# 모델 평가
from sklearn.metrics import mean_squared_error, r2_score

mse = mean_squared_error(y,y_pred)
r_square = r2_score(y,y_pred)
print('평균제곱오차\t:',mse)
print('R 스퀘어\t:',r_square)
```

```
평균제곱오차    : 77.43888647717661
R 스퀘어       : 0.287508807570543
```

이번에는 학습에 사용한 종속변수의 결과값과 모델의 예측값의 그래프를 확인하는 방법으로 시각적인 평가를 해 보겠습니다. 다행히 y_pred = model.predict(x) 문장을 통하여 학습된 모델로 예측해 놓은 예측치가 있어서 별도로 방정식을 계산할 필요가 없습니다.

```
plt.scatter(x,y,label='Trainging')
plt.plot(x,y_prediction,label='Neural Network Prediction')
plt.xlabel('Age')
plt.ylabel('Weight')
plt.legend()
plt.show()
```

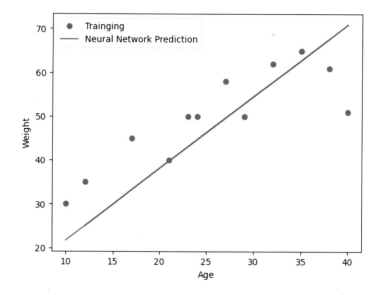

위의 실행화면에서 그래프를 확인해 보니 학습시킨 원본 데이터에 어느 정도 적합한 결과가 나옵니다.

이와 같은 과정을 통하여 인공지능의 Dense 계층의 뉴런 한 개는 최적화 알고리즘으로 구현된 회귀 뉴런

한 개로 y = f(x) 혹은 y = dense(x) 형태의 단순한 선형 회귀 함수에 비유할 수 있다는 것을 알게 되었습니다. 회귀와 같은 뉴런의 개수가 증가하고 가중치와 편향의 자동 조정을 통하여 기존의 방법으로 처리하기 어려웠던 음성, 이미지, 영상, 자연어 등의 처리가 가능해지니 근사치를 활용한 최적화 알고리즘의 힘이 얼마나 놀라운지 느낄 수 있습니다. 정확한 결과가 아니라 근사치를 활용한 것이어서 더욱 놀랍습니다.

> **! 알아두기 _ 머신러닝과 딥러닝의 중요한 차이**
>
> 앞에서 회귀분석과 머신러닝으로 분류하여 설명했던 선형 회귀 알고리즘은 수학적 방법을 사용하고, 여기서 딥러닝으로 분류하여 설명한 선형 회귀는 최적화 알고리즘을 사용하여 근사값을 구한다는 차이점을 느꼈나요? 이는 머신러닝과 딥러닝을 구분하는 가장 중요한 특징 중의 하나입니다. 수학적 방법을 사용하는 머신러닝 알고리즘은 특성의 수가 많거나 데이터의 수가 많으면 계산량이 급증하여 적용하기 어렵거나 현실적으로 적용이 가능하지 않은 경우가 발생합니다. 반면에 딥러닝은 인공신경망과 최적화 알고리즘을 사용하여 근사값을 구하기 때문에 계산량을 줄이고 효율적으로 모델을 학습시킬 수 있습니다. 특히 수십 만 개의 특성으로 훈련시킬 때에는 최소자승법(least squares method), 정규 방정식(normal equation) 및 특이값 분해(SVD, singular value decomposition) 등과 같은 수학적 방법보다 경사하강법(gradient descent)과 같은 최적화 알고리즘을 사용하는 편이 훨씬 빠르고 효율적입니다.

인공신경망을 생성한 후 모델의 구조, 총 파라미터 수, 각 레이어의 출력 형태 등 요약 정보를 확인해 보는 것이 좋습니다. 이럴 때 인공신경망 모델 객체의 summary() 메소드를 사용할 수 있습니다.

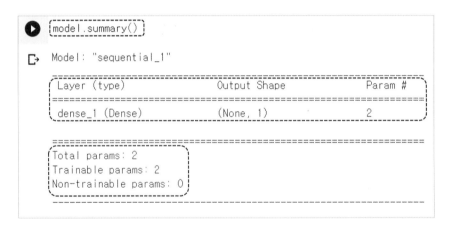

위의 실행화면을 확인하면 위에서 생성한 인공신경망 모델에 입력계층과 출력계층 역할을 동시에 수행하는 뉴런이 1개인 Dense 계층이 1개 존재하는 것을 알 수 있습니다. 또한 파라미터는 2개로 나오는데 위에서 설명한 w와 b가 각각 1개씩 모두 합쳐서 2개의 파라미터가 되는 것입니다. 그리고 계층별 파라미터 수와 함께 인공신경망의 전체 파라미터 수를 함께 확인할 수 있습니다. 인공신경망이 처리할 수 있는 파라미터의 수는 인공신경망이 표현할 수 있는 능력을 의미하여 파라미터의 수가 증가하면 기존의 방식으로 처리할 수 없던 음성, 이미지, 영상 및 자연어 등을 처리하는 능력을 가지게 됩니다. Output Shape(출력 형상)에 (None,1)과 같이 되어 있는데 여기서 None은 배치 크기가 결정되어 있지 않다는 것을 의미합니다.

하지만 단순히 파라미터의 수가 증가한다고 인공신경망의 능력이 증가하는 것은 아닙니다. 파라미터의 개수가 많아지면 인공신경망이 복잡해지고, 컴퓨팅 자원을 많이 사용하게 되고, 학습이 어려워지고, 과대적합의 가능성이 높아지기 때문입니다. 따라서, 파라미터의 개수를 늘릴 때는 적절한 학습 방법과 과대적합 방지 방안과 컴퓨팅 자원의 확보 방안 등을 함께 고민하여야 합니다.

❗ 알아두기 _ 배치 크기

입력 데이터의 크기가 크다면 컴퓨터 메모리의 사용량을 줄이고 수행 시간을 단축시키고 학습의 효율성을 향상시키기 위하여 적절한 크기로 나누어 학습시키는 것이 좋습니다. 데이터를 적당한 크기로 나눈 것을 배치(batch)라고 부르는데 데이터의 양이 매우 많다면(big data) model.fit() 메소드의 batch_size 키워드 인자로 배치의 크기(batch size)를 넘겨주어야 합니다. 여기서 크기는 데이터의 개수를 의미합니다. 배치 크기는 다음과 같은 요소들을 고려하여 결정해야 합니다.

- **데이터의 크기**: 데이터 크기가 클수록 더 많은 메모리가 필요하고, 더 많은 시간이 소요됩니다. 데이터의 크기가 컴퓨터의 메모리 용량을 초과한다면 배치 크기를 메모리 용량이 감당할 수 있는 수준으로 설정하여야 합니다.
- **컴퓨터의 메모리 용량**: 컴퓨터의 메모리 용량이 부족하면 배치 크기를 작게 설정해야 합니다.
- **학습의 효율성**: 학습의 효율성을 높이고 싶다면 배치 크기를 크게 설정하는 것이 좋습니다. 하지만, 배치 크기가 너무 크면 과대적합(overfitting)이 발생할 수 있습니다.

📖 적재적소 _ 파라미터와 하이퍼파라미터

파라미터(parameter)는 앞에서 설명했던 하이퍼파라미터(hyperparameter)와 용어는 비슷하지만 다른 개념입니다. 파라미터는 학습 알고리즘이 조정하고 업데이트하는 값으로 일반적으로 가중치와 편향을 의미하는데 인공신경망의 지식을 인코딩하여 보관하는 역할을 합니다. 한편 하이퍼파라미터는 모델을 정의하고 학습 과정을 설정하는데 사용되는 학습율(learning rate)이나 에포크의 수(epochs)와 같은 매개변수를 말하는데 사람이 수동으로 지정해야 합니다. 학습율과 에포크의 수와 같은 반복 횟수 외에 중요한 하이퍼파라미터로 은닉층의 개수, 뉴런의 개수, 옵티마이저의 종류, 배치 크기, 활성화 함수의 종류 등이 있습니다. 각 하이퍼파라미터는 모델의 성능에 큰 영향을 미칠 수 있으므로, 모델을 학습시킬 때 다양한 값을 시도해 보고 최적의 값을 찾는 것이 중요합니다.

❗ 알아두기 _ 파라미터의 수

본 도서의 예제들의 파라미터의 수는 각각 단순 회귀 Dense Neural Network 모델에 2개, 이미지 분류를 위한 Convolutional Network 모델에 54,410개, 이미지 분류를 위한 Dense Neural Network 모델에 101,770개입니다. BERT 모델은 1억개에서 4억 개 정도의 파라미터를 가진 것으로 알려져 있습니다. 마찬가지로, GPT-2 모델은 작은 것이 1억 2천 5백만 개의 파라미터를 가지고 있어서 이 정도 파라미터 수로는 자연어를 처리할 능력을 가진다는 것을 알 수 있으며, ChatGPT 서비스의 근간이 되는 GPT-3 모델은 1,750억 개 파라미터를 가지고 있어 이 정도 파라미터 수로는 인간에 가까운 지적 능력을 가진 인공지능 모델을 만들 수 있는 것으로 판단됩니다.

tensorflow.keras.utils 모듈이 제공하는 plot_model() 함수를 사용하면 인공신경망의 계층을 입력과 출력으로 구분하여 조금 더 상세한 형태의 인공신경망 그래프를 볼 수 있으며 to_file 키워드 인자에 파일의 이름을 지정하면 그래프를 이미지 파일로 저장하여 볼 수 있습니다.

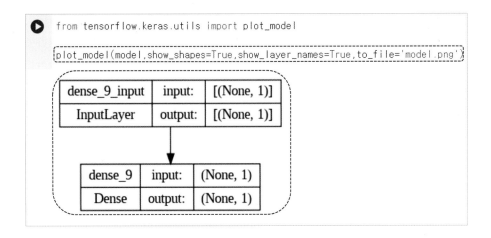

```
from tensorflow.keras.utils import plot_model

plot_model(model,show_shapes=True,show_layer_names=True,to_file='model.png')
```

dense_9_input	input:	[(None, 1)]
InputLayer	output:	[(None, 1)]

dense_9	input:	(None, 1)
Dense	output:	(None, 1)

요약정보에서는 Dense 계층 하나로 요약되어 있지만, 위의 실행화면에서는 Dense 계층의 입력과 출력의 형상(shape)으로 구분되어 표시됩니다. 이는 한 번에 입력 변수로 성적 배열에서 1개의 성적을 받아 처리하고 1개의 출력을 반환한다는 것을 나타냅니다.

11.4   인공신경망의 활성화 함수

인공신경망을 활용한 선형 회귀에서 설명한 것과 같이 Dense 계층의 뉴런 한 개는 훈련을 통하여 가중치인 w와 편향인 b가 에포크(epoch)를 반복하며 x 입력 데이터에 적합한 값으로 최적화된 후 마치 회귀방정식처럼 동작하는 model.predict() 메소드를 사용하여 wx + b의 형태인 회귀의 결과를 출력 y로 사용할 수 있습니다.

```
y_pred = model.predict(x)
print('x가', x[0],'일때의 예측치(model.predict(x)) :', y_pred[0])
print('x가', x[3],'일때의 예측치(model.predict(x)) :', y_pred[3])

w, b = model.get_weights()
print('x가', x[0],'일때의 예측치(y = wx + b) :', w[0] * x[0] + b[0])
print('x가', x[3],'일때의 예측치(y = wx + b) :', w[0] * x[3] + b[0])

1/1 [==============================] - 0s 19ms/step
x가 10 일때의 예측치(model.predict(x)) : [21.696682]
x가 24 일때의 예측치(model.predict(x)) : [44.68702]
x가 10 일때의 예측치(y = wx + b) : [21.696682]
x가 24 일때의 예측치(y = wx + b) : [44.68702]
```

위의 코드조각과 실행화면을 보면 wx + b의 식으로 계산한 예측치와 model.predict() 메소드로 계산한 예측치가 일치하는 것을 확인할 수 있습니다. 이와 같이 인경신경망을 활용한 학습은 입력한 데이터에 적합한 가중치와 편향을 찾아 주는 작업을 의미합니다. 찾아진 가중치와 편향은 학습시킨 데이터와 동질의 입력 데이터가 주어질 때 결과의 예측을 위하여 사용됩니다.

앞에서 살펴본 것처럼 기본적으로 인공신경망의 출력은 회귀 즉 입력 데이터에 적합한 예측이기 때문에 인공신경망을 다양한 용도로 활용하려면 회귀 형태의 출력을 목적에 맞게 변환시켜 줄 필요가 있습니다. 이럴 때 사용하는 것이 활성화 함수입니다.

활성화 함수(activation function)는 뉴런의 기본 출력값에 적용되는 함수로 Dense 계층의 뉴런의 경우 wx + b의 형태의 출력 y에 활성화 함수를 적용하면 출력값을 함수에 맞게 변형하여 회귀(regression) 외에 다양한 기능을 수행할 수 있는데 자주 사용되는 활성화 함수로 sigmoid(시그모이드), tanh(hyperbolic tangent), relu(rectified linear unit) 그리고 softmax(소프트맥스) 등의 함수들이 있습니다.

sigmoid 활성화 함수

먼저 sigmoid 활성화 함수를 그래프를 그려서 이해해 보겠습니다. 함수의 수식은 수학적으로별도로 표기하지 않는데 본 도서의 부제에 "코드조각과 실행화면으로 배우는 코딩"이 있는 만큼 아래 코드조각에 신경망을 만들 때 사용할 이름과 동일하게 정의해 놓은 sigmoid 함수에 수식이 코드로 표현되어 있으니 참조하기 바랍니다.

sigmoid 함수는 오른쪽의 코드조각과 실행화면에서 확인할 수 있는 것과 같이 인공신경망의 회귀 출력이 음의 무한대(-inf)이면 최솟값인 0이 되고 양의 무한대(inf)이면 최댓값이 1이 되는 연속함수입니다. x축의 값이 0일 때 0과 1의 중간값인 0.5의 값을 가집니다. 이 함수를 통과한 값이 0이 되거나 0에 수렴한다면 앞에서 설명한 경사소실의 문제를 겪게 되며 경우에 따라서는 경사폭발의 문제를 겪게

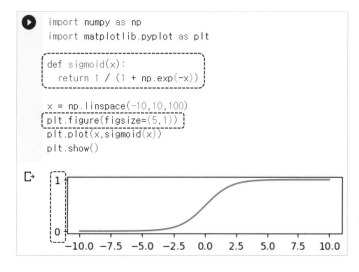

될 것입니다. 따라서 깊이가 깊은 인공신경망(deep neural network)에서는 이러한 문제에 대응하기 위해 다른 활성화 함수들이 주로 사용되곤 합니다.

그러면 sigmoid 함수를 앞에서 만든 인공신경망에 적용하여 인공신경망에서 활성화 함수가 어떻게 동작하는지 확인해 보겠습니다.

다음의 코드조각과 같이 뉴런을 만들어 주는 tf.keras.layers.Dense( ) 함수에 activation 키워드 인자로 활성화 함수의 이름을 넘겨주면 해당 뉴런의 출력에 활성화 함수를 적용하게 됩니다. 활성화 함수를 tensorflow 패키지가 제공하는 "sigmoid"를 사용하도록 코드를 수정하여 다시 학습시킨 후 출력을 확인해 보면 위에서 정의한 sigmoid(wx + b) 함수를 실행한 것과 동일한 결과가 출력되는 것을 확인할 수 있습니다.

```
import numpy as np
import matplotlib.pyplot as plt
import tensorflow as tf

# 데이터 수집 및 전처리
x = np.array([10,17,27,24,38,35,29,40,12,32,23,21])
y = np.array([30,45,58,50,61,65,50,51,35,62,50,40])

# 모델 훈련
model = tf.keras.Sequential()                # 인공신경망 모델 정의
model.add(tf.keras.layers.Dense(1,input_shape=(1,),activation='sigmoid'))
sgd = tf.keras.optimizers.SGD(learning_rate=0.001)
model.compile(optimizer=sgd,loss='mse')      # 인공신경망 모델 컴파일

model.fit(x,y,epochs=1000,verbose=False)

# 모델 테스트
y_pred = model.predict(x)
print('x가', x[0],'일때의 예측치(model.predict(x)) :', y_pred[0])
print('x가', x[3],'일때의 예측치(model.predict(x)) :', y_pred[3])

w, b = model.get_weights()
print('x가', x[0],'일때의 예측치(sigmoid(wx + b)) :',sigmoid(w[0] * x[0] + b[0]))
print('x가', x[3],'일때의 예측치(sigmoid(wx + b)) :',sigmoid(w[0] * x[3] + b[0]))
```

```
1/1 [==============================] - 0s 55ms/step
x가 10 일때의 예측치(model.predict(x)) : [0.9987159]
x가 24 일때의 예측치(model.predict(x)) : [0.9999991]
x가 10 일때의 예측치(sigmoid(wx + b)) : [0.9987159]
x가 24 일때의 예측치(sigmoid(wx + b)) : [0.9999991]
```

이제 활성화 함수가 무엇이고 활성화 함수가 인공신경망에서 어떻게 사용되는지 알게 되었을 것입니다. 인공신경망의 출력을 이렇게 수정하면 어떤 이점이 있을까요? 기존과 같이 회귀의 값이 출력되면 회귀의 용도로만 사용할 수 있겠지만 위와 같은 방법으로 출력을 함수화하면 인공신경망의 출력을 이진 분류와 다중 분류 등 다양한 방식으로 해석할 수 있습니다. 함수가 어떤 단일한 기능을 수행하는 것이라고 설명했던 것을 기억하지요?

위의 코드조각에 적용해 본 sigmoid 활성화 함수의 경우 출력 값이 0.3이면 해당 데이터가 양성 집단에 속할 확률이 30%이고 0.7이면 해당 데이터가 양성 집단에 속할 확률이 확률이 70%라는 의미로 볼 수 있습니다. 이렇게 확률 값을 기준으로 임계값을 설정하여 이진 분류를 위한 결정을 할 수 있습니다. 일반적으로 임계값은 0.5로 설정되며, sigmoid 함수의 출력이 임계값보다 크면 양성 집단에 속하고 작으면 음성 집단에 속한다고 판단합니다. 이런 활성화 함수의 특징에 의해 sigmoid 활성화 함수는 이진 분류에 자주 사용됩니다.

tanh 활성화 함수

이번에는 tanh 활성화 함수를 그래프를 그려서 이해해 보겠습니다. 마찬가지로 함수의 수식은 수학적으로 별도로 표기하지 않으니 아래 코드조각에 신경망을 만들 때 activation 키워드에 지정할 이름과 동일

하게 정의해 놓은 tanh 함수를 참조하기 바랍니다.

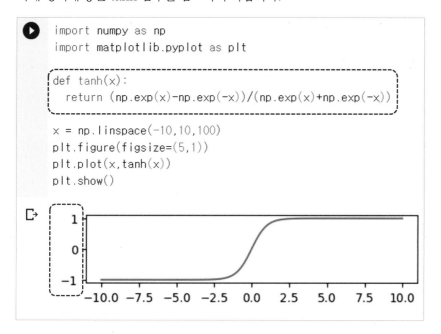

```
import numpy as np
import matplotlib.pyplot as plt

def tanh(x):
  return (np.exp(x)-np.exp(-x))/(np.exp(x)+np.exp(-x))

x = np.linspace(-10,10,100)
plt.figure(figsize=(5,1))
plt.plot(x,tanh(x))
plt.show()
```

tanh 함수는 최솟값이 0에서 -1로 바뀌면서 임계값이 0.5에서 0으로 바뀐 것을 제외하면 sigmoid 함수와 형태가 유사합니다. 그래서 tanh 함수도 이진 분류에 자주 사용됩니다. sigmoid 함수와 달리 tanh 함수는 원점을 중심으로 대칭이므로 출력값의 평균이 0에 가깝게 됩니다. 이러한 특성으로 인해 입력 데이터의 평균을 보존하는 효과가 있어서 데이터의 중심을 유지하면서 변환을 수행할 수 있습니다. tanh 함수는 sigmoid 함수에 비해 기울기가 더 크기 때문에, 학습 속도가 더 빠르다는 장점이 있습니다. tanh 함수의 경우에도 함수를 통과한 값이 0이 되거나 0에 수렴한다면 sigmoid 함수의 경우와 같이 경사 소실의 문제를 겪게 될 뿐만 아니라 경우에 따라서는 경사폭발의 문제도 동시에 겪게 될 수 있습니다.

relu 활성화 함수

이번에는 relu 활성화 함수를 그래프를 그려서 이해해 보겠습니다. relu는 값이 0보다 작을 때는 0을 반환하고 그렇지 않을 때는 있는 값을 그대로 반환하는 아주 단순한 함수로 다음과 같은 Python 코드로 표현할 수 있는데 max(0,x) 혹은 np.maximum(0,x) 형태로 단순화하여 바꾸어 쓸 수 있습니다.

```
if x == 0:
    return 0
else:
    return x
```

다음의 코드조각과 실행화면에서 볼 수 있는 것과 같이 relu(rectified linear unit) 함수는 최솟값은 0이나 최댓값에 1이라는 제한이 없고 sigmoid 함수나 tanh 함수에 비해 계산이 간단하고 학습 속도가 빠르다는 장점이 있습니다. 그리고 relu 함수에는 sigmoid 함수나 tanh(hyperbolic tangent) 함수와 같은 S자 모양의 활성화 함수에서 자주 발생하는 경사소실의 위험이 적습니다. 따라서 최근에는 relu 함수가 깊이가 깊은 인공신경망(deep neural network)에서 가장 많이 사용되는 활성화 함수로 자리 잡고 있습니다. 그러나 relu 활성화 입력값이 0보다 큰 경우 입력값 그대로를 출력하기 때문에, 입력값의 범위가 크면 기울기가 커져 경사폭발 문제가 발생하기 쉽습니다.

```python
import numpy as np
import matplotlib.pyplot as plt

def relu(x):
    return np.maximum(0,x)

x = np.linspace(-10,10,100)
plt.figure(figsize=(5,2.5))
plt.plot(x,relu(x))
plt.show()
```

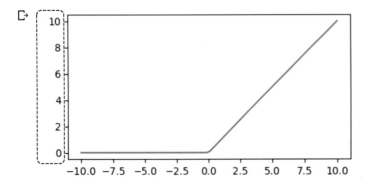

softmax 활성화 함수

이번에는 softmax 활성화 함수를 그래프를 그려서 이해해 보겠습니다. 마찬가지로 함수의 수식은 수학적으로 별도로 표기하지 않으니 아래 코드조각에 신경망을 만들 때 activation 키워드에 지정할 이름과 동일하게 정의해 놓은 softmax 함수를 참조하기 바랍니다.

```python
import numpy as np
import matplotlib.pyplot as plt

def softmax(x):
    return np.exp(x) / np.exp(x).sum()

x = np.linspace(-10,10,100)
plt.figure(figsize=(5,2.5))
plt.plot(x,softmax(x))
plt.show()
```

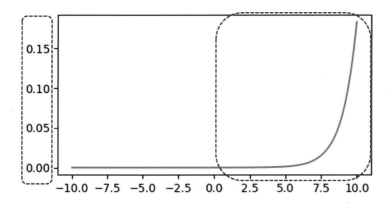

다음의 코드조각과 실행화면에서 볼 수 있는 것과 같이 softmax 함수는 값이 커질수록 함수의 반환값이 커지는 지수함수와 닮아 있습니다. 그리고 좌변의 y축의 값을 보면 0부터 시작해서 아주 작은 값으로 구성되는 것을 알 수 있습니다.

```
x = np.array([3,4,5])
y = softmax(x)
print('y :',y, ',  sum(y) :',y.sum())

x = np.array([1,2,1])
y = softmax(x)
print('y :',y, ',  sum(y) :',y.sum())
```

```
y : [0.09003057 0.24472847 0.66524096] , sum(y) : 1.0
y : [0.21194156 0.57611688 0.21194156] , sum(y) : 1.0
```

위의 코드조각과 실행화면에서 볼 수 있는 것과 같이 softmax 함수는 합이 1이 되는 값들을 반환합니다. 우리가 알고 있는 개념 중에 합이 1이 되는 것이 무엇이 있을까요? 그렇습니다. 확률입니다. 그런데 위의 x-y 그래프에서 볼 수 있는 것과 같이 값이 커질수록 높은 값을 반환하니 주어진 값들이 전체(sum)에 미치는 확률값으로 표현하는데 큰 값의 확률 비중을 지수적으로 높게 반영해 주는 일종의 확률 함수로 이해할 수 있을 것입니다. 그래서 함수의 이름도 softmax 즉 큰 값(max)을 부드럽게(soft) 해 준다고 붙인 것입니다.

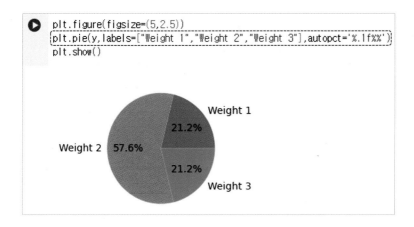

```
plt.figure(figsize=(5,2.5))
plt.pie(y,labels=["Weight 1","Weight 2","Weight 3"],autopct='%.1f%%')
plt.show()
```

x를 가중치(weights)로 이름을 바꾸어 준 후 파이(pie) 차트를 그려 보았습니다. 파이 차트를 통하여 softmax 활성화 함수가 입력값을 0~1 사이의 출력값으로 모두 정규화하여 총합이 항상 1이 되는 특성을 가진 함수라는 것을 그리고 세 가지로 다중 분류한다면 과반 이상의 확율을 가지는 Weight 2로 분류되는 것이 타당할 것이라는 것을 가시적으로 확인할 수 있습니다.

자주 사용되는 인공신경망의 활성화 함수에 대하여 설명해 보았습니다. 그런데 그래서 뭐가 어떻냐고요? 이런 의문은 프로그램 코딩을 배울 때 항상 들 수 있는 의문입니다. 이런 질문은 마치 변수는 변하는 값이고 상수는 변하지 않는 값인데 "그래서 뭐가 어떻냐고요?"라는 아주 당연한 의문이기 때문입니다. 그 답은 레고를 만드는 과정에 있다고 생각합니다. 인공신경망의 활성화 함수도 레고 조각과 같은 일종의 코드 조각입니다. 활성화 함수라는 레고 조각을 맞추어 멋진 작품을 만들려면 레고 조각과 같은 코드조각을 알아야 합니다.

아무튼 활성화 함수 코드조각들의 경우 tanh는 값이 -1에서 1 사이로 제한되기 때문에 그래디언트 폭발을 방지하기 위하여 순환신경망(RNN)에서 주로 사용하고, relu는 상한값의 제한이 없기 때문에 특성을 살리기 위하여 합성곱신경망(CNN)에서 주로 사용하고, sigmoid는 이진 분류를 위하여 그리고 softmax는 다중 분류를 위하여 주로 사용합니다.

> **! 알아두기 _ 인공신경망의 활성화 함수는 비선형 방정식**
>
> 위에서 예를 든 인공신경망의 활성화 함수들의 그래프를 자세히 보면 모두 비선형입니다. relu 활성화 함수는 0보다 큰 경우 선형으로 보이는데 음수일 경우에는 항상 0이기 때문에 선형이 아닙니다. 아무튼 활성화 함수가 선형이 되면 활성화 함수의 출력이 이동하기는 하나 변형되지 않기 때문에 인공신경망의 활성화 함수는 모두 비선형 방정식을 사용합니다.

11.5 인공신경망을 활용한 로지스틱 회귀

다중 분류

인공신경망을 사용한 이미지 데이터의 다중 분류에 대해 설명하겠습니다. 여기서 사용할 이미지 데이터는 MNIST 데이터셋으로 0부터 9까지의 손글씨 숫자 이미지로 이루어진 이미지 데이터셋입니다. 세로 28 가로 28(28x28) 크기의 회색조 이미지(gray scale image) 60,000개인데 **Chapter 8 멀티미디어 데이터 표현**의 회색조 이미지에서 설명했던 데이터입니다. MNIST 이미지 데이터셋을 학습시켜 0부터 9까지 숫자를 분류하게 해 보겠습니다.

```
import tensorflow as tf

# 데이터 수집 및 전처리
(x_train, y_train),(x_test,y_test) = tf.keras.datasets.mnist.load_data()

x_train = x_train.reshape(-1, 28*28)
x_test = x_test.reshape(-1, 28*28)

# 인공신경망 모델 정의 및 컴파일
model = tf.keras.Sequential()
model.add(tf.keras.layers.Dense(128,input_shape=(28*28,)))
model.add(tf.keras.layers.Dense(10,activation='softmax'))

sgd = tf.keras.optimizers.SGD(learning_rate=0.001)
model.compile(optimizer=sgd,loss='sparse_categorical_crossentropy',metrics=['accuracy'])

# 모델 훈련
model.fit(x_train,y_train,epochs=10,verbose=True)

# 모델 평가
loss, accuracy = model.evaluate(x_test, y_test)
print('손실:', loss)
print('정확도:', accuracy)
```

(x_train, y_train),(x_test,y_test) = tf.keras.datasets.mnist.load_data( ) 문장에서 tf.keras.datasets. mnist.load_data( ) 함수는 첫 번째 튜플에 학습(train) 데이터를 x와 y 데이터로 반환하고 두 번째 튜플에 테스트(test) 데이터를 동일한 형식으로 반환합니다. **Chapter 8 멀티미디어 데이터 표현**의 회색조 이미지 에서 설명할 때에는 학습과 테스트의 개념을 배우기 전이라서 (number_images, numbers),(_,_) = tf.keras. datasets.mnist.load_data( ) 문장으로 학습 데이터 중 이미지 데이터와 숫자를 number_images와 numbers 변수에 반환받아 사용했었습니다.

x_train = x_train.reshape(-1, 28*28)과 x_test = x_test.reshape(-1, 28*28) 문장은 데이터의 형상 (shape)이 (60000,28,28)과 같이 3차원으로 되어 있는 데이터를 (60000,28*28) 형상의 2차원 데이터로 변 환해 줍니다. 60000을 -1로 표현했는데 (60000,28*28)과 같이 표현하면 60,000장의 이미지가 아닌 데이 터가 넘어 올 때 형상이 달라지기 때문에 1차원 데이터의 수에 제한이 없도록 코딩한 것입니다. 이미지가 28x28의 2차원 데이터인데 28*28의 1차원 데이터로 변경하는 이유는 Dense 계층이 1차원 데이터만 받 아들일 수 있기 때문입니다.

인공신경망을 정의하는 코드는 뜻밖에 매우 간단합니다. tf.keras.layers.Dense(128,input_shape=(28*28,)) 문장으로 첫 번째 계층인 입력계층을 만드는데 계층의 뉴런의 수를 128개로 지정하고 input_shape은 1 차원 데이터인 28*28의 형상(shape)으로 지정하였습니다. 두 수를 곱한 숫자인 784로 표현해도 되는데 데이터가 원래 2차원이었던 것을 명시적으로 알려 주기 위하여 28*28로 코딩하였습니다. 두 번째 계층인 출력계층을 만드는 tf.keras.layers.Dense(10,activation='softmax') 문장을 봅시다. 출력의 종류가 0에서 9까지 10개의 숫자가 될 수 있어서 뉴런의 수를 10으로 결정하였습니다. 그리고 activation 키워드 인자에에 활성화 함수로 다중 분류 문제에서 모델의 출력계층에 사용되는 softmax를 지정하였습니다.

이것이 가장 간단한 다중 분류를 위한 인경신경망의 전부입니다.

sgd = tf.keras.optimizers.SGD(learning_rate=0.001)과 같이 옵티마이저를 별도로 정의하여 학습율을 디폴트(default, 기본값인) 0.01에서 학습율을 0.001로 변경하였습니다. model.compile() 함수로 모델을 컴파일할 때에는 model.compile(optimizer=sgd,loss='sparse_categorical_crossentropy',metrics=['accuracy']) 문장과 같이 손실함수(loss function)를 직접 만들지 않고 tensorflow가 다중 분류를 위해 제공하는 손실함수를 사용하기 위하여 loss 키워드 인자에 'sparse_categorical_crossentropy' 손실함수를 넘기고, 인경신공망이 기본적으로 제공하는 평가지표인 정확도(accuracy)를 사용하기 위해 metrics 키워드 인자에 ['accuracy']를 넘겨주었습니다. metrics 키워드 인자로 넘겨지는 평가지표는 목적함수와 유사하게 동작하는데 model.evaluate() 메소드를 사용하여 모델을 평가할 때 사용됩니다.

정의되고 컴파일된 인공신경망을 훈련시키기 위하여 10회의 반복으로 어느 정도의 정확도를 얻을 수 있다고 판단하여 model.fit(x_train,y_train,epochs=10,verbose=True) 문장으로 epochs 키워드 인자를 10으로 지정하였습니다. verbose 키워드 인자를 참(True)으로 지정한 이유는 1,000회나 100회 반복처럼 로그를 보지 못할 만큼 횟수가 많지 않고 10회 반복이기 때문에 학습하면서 출력되는 메시지를 보기 위한 것입니다.

model.evaluate() 메소드로 모델을 평가할 수 있는데 loss, accuracy = model.evaluate(x_test, y_test) 문장과 같이 첫 번째 반환값으로 학습 시의 손실을 받고 두 번째 이후 반환값으로는 모델을 컴파일할 때 metrics 키워드 인자로 지정한 평가지표의 값들을 순차적으로 반환받습니다.

모델을 테스트하는 코딩은 값을 하나하나 확인해 보기 위한 목적으로 위의 코드조각에 추가하지 않았습니다.

이제 실행화면을 봅시다.

다음의 실행화면에서 에포크(epoch)마다 출력되는 소요시간(ms/step)과 손실(loss)과 정확도(accuracy)를 확인해 보기 바랍니다. 에포크마다 적게는 5초에서 많게는 15초의 시간이 걸리고, 손실은 24.43에서 시작해 0.90까지 감소합니다. 그리고 정확도는 0.83 즉 83%에서 시작해 0.86 즉 86%까지 증가합니다. 2개 계층의 인공신경망만 사용한 것을 생각하면 매우 놀라운 수치입니다.

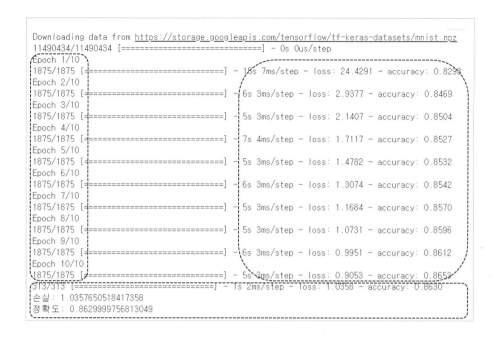

Downloading data from https://storage.googleapis.com/tensorflow/tf-keras-datasets/mnist.npz
11490434/11490434 [==============================] - 0s 0us/step
Epoch 1/10
1875/1875 [==============================] - 18s 7ms/step - loss: 24.4291 - accuracy: 0.8293
Epoch 2/10
1875/1875 [==============================] - 6s 3ms/step - loss: 2.9377 - accuracy: 0.8469
Epoch 3/10
1875/1875 [==============================] - 5s 3ms/step - loss: 2.1407 - accuracy: 0.8504
Epoch 4/10
1875/1875 [==============================] - 7s 4ms/step - loss: 1.7117 - accuracy: 0.8527
Epoch 5/10
1875/1875 [==============================] - 5s 3ms/step - loss: 1.4782 - accuracy: 0.8532
Epoch 6/10
1875/1875 [==============================] - 6s 3ms/step - loss: 1.3074 - accuracy: 0.8542
Epoch 7/10
1875/1875 [==============================] - 5s 3ms/step - loss: 1.1684 - accuracy: 0.8570
Epoch 8/10
1875/1875 [==============================] - 5s 3ms/step - loss: 1.0731 - accuracy: 0.8596
Epoch 9/10
1875/1875 [==============================] - 6s 3ms/step - loss: 0.9951 - accuracy: 0.8612
Epoch 10/10
1875/1875 [==============================] - 5s 3ms/step - loss: 0.9053 - accuracy: 0.8653
313/313 [==============================] - 1s 2ms/step - loss: 1.0358 - accuracy: 0.8630
손실: 1.0357650518417358
정확도: 0.8629999756813049

테스트 데이터로 저장해 두었던 x_test와 y_test로 평가한 결과는 손실이 1.04로 0.90보다 조금 높고, 정확도는 0.86으로 0.87보다 조금 낮습니다. 학습 시에 출력되는 손실과 정확도는 학습 데이터에 한정된 것이고, 테스트 데이터를 활용한 손실과 정확도는 학습되지 않은 데이터를 대상으로 한 일반화(generalization)된 손실과 정확도입니다. 학습단계와 테스트단계의 값의 의미를 구분하여 알고 있어야 합니다.

인공신경망 모델을 만들었으니 모델의 구조, 총 파라미터 수, 각 레이어의 출력 형태 등 요약 정보와 인공신경망 그래프를 확인해 보겠습니다.

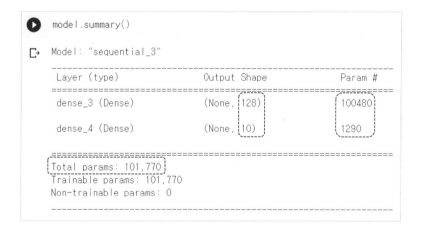

```
model.summary()

Model: "sequential_3"
_____
 Layer (type)                Output Shape              Param #
=================================================================
 dense_3 (Dense)             (None, 128)               100480

 dense_4 (Dense)             (None, 10)                1290

=================================================================
Total params: 101,770
Trainable params: 101,770
Non-trainable params: 0
```

출력형상(output shape)을 보면 뉴런이 128개인 Dense 입력계층과 뉴런이 10개인 Dense 출력계층이 만들어져 있고 파라미터 수(Praram #)를 보면 "(입력의 크기 + 1) * 뉴런의 수"의 공식으로 계산되는데 dense_3 계층의 경우 입력이 28x28의 2차원 데이터인 이미지이고, dense_4 계층의 경우 이전 계층의 출력인 128이 입력이 되니 각각 "(28 * 28 + 1) * 128 = 100480"과 "(128 + 1) * 10 = 1290"만큼의 파라미터가 즉 가중치와 편향이 만들어져 있는 것을 확인할 수 있습니다. 파라미터의 수를 구하는 공식에서 1이 더해지는 이유는 편향(bias) 1개가 반영된 것입니다.

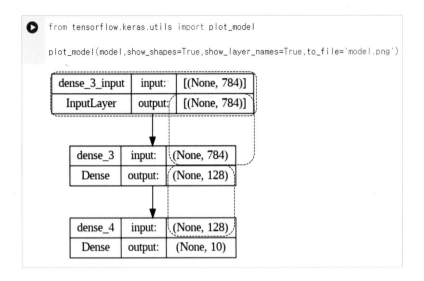

```
from tensorflow.keras.utils import plot_model

plot_model(model,show_shapes=True,show_layer_names=True,to_file='model.png')
```

요약 정보에 나타나지는 않지만 입력계층의 입력은 28*28로 784이어서 회색조 이미지 1개씩을 1차원 데이터로 변환하여 입력으로 받아 처리하는 것을 알 수 있고 Dense 출력계층의 입력은 Dense 입력 계층의 출력인 128이 되는 것을 그래프에서 확인할 수 있습니다.

이제 모델을 테스트해 봅시다.

```
# 모델 테스트
y_pred = model.predict(x_test[:2])

1/1 [==============================] - 1s 771ms/step
```

테스트 이미지를 모두 테스트해 육안으로 확인하기 어렵기 때문에 x_test[:2]와 같이 model.predict( ) 함수에 2개의 데이터만 넘겼습니다.

```
y_pred

array([[8.6956990e-11, 9.6393594e-21, 1.4316951e-13, 6.9026602e-09,
        1.3132389e-20, 1.1371317e-16, 3.2087849e-25, 1.0000000e+00,
        7.6978446e-13, 2.1195081e-12]
       [9.7935808e-06, 9.8231513e-11, 9.9990034e-01, 4.1102108e-08,
        1.4127086e-36, 8.9762034e-05, 1.3578315e-07, 1.0750448e-34,
        5.2925869e-11, 1.3442215e-28]], dtype=float32)
```

y_pred 변수에 저장된 출력값을 보면 테스트를 위한 데이터 1개마다 출력계층의 뉴런의 수와 일치하는 10개의 값이 나오는 것으로 알 수 있습니다. 출력되는 각각의 값들은 0에서 9까지의 출력값일 확률을 나타내며 그중 확률이 가장 큰 값이 인공신경망이 예측하는 입력 데이터에 가장 적합한 예측값이 되는 것입

니다. 앞의 실행화면에서 출력마다 가장 큰 값을 육안으로 확인해 보니 빨간색 점선으로 표시해 놓은 값들입니다. 각각 인덱스 7과 2인 것을 알 수 있습니다. 그런데 가장 큰 값들을 자세히 보면 두 값 모두 1에 근사한 값을 가지고 있습니다. 학습이 잘 되었을 수도 있지만 이런 값이 나오는 것은 큰 값의 비중을 높게 처리해 주는 softmax 함수의 특성 때문입니다.

그럼 입력 데이터에 대응하는 softmax 출력 확률의 합이 1이 되는지도 확인해 봅시다. 예측했던 것과 같이 두 개의 출력 확률의 합이 모두 1로 나타납니다.

확률값이 가장 높은 numpy 배열의 인덱스를 알아내기 위해서 np.argmax(y_pred[0]) 문장과 같이 np.argmax() 함수를 사용합니다. 7로 예측하였군요.

레이블을 확인해 보니 7입니다. 인공신경망이 다중 분류한 결과가 일치하는군요. 그럼 두 번째 입력값에 대한 결과도 확인해 보겠습니다.

예측값과 레이블값이 모두 2가 나와 인공신경망이 다중 분류한 결과가 일치합니다.

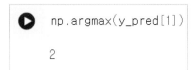

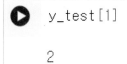

이번에는 레이블의 값을 이미지로 출력하여 인공신경망이 예측할 결과가 맞는지 확인해 보겠습니다.

```
import numpy as np
import matplotlib.pyplot as plt

plt.figure(figsize=(2,2))

plt.subplot(1, 2, 1)
plt.imshow(np.reshape(x_test[0],(28,28)),cmap='gray')

plt.subplot(1, 2, 2)
plt.imshow(np.reshape(x_test[1],(28,28)),cmap='gray')

plt.tight_layout()
plt.show()
```

Dense 계층으로 입력받기 위하여 x_test = x_test.reshape(-1, 28*28)과 같은 문장으로 데이터를 1차원으로 만든 것을 그래프로 이미지를 보여 주기 위하여 np.reshape(x_test[0],(28,28)) 문장과 같이 다시 2차원으로 복원하였습니다. 입력데이터의 이미지를 보니 7과 2가 나와 또한 인공신경망이 다중 분류한 결과와 일치합니다.

> **! 알아두기 _ 역전파**
>
> 역전파(backpropagation)는 인공신경망에서 가중치와 편향을 업데이트하기 위해 출력층에서 입력층으로 오차를 역으로 전파하는 알고리즘을 말합니다. 예를 들면 앞에서 언급한 다중 분류를 위한 인공신경망에서 tf.keras.layers.Dense(10,activation='softmax')와 같이 인공신경망의 후방에 있는 출력계층이 tf.keras.layers.Dense(128,input_shape=(28*28,))과 같이 인공신경망의 전방에 있는 입력계층에 영향을 미치는 것이 역전파입니다.
>
> 초기의 인경신경망은 순전파되어 손실을 줄이는 쪽으로 가중치나 편향을 조절할 수 있었으나 역전파(backpropagation) 되지 않아 예측이 적중하는 쪽으로 가중치나 편향을 조절할 수는 없었습니다. 그러나 인공신경망에 역전파 알고리즘이 적용되며 예측되는 결과값과 실제값의 차이가 전방의 계층에 반영되며 학습의 정확도를 급격히 개선할 수 있게 되었습니다. 역전파는 tensorflow와 같은 라이브러리에 이미 반영되어 있어서 최적화 알고리즘을 프로그래머가 코딩하지 않듯이 역전파를 위하여 프로그래머가 코딩하여야 하는 것은 없습니다.

이진 분류

이번에는 인공신경망을 사용한 이미지 데이터의 다중 분류에 사용된 코드를 이진 분류를 하도록 수정해 보겠습니다.

```python
import numpy as np
import tensorflow as tf

# 데이터 수집 및 전처리
(x_train, y_train),(x_test,y_test) = tf.keras.datasets.mnist.load_data()

x_train = x_train.reshape(-1, 28*28)
x_test = x_test.reshape(-1, 28*28)

y_train_odd_or_even = y_train % 2
y_test_odd_or_even = y_test % 2

# 인공신경망 모델 정의 및 컴파일
model = tf.keras.Sequential()
model.add(tf.keras.layers.Dense(128,input_shape=(28*28,)))
model.add(tf.keras.layers.Dense(1,activation='sigmoid'))

model.compile(optimizer='adam',loss='binary_crossentropy',metrics=['accuracy'])

# 모델 훈련
model.fit(x_train,y_train_odd_or_even,epochs=10,verbose=True)
```

```
# 모델 테스트
y_pred = model.predict(x_test)
for i in range(5):         # 데이터의 수가 많아 5까지만 출력
  print('y_pred[',i,']:',y_pred[i])
  if y_pred[i] < 0.5:
    print(y_test[i],': 짝수')
  else:
    print(y_test[i],': 홀수')

# 모델 평가
loss, accuracy = model.evaluate(x_test, y_test_odd_or_even)
print('손실:', loss)
print('정확도:', accuracy)
```

레이블인 y_train과 y_test가 0에서 9까지 10진 분류를 하도록 데이터가 만들어져 있어서 이진 분류를 하려면 2로 나눈 나머지 값 즉 0과 1로 레이블을 수정해 주어야 합니다. y_train_odd_or_even = y_train % 2 문장과 같이 2로 나누어 나머지가 0이면 짝수, 1이면 홀수가 됩니다. 그리고 model.add(tf.keras.layers.Dense(1,activation='sigmoid')) 문장으로 출력 Dense 계층의 뉴런 수를 1로 지정하고 이진 분류에 사용되는 sigmoid 활성화 함수를 지정하였습니다. model.compile(optimizer='adam',loss='binary_crossentropy', metrics=['accuracy']) 문장으로 sgd 옵티마이저 대신 adam 옵티마이저를 사용하도록 지정하고, 이진 분류를 위하여 tensorflow가 제공하는 손실함수로 binary_crossentropy를 지정하였습니다.

📋 적재적소 _ sgd 옵티마이저와 adam 옵티마이저

adam(adaptive momentum) 옵티마이저와 sgd(stochastic gradient descent) 옵티마이저는 모두 딥러닝 모델의 학습 과정에서 자주 사용되는 최적화 알고리즘입니다. 두 옵티마이저 간에는 몇 가지 중요한 차이점이 있습니다.

- **학습 속도**: adam 옵티마이저는 모멘텀(momentum) 및 학습률(learning rate)을 조절하는 자체적인 기능을 갖추고 있어서 일반적으로 더 빠른 학습 속도를 제공합니다. 반면에 sgd 옵티마이저는 단순히 학습률을 조절하는 기능만을 갖고 있어서 학습 속도가 상대적으로 느릴 수 있습니다. 모멘텀은 경사의 지역 최솟값들이 존재할 때 전체 최솟값을 찾아가도록 도와주는 기법입니다.
- **학습 과정의 안정성**: adam 옵티마이저는 적응적인 학습률을 사용하고 모멘텀을 적용하여 학습 과정을 안정화하고 지역 최적점에서 벗어나기 쉽습니다. 반면에 sgd 옵티마이저는 단순한 학습률 감소 방식을 사용하기 때문에 지역 최적점에 빠질 가능성이 높습니다.
- **메모리 사용량**: adam 옵티마이저는 모멘텀 및 학습률 관련 파라미터를 유지해야 하므로 메모리 사용량이 더 큽니다. 반면에 sgd 옵티마이저는 간단한 방식으로 동작하므로 메모리 사용량이 상대적으로 적습니다.

따라서 adam 옵티마이저는 일반적으로 sgd 옵티마이저보다 더 빠른 학습 속도와 안정성을 제공하는 경향이 있습니다. 그러나 여기서 소개한 옵티마이저 외에 많은 옵티마이저들이 있으며 데이터셋의 특성이나 모델의 구조에 따라서 최적의 옵티마이저가 다를 수 있으므로 여러 옵티마이저를 실험해 보고 비교하는 것이 중요합니다.

model.fit(x_train,y_train_odd_or_even,epochs=10,verbose=True) 문장에서 10진 분류를 위한 레이블인 y_train을 이진 분류를 위한 레이블인 y_train_odd_or_even으로 변경하였습니다. 그리고 이번에는 모

델 테스트 결과를 한 번에 하나씩 보여 주지 않아도 되어 model.predict( ) 메소드로 x_test 전체 데이터에 대하여 예측치를 구한 후 for 반복문으로 최초 5개의 입력 데이터에 대한 확률값과 예측값을 출력하였습니다. sigmoid 활성화 함수의 특성상 0에서 1 사이의 값이 출력되는데 확률값이 0.5 미만이면 짝수로 이상이면 홀수로 출력하게 하였습니다. 모델 평가를 위한 손실과 정확도를 구하는 loss, accuracy = model.evaluate(x_test, y_test_odd_or_even) 문장에서도 10진 분류를 위한 레이블인 y_train을 이진 분류를 위한 레이블인 y_train_odd_or_even으로 변경하였습니다.

```
Epoch 10/10
1875/1875 [==============================] - 6s 3ms/step - loss: 0.3924 - accuracy: 0.8683
313/313 [==============================] - 1s 2ms/step
y_pred[ 0 ]: [0.9999998]
7 : 홀수
y_pred[ 1 ]: [0.00011506]
2 : 짝수
y_pred[ 2 ]: [0.99091]
1 : 홀수
y_pred[ 3 ]: [0.00353966]
0 : 짝수
y_pred[ 4 ]: [0.05544111]
4 : 짝수
313/313 [==============================] - 1s 3ms/step - loss: 0.3684 - accuracy: 0.8803
손실: 0.36844971776008606
정확도: 0.880299985408783
```

위의 실행화면을 보면 확률값에 따라 짝수와 홀수가 레이블과 같게 예측되고 있습니다. 손실과 정확도도 다중 분류의 경우와 유사합니다.

11.6   CNN 합성곱신경망을 활용한 로지스틱 회귀

CNN(convolutional neural network) 합성곱신경망은 이미지 분류(image classification), 객체 탐지(object detection), 스타일 전이(style transfer)와 같은 이미지 데이터 처리에 주로 사용되는 구조로 설계되었습니다. 그러나 CNN은 이미지 처리뿐만 아니라 음성 및 영상 등 다른 유형의 데이터 처리에도 널리 사용되고 있습니다.

다중 분류

다음의 코드조각을 보면 Dense 인공신경망을 CNN 합성곱신경망으로 전환할 때 달라지는 코드는 인공신경망을 만드는 부분에 한정된다는 것을 알 수 있습니다. 그리고 CNN 합성곱신경망에도 출력계층은 Dense 계층으로 구성되어 있어 Dense 인공신경망과 CNN 합성곱신경망이 완전히 별개가 아니라는 것을 알려 줍니다.

```
import numpy as np
import tensorflow as tf

# 데이터 수집 및 전처리
(x_train, y_train),(x_test,y_test) = tf.keras.datasets.mnist.load_data()

# 인공신경망 모델 정의 및 컴파일
model = tf.keras.Sequential()
model.add(tf.keras.layers.Conv2D(filters=32,kernel_size=(3,3),input_shape=(28,28,1)))
model.add(tf.keras.layers.MaxPool2D((2,2)))
model.add(tf.keras.layers.Flatten())
model.add(tf.keras.layers.Dense(10,activation='softmax'))

model.compile(optimizer='adam',loss='sparse_categorical_crossentropy',metrics=['accuracy'])

# 모델 훈련
model.fit(x_train,y_train,epochs=10,verbose=True)

# 모델 테스트
y_pred = model.predict(x_test)
for i in range(5):        # 데이터의 수가 많아 5까지만 출력
    print('실제값:',y_test[i],', 예측값:',np.argmax(y_pred[i]))

# 모델 평가
loss, accuracy = model.evaluate(x_test, y_test)
print('손실:', loss)
print('정확도:', accuracy)
```

tf.keras.layers.Conv2D(filters=32,kernel_size=(3,3),input_shape=(28,28,1)) 계층에서 32는 필터의 수이고 (3,3)은 필터의 크기입니다. 필터(filter)는 커널(kernel) 혹은 특징검출기(feature detector)라고도 부르는데 32 개의 필터로 이미지의 특성을 추출하는 것입니다. 특징으로 사용되는 필터는 다행히 수동으로 만들지 않아 도 되고 사용될 필터의 개수만 정해 주면 마치 라이브러리를 사용할 때와 같이 훈련하는 동안 합성곱 층 이 자동으로 해당 문제에 대한 가장 유용한 필터를 찾고 상위층의 신경망에서 이들을 연결하여 더 복잡한 패턴을 학습하게 됩니다. 이미지 데이터는 **Chapter 8 멀티미디어 데이터 표현**에서 설명한 것과 같이 인 접한 데이터의 값이 동일하거나 비슷하기 때문에 필터를 사용하여 인접한 영역의 변화를 고려하여 특징 을 추출합니다. 입력형상(input shape)은 (28,28,1)로 3차원인데 28,28은 각각 세로와 가로의 크기를 의미 하고 회색조이기 때문에 색상의 채널이 한 개인 1을 지정합니다. RGB 색상을 사용하는 경우라면 색상의 채널 수인 3이 넘겨져야 합니다. tf.keras.layers.MaxPool2D((2,2)) 계층은 이미지를 2x2로 가장 큰 값으 로 풀링하여 샘플을 줄여서(down sampling, 다운샘플링) 연산량을 줄이고 과대적합(overfitting)을 방지하 는 역할을 합니다. tf.keras.layers.Flatten() 계층은 3차원 데이터로 처리된 데이터를 다시 1차원으로 만 들어 주는 역할을 합니다.

```
Epoch 1/10
1875/1875 [==============================] - 25s 13ms/step - loss: 1.1605 - accuracy: 0.9136
Epoch 2/10
1875/1875 [==============================] - 25s 13ms/step - loss: 0.4311 - accuracy: 0.9470
Epoch 3/10
1875/1875 [==============================] - 24s 13ms/step - loss: 0.4067 - accuracy: 0.9514
Epoch 4/10
1875/1875 [==============================] - 25s 13ms/step - loss: 0.4413 - accuracy: 0.9546
Epoch 5/10
1875/1875 [==============================] - 25s 14ms/step - loss: 0.4652 - accuracy: 0.9586
Epoch 6/10
1875/1875 [==============================] - 25s 14ms/step - loss: 0.4695 - accuracy: 0.9611
Epoch 7/10
1875/1875 [==============================] - 26s 14ms/step - loss: 0.4614 - accuracy: 0.9652
Epoch 8/10
1875/1875 [==============================] - 26s 14ms/step - loss: 0.4996 - accuracy: 0.9668
Epoch 9/10
1875/1875 [==============================] - 24s 13ms/step - loss: 0.4652 - accuracy: 0.9704
Epoch 10/10
1875/1875 [==============================] - 26s 14ms/step - loss: 0.5165 - accuracy: 0.9704
313/313 [==============================] - 2s 5ms/step
실제값: 7 , 예측값: 7
실제값: 2 , 예측값: 2
실제값: 1 , 예측값: 1
실제값: 0 , 예측값: 0
실제값: 4 , 예측값: 4
313/313 [==============================] - 2s 7ms/step - loss: 1.1670 - accuracy: 0.9561
손실: 1.1669538021087646
정확도: 0.9560999870300293
```

실행화면을 보는 방법은 Dense 인공신경망과 유사합니다. 각 에포크를 수행하는 데 걸린 시간은 Dense 인공신경망에서 5~6초 걸리던 것이 24~26초로 5배 가까이 증가하여 CNN 합성곱신경망이 Dense 인공신경망보다 느리고 무겁다는 것을 알 수 있습니다. 그러나 손실은 오히려 1.03에서 1.17로 소폭 상승하지만 정확도는 86%대에서 96%대로 크게 상승합니다. 이와 같이 인공신경망의 계층의 선택이 성능을 크게 좌우하는 것입니다. 그러나 이런 성능의 향상은 CNN 합성곱신경망이 항상 높은 것은 아니며 이미지 처리의 경우에 적합하게 만들어졌기 때문에 이미지 처리에서 성능이 높다는 것을 이해하여야 합니다. 그래서 인공신경망 계층의 선택이 응용할 영역에 적합하게 이루어져야 합니다. 예를 들면 회귀 문제에는 주로 Dense 인공신경망을 활용할 수 있습니다. 이미지 처리에는 CNN 합성곱신경망이 효과적이며, 자연어처리에는 RNN 순환신경망이 적합합니다.

📖 적재적소 _ GPU를 사용한 학습 속도의 향상

GPU를 사용하여 학습을 실행하게 하기 위하여 Google Colab에서 화면의 상단에 있는 메뉴에서 수정 → 노트 설정 메뉴를 선택합니다.

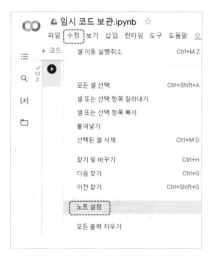

노트 설정 화면이 나타나면 값을 CPU를 사용하여 코드가 실행하도록 초기값으로 설정된 하드웨어 가속기 란의 값을 CPU에서 T4 GPU로 변경합니다.

그리고 CNN 합성곱신경망을 활용한 다중 분류 코드를 다시 수행해 봅시다.

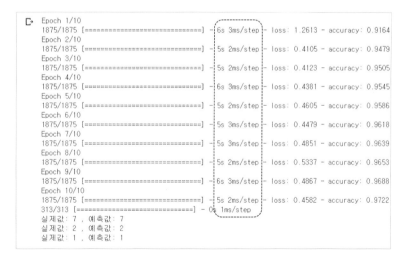

그러면 CPU에서 각 에포크(epoch, 시대, 반복)를 수행하는데 24~26초 걸리던 것이 5~6초까지 5배 넘게 감소한 것을 확인할 수 있습니다. TPU를 사용하기 위해서는 코드를 변경하여야 하므로 TPU를 사용하면 학습속도를 더 개선시킬 수 있다는 것을 알고 있다가 필요시 TPU에서 수행되도록 코드를 변경하여 사용하기 바랍니다.

이번에는 레이블의 값을 이미지로 출력하여 인공신경망이 예측한 결과가 맞는지 확인해 보겠습니다. 입력 데이터의 차원을 1차원으로 바꾸지 않았기 때문에 Dense 인공신경망의 경우보다 쉽게 확인할 수 있습니다.

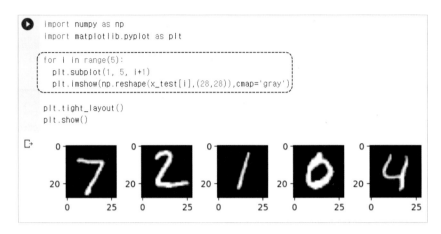

```
import numpy as np
import matplotlib.pyplot as plt

for i in range(5):
    plt.subplot(1, 5, i+1)
    plt.imshow(np.reshape(x_test[i],(28,28)),cmap='gray')

plt.tight_layout()
plt.show()
```

입력 데이터의 이미지를 보니 7, 2, 1, 0, 4가 차례로 나와 인공신경망이 다중 분류한 결과와 일치합니다.

인공신경망 모델을 만들었으니 모델의 구조, 총 파라미터 수, 각 레이어의 출력 형태 등 요약 정보와 인공신경망 그래프를 확인해 보겠습니다.

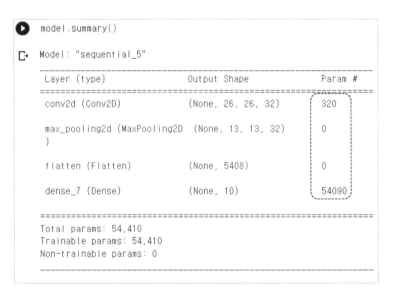

```
model.summary()

Model: "sequential_5"
_____
 Layer (type)                Output Shape              Param #
=================================================================
 conv2d (Conv2D)             (None, 26, 26, 32)        320

 max_pooling2d (MaxPooling2D  (None, 13, 13, 32)        0
 )

 flatten (Flatten)           (None, 5408)              0

 dense_7 (Dense)             (None, 10)                54090

=================================================================
Total params: 54,410
Trainable params: 54,410
Non-trainable params: 0
_____
```

파라미터 수(Praram #)를 보면 MaxPooling2D와 Flatten 계층의 경우 파라미터 수가 없는 것으로 보아 가중치와 편향의 수에 영향을 미치지 않는 것으로 알 수 있습니다. Conv2D 계층의 파라미터 수는 "(입력값의 채널 수 * 필터의 크기 + 1) * 필터의 수"의 공식으로 결정되는데 채널이 1, 필터의 크기가 3X3 그리고 필터의 수가 32이므로 "(1 * 3 * 3 + 1) * 32 = 320"이 됩니다. Dense 계층의 파라미터 수는 54090인데 입력값 5408에 1을 더한 후 뉴런의 수 10개를 곱하여 "(5408 + 1) * 10 = 54090"이 된 것입니다. 여기서 두 개의 계산에 1을 더하는 이유도 마찬가지로 편향의 수 1개를 더한 것입니다.

```
from tensorflow.keras.utils import plot_model

plot_model(model,show_shapes=True,show_layer_names=True,to_file='model.png')
```

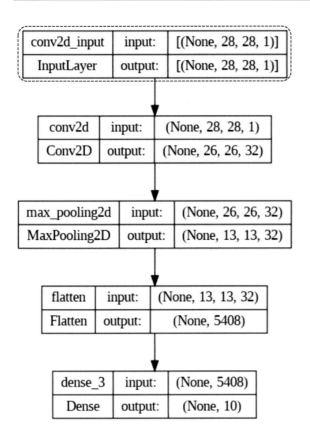

Conv2D 계층의 입력형상은 4차원인 (None,28,28,1)로 3차원인 회색조 이미지를 입력으로 받아 처리하는 것을 알 수 있습니다. 동일한 크기의 컬러 이미지를 입력으로 받아 처리한다면 (None,28,28,3)이 될 것입니다.

2개의 입력 데이터를 선별하여 예측 출력값을 출력하여 확률값을 확인해 보는 방법으로 CNN 합성곱신경망의 성능을 확인해 보겠습니다.

```
y_pred = model.predict(x_test[:2])

1/1 [==============================] - 0s 22ms/step
```

```
y_pred

array([[0., 0., 0., 0., 0., 0., 0., 1., 0., 0.],
       [0., 0., 1., 0., 0., 0., 0., 0., 0., 0.]], dtype=float32)
```

2개의 입력 데이터에 대한 예측 출력값을 출력하여 확률값을 확인해 보면 예측값의 확률이 1에 가깝고 그렇지 않은 값은 0에 가까워서 CNN 합성곱신경망의 성능이 Dense 인공신경망보다 이미지의 처리에 더 뛰어난 성능을 보이는 것을 확인할 수 있습니다.

앞에서 Dense 계층은 y = f(x) 혹은 y = dense(x) 형태의 단순한 선형 회귀 함수에 비유할 수 있다고 했습니다. 이와 유사하게 Conv2D 계층은 y = f(x,filter) 혹은 y = conv2d(x,filter) 형태의 복합 함수에 비유할 수 있습니다. Dense는 입력과 가중치 간의 선형 조합을 수행하는 반면, Conv2D는 입력과 필터 간의 2D 합성 곱 연산을 통해 특징을 추출합니다.

이진 분류

이번에는 CNN 합성곱신경망을 사용한 이미지 데이터의 다중 분류에 사용된 코드와 Dense 인공신경망을 사용한 이진 분류의 코드를 조합하여 CNN 합성곱신경망을 사용한 이진 분류를 해 보겠습니다.

```python
import numpy as np
import tensorflow as tf

# 데이터 수집 및 전처리
(x_train, y_train),(x_test,y_test) = tf.keras.datasets.mnist.load_data()

y_train_odd_or_even = y_train % 2
y_test_odd_or_even = y_test % 2

# 인공신경망 모델 정의 및 컴파일
model = tf.keras.Sequential()
model.add(tf.keras.layers.Conv2D(filters=32,kernel_size=(3,3),input_shape=(28,28,1)))
model.add(tf.keras.layers.MaxPool2D((2,2)))
model.add(tf.keras.layers.Flatten())
model.add(tf.keras.layers.Dense(1,activation='sigmoid'))

model.compile(optimizer='adam',loss='binary_crossentropy',metrics=['accuracy'])

# 모델 훈련
model.fit(x_train,y_train_odd_or_even,epochs=10,verbose=False)

# 모델 테스트
y_pred = model.predict(x_test)
for i in range(5):        # 데이터의 수가 많아 5까지만 출력
  print('y_pred[',i,']:',y_pred[i])
  if y_pred[i] < 0.5:
    print(y_test[i],': 짝수')
  else:
    print(y_test[i],': 홀수')

# 모델 평가
loss, accuracy = model.evaluate(x_test, y_test_odd_or_even)
print('손실:', loss)
print('정확도:', accuracy)
```

앞의 코드조각을 보면 앞선 코드들을 통하여 모두 설명이 되었고 추가적으로 설명할 부분은 없습니다.

```
313/313 [==============================] - 2s 5ms/step
y_prediction[ 0 ]: [1.]
 7 : 홀수
y_prediction[ 1 ]: [4.8362456e-09]
 2 : 짝수
y_prediction[ 2 ]: [0.99673444]
 1 : 홀수
y_prediction[ 3 ]: [6.4808196e-06]
 0 : 짝수
y_prediction[ 4 ]: [5.1047507e-05]
 4 : 짝수
313/313 [==============================] - 2s 5ms/step - loss: 0.1947 - accuracy: 0.9513
손실: 0.19472932815551758
정확도: 0.9513000249862671
```

위의 실행화면을 보면 일부 홀수의 경우 확률이 1에 더 근접하고 짝수의 경우 0에 더 근접하여 있고 정확도가 95.1%로 크게 증가하여 이미지의 다중 분류와 마찬가지로 CNN 합성곱신경망의 성능이 Dense 인공신경망보다 이미지의 처리에 더 뛰어난 성능을 보이는 것을 확인할 수 있습니다. 손실은 0.19로 크게 감소하여 다중 분류보다 이진 분류의 손실이 매우 적게 나타납니다.

❗ 알아두기 _ 인공신경망의 정확도를 높이는 기법들

Dense 인공신경망을 CNN 합성곱신경망으로 변경하여 MNIST 필기체 분류의 정확도를 10% 정도 크게 향상시킬 수 있었습니다. 이외에도 인공신경망의 정확도를 높이는 아래와 같은 많은 기법들이 있습니다.

- **데이터 전처리**: 정규화, 표준화, 데이터 증강 등
- **규제 기법**: 과대적합 방지를 위한 규제 기법으로 L1 규제, L2 규제, 드롭아웃, 배치 정규화 등
- **최적화 알고리즘**: 확률적 경사하강법(sgd), 모멘텀 최적화, 알엠에스프롭(RMSprop), 아담(adam) 등
- **적절한 모델 구조 선택**: 적절한 레이어의 개수와 크기, 활성화 함수의 선택, 드롭아웃 등
- **학습률 조절**: 최적화 알고리즘에서 가중치 업데이트 시 적용되는 스케일링 파라미터
- **앙상블 학습**: 앙상블 학습은 여러 개의 모델을 조합하여 예측 결과를 결합하는 기법
- **하이퍼파라미터 튜닝**: 그리드 탐색, 랜덤 탐색, 베이즈 최적화 등
- **기타**: 데이터 양의 증가(big data), 피처 엔지니어링, 조기 종료 등

다양한 기법을 사용하여 인공신경망의 정확도를 향상시킬 수 있지만, 이러한 기법들을 모두 함께 사용했을 때 항상 정확도가 크게 향상되는 것은 아닙니다. 각 기법은 상황에 따라 효과적일 수 있으며, 몇 가지 기법들을 조합하여 사용하는 것이 최적의 결과를 얻을 수 있습니다. 데이터 양의 증가나 응용 영역에 적합한 모델 선택도 중요한 역할을 합니다.

💡 **생각하기 _ 사용할 수 있는 기술과 사용할 수 없는 기술의 구분**

실제 업무 환경에서 절대경로명의 경우 상위 폴더에 대한 권한이 없으면 오류를 유발하기도 하고, 웹 프로그램 개발 시에 사용하면 해커들에서 컴퓨터의 폴더 구조를 노출시키는 등의 문제가 있어서 사용하는 경우가 많지 않습니다.

상대경로명의 경우에도 상위 폴더 기호(..)는 절대경로와 마찬가지로 상위 폴더에 대한 권한이 없는 경우가 많아 '../folder/filename'이나 '../filename'과 같은 형태의 상대경로는 오류를 유발하거나 혹시 권한이 있다고 하더라도 웹 프로그램의 경우에는 해커들에게 악용되는 사례가 많아 마찬가지로 사용하는 경우가 많지 않습니다. 현재 폴더 기호(.)는 상대경로의 기준점이 현재 폴더로 사용할 이유가 거의 없어 './folder/filename'이나 './filename'과 같은 형태의 상대경로를 사용할 일은 거의없습니다. 대신 상대경로명 중에서 현재 폴더를 기준으로 한 filename의 형태, subfolder/filename의 형태 그리고 subfolder/subfolder/filename 등과 같은 안전한 방법을 주로 사용합니다.

다만 컴퓨터 관리자가 시스템을 관리하는 프로그램을 코딩할 때에는 앞에서 언급한 절대경로와 상대경로를 사용하는 것이 효율적일 수 있을 것입니다. 일반적으로 제품을 만드는 공급자들은 기술의 선택지를 넓히려는 태도를 가지고 있어서 많은 기능들을 제공하게 됩니다. 하지만 응용프로그램을 개발해야하는 프로그래머는 응용프로그램 영역에 사용할 수 있는 기술인지 사용할 수 없는 기술인지를 잘 구분하는 능력을 가지고 있어야 합니다.

책의 초고를 완성한 후 과연 이 책이 입문자를 위한 Python Coding과 AI 프로그래밍의 기본기에 해당하는 기술과 원리를 전반적으로 포함하고 있는 것인지 생각해 보았습니다. 그러나 제법 많은 분량의 지면이 할여되었음에도 불구하고 마음에서 우러나오는 답은 '아니오'였습니다. 이 책을 읽고 코딩 연습을 통하여 충분히 이해한다고 하여도 여전히 프로그래머로서 알아야 할 소양을 충분히 갖추었다고 판단하기 힘듭니다. 그만큼 프로그래머로서 갖추어야 할 소양이 넓고 깊다는 의미가 될 것 같습니다. 다행히 생각의 흐름을 따라 단계적으로 반복하여 설명하는 부분이 많고 이해를 돕기 위한 코드조각들과 실행화면들이 많아 분량이 많은 것에 부담을 가지지 않아도 될 것 같고 코딩의 입문자가 필수적으로 갖추어야 할 내역들은 대부분 언급이 된 것 같습니다만 아래와 같은 주요 기본기들이 빠져 있습니다.

첫째, 클래스(class, 객체유형)를 만드는 방법에 대한 설명이 이루어지지 않았습니다. 물론 대부분의 응용 프로그램을 코딩할 때에는 이 책의 예제들을 통하여 본 것과 같이 클래스를 만드는 법을 몰라도 라이브러리를 활용하여 필요한 프로그램을 코딩하는 것에는 크게 문제가 되지는 않습니다. 그러나 클래스를 만드는 방법을 이해하지 못한다면 객체지향프로그램의 기술과 원리를 제대로 이해했다고 보기 힘듭니다. AI 프로그래밍을 포함한 고급 프로그래밍에서도 클래스를 만들어야 하는 경우가 많습니다.

둘째, GUI 프로그래밍 기법이 소개되지 않았습니다. Python 언어가 스마트폰이나 태블릿 그리고 PC 시장에서 주도적인 역할을 하지 못하는 이유도 있었지만 HTML과 CSS를 포함하는 웹프로그래밍을 다루지 못한 아쉬움이 남습니다. 웹프로그래밍을 다루지 못하며 서버와 클라이언트 간에 데이터를 주고 받기 위한 통신 기술들도 다루지 못했습니다.

셋째, 데이터베이스 입출력에 대해서 다루지 못했습니다. SQL과 NoSQL로 대변되는 데이터베이스 입출력은 처리된 데이터를 체계적으로 관리하는 핵심적인 기술인데 다루지 못했습니다. 하지만 프로그램으로 처리된 결과를 데이터베이스에 저장하거나 화면에 보여 주는 방법을 모른다면 프로그램 코딩의 전체적인 모습을 이해했다고 보기 어렵습니다.

넷째, 지연연산(lazy evaluation), 제너레이터(generator), 비동기(async/await) 이진데이터의 입출력(binary input/output), 성능분석(profiling), 암호화/복호화(encryption/decryption) 및 단위 테스트(unit test) 등의 기본적인 기술과 원리들이 설명되지 않았습니다. 이들은 아주 유용하며 자주 사용되는 고급 기능들입니다.

다섯째, 이 책에서는 시중의 서적들이나 인터넷상의 자료에서 빠짐없이 발견할 수 있는 원핫인코딩(one hot encoding)도 설명하지 않았으며 심지어 CNN 합성곱신경망을 사용하여 이미지 분류(image classification)를 할 때 사용된 필터(filter)와 풀링(pooling)에 대해서도 자세한 설명을 생략하였습니다.

끝으로 AI 코딩의 기본기로 다룬 Dense 인공신경망과 CNN 합성곱신경망 외에 다루지 못한 것들이 너무나 많습니다. RNN(recurrent neural network) 순환신경망, GAN(generative adversarial network), autoencoder, 볼츠만머신(Boltzmann machine, BM), 제한된 볼츠만머신(restricted Boltzmann machine, RBM) 및 transfomer 등 더 많은 종류의 인공신경망들이 있으며 estimator와 같이 더 상위 레벨의 API들이 존재합니다. 최근에는 AutoML과 같은 클라우드 서비스를 사용하면 사람의 직관(human intuition)과 시행착오(trial and error)를 동반하는 인공신경망 코딩을 하지 않고도 데이터를 준비하여 딥러닝을 포함한 머신러닝을 진행할 수도 있습니다. 대화형 AI 서비스를 위해서는 Hugging Face의 Transformers 라이브러리에서 제공하는 트랜스포머 모델을 사용할 수 있으며, LangChain과 같은 SDK(software development kit)를 사용할 수도 있으며, ChatGPT나 Gemini 등에서 제공하는 API(application programming interface)를 직접 사용할 수도 있습니다.

물론 위와 같은 선택을 한 가장 큰 이유는 입문자들이 지나치게 어렵게 느끼지 않도록 초기 학습 부담을 가중시키지 않기 위한 것이었습니다. 다행히 시중에는 제가 언급하지 않은 주제들을 다루는 서적과 자료들이 넘쳐 납니다. 본 도서의 가치는 다른 책에서 언급하지 않거나 간략히 다루는 기본기들을 점진적으로 상세히 설명하여 프로그래머가 지녀야 할 기본 소양을 길러 주는 것에 있습니다. 본 도서를 읽고 다른 서적이나 자료를 읽으면 이해가 될 것으로 판단됩니다. 아무튼 본 도서에서 다루지 않은 기본적인 주제들은 다른 서적이나 자료를 참조하기 바랍니다.

본 도서를 읽기 전에는 Python 프로그래밍과 AI 프로그래밍의 왕초보이었는데 읽으며 충실히 따라하고 나니 동영상 강의가 들리고, 인터넷 검색 코드가 보이고, 다른 책들과 자료들이 이해되지 않나요? 그러면 본 도서는 필자와 독자 입장에서 모두 대성공인 것입니다.

프로그래밍과 AI 전문가로 가는 길은 멀고도 험한 여정입니다. 그러나 평생을 배워도 다 배우지 못할만큼 다채롭고 하나하나의 기술들이 흥미있으며 알지 못하는 신비로움으로 가득차 있습니다. 내가 코딩한 것이 컴퓨터에서 정상적으로 동작하여 결과를 보여 주는 것을 보면 가슴이 뛰고 흥분되기도 합니다. 몇날 몇일을 고민해도 해결되지 않던 프로그램 오류가 해결될 때의 그 희열과 쾌감의 순간들을 잊을 수가 없습니다. 누가 밤을 새라고 강요하지도 않았는데 컴퓨터와 함께 씨름하다보면 어느덧 날이 새어 있기도 했습니다. 여러분도 이 길에 동참하신 것을 진심으로 환영하며 지치지 않는 발걸음으로 묵묵히 걸어가게 되기를 바랍니다. 이제 작은 시작을 했으니 큰 성취를 이루어 가기 바랍니다.

안용제, 김남규 저자 일동

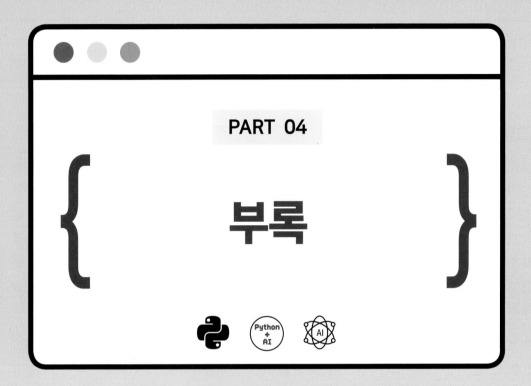

PART 04

{ 부록 }

Chapter 12

부록

프로그램 오류 해결 방법

프로그램 오류를 해결하는 방법을 정형화하여 설명하기는 쉽지 않습니다. 그만큼 오류의 종류도 다양하고 해결하기 위한 방법들도 다양하여 비정형적인 성격을 가지고 있기 때문입니다. 물론 테스트(test)를 위한 다양한 이론들과 기법 그리고 도구들이 개발되어 사용되고 있지만 프로그램 코딩만 해도 그 범위가 넓고 깊은데 테스트는 코딩과는 다른 전문영역이어서 공부할 것이 매우 많습니다. 그리고 테스트는 오류를 발견하기 위한 것이지 오류를 해결하기 위한 것은 아닙니다. 오류를 해결하는 것은 결국 프로그래머의 몫입니다. 그래서 여기서는 프로그램 오류가 발생했을 때 프로그래머가 활용할 수 있는 유용한 팁(tip)들을 정리해 보도록 하겠습니다.

먼저 프로그램의 오류를 해결하려면 자신의 개발한 프로그램에 문제가 있다고 가정하여야 합니다. 자신의 프로그램 코드는 이상이 없는데 컴퓨터가 이상하게 동작한다는 마음가짐을 가지면 짜증이 나면서 객관성을 잃어버리게 되는데 그러면 프로그램 코드에 숨겨진 오류가 잘 보이지 않습니다. 프로그램 코드에 문제가 있다고 가정하고 찬찬히 들여다 보기만 해도 오류가 발견됩니다. 컴퓨터 자체나 사용하고 있는 도구들이 문제를 일으키는 경우는 매우 드물게 발생합니다.

구분	해결팁
공통	오류 메시지를 자세히 읽어 봅니다. 오류 메시지에 오류의 원인이 설명되어 있는 경우가 많습니다. 오류 메시지를 이해하려면 프로그램 코딩의 기본기가 잘 갖추어져 있어야 합니다.
	오류가 발생한 위치를 파악합니다. 오류 메시지에 오류가 발생한 위치정보가 들어 있는 경우가 많으며 로그를 남기거나 디버거(debugger)를 사용하면 오류가 발생할 때 오류가 발생한 위치에서 프로그램의 수행이 중단됩니다. 오류가 발생한 위치를 알게 되는 것만으로도 원인이 파악되기도 합니다.
	오류 메시지로 구글링(googling)과 같은 인터넷 검색을 하거나 ChatGPT나 Gemini와 같은 대화형 AI 서비스에게 해결방법을 문의합니다. 인터넷 검색을 할 때에는 무수히 많은 검색 결과 중 자신의 경우에 맞는 검색결과를 찾아야 하는 어려움이 있으며 대화형 AI 서비스에게 문의하는 경우 틀린 응답이 많으니 주의하여야 합니다.

	사용자의 잘못된 사용이나 제공된 데이터에 이상이 있는지 확인합니다. 실제로 프로그램 코드에는 문제가 없는데 프로그램 코드의 오류를 찾아 헤매다가 결국 사용자나 데이터에서 오류의 원인이 발견되는 경우가 많습니다. python-docx 패키지와 같이 사용하는 소프트웨어가 png 파일은 정상적으로 처리하는데 jpg 파일은 처리를 못하는데 경우도 있습니다. 이런 경우는 프로그램 코드로 오류를 해결할 수 없고 사용자를 교육하거나 실수방지(fool proof) 기능을 추가하거나 데이터를 수정하거나 사용하는 소프트웨어가 허용하는 유형의 파일을 사용하는 것으로 오류를 해결하여야 합니다.
	시스템 아키텍처(system architecture)적인 상상력을 동원합니다. 모든 PC에서 동일한 오류가 발생한다면 서버나 서버에 위치한 프로그램에 문제가 있을 것이고, 개별 PC에서만 오류가 발생한다면 개별 PC의 문제이거나 PC에 위치한 프로그램에 문제가 있을 것입니다. 때로는 메모리의 사용율과 CPU의 부하 그리고 네트워크의 트래픽(traffic)의 양을 상상해 보는 것만으로도 어디에서 문제가 생겼을지 쉽게 가정을 세워볼 수 있습니다.
개발 시	프로그램 코드를 동료들에게 설명합니다. 프로그램 코드를 설명하는 과정에서 프로그램의 논리적 모순과 오류들이 저절로 발견됩니다.
	프로그램 로직이 프로그래머의 의도에 일치하게 흘러 가는지 추적(trace)합니다. 프로그래머의 의도에 맞지 않는 곳으로 이동해 가거나 의도했던 횟수만큼 반복하지 않는다면 오류가 거기에 숨어 있을 것입니다. 디버거를 사용하면 프로그램의 흐름을 쉽게 추적할 수 있습니다. 디버거의 사용이 여의치 않으면 프로그램 코드의 중간중간에 프로그램 코드의 위치를 확인할 수 있는 로그(log)를 남겨서 확인합니다.
	프로그램의 흐름을 추적하면서 그때 그때 변수의 값을 확인해 봅니다. 변수들 중에 프로그래머의 의도와 다른 값이 들어가는 경우가 있다면 오류가 거기에 숨어 있을 것입니다. 가능한 디버거를 사용하고 습관적으로 중요한 변수의 값들을 로그로 남겨서 확인합니다.
	사용하는 소프트웨어(software)의 종류와 버전(version)을 확인합니다. 소프트웨어 버전 간의 호환성 정보는 공식 사이트와 인터넷에서 쉽게 확인할 수 있습니다.
	디버거를 사용하거나 경우의 수를 고려하여 프로그램을 실행해 보는 등의 동적 테스트(dynamic test) 기법과 함께 프로그램 코드를 인쇄하여 추적해 보거나, 프로그램 코드를 동료들과 함께 주기적으로 리뷰(review)하는 등의 정적 테스트(static test) 기술을 함께 활용합니다. 놀랍게도 동적 테스트보다 정적 테스트에서 오류가 더 잘 발견된다고 알려져 있습니다.
	오류를 예방하는 코딩을 합니다. 많은 프로그램 오류들은 사용자의 잘못된 이해와 사용에 의하여 발생하는 경우가 많기 때문에 실수방지와 입력값 검증(input validation) 등의 조치를 취하여야 합니다. 또한 코드의 변경이나 환경의 변화에 취약한 코드들은 오류 발생의 가능성을 높여 주기 때문에 오류를 예방하는 코딩은 본 도서에서 설명하는 [알아두기]와 [생각하기]의 주된 주제이기도 합니다. 시간이 될 때 관심있는 주제를 찾아 읽어 보기 바랍니다.
유지 보수 시	최근에 발생한 변경을 의심합니다. 평소에 잘 수행되던 프로그램에서 오류가 발생한다면 대부분의 경우에는 프로그램 코드의 변경이나 프로그램 환경의 변경에서 발생한 것입니다.
	프로그램을 처음 개발할 때와는 달리 프로그램을 유지보수할 때에는 오류가 발생한 원인을 찾기 위해 지나치게 많은 시간을 낭비하지 않도록 주의해야 합니다. 최근에 발생한 변경을 복원(restore)하거나 컴퓨터를 초기화(reset)하는 것만으로도 오류가 저절로 해결되는 경우가 많습니다. 특히 컴퓨터가 이중화되어 있다면 한대씩 순차적으로 복원하거나 초기화하는 것도 좋은 오류 대응 전략이 됩니다.
	프로그램을 유지보수할 때 최소 변경의 원칙을 준수하면 오류의 발생을 예방할 수 있습니다. 유지보수 대상이 되는 프로그램들은 오랜 기간 다듬어져 왔기 때문에 순간적인 판단으로 안정된 프로그램의 상태를 흐트러지게 할 수 있습니다. 프로그램을 전체적으로 세밀하게 파악한 후 꼭 필요한 수정만 가해야 할 것입니다.

프로그램 오류의 원인은 아는 만큼 보입니다. 그래서 프로그래머는 끊임없이 실력을 향상해야 한다고 생각합니다. 특히 개발환경과 고객의 업무를 포함하여 전체적인 문제해결 능력을 갖추기 위해서는 기술 공부만이 아니라 인문학 공부도 균형 있게 해야 합니다.

프로그램 코드의 품질

프로그램 코딩을 할 때 원하는 기능의 구현에만 관심을 두고 향후에 발생할 예외적인 상황이나 유지보수할 때의 어려움 등을 고려하지 않는다면 프로그램 코드의 품질이 높다고 할 수 없습니다. 이 책에서는 프로그램 코드의 품질을 높일 수 있는 다양한 방법들을 [알아두기]와 [생각하기] 등으로 정리하여 독자들이 읽어볼 수 있게 하였는데 여기서는 프로그램 코드의 품질이 무엇인지에 대하여 간략하게 살펴보도록 하겠습니다.

구분	품질 특성	설명
외적인 특성	정확성(correctness)	시스템의 사양과 설계, 구현에 있어 오류가 없는 정도
	유용성(usability)	사용자가 시스템을 배우고 사용하는데 있어서의 용이함
	효율성(efficiency)	메모리와 실행시간 같은 시스템 리소스의 최소 사용
	신뢰성(reliability)	정해진 상황에서 언제든지 필요한 기능을 수행할 수 있는 시스템의 능력
	무결성(integrity)	시스템이 프로그램이나 데이터에 대한 허용되지 않거나 잘못된 접근을 막는 정도
	적응성(adaptability)	시스템을 변경하지 않고 설계된 환경에서 뿐만 아니라 다른 응용분야나 환경에서도 사용될 수 있는 정도
	정밀성(accuracy)	구성된 시스템에 오류가 없는 정도
	견고성(robustness)	시스템이 잘못된 입력이나 악조건에서도 기능을 계속하여 수행할 수 있는 정도
내적인 특성	유지보수성 (maintainability)	소프트웨어 시스템의 기능을 변경하거나, 기능을 추가거나, 성능을 향상시키거나, 결함을 수정하기 위해서 시스템을 변경할 때의 편의성
	유연성(flexibility)	시스템이 설계된 환경이 아닌 다른 목적이나 환경으로 변경할 수 있는 정도
	이식성(portability)	시스템이 설계된 환경이 아닌 다른 환경에서 작동할 수 있도록 시스템을 변경할 때의 편의성
	재사용성(reusability)	시스템의 일부분을 다른 시스템에서 사용할 수 있는 정도나 편의성
	가독성(readability)	시스템의 소스 코드를 상세한 명령문 수준에서 읽고 이해할 때의 편의성
	테스트 용이성 (tesatability)	시스템을 단위테스트하거나 시스템테스트를 할수 있는 정도
	이해성 (understandability)	시스템의 구성과 코드 수준에서 시스템을 이해할 때의 편의성으로 가독성보다 일관성(coherence)과 관련됨

▲ [표] 소프트웨어 품질의 특성 (출처 - Steve McConnell의 저서 Code Complete)

우수한 품질의 프로그램 코드를 개발하기 위하여 고려하여야 할 사항들이 너무 많습니다만 위와 같은 품질 특성들을 모두 향상시키지 않더라도 저런 특성이 있다는 것을 염두에 두고 개발하는 것만으로도 프로그램 코드의 품질이 높아집니다. 프로그래머라면 핵심적이고 수준높은 기능을 개발하는 능력을 갖추는 것에 멈추지 않고 프로그램 코드의 품질을 높이는 능력도 함께 갖추어야 할 것입니다.

기호 및 숫자

코드조각과 실행화면으로 배우는 코딩
파이썬+AI

1판 1쇄 인쇄 2024년 7월 10일
1판 1쇄 발행 2024년 7월 15일

—

지 은 이 안용제, 김남규
발 행 인 이미옥
발 행 처 디지털북스
정　　가 28,000원
등 록 일 1999년 9월 3일
등록번호 220-90-18139
주　　소 (04997) 서울 광진구 능동로 281-1 5층 (군자동 1-4, 고려빌딩)
전화번호 (02) 447-3157~8
팩스번호 (02) 447-3159

—

ISBN 978-89-6088-457-1 (93000)
D-24-07

DIGITAL BOOKS
디지털북스